Nadia Bolz-Weber

„Ich finde Gott in den Dingen, die mich wütend machen"

„Dies ist ein erstaunliches Buch ... ansteckend, ehrlich, packend ... ein seltenes Geschenk ... ich merke, ich komme ins Schwärmen, aber so ist das nun einmal, wenn ein Buch einen inspiriert und bewegt und berührt, so wie dieses."

Rob Bell, Autor

„Pastorin Nadia Bolz-Weber spricht die Wahrheit über unser Menschsein aus, die wir allzu oft am liebsten verleugnen. Sie verkündet die radikale Kraft der Gnade Gottes um Jesu willen, die wir so oft lieber verwässern, als täglich darin zu ertrinken. Ja, lesen Sie auf eigene Gefahr."

Mark Hanson, Vorsitzender Bischof
der Evangelisch-Lutherischen Kirche von Amerika

„Dieses witzige, unverblümte Buch voller Wahrheit ist auf genau die richtige Weise anstößig. ... Es erinnert mich daran, warum ich eigentlich Christ bin, und ich hatte nach dem Lesen Tränen der Dankbarkeit in den Augen."

Rachel Held Evans, Bloggerin und Autorin

Nadia Bolz-Weber

„Ich finde Gott in den Dingen, die mich wütend machen"

Pastorin der Ausgestoßenen

Aus dem Amerikanischen
von Christian Rendel

Mit einem Vorwort
von Christina Brudereck

Verlag | Alles, was Sinn macht!

Bibliografische Information der Deutschen Nationalbibliothek
Die Deutsche Nationalbibliothek verzeichnet diese Publikation in der
Deutschen Nationalbibliografie; detaillierte bibliografische Daten
sind im Internet über http://dnb.d-nb.de abrufbar.

3. Auflage 2016
ISBN 978-3-86506-780-7
© 2015 der deutschsprachigen Ausgabe by
Joh. Brendow & Sohn Verlag GmbH, Moers
First published by Jericho Books, Hachette Book Group, New York, NY 10017,
under the title "Pastrix. The Cranky, Beautiful Faith of a Sinner & Saint"
© 2013 by Nadia Bolz-Weber. All rights reserved
Dieses Werk wurde vermittelt durch die
Literarische Agentur Thomas Schlück GmbH, 30827 Garbsen
Einbandgestaltung: Medienteam Vreden
Titelfoto: Courtney Perry
Satz: Brendow Web & Print, Moers
Druck und Verarbeitung: CPI – Clausen & Bosse, Leck
Printed in Germany

www.brendow-verlag.de

Für Dick und Peggy

Inhalt

Vorwort zur deutschen Ausgabe
von Christina Brudereck — 11
Herbst 2005 — 13
1. Das Ruderteam — 21
2. Gottes Tante — 31
3. Albion Babylon — 41
4. La Femme Nadia — 57
5. Danke, ELCA! — 67
6. Sturm und Demütigung — 89
7. Ich habe dich nicht wegen diesem *Wahrheits*Bullshit angerufen — 101
8. Klinische Seelsorgeausbildung — 113
9. Eunuchen und Zwitter — 125
10. Zuckerwatte — 137
11. Der christliche Pirat — 147
12. Der haitianische Kreuzweg — 163
13. Dämonen und Schneeengel — 173
14. Fußabtreter und zerknautschte Talare — 185
15. Gespenster im Himmelreich — 195
16. Schmutzige Fingernägel — 211
17. Anders auf die falsche Art — 223
18. Er ist ein Vollchaot, aber er ist *unser* Vollchaot — 235
19. Bier und Choräle — 245
Danksagungen — 255

Anmerkung des Übersetzers:
Die Autorin verwendet, im Einklang mit den Gepflogenheiten der lutherischen Kirche in den USA, die Begriffe „Kommunion" und „Eucharistie", wo deutschsprachige Lutheraner vom „Abendmahl" sprechen würden.

Nadia Bolz-Weber

Pastrix (pas · triks) Subst.

1. Beleidigende Bezeichnung fantasieloser Kreise in der Kirche für Frauen im Pastorenamt.
2. Weibliche Kirchensuperheldin: Trinity aus *Matrix* mit Beffchen.
„Was war das für ein Geräusch?"
„Eine Pastrix hat gerade einen Dämon per Dropkick in den siebten Höllenkreis befördert!"
3. Der wunderliche, wunderbare Glaube einer heiligen Sünderin.

– NewWineskinsDictionary.com

Vorwort zur deutschen Ausgabe

Authentisch. Auffällig. Außenseiterin, anerkannt. Alkoholikerin, trocken. Autorin, ausgezeichnet. Attraktiv. Aufgeweckt. Amerikanerin. Berufen. Begabt. Bissig, manchmal. Beherzt. Botin! Christin. Charmant, oft. Davongekommen. Damenhaft, nein, gar nicht. Ehrlich, ja, überaus. Echt. Emergent. Empathisch. Entlarvend. Einladend. Eigenwillig. Engagiert. Exzentrisch, ja. Fein. Forsch. Frei. Frech. Fehlbar. Fromm. Gescheitert. Gnade. Gnade. Gnade ist die Größte. Gottvoll. Geistreich. Geradeheraus. Grenzgängerin. Gläubig und glaubhaft. Herz. Was für ein herzlich riesiges Herz! Hoffnung, wie ihr Name bedeutet. Humorvoll. Herausfordernd. Heilige. Mit Hund. Interessant. Interessiert. Jesusliebhaberin. Klerikal, etwas. Kirchenkritisch. Kirchentreu. Kreativ. Klug. Kämpferin. Lutherisch. Ja, Lutheranerin. Launig. Lustig. Mutig. Mutig. Mutter, was aus Rücksicht auf ihre Kinder kaum erwähnt wird. Missionarin. Menschenfreundin. Nadia eben. Originell. Offen. Priesterlich. Mit Piercing. Pastorin. Predigerin. Pfingstlich. Provozierend. Querdenkerin. Respektlos, bei allem Respekt. Risikofreudig. Schön. Sünderin. Sympathisch. Städterin. Tattoo. Ach ja, die Tattoos! Theologin. Trotzig, zum Glück. Unbefangen. Unvollkommen. Unverhohlen. Unterhaltsam. Verrückt, etwas. Verständnisvoll,

sehr. Wahrhaftig. Weiblich. Weltoffen. Würdigend, sehr. Zart. Zynisch. Ja, zynisch, aber nicht gemein. Zerrissen. Zerbrechlich. Zugänglich. Zeugin.
Das alles steckt in dieser Frau und in diesem Buch. Von A bis Z, Seite 1 bis zum Schluss ein Gewinn und ein Genuss. Für die Gemeinde ein Muss. Für alle wunden Seelen ein heilsamer Kuss.

Christina Brudereck

Herbst 2005

„Scheiße", dachte ich, „ich komme zu spät zum NT-Seminar."
Auf der I-25 in Denver ging nichts mehr. Der Verkehr floss nicht
nur zäh, sondern gar nicht. Aus irgendeinem Grund (höchstwahrscheinlich Misanthropie) gehe ich immer davon aus, dass
Staus und Verkehrsbehinderungen nicht auf Baustellen oder
Unfälle zurückzuführen sind, sondern auf die menschliche
Dummheit, so als hätte irgendjemand plötzlich vergessen, wie
man Auto fährt, oder beschlossen, mitten auf der Schnellstraße
anzuhalten und am Wegesrand Blümchen zu pflücken.

Um meine bodenlose Verachtung für den menschlichen
Schwachsinn, der dazu führte, dass wir hier alle auf dem Freeway festsaßen, in andere Kanäle zu steuern, unternahm ich einen meiner zahllosen Versuche, mich „geistlicher" zu verhalten,
und bemühte mich, im Augenblick zu leben und irgendetwas
Schönes zu finden, um mich abzulenken. Nach der landschaftlichen Schönheit Colorados muss man nicht erst lange suchen
– man müsste sie schon absichtlich ignorieren. Aber das vergesse ich oft. Der Himmel strahlte an jenem Tag in jenem klaren
Blau, das sich einfach nicht wiedergeben oder auch nur einigermaßen beschreiben lässt. Die meisten menschlichen Versuche,
dieses spezielle Blau abzubilden, sind zwar gut gemeint, aber sie

haben keine Tiefe. Man muss es einfach erleben. Und an diesem Herbsttag füllte es den ganzen Himmel bis in den letzten Winkel aus, nur hier und da unterbrochen von einer bauschigen kleinen Kitschpostkartenwolke.

Der Himmel sah so prachtvoll aus, dass ich alle meine Fensterscheiben herunterkurbelte und mich nach vorn beugte, um durch die Windschutzscheibe mehr sehen zu können. Ein LKW-Fahrer neben mir zwinkerte mir zu und beäugte meine tätowierten Arme – bestimmt ahnte er nicht, dass das große Tattoo auf meinem Unterarm Maria Magdalena darstellte und dass ich eine lutherische Theologiestudentin war und bald lutherische Pastorin werden würde. LKW-Fahrer, Motorradfahrer und ehemalige Strafgefangene lächeln mir viel häufiger zu als beispielsweise Investmentbanker. Ich lächelte zurück, wandte meinen Blick dann wieder dem blauen Himmel über mir zu und verlor mich in Gedanken an die unfassbar unendliche Weite des Weltalls. Die Schönheit unseres Himmels ist eigentlich nur eine hübsche Methode der Erde, um uns vor dem Schrecken der Gewaltigkeit und Unerforschlichkeit zu schützen, die jenseits davon liegt. Die Grenzenlosigkeit des Universums ist zutiefst beunruhigend, wenn man darüber nachdenkt. Es ist zu groß, und wir sind zu klein. In diesem Moment konnte ich plötzlich nur noch einen Gedanken fassen: *Was fällt mir eigentlich ein? Theologie? Allen Ernstes? Wie groß ist angesichts dieses riesigen, unerforschlichen Universums wohl die Wahrscheinlichkeit, dass diese Geschichte von Jesus wahr ist? Komm schon, Nadia. Es ist ein bescheuertes Märchen.*

Und beim nächsten Atemzug dachte ich: *Nur, dass ich es mein ganzes Leben lang immer wieder als wahr erfahren habe.*

Herbst 2005

Irgendwann hat mir mal jemand gesagt, mein Glaube an Jesus wecke in ihm den Verdacht, dass ich intellektuell gesehen nachts am Daumen lutsche. Aber so gerne ich es manchmal auch täte, ich kann nun einmal nicht so tun, als hätte ich nicht mein Leben lang die befreiende, alles ins Wanken bringende Liebe eines Gottes voller Überraschungen erlebt. Auch wenn mein Verstand bisweilen dagegen protestiert, kann ich doch meine Erfahrungen nicht verleugnen. Diese Sache ist für mich real. Manchmal erfahre ich Gott, wenn jemand mir die Wahrheit sagt, manchmal in Momenten, in denen ich Irrtümer einsehe, manchmal durch die Liebe zu jemandem, den ich gar nicht liebenswert finde, manchmal durch eine Versöhnung, die sich anfühlt, als ob sie von irgendwo außerhalb von mir selbst kommt. Aber fast immer nimmt meine Begegnung mit Gott die Gestalt einer Art Tod und Auferstehung an.

Das Mysterium des Universums (desselben Universums, das mich immer noch dazu bringt, mich zu fragen, was ich eigentlich auf dem theologischen Seminar zu suchen habe und ob das alles nicht in Wirklichkeit nur ein Märchen ist) wurde von Gott erschaffen. Und Gott hat beschlossen, uns zu zeigen, wer er ist, indem er sich eine Haut überstreifte und als Jesus mitten unter uns unterwegs war. Und die Liebe und Gnade und Barmherzigkeit Jesu kamen uns so anstößig vor, dass wir ihn umbrachten. Am Abend, bevor das passierte, setzte sich Jesus mit einem Haufen totaler Nieten an einen Tisch, hielt ein Stück Brot hoch und sagte: *Nehmt und esst, dies ist mein Leib für euch.* Und dann ging er ans Kreuz. Aber der Tod konnte Gott nicht festhalten. Gott sagte „ja" zu all unserem höflichen Abwinken, indem er von den Toten auferstand. Tod und Auferstehung. Das ist die christliche Geschichte, wie sie mir erzählt wurde, angefangen von Maria Magdalena, die sie als Erste erzählte; und sie hat sich durch meine Erfahrungen bestätigt. In den folgenden Kapiteln habe ich nichts zu bieten als mein Bekenntnis – das Bekenntnis meiner eigenen realen Zerbrochenheit und das Bekenntnis meines eigenen realen Glaubens. Ich erzähle meine Geschichte nicht ganz chronologisch – die Zeit dreht das ganze Buch hindurch immer mal wieder eine Schleife –, sondern eher thematisch geordnet. Sie handelt von der Entwicklung meines Glaubens, vom Ausdruck meines Glaubens und von der Gemeinschaft meines Glaubens. Und die Geschichte handelt davon, wie ich diese Sache mit Jesus als wahr erlebt habe. Davon, dass es im christlichen Glauben, wenn er auch in der amerikanischen Kultur oft wüst entstellt wird, in Wirklichkeit um Tod und Auferstehung geht. Sie handelt davon, dass Gott immer wieder mit seiner Hand in die Gräber hineingreift, die wir uns selbst ausheben, und uns herauszieht, uns neues Leben gibt, mal auf dramatische, mal auf ganz unspektakuläre Weise. Dieser Glaube hat mir geholfen, trocken zu werden. Er hat mir geholfen (bzw. hilft mir bis heute), meine fundamentalistische Erziehung in der Church of Christ zu vergeben, und er verhilft mir dazu, dass ich nicht immer recht haben muss.

Die Fernsehprediger mit ihrem breiten Lächeln mögen Ihnen erzählen, bei der Nachfolge Jesu gehe es darum, schön brav zu sein, damit Gott Sie mit einem Haufen Geld und hübschen Preisen segnet, aber in Wirklichkeit ist die Sache viel grausiger und bedeutungsvoller. Es geht um geistliche Physik. Etwas muss sterben, damit etwas Neues leben kann.

Herbst 2005

Tod und Auferstehung – das immer wiederkehrende Erlebnis, die Leere zu sehen, darüber zu weinen, dass wir unfähig sind, sie auszufüllen oder auch nur zu verstehen, und dann darauf zu horchen, wie Gott uns beim Namen nennt, und Gottes Geschichte zu erzählen – das ist eine ziemlich knifflige Sache. Aber es ist meine Sache, und es ist mit Abstand das Schönste, wovon ich je erzählen könnte.

Am ersten Tag der Woche kommt Maria von Magdala früh, ALS ES NOCH FINSTER WAR, zum Grab und sieht, dass der Stein vom Grab weg war. Da läuft sie und kommt zu Simon Petrus und zu dem andern Jünger, den Jesus lieb hatte, und spricht zu ihnen: Sie haben den Herrn weggenommen aus dem Grab, und wir wissen nicht, wo sie ihn hingelegt haben. ... Maria aber stand draußen vor dem Grab und weinte. Als sie nun weinte, schaute sie in das Grab und sieht zwei Engel in weißen Gewändern sitzen, einen zu Häupten und den andern zu den Füßen, wo sie den Leichnam Jesu hingelegt hatten. Und die sprachen zu ihr: Frau, was weinst du? Sie spricht zu ihnen: Sie haben meinen Herrn weggenommen, und ich weiß nicht, wo sie ihn hingelegt haben. Und als sie das sagte, wandte sie sich um und sieht Jesus stehen und weiß nicht, dass es Jesus ist. Spricht Jesus zu ihr: Frau, was weinst du? Wen suchst du? Sie meint, es sei der Gärtner, und spricht zu ihm: Herr, hast du ihn weggetragen, so sage mir, wo du ihn hingelegt hast; dann will ich ihn holen. Spricht Jesus zu ihr: Maria! Da wandte sie sich um und spricht zu ihm auf Hebräisch: Rabbuni!, das heißt: Meister! Spricht Jesus zu ihr: Rühre mich nicht an! Denn ich bin noch nicht aufgefahren zum Vater. Geh aber hin zu meinen Brüdern und sage ihnen: Ich fahre auf zu meinem Vater und zu eurem Vater, zu meinem Gott und zu eurem Gott. Maria von Magdala geht und verkündigt den Jüngern: Ich habe den Herrn gesehen, und das hat er zu mir gesagt.

Kapitel 1

Das Ruderteam

Selig sind, die da geistlich arm sind; denn ihrer ist das Himmelreich.

– Matthäus 5,3 (Luther)

In meinen ersten trockenen Jahren verbrachte ich die meisten Montagabende in einem rauchgeschwängerten Gemeindesaal, wo ich mit ein paar Freunden, die ebenfalls trockene Alkoholiker waren, schlechten Kaffee trank. Bildnisse der Jungfrau Maria blickten auf uns herab, während Gebete, Verzweiflung, Zigarettenrauch und Hoffnung zur Saaldecke emporschwebten. Wir waren ein streitlustiger Haufen von Leuten, deren Leben sich in unterschiedlichen Stadien der Besserung befand. Da war Candace, eine Hausfrau aus der Vorstadt, die bei ihrem Debütantinnenball von Heroin high gewesen war; Stan, der depressive Dichter, der kein gutes Haar an sich selbst ließ und vor Gefühlen überströmte; und Bob, der Anwalt im Ruhestand, der schon trocken gewesen war, bevor Jesus auf die Welt kam, aber aus irgendeinem Grund immer noch ein bisschen obdachlos aussah.

Kapitel 1

Wir redeten über Gott und den Zorn, den Groll und die Vergebung – immer schön von Kraftausdrücken untermalt. Wir waren nicht so sehr ein Narrenschiff als vielmehr ein Ruderboot voller Idioten. Ein kleines Ruderteam, das sich wild paddelnd in die Riemen legte, mal füreinander, mal jeder für sich, und wenn einer von uns über Bord sprang, mussten wir anderen umso kräftiger paddeln.

Als ich 1992 zu dem „Ruderteam" stieß, wie ich es tatsächlich bald nannte, arbeitete ich in einem Klub in der Innenstadt als Standup-Komikerin. Ich war kaputt, erst seit ein paar Monaten trocken, und gab mir alle Mühe, wieder heil zu werden.

Da ich mir eine Therapie nicht leisten konnte, schien mir die zweitbeste Lösung zu sein, mich auf die Bühne zu stellen und sarkastische, zynische Sprüche von mir zu geben. Außerdem bin ich wirklich witzig, wenn es mir dreckig geht.

Das ist nicht gerade etwas Ungewöhnliches. Wenn man alle Komiker der Welt an einem Ort versammeln und dann alle Alkoholiker, Kokainsüchtigen und Manisch-depressiven wieder wegschicken würde, dann bliebe ... nun ja ... außer Carrot Top fällt mir keiner ein. So eine Affäre mit der Finsternis bringt manche Leute dazu, die Wahrheit auf ungeschminkte, schräge Weise zu sehen, so als richteten sie eine Schwarzlichtlampe aufs Leben, um seine ganze Absurdität zum Leuchten zu bringen. Komiker sprechen eine Wahrheit aus, die man nur von der Schattenseite der Psyche her sehen kann. Komik ist bestenfalls Prophetie und gesellschaftliche Traumdeutung. Schlechtestenfalls besteht sie nur aus Witzen über Schwänze.

Als ich noch als Komikerin arbeitete, sagten normale, nichtkomische Leute oft zu mir: „Wow, wie schaffst du das nur, dich

Das Ruderteam

einfach nur mit einem Mikrofon vor so viele Leute zu stellen?" Worauf ich dann antwortete: „Wow, wie schaffst du das nur, dein Haushaltsbuch zu führen und jeden Morgen zur Arbeit aufzustehen?" Jedem von uns fallen im Leben andere Dinge schwer. Vor Hunderten von Leuten zu sprechen, war für mich längst nicht so ein Riesenakt wie einen Termin beim Zahnarzt zu vereinbaren.

Als Komikerin auf der Bühne zu stehen, kostete mich so gut wie überhaupt keine Mühe, denn auf der Schattenseite fühlte ich mich zu Hause – da, wo alles in Ironie und Sarkasmus mariniert, bis es so weit ist, gegrillt und einem nackten Kaiser serviert zu werden. Ich fand regelmäßig Engagements, kam aber in der Comedyszene nicht sehr weit. Dafür gab es mehrere Gründe. Erstens brachte ich die anderen Komiker viel häufiger zum Lachen als das eigentliche Publikum, für das ich nur Verachtung übrig hatte (was die Sache vielleicht erklärt). Dazu kam, dass ich keinen besonderen Erfolgsdrang verspürte: Sobald es anstrengend wurde, verdrückte ich mich. Aber der Hauptgrund, warum es mit der Comedy bei mir nicht so recht klappte, war, dass ich allmählich gesünder wurde und einfach nicht mehr so witzig war. Weniger unglücklich = weniger witzig. Während ich trocken wurde und versuchte, mich auf Gott zu stützen und mich ehrlich meinen Unzulänglichkeiten zu stellen, wuchs in mir die Bereitschaft, mich verletzlich zu zeigen. Das machte mich zur leichten Beute im Künstler-Aufenthaltsraum eines Comedyklubs, der im Grunde eine Brutstätte des emotionalen darwinistischen Überlebenskampfes ist. Deshalb hatte ich keine Lust, dort sehr viel von meiner Freizeit zu verbringen. In anderer Hinsicht konnte es irgendwie auch toll sein, mit Komi-

Kapitel 1

kern abzuhängen. Im Vergleich zu den meisten von ihnen war ich ein Urbild psychischer Gesundheit. Ich freundete mich mit einem drahthaarigen, kontaktfreudigen Komiker namens PJ an – und mit anfreunden meine ich, dass ich gelegentlich mit ihm schlief –, der einen scharfen, wenn auch unglaublich verdrehten Verstand besaß. PJ war nicht gerade der Typ fürs *Gentleman's Quarterly*. Statt gut geschnittener Jeans zog er eine bedauerliche Kombination aus ausgeleierten Shorts, Button-down-Hemden und Sportsandalen vor. Er hatte etwas ausgesprochen Wildes an sich, das ihn ein bisschen hundeähnlich erscheinen ließ. Obwohl er praktisch keinerlei Stil besaß, war in PJs sozialem Leben der Bär los. Er liebte die Frauen, das Leben, den Schnaps, die Nacktmagazine, das Pokern und die Comedy, wenn auch nicht unbedingt in dieser Reihenfolge.

Außerdem arbeitete er parallel zu seiner Standup-Karriere an seiner Doktorarbeit in Kommunikationswissenschaften, was ihm allerdings durch die erwähnte Fülle seiner Laster nicht gerade erleichtert wurde. Eines Tages lud ich ihn zum Ruderteam ein, und für die nächsten acht Jahre blieb er ein treues Mitglied und lud nach dem Treffen oft zum Pokerspielen bei sich zu Hause ein.

Wenn man PJ nicht gut kannte, wirkte er gar nicht so clever, aber hinter seinen unflätigen Tiraden verbarg sich ein genialer Intellekt. Seine Auftritte waren mit die versautesten in Denver. Viel Hochgestochenes kam darin nicht vor. Auf der Bühne stellte er sich dumm, und das konnte er hervorragend. Einmal rief ich PJ an, um mich zu erkundigen, was seine Doktorarbeit mache. „Läuft super", sagte er, „aber keiner merkt, dass ich in meinem Büro an der Uni wohne."

Das Ruderteam

PJ war wie eine von diesen Stoffpuppen mit langen Röcken, die man von unten nach oben kehren kann, indem man den Rock umstülpt – und plötzlich ist sie keine Oma mehr, sondern der große böse Wolf. Richtig herum gehalten ist seine Puppe ein Einfaltspinsel mit losem Mundwerk, aber wenn man sie umdreht, wird ein Doktor der Kommunikationswissenschaften daraus. Die richtig herum gehaltene Puppe ist der immer zu Späßen aufgelegte und ausstrahlungsstarke Gastgeber einer wöchentlichen Pokerpartie, doch umgekehrt wird ein lebensuntüchtiger, depressiver Mensch daraus.

PJ passte goldrichtig ins Ruderteam, und er brachte Leben in die Treffen mit seinen brüllend komischen, finsteren Tiraden. „Heute Morgen wollte ich mich umbringen", sagte er zum Beispiel, „aber dann fiel mir ein, wie bescheuert ich es fände, euch Armleuchtern einen Grund zu liefern, euch noch mehr um euch selbst zu drehen, als ihr es sowieso schon tut, also ..." Mit „also ..." beendete er die meisten seiner Sätze, so als wüssten wir alle, was in die nächste Lücke gehörte. Ich hielt mich gern in seiner Nähe auf, als könnte seine Aura auf mich abfärben und mich genauso schlagfertig und clever und sympathisch machen wie ihn.

Comedyklubs haben montags Ruhetag. Dafür stand uns nach unseren Ruderteamtreffen PJs Bude zum Texas-Hold'em-Pokerspiel offen. Ich bin ziemlich sicher, dass er, als er trocken wurde und den Fusel aus der Gleichung herausnahm, die Lücke einfach mit mehr Frauen, Poker und Comedy füllte. Die Montagabende bei PJ wurden zu einem düsteren Karneval mit lauter Komikern, trockenen Alkoholikern und Komikern, die trockene Alkoholiker waren. Das Pokerspiel dauerte bis spät

Kapitel 1

in die Nacht, aber eigentlich drehte sich der Wettbewerb darum, wer die schlagfertigsten Sprüche machte. Wann immer ich konnte, schob ich den unvermeidlichen Stapel Schmuddelmagazine von PJs Klavierhocker und setzte mich hin, um ein paar Stunden lang aus vollem Halse zu lachen. Die fünfundzwanzig Dollar, die ich dabei jedes Mal an die anderen verlor, waren mir das allemal wert.

Doch hinter seinen akademischen Erfolgen, seinem hingerissenen Publikum im Comedyklub, den vielen Frauen und der Schar von Freunden nagte etwas an ihm. Über ein Jahrzehnt hinweg fraß eine Macht, ein Dämon oder eine Krankheit an unserem Freund PJ, die sich in einem Winkel seines Geistes eingenistet hatten und wie die Rote Armee entschlossen vorwärtsmarschierten, um immer mehr Gelände einzunehmen.

PJ wurde von einer Menge Leuten geliebt, die aber keine Ahnung hatten, wie sie ihm helfen konnten. Das Ruderteam wachte über seine letzten Jahre, während die moderne Pharmakologie an seiner psychischen Krankheit herumzerrte und -zupfte, ohne ihn je wirklich heilen zu können. Immer seltener erschien er an den Montagabenden, und jedes Mal sah er dünner aus. Es war, als hätte sein Körper begonnen, seiner Seele und seinem Geist zu folgen, die sich nach und nach verabschiedeten. Irgendwann rief er nicht mehr zurück.

Einige Tage, bevor er sich aufhängte, rief PJ mich an. Er wollte, dass ich für ihn betete. Es war zehn Jahre her, dass ich ihn kennengelernt hatte, und in der Zwischenzeit war ich zum christlichen Glauben zurückgekehrt. Ich glaube, ich war der einzige gläubige Mensch, den er kannte. Er stellte sich Fragen über Gott: War er für Gottes Liebe unerreichbar? Ich ließ all meine Cool-

Das Ruderteam

ness und meinen Sarkasmus fahren und betete am Telefon für ihn. Ich bat, er möge die ganz reale und immer verfügbare Liebe Gottes spüren. Ich betete, er möge die rückhaltlose Gewissheit bekommen, dass er ein geliebtes Kind Gottes war. Bestimmt habe ich noch eine Menge anderes Zeug gesagt. Ich wollte gern in der Lage sein, diesen Dämon auszutreiben, der unseren PJ im Griff hatte, von ihm Besitz genommen hatte, der ihn mit Lügen fütterte und das Licht der Liebe Gottes von ihm fernhielt.

Anderthalb Wochen später saß ich in einem riesigen Hörsaal der Universität von Colorado in Boulder (wo ich mit meinen fünfunddreißig Jahren und als verheiratete Mutter von zwei Kindern endlich mein Studium abschließen wollte), als mein Handy klingelte. Ich rannte nach draußen, und die kalte Luft trieb mir die Tränen in die Augen.

Sean, ein Comedy- und Ruderkumpan, sagte: „Nadia, es geht um ... um PJ, Liebes."

„Scheiße", sagte ich.

„Es tut mir leid", sagte Sean. Es tat uns allen leid. „Kannst du die Trauerfeier für ihn machen?"

Und das war meine Berufung in den vollzeitlichen Dienst. Meine wesentliche Qualifikation? Ich war die einzige Fromme in unserem Haufen.

Die Trauerfeier fand an einem frischen Herbsttag vor vollem Haus im Klub „Comedy Works" in der Innenstadt von Denver statt. Das Alkoholiker-Ruderteam und die Komiker von Denver, die Mitarbeiter der Comedyklubs und die Akademiker. Das waren meine Leute. Während ich die Traueransprache für PJ hielt, wurde mir klar, dass ich vielleicht dazu bestimmt war, ihre Pastorin zu sein.

Kapitel 1

Nicht, dass ich mir besonders heilig oder seelsorgerlich vorgekommen wäre. Aber dort in diesem Kellerraum, in dem es nach abgestandenem Bier und schlechten Witzen roch, schaute ich mich um und sah so viel Schmerz und Fragen und Verlust, dass niemand, auch ich nicht, wusste, wie damit fertig zu werden war. Und ich sah Gott. Gott mitten unter all den Komikern, die da mit verschränkten Armen an der Wand standen, als könnten sie sich mit ihren höhnischen Bemerkungen jegliche peinlichen Emotionen vom Leib halten. Gott dicht an der Seite der Frau, die dort die Bühnentreppe hinabstieg, nachdem sie sich ein bisschen zu offenherzig darüber geäußert hatte, was für ein heißer Liebhaber PJ gewesen sei. Gott mitten unter den Zynikern und Alkoholikern und Tunten.

Ich bin nicht die Einzige, die gleichzeitig die Schattenseite und Gott sieht. Es gibt eine Menge von uns, und wir sind zu Hause in den biblischen Geschichten von Antihelden und Leuten, die nichts kapieren, von Prostituierten und ungehobelten Fischern. Ist denn ein manisch-depressiver Alkoholiker so verschieden von diesem Figurenensemble? Hier, mitten in meiner eigenen Gemeinschaft von Schattenseitenbewohnern, konnte ich nicht mehr anders, als das Evangelium wahrzunehmen, die umwälzende Realität, dass Gott nicht weit weg ist, sondern hier in der Zerbrochenheit unseres Lebens. Und nachdem ich das gesehen hatte, konnte ich nicht mehr anders, als darauf hinzuweisen. Mir wurde klar, dass ich aus Gründen, die ich nie ganz verstehen werde, dazu berufen war, von dorther, wo ich bin, das Evangelium zu verkünden, und vom Evangelium her zu verkünden, wo ich bin.

Das Ruderteam

Angefangen hatte es in der ersten Zeit meiner Trockenheit damit, dass ich mich widerstrebend darauf einließ, wieder mit dem Beten anzufangen. Das hatte zu meiner Rückkehr zum christlichen Glauben geführt, und nun sogar zu etwas noch Ungeheuerlicherem: Ich war zur Pastorin für meine Leute berufen.

Kapitel 2

Gottes Tante

Eine Frau lerne in der Stille mit aller Unterordnung. Einer Frau gestatte ich nicht, dass sie lehre, auch nicht, dass sie über den Mann Herr sei, sondern sie sei still.
– 1. Timotheus 2,11-12 (Luther)

Fünfundzwanzig Jahre, bevor ich in einem Comedyklub eine Trauerfeier halten sollte, wurde ich getauft. Es war ein Sonntag im Frühjahr 1981, und ich hatte weiße Sandalen an. Der Prediger in seinem jeansblauen Polyesteranzug hatte seine Predigt mit einem Bekehrungsaufruf nach vorn beendet. Wenn du bereit bist, dein Leben dem Herrn zu übergeben, oder wenn du dich taufen lassen möchtest, dann komm jetzt nach vorn, während wir alle aufstehen und singen.

Die Leute standen auf und sangen, und ich ging durch den Mittelgang auf den Pastor zu. Ein anderer Mann überreichte mir eine Karte und einen kurzen Bleistift, als ich mich auf die gepolsterte Kirchenbank setzte. Nachdem ich angekreuzt hatte, dass ich mich taufen lassen wollte, trat wieder ein anderer Mann an die Kanzel, um es der Gemeinde bekannt zu geben.

Kapitel 2

Dann sagte ich ihnen, von welchem der Männer ich getauft werden wollte.

In der Gemeinde, in der ich meine Kindheit verbrachte, wurde gelehrt, ins „rechenschaftspflichtige Alter" komme man mit etwa zwölf Jahren. Ins rechenschaftspflichtige Alter zu kommen hieß, dass man geistlich gesehen nicht mehr bei den Eltern mitversichert war. Mit zwölf fängt in geistlicher Hinsicht die Uhr an zu ticken. Man kann jetzt richtig und falsch unterscheiden, und deshalb muss man auch für jeden Mist, den man baut, Rechenschaft ablegen. Wenn man sündigt, obwohl man richtig und falsch unterscheiden kann, und dann stirbt, bevor man sich für die Taufe entscheidet, landet man für alle Ewigkeit im Höllenfeuer. In dieser Zeit fangen also Kinder an, sich für die Taufe zu entscheiden. Die Zeitspanne zwischen dem Eintritt ins rechenschaftspflichtige Alter und dem Tag, an dem man durch die Taufe reinen Tisch macht, ist manchmal voller Schrecken. Viele von uns beteten, bloß nicht bei einem Autounfall ums Leben zu kommen, bevor wir getauft waren, so wie andere Leute beten, dass sie nicht krank werden, bevor sie über den Arbeitgeber krankenversichert sind. Zwölfjährige Kinder in der Church of Christ erleben eine Welle der Frömmigkeit, eine Große Erweckung, die nur aus Sechstklässlern besteht.

Da zwölf das rechenschaftspflichtige Alter war, galt zugleich auch, dass Jungen ab zwölf Jahren in der Sonntagsschule nicht mehr von Frauen gelehrt werden durften. Gemäß 1. Timotheus 2,12 war es Frauen nicht gestattet, Männer zu lehren. Folglich besaß ein zwölfjähriger Junge mehr Autorität als eine erwachsene Frau. Frauen durften nicht als Älteste dienen, predigen oder Gottesdienste leiten. Aus irgendeinem Grund besaßen wir nicht die Vollmacht, einem Mann den Kollektenteller zu reichen. Die Vollmacht hingegen, demselben Mann eine Stunde später beim Gemeindepicknick einen Teller mit Brathühnchen und Kartoffelsalat zu reichen, besaßen wir durchaus.

Dale Douglass war der erste männliche Sonntagsschullehrer, den ich hatte. Er war freundlich und witzig und scheitelte seinen dicken, sandblonden Haarschopf so tief über dem Ohr, dass es völlig unnötigerweise so aussah, als versuchte er, eine Glatze zu verbergen. Dale fing da an, wo die Frau, die uns im Jahr davor unterrichtet hatte (als sie noch die Vollmacht dazu besaß), aufgehört hatte: Er testete uns, um zu sehen, wie viele Fakten über die Bibel wir wussten. Ich wusste viele der Antworten, und es dauerte nur drei Wochen, bis er meine Eltern zu einem Gespräch einbestellte, um ihnen zu erklären, sie müssten meinetwegen etwas unternehmen. Ich beantwortete die Fragen zu schnell und nahm dadurch den Jungen in der Klasse die Chance, eine Antwort zu geben. Eins muss ich meinen Eltern lassen – insgeheim fanden sie das großartig. Immerhin legten sie mir nahe, den anderen auch ein wenig Raum zu lassen, aber im Grunde waren sie einfach nur begeistert, dass ich mich in der Bibel gut auskannte, und es wäre ihnen nie eingefallen, deswegen mit mir zu schimpfen.

Die Frühreife wich dem Sarkasmus, als ich die Fähigkeit entwickelte, die Lehren und die soziale Dynamik in der Gemeinde zu analysieren. Sobald ich merkte, dass es einen Unterschied gab zwischen dem, was die Leute sagten (jeder Sex außerhalb der heterosexuellen Ehe ist verboten), und dem, was sie taten (heimliche Affären untereinander), und ebenso einen Unterschied zwischen dem, was sie lehrten (Frauen waren minder-

Kapitel 2

wertig und den Männern untergeordnet) und der Wirklichkeit, die ich in der Welt erlebte (wieso bin ich dann schlauer als mein Sonntagsschullehrer?), wusste ich, dass ich da rausmusste. Ich war ein starkes, cleveres und vorlautes Mädchen, und die Gemeinde, in der ich aufwuchs, konnte mit jemandem wie mir nichts anfangen, auch wenn die Leute mich liebten.

Als ich schließlich die Gemeinde verließ, stellte ich alles infrage, was ich je gelernt und gewusst hatte, und ging davon aus, dass ich mit Sicherheit eine „Nichtchristin" sei. Allerdings schaffte ich es dennoch nicht, Atheistin zu werden, wie man es hätte erwarten können. Ich hatte nie aufgehört, an Gott zu glauben. Nicht wirklich. Immerhin aber musste ich für eine Weile bei seiner Tante abhängen. Man nennt sie die Göttin.

Meine erste Begegnung mit dem Wiccakult hatte ich in den Bergen westlich von Denver auf einem braunen, graswachsenen Hügel, an dessen Fuß eine Jurte stand – ein rundes Nomadenzelt, in dessen Innern alle Lampen mit roten Tüchern verhängt waren, wodurch es darin aussah wie in einem Campingplatzbordell.

Ich war etwa zwanzig Jahre alt, als meine Freundin Renna (die vom Kopf bis zu den Zehenspitzen hetero ist) mich fragte, ob ich mit ihr zu einer lesbischen Hochzeit gehen wollte. „Ich kann mir nichts Besseres vorstellen", antwortete ich, und so fuhren wir los und hörten unterwegs fünfundvierzig Minuten lang die Indigo Girls, um in die richtige Frauenpowerstimmung zu kommen. Auf dem Schoß hatte ich eine riesige Schüssel Erdbeeren. Offenbar gibt es bei lesbischen Hochzeiten oft ein Mitbringbüfett.

„Es ist eine Wicca-Hochzeit", informierte mich Renna. Ich wusste nicht genau, was das bedeutete, aber es hörte sich

„nichtchristlich" an, genau wie ich, und ich vermutete, dass meine Eltern nicht viel davon halten würden. Außerdem würde es wahrscheinlich Hummus geben. Also war es mir recht.

Die Zeremonie gefiel mir sehr, und ich hatte noch nie so viele starke Frauen gesehen. Frauen mit gestrafften Schultern und kurz geschorenen Haaren, die nichts zu verbergen hatten. Wir standen im Kreis und sangen einfache Litaneien, und die beiden Bräute waren überglücklich wie andere Bräute auch, nur dass diese beiden im Stil eines Renaissancejahrmarktes gekleidet waren und sich gegenseitig heirateten. Es war die Rede von vollkommener Liebe und vollkommenem Vertrauen, und wir fütterten uns gegenseitig mit Brot und Wein und sagten: „Mögest du niemals hungern und niemals dürsten." Es fühlte sich an wie eine Kommunionsfeier.

Irgendwie gab es mir ein sicheres Gefühl, unter lauter Frauen zu sein. Sie ließen mich bei Gottes Tante abhängen, und ich wurde den Eindruck nicht los, dass sie mich mochte. Ich verbrachte ein paar Jahre mit diesen Frauen. Wir feierten den Wechsel der Jahreszeiten und teilten unser Leben miteinander, und immer gab es Mitbringbüfetts. Wir redeten über Beziehungen und Schwangerschaften, die keinen Bestand hatten, über Chefs und Mitbewohnerinnen, die uns nicht zu schätzen wussten, und darüber, wie viel Knoblauch an ein veganes Salatdressing gehört. Einmal brachte jede von uns zum Mitbringbüfett einen Nachtisch mit, und niemand sah ein Problem darin.

Eine Lehre gab es nicht. Wir redeten nie über Glaubensüberzeugungen, sondern lebten einfach nur zusammen und sprachen von der göttlichen Weiblichkeit in uns und in der Welt. Die Göttin, von der wir redeten, fühlte sich für mich nie wie ein

Kapitel 2

Ersatz für Gott an, sondern einfach wie ein anderer Aspekt des Göttlichen. Gottes Tante eben.

Ich glaube, wenn ich anderen Christen von meiner Zeit mit der Göttin erzähle, erwarten sie von mir, dass ich sie als eine Lebensphase schildere, in der ich einen Irrweg ging, von dem ich nun zum Glück zu Jesus und zu meinem Verstand zurückgefunden habe. Aber so ist es nicht. Ich kann mir nicht denken, dass der Gott des Universums auf unsere Gottesvorstellungen beschränkt ist. Ich kann mir nicht denken, dass Gott sich nicht selbst auf unzählige Weisen jenseits des Symbolsystems des Christentums offenbart. Ich brauche gewissermaßen einen Gott, der größer und geschmeidiger und geheimnisvoller ist als das, was ich je begreifen oder mir ausdenken könnte. Sonst würde es sich so anfühlen, als ob meine Anbetung sich nur auf mein eigenes Begriffsvermögen des Göttlichen richtete.

Tatsächlich fühlte ich mich während der ganzen Zeit, in der ich fernab der Gemeinde unterwegs war, von Gott geführt. Die göttliche Quelle meines Lebens und meiner Identität wusste vielleicht, dass ich das Bedürfnis hatte, mich eine ganze Weile lang in einem weiblichen Gesicht Gottes zu sonnen, während ich der Gemeinde fern war, bevor ich heil zu ihr zurückkehren und fähig werden konnte, das göttliche Weibliche in meiner eigenen Tradition zu erkennen. Wenn die feministische Gelehrte Mary Daly recht hatte, als sie sagte: „Wenn Gott männlich ist, dann ist das Männliche Gott", dann musste in mir einiges zurechtgerückt werden, nachdem ich meine ganze Kindheit lang immer wieder zu hören bekommen hatte, Gott sei männlich und ich nicht (aber Jimmy aus der sechsten Klasse da drüben schon!).

Jahre später, als ich Mitte dreißig und PJ schon gestorben war, wurde mir klar, was ich eigentlich mehr als alles andere wollte: eine Pastorin für meine Leute sein – vorzugsweise junge, clevere Städter, die ihre Identität nicht bloß aus den Kategorien des Spätkapitalismus zusammenbasteln wollten. Inzwischen war ich meinen Zorn auf den Fundamentalismus meiner Kindheit durch die richtige Mischung aus Zeit, Nüchternheit und Therapie losgeworden. Aber ein kleines Problem stand meiner Zukunft als Pastorin im Weg: Ich bin eine miserable Kandidatin. Ich fluche wie ein Bierkutscher, bin mit Tätowierungen bedeckt und habe einen Hang zur Selbstsucht. Eine lutherische Pastorin würde niemand in mir vermuten.

Darum hatte ich Angst. Was mir Angst machte, war die Tatsache, dass ich mich, um eine Pastorin zu werden, wie sie mir vorschwebte, erst einmal mit ein paar meiner persönlichen Eigenschaften auseinandersetzen musste, die ich bisher am liebsten ignoriert hatte. Der Gedanke, eine geistliche Leiterin zu sein, fiel mir schwer. Ebenso das Wissen, dass ich eigentlich emotional bedürftige Menschen nicht besonders mag und mich, wenn irgend möglich, aus dem Staub mache, wenn ich sie kommen sehe. Ich hatte Schwierigkeiten mit der Vorstellung, ständig für Leute verfügbar zu sein, obwohl ich eigentlich ein bisschen misanthropisch bin. Viele Dinge machten mir Mühe, doch was mir trotz meiner Erziehung überhaupt nicht schwerfiel, war mein Geschlecht. Meine Berufung zur Pastorin schockierte mich zwar immer noch, aber sie war immer unzweideutiger geworden und mir sogar richtig ans Herz gewachsen. Deshalb wollte ich auch meinen Eltern nichts davon sagen.

Kapitel 2

Vielleicht zum ersten Mal in meinen Leben sah ich so etwas wie ein Ziel und einen Sinn vor mir, und das wollte ich mir von ihnen auf keinen Fall kaputt machen lassen. Aber irgendwann mussten sie es ja erfahren. Also saß ich an einem Samstag im November 2005 auf dem überreich gepolsterten Brokatsofa im Wohnzimmer meiner Eltern, und während sie auf das brandneue Tattoo von Maria Magdalena starrten, das jetzt meinen Unterarm bedeckte, setzte ich zu meinem nicht sehr eleganten Geständnis an.

„Ich ... äh ... bin sehr gern am theologischen Seminar, und ich muss euch sagen, dass ich meinen Studiengang vom akademischen zum pastoralen Abschluss geändert habe. Also, äh ... wisst ihr ... ich glaube, es könnte vielleicht sein, dass Gott mich beruft, eine Gemeinde zu gründen, und ich habe so das Gefühl, ich soll Pastorin für meine Leute werden, aber ich habe Angst, und, na ja ... ich habe eben Angst, ... aber ..." Ich hatte keine Ahnung, ob mein Gefasel irgendeinen Sinn ergab, aber wenigstens war es jetzt heraus. Meine größte Sorge war, sie könnten den Gedanken rundheraus ablehnen und mir eine Standpauke halten, weil ich nicht respektierte, dass die Schrift den Frauen das Lehren verbietet. Ich wusste nicht genau, was ich schlimmer fand – die Möglichkeit, sie könnten mich dazu bringen, mich zu schämen, oder die Tatsache, dass sie dazu überhaupt noch in der Lage waren.

In diesem Moment stand mein Vater schweigend auf, ging zum Bücherregal und nahm seine abgegriffene, in Leder gebundene Bibel heraus. Jetzt kommt's, dachte ich, jetzt haut er mich mit dem Bibelknüppel.

Er schlug sie auf und las. An der aufgeschlagenen Seite sah ich, dass es keiner der Paulusbriefe am Ende des Buches war, sondern eine Stelle irgendwo in der Mitte. Mein Vater las nicht den Abschnitt aus 1. Timotheus, wo es heißt, dass Frauen in der Gemeinde schweigen sollen. Er las aus dem Buch Esther.

Die einzigen Worte, die ich von meinem Vater zu hören bekam, waren diese: „Aber du wurdest für einen Tag wie diesen geboren." Er schlug das Buch zu, und meine Mutter und er nahmen mich gemeinsam in die Arme. Sie beteten über mir und segneten mich. Und manchmal begleitet einen ein Segen, so wie der, den meine konservativen christlichen Eltern ihrer Tochter spendeten, der angehenden lutherischen Pastorin, die ihnen das Leben höllisch schwer gemacht hatte, fürs ganze Leben. Das ist die Sorte Segen, von der man nicht einmal sprechen kann, ohne dass einem wieder die Tränen kommen.

Kapitel 3

Albion Babylon

Circa 1988

„Jemand sollte mal diese Lampe in Ordnung bringen", sagte meine ältere Schwester Barbara. Die langen Leuchtstoffröhren in dem düsteren Kellerflur, der zu dem ebenerdigen Drei-Zimmer-Apartment führte, in dem ich jetzt mit sieben Mitbewohnern lebte, flackerte an und aus wie ein Strobespot und ließ unseren Weg zur dritten Wohnungstür rechts trügerisch kurz erscheinen.

Meine Schwester und ich hatten uns die meiste Zeit meines Lebens sehr nahe gestanden. Sie gab sich auch noch mit mir ab, nachdem ich in diese schmuddelige Wohnung gezogen war. Vor Kurzem hatte ich, schon nach dem ersten Semester, das College geschmissen und besaß nur wenige Habseligkeiten, während Barb gerade ihren Doktor in Englisch an der Universität von Indiana machte und Dinge wie eine Waschmaschine und einen Trockner ihr eigen nannte. Mit meinen neunzehn Jahren besaß ich im Winter 1988 eine einzige Apfelkiste mit lebenswichtigen Dingen: ein zerfleddertes Exemplar der *Vegetarischen Landküche*,

Kapitel 3

meine Springerstiefel, einen alten Schaufensterpuppenkopf und mehrere unverzichtbare Tonkassetten: *Ziggy Stardust, Violent Femmes, Road to Ruin*.

Die Ramones. Ich war zwölf, als ich im Big Apple Tapes & Records, gegenüber vom Zuckermaisstand in der Mall of the Bluffs in Colorado Springs, das Album *Road to Ruin* erstand. Bis zu jenem Tag hatte es in unserem christlichen Mittelschichthaushalt nur Jim Croce, John Denver und das Kingston Trio gegeben. Doch nun mussten diese Burschen mit ihren manikürten Schnurrbärten und milden Manieren Platz machen für vier Jungs aus Queens, weil ich mein ganzes Taschengeld für *Road to Ruin* von den Ramones ausgegeben hatte. Wochenlang saß ich jeden Nachmittag in meinem Kinderzimmer und nudelte diese Kassette auf meinem orange-weißen Fisher-Price-Plastikkassettenrekorder ab, während ich das Cover anstierte. Im Stillen hoffte ich, vielleicht würden ja Joey und Dee Dee Ramone wie durch Zauberei in ihren zerrissenen Levis und Lederjacken bei mir zu Hause auftauchen und mich mitnehmen. Die zornige Punkmusik kam mir vor, als wäre sie eigens für mich gemacht.

Als meine Liebesaffäre mit den Ramones begann, ahnten meine Eltern nichts davon, dass ich mir Punkrockalben kaufte. Ebenso wenig wussten sie, dass ich in der Schule Essen klaute. Die Lehrer in meiner Junior High School ließen Snacks auf ihren Pulten liegen, und ich hatte solchen Hunger, dass ich mir ihre Müsliriegel oder Chipstüten schnappte, nicht etwa, weil es zu Hause nicht genug zu essen gegeben hätte, das schon, aber ich konnte einfach nicht genug kriegen, egal, was ich mir alles in meine Brotdose oder in den Mund stopfte.

Albion Babylon

Ich war elf, als ich allmählich anfing, immer weniger zu wiegen und immer mehr zu essen. Und meine Eltern, Dick und Peggy, mit ihrer liebevollen Art und ihrem unerschütterlichen Optimismus, dachten sich, das sei bestimmt nur ein Wachstumsschub, und munterten mich auf, stolz auf meine Größe zu sein und mich gerade aufzurichten. Als im Jahr darauf meine Handschrift so schlecht wurde, dass meine Noten ins Trudeln gerieten, kaufte mir meine Mutter ein wunderschönes Kalligrafieset in der Hoffnung, mich dadurch zu etwas mehr Ehrgeiz bei meinem Federschwung anzuspornen. Und als ich blass und antriebslos wurde, war meine Mutter der Meinung, ich müsse eben mehr hinaus an die frische Luft von Colorado und ging mit mir zum Skilanglauf. Das war der Tag, als sie merkte, dass irgendetwas mit mir nicht stimmte, und zwar nichts, was sich mit Disziplin und Optimismus wieder in Ordnung bringen ließ. Auf dem Weg in die Berge schlief ich auf dem Rücksitz unseres Chevy Citation, und die Bewegungen des knüppelgeschalteten Wagens drehten mir den Magen um. Später, als wir uns endlich ausstaffiert hatten und auf die Loipe gingen, kam mir mein Wollpullover so schwer vor wie eine von diesen bleiernen Röntgenschürzen, und meine Beine wollten sich einfach nicht bewegen. Schließlich quengelte ich so lange, bis wir uns auf den Heimweg machten. Außerdem hatte ich den ganzen Proviant bereits vertilgt. Als wir nach Hause kamen, vereinbarte meine Mutter einen Termin beim Arzt.

Wie sich herausstellte, hatte ich Morbus Basedow. Das ist eine Autoimmunerkrankung der Schilddrüse, die im Körper allerlei lustigen Unfug anstellt: beschleunigter Herzschlag, Handzittern, Blässe der Haut, gesteigerter Stoffwechsel, Antriebslo-

Kapitel 3

sigkeit, Manie, Depression und Hitzeempfindlichkeit. Sie wirkt wie Methamphetamin, nur ohne das gute Gefühl dabei. Ach ja, und sie ist kostenlos.

Durch die Krankheit hatte sich hinter meinen Augen Fettgewebe angesammelt, sodass sie aus ihren Höhlen nach vorn gedrückt wurden. Meine Augäpfel wölbten sich so weit aus meinem Schädel heraus, dass ich meine Lider nicht mehr schließen konnte. Das Weiße war überall rund um die Iris zu sehen, so als hätte ich gerade einen Stromschlag abbekommen oder etwas Grauenhaftes gesehen ... nur dass ich immer so aussah.

Immer.
Von zwölf bis sechzehn Jahren. Jeden Tag meines Lebens.

Meine Mutter fuhr jeden Monat mit mir nach Denver zu irgendwelchen Augenärzten, die darüber wachten, dass meine Hornhäute keinen Schaden nahmen (ich schlief jetzt immer mit einer Augensalbe, damit mir die Augen nicht austrockneten), aber zugleich auch meine Gesichtsknochen vermaßen. Die Sache mit den Glupschaugen ließ sich operativ korrigieren. Aber erst, wenn meine Gesichtsknochen aufgehört hatten zu wachsen. Und wie ich herausfand, kann man seine Gesichtsknochen nicht durch Disziplin oder Optimismus vom Wachsen abhalten.

Die meisten Jugendlichen in der Junior High School fanden, sie sähen aus wie Insekten. Bei mir stimmte das wirklich. Im Schulbus verbrachte ich an den meisten Tagen die zwanzig Minuten Fahrzeit damit, meine Handflächen auf die Augen zu pressen, weil ich dachte, wenn ich mich nur entschlossen und beharrlich genug anstrengte, könnte ich meine Augen wieder zurück in den Schädel zwängen. Aber das funktioniert einfach nicht. Jugendliche können ihre geschiedenen Eltern nicht wieder zusammenwünschen. Sie können auch nicht durch Superleistungen in der Schule ihre manisch-depressive Mutter davon abhalten, verrückt zu sein. Und sie können ihre Froschaugen nicht zurück in den Schädel zwingen, indem sie auf der Busfahrt in die Schule zwanzig Minuten lang draufdrücken. Aber das alles hat noch keine Jugendlichen davon abgehalten, es zu versuchen.

Ich weiß nicht genau, ob der Tyrann auf der letzten Sitzreihe zur Serienausstattung aller Schulbusse in Amerika gehört, zusammen mit dem Feuerlöscher und dem großen Türhebel beim Fahrersitz, aber es kam mir jedenfalls so vor. Meine serienmäßige Tyrannin war gar nichts Besonderes: ein Mädchen namens Becky, größer als die meisten anderen, mit zerzausten Haaren, das immer Def-Leppard-T-Shirts anhatte.

Sie bemerkte meine Handflächen über den Augen, und als sie die anderen darauf hinwies, log ich. „Was machst du denn da?", fragte Becky höhnisch. „Willst du dir etwa die Froschaugen wieder reindrücken?"

„Ich meditiere", sagte ich. „Buddhistisch." Und dann setzte ich mich mit meinen dünnen Beinen im Schneidersitz auf die Bank im Bus.

Am nächsten Tag setzte ich einfach eine Sonnenbrille auf.

Irgendwann fing ich dann an, die Augen zuzukneifen und niemanden direkt anzuschauen, wenn ich durch die niedrigen Flure der Horace Mann Junior High School ging, so wie die Frühentwicklerinnen unter den Mädchen sich ihre Mappen vor die Brust hielten. Doch wenn ich auch die Augen abwandte – das Kinn ließ ich niemals sinken. Nicht ein einziges Mal.

Kapitel 3

Jeder hat seine eigene Horrorgeschichte aus der Schulzeit. Es ist eine Feuerprobe, und was für ein Mensch schließlich aus uns wird, lässt sich meist in die siebte Klasse zurückverfolgen. Dabei reagiert jeder anders auf seine Schulerlebnisse. Was sich in mir zusammenbraute in jenen niedrigen Fluren, war mehr als nur ein „Zornproblem", wie es später genannt wurde. Das tägliche Sperrfeuer bösartiger Bemerkungen, das mir Becky und andere entgegenspien, machte mich zwar zornig, aber irgendwie war der Zorn auch ein Schutz. Dieser Schutz bestand aus Zynismus und einem geschärften Gespür dafür, wenn Leute Bullshit erzählen. Nach einer Weile konnte ich das riechen wie ein Drogenspürhund auf einem kolumbianischen Flughafen.

Meiner Kirchengemeinde muss ich bei all ihren Fehlern eines lassen: Sie war der einzige Ort außerhalb meines Elternhauses, wo die Leute mich nicht angafften oder sich über mich lustig machten. In der Gemeinde wurde ich mit meinem Namen begrüßt anstatt mit irgendwelchen Spottbezeichnungen. In der Gemeinde konnte ich zur Jugendgruppe gehören. In der Gemeinde starrte mich niemand an. Deshalb war es auch so schlimm für mich, dass es letzten Endes andere Gründe gab, warum ich dort nicht hinpasste.

Dass ich zur Church of Christ gehörte – und somit Christ war –, bedeutete vor allem, dass ich sehr gut darin war, gewisse Dinge *nicht* zu tun. Nicht zu trinken natürlich, nicht bissig oder sarkastisch zu sein, keinen Sex außerhalb der Ehe zu haben, nicht zu rauchen, nicht zu tanzen, nicht zu fluchen, mich nicht in Leute außerhalb der Gemeinde zu verlieben und natürlich, was vielleicht das Wichtigste überhaupt war, nicht mit einer gemischten Gruppe baden zu gehen. Je besser man es hinkriegte, diese Dinge nicht zu tun, desto besser war man als Christ. Schon damals kam es mir nicht so vor, dass es die Gnade Gottes oder die radikale Liebe Jesu war, die die Leute in der Church of Christ vereinte; es war ihre Fähigkeit, gut zu sein. Oder zumindest ihre Fähigkeit, gut zu scheinen. Und das kriegt nicht jeder hin.

Während ich also trotz meiner Froschaugen in der Gemeinde akzeptiert wurde, waren die Wut und der Zynismus, die sich in mir infolge dieser Froschaugen angestaut hatten, ganz und gar „nicht christlich". Meine neu entdeckte Vorliebe für das Wort „Bullshit" zum Beispiel war nicht christlich. Der Punkrock bewies mir, dass es da draußen noch andere Leute gab, die auch schreien und einen draufmachen wollten, und das veränderte mein Leben. Aber auch Punkrock, Schreien und einen draufmachen waren – nicht christlich. Und damit war *ich* nicht christlich.

Ich setzte meinen unchristlichen Weg fort, indem ich sechs Monate vor meiner Augenoperation anfing zu trinken. Wenn wir dann vier Jahre vorspulen, war ich eine nun nicht mehr froschäugige Neunzehnjährige mit lila Haaren, einem Alkoholproblem, einem Einstellungsproblem und einem Kein-Tag-ohne-Joint-Problem.

Die meisten Gleichaltrigen waren inzwischen auf dem College. Ich hatte das auch versucht, war aber schon nach vier Monaten gescheitert. Mit meiner Fähigkeit, zu trinken „wie ein Mann", hatte ich zwar bei den Verbindungsstudenten mächtig Eindruck gemacht, aber ich hatte es nicht geschafft, mich auch mal im Hörsaal blicken zu lassen. Erst später dämmerte mir, dass es zwischen diesen beiden Dingen vielleicht einen Zusammenhang gab.

Kapitel 3

Nach meinem eher mittelmäßigen Schulabschluss hatte ich mich, sozusagen, in die Pepperdine-Universität hineingeschmeichelt. Genau genommen war das eine Hochschule der Church of Christ, aber da sie sich in Kalifornien befand und nicht in einem richtigen christlichen Staat wie Texas oder Tennessee, war sie den Traditionalisten suspekt. Bedenkt man, wie die Gemeinde über „gemischtes Baden" dachte – Jungen und Mädchen gleichzeitig im selben Schwimmbad –, muss ihnen eine Hochschule der Church of Christ im Strandparadies Malibu ähnlich widersinnig vorgekommen sein wie ein amisches Internat auf dem Strip in Las Vegas.

Nach meinem kurzen Ausflug aufs College ging ich zurück nach Denver. Nachdem ich dort ein paar Monate lang in einem schicken mexikanischen Restaurant mit vernachlässigbarem Essen Teller gewaschen hatte, traf ich Scotty, einen neunzehnjährigen Kiffer mit langem Kreuz und großem Herzen, der eine Wohnung in der Albion Street hatte und sagte, da könne jeder unterkommen. Keine Woche später half Barb mir beim Einzug.

An dem Abend, als ich einzog, deutete meine Schwester von der offenen Wohnungstür aus auf den versifften Küchentresen, eine riesige grüne Bong, ein Zimmer voller Matratzen auf dem Fußboden und einen Kerl, der auf einem zerfledderten Sofa schlief. „Schätzchen", flüsterte sie, „ist das dein Ernst?"

Wir haben nun mal nicht alle das Zeug zur Akademikerin, Barb, dachte ich im Stillen.

Die Wohnung wurde rasch zu meinem Heim und die Leute dort meine Ersatzgemeinschaft. Wir teilten unsere Drogen redlich und versuchten, dafür zu sorgen, dass jeder etwas zu essen bekam. Schon vor meiner Ankunft hatte jemand einen blaugelben „Sag-nein-zu-Drogen"-Aufkleber auf die über einen Meter lange Fiberglas-Bong im Wohnzimmer geklebt. Sie stand an einer nikotinvergilbten Wand, an der ein „Reaganstein"-Poster hing (Ronald Reagan mit grünem Gesicht und Bolzen im Kopf, die Arme drohend erhoben). Gekocht wurde nicht viel in der Wohnung, höchstens mal eine Packung Ramennudeln. (Und einmal briet jemand eine Klapperschlange; eine dieser Suffaktionen, um die Mitbewohner bei Laune zu halten und allen Konventionen zu trotzen. Sie vergammelte, bevor jemand – ich war es nicht – auf den schlauen Gedanken kam, sie auf den Müll zu schmeißen.) Wir nannten unsere Schmuddelbude „Albion Babylon".

An meinem ersten Abend in Albion Babylon packte ich meine Habe aus und merkte bald, dass die Apfelkiste das einzige Möbelstück war, in dem ich meine Sachen verstauen konnte. Also stellte ich sie auf die Seite wie einen kleinen Geschirrschrank und stapelte darin alles so ordentlich auf, wie es eben ging. Dann nahm ich einen schwarzen Markierstift, zeichnete einen Kreis um den Apfel und überlegte, ob ich ein Friedens- oder ein Anarchiesymbol daraus machen sollte. Frieden. Nein ... Anarchie. Ich versuchte, beides zu kombinieren, sodass es schließlich aussah wie irgendein Emblem aus Star Trek. Die alte Matratze auf dem Fußboden bedeckte ich mit einem fröhlich gelb geblümten Laken und meiner Bettdecke. Ich war so dankbar dafür, einen Platz zum Schlafen zu haben, der nicht mit lauter Erwartungen an mich befrachtet war wie mein Elternhaus, mein Wohnheim an der Pepperdine oder, Gott behüte, die Church of Christ.

Kapitel 3

Doch trotz all dem Blödsinn dort und der Versessenheit darauf, gut zu sein, und der Ausgrenzung von Leuten, die nicht auf deren spezielle Weise „gut" waren, war die Church of Christ, in der ich aufwuchs, doch eine Gemeinschaft. Als Gemeindeglieder teilten wir unser Leben miteinander. Dreimal in der Woche versammelten wir uns in einer großen Schar zum Gottesdienst, um zu singen, zu beten und miteinander Abendmahl zu feiern. Und während der übrigen Woche verbrachten wir unsere Zeit mit Leuten aus der Gemeinde. Insbesondere das Haus meiner Eltern war ein beliebter Treffpunkt. Immer aßen irgendwelche Leute mit an unserem Tisch, schliefen auf unseren Sofas und studierten in unserem Wohnzimmer die Bibel.

Einmal stand ein junges Pärchen bei uns auf der Matte. „Wir sind Freunde von den Slaters aus Detroit und gerade auf Durchreise in Denver. Sie haben gesagt, wir könnten vielleicht hier übernachten."

„Zieht euch ein Sofa aus", sagten meine Eltern dann. „Hier habt ihr ein paar Handtücher. Helft ihr mir beim Karottenschälen?"

So ging es bei uns zu Hause zu, und es war irgendwie schön. Doch so wie jedes andere Kind auf unserem Planeten merkte ich erst viel später, wie komisch meine Familie eigentlich war. Im Gegensatz dazu, wie ich über den christlichen Fundamentalismus dachte, von dem ich mich bald trennen würde, habe ich nie aufgehört, diese geistliche Merkwürdigkeit der Gastfreundschaft und Gemeinschaft zu schätzen. Und ohne es zu merken, verbrachte ich die nächsten zehn Jahre mit dem Versuch, mir selbst so eine geistliche Gemeinschaft zu erschaffen. Nur war ich auf der Suche nach einer Gemeinschaft, in die wirklich *alles* an mir hineinpasste.

Kurz, ich war begeistert davon, dass ich Albion Babylon gefunden hatte. Wir fühlten uns wie eine Gemeinschaft. Wir lachten jede Menge in unserem ebenerdigen Apartment, tranken um die Wette und gingen nicht oft vor die Tür. Scotty, der Typ aus dem mexikanischen Restaurant, hatte schon einen Entzug hinter sich. Einmal zeigte er mir ein Buch, dass er angefertigt hatte: eine Art Sammelalbum in einem braunen Umschlag mit Fotos, Zeichnungen und Texten. Das war so ein Selbsterkenntnisprojekt, das er in der Therapie hatte machen müssen. Jetzt versteckte er sein Gras darin. Ich liebte ihn wegen seiner Gedichte und Bilder, und weil er Gras in seinem Patientenalbum aufbewahrte. Es kam mir vor wie ein schallendes „Leckt mich" an seine Eltern, die sich „solche Sorgen" um ihn machten.

Daraufhin machte ich mir auch so ein Buch: eine Zeichnung, ein schlechtes Gedicht, eine Liste meiner Helden, meiner Fehler und meiner Stärken. Helden: 1. Jesus Christus, 2. Che Guevara. Stärke: Humor. Fehler: Weglaufen. Ich notierte, Jesus sei ein echter Revolutionär gewesen, und das Christentum hätte leider seinen Ruf ruiniert. Meine Ziele mit neunzehn waren: mehr zu reisen, in einer Kommune oder irgendwie gearteten verbindlichen Gemeinschaft zu leben und durch revolutionäres Handeln zum Weltfrieden beizutragen.

Als mit der Zeit zwei weitere Mitbewohner zu uns stießen, beschlossen wir, uns ein Haus zu mieten, ein Ranchhaus aus hellen Ziegeln an der Humboldt Street, ganz in der Nähe der Iliff School of Theology. Dort würde ich später einmal studieren, aber damals bemerkte ich sie überhaupt nicht. Im Hum-

Kapitel 3

boldthaus, unserem neuen Zuhause, fühlten wir uns alle frei von Einschränkungen und Konventionen und Bemutterungsversuchen unserer Eltern, und einen Garten hatten wir auch.

Meine Freunde und ich hatten nun also ein richtiges Zuhause, und während der Typ mit den gelichteten Zahnreihen aus Alabama in einigen Zimmern Hydrokulturen für unser Gras anlegte, beschloss ich, mich um die traditionelleren Haushaltstätigkeiten zu kümmern. Ohne die leiseste Ahnung vom Brotbacken oder von der Gemüsegärtnerei zu haben, versuchte ich mich an beidem. In beiden Fällen fielen die Resultate trocken und krümelig aus. Ich schmiss einfach Samenkörner auf den trockenen Boden und dachte, wir könnten von dem leben, was dabei herauskam. Aber es wuchs nichts. Und ich hatte immer noch Hunger. Daneben dekorierte ich den Rand des Linoleumfußbodens in meinem Kellerzimmer mit meinen leeren Wodkaflaschen, die ständig von meinen Mitbewohnern und ihren Freunden und Freundinnen (mit denen ich hin und wieder „versehentlich" schlief) umgestoßen wurden.

Sonntagmorgens, wenn ich meinen Kater abschütteln konnte, schlich ich mich manchmal, ohne recht zu wissen, warum, zu einer Quäkerversammlung in der Nähe. Das war eine liberale Gemeinde, wo niemand etwas sagte. Ihr Gottesdienst bestand aus einem gemeinsamen Erleben der Stille. Es gab keine Predigt und keine Männer, die sich in endlosen wichtigtuerischen Gebeten ergingen. Es war ein beruhigendes, vertrautes Gefühl, mit einer Gemeinschaft von Leuten auf diesen Eichenbänken zu sitzen. Außerdem gefiel es mir, dass niemand mir dort sagte, was ich tun müsse, um ein guter Mensch zu sein. Die Leute, die an diesen stillen Vormittagen dort um mich herumsaßen,

Albion Babylon

bestellten richtige Gärten und protestierten gegen Kriege und lasen die *New York Times*. Sie waren freundlich und verloren nie ein Wort über den Geruch des noch nicht vollständig verstoffwechselten Alkohols vom Vorabend, den ich verströmte.

Doch obwohl die Quäker eine Gemeinschaft waren, gehörte ich nicht wirklich dazu. Ich war eher so etwas wie eine Zuschauerin. Meine Gemeinschaft lag ein paar Häuser weiter noch in den Betten und schlief ihren Rausch aus. Doch bei uns zu Hause liefen die Dinge allmählich aus dem Ruder. Die Leute wurden immer schlampiger. Ein Typ hatte sich eine Knarre zugelegt, und unser Redneck aus Alabama hatte angefangen, mit Speed zu handeln. Immer mehr Fremde tauchten bei uns auf. Um den Garten kümmerte sich niemand. Mir war der Garten eigentlich auch egal. Wir alle taten einfach nur das, wozu wir Lust hatten. Ich war von allen enttäuscht, und Brot zu backen versuchte ich auch nur das eine Mal.

Wie sich herausstellte, hätte eine Gemeinschaft, wie sie mir vorschwebte, aus Leuten bestanden, die nicht auf die Idee kamen, den Motor eines 1981er Honda Civic auseinanderzunehmen und vier Monate lang im Wohnzimmer herumstehen zu lassen. Aus Leuten, die, wenn ihr Kater auf meine Bettdecke pinkelte, in Erwägung ziehen würden, den Kater kastrieren zu lassen oder wenigstens die Reinigung zu bezahlen. Sie würden diesen Vorfall nicht einfach als Gelegenheit nutzen, mich mit glasigem Blick darüber aufzuklären, wie verkrampft ich doch sei und dass eigentlich niemand das Recht habe, sich an den Fortpflanzungsorganen eines anderen Tiers zu schaffen zu machen ... Mann! Und vielleicht vor allem anderen wollte ich in einer Gemeinschaft mit Leuten leben, die nicht nur imstande

Kapitel 3

waren, ein einstmals froschäugiges Mädchen zu lieben, sondern auch zuverlässig die Toilettenspülung zu bedienen. Und verdammt, vielleicht legten sie auch Wert auf eine Mitbewohnerin, die nicht mit ihren Freunden und Freundinnen schlief.

Am Anfang hatten wir uns gegenseitig gemocht, aber letzten Endes wusste keiner von uns, wie man sich *umeinander kümmert*. Doch diese Erfahrung lehrte mich, dass eine Gemeinschaft, die darauf fußt, dass Regeln und Vorschriften bei allen verhasst sind, letztlich genauso enttäuschend und bedrückend ist wie eine Gemeinschaft, die auf der Fähigkeit fußt, Regeln und Vorschriften zu befolgen.

Ich zog aus. Zwei Wochen später nahmen die Bullen das Haus auseinander.

Am ersten Tag der Woche kommt Maria von Magdala früh, als es noch finster war, zum Grab und sieht, dass der Stein vom Grab weg war. DA LÄUFT SIE und kommt zu Simon Petrus und zu dem andern Jünger, den Jesus lieb hatte, und spricht zu ihnen: Sie haben den Herrn weggenommen aus dem Grab, und wir wissen nicht, wo sie ihn hingelegt haben. ... Maria aber stand draußen vor dem Grab und weinte. Als sie nun weinte, schaute sie in das Grab und sieht zwei Engel in weißen Gewändern sitzen, einen zu Häupten und den andern zu den Füßen, wo sie den Leichnam Jesu hingelegt hatten. Und die sprachen zu ihr: Frau, was weinst du? Sie spricht zu ihnen: Sie haben meinen Herrn weggenommen, und ich weiß nicht, wo sie ihn hingelegt haben. Und als sie das sagte, wandte sie sich um und sieht Jesus stehen und weiß nicht, dass es Jesus ist. Spricht Jesus zu ihr: Frau, was weinst du? Wen suchst du? Sie meint, es sei der Gärtner, und spricht zu ihm: Herr, hast du ihn weggetragen, so sage mir, wo du ihn hingelegt hast; dann will ich ihn holen. Spricht Jesus zu ihr: Maria! Da wandte sie sich um und spricht zu ihm auf Hebräisch: Rabbuni!, das heißt: Meister! Spricht Jesus zu ihr: Rühre mich nicht an! Denn ich bin noch nicht aufgefahren zum Vater. Geh aber hin zu meinen Brüdern und sage ihnen: Ich fahre auf zu meinem Vater und zu eurem Vater, zu meinem Gott und zu eurem Gott. Maria von Magdala geht und verkündigt den Jüngern: Ich habe den Herrn gesehen, und das hat er zu mir gesagt.

Kapitel 4

La Femme Nadia

Denn ich weiß nicht, was ich tue. Denn ich tue nicht, was ich will; sondern was ich hasse, das tue ich.

– Römer 7,15 (Luther)

Am Sonntag nach Neujahr 1992 war ich seit sechs Tagen trocken und saß in einem trüben, schmucklosen Raum voller Zigarettenqualm und trockener Frauen – Vorstadthausfrauen, ausgemergelte Cocktailkellnerinnen, ein paar Großmütter und eine Anwältin – im ersten Stock der York Street. Die „York Street" ist ein altes viktorianisches Haus, das als Zentrum für Alkoholiker-Selbsthilfegruppen in Denver dient. Der Glanz des Hauses war in den zwanzig Jahren, in denen es durchweg als Treffpunkt für trockene Trinker gedient hatte, ziemlich verblasst. Auf der prächtigen umlaufenden Veranda, auf der vor langer Zeit viktorianische Damen in Korsetten und elegante Herren im Kummerbund lustgewandelt waren, tummelten sich halb volle Aschenbecher, obdachlose Männer und Anwälte, die flugs in ihre Audis schlüpften, um nicht von Kollegen oder Mandanten, die vielleicht gerade die eigentli-

Kapitel 4

che York Street entlangfuhren, in einer Reha-Einrichtung gesehen zu werden.

Früher durfte man in der York Street rauchen, aber nur im ersten Stock. Rauchen hilft, wenn man vom Nichttrinken den Tatterich hat und sowieso schon nicht ganz sicher ist, ob das mit dem Entzug überhaupt funktionieren wird. Ich war mir keineswegs sicher, ob ich das schaffen würde, was ich in der York Street eigentlich zu suchen hatte oder ob irgendeine dieser Frauen je durchgemacht hatte, was ich gerade durchmachte. Ich wusste nur, dass ich sie alle nicht leiden konnte.

Wir saßen im ersten Stock im Kreis, alle schwafelten von Gott, bla bla bla, von Ergebung, bla bla bla, und ich glaubte kein Wort davon. Meine Haut fühlte sich an wie die raue Seite eines Klettverschlusses, und jedes Geräusch riss an meinen Nerven. Mein rechter Fuß ließ mein Bein wild auf- und abwippen, als wäre er zu nichts anderem da. Ich musste an meine trockene Freundin Nora denken, die einmal gesagt hatte, wäre sie keine Alkoholikerin, würde sie sich jeden Tag besaufen. Ich lächelte darüber, wie genau das die Sache traf. Was ich eigentlich wollte, waren ein paar Gläser Wodka, aber was ich hatte, waren sechs trockene Tage und offenbar so etwas wie eine nervöse Störung.

Während die Anwältin redete, wanderten meine Gedanken eine Woche zurück zum Weihnachtstag, an dem ich um zehn Uhr morgens mit dem Trinken angefangen hatte, um vierundzwanzig Stunden später im Bett eines Kochs aus dem Restaurant, in dem ich arbeitete, aufzuwachen. Ich konnte mich nicht erinnern, je Zeit mit ihm verbracht oder ihn auch nur attraktiv gefunden zu haben. Was mich aber am meisten erschreckte, war nicht, dass ich so viel getrunken hatte, dass ich in einem fremden Haus gelandet war, ohne mich an den Vorabend erinnern zu können. Zu dieser Zeit hatte ich mich schon eine ganze Weile lang durchgehend dämlich verhalten: Ich hatte mich im Wohnzimmer eines Junkies tätowieren lassen, auf der Toilette bei Nell's in New York Koks geschnupft und auf einer vereisten Straße einen Motorradunfall gebaut (da ich nicht nüchtern genug war, um mir zu überlegen, dass der Winter vielleicht nicht unbedingt die beste Jahreszeit fürs Motorradfahren ist). Das eigentlich Erschreckende an jenem Weihnachtstag war, dass nichts von alledem mich noch erschreckte.

Hätte meine arme Mutter auch nur die leiseste Ahnung davon gehabt, so wäre sie geradewegs in Ohnmacht gefallen, aber vor mir hatte ich so getan, als gehörte das alles einfach nur zu meiner Starrolle in Andrew Lloyd Webbers Version von *Nadia*. Und war ich nicht fabelhaft in meiner Rolle? Ich trug meine Trinkerei mit einer Tollkühnheit, als wäre ich eine Heldin der Ausschweifung. An diesem Weihnachtstag aber fühlte es sich beschissen an. Mir wurde undeutlich bewusst, dass ich einfach nur versuchte, ein bestimmtes Bild von mir zu verwirklichen, das ich für zutreffend hielt.

Ich rechnete damit, mit dreißig tot zu sein. Woher genau dieser Gedanke kam, weiß ich nicht genau, aber ich vermute, aus einem Film über Jim Morrison. Oder vielleicht war es auch *Sid and Nancy*. Welchen Hollywoodstreifen ich mir auch als Abbild meiner selbst zu eigen gemacht hatte, jedenfalls brauchte ich Jahre, bis ich bereit war, diese Vorstellung von mir selbst zu überdenken. Die Vorstellung, dass ich leicht neben der Spur war (aber auf zauberhafte Weise) und jung sterben würde, war mir zu so etwas wie einem Lieblingsoutfit geworden, das ich

Kapitel 4

nicht variieren wollte, weil ich mir darin so gut gefiel. Anfangs fand ich das toll. Als Teenager fand ich mich super in der Rolle, Drogen zu nehmen und alle Weisheit zu verschmähen. Ich hatte das Outfit anprobiert, mich darin vor dem Spiegel gedreht und mich bewusst für dieses Aussehen, dieses Image, diese Identität entschieden. Aber mit der Zeit hatte ich, ohne es zu merken, die Fähigkeit verloren, darüber zu entscheiden. Ich war zu dem geworden, als was ich mich anfangs nur verkleidet hatte.

Wenn man etwas nicht im Griff hat, wie ich zum Beispiel – ich brauche nur ein Glas zu trinken, und schon sind alle Leinen los, wie sehr ich auch motiviert sein mag, mich zu beherrschen – dann ist es einfacher, sich das Leben so einzurichten, dass es aussieht, als hätte man sich das alles so ausgesucht, als sich der Wahrheit zu stellen: Man ist gar nicht mehr fähig, sich irgendetwas auszusuchen.

Am 26. Dezember 1991, sechs Tage vor dem Treffen, in dem ich jetzt saß, war ich zu meinem ersten Zwölf-Schritte-Treffen gegangen, um meiner Freundin Sandra zu beweisen, dass ich keineswegs eine Alkoholikerin war. Sandra war eine halbprofessionelle Betrügerin, die einen Großteil unseres Geldes zum Saufen damit verdiente, dass sie alte Leute übers Ohr haute, indem sie ihnen mehr Hörgeräte verkaufte, als sie je brauchten. Sie war in letzter Zeit meine bevorzugte Saufkumpanin gewesen und hatte in den letzten sechs Jahren immer wieder Zeiten in Reha-Maßnahmen verbracht.

Wir waren gerade bei unserer vierten Runde bei Ms C's gewesen, einer Country & Western Bar für Lesben, als sie herausgeplatzt war: „Ich muss mal wieder versuchen, nüchtern zu werden." Ihr Gesicht ist noch ganz verquollen gewesen von ihrer letzten Sauftour, und in dem Moment hatte ich im Stillen gedacht: *Du Waschlappen willst schon aufgeben?* „Und im Ernst, Nadia", war sie fortgefahren, „du bist eine bekackte Alkoholikerin."

Ich hatte ihr das Gegenteil beweisen und mir bei der Gelegenheit vielleicht auch ein paar Tipps holen wollen, wie ich mich besser in den Griff bekommen könnte, um das Saufen zu genießen, ohne mich erbrechen zu müssen. So kam es, dass ich am nächsten Tag wichtigtuerisch auf einem alten Sofa in der Ecke eines Gemeindehauskellers gesessen hatte und mich in der Gewissheit wiegte, jeder im Raum wisse bestimmt, dass ich dort eigentlich gar nichts zu suchen hatte.

Das war jetzt sechs Tage her, und mein Bein hörte einfach nicht auf zu zucken. Ich suchte immer noch nach der Bestätigung, dass ich keine Alkoholikerin sei, damit ich, oh bitte, Herr Jesus, endlich wieder saufen gehen konnte.

Margery, eine ledergesichtige Frau mit New-Jersey-Akzent, redete vom Beten oder irgendwelchem anderen Unsinn, als plötzlich aus der Küche unter uns ein Geräusch heraufdrang, als wäre ein Kugelschreiber auf den Kachelfußboden gefallen. Ich schoss vom Sofa hoch, als wollte ich Granatsplittern ausweichen, aber niemand sonst reagierte. Ohne mit der Wimper zu zucken, wandte sich Margery mit einer langen, schlanken Zigarette zwischen den Fingern zu mir und sagte: „Das geht vorbei, Mädel." Sie nahm einen Zug und fuhr fort: „Also, jedenfalls, Gebet ist ..."

In diesem Moment wurde mir klar, dass Margery sich nur deshalb so unmittelbar zu mir gewandt und das gesagt hatte, weil sie genau wusste, was es heißt, am ganzen Leib zu zittern,

Kapitel 4

weil man nichts getrunken hat. Sie wusste, dass das offenbar eine vorübergehende Erscheinung war. Und vielleicht wusste sie sogar, wie man mit dem Trinken aufhört, auch wenn es einem total dreckig dabei geht. Ich war am richtigen Ort. Also fing ich ganz allmählich an, regelmäßig zu diesen Treffen zu gehen und alten Hasen wie Margery genau zuzuhören. Selbst dann, wenn sie anfingen, von Gott zu reden.

Und von Gott redeten diese Leute eine Menge. Allerdings nie von einem zornigen Gott, der Leute verurteilte oder verdammte oder ständig nur enttäuscht von ihnen war. Der Gott, von dem sie redeten, war nicht der Gott, den zu fürchten man mich gelehrt hatte.

„Du musst einfach eine höhere Macht finden, mit der du verhandeln kannst", sagte Margery eines Morgens, als ich zugab, dass das Christentum mir zuwider sei. „Hier geht es nicht um Religion, Mädel."

Für sie war Gott der entscheidende Faktor, um trocken zu bleiben. Ihre Beziehung zu Gott war nicht dogmatisch. Sie war pragmatisch.

„Hör einfach auf, dauernd darüber nachzudenken. Wenn du morgens aufstehst, bitte Gott, dir zu helfen, trocken zu bleiben, und vor dem Schlafengehen danke ihm." Bei dem männlichen Pronomen zuckte ich zusammen, aber ich tat es an diesem Abend trotzdem.

Kennen Sie auch solche Freundschaften, bei denen Zeit und Entfernung gar keine Rolle spielen und man immer wieder da weitermachen kann, wo man aufgehört hat, auch wenn man jahrelang nicht miteinander geredet hat? So war es bei meiner Beziehung zu Gott nicht. Nicht etwa, dass ich nicht an Gott

La Femme Nadia

geglaubt hätte. Ich hatte es nie geschafft, wirklich zur Atheistin zu werden. Ich glaubte immer daran, dass es im Universum etwas gab, irgendeine große, schöpferische Kraft, die alles zusammenband. Etwas, womit ich verbunden war. Ich hatte mir angewöhnt, es Geist und Göttin zu nennen, und hin und wieder ließ ich mich auch dazu herbei, es vorsichtig Gott zu nennen, solange nur kein Christentum dabei im Spiel war. Aber das Reden mit Gott fühlte sich so an, als finge ich ganz von vorne an.

Fast jeden Tag ging ich nun zu diesen Treffen in der York Street und diversen Gemeindehauskellern. Ich saß auf Metallklappstühlen auf Linoleumfußböden und trank aus Styroporbechern hellbraunen Kaffee, während trockene Trinker mir etwas von Gott erzählten, den sie oft einfach nur als ihre höhere Macht bezeichneten. Dieses Fehlen konkreter theologischer Aussagen war vielleicht das Einzige, was es mir möglich machte, immer wieder hinzugehen. Einmal jedoch in jenen ersten sechs Monaten, als ich in einem Zwölf-Schritte-Treffen in einem Raum im Obergeschoss einer Freimaurerloge saß, erzählte jemand, er habe in dieser Woche etwas in der Bibel gelesen, was ihm für sein Bemühen um Trockenheit viel bedeutete.

Ich stand auf und verließ den Raum. Die Bibel war die bevorzugte Waffe im geistlichen Gladiatorenzirkus meiner Jugend gewesen. Ich wusste, dass die Bibel, wenn man sie gezielt und präzise schwingt, tiefe Wunden schlagen kann, während derjenige, der sie in der Hand hält, ungestraft behaupten kann, dies komme „von Gott". Wann immer ein Bibelvers gebraucht wird, um einen anderen Menschen auszuschließen, zu beschämen, zu schädigen oder zu verletzen, dann geschieht das anscheinend, da Gott ja die Bibel geschrieben hat (ein grotesker

Kapitel 4

Gedanke), nicht nur in seinem Namen, sondern auch aus Liebe und Fürsorge für diesen anderen. Und diese Person war ich mehrere Male gewesen und hatte geistlich blutend am Boden gelegen, während die netten, wohlmeinenden und fürsorglichen Christen herablassend lächelnd über mir standen und höchst zufrieden mit sich waren, weil sie ja „die Wahrheit in Liebe ausgesprochen" hatten.

Das Buch, das Gott „geschrieben" hatte, war benutzt worden, um mir und anderen wehzutun. Als nun in diesem Zwölf-Schritte-Treffen einer der Teilnehmer darauf zu sprechen kam, war das das Einzige, woran ich denken konnte. Und wenn ich einen „Gott" finden musste, „mit dem ich verhandeln konnte", wie Margery es ausdrückte, dann würde das bestimmt keiner sein, der so ein Buch wie die Bibel geschrieben hatte. Wer konnte damals schon ahnen, dass ich später einmal die Bibel lieben lernen würde, nachdem ich erst einmal all die großartigen Teile darin entdeckt hatte, von denen nie die Rede gewesen war, als ich heranwuchs.

Aber die Verbindung – die tiefe, beständige und persönliche Verbindung, die Leute wie Margery zu Gott hatten, zu einer Macht, die größer war als ihr Trinker-Ich – basierte keineswegs auf Frömmigkeit oder Gerechtigkeit. Sie basierte einzig und allein auf etwas, womit ich entschieden mehr anfangen konnte: auf Verzweiflung.

Im Rückblick erscheint mir das alles heute wie eine Unterbrechung. Es war, als würde Gott mich abrupt, ja geradezu grob, in meinem Leben unterbrechen. Mir war es doch prima gegangen mit meinem Streben nach einem frühen Rock'n'Roll-Tod. Ich fand es zum Brüllen komisch, wenn ich mit Schrunden im

La Femme Nadia

Gesicht zu meinem Kellnerinnenjob erschien, weil ich wieder einmal in einer Pfütze meines eigenen erbrochenen Wodkas eingeschlafen war. Immer, wenn ich gesagt hatte, ich müsste wirklich versuchen, mit dem Saufen aufzuhören, drückte ich damit in Wirklichkeit aus: *Schaut doch mal, wie gut ich als Säuferin bin.* Oder anders gesagt: *Bin ich nicht eine niedliche gescheiterte Existenz?*

Als ich dann also mit dem Trinken aufhörte, als ich meine Abende nicht mehr in Bars, sondern in Gemeindehauskellern verbrachte, hatte ich nicht das Gefühl, als sei das eine Willenssache. Im Gegenteil, es geschah gegen meinen Willen, und ich war stinkwütend deswegen. Ich kochte vor Wut darüber, dass mir der Fusel genommen wurde, wo der doch das Einzige war, was verlässlich die von der Angst und dem Druck des Menschseins verkrampften Muskeln in meiner Brust wenigstens ein bisschen zu lockern vermochte.

Aber ich blieb dran. Ich blieb dabei, nicht zu trinken und Frauen wie Margery zuzuhören, denn in diesen Räumen hörte ich, wie Wahrheit ausgesprochen wurde. Obwohl mein Wunsch eigentlich nur war, wie eine Dame trinken zu lernen, blieb ich dabei, um von diesen Leuten zu lernen, wie Leute wie wir es schaffen können, nüchtern zu bleiben. Ich hatte so oft die vertraute Wahrheit über mein eigenes Alkoholproblem aus dem Mund von alten Männern und Straßenpunks und Anwälten und alten Damen wie Margery gehört, dass ich mehr Willenskraft gebraucht hätte, um es zu verleugnen, als um mich einfach zu ergeben.

Mich erinnert das an den großartigen französischen Film *La Femme Nikita* (und das spätere grottenschlechte amerikanische

Kapitel 4

Remake *Codename: Nina*) aus den frühen 1990ern. Nikita ist ein drogensüchtiges junges Mädchen und die einzige Überlebende einer Schießerei zwischen der Polizei und der Diebesbande, zu der sie gehörte. Die Behörden täuschen ihren Tod vor, stecken sie ins Gefängnis und stellen sie dann vor die Wahl, sich entweder tatsächlich in ihr angebliches Grab zu legen oder mit ihnen zusammenzuarbeiten. Quid pro quo.

Trocken zu werden fühlte sich für mich nie so an, als hätte ich mich am eigenen geistlichen Schlafittchen aus dem Sumpf gezogen. Es fühlte sich eher so an, als wäre ich zielstrebig auf dem Weg zur Selbstzerstörung, und Gott hätte mich am Kragen geschnappt und hochgehoben, während ich hoffnungslos um mich trat und strampelte und sagte: „Hau ab. Ich nehme lieber die Selbstzerstörung." Worauf Gott mich kleines Würmchen mit meinem wutroten Gesicht anschaute und sagte: „Wie niedlich", um mich dann schwungvoll auf einen ganz anderen Weg zu setzen. Ich bin so etwas wie eine lutherische Nikita. Ich bekam die Erlaubnis, nicht zu sterben und als Gegenleistung für Gott zu arbeiten. Ich bekam ein Leben zurück, ein reiches Leben, das ich mir nie aus dem Katalog ausgesucht hätte – ein Leben, in dem ich einen netten Mann heiraten, aufs College gehen, zwei Babys bekommen, Theologie studieren, als lutherische Pastorin ordiniert werden und eine Gemeinde gründen würde. Ich sollte mein Leben zurückbekommen, aber dafür würde ich für Gott arbeiten müssen. Ich würde Gottes Zicke werden müssen.

Kapitel 5

Danke, ELCA!

Denn das Himmelreich gleicht einem Hausherrn, der früh am Morgen ausging, um Arbeiter für seinen Weinberg einzustellen. ... Um die elfte Stunde aber ging er aus und fand andere und sprach zu ihnen: Was steht ihr den ganzen Tag müßig da? Sie sprachen zu ihm: Es hat uns niemand eingestellt.

– Matthäus 20,1; 6-7a (Luther)

Bei meiner ersten Verabredung mit meinem Mann fragte ich ihn, ob er ein Einhorn sei. Es kam mir vor wie eine ganz ehrliche Frage.

Als ich Matthew kennenlernte, war es ein Jahrzehnt her, dass ich die Gemeinde, in der ich aufgewachsen war, verlassen hatte. Während dieser Zeit hatte ich ein immer stärkeres Bewusstsein für Ungerechtigkeit und Armut und die allgemeinen Schrecken der Gesellschaft entwickelt, und es schien mir, dass man vollkommen herzlos sein musste, um diese Dinge zu ignorieren. Als Kind hatte ich in meiner Gemeinde nie etwas davon gehört, dass man etwas für die Armen tun müsse. Wir lebten dort eher in der frohen Erwartung von Friede, Freude und Eierkuchen im Himmel.

Kapitel 5

Ich dachte, ich hätte mich schon längst vom Fundamentalismus meiner Kindheit entfernt, so weit es nur ging. Doch damals wusste ich noch nicht, dass ich dem Schwarz-Weiß-Denken nicht einfach dadurch entkommen würde, dass ich nicht mehr in die Gemeinde meiner Eltern ging. Die Gemeinde hatte mir ein Ordnungssystem vermittelt, das mir in Fleisch und Blut übergegangen war. Darin gab es Schubladen, in die jeder Mensch, jeder Gedanke und jedes Ereignis einzusortieren war. Manchmal waren sie mit „gerettet" oder „nicht gerettet" beschriftet (je nachdem, ob die betreffende Person mit uns in den Himmel kommen würde oder nicht), manchmal auch mit „wir" oder „die anderen" (was dasselbe bedeutete); hin und wieder auch einfach mit „gut" oder „schlecht" (was wiederum dasselbe bedeutete). Als Jugendliche fing ich an, dieses große christliche Ordnungssystem infrage zu stellen. Meine schwulen Freunde in der High School waren nett und witzig, und sie liebten mich; also hatte ich den Verdacht, dass meine Gemeinde sie in die falsche Kategorie einsortiert hatte. Und siehe da, Tanzen machte großen Spaß. Mit den Jungs im selben Becken schwimmen war völlig normal (und machte Spaß). Und letzten Endes kam ich mit Leuten, die keine Christen waren, viel besser und problemloser aus. Ungerechtigkeiten in der Welt musste man bekämpfen, statt sie zu ignorieren. Nicht die Christen waren gut; sondern Leute, die für Frieden und Gerechtigkeit kämpften, waren gut. Ich war belogen worden, und weil ich wütend war darüber, dass man mich hinsichtlich der Schubladen belogen hatte, verließ ich die Gemeinde. Doch dann stellte sich heraus, dass ich damit dem Ordnungssystem noch lange nicht entronnen war. Ich hatte nur die Etiketten geändert.

Danke, ELCA!

Ich fing an, das zu begreifen, als ich im Januar 1995 Matthew kennenlernte, einen hochgewachsenen, total süßen lutherischen Theologiestudenten. Wir trafen uns beim zwanglosen Volleyballspiel. (Bekanntlich sind Volleyballfelder die heiligen Balzgründe hochgewachsener Menschen.)

Inzwischen war ich seit vier Jahren trocken, und zu der Zeit, als ich mich mit Matthew anfreundete, trieb ich mich immer noch mit Gottes Tante herum. Außerdem war ich in Behandlung bei einer Therapeutin mittleren Alters, die wallende Gewänder trug und in irgendeinem Chor sang. Sie war sehr klug und schien im Hinblick auf mich wirklich optimistisch zu sein, was mich dazu veranlasste, einerseits an ihrem Urteilsvermögen zu zweifeln, ihr andererseits aber innig dankbar zu sein. Eines Tages im Frühjahr 1995 erzählte ich ihr nervös, ich hätte einen total süßen Typen kennengelernt, aber der sei ... ähm, nett. Offensichtlich war das ein Problem (einer meiner früheren Freunde hatte wegen bewaffneten Raubüberfalls sechs Jahre in San Quentin gesessen), denn „nett" war für mich noch nie eine verlockende Eigenschaft gewesen. „Warum versuchen Sie es nicht mal?", schlug sie vor. Die fünfundsiebzig Dollar für diese Therapiestunde waren die beste Investition, die ich je gemacht hatte.

Bei unserer ersten Verabredung saßen Matthew und ich uns in einer Nische im „El Taco de Mexico" gegenüber, einem der wenigen Restaurants in Denver, wo man Brain Tostadas und Tongue Tacos bekommt. Während wir uns über unsere nicht ganz so abenteuerlichen Teller mit Chile Relleno Burritos hermachten, erkundigte sich Matthew nach meinen Interessen. Wir unterhielten uns über soziale Probleme: Rassismus, Obdachlosigkeit und Frauenrechte, und wir waren uns in allem einig. Dann sagte er: „Also, meine Leidenschaft für soziale Gerechtigkeit wurzelt in meinem christlichen Glauben."

Äh, wie bitte? Ich starrte ihn nur an und sagte nichts. Er fuhr fort und erzählte mir, er studiere lutherische Theologie an der Iliff School of Theology im Masterstudiengang mit Schwerpunkt auf Frieden und sozialer Gerechtigkeit. Nach dem Studium wollte er lutherischer Pastor werden. Ach ja, und er kam aus Texas. Wie gesagt, Matthew war ein Einhorn: eine mythische Kombination aus Geschöpfen, die es so in der Wirklichkeit nicht gibt.

Bald jedoch fand ich heraus, dass es tatsächlich eine ganze Szene von Christen gibt, die Matthäus 25 ernst nehmen und glauben, dass wir, wenn wir die Hungrigen speisen, die Nackten bekleiden und für die Kranken sorgen, all dies für Jesus selbst machen. Das sind keine magischen Fantasiegeschöpfe, sondern einfach nur Christen von einer Sorte, von der ich noch nie gehört hatte. Interessant, fand ich, bemerkenswert, aber trotzdem: nichts für mich. Mein inneres Ordnungssystem ließ so etwas nicht zu. Wo sollte das schließlich hinführen, wenn ich auf einmal manche Christen in die „gute" Schublade einsortierte? Immerhin lief mein Date mit dem lutherischen Einhorn so gut, dass wir sechs Monate später zusammen in Oakland lebten, wohin wir gezogen waren, damit Matthew dort sein Theologiestudium abschließen konnte. Während der Zeit in Kalifornien gab ich mir mehrere Monate lang höllische Mühe, Unitarierin zu werden. Das Quäkertum war nichts für mich; Wicca war super, aber da hatte ich immer das Gefühl, nur auf Besuch zu sein. Deshalb hoffte ich, der Unitarismus wäre genau das Richtige für mich. Unitarier sind ungemein kluge, gute Menschen. Sie scheinen voller Hoffnung zu sein. Sie wählen die Demokraten, trennen ihren Müll, lieben Frauen und lassen einen glauben, was man will, und ich wollte so gerne eine von ihnen sein. Aber ich kriegte es nicht hin. Ich war nicht infolge einer hoffnungsvollen Einstellung und positiven Denkens seit vier Jahren trocken. Das war Gnade. Aber die Unitarier reden nicht viel über unser Bedürfnis nach Gottes Gnade. Sie haben eine höhere Meinung vom Menschen, als ich – die ich Zeitung lese und weiß, was in meinem eigenen Herzen los ist – sie mir erlaubt hätte. Nachdem ich erlebt hatte, wie ich trocken geworden war und mir dabei vorgekommen war, als hätte mich Gott in meinem verkorksten Leben unterbrochen und gestört, konnte ich mich nicht mehr mit meiner eigenen Göttlichkeit oder Großartigkeit trösten, so gern ich das auch täte. Letzten Endes konnte ich nicht Unitarierin werden, so sehr ich mir das auch wünschte, denn was ich brauchte, war eine konkrete göttliche Quelle der Versöhnung und des Heils, eine Quelle, die durch Liebe mit mir verbunden ist, aber nicht aus meinem eigenen Innern kommt.

Als ich eines Morgens in unserer winzigen Küche bei einer Schüssel Haferflocken saß und darüber jammerte, wie ununitarisch ich war, sagte Matthew: „Komm doch am Sonntag mit mir in die Kirche. Es ist gar nicht so schlimm, Ehrenwort. Außerdem wird dir Pastor Ross gefallen; er ist schwul." Ich gab nach, aber nur, weil der Pastor schwul war. Davon erhoffte ich mir eine gewisse Extravaganz und Dramatik.

Als Matthew uns am folgenden Sonntag in die St. Paul Lutheran Church in Oakland fuhr, stellte ich ihm eine endlose Reihe nervöser Fragen; zum Beispiel: „Kann ich am Gang sitzen, falls ich flüchten muss?" Als wir schließlich da waren, hatte ich mich einigermaßen beruhigt und mir sogar eingeredet, es würde so sein wie eine Mischung aus Culture Club und Pat Robertsons 700 Club. Aber es war einfach nur eine Kirchengemeinde. Und doch war es ganz und gar nicht nur eine Kirchengemeinde. Es gab da weder Dramatik noch Langeweile. Nur einen Haufen Leute, die eigentlich gar nicht zueinander zu passen schienen: Schwule, Heteros, Kinder, alte Leute in Rollstühlen, Weiße, Schwarze. Das Gebäude wirkte alt und ehrwürdig mit seinen roten Teppichböden und seinem dunklen Holz. Ich setzte mich ans Ende einer alten Kirchenbank und betrachtete die herrlichen Glasmosaikfenster.

Bisher hatte ich noch nie eine Liturgie erlebt. Doch hier sprachen die Versammelten während des Gottesdienstes bestimmte Texte gemeinsam. Und sie taten Dinge gemeinsam: Sie standen auf, knieten sich hin, bekreuzigten sich, traten zur Kommunion an den Altar. Es war wie eine heilige Choreografie.

Auf dem Heimweg fragte ich Matthew im Auto: „Also, wenn ich wieder mitkomme – ich sage nicht, dass ich das tun werde – aber wenn, werden die Leute dann nächste Woche wieder dieselben Dinge sagen und tun?" Er grinste. „Ja, Nadia. Wir nennen das ‚Liturgie'. Das machen die Leute schon seit zwei Jahrtausenden so, und ich bin ziemlich sicher, nächste Woche wird es nicht anders sein."

In jenen ersten zwei Monaten verliebte ich mich in die Liturgie, jenen uralten Gottesdienstablauf, der vor allem der katholischen, der lutherischen, der orthodoxen und der Episkopalkirche gemeinsam ist. Sie kam mir vor wie ein Geschenk, das von Generationen von Gläubigen bewahrt und an uns weitergegeben worden war, damit wir es ausleben und bewahren und wiederum weitergeben. Wie ein Strom, der lange vor uns geflossen ist und noch lange nach uns fließen wird. Ein Strom, in dem wir schwimmen dürfen, damit wir wie unsere Vorgänger eintauchen können in eine Sprache der Wahrheit, der Verheißung und der Gnade. Die Liturgie hatte etwas zugleich Destabilisierendes und Zentrierendes an sich: Sie untergrub meinen Individualismus, indem sie mich durch Gott mit anderen Menschen verband, damit ich herausfand, wer ich war. Irgendwie geschah das durch Gott. Durch eine konkrete, göttliche Kraft.

Allerdings kannte ich die Choräle nicht. Und ein paar davon fand ich etwas unglücklich. Vier Monate später, an dem Sonntag, an dem Matthew und ich unsere Verlobung bekannt gaben, stand ich mit allen anderen zum Schlusschoral auf, obwohl ich gar nicht mitsang. Als der Kreuzträger an mir vorbeikam, sah ich, wie hinter ihm in der Prozession Pastor Ross zu grinsen anfing. Als er zu mir kam, beugte er sich mit leuchtenden Augen rasch herüber und flüsterte mir zu: „Aber Nadia, von einer Pastorenfrau wird erwartet, dass sie *alle* Choralstrophen mitsingt." Er zwinkerte mir zu und ging weiter.

Eines Sonntags gab Pastor Ross bekannt, er werde einen Konfirmandenunterricht für Erwachsene anbieten, da es eine Menge Leute wie mich gab, die sich in St. Paul's wohlfühlten, aber keine Ahnung vom Luthertum hatten. Weitere Informationen dazu, sagte er, gebe es im Narthex. Ich beugte mich hinüber zu Matthew und flüsterte ihm zu: „Narthex? Ist das nicht diese Figur bei Dr. Seuss, die für die Bäume spricht?"

Kapitel 5

„Das ist eine Vorhalle", feixte er. „Und ich glaube, du solltest da hingehen, allein schon deshalb, weil du gerade diese Frage gestellt hast."

Es verwirrte mich selbst, dass ich bald darauf meine Mittwochabende in einem Gemeindehauskeller verbrachte, der voller Kirchgänger war und nicht voller trockener Alkoholiker. Am ersten Abend wurde auf die Tafel im Unterrichtsraum mit Kreide das Wort „Gnade" geschrieben. Pastor Ross ist von der alten Schule; er hält nichts von Whiteboards. Bis zum heutigen Tag tippt dieser Mann alle seine Predigten mit einer Schreibmaschine. Einen Computer besitzt er nicht. Als ich zum ersten Mal nach St. Paul's mitkam, weil mir der Gedanke gefiel, dass der Pastor dort schwul war, hatte ich keine Ahnung, dass er sich als so altmodisch entpuppen würde.

Er deutete auf das Wort „Gnade" auf der Tafel. „Darin wurzelt alles, was ich Ihnen sagen werde", behauptete er. Ich zweifelte und hoffte zugleich, dass das stimmte. Was mir christliche Geistliche bisher beigebracht hatten, lief darauf hinaus, dass ich von Gott geschaffen, aber verdorben sei, weil irgendeine Frau im Garten Eden irgendetwas angestellt hatte, und ich müsse mich mächtig anstrengen, um gut zu sein, damit Gott, der ein jähzorniger Tyrann ist, mich nicht bestraft. Gnade kam darin nicht vor.

Von meiner Ursprungsgemeinde hatte ich nichts über Gnade gelernt. Doch ich lernte etwas darüber von den trockenen Trinkern dagegen, die es geschafft hatten, mit dem Trinken aufzuhören, indem sie ihren Willen der Fürsorge Gottes unterstellten, und die sich dann gewaltig Mühe gaben, ein Leben nach geistlichen Prinzipien zu führen. Was die Trinker mich lehrten, war, dass es eine Macht gab, die größer war als ich und die zu einer Quelle der Heilung werden konnte, und dass diese höhere Macht nicht ich selbst war.

In Gemeindehauskellern war eine Menge mit mir passiert. Dort hatte ich meinen ersten Kuss erlebt, hatte beigebracht bekommen, einen zornigen Gott zu fürchten, hatte gelernt, einer höheren Macht zu vertrauen, und erlebte nun, wie mein Leben wieder eine neue Richtung nahm. Kurz zusammengefasst lehrte Pastor Ross mich Folgendes:

- Gottes Gnade wird uns einfach so geschenkt. Wir verdienen uns Gottes Liebe nicht, und wir versuchen lediglich, unser Leben diesem Geschenk entsprechend zu gestalten.
- Niemand erklimmt die geistliche Leiter. Es ist nicht etwa so, dass wir uns beständig verbessern, bis wir so geistlich sind, dass wir Gott nicht mehr brauchen. Wir sterben und werden neu gemacht, aber das ist etwas anderes als geistliche Selbstvervollkommnung.
- Wir sind gleichzeitig Sünder und Heilige, beides zu hundert Prozent und zu jedem Zeitpunkt.
- Die Bibel ist nicht Gott. Die Bibel ist einfach die Krippe, in der Christus liegt. Wenn etwas in der Bibel dem Evangelium von Jesus Christus keine Genüge tut, dann hat es einfach nicht dieselbe Autorität.
- Die Bewegungsrichtung in unserer Beziehung zu Gott führt immer von Gott zu uns. Wir können Gott nicht durch unsere Frömmigkeit oder Rechtschaffenheit näher kommen. Immer ist es Gott, der uns nahe kommt. Ganz besonders in der Eucharistie und in fremden Menschen.

Kapitel 5

(Schreiben Sie sich diese Punkte auf, lernen Sie sie auswendig, und Sie können sich eine Menge Geld für ein lutherisches Theologiestudium sparen.)

Seither bin ich Lutheranerin, weil die lutherische Kirche der einzige Ort ist, an dem ich eine Sprache für das gefunden habe, was ich in meinem Leben als wahr erkannt habe. Deshalb nenne ich auch Pastor Ross Merkle den „Vampir, der mich umgedreht hat".

Ich muss allerdings etwas klarstellen. Gottes Gnade besteht nicht darin, dass Gott uns vergibt, obwohl wir sündigen. Gnade bedeutet, dass Gott eine Quelle des Heils ist, die mein Versagen ausgleicht. Mein Versagen schadet mir und anderen und sogar dem ganzen Planeten, und Gottes Gnade mir gegenüber besteht darin, dass meine Kaputtheit nicht das letzte Wort ist. Meine Selbstsucht ist nicht das Ende aller Dinge ... sondern Gott macht noch aus meinem größten Mist etwas Schönes. Bei der Gnade geht es nicht darum, dass Gott Menschen als fehlerbehaftete Wesen erschafft und sich dann beleidigt stellt, wenn wir unvermeidlicherweise versagen, um dann als großer Held auf den Plan zu treten und uns Gnade zu erweisen – als ob er sagte: „Ach, schon gut, ich will mal nicht so sein und vergebe euch." Sondern Gott sagt: „Ich liebe die Welt zu sehr, als dass ich zulassen würde, dass eure Sünde euch definiert und das letzte Wort ist. Ich bin ein Gott, der alles neu macht."

Nun, bald nachdem ich von dem lutherischen Vampir gebissen worden war, luden mein Verlobter, das lutherische Einhorn, und ich ein anderes Pärchen aus seinem theologischen Seminar zu uns zum Essen ein, und wir unterhielten uns über meine Begeisterung für St. Paul's und Pastor Ross und alles, was ich von diesem großartigen Kerl über lutherische Theologie lernte. Ich lud allen eine zweite Portion Käse-Enchiladas auf, und wir lachten über Ross' komplette Unfähigkeit, mit E-Mails umzugehen.

„Was macht eigentlich sein Partner Bob beruflich?"

Wie aus einem Mund antworteten alle drei: „Schullehrer!" und brachen in Gelächter aus. Es ist ja ein bekanntes Klischee, dass Pastorenfrauen immer an der Schule unterrichten.

„Er ist so was von einem traditionellen, orthodoxen lutherischen Pastor", meinte AmyJo. „Umso mehr war es totaler Bullshit, was mit ihm passiert ist."

Wie sie mir dann berichteten, war Ross zwei Jahre zuvor vor einem Kirchengericht verklagt und in der Folge aus dem offiziellen Geistlichenregister der ELCA (Evangelical Lutheran Church of America) gestrichen worden – wenngleich seine Gemeinde beschlossen hatte, das zu ignorieren und ihn weiter als ihren Pastor zu beschäftigen. Ross hatte weder Geld unterschlagen noch war er eine Affäre mit seiner Sekretärin eingegangen. Sein Vergehen war, dass er in einer lebenslangen, verbindlichen, monogamen Partnerschaft mit dem Schullehrer Bob lebte. Zum damaligen Zeitpunkt hieß es in den offiziellen Statuten der ELCA, ein ordinierter Geistlicher müsse als Alleinstehender sexuell enthaltsam leben oder als Verheirateter seinem Ehepartner treu sein. Da Ross und Bob nicht amtlich heiraten konnten, verstieß Ross gegen dieses Statut.

„Im Ernst?", fragte ich. Ich schaute in die Runde und wartete auf eine stichhaltige Rechtfertigung. „Ich dachte, diese Scheiße hätte ich mit den Aufrufen zum Altar und der Frauenfeindlichkeit hinter mir gelassen." Den Rest des Abends

Kapitel 5

schäumte ich vor Wut wie eine Achtklässlerin, die sich hintergangen fühlte.

Der Konfirmandenunterricht, den ich genossen hatte, die Art, wie Ross Merkle mich freundlich angenommen hatte, die Tatsache, dass ich in St. Paul's das Evangelium gehört und die Eucharistie empfangen hatte – all das fühlte sich so an, als wäre Gott abermals heruntergekommen, um mir auf die Schulter zu tippen und zu sagen: „Pass auf, hier ist etwas für dich." Es kam mir vor wie das Himmelreich, und ich war Feuer und Flamme für diese Sache mit dem Luthertum. Doch nun fühlte es sich plötzlich so an, als wären das nur die fünf Minuten in einem Film gewesen, in denen die beiden Liebenden in seliger Ahnungslosigkeit ihrer jeweiligen Unzulänglichkeiten verträumt Hand in Hand über eine Blumenwiese hüpfen. Als Zuschauer weiß man, sobald die Montage zu Ende ist, wird irgendetwas Furchtbares passieren. Die lutherische Kirche war so anders als das konservative Christentum meiner Kindheit, und ich war glücklich, und dann ging die verdammte Montage zu Ende, und ich musste die Lutheraner in dieselbe Schublade stecken wie die Church of Christ. Die Schublade mit der Aufschrift „schlecht".

„Es fühlt sich an, als würde mir der Teppich der Hoffnung, die Kirche könnte tatsächlich etwas Schönes und Befreiendes sein, unter den Füßen weggezogen", sagte ich zu Pastor Ross, als wir uns in seinem Büro trafen. Ich rechnete damit, dass er in meine Empörung einstimmen würde. Doch in seiner demütigen Weisheit machte Pastor Ross mir deutlich, Gott sei immer noch dabei, uns zu erlösen und alles neu zu machen, auch inmitten kaputter Menschen und kaputter Systeme. Das sei trotz aller anderslautenden idealistischen Vorstellungen schon immer so gewesen. Er glaubte so fest an die Gnade, die die lutherische Kirche verkündete, dass er sich weigerte, durch das Versagen dieser selben Kirche ihre eigenen Lehren entwerten zu lassen. Das fand ich inspirierend und unmöglich, sodass ich die ELCA nicht gleich in Bausch und Bogen verdammte. Aber wütend war ich immer noch.

„Es ist nicht genug Falsches an der Kirche, um sie zu verlassen, und es ist gerade genug Richtiges daran, um zu bleiben", sagte mir Matthew später. „Wir müssen kämpfen, um sie zu verändern."

Dreizehn Jahre später, nachdem ich Matthew geheiratet und zwei Kinder bekommen hatte, aufs College und aufs theologische Seminar gegangen, ordiniert worden war und eine Gemeinde gegründet hatte, das House for All Sinners and Saints, saß ich auf meinem Bett und schaute mir die Videoübertragung der ELCA-Synode 2009 an, auf der unter Gebet der Beschluss gefasst wurde, die Statuten im Hinblick auf sexuelle Orientierung zu ändern. Von nun an konnten Gemeinden, wenn sie das wollten, einen Geistlichen in einer lebenslangen, verbindlichen, gleichgeschlechtlichen Beziehung als ihren Pastor oder ihre Pastorin berufen.

Ich rief sofort Stuart an, der schon bald, nachdem er mit seinem Freund Jim zu meiner Gemeinde gestoßen war, dort leitende Aufgaben übernommen hatte. „Danke, ELCA!", rief er mit seiner besten Transenstimme, und ich brach in schallendes Gelächter aus.

Danke, ELCA! war ein Insiderwitz in unserer Gemeinde. Das House for All Sinners and Saints war in der lutherischen Szene rasch zu großer Bekanntheit gelangt, sowohl bei denen, die uns liebten, als auch bei denen, die uns hassten. Diejenigen, die uns liebten, waren begeistert von unserer liturgischen Kreativität und Freiheit, und diejenigen, die uns hassten, nahmen Anstoß an meinem Geschlecht (daher die Bezeichnung „Pastrix"[1]) und an unserer Liebe zu den Schwulen. Und beide Gruppen bloggten eifrig darüber. Kürzlich hatte ich meinen Gemeindegliedern von einem solchen Blogeintrag erzählt, in dem jemand geschrieben hatte: *„Ich kann nicht glauben, dass die ELCA Geld an diese ‚Gemeinde' verschleudert. Ihre Offenheit für Homosexualität zeigt, dass das House for All Sinners and Saints offensichtlich die Bibel über Bord geworfen hat."*

„Ich finde, wir sollten ein Foto vom HFASS inszenieren, mit Geld, das auf uns herabregnet, und einem großen Schild mit der Aufschrift: ‚Danke, ELCA!'", hatte ich in meiner Antwort auf den Blogeintrag geschrieben.

Stuart, der nicht umsonst im Ruf stand, der Fabelhaftigkeitsminister des House for All Sinners and Saints zu sein, ging noch einen schwulen Schritt weiter. „Nein", widersprach er. „Alle sollten mit Champagnergläsern in der Hand herumtanzen, während Pastorin Nadia eine Bibel aus dem Fenster schmeißt und Geld von der Decke herabregnet, während ein schnuckeliger Tänzer in goldenem Glitzer-Speedo ein Schild mit der Aufschrift ‚Danke, ELCA!' hochhält." Und schon war ein weiterer Insiderwitz geboren.

Viele der Leute im House for All Sinners and Saints waren auf die eine oder andere Weise kirchengeschädigt. Einige, dar-

---

1 Titel der amerik. Originalausgabe, Anm. d. Übersetzers

unter auch Stuart selbst, waren sogenannten reparativen Therapien gegen ihre Homosexualität durch Christen ausgesetzt gewesen, und natürlich waren die meisten Leute im House for All Sinners and Saints keine regelmäßigen Kirchgänger gewesen, bevor sie zu uns stießen. Mit anderen Worten, sie waren genau wie ich im Frühjahr 1996, als ich zum ersten Mal die Gemeinde St. Paul's in Oakland betreten hatte.

Mir war es wichtig, dass das House for All Sinners and Saints ein Ort ist, wo niemand am Eingang seine Persönlichkeit oder die Teile seiner Geschichte abgeben muss, die „unchristlich" erscheinen. Ich wollte einen Ort haben, wo im Mittelpunkt unseres gemeinsamen Lebens etwas anderes stand als die Art und Weise, wie wir irgendwelchen Regeln entsprachen oder nicht. Doch so sehr ich das HFASS auch liebe, ich bin immer noch keine Idealistin, jedenfalls nicht, wenn es um unsere menschlichen Projekte geht. Jede menschliche Gemeinschaft wird uns irgendwann enttäuschen, wie wohlmeinend oder inklusiv sie auch sein mag. Was allerdings Gottes Erlösungswerk in meinem Leben und in der Welt angeht, bin ich total idealistisch.

Bei unserer vierteljährlich stattfindenden Veranstaltung „Welcome to HFASS" stellen wir den Leuten die Frage: *Was hat dich am HFASS angezogen?* Ihnen gefällt das gemeinsame Singen, sagen die Leute dann oft, die Gemeinschaft, dass wir keine Lobpreisbands haben und die Tatsache, dass sie bei uns ganz entspannt so sein können, wie sie sind. Es gefällt ihnen, dass wir viel lachen und Transen haben, dass dies ein Ort ist, an dem schwierige Wahrheiten ausgesprochen werden können und an dem jeder willkommen ist und wir füreinander beten.

Ich spreche bei diesen Veranstaltungen immer als letzte. Ich sage den Leuten, dass ich es herrlich finde, das alles zu hören, und dass auch ich sehr gern in einer geistlichen Gemeinschaft lebe, wo ich meiner eigenen Geschichte weder etwas hinzufügen noch etwas davon wegnehmen muss, um akzeptiert zu werden. Aber ich habe dadurch, dass ich zwei diametral gegensätzlichen Gemeinschaften angehört habe – Albion Babylon und der Church of Christ – eine Sache gelernt, und die wollte ich den Leuten deutlich machen: Diese Gemeinschaft wird sie enttäuschen. Die Frage ist nicht ob, sondern wann. Irgendwann werden wir sie im Stich lassen, oder ich werde irgendetwas Dämliches sagen und sie damit verletzen. Dann lade ich sie ein, schon jetzt, diesseits ihrer unausweichlichen Enttäuschung, zu entscheiden, ob sie bleiben wollen, wenn das passiert. Wenn sie sich entschließen, zu gehen, wenn wir ihre Erwartungen irgendwann nicht erfüllen, dann werden sie nie sehen, wie die Gnade Gottes ins Spiel kommt und die Lücken ausfüllt, die durch das Versagen unserer Gemeinschaft gerissen werden, und das ist etwas, was viel zu schön und zu real ist, als dass man es sich entgehen lassen sollte.

Willkommen im House for All Sinners and Saints. Wir werden dich enttäuschen.

Ein paar Monate, nachdem die ELCA ihre Statuten geändert hatte, landete eine E-Mail von dem lutherischen Bischof in Nordkalifornien in meiner Mailbox.

Pastor Nadia,
wir planen derzeit eine festliche Eucharistie und Weihefeier hier in San Francisco für sechs LGBT-Geistliche [lesbian, gay, bisexual, transgender], um sie offiziell in die Liste der ELCA-Geistlichen aufzunehmen. Bei

Danke, ELCA!

diesem Anlass wird auch Pastor Ross Merkle von der St. Paul Lutheran Church wieder in die Liste der Geistlichen eingeführt. Es wurde darum gebeten, dass Sie bei diesem Ereignis die Predigt halten. Würden Sie für uns predigen?

Meine Antwort: „Den ganzen Tag lang."

Aber dann schickten sie mir den Text, über den ich predigen sollte, und mir rutschte das Herz in die Hose. Es war eines der Gleichnisse über das Reich Gottes aus dem Matthäusevangelium. Das Reich Gottes ist ein kniffliger Begriff. Mir hatte man eingetrichtert, darunter sei unsere himmlische Belohnung dafür zu verstehen, dass wir gut sind, doch jetzt, da ich tatsächlich selbst die Bibel las, ergab das kaum noch Sinn. Andere sagen, das Reich Gottes sei ein anderes Wort für die Kirche oder die Gemeinde Jesu, und wieder andere meinen, es sei der Traum Gottes für das Heil der Welt, ein Traum, der sich Stück für Stück mitten unter uns im Hier und Jetzt verwirklicht. Meine Antwort? Das alles trifft zu.

In dem Gleichnis über das Reich Gottes, das mir zugeteilt wurde, geht ein Hausherr morgens los und stellt Arbeiter ein, denen er einen Tageslohn zusagt. Aber dann geht er alle paar Stunden noch einmal los und findet weitere Arbeiter, die er ebenfalls einstellt. Am Nachmittag geht er abermals auf den Marktplatz, sieht dort Leute herumstehen und fragt sie: „Wieso arbeitet ihr nicht?" Und sie antworten ihm: „Weil niemand uns eingestellt hat." Daraufhin schickt er sie auf seinen Weinberg, um für die letzten beiden Stunden des Tages zu arbeiten. Als die Arbeit getan ist, zahlt er allen dasselbe, worüber die wackeren Frühaufsteher, die den ganzen Tag in der sengenden Hitze geschuftet haben, ziemlich angepisst sind, weil er die Neuankömmlinge, die bis zum Mittag in den Federn liegen geblieben sind, genauso behandelt wie sie. Der Hausherr kann es nicht fassen. „Im Ernst? Ihr seid sauer, weil ich großzügig bin?" Das Gleichnis endet dann mit den Worten: „So werden die Letzten die Ersten und die Ersten die Letzten sein." Genau das ist letzten Endes der Grund, warum die meisten Leute nicht an Gnade glauben. Es ist verdammt anstößig.

Doch die Aufgabe einer Predigerin ist es, im Text eine gute Nachricht für die Zuhörer zu finden. Und diese gute Nachricht sollte eigentlich davon handeln, wer Gott ist und wie Gott wirkt und was Gott getan hat und was Gott tun wird. (Oftmals erschöpfen sich sogenannte Predigten in einer Aussage nach dem Motto: *Hier ist das Problem, und Folgendes könnt ihr dagegen tun.* Ich persönlich habe bei so etwas noch nie eine „gute Nachricht" herausgehört.) Der Grund, warum mir das Herz in die Hose rutschte, als ich den Text für die Eucharistiefeier bekam, war folgender: Ich hatte Angst, dieser Text sei vielleicht in der Hoffnung ausgewählt worden, dass ich eine ganz andere Art von guter Nachricht predigen würde, nämlich eine nach dem Motto: „Alle, die angepisst sind darüber, dass Gott großzügig zu LGBT-Leuten ist, können sich das in die Haare schmieren. Wir waren die Letzten, aber jetzt sind wir dran, die Ersten zu sein! [Und hoch mit der Faust!]"

Aber das ist ja das Problem mit dem Gnadenbegriff, den die Lutheraner mir selbst beigebracht haben. Er kann ebenso beißen wie trösten. Ich selbst bin durch meine fundamentalistische Herkunft darauf geeicht, immer zwei Gruppen von beschrifteten Schubladen haben zu wollen – in diesem Falle *Schlecht: die Konservativen, die Schwule hassen*, und *Gut: die Libera-*

len, die Schwule lieben. Ich neige immer dazu, Leute und Dinge in diese Schubladen einzusortieren, aber das Problem entsteht dann, wenn ich anfange, zu glauben, Gott würde dasselbe Ordnungssystem anwenden.

Nach einer meiner wortgewaltigen Tiraden gegen dumme Menschen, die falsche Meinungen vertreten, sagte Matthew einmal zu mir: „Nadia, das Blöde ist, immer wenn wir eine Grenze zwischen uns und anderen ziehen, steht Jesus auf der anderen Seite." Verdammt.

Ich hätte das Reich Gottes und mich selbst und die ELCA gerne ein bisschen eindrucksvoller ... geistlicher. Dass es so aussieht, wie es meiner Meinung nach aussehen sollte. Aber ich habe gelernt, dass das Reich Gottes wie in diesem Gleichnis eher wie ein Arbeitsplatz ist – angefüllt mit Typ-A-Persönlichkeiten, deren Anspruchsdenken dem von Paris Hilton nicht nachsteht, Seite an Seite mit Drückebergern, die zu viele Raucherpausen machen und ihr Geld für Rubbellose ausgeben.

Aber was für mich ausschlaggebend dafür war, dass ich Lutheranerin geworden bin, und mich darauf eingestimmt hat, was für eine Pastorin ich sein wollte, war Folgendes: Was das Reich Gottes ausmacht, ist nicht die Qualität der Leute darin. Die Lutheraner sind nicht, wie ich früher einmal dachte, deshalb so gesegnet, weil sie irgendwie anders wären als die Leute in der Church of Christ, in der ich aufgewachsen bin. Sondern wir *alle* sind deshalb gesegnet, weil Gott wie der Hausherr im Gleichnis zu uns kommt, uns auf die Schulter tippt und sagt: „Pass auf, hier ist etwas für dich." Egal, wie dumm wir sind, egal, wie schlau und gläubig wir sind, egal, wie wir überhaupt sind. Und genau darüber habe ich an jenem Tag gepredigt.

Kapitel 5

Als ich auf der imposanten Kanzel der St. Mark's Lutheran Church in San Francisco stand, schaute ich in die Gesichter all derjenigen, denen man zu Unrecht den Zugang zur Leitung der Kirche verwehrt hatte. Ich schaute in die Gesichter von Stuart und Jim, die aus Denver mitgekommen waren, um bei der Feier dabei zu sein (und die mich eben noch, als wir mit über hundert Geistlichen draußen standen, die sich anschickten, im vollen Ornat in die Kirche einzuziehen, angeschaut und lachend gesagt hatten: „So ein Riesenspektakel, und du bist die Predigerin?"). Ich schaute den lieben Ross Merkle an, der mir zuzwinkerte.

Ich schluckte und begann meine Predigt. Der Text für den Tag, fing ich an, sei eigentlich nicht das Gleichnis von den Arbeitern. Er sei das Gleichnis vom Hausherrn. Was dies hier zum Reich Gottes mache, sei nicht die Würdigkeit oder Frömmigkeit oder der Sinn für soziale Gerechtigkeit oder die Anstrengung der Arbeiter ... all das ist gar nicht wichtig. Sondern es ist die Tatsache, dass der schlampige Hausherr einfach nicht vom Marktplatz wegbleiben konnte. Immer und immer wieder geht er hin und unterbricht die Leute in ihrem Leben ... er kommt, um sich seine Leute zu holen. Die Gnade tippt uns auf die Schulter.

Und so erinnerte ich besonders jene sieben Pastoren, darunter der Mann, der mich mit der Gnade bekannt gemacht hatte, daran, dass das Reich Gottes so war wie der Moment, in dem Sünder/Heilige mit Gott und miteinander versöhnt werden. Das Reich Gottes ist wie jener Moment, in dem Gott alles neu macht. Letzten Endes kommen ihre Berufung und ihr Wert im Reich Gottes nicht daher, dass eine Kirchenorganisation oder die anderen Arbeiter ihnen ihre Zustimmung erteilen, sondern daher, dass Gott gekommen ist und sie sich geholt hat. Die reine, unauslotbare Barmherzigkeit Gottes ist es, die ihnen ihre Identität gibt und zu ihnen sagt: „Pass auf, das hier ist für dich."

Kapitel 6

Sturm und Demütigung

Wenn aber jemand dieser Welt Güter hat und sieht seinen Bruder darben und schließt sein Herz vor ihm zu, wie bleibt dann die Liebe Gottes in ihm?

Meine Kinder, lasst uns nicht lieben mit Worten noch mit der Zunge, sondern mit der Tat und mit der Wahrheit.

– 1. Johannes 3,17-18 (Luther)

Auf der Rückfahrt von der Lowry Air Force Base eines Tages im Herbst 2005 (als ich gerade mit dem Theologiestudium anfing und unsere Kinder Harper und Juda fünf und sieben Jahre alt waren) schwirrte mir der Kopf vor Selbstzufriedenheit. Soeben hatte ich ein schwangeres, benachteiligtes, afroamerikanisches junges Mädchen (samt seinem Vater) gerettet – Opfer einer Naturkatastrophe –, und ich war im Begriff, ihnen ein neues Leben zu verschaffen. Es war der Lebenstraum einer weißen, privilegierten Liberalen, und ich war richtig high davon. Dann ertönte plötzlich aus meinem Honda wie eine Ohrfeige ein dumpfer Schlag von der Art, wie man ihn als Autobesitzerin gar nicht gerne hört.

Kapitel 6

Dass Wageninnere erwärmte sich verdächtig schnell, bis ich die Tatsache nicht mehr verleugnen konnte, dass gerade meine Klimaanlage kaputtgegangen war. Würde ich an Vorzeichen glauben – was ich tue, aber immer nur im Rückblick, nie als etwas, worauf man im gegebenen Moment achten sollte (was ihren Nutzen als Vorzeichen so ziemlich zunichtemacht) –, so hätte ich mir vielleicht etwas dabei gedacht. Ungefähr so wie bei der kleinen Tiki-Götzenfigur aus der Hawaii-Episode der Serie *Drei Mädchen und drei Jungen*. Aber meistens ignoriere ich meine persönlichen Tikis.

Wir kamen von der ausgemusterten Air-Force-Basis außerhalb von Denver, wo viele Flüchtlinge vor dem Hurrikan Katrina untergebracht worden waren. Wenige Tage zuvor hatte ich ebenso wie alle anderen Amerikaner voller Entsetzen die Bilder von Tod und Verwüstung gesehen, die über unsere Fernsehschirme flackerten, und die diesmal aus unserem eigenen Land kamen. Wir bekamen eine kleine Kostprobe von dem, was der größte Teil der Welt tagtäglich durchmacht, und wir waren schockiert. Die ganze Woche über hatten Leute aus der Gemeinde meines Mannes Matthew bei uns angerufen und Hilfe angeboten – freie Unterkünfte, Küchenvorräte, Kleidung, Geld und Arbeitsstellen für die Evakuierten –, aber keiner wusste, wie all diese Hilfsmittel zu den Leuten kommen sollten, die sie benötigten. Dass wir keine andere Möglichkeit haben sollten, als unsere Hilfsangebote auf einer landesweiten Website aufzulisten und dann einfach abzuwarten, kam mir zu blöd vor. Schließlich wurden direkt in unsere Nachbarschaft Leute evakuiert, die diese Dinge jetzt gebrauchen konnten, nicht erst in drei Monaten, wenn irgendein Bürokrat endlich zwei und zwei zusammengezählt hatte. Ich wollte mich sofort darum kümmern.

Wie so viele andere konnte ich es nicht aushalten, Bilder von Menschen zu sehen, die auf ihren Hausdächern festsaßen, von leblosen Körpern, die inmitten von Treibgut im Wasser schwammen oder unter Tüchern in den Fluren eines verwüsteten Sportstadions lagen. Wenn ich einer Familie helfen konnte, hier in Colorado ein neues Leben anzufangen, dann konnte ich mich von den Vorwürfen freisprechen, die diese Bilder gegen mich richten, und zugleich ein Unrecht in Ordnung bringen. Angesichts der anämischen Reaktion unserer Regierung wollte ich heldenhaft ein Opfer aus dieser unvorstellbaren Katastrophe retten.

Ich machte mich auf die Suche nach der perfekten Familie; ein alleinstehender Mann reichte mir nicht. Als ich Amerie sah, wusste ich, dass sie genau die Richtige war: eine Sechzehnjährige aus New Orleans, die im siebten Monat schwanger war. Wir trafen uns in der Air-Force-Kaserne, wo sie in einer Schlange stand, um sich bei den Rotkreuz-Helfern nach einer Unterkunft zu erkundigen, die nicht ... in einer Kaserne war. Das Rote Kreuz konnte ihr nicht helfen, aber ich [hier bitte Superheldenfanfare einspielen] konnte es.

Amerie hatte eine leise Stimme und eine Haut wie Mokka-Eiscreme. Sie war sehr interessiert an dem, was ich anzubieten hatte: eine voll möblierte Wohnung, mietfrei für sechs Monate, dazu Geld für Lebensmittel und andere Ausgaben (nach einer einzigen Ansage in Matthews Gemeinde ein paar Tage zuvor hatte ich beachtliche zweitausend Dollar Bargeld eingesammelt). Ihr Vater war bei ihr. Das Angebot gelte natürlich auch

Kapitel 6

für ihn, versicherte ich ihr. Später am Nachmittag rief sie mich an und sagte, sie würden es gern annehmen. Ich holte sie mit ihren zwei großen Müllsäcken voller Habseligkeiten ab, und wir fuhren zu dritt schweigend in meinem sengend heißen Honda zu mir nach Hause. Das Hochgefühl der Rettungsaktion war rasch verflogen, und was blieb, war ein leeres Gefühl, eine unbestimmte Furcht, so wie bei Dustin Hoffman und Katharine Ross, als sie in der letzten Szene der *Reifeprüfung* im Stadtbus davonfahren.

Ameries Mutter war drogensüchtig und wurde seit vier Monaten vermisst. Deshalb war Howard, ein dunkelhäutiger, wortkarger Mann, aus der Bronx gekommen, um sich um sie zu kümmern. Ihre Eltern hatten nie geheiratet, doch Howard hatte immer Kontakt gehalten, wie Amerie berichtete, und Geld geschickt, wann immer er konnte. Während seiner Zeit als Gast des Staates New York, nachdem er als „Straßenapotheker" verurteilt worden war, war ihm das nicht leichtgefallen.

Howard war erst seit einem Monat in New Orleans gewesen, als der Hurrikan hereinbrach. „Es war ihre eigene Blödheit, dass sie sich in diese Lage gebracht hat. Ich hätte sie einfach sich selbst überlassen sollen", sagte er zu mir mit einer Handbewegung zu seiner schwangeren Tochter hin, die hinten in meinem kochend heißen Auto saß. Sie hatten es bis nach Houston geschafft; dann hatte ihr Wagen den Geist aufgegeben. Von dort aus hatte ein Freund sie nach Denver gebracht.

Während der nächsten sechs Wochen kümmerte ich mich zusammen mit zwei anderen Frauen aus der Gemeinde um Amerie. Wir brachten sie in Geburtsvorbereitungskursen und in einem Elternkurs für Jugendliche an einer Highschool in

Sturm und Demütigung

Boulder unter und verschafften ihr Termine in einer hervorragenden Frauenarztpraxis am Krankenhaus. Sie war oft bei uns zu Hause. Howard hatte einen Job in Denver und verbrachte die meisten Nächte in der Kaserne.

Amerie konnte wunderbar mit meinen Kindern umgehen. Stundenlang spielte sie mit ihnen Brettspiele oder saß einfach zufrieden da und streichelte die Katze. Aber ich machte mir Sorgen, weil sie so kurz vor ihrem Geburtstermin so oft von ihrem Vater allein gelassen wurde, und das ohne eigenes Auto. Über ihr bisheriges Leben redete sie kaum. Sie sagte nur, sie wolle etwas anderes als Drogensucht und eine Sozialwohnung. Sie wollte in Colorado bleiben.

Aber ein paar Dinge passten nicht ganz zusammen. Amerie machte nie den Versuch, ihre Mutter zu kontaktieren. Ihr Vater war meistens weg, und wenn er da war, behandelte er sie ausgesprochen unfreundlich. Sie hatten viertausend Dollar von der FEMA, der amerikanischen Bundesagentur für Katastrophenschutz, und einen Haufen Lebensmittelgutscheine, aber trotzdem baten sie alle paar Tage um mehr Geld. Und im Gegensatz zu den meisten Jugendlichen reagierte Amerie auf jede SMS, die sie bekam, so aufgeregt, als wäre es ein Telegramm in Kriegszeiten und kein beiläufiger Nachrichtenaustausch zwischen Leuten, die sich ein Schließfach teilen. Doch immer, wenn mir die Situation zu denken gab, sagte ich mir, dass ich mich einfach in der schwarzen Armutskultur nicht auskannte.

Howard fand bald eine Freundin in der Nähe der Kaserne, bei der ich kein gutes Gefühl hatte, als ich sie kennenlernte. Sie roch nach Mentholzigaretten, war zehn Jahre zu alt für ihren wasserstoffblonden Pferdeschwanz und hatte immer ihren

Kapitel 6

zehnjährigen Sohn bei sich, der nie in die Schule zu gehen schien. Aus meiner Sicht war diese Frau hochgradig labil, und wieso Amerie sich mit ihr abgab, war mir ein Rätsel. Aber anscheinend mochte sie die Frau, und daran konnte ich sie nicht hindern.

Am ersten Tag des Advents fingen bei Amerie die Wehen an. Was für ein perfektes Zusammentreffen, dass diese unverheiratete, obdachlose Jugendliche ihr Baby zu Beginn der Zeit bekam, in der die Kirche sich an eine andere obdachlose, unverheiratete minderjährige Mutter erinnert. Sie ertrug die Wehen tapfer, lehnte Schmerzmittel ab und erfüllte den Raum mit der Ruhe und Kraft, mit denen sie sich jeder Kontraktion stellte.

Zwei Frauen aus der Gemeinde, die Leiterin des Schwangerschaftskurses und Howards Freundin (natürlich mit ihrem Zehnjährigen) waren dabei, aber Howard, so erfuhr ich, war „irgendwo auf Sauftour". Nach stundenlangen Wehen ging es bei Amerie immer noch nicht voran. Alle außer mir gingen nach Hause, nachdem man ihnen gesagt hatte, dass sich mindestens bis zum nächsten Morgen nichts weiter tun würde. Zwei Stunden später legte man Amerie eine Spinalanästhesie nahe, die sie gerne annahm. Doch der Schmerzlinderung folgte bald die Panik. Bei der Spinalanästhesie war etwas schiefgegangen. Innerhalb von zehn Minuten war der Puls des Babys alarmierend abgefallen, und man drückte mir OP-Kittel und Mundschutz in die Hand, während wir eilends in die Ungewissheit eines hektischen, grell erleuchteten Operationssaals getrieben wurden. Ich streichelte immerzu Ameries Gesicht und sagte ihr, ich sei bei ihr, und alles werde gut. So hatte Matthew es bei meinen beiden Geburten bei mir gemacht. Der Herzmonitor für das

Sturm und Demütigung

Baby lieferte einen grausamen Soundtrack für das Chaos um uns her, wie eine ungleichmäßig gehende und immer langsamer werdende Wanduhr. Die Ärzte und Schwestern schienen eine Ewigkeit für den Kaiserschnitt zu brauchen. Endlich zogen sie ein wunderschönes, schreiendes Kind aus dem Leib eines wunderschönen, schreienden Kindes, und beide waren wohlauf. Amerie und ich weinten beide in jenem Moment, in dem ein neues Leben seine ersten Spuren im Leben derer hinterlässt, die es mit ihm teilen. Wir würden uns um sie und ihr Baby kümmern. Auch wenn ihr Vater nicht dazu imstande war, würden wir dafür sorgen, dass dieses kleine Mädchen ein gutes Leben hatte. Ameries erste Frage nach der Geburt des Babys war: „Geht es ihr gut?" Und ihre zweite Frage lautete: „Ist sie dunkel?"

Amerie kam mit ihrer kleinen Tochter zunächst zu uns, wo sie noch zwei Nächte verbringen wollte, bevor sie (sehr zu meiner Beunruhigung) für eine Weile zur Freundin ihres Vaters ziehen wollte. Sie verließ uns an einem Donnerstag. Noch am selben Abend, als ich gerade ins Bett gehen wollte, klingelte das Telefon. Es war Amerie. Zum ersten Mal, seit ich sie kannte, war sie völlig außer sich.

„Wir sind in Schwierigkeiten. Du musst kommen", sagte sie. Mein erster panischer Gedanke war, dass dem Baby etwas passiert sein könnte. Doch dem Baby ging es gut, versicherte sie mir. Sie wollte unbedingt persönlich mit mir reden. Ich müsse ihr helfen, sagte sie. Plötzlich war ich nicht mehr die Hilfsbereitschaft in Person, die ich bisher gewesen war, und mein einziger Gedanke war: *Machst du Witze? Ich habe seit anderthalb Monaten nichts anderes gemacht, als dir zu helfen. Ich gehe auf dem Zahnfleisch, und wenn ich nicht bald mal wieder schlafe, bin ich kein Mensch mehr.*

Kapitel 6

Doch ich sagte nur: „Halt durch, ich komme." Wir fanden eine Nachbarin, die herüberkommen und auf die Kinder aufpassen konnte. Dann fuhr Matthew uns zu einer Highwayausfahrt, an der Amerie auf uns warten wollte.

Es regnete, als Amerie und Howards Freundin mit dem Baby auf den Rücksitz kletterten. Amerie weinte, aber das Baby war still.

„Wir sind in Schwierigkeiten", sagte sie wieder. „Ihr müsst uns helfen."

Wie sie mir dann erzählte, war ihr Name gar nicht Amerie, sondern Ashley. Howard ist nicht ihr Vater, sondern der Vater des Babys. Und dies ist nicht Howards Freundin, sondern Ameries Mutter. Howard ist der Zuhälter ihrer Mutter, und er hat Amerie vergewaltigt. Sie ist auch nicht sechzehn, sondern erst fünfzehn, was bedeutet, dass sie zum Zeitpunkt der Vergewaltigung erst vierzehn war. Außerdem kommen sie gar nicht aus New Orleans, sondern aus Denver. Howard hat sie zu dem Betrug angestiftet, der ihm dank der FEMA viertausend Dollar auf der Bank eingebracht hat – das war der Zweck der ganzen Übung. Ihr Handy summte wiederholt, während sie mir die Geschichte erzählte, und sie zuckte jedes Mal zusammen. Howard schickte ihr eine SMS nach der anderen.

„Wir wollen weg von ihm", sagte Amerie. „Ich kann verstehen, wenn ihr uns nicht helfen wollt, aber wir wissen nicht, was wir sonst machen sollen."

Ich konnte es überhaupt nicht leiden, angelogen zu werden. Und mit jedem Wort, das aus ihrem Mund kam, fühlte sich mein Herz kleiner und härter an. Mein Verstand versuchte, sich binnen Sekunden an alles zu erinnern, was in den letzten sechs

Sturm und Demütigung

Wochen passiert war und eine neue Geschichte darüber zu erzählen, die wieder einen Sinn ergab. Was hatte ich getan? Das ganze Geld, das Matthews Gemeinde gespendet hatte. All die kleinen Bemerkungen, die ich in ihrem Schwangerschaftskurs und bei der Anmeldung an der Highschool von mir gegeben hatte: Sie ist eine Katrina-Überlebende. Womit ich eigentlich sagen wollte: *Ihr habt vielleicht dem Roten Kreuz fünfundzwanzig Dollar gespendet, aber ich helfe hier einem echten, lebendigen schwangeren jungen Mädchen aus New Orleans.* In Wirklichkeit war ich nur einem Zuhälter und einer Prostituierten aus Denver auf den Leim gegangen.

Wir riefen die Polizei an, die Amerie, ihre Tochter und ihre Mutter in einem Frauenhaus unterbrachte.

Ich sah sie nie wieder.

Auf dem Heimweg wurde Matthew und mir klar, dass der letzte Aufenthaltsort seiner Opfer, von dem Howard wusste, unser Haus war. Und dort waren jetzt unsere Kinder. Während wir nach Hause rasten, flehte ich Gott an, sie sicher zu bewahren. An jenem Donnerstagabend im Januar waren die regennassen Straßen länger als je zuvor.

Vier Querstraßen vor unserem Haus kamen uns aus der anderen Richtung die Blaulichter mehrerer Polizeistreifen entgegen. Ich rang nach Atem und beobachtete fieberhaft, ob sie zu unserem Haus einbiegen würden. Erst als sie an unserer Straße vorbeifuhren, atmete ich wieder aus und brach dann in Tränen aus. Wir stürmten ins Haus, schnappten uns die Kinder und verbrachten die nächsten drei Nächte im Haus meiner Eltern.

Es gibt Momente, in denen man einfach nicht weiß, was man empfinden soll, weil man Dinge fühlt, die sich normalerweise

Kapitel 6

nicht ans Tageslicht wagen. Ich empfand Zorn und Scham darüber, dass ich mich hatte reinlegen lassen. Ich war tief traurig wegen eines lieben Kindes und seines Babys, die Opfer einer Situation waren, die noch viel trauriger war als ein Hurrikan. Ich war enttäuscht von mir selbst, weil ich ihr eigentlich gar nicht mehr helfen wollte. Aber ich konnte es nicht leiden, angelogen zu werden. Ich hasse es, wenn man mich anlügt.

Am folgenden Sonntag trat ich voller Scham vor Matthews Gemeinde, die tags zuvor durch eine E-Mail die Wahrheit erfahren hatte. Ich rechnete damit, dass mir die Leute die kalte Schulter zeigen oder, noch schlimmer, mir sagen würden, ich solle kein „schlechtes Gewissen" haben. Als ich das Gemeindehaus betrat, versuchte ich, mit niemandem Blickkontakt aufzunehmen, doch eine ältere Frau, mit der ich bisher gar nicht viel geredet hatte, steuerte in ihrem pinken Sonntagskleid auf hohen Absätzen auf mich zu. Ich machte mich auf etwas gefasst.

„Nadia", sagte sie mit einer Freundlichkeit, die ich nicht so bald vergessen werde, „Gott ist trotzdem durch diese Geschichte verherrlicht worden. Wer weiß, ob Amerie je den Mut gefunden hätte, ihn zu verlassen, wenn ihr nicht im letzten Monat, als sie mit zu unserer Gemeinschaft gehörte, so viel Liebe zuteilgeworden wäre. Vielleicht wissen die beiden jetzt, dass sie mehr wert sind als das Leben, das sie bisher kannten."

Mir kamen die Tränen.

Ich habe oft das Gefühl, dass Gott andere Menschen gebraucht, um uns Dinge zu sagen, die wir wissen müssen, und an jenem Sonntag musste ich hören, dass ich nicht versagt hatte, sondern an einem Werk mitgewirkt hatte, von dem ich nicht einmal etwas ahnte. Dennoch, von all den Verrätereien in dieser Situation war es mein Verrat an mir selbst, der mich am meisten wurmte. Es hatte so viele Dinge gegeben, die sich nicht zusammen gereimt hatten. Die kleinen Sicherheitsanalytiker in meinem Kopf hatten versucht, mich darauf aufmerksam zu machen, dass etwas nicht stimmte, aber ich hatte nicht auf sie hören wollen. Ich hatte sogar meine Kinder in Gefahr gebracht, nur damit ich die Heldin spielen konnte. Das habe ich mir bis heute nicht ganz verziehen, aber ich arbeite daran.

Jesus ruft uns auf, den Fremdling freundlich aufzunehmen und unserem Nächsten zu dienen. Und die Bilder auf unseren Fernsehbildschirmen während der Katrina-Katastrophe warfen die Frage auf: Wer ist dieser Nächste? Christsein ist viel schwerer, als ich es mir wünschen würde. Wir sind aufgerufen, uns um die Armen zu kümmern. Aber sollen wir Bedürftigen unsere Türen öffnen, wenn das Gefahr für unsere Kinder mit sich bringt? Wir sind aufgerufen, unsere Feinde zu lieben und unseren Schuldigern zu vergeben. Heißt das, dass wir Leute, die uns verletzt und verraten haben, erneut in unsere Leben hereinlassen sollten? Oder heißt es einfach nur, dass wir ihnen nichts Schlechtes wünschen? Amerie habe ich wirklich geliebt, aber liebe ich auch Ashley? Mich verfolgt der Gedanke, wie viel von meiner Liebe aus meinem eigenen Bedürfnis entsprang, als Heldin dazustehen. Und doch kann ich nicht leugnen, dass es sich anfühlte wie Liebe.

Eine bessere Christin würde sie trotz allem lieben und ihr immer noch helfen wollen. Eine lausige Christin ist innerlich zerrissen und vielleicht ein bisschen verletzt. Sie wünscht Ashley Gutes, aber sie will nicht, dass sie in nächster Zeit wieder bei ihr auf der Matte steht. Ich bin eine lausige Christin, und ich hoffe, das ist gut genug, denn die Barmherzigkeit, zu der wir aufgerufen sind, muss ja auch uns selbst gelten.

In den Tagen danach war ich deprimiert und entmutigt. Ich rief meine Schwester an, die mir versicherte, dass Gott unsere Demütigungen ebenso gebraucht wie unsere Siege. Könnte sein, dass das nur eine unterschwellige Aggression ihrerseits war; aber vielleicht hat sie trotzdem recht.

Kapitel 7

Ich habe dich nicht wegen diesem *Wahrheits*Bullshit angerufen

Das ist aber das Gericht, dass das Licht in die Welt gekommen ist, und die Menschen liebten die Finsternis mehr als das Licht, denn ihre Werke waren böse. Wer Böses tut, der hasst das Licht und kommt nicht zu dem Licht, damit seine Werke nicht aufgedeckt werden. Wer aber die Wahrheit tut, der kommt zu dem Licht, damit offenbar wird, dass seine Werke in Gott getan sind.
– Johannes 3,19-21 (Luther)

„In unserem Haus gibt es aus irgendeinem Grund zwei Spülbecken", sagte Candace, während sie mir eine Schüssel mit Müsli füllte. „Das hat irgendwas mit dem Judentum zu tun oder so."

Natürlich hatte sie recht: Es hat etwas mit dem Judentum zu tun, zwei Spülbecken zu haben. Eine koschere Küche hat zwei Spülbecken und oft auch zwei Kühlschränke und zwei Spülmaschinen, oder zumindest eine mit austauschbaren Gestellen, damit das, was mit Fleisch in Berührung kommt, nicht auch mit Milchprodukten in Berührung kommt. Es war ein komisches Gefühl, dank meiner neuen theologischen Bildung über

Kapitel 7

all dieses (zumeist unnütze) Wissen über Religionen zu verfügen. Von Sport oder Politik verstand ich so gut wie nichts, aber immerhin weiß ich, wieso meine Freundin Candace jetzt zwei Spülbecken hat.

Sie und ihr Mann hatten das Haus, ein modernes, schick renoviertes dreistöckiges Gebäude, zwei Monate zuvor gekauft, weil sie sich dachten, wenn der Versuch, eine offene Ehe zu führen, eine Beziehung nicht rettet, dann schafft das vielleicht eine Hypothek über eine halbe Million Dollar. Nur dass das in ihrem Fall nicht funktionierte.

Candace wusste nicht viel über Küchen, denn sie war in New England in einem Haus aufgewachsen, in dem es Personal für solche Dinge gab. Die meiste Zeit ihres Lebens hatte sie sich einfach kaufen können, was ihr fehlte, wenn es nicht gerade emotionaler Natur war. Sie ist rothaarig und üppig gebaut und trug immer gern enge T-Shirts und kurze Röcke. Wie sie sagt, war ihr Debütantinnenball ein bisschen zu viel für sie – wäre sie nicht von Heroin high gewesen, hätte sie ihn gar nicht ausgehalten.

Wir hatten uns ein paar Jahre zuvor in einer Alkoholiker-Selbsthilfegruppe kennengelernt und waren allein aufgrund der unwahrscheinlich großen Zahl von Gemeinsamkeiten zwischen uns Freundinnen geworden. Wir hatten beide eine bunt gescheckte Vergangenheit, waren jetzt aber clean. Wir hatten beide eine lange Kette kaputter Freunde und Freundinnen hinter uns, darunter auch ein paar verurteilte Verbrecher, hatten dann aber beide nette Männer geheiratet, ein paar Kinder bekommen und den Weg zurück sowohl in die Kirche als auch in die Schule gefunden. Wir stützten uns aufeinander, weil es schwer ist, ganz allein so viele Widersprüche in der Waage zu halten. Und wenn sich das eigene Leben innerhalb von zehn Jahren so stark verändert hat, dann steigt manchmal die Erinnerung daran, wer man einmal war, aus dem milchigen Nebel des Bewusstseins auf und fängt an zu flüstern: „Erkennst du mich wieder?" Und wenn das passiert, braucht man einfach eine Freundin, die das versteht, denn wenn man das Flüstern ignoriert, wird es zu einem Schreien, und dann bringt man das Biest gar nicht mehr zum Schweigen.

„Jesus, Nadia", sagte sie, während ich das Müsli in mich hineinschaufelte, „ist das etwa dein Abendessen?" Ich war gerade nach einem Tag voller Vorlesungen von meiner Hebräisch-Lerngruppe nach Hause gekommen und hatte noch keine Zeit zum Essen gehabt, als Candace angerufen und gesagt hatte, sie brauche mich.

Da ich nicht immer besonders gut darin gewesen war, eine loyale Freundin zu sein, versuchte ich zu dieser Zeit meine früheren Treulosigkeiten auszugleichen, indem ich mich selbstlos verhielt (oder mich zumindest selbstlos gab). Candaces Ehe nahm gerade ein schlimmes Ende, und sie durfte ihre Töchter nur bei sich übernachten lassen, wenn jemand anderes bei ihr war. Sie war ein Ex-Junkie mit gesundheitlichen Problemen, ob real oder eingebildet, die irgendeinen bescheuerten Arzt gefunden hatte, der ihr Oxygesic verschrieben hatte – ein starkes opiumähnliches Schmerzmittel. Ihre Ausreden dafür, dass sie es einnahm, waren so unerschöpflich wie kreativ: Ihre gesundheitlichen Probleme verursachten ihr so viele Schmerzen, dass sie das Medikament brauchte, um überhaupt durch den Tag zu kommen; sie wollte die Schmerzmittel eigentlich gar nicht

Kapitel 7

nehmen, aber die Ärzte bestanden darauf; ganz ehrlich, ihre Schmerzen waren so stark, dass sie von dem Oxy nicht einmal high werden konnte. Ihre Ehe lag in den letzten Zügen, und ich versuchte, ihr eine Stütze zu sein.

Zu dieser Zeit versuchte ich auch noch vergeblich, daran zu glauben, dass sie clean und trocken sei. Angeblich wäre ich einer der ganz wenigen Menschen, die bereit waren, bei ihr zu sein, wenn ihre Kinder bei ihr übernachteten. Während ich also je eine Stunde hin und zurück ins theologische Seminar pendelte und selbst kleine Kinder hatte, war ich gleichzeitig für sie zur Stelle, wann immer ich konnte, auch wenn das bedeutete, dass es zum Abendessen nur Müsli gab.

So machten wir das schon seit einigen Wochen: Ich versuchte zu tun, was eine loyale Freundin meiner Meinung nach tun würde, und sie tat allem Anschein nach, was immer sie konnte, um dafür zu sorgen, dass sie genug Oxy ins Blut bekam. Ich überdehnte meine Zeit und mein Leben bis zum Zerreißen; sie bekam doppelt so viel Schlaf wie ich. Wir waren wie zwei Zwillinge in der Gebärmutter, von denen einer die ganzen Nährstoffe abbekommt, während der andere infolgedessen immer dünner wird.

Schließlich versuchte ich wenigstens ein einziges Mal, sie mit der Wahrheit zu konfrontieren, so wie ich sie sah: Sie war wieder süchtig. Aber im Gegensatz zu fast allen anderen Situationen in meinem Leben hatte ich meinen Schneid verloren. Kaum warf sie mir ihren *Ich-stecke-in-der-Krise-und-brauche-deine-Unterstützung*-Blick zu, machte ich einen Rückzieher. Dieser Blick erinnerte mich zu sehr an mein Versagen bei früheren Freundschaften. Nein, ich würde Candace gegenüber so „loyal" sein, wie es nötig war, um diesen Blick zu vermeiden und vielleicht wiedergutzumachen, dass ich nicht an der Seite von Amerie/Ashley geblieben war.

Eines Morgens auf der Heimfahrt von Candace rief ich meine ältere Schwester an und erzählte ihr, wie müde ich sei, und auch, wie dringend meine Freundin mich brauche. Barbara hatte immer einen natürlichen Drang gehabt, anderen zu helfen, und ich wusste, sie würde stolz auf mich sein.

„Nadia", sagte sie, „du hast eine begrenzte Menge an Zeit und emotionaler Energie in deinem Leben, und du vergeudest sie tonnenweise an diese eine Situation, nur damit du vor dir selbst weiterhin als loyale Freundin dastehen kannst."

„Hör mal", verteidigte ich mich, „ich habe dich nicht wegen diesem *Wahrheits*Bullshit angerufen." (Der Schriftsteller David Foster Wallace hatte recht: Die Wahrheit *wird* euch frei machen ... aber erst, wenn sie mit euch fertig ist.)

Jahre später, nachdem ich das House for All Sinners and Saints gegründet hatte, musste ich an Candace denken, als ich an einer Predigt über die Stelle arbeitete, wo Jesus sich endlos darüber auslässt, dass wir tatsächlich die Finsternis lieber mögen als das Licht, weil die Finsternis, seien wir ehrlich, so schön verdeckt, was für einen Bullshit wir uns einreden. (Revidierte Nadia-Version.) Ich musste daran denken, wie ich immerzu versucht hatte, gut zu sein, und wie sie immerzu so getan hatte, als wäre sie nicht high, und wie perfekt unser Bullshit zueinander passte. Und meine Schwester musste nur einmal die Wahrheit darüber sagen, und schon kam das Licht und vertrieb die Dunkelheit. Ich dachte daran, dass es mir genauso geht wie Candace: Wenn ich unbedingt will, dass etwas an mir verborgen bleibt, dass es in der Finsternis bleibt, dann kann ich eine hervorragende Lügnerin sein. Und wenn ich noch einen Schritt weitergehen und es so aussehen lassen kann, als wäre ich wirklich gut – wenn ich den Leuten meinen Narzissmus als Tugend andrehen kann –, dann habe ich gewonnen. Zum Beispiel, wenn ich einfach die Schnauze voll davon habe, mich um andere Leute zu kümmern, und nur noch selbstsüchtig sein will, dann gucke ich zwei Tage lang Netflix, gönne mir eine Mani-Pedi und nenne das Ganze dann „auf mich selbst achten". Oder wenn ich sage, ich sei am „Entschlacken", damit keiner merkt, dass ich in Wirklichkeit eine Diät mache.

Die Liste lässt sich endlos fortsetzen. Das Letzte, was ich will, ist, dass Licht in diese Dunkelheit dringt, die ich so mühevoll gepflegt, gehütet und genossen habe. Aber es ist keine Entschlackungskur. Es ist eine Diät. Es geht nicht um meine Gesundheit; es geht um meine Eitelkeit.

Es ist ein verbreitetes Missverständnis, die Religion und insbesondere das Christentum drehe sich darum, den Unterschied zwischen Gut und Böse zu kennen, damit wir uns für das Gute entscheiden können. Aber gut zu sein hat mich nie so frei gemacht, wie es die Wahrheit tut. Weil ich das alles weiß, liebe und hasse ich Jesus zugleich. Denn dadurch, dass er nicht das Gute und das Böse, sondern die Wahrheit und das Böse gegenüberstellte, zwingt er mich, daran zu denken, wie oft ich die Wahrheit dadurch ersetzen wollte, dass ich gut war (oder zumindest so tat, als wäre ich es).

Allzu oft vermeide ich die Wahrheit, bis mein Gesicht rot anläuft wie bei einem kleinen Kind, das seinem Mittagsschlaf zu entrinnen versucht, bis es schließlich mit schlaffen Gliedern aufhört zu strampeln und einschläft und Ruhe findet – genau das, was es braucht, und genau das, wogegen es sich wehrt. Wenn jemandem wie mir, der wahre Superheldentaten vollbringt, um der Wahrheit aus dem Weg zu gehen, die Auswege ausgehen – wenn man mir auf die Schliche kommt oder ich zu erschöpft bin, um den anderen noch etwas vorzuspielen, oder vielleicht auch nur, wenn meine Schwester mir Bescheid sagt –, dann fühlt es sich so an, als könnte die Wahrheit mich zermalmen. Und das stimmt auch. Die Wahrheit zermalmt uns, aber in dem Moment, in dem sie uns zermalmt, setzt sie uns irgendwie wieder zusammen zu etwas Ehrlichem. Es ist jedes Mal Tod und Auferstehung.

Das ist für mich der Sinn von Sündenbekenntnis und Absolution in der Liturgie. Als ich das zum ersten Mal erlebte – die Stelle, wo alle in der Kirche aufstehen und sagen, was für schlechte Menschen sie sind, und die Pastorin in ihrem reinen weißen Talar von der fernen Kanzel her verkündet: „Gott hat euch vergeben" –, hielt ich das alles für hohles Gewäsch. Was interessiert es mich, wenn jemand mir sagt, dass irgendein Gott, an den ich tatsächlich glauben mag oder auch nicht, die Klassenbucheinträge gegen mich für Dinge, die ich möglicherweise für sogenannte Sünden halte, vielleicht aber auch nicht, ausradiert habe? Das ist genau das Problem, das so viele Leute mit Religion haben: Sie sorgt dafür, dass man sich so schlecht fühlt, dass man die Religion braucht, um sich wieder gut zu fühlen.

Doch mit der Zeit gewann die Liturgie des Sündenbekenntnisses und der Absolution eine überragende Bedeutung für mich. Nach und nach fühlte sie sich immer mehr an wie ein

Kapitel 7

Moment, in dem Wahrheit ausgesprochen wurde, vielleicht das einzige Mal in der ganzen Woche. Eine Wahrheit, die mich zermalmt und mich dann wieder zusammensetzt.

An einem Sonntag im Jahr 2006 stand ich nach meiner letzten Nacht in Candaces Haus auf dem blauen Teppichboden im Saal der Gemeinde meines Mannes und war zum ersten Mal mit ganzer Aufmerksamkeit beim Sündenbekenntnis dabei.

Wir haben gesündigt durch das, was wir getan, und das, was wir versäumt haben. Wir haben dich nicht von ganzem Herzen geliebt. Wir haben unseren Nächsten nicht geliebt wie uns selbst.

Als ich an diesem Morgen zusammen mit all den aus Minnesota ins südliche Altenteil übergesiedelten Senioren, den jungen Müttern und den abgelenkten Jugendlichen diese Worte sprach, hatte ich das Gefühl, soeben die Wahrheit über mich selbst gesagt zu haben (die Einzelheiten über Candace und meine Spiegelfechtereien waren unwichtig), und es fühlte sich so an wie damals auf dem Rücksitz des Autos meiner Eltern, wenn ich endlich die Luft ausströmen ließ, nachdem ich sie durch einen Bergtunnel hindurch angehalten hatte.

Und dann sagte der Pastor: „Fürchtet euch nicht, Brüder und Schwestern, Gott, der voller Gnade und überreich an standhafter Liebe ist, begegnet uns in unserer Sünde und verwandelt uns zu Gottes Ehre und zur Heilung seiner Welt. Im Namen des Vaters, des Sohnes und des Heiligen Geistes, eure Sünden sind vergeben. Habt nun Frieden."

Ausatmen.

Ich habe dich nicht wegen diesem *Wahrheits*Bullshit angerufen

2009, ein Jahr, nachdem ich das House for All Sinners and Saints gegründet hatte, fragte mich Candace per E-Mail, ob sie in unsere Gemeinde kommen dürfe. Ich sagte ja, aber wir sollten uns erst einmal treffen.

Später gingen wir durch den Stadtpark. Um uns her waren Mütter, die ihren kleinen Kindern den Dreck aus den Gesichtern wischten, und Obdachlose, die unter Bäumen dösten, als wären sie einem urbanen Monet-Gemälde entnommen. Hinter ihnen glitten Gänse über den See. Wir beide waren mit fast identischen T-Shirts erschienen, Blumen auf schwarzem Grund und tief ausgeschnitten. Es war schön, sie zu sehen, und ich empfand eine Sehnsucht nach unserer Freundschaft, die es nicht mehr gab – nach der Zeit, als wir beide dieselbe Geschichte hatten und es uns keinerlei Mühe kostete, zusammen zu sein. Damals hatten wir perfekt zueinander gepasst, sie und ich. Jetzt waren es nur noch unsere T-Shirts. Ich war gealtert in den Jahren, seit ich aufgehört hatte, ja zu ihr zu sagen. Ein paar Falten und Ringe unter den Augen waren hinzugekommen. Bei ihr nicht. Ihre Stirn blieb völlig reglos, wenn sie sprach, und in ihren Mund hatte sie sich so viel Mist spritzen lassen, dass der vorstehende obere Teil schon mehr Ähnlichkeit mit einem Schnabel hatte als mit einer Lippe. Es war nicht viel Wahres an ihr.

Während wir spazierengingen, erzählte sie mir von der Scheidung, von ihrer Gesundheit und von all den Gründen, wieso sie unmöglich einer geregelten Tätigkeit nachgehen kann: Fibromyalgie und chronisches Erschöpfungssyndrom. So etwas kommt von weichen Diagnosen und harten Medikamenten. Ich dachte zurück an die Zeit, als meine Kinder Harper und Ju-

Kapitel 7

dah noch klein waren und ich unglücklich war und angefangen hatte, ein wenig zum Hypochondertum zu neigen. Die Anforderung, mit einem Kleinkind und einem Baby zu Hause festzusitzen, war zu viel für mich, und ich wurde dauernd krank. Allmählich kam ich zu der Überzeugung, dass irgendetwas Ernstes mit mir nicht stimmte. Ich wollte geradezu, dass es etwas Ernstes war. Ich wollte für eine Weile einen Freibrief haben, damit niemand irgendetwas von mir erwartete. Doch die Tests fielen immer negativ aus, und nach meinem dritten Besuch beim Arzt innerhalb von zwei Monaten sagte er schließlich zu mir: „Nadia, mit Ihnen ist alles in bester Ordnung. Sie müssen nur mit Ihrem Leben fertig werden." Wahrheit. Manchmal bringt sie mich dazu, denjenigen zu hassen, der sie ausspricht. Bis dann der Moment kommt, wo ich ihn dafür küssen möchte, dass er mich frei macht.

Aber so jemand konnte ich für Candace immer noch nicht sein. Sie wolle zur Gemeinde gehören, sagte sie, und auch wieder meine Freundin sein, damit wir uns aufeinander stützen könnten. Ich war hin- und hergerissen. Sollte ich „gut sein" – ja sagen, na klar, komm und sei meine Freundin und werde Gemeindeglied, jemand wie du braucht eine gute Gemeinde – oder die Wahrheit aussprechen und sagen, dass ich ihr einfach nicht vertrauen kann und als lutherische Geistliche Leute brauche, die ein bisschen stabiler sind, um mich auf sie zu stützen. Aber ich schaffte es nicht. Irgendwie gab mir die Tatsache, dass wir in der Vergangenheit so gut zueinander gepasst hatten, egal, wie wenig das jetzt noch der Fall war, das Gefühl, ich hätte kein Recht dazu.

Ich wünschte, ich könnte behaupten, ich hätte gelernt, wie

mächtig die Wahrheit ist, und wäre ihr bedingungslos treu. Aber in jenem Moment brachte ich es weder fertig, gut zu sein *noch* die Wahrheit zu sagen. Stattdessen sagte ich, ich hätte bereits die Freunde, die ich brauchte. Manchmal schaffen wir es einfach nicht, uns für die Wahrheit zu entscheiden oder gut zu sein, und in solchen Momenten hoffe ich einfach, dass Gott kommt und sein Ding macht, sodass trotzdem etwas heil wird.

Candace kam einmal in die Gemeinde. Sie lachte ein wenig, als ich ihr das Abendmahl reichte, und kam dann nie wieder.

Kapitel 8

Klinische Seelsorgeausbildung

Und als sie kamen an die Stätte, die da heißt Schädelstätte, kreuzigten sie ihn dort und die Übeltäter mit ihm, einen zur Rechten und einen zur Linken.

– Lukas 23,33 (Luther)

Es war das Jahr 2007, und ich wurschtelte mich ganz angenehm durchs Theologiestudium, schrieb meine Hausarbeiten, sichtete die unmäßigen Bücherstapel und ließ mich meistens auch in den Kursen blicken, als mir auf einmal klar wurde, dass es ein Pflichtfach gab, das ich irgendwie übersehen hatte: Klinische Seelsorgeausbildung. Du willst Pastorin werden? Prima. Aber erst einmal musst du zehn Wochen lang als Klinikseelsorgerin arbeiten. Für mich hörte sich das etwa so an wie: „Du willst Taxifahrerin werden? Prima. Aber erst einmal bekommst du hier den Schlüssel für einen Krankenwagen; er gehört für die nächsten zweieinhalb Monate dir."

Folgende Anforderungen musste ich erfüllen, um studentische Seelsorgerin in einem Krankenhaus zu werden: Ich füllte meine KSA-Bewerbung aus, und man überreichte mir ein

Kapitel 8

Klemmbrett und ein Namensschild. Voilà! Schon war ich Klinikseelsorgerin. Ich fühlte mich für das Seelsorgerinnenabzeichen ungefähr genauso qualifiziert wie für einen weißen Kittel und ein Stethoskop.

Als ich an die altrosafarbene Tür meines ersten Patienten klopfte und sagte: „Hi, ich bin Nadia von der Seelsorgestelle", war ich sicher, dass der Patient zwei Dinge sofort merken würde: Erstens, dass ich in Wirklichkeit gar keine Klinikseelsorgerin war, und zweitens, dass ich die Klamotten, die ich anhatte, erst am Vortag gekauft hatte. Mit meinen siebenunddreißig Jahren brauchte ich zum ersten Mal in meinem Leben Erwachsenenklamotten: Hosen, Blazer und Blusen, die sich nicht nur knöpfen ließen, sondern auch meine stark tätowierten Arme bedeckten. Doch auch, wenn ich nun angezogen war wie eine Erwachsene, wurde ich dadurch nicht selbstbewusster. Im Gegenteil, ich kam mir umso mehr wie eine Hochstaplerin vor.

An jenem ersten Tag taumelte ich durch die chirurgische Abteilung und versuchte dahinterzukommen, was zum Henker ich hier eigentlich machen sollte. „Kann die Seelsorgeabteilung irgendetwas für Sie tun?", fragte ich eine alte Frau, die sich gerade von einer Schulteroperation erholte. Ich rechnete damit, dass sie mich um ein Gebet oder vielleicht um eine Bibel bitten würde. Oder vielleicht auch, dass sie ein Gebetbuch mit lauter Engelsbildern in der Schublade versteckt hatte, aus dem ich ihr vorlesen konnte. „Ach, das ist doch alles Unsinn, gute Frau, ich bin Atheistin." Ehe ich wusste, was ich sagte, platzte ich bewundernd heraus: „Oh Mann, alle Achtung. Ich wünschte, ich würde das bringen."

Auch während meines nächsten Besuchs bei einem anderen

älteren Patienten in der Orthopädie hatte ich Mühe, mir etwas einfallen zu lassen, was ich sagen könnte. Also setzte ich mich einfach auf den gemütlichen wasserdichten Stuhl und schaute mit ihm eine Gerichtssendung im Fernsehen an. Meinen Pager hatte ich ganz vergessen, bis er zu summen anfing und mich um die Urteilsverkündung brachte. Es war die Notaufnahme.

Nun gab es zwei Dinge, die ich nicht wusste und die auch bis vor wenigen Augenblicken überhaupt keine Rolle für mich gespielt hatten: Würde Tyra ihre Kaution von ihrem pickelnarbigen Vermieter zurückbekommen? Und wo ist die Notaufnahme?

„Ich bin angepiepst worden", sagte ich zu der Aufsicht am Notaufnahmetresen. Sie warf mir einen sarkastischen „Herzlichen-Glückwunsch"-Blick zu und beugte sich dann wieder über ihr Kreuzworträtsel.

„Äh, ich bin von der Seelsorgestelle", hakte ich nach. Daraufhin deutete sie auf eine Tür mit der Aufschrift KEIN ZUTRITT und schaute mich dann an, als wäre ich blöd. Offenbar berechtigte mich mein Namensschild dazu, durch solche Türen hindurchzugehen.

Endlich fand ich eine Schwester, die sich zu einem Blickkontakt mit mir bereitfand. Ich sei angepiepst worden, sagte ich, aber ich wisse nicht genau, wofür.

„Schockraum eins", sagte sie.

Im Schockraum war eine Schwester gerade dabei, einem Mann in den Fünfzigern, der auf dem Tisch lag, die Kleider vom Leib zu schneiden. Schläuche hingen in seinem Mund und seinen Armen. Ärzte machten sich an ihm zu schaffen und taten Dinge, die nicht für meine Augen bestimmt waren und in Fernsehserien völlig verfälscht dargestellt werden. Eine andere

Kapitel 8

Schwester schloss ihn an alle möglichen Geräte an, während einer der Ärzte Handschuhe anzog und sich Elektroden geben ließ, die er dann in dem frisch geöffneten Brustkorb des reglosen Mannes platzierte.

Eine der Schwestern kam in meine Nähe, und ich beugte mich zu ihr hinüber. „Hier scheint jeder etwas zu tun zu haben, aber was habe ich hier verloren?"

Sie warf einen Blick auf mein Namensschild und erwiderte: „Ihre Aufgabe ist es, sich der Gegenwart Gottes in diesem Raum bewusst zu sein, während wir unsere Arbeit machen."

Im Lauf jener zweieinhalb Monate verbrachte ich noch viel Zeit im Schockraum der Notaufnahme damit, zuzusehen, wie das Leben in die Patienten auf dem Tisch hinein- und aus ihnen herausströmte, während die Ärzte und Schwestern fieberhaft versuchten, sie wiederzubeleben. Und in all diesem Durcheinander bestand meine Aufgabe einzig und allein darin, herumzustehen und mir der Gegenwart Gottes im Raum bewusst zu sein. Komische Jobbeschreibung, aber so war es nun einmal, und in jenen Momenten fühlte ich mich sogar auf seltsame Weise qualifiziert. Ich hatte nicht die leiseste Ahnung, was ich jemandem sagen sollte, der gerade an der Schulter operiert worden war, aber im Schockraum konnte ich nicht anders, als Gottes Gegenwart zu spüren.

Es dauerte nicht lange, bis ich anfing, sie auch in anderen Räumen zu spüren. Ich spürte sie in dem kleinen, weißen Zimmer, das gerade genug Platz für vier kleine Sofas und ebenso viele Kartons mit Papiertüchern bot und in das wir die Familien derer brachten, die tot waren, tot sein könnten, tot sein sollten oder gestorben waren und jetzt nicht mehr tot sind, ohne dass

Klinische Seelsorgeausbildung

wir wissen, für wie lange. Ich saß bei diesen Leuten in ihrem Verlust. Ihr sechzigjähriger Vater ist gerade gestorben. Ihr Ehepartner, mit dem sie einunddreißig Jahre verheiratet sind, hat gerade ein Hirnaneurysma erlitten. Ihre Schwester hat gerade vier Dosen Tabletten geschluckt, und jetzt warten sie auf Nachricht, ob ihr Körper tot ist oder nur ihr Gehirn. In diesem kleinen weißen Abgrund der Schmerzen war ich die Seelsorgerin.

Mir fiel auf, dass die Angehörigen und Freunde unerwartet verstorbener Menschen in ihrer Trauer, die so dicht war, dass sie dem Zimmer allen Sauerstoff entzog, oft ins Leere starrten und sagten: „Heute Morgen haben wir uns beim Frühstück noch über Baseball unterhalten", oder: „Wir waren gerade mit dem Hund spazieren und haben über die Kinder gelacht."

Die großen Umwälzungen des Lebens scheinen immer ins Alltägliche eingeklammert zu sein. Das Gewöhnliche hüllt das Tiefgreifende ein wie eine braune Papiertüte, in der sich die emotionale Version einer selbstgebastelten Bombe verbirgt. In jenem einen, unendlichen Moment dann, in dem wir die Bombe entdecken, verändert sich absolut alles. Doch wenn wir uns von unserem nun für immer veränderten Leben aus daran erinnern, wenn wir mit der schlichten braunen Verpackung anfangen, dann sieht es aus wie jedes andere Paket auch, wie jeder andere Morgen, jeder andere Spaziergang.

Am Dienstag der Karwoche saß ich in dem fensterlosen Büro der Seelsorgestelle und kümmerte mich um meinen Papierkram, als die Notaufnahme mich anpiepste. Gerade war mir eingefallen, dass die Osternester meiner Kinder am nächsten Sonntag leer bleiben würden, wenn ich nicht daran dachte, in den nächsten Tagen bei Target vorbeizufahren.

Kapitel 8

Als ich in die Notaufnahme kam, war es dort ganz anders als sonst. Viel stiller.

Auf dem Tisch lag eine einunddreißigjährige Frau, die bereits tot gewesen war, als sie eingeliefert wurde. Sie war ums Leben gekommen, als sie auf der Straße aus ihrem Wagen gestiegen war. Ihre beiden Söhne, zwei und fünf Jahre alt, hatten in dem Minivan gesessen. „Sie sind unverletzt. Bleiben Sie bitte bei ihnen, bis die Angehörigen hier sind", wurde ich angewiesen.

Unverletzt. Aha.

Ich führte die beiden Jungen an den Händen auf die Kinderstation, wo es Spielzeug und Fernseher gibt. Wir suchten uns ein paar Spielzeuglastwagen und spielten damit auf dem Fußboden, und während ich ein rotes Feuerwehrauto hin und her über das farbenfrohe Linoleum sausen ließ, war mir bewusst, dass für den Rest ihres Lebens dies der Tag sein würde, an dem ihre Mama gestorben war. Es würde für sie immer der Tag sein, an dem sie verängstigt und weinend in einem Minivan gesessen hatten, bis die Polizei kam. Es würde immer der Tag sein, an dem ihnen ihre Mama genommen wurde, bevor sie so richtig wissen konnten, wer sie war, und bevor sie sie mit ihrer Liebe bis zum Erwachsenwerden begleiten konnte. Ich weiß nicht, was ich ihnen außer Safttüten und meiner Zeit noch hätte geben können. Als zwei Stunden später ihre Verwandten auftauchten, hätte ich beinahe angeboten, ihnen ihre Osternester zu kaufen.

Ich war die Seelsorgerin, aber ich hatte keine Antworten für die Leute. Ich brachte ihnen etwas zu trinken, erledigte Anrufe für sie, löcherte die Ärzte nach näheren Informationen, aber Worte der Weisheit hatte ich nicht. Mir war nur zu bewusst, wie unfair das alles war. Ich spürte den unbeherrschbaren Schrecken des Verlustes, die Endgültigkeit, vor der ein Mensch steht, der nie wieder einen Vater haben wird. Die Trauer, die mich dabei überkam, war zugleich poetisch und grotesk. Ich stand dabei und wurde Zeuge jenes entstellenden emotionalen Prozesses, den wir höflich Trauer nennen. Ja, ich war mir der Gegenwart Gottes bewusst, aber am liebsten hätte ich ihm oder ihr dafür eine Ohrfeige nach der anderen verpasst.

Ich dachte mir, wenn Gott merkte, dass mit mir nicht zu spaßen war, dann würden *meine* Angehörigen vielleicht verschont bleiben. Immerzu musste ich an meinen Mann und meine Kinder denken. Harper und Judah waren damals noch klein, und ich wollte unbedingt, dass sie in einer Welt leben konnten, in der es nicht passieren konnte, dass ihre Mama am Dienstag vor Ostern einfach so neben ihrem Minivan ums Leben kommt. Und manchmal schoss mir, ehe ich ihn verscheuchen konnte, der Gedanke durch den Kopf: *Was wäre, wenn Matthew da auf dem Tisch läge?* Dann wurde ich jedes Mal wütend – wütend auf diese abwehrende Art in mir. Wütend auf die Art, die verhindert, dass einen die eigene Angst in Verlegenheit bringt. Oder einen überwältigt.

In Krankenhäusern und Bestattungsinstituten bekommt man eine Menge Unsinn zu hören. Gott hat seinen Plan, wir kennen ihn nur noch nicht. Vielleicht hat Gott deine Tochter zu sich genommen, weil er noch einen Engel im Himmel brauchte. Aber wenn ich einen Verlust erleide und so viel Schmerz empfinde, dass es sich anfühlt, als hätte es nie etwas anderes gegeben als diesen Schmerz, dann kann ich alles besser brauchen als irgendwelche wohlmeinenden, aber nichtssagenden Leute, die mir erzählen, wenn Gott eine Tür schließe, öffne er dafür ein

Kapitel 8

Fenster. Am liebsten würde ich solche Leute dann fragen, wo genau dieses Fenster ist, damit ich sie packen und dort hinausschmeißen kann.

Aber solcher Unsinn gedeiht prächtig in oberflächlicher Frömmigkeit. Meistens, wenn jemand so etwas sinnlos Optimistisches zu einem Trauernden sagt, geht es dabei gar nicht um den Trauernden, sondern um den, der es sagt. Entweder will diese Person gern das Gefühl haben, etwas Hilfreiches sagen zu können, oder sie kann es einfach nicht ertragen, sich mit der Endgültigkeit und dem Schmerz des Todes auseinanderzusetzen, und macht deshalb eine kitschige Grußkarte daraus. Zu mir sind solche Dinge schon gesagt worden, und ich war auch schon selbst diejenige, die sie gesagt hat. Doch als Seelsorgerin hatte ich das Gefühl, die Leute wollten eigentlich nur, dass ich größtenteils meine Klappe halte und mich der Realität stelle, wie weh das alles tut.

Als ich anfing, mich ganz allmählich wieder ins kalte Wasser des Christentums zu trauen, damals, als Matthew und ich uns kennenlernten, las ich eine Menge. Vor allem las ich Marcus Borg und andere Autoren, die über den sogenannten historischen Jesus gearbeitet hatten. Matthew hatte mir ein Buch mit dem Titel *Meeting Jesus Again for the First Time* geschenkt. Das war meine Einstiegsdroge. Im Gegensatz zu dem, wie ich fand, irrationalen Glauben meiner fundamentalistischen Herkunft waren das gelehrte und vernünftige Leute, die herausfinden wollten, was wir über den Menschen Jesus von Nazareth wirklich wissen können. Er war ein palästinensischer Jude im ersten Jahrhundert, der aufgrund seines Charismas und seiner Lehre eine Anhängerschaft fand. Mann, war das ein toller Typ! Hatte der einen Draht zu seinem göttlichen Bewusstsein! Ich fand es klasse, wie diese Leute das Bild Christi aus den Fesseln der Unwissenheit und der rechten religiösen Szene befreiten, und es machte mich richtig high, Jesus so wiederzubegegnen, dass es sich tatsächlich anfühlte, als wäre es das erste Mal.

Das war das Gute am liberalen Christentum: Ich konnte meinen Verstand gebrauchen und gleichzeitig glauben. Aber es überzeugte mich nur für eine kleine Weile. Und schon bald wollte ich mit dem härteren Stoff experimentieren. Jesus zu bewundern ist ja eine ehrenwerte Sache, aber es zeigt mir nicht, wo Gott zu finden ist, wenn wir den Tod eines geliebten Menschen oder eine erschreckende Krebsdiagnose erleben oder wenn einem unserer Kinder etwas passiert. Einen Typen, der einen ganz heißen Draht zu Gott hatte, zu bewundern und ihm nachzueifern, überbrückt einfach nicht die Distanz zwischen mir und dem Allmächtigen auf eine Weise, die mir zu verstehen hilft, wo zum Henker Gott steckt, wenn wir leiden müssen.

Und meine Kindheit war mir natürlich auch keine große Hilfe. Das Gottesbild, mit dem ich erzogen wurde, sah so aus: Gott ist ein zorniger Wüterich mit einem perfekten Überwachungssystem, der seinen kleinen Jungen (den einzigen, den er hatte) schicken musste, damit er leidet und stirbt, weil ich so böse war. Die gute Nachricht aber war, dass ich, wenn ich diese Geschichte glaubte und mir dann wirklich Mühe gab, gut zu sein, nach meinem Tod in den Himmel kommen würde, wo ich in einem goldenen bewachten Wohnviertel mit Gott und all den anderen Menschen leben würde, die dasselbe glaubten und taten wie ich. (In der Zeit, als ich von meinen konservativen christlichen Eltern entfremdet war, behauptete ich immer

Kapitel 8

zum Scherz, dass meine Mutter mit ihrem leichten Kentucky-Akzent sagen würde: „Nadia, wenigstens könntest du uns öfter besuchen kommen, wenn wir schon die Ewigkeit nicht zusammen verbringen." Ich fragte mich immer, ob meinen Eltern eigentlich klar war, dass eine Ewigkeit mit ihnen und ihren Freunden nicht unbedingt das beste Verkaufsargument der Kirche ist. Und überhaupt stellt diese Denkweise Gott doch nur so dar, als wäre er genauso fies und selbstsüchtig wie wir, was mir viel mehr mit unserer eigenen Gier und Gemeinheit zu tun zu haben scheint als mit Gott.

An jenem Karfreitag – drei Tage, nachdem ich mit zwei kleinen, mutterlosen Jungen im Krankenhaus auf dem Fußboden gesessen hatte – sang in Matthews Gemeinde der Chor. Ich saß in der hintersten Reihe und lauschte den schönen lateinischen Worten und der alten Melodie, die von den Stimmen der Leute da vorne kam. Als die Lesung der Passionsgeschichte begann – der Schilderung des Verrats an Jesus, seines Leidens und seines Todes aus dem Johannesevangelium –, hörte ich sie mit ganz anderen Ohren. Ich hörte sie mit den Ohren eines Menschen, der Jesus nicht nur bewunderte und ihm nacheifern wollte, sondern seine Gegenwart gespürt hatte in einem Raum, in dem zwei mutterlose kleine Jungen auf dem Fußboden gespielt hatten.

Die vertraute und doch fremde Geschichte von den letzten Stunden Jesu schlug an jenem Karfreitag bei mir voll ein, und mir wurde klar, dass in Jesus Gott zu uns gekommen war, um unsere menschliche Geschichte mit uns zu teilen. Auch die Teile unserer menschlichen Geschichte, die am schmerzhaftesten sind. Gott schaute nicht aus dem Himmel herab auf das Leben und den Tod Jesu, um ihn grausam leiden zu lassen. Gott schaute nicht herab aufs Kreuz. Gott *hing* am Kreuz. Gott hat sich ganz tief in unseren Schmerz, unseren Verlust und unseren Tod hineinbegeben, und er nahm all das in sich selbst auf, damit wir erkennen können, wer Gott wirklich ist. Vielleicht handelt ja die Karfreitagsgeschichte davon, dass Gott lieber sterben würde, als sich weiter auf unsere Sündenanrechnungsgeschäfte einzulassen.

Die Lesung der Passionsgeschichte ging zu Ende, und mir wurde plötzlich bewusst, dass Gott die ganze Sache nicht mit Selbstgefälligkeit betrachtet. Gott ist nicht fern am Kreuz, und er ist nicht fern in der Trauer der plötzlich Mutterlosen im Krankenhaus. Sondern Gott ist mittendrin, da, wo die Wimperntusche in Streifen übers Gesicht fließt, und es geht ihm damit genauso beschissen wie uns allen. Es gibt einfach keine für uns begreifliche Antwort auf die Frage, warum es Leid gibt. Aber es gibt Sinn. Und für mich läuft es darauf hinaus, dass dieser Sinn mit Jesus zu tun hat – mit Immanuel, was so viel bedeutet wie „Gott mit uns". Wir wollen Antworten von Gott, aber manchmal bekommen wir stattdessen Gottes Gegenwart.

Kapitel 9

Eunuchen und Zwitter

Als sie nun so auf der Straße dahinfuhren, kamen sie an ein Gewässer. „Hier gibt es Wasser", sagte der Eunuch, „was steht meiner Taufe noch im Weg?"

– Apostelgeschichte 8,36
(Neue evangelistische Übersetzung)

Tiffany, ein Popstar aus den 1980ern, hat einen begeisterten Fan, der ein Zwitter[2] ist und mir einmal beim Schreiben einer Predigt geholfen hat. Kelly, der Zwitter, weiß nichts davon, dass sie mir beim Schreiben der Predigt geholfen hat. Sie tauchte ja auch nur in dem Café auf, indem ich mich gerade damit plagte, für meine frisch gegründete Gemeinde eine Predigt über Philippus und den äthiopischen Eunuchen zu überlegen. Wir Lutheraner nehmen, ebenso wie die meisten Katholiken, Presbyterianer, Methodisten und Episkopalisten, dieselbe Folge von festgelegten Texten, über die jeden Sonntag gepredigt wird. Sie nennt sich Lektionar. Der Abschnitt über den äthiopischen

---

2 „Zwitter" gilt oft als abfällige Bezeichnung. Aber Kelly nennt sich selbst so.

Kapitel 9

Eunuchen war der vorgesehene Text für jene Woche, und auch wenn es nur eine Richtlinie und keine unumstößliche Regel ist, die vorgesehenen Texte zu verwenden, traue ich mir nie so weit über den Weg, dass ich davon abweiche. Das wäre das Letzte, was meine Leute gebrauchen können, dass ich anfange, selbst zu entscheiden, über welche Verse ich jeden Sonntag predige. Es würde höchstens drei Monate dauern, bis das in eine Situation wie in Joseph Conrads *Herz der Finsternis* ausarten würde.

Als ich Kelly erblickte, war ich im ersten Moment schockiert, auf den rasch Abscheu folgte. Der Schock kam daher, dass ich gerade zwei Tage vorher einen Dokumentarfilm über sie gesehen hatte (er hieß *I Think We're Alone Now* und handelte von ihr und einem anderen besessenen Tiffany-Fan, einem fünfzigjährigen Mann mit Asperger-Syndrom). Die Abscheu kam daher, dass sie wirklich männlich und weiblich zugleich wirkte. Sie war kein cooler androgyner Typ wie David Bowie oder Annie Lennox. Kelly hatte lange Haare wie ein Frau, ein Gesicht, das sowohl weiblich als auch männlich wirkte, Brüste und den Bauch und die dicken Beine eines Mannes.

Als Nächstes empfand ich Scham. Ich schämte mich dafür, mich vor ihr zu ekeln. Ich habe die meiste Zeit meines Lebens in Gesellschaft von schwulen Männern und lesbischen Frauen und Transgender-Leuten verbracht, und trotzdem ekelte ich mich vor dieser intersexuellen Person, die vor mir stand.

Normalerweise lässt mir meine Arbeitswoche keine Zeit, Dokumentarfilme über intersexuelle Promi-Fans anzuschauen, aber da ich für eine Predigt etwas über Eunuchen in Erfahrung zu bringen versuchte, hatte mich das schwarze Loch des Internets eingesaugt, sodass ich *I Think We're Alone Now* gesehen hatte. Und dann kam Kelly in mein Stammcafé spaziert. Sie war mit einer anderen Frau zusammen, und beide holten sich Getränke zum Mitnehmen. Ich saß verdattert da und rechnete halb damit, dass als Nächstes Tina Fey hereinkommen würde. Schließlich hatte ich ja am Abend zuvor eine Folge von *30 Rock* angeschaut.

Tina Fey ließ sich nicht blicken, und ich hatte immer noch keine Predigt über den Eunuchen aus Äthiopien. Ein paar Worte standen auf meinem Blatt, aber sie waren blöd.

Die Geschichte von dem äthiopischen Eunuchen stammt aus der Apostelgeschichte. Nachdem Jesus von den Toten auferstanden war, alle Leute völlig durcheinandergebracht, am Strand für alle zum Frühstück ein paar Fische gegrillt und sich noch ein paar leckere Mahlzeiten gegönnt hatte, fuhr er zum Himmel auf. Vorher jedoch forderte er seine Anhänger noch auf, seine Geschichte unter allen Völkern zu verbreiten und sie im Namen des dreieinigen Gottes zu taufen.

Wie es sich traf, war der erste nichtjüdische Bekehrte ein Schwarzer, der überdies einer sexuellen Minderheit angehörte. Der Geschichte zufolge führte der Heilige Geist Philippus zu dieser bestimmten Wüstenstraße hin. Dort begegnete er einem Eunuchen in einem Wagen, der aus der Schriftrolle des Jesaja las. Philippus klettert zu ihm in den Wagen und erzählt diesem kastrierten Mann aus Äthiopien von Jesus, woraufhin der Eunuch sagt: „Schau mal da drüben! Da ist Wasser. Was steht meiner Taufe noch im Weg?" Philippus tauft ihn und verschwindet dann.

Als ich heranwuchs, kannte ich diese Geschichte unter dem Titel „Die Bekehrung des äthiopischen Eunuchen". Mir wurde immer gesagt, die Botschaft dieses Textes sei, dass wir jedem, dem wir begegnen, von Jesus erzählen sollten, denn es könnte sein, dass wir ihn dadurch retten. Vielleicht können wir die Leute bekehren. Vielleicht können wir sie so verändern, dass sie werden wie wir, sodass sie auch in einer Wohnstatt im Himmel leben können, wenn auch natürlich nicht in so einer schönen wie wir selbst. Doch als ich sie jetzt wieder las, fand ich, sie sei doch ein gefundenes Fressen für liberale Christen. Ich meine, mal *ehrlich*. Der erste Nichtjude, der sich zum Christentum bekehrt, ist ein Ausländer, der überdies auch ein Schwarzer *und* ein Angehöriger einer sexuellen Minderheit ist? Fehlt nur noch, dass der Kerl auch noch ein „Mensch mit besonderen Bedürfnissen" und glutenintolerant gewesen wäre.

An dem Tag also, als ich in einem Café in Denver den Zwitter Kelly sah, hatte ich bereits den ersten Entwurf einer leicht selbstbeweihräuchernden Predigt über Inklusion zu Papier gebracht, in die ich ein paar Seitenhiebe gegen Christen eingebaut hatte, die nicht so „offen und positiv" gegenüber der LGBT-Szene sind wie wir im House for All Sinners and Saints. Bei uns gibt es eine Menge Schwule. Freilich sind wir immer noch zu fünfundneunzig Prozent weiß, aber darum geht es ja nicht. Wir haben das Evangelium verstanden. Die anderen nicht.

Wie Sie wissen, hatten die Lutheraner zu diesem Zeitpunkt schon jahrelang über die Frage der menschlichen Sexualität gestritten. Die ganze Debatte in meiner Kirche über die Inklusion „der Schwulen" verlief nach genau demselben Muster wie die Debatte vierzig Jahre zuvor über die Frauenordination, die wiederum nach demselben Muster verlief wie die Debatte in der frühen Gemeinde über die Inklusion der nichtjüdischen Völker. Die ersten Meinungsverschiedenheiten über „Inklusion" begannen also ungefähr zwanzig Minuten nach der Entstehung des Christentums.

Ähnlich wie die Christen in der frühen Gemeinde, die davon überzeugt waren, dass Nichtjuden erst zum Judentum übertreten mussten, bevor sie Christen werden konnten (womit bekanntlich für die Jungs ein ziemlich unangenehmer Prozess verbunden war), ist auch ein Teil der heutigen Kirche der Meinung, wenn wir unser Zeltdach so ausweiten, dass auch die Schwulen mit darunter passen, würde das ganze Ding über uns zusammenkrachen. Das Zelt der Kirche muss davor bewahrt werden, zu sehr gedehnt zu werden, damit es nicht in sich zusammenbricht. Manche „Zeltbeschützer" meinen, wir müssten die Schwulen „evangelisieren", d. h. sie in uns verwandeln.

Es existieren mehrere Organisationen, die Schwulen helfen wollen, ihr Schwulsein „wegzubeten". Das heißt, sexuelle Minderheiten dürfen in konservativeren Gemeinden mitmachen, wenn sie erst einmal heterosexuell werden (was natürlich nicht funktioniert). Derweil geht es am anderen, liberalen Ende des Kirchenspektrums nur um „Inklusion". Wir sehen uns als „Zelterweiterer" und müssen das Zelt ausdehnen, damit die Ausgegrenzten, die Benachteiligten, die Minderheiten mit hineinkönnen. Unsere Aufgabe ist es, das Zelt zu erweitern, bis alle hineinpassen, denn wir glauben an Inklusion. Und das war die Aussage der mittelmäßigen Predigt über den äthiopischen Eunuchen, die ich geschrieben hatte.

Und doch saß ich nun hier, inzwischen Pastorin einer LGBT-„inklusiven" Gemeinde, und empfand Abscheu beim Anblick einer intersexuellen Person. Gelinde gesagt, es war demütigend. Und es machte mir sehr konkret die Grenzen der Inklusion bewusst. Wenn die Qualität meines Christentums in meiner Fähigkeit besteht, inklusiver zu sein als der Pastor nebenan, dann wird es knifflig, denn ich werde immer, immer Leuten begegnen – intersexuellen Leuten, Republikanern, Kriminellen, Ann Coulter usw. –, die ich nicht in meinem Zelt haben will. Immer. Im Grunde will ich nur manchen Leuten gegenüber inklusiv sein und anderen gegenüber nicht.

Nachdem Kelly das Café verlassen hatte, fiel mir etwas ein, was ein paar Wochen zuvor passiert war. Stuart, der schwule Leiter in unserer Gemeinde, auf den der Spruch „Danke, ELCA!" zurückging, war in Anzughosen und einem Button-down-Hemd zur Liturgie erschienen statt wie sonst in Jeans und seiner ironischen Mechanikerjacke. Mein Spitzname für Stuart ist „Dos Equis" (nach der Biersorte mit dem doppelten X auf dem Etikett), weil er ein Ex-Ex-Schwuler ist.

Als junger Erwachsener hatte Stuart in seiner evangelikalen Gemeinde gehört, um mit ins Zelt zu dürfen, müsse er sich auf den Prozess einlassen, weniger schwul und mehr hetero zu werden. Da er Jesus und die Gemeinde liebte, gab er sich alle Mühe. Offenbar ließ Stuart nichts unversucht, aber am Ende reichte es nie aus. Er schaffte es nicht, weniger schwul zu werden, und verließ schließlich diese Gemeinde.

Er und sein liebenswerter und kreativer Partner Jim kamen seit sechs Monaten ins House for All Sinners and Saints, als Stuart sich in weißem Hemd und Krawatte blicken ließ. Kurz vorher am selben Tag hatte er Pate gestanden bei der Taufe des Kindes seiner Freunde, eines heterosexuellen Paares, das Stuart schon seit einigen Jahren kannte. Nach der Taufe hatte es einen kleinen Empfang im Haus dieses Paares gegeben. Zu Stuarts Überraschung baten seine Freunde während dieses Empfangs alle ihre Gäste um Aufmerksamkeit, um ein paar Worte darüber zu sagen, warum sie sich Stuart als Taufpaten für ihr Kind ausgesucht hatten.

„Wir haben dich gewählt, Stuart", sagten sie, „weil du die meiste Zeit deines Lebens Christus und der Gemeinde Christi nachgefolgt bist, obwohl du als homosexueller Mann von der Kirche immer nur zu hören bekommen hast, für dich gebe es ‚keine Liebe hier'." Es war, als hätten seine Freunde zu ihm gesagt: „Du, Stuart, bekehrst uns immer wieder neu zu diesem Glauben." Und als ich im Café an diese Geschichte dachte, wurde mir allmählich klar, dass die Geschichte von Philippus und dem äthiopischen Eunuchen vielleicht in Wirklichkeit nicht von der Bekehrung des Eunuchen, sondern von der Bekehrung des Philippus handelt.

In der Geschichte fährt der Eunuch in seinem Wagen die Wüstenstraße entlang und liest dabei Jesaja. Er ist nach Jerusalem gereist, um dort anzubeten, und ist nun auf dem Rückweg. Doch ich fing an, mich zu fragen, ob er vielleicht auch das 5. Buch Mose kannte, besonders 23,2, wo es heißt: *Kein Entmannter oder Verschnittener soll in die Gemeinde des Herrn kommen* (Wieso Johannes 3,16 der beliebteste Vers in der Bibel ist und nicht 5. Mose 23,2, ist mir schleierhaft).

Dieses Gesetz verbietet es Eunuchen ausdrücklich, den Tempel zu betreten. Ihre Übertretung der Geschlechterpolarität und ihre Unfähigkeit, sich in die richtigen Kategorien einzuordnen, machten sie unrein. Sie passten nicht ins Zelt. Doch der Eunuch reiste nach Jerusalem, um anzubeten, obwohl er wusste, dass ihn die religiöse Obrigkeit höchstwahrscheinlich wieder wegschicken würde. Der Eunuch suchte Gott, obwohl er gehört hatte, dass es dort keine Liebe für ihn gebe.

Ich frage mich also, ob der Geist Gottes, als er Philippus zu jener Wüstenstraße brachte, ihn im Grunde zu seiner eigenen Bekehrung führte. Vielleicht dachte er ja, als er auf den Wagen zuging: *Okay ... ich haue diesem Freak einfach die Bibel um die Ohren, bis er so ist, wie er meiner Meinung nach sein sollte.*

Aber ich weiß nicht recht, ob es so lief, wie Philippus es erwartete. Die einzige Anweisung, die Philippus unseres Wissens in dieser Situation von Gott erhielt, war die, hinzugehen und neben dem Wagen herzugehen. Was wir nicht wissen, ist, ob der Heilige Geist auch dem Eunuchen eine Anweisung gab. „Lade diesen netten jüdischen Jungen in deinen Wagen ein – einen Vertreter jener Leute, die sich ans Gesetz klammern und dich aus dem Haus Gottes ausschließen. Lade ihn ein, sich neben dich zu setzen. Geh ... lade ihn ein ... stell ihm Fragen." Vielleicht fand ja Philippus in diesem Gespräch mit einem Ausländer unbestimmten Geschlechts – das nur aus Fragen bestand – heraus, was es wirklich heißt, den Herrn zu suchen, auf eine Weise, wie er es nur von jemandem lernen konnte, der es gegen alle Widerstände und gegen alle Ablehnung tat.

Mir kam der Gedanke, dass vielleicht auch ich nicht wirklich verstehen kann, was es heißt, Jesus nachzufolgen, wenn ich es mir nicht auch von einem Fremden zeigen lasse. Jetzt bedauerte ich es, Kelly nicht kennengelernt und an meinen Tisch eingeladen zu haben. Ich bedauerte es, ihr keine Fragen gestellt zu haben.

Dieser Wunsch, von Leuten zu lernen – die den Glauben

leben, obwohl ihnen gesagt wird, sie seien nicht willkommen oder würdig –, was dieser Glaube ist, das ist weit mehr als „Inklusion". Eigentlich ist *Inklusion* überhaupt nicht das richtige Wort, denn es hört sich so an, als würden wir, die wir ja so nett und tugendhaft sind, „sie" einladen, sich „uns" anzuschließen – so, als beurteilten wir eine andere Gruppe von Menschen der Inklusion in einem Zelt für würdig, das uns sowieso nicht gehört. In diesem Café wurde mir klar, dass ich so jemanden wie den äthiopischen Eunuchen brauche, der mir zeigt, was Glaube ist. Ich brauche beständig den Fremden, den Ausländer, den „Andersartigen", der mir das Wasser in der Wüste zeigt. Ich muss von ihm hören: „Hier ist Wasser in der Wüste; also was spricht dagegen, dass ich, der Eunuch, getauft werde?" Oder auch ich, der Schwule, oder ich, die intersexuelle Person, oder ich, die Analphabetin, oder ich, der Neurotiker, oder ich, die Intelligenzbestie, oder ich, der Gründer von Focus on the Family.

Solange ich mich nicht der Schwierigkeit dieser Frage stelle und mir, wie Philippus, keine gute Antwort darauf einfällt ... so lange kann ich nur den scheinbar begrenzten Raum unter dem Zelt anschauen und denken, meine Aufgabe sei entweder, die Leute zu ändern, damit sie hineinpassen, oder das Dach zu erweitern, damit sie hineinpassen. Das eine ist so irregeleitet wie das andere, denn es ist ja gar nicht mein Zelt. Es ist Gottes Zelt. Wie weit und groß das Zelt des Herrn ist, geht mich nur insofern etwas an, als es ein Hinweis auf das großzügige Wesen eines liebenden Gottes ist, der Fleisch wurde und sich auf unser menschliches Dasein einließ. Die Weite des Zeltes geht mich nur insofern etwas an, als sie ein Hinweis ist auf die große

Kapitel 9

Barmherzigkeit und Liebe eines Gottes, der uns alle als Freunde willkommen heißt.

In der Geschichte von der Bekehrung des Philippus und des Eunuchen liegt also eine gewisse Hoffnung für die Kirche und vielleicht auch für die Gesellschaft selbst. Und Gottes riesengroßem Zelt können wir Fragen stellen. Wir können diejenigen, die das Establishment repräsentieren, einladen, sich zu uns zu setzen und die Bibel mit uns zu lesen. Wir alle können uns durch den Fremden neu bekehren lassen, können sehen, wo es Wasser in der Wüste gibt, und uns gemeinsam mit Fremden, mit „Andersartigen", voll auf die Taufe der Barmherzigkeit Gottes einlassen. Und dann können wir fröhlich unserer Straße ziehen, nachdem wir uns gegenseitig immer und immer wieder zu diesem herrlichen, riskanten, weit ausgedehnten Leben des Glaubens bekehrt haben.

Am ersten Tag der Woche kommt Maria von Magdala früh, als es noch finster war, zum Grab und sieht, dass der Stein vom Grab weg war. Da läuft sie und kommt zu Simon Petrus und zu dem andern Jünger, den Jesus lieb hatte, und spricht zu ihnen: Sie haben den Herrn weggenommen aus dem Grab, und wir wissen nicht, wo sie ihn hingelegt haben. ... Maria aber stand draußen vor dem Grab und weinte. Als sie nun weinte, schaute sie in das Grab und sieht zwei Engel in weißen Gewändern sitzen, einen zu Häupten und den andern zu den Füßen, wo sie den Leichnam Jesu hingelegt hatten. Und die sprachen zu ihr: Frau, was weinst du? Sie spricht zu ihnen: Sie haben meinen Herrn weggenommen, und ich weiß nicht, wo sie ihn hingelegt haben. Und als sie das sagte, wandte sie sich um und sah Jesus stehen und weiß nicht, dass es Jesus ist. Spricht Jesus zu ihr: FRAU, WAS WEINST DU? Wen suchst du? Sie meint, es sei der Gärtner, und spricht zu ihm: Herr, hast du ihn weggetragen, so sage mir, wo du ihn hingelegt hast; dann will ich ihn holen. Spricht Jesus zu ihr: Maria! Da wandte sie sich um und spricht zu ihm auf Hebräisch: Rabbuni!, das heißt: Meister! Spricht Jesus zu ihr: Rühre mich nicht an! Denn ich bin noch nicht aufgefahren zum Vater. Geh aber hin zu meinen Brüdern und sage ihnen: Ich fahre auf zu meinem Vater und zu eurem Vater, zu meinem Gott und zu eurem Gott. Maria von Magdala geht und verkündigt den Jüngern: Ich habe den Herrn gesehen, und das hat er zu mir gesagt.

FRAU, WAS WEINST DU?

Kapitel 10

Zuckerwatte

Denn wenn ich schwach bin, so bin ich stark.
– 2. Korinther 12,10 (Luther)

Die Zuckerwattemaschine passte gerade so in den Kofferraum meines Hondas, aber ich war wild entschlossen. Der junge Latino in Arbeitshemd und blauen Latzhosen schloss meine Heckklappe, nachdem er die Maschine, hundert Papiertüten und eine große Packung pinkfarbenen Zucker hineingehievt hatte. Vorher warf er mir noch einen Blick zu, der so viel besagte wie *Na dann viel Glück, du durchgeknallte Weiße.* Mein Rücken tat mir sowieso schon weh, sodass ich leicht gebeugt ging und möglichst nichts heben wollte. Die L5/S1-Bandscheibe in meinem unteren Rücken hat mehr Ähnlichkeit mit dem Pappschild eines obdachlosen Bettlers als mit einem Kissen vom Bett einer Märchenprinzessin, was es eigentlich sein sollte. Infolgedessen kann ich nicht ohne Schmerzen längere Zeit stehen.

Ich hätte es besser wissen müssen und lieber nicht so lange stehen sollen, als ich an diesem Morgen in Matthews netter lutherischer Vorortgemeinde predigte. Aber wenn man einen

Kapitel 10

Talar anhat, sieht es nun einmal unhöflich aus, während der Choräle und Gebete sitzenzubleiben. Aber egal, nachdem ich die Zuckerwattemaschine in meinem Auto verstaut hatte, musste ich noch bei Costco vorbei, bevor ich alles für eine besondere Veranstaltung in meiner eigenen Gemeinde aufbauen konnte.

Es war im Spätsommer 2009, und das House for All Sinners and Saints tuckerte vor sich hin, schaffte es aber nicht, sonntags mehr als fünfunddreißig oder vierzig Leute anzulocken. An manchen Wochenenden im Sommer, wenn die Leute auf Reisen waren, konnten es noch weniger sein. Deshalb hatte ich beschlossen, den Rally Day zu feiern, um alle Leute, die während der Ferienzeit nur sporadisch gekommen waren, zu einem gemeinsamen Gottesdienst zusammenzutrommeln.

Der Rally Day ist eine hübsche Tradition in lutherischen Gemeinden. Er dient dazu, nach dem Sommer alle Familien zusammenzubringen und den Beginn des neuen Sonntagsschuljahres zu feiern. Oft finden dazu Picknicks und Partys mit Plumpsbecken und Luftballons statt. Im House for All Sinners and Saints gibt es zwar keine Kinder außer meinen, und eine Sonntagsschule schon gar nicht, aber ich dachte mir, scheiß drauf, wir machen jetzt einen Rally Day.

Die Idee war von mir. Und wie eine Vollidiotin machte ich natürlich auch die ganze Arbeit. Deswegen kutschierte ich jetzt eine Zuckerwattemaschine, sechs Dutzend Burger und Brötchen mit allen Zutaten, einen gigantischen Sack Doritos und ein paar Kisten Getränke in meinem Auto herum und konnte kaum noch gerade gehen. Aber das war es mir wert, denn wir würden endlich alle an einem Sonntag zusammenbringen. Okay, der Spaß kostete dreihundert Dollar, aber ich würde ein

Zuckerwatte

Körbchen herumgehen lassen, und bestimmt würden wir das alle gemeinsam stemmen.

JP, eines der Gründungsmitglieder des House for All Sinners and Saints, kam frühzeitig hin, um beim Aufstellen der Stühle für die Liturgie zu helfen. Nachdem ich ihn mit allem versorgt hatte, was er für den Aufbau der Gebetsstation und des Altartisches brauchte, ging ich wieder nach unten, um die Vorbereitungen für die Rally-Day-Party zu treffen. *Hoffentlich reichen die sechs Dutzend Burger*, dachte ich.

Einen Rally Day zu veranstalten, mit Zuckerwattemaschine und allem, und das in einer Gemeinde ohne Kinder, das war genau die Art von verrückten Ideen, mit denen das House for All Sinners and Saints in der ELCA Aufmerksamkeit erregte. Daneben natürlich auch die Tatsache, dass unsere Gemeinde fast ausschließlich aus alleinstehenden jungen Erwachsenen bestand – also aus genau der Bevölkerungsgruppe, bei der andere ELCA-Gemeinden offenbar überhaupt keinen Fuß fassen konnten. Aus diesen Gründen würde ich am nächsten Morgen um vier Uhr aufstehen, um ein Flugzeug nach Chicago zu besteigen, wo ich auf einer lutherischen Theologenkonferenz einen Vortrag halten sollte. Man wollte mehr über meine Gemeinde erfahren. Das würde bestimmt ein Spaß werden, wenn ich dort die Geschichte von diesem Rally Day ohne Kinder erzählte.

Ich brauchte länger als erwartet, um die Getränke kalt zu stellen, die Servietten aufzustapeln und die ganzen Burgerzutaten vorzubereiten, sodass ich erst fünf Minuten vor Gottesdienstbeginn wieder nach oben kam. Auf dem Weg die hundert Jahre alte Treppe hinauf brachte mich der vertraute Duft des

Kapitel 10

Weihrauchs und der ungekehrte Fußboden zum Lächeln. Aber es kam mir viel ruhiger vor als sonst.

Ich trat in den sonnenhellen Raum und sah das Licht durch die Glasmosaikfenster auf die sechsundzwanzig Leute fallen, die zum Gottesdienst erschienen waren. Sechsundzwanzig. Sechs-und-Kacke-zwanzig. Und das nach den ganzen E-Mails, mit denen ich für den Rally Day geworben hatte, und meinen Rückenschmerzen und der Zeit bei Costco. Nach der tollen Idee und dem Sack Doritos und den dreihundert Dollar. Nach alledem waren noch weniger Leute gekommen als den ganzen Sommer über. Dabei ging es doch bei meinem tollen Rally Day nur darum, mal weder mehr als nur vierzig Leute zum Gottesdienst zusammenzutrommeln. Sechsundzwanzig.

Mir fiel nichts anderes ein, als eilends, so als ob ich etwas vergessen hätte, was ich noch schnell holen müsste, auf dem Absatz kehrtzumachen und wieder nach unten zu gehen. Aber wenn ich etwas vergessen hatte, dann war es mein Wohlwollen gegenüber der Menschheit.

Ich schloss mich im Raum der Frauengruppe ein und fiel auf dem ramponierten Linoleumfußboden auf die Knie. *Lieber Gott, im Moment habe ich einen totalen Hass auf alle. Wenn du diese Wut und diesen Groll nicht wegnimmst, dann komme ich nie durch diesen Gottesdienst. Bitte, bitte, bitte, ich flehe dich an. Bitte. Hilf mir.*

Ich brachte den Gottesdienst hinter mich, ohne die Leute finster anzustieren. Aber nur mit knapper Not.

Die Gebete der Leute beruhigten mich wieder. Amy bat um Vergebung für ihren Chef. JP bat um Hilfe in seinem neuen Jahr am theologischen Seminar. Bei einer anderen Person war der Onkel gestorben. Eine Nichte war geboren.

Zuckerwatte

Nach dem Gottesdienst heizten wir den Grill an, setzten die Zuckerwattemaschine zusammen und stellten ein Kollektenkörbchen auf die Getränkekühlbox. Alle waren in bester Stimmung, nur ich nicht. Und die sechs Dutzend Burger stellten sich als sehr reichlich bemessen heraus. Die achtundvierzig Stück, die übrig blieben, wurden gegrillt, in Folie verpackt und später an hungrige Leute im Triangle Park verteilt. Immer, wenn ein Auto an dem Stoppschild an der Kirche hielt, wurde den Insassen eine Tüte Zuckerwatte angeboten, und manche nahmen sie sogar an. Es war wie eine umgekehrte Version der Geschichte von den Broten und den Fischen. Genau sechs Mal wird in den Evangelien davon berichtet, wie Jesus Tausende von Menschen mit ein paar Broten und zwei Fischen satt machte. Dabei gibt es nur vier Evangelien. In zweien davon wird die Geschichte also gleich zweimal erzählt. Könnte wichtig sein.

Meine Gemeindeglieder hatten das ganze Essen verteilt, das übrig geblieben war, weil die Dutzende von Leuten, die ich mir erhofft hatte, nicht aufgetaucht waren, was sich als große Freude herausstellte.

Für sie.

Ich war damit beschäftigt, aufzuräumen und sauer auf alle zu sein, möglichst, ohne es mir anmerken zu lassen. Mein Rücken fühlte sich an, als würde er gleich in zwei Teile zerbrechen. Ich wollte eigentlich nur noch, dass alles vorbei war. In ein paar Stunden musste ich schon im Flugzeug sitzen. Ja, den Leuten hatte es vielleicht Spaß gemacht, aber je eher ich zum Aufräumen kam, desto eher konnte ich nach Hause.

„Nadia, dir geht's nicht so toll, was?", erkundigte sich Stuart. Nein. Ich war innerlich am Brodeln.

Kapitel 10

„Mein Rücken macht mich heute wirklich fertig", erwiderte ich. Das stimmte, aber es war nicht die ganze Wahrheit. Die ganze Wahrheit war, dass der Rally Day eine totale Pleite gewesen war. Der Sinn des ganzen Unternehmens war es gewesen, mehr Leute in die Kirche zu bekommen. Stattdessen waren es noch weniger gewesen. Ich war sauer auf alle, die nicht getan hatten, was sie meiner Meinung nach hätten tun sollen, wo ich mich doch so ins Zeug gelegt hatte. Ich meine, ich habe eine bekackte Zuckerwattemaschine besorgt und bin zu Costco gefahren. Hätte das nicht reichen müssen, damit die Leute kommen und ihren Hintern eine Stunde lang auf einen Stuhl setzen?

„Jim! Amy! Kommt, wir beten mal eben für Nadia", sagte Stuart, unser Fabelhaftigkeitsminister.

Ach, vergesst es doch.

Aber Stuart ist einfach so nett und liebevoll, überhaupt nicht so ein Arschloch wie ich. *Nadia*, schalt ich mich, *du musst dich jetzt einfach unter diesen Segen stellen.*

So stand ich da und spürte die Wärme der Sonne von Colorado und der Hände meiner Gemeindeglieder durch meine schwarze Pastorinnenbluse und stellte mich unter den Segen, dass für mich gebetet wurde. Es fiel mir schwer. Aber dann passierte etwas. Es hört sich verrückt an, und wenn jemand mir diese Geschichte erzählen würde, würde ich ihn für einen Lügner oder für wahnsinnig halten. Als Stuarts große Tuntenhände liebevoll über meine unteren Rückenwirbel strichen und er Gott innig bat, mich zu heilen, verwandelten sich die Muskeln in meinem Rücken von einer Faust in eine offene Hand. Die Verkrampfungen lösten sich.

Zuckerwatte

Ich dankte ihnen für das Gebet, und sie boten an, mir beim Aufräumen zu helfen.

„Wo kommt das hin?", fragte Jim, während er das Eis aus der Getränkekühlbox schüttete. Dabei deutete er mit einer Kopfbewegung zu dem Körbchen hin. Dem vollständig leeren Körbchen. Nicht ein einziger Dollar darin. Jetzt war ich nicht nur sauer auf die Leute, die sich nicht hatten blicken lassen, sondern auch auf die, die dagewesen waren. Sie hatten gelacht und ihren Spaß gehabt und gegessen und gegessen und gegessen und dann auch noch Essen verteilt, und nicht einer von ihnen hatte auch nur einen Dollar ins Körbchen gelegt. Ich wollte nur noch weg.

Auf der Heimfahrt rief ich meine Freundin Sara an, die in einer ebenso seltsamen, aber viel besser etablierten Episkopalgemeinde in San Francisco Dienst tut. Ich erzählte ihr in allen Einzelheiten von diesem ganzen Tag voller Enttäuschungen, dass die faulen Säcke nicht zum Rally Day gekommen waren, sondern nur die selbstsüchtigen, gierigen, und wie sauer ich auf alle sei. Und überhaupt sei ich als Gemeindegründerin eine komplette Niete, und ach ja, übrigens, um vier Uhr morgens müsse ich raus, um in einen Flieger nach Chicago zu steigen; die Lutheraner wollten mich dahaben, um etwas über meine Gemeinde zu hören, aber nur, weil sie nicht kapierten, dass diese Leute alle Pfeifen waren und ich eine Niete.

„Nadia, sag ihnen einfach die Wahrheit. Das wird ein Geschenk sein."

Ach, red du nur.

Es war fast Mitternacht, bis meine Wut und mein Abscheu vor mir selbst endlich mal lange genug die Klappe hielten, dass

Kapitel 10

ich einschlafen konnte. Aber dann, gegen zwei Uhr, wurde ich plötzlich aus dem Schlaf gerissen. Was mich weckte, war eine schallende Ohrfeige vom Heiligen Geist; anders kann ich es nicht nennen. Meine Augen gingen schlagartig auf, und ich sagte laut: „Oh wow." Die Erkenntnis brach mit voller Wucht über mich herein: Mein Rücken tat nicht weh. Er hatte nicht mehr wehgetan, seit sie für mich gebetet hatten, und er tat auch jetzt nicht weh, als ich plötzlich hellwach in meinem Bett lag. Ich hatte eine Heilung empfangen. Eine vorübergehende, ich habe immer noch Rückenprobleme, aber trotzdem ... ich hatte eine Heilung empfangen, und ich war zu sehr mit mir selbst und meinen Gefühlen und enttäuschten Erwartungen beschäftigt gewesen, um es auch nur zu bemerken.

Und wenn ich jetzt darüber nachdachte, hatte ich auch nicht groß bemerkt, wie viel Spaß die Leute daran gehabt hatten, zusammenzusein und auf der Straße Zuckerwatte zu verteilen. Ich hatte nicht wirklich darauf geachtet, dass ein paar hungrige Leute im Triangle Park an diesem Abend gutes, eisenhaltiges Fleisch zwischen die Zähne bekommen hatten. Ich hatte nicht darauf geachtet, dass Amy, Jim und Stuart erleben durften, dass sie etwas für ihre Pastorin tun konnten, und dass das für sie ein Segen war. Sondern ich hatte die Veranstaltung als Reinfall beurteilt, weil nicht die richtige Zahl von Leuten gekommen war und niemand Geld beisteuerte. Wie kleinkariert.

Die Brote und Fische fielen mir wieder ein. Tausende von Leuten saßen da und hörten Jesus zu, als seine Jünger merkten, dass es schon spät wurde und niemand Pizza bestellt hatte. Da standen sie nun und mussten etwas zu essen besorgen für all diese Leute. Am liebsten wäre es ihnen gewesen, wenn sie

Zuckerwatte

einfach weggegangen wären. Und was sagt Jesus? „Schauen wir mal ... was habt ihr denn?" Und das gefällt mir besonders an Matthäus' Schilderung der Speisung der Menge – die Jünger sagten: „Nichts."

„Was wir haben?", fragten sie zurück. „Wir haben gar nichts. Nichts als ein paar Brote und zwei Fische." Und das sagten sie so, als wäre es etwas Schlechtes.

Die Jünger und ich begingen denselben Irrtum. Sie vergaßen, dass wir einen Gott haben, der das Universum aus „nichts" erschaffen hat, der Fleisch über das „Nichts" vertrockneter Knochen kleiden kann, der Leben im „Nichts" eines erstorbenen Schoßes entstehen lassen kann. Ich meine, machen wir uns nichts vor, „nichts" ist das Material, mit dem Gott am liebsten arbeitet. Vielleicht ist es ja so, dass Gott all das, was wir als nichts, als bedeutungslos, als wertlos abtun, anschaut und sagt: „Ha! *Damit* kann ich endlich etwas anfangen."

Ich hatte die sechsundzwanzig Leute am Rally Day gesehen, und als Jesus mich fragte: „Was hast du?", hatte ich gesagt: „Nichts."

Und ich hatte alle verpasst.

Ein paar Stunden später stand ich in einer Tagungsstätte vor hundert Pastorinnen und Pastoren, klickte mich durch meine PowerPoint-Präsentation und erzählte Geschichten vom House for All Sinners and Saints. Ich erzählte ihnen, wie wir angefangen hatten und wer die Leute waren, und natürlich auch ein paar lustige Dinge über uns. Zum Beispiel über unsere jährliche Fahrradsegnung (ein Schutzsegen für alle Radfahrer, die sich auf die Straßen von Denver wagen) und davon, wie wir einmal die Kommunion zum Flughafen brachten, weil sie einer Frau

Kapitel 10

aus unserer Gemeinde in der Gemeinde ihrer Eltern zu Hause verweigert worden war. Und davon, dass wir am Reformationstag immer „Ablassgebäck" verkaufen.

Als ich fertig war, holte ich tief Luft und sagte: „Und letzte Nacht habe ich mich in den Schlaf geweint." Ich raffte meine ganze Ehrlichkeit zusammen und erzählte ihnen die ganze Geschichte: von der Zuckerwatte, von Costco, von den sechsundzwanzig Leuten, von meinem Gebet auf dem Linoleum, vom Triangle Park, von Stuarts Gebet, von dem leeren Körbchen, von meiner Stinkwut wegen meiner enttäuschten Erwartungen und von der schallenden Ohrfeige des Heiligen Geistes.

Hinterher, als wir in der Tagungsstätte beim Mittagessen mit Putensandwiches und öligem Pastasalat saßen, fragten mich die Leute an meinem Tisch nicht danach, wie sie in ihren Gemeinden HFASS-Sachen machen könnten. Sondern sie erzählten mir Geschichten von ihren eigenen Misserfolgen. Voller Herz und Humor wurde ich mit Geschichten von schlecht gehandhabten Entlassungen, von Gemeindesekretärinnen mit Alkoholproblemen und Vetternwirtschaft bei der Ferienbibelschule unterhalten, und ich merkte, dass wir manchmal nichts Besseres füreinander tun können, als ehrlich davon zu erzählen, was wir schon alles falsch gemacht haben.

Kapitel 11

Der christliche Pirat

Ihr habt gehört, dass gesagt ist: „Du sollst deinen Nächsten lieben" und deinen Feind hassen. Ich aber sage euch: Liebt eure Feinde und bittet für die, die euch verfolgen.

– Matthäus 5,43-44

Ein Mann namens Chris Rosebrough hat auf seiner Facebook-Seite ein Foto von sich und mir zusammen gepostet. „Meine gute Freundin Nadia", lautete die Bildunterschrift. Dafür musste er bezahlen.

Chris hat unter dem Namen „Pirate Christian" als Ketzerjäger eine große Anhängerschaft. In seiner gleichnamigen Internet-Radiosendung attackiert er alle möglichen anderen Christen, die auch nur im Geringsten von seinem eigenen Glaubensverständnis abweichen. Er ist der Rush Limbaugh der christlichen Szene. Auf seiner Website sagt *Pirate Christian Radio* über sich selbst:

PCR ist ein Online-Radiosender, der frei ist von abscheulichen Plagen wie Pop-Psychologie, verrückten Moden, Selbst-

Kapitel 11

hilfe, Pietismus, Leben-mit-Visionismus, Wohlstandshäresie, kontemplativer Mystik, sucherorientierten Gemeinden, Liberalismus, Relevantismus, Emergent-Blödsinn und der wabbelweichen Oprah-fizierten Religiosität, die sich heutzutage als „biblisches Christentum" ausgibt.

Dieser Sender verteidigt *den* historischen christlichen Glauben.

Seine Masche – „Ich stehe für die reine Lehre des einzig wahren Glaubens und sage euch, warum alle anderen außer uns völlig auf dem Holzweg sind" – kommt gut an bei seinem begeisterten, jubelnden Publikum. Ob diese Leute auch einen Vorrat an Waffen, Konserven und Bibeln in ihren Bombenbunkern im Garten lagern, darüber kann man nur spekulieren.

Außerdem ist Chris Mitglied der Synode der Lutheran Church-Missouri, eines ziemlich sektiererischen und fundamentalistischen Zweiges des lutherischen Familienstammbaums. Wir haben schon seit Ewigkeiten keinen Kontakt mehr zu ihnen, so als könnten wir nicht einmal zu Thanksgiving gemeinsam am Tisch sitzen, ohne dass es Krach gibt. Wir würden sie nur in Verlegenheit bringen, indem wir zu viele Sünder einladen mit unserem liederlichen „Alle-sind-willkommen"-Verhalten. Und sie würden nur die Dogmapolizei rufen, um diese unappetitlichen Leute von ihrem Tisch fernzuhalten. So hält uns heutzutage so etwas wie ein gegenseitiges Kontaktverbot im Zaum, aber die LCMS hat im Grunde mehr Ähnlichkeit mit der fundamentalistischen Gemeinde, in der ich aufgewachsen bin, als mit meiner eigenen lutherischen Kirche.

Nachdem also Chris mich auf Facebook als seine gute

Freundin bezeichnet hatte, bekam er von seinen Fans ordentlich den Kopf gewaschen, die mich wiederum eine gefährliche Abtrünnige nannten. Wie konnte er jemanden, der ihrer Meinung nach die Lehren des wahren christlichen Glaubens weit von sich wies, als Freundin bezeichnen?

Als ich sah, wie sich auf der Facebook-Seite meines Freundes Chris ein Shitstorm zusammenbraute, schickte ich ihm eine Nachricht: *Mein Lieber, das sieht ja ziemlich wüst aus bei dir. Wenn du dich öffentlich von unserer Freundschaft distanzieren musst, würde ich das total verstehen und wäre privat immer noch mit dir befreundet.*

Er schrieb zurück: *Nie im Leben. Selbst wenn es eine Sünde ist, mit dir befreundet zu sein, ist es mir das immer noch wert.*

Freilich waren wir nicht immer Freunde ...

Meine Liberalität, Weiblichkeit und Schwulenfreundlichkeit machten mich zu einer leichten Beute für den Piraten. Mehrmals hatte er seine Sendezeit darauf verwendet, über „Pastrix" Nadia Bolz-Weber und ihre falschen Lehren herzuziehen. Anfangs gefiel mir das sogar. Ich hatte inzwischen als Pastorin landesweit einige Aufmerksamkeit auf mich gezogen, und ich fand es besonders aufregend, wenn Leute mich bemerkten, die mich nicht ausstehen konnten. Schließlich musste ich ja wirklich jemand Wichtiges sein, wenn ein Typ, dem ich noch nie begegnet war, zwanzig Minuten seiner Internet-Radiosendung damit verbrachte, über mich zu reden. Zugegeben, diese zwanzig Minuten waren ein einziges Giftgebräu, aber trotzdem ... In meinem Kopf kabbeln sich oft das Ego und der Zorn darum, wer wie lange auf der Bühne stehen darf, und sehr lange lässt sich der Zorn nie hinter dem Vorhang zurückhalten. Nachdem ich also zuerst ein perverses Vergnügen daran hatte, bemerkt zu

Kapitel 11

werden, wurde ich bald darauf wütend darüber, dass man mich „verfolgte".

Über den Weg liefen Chris und ich uns schließlich das erste Mal auf einer Konferenz, auf der ich sprach. Chris war auf der Jagd nach Ketzereien ebenfalls gekommen.

„*Gute Neuigkeiten*, Nadia. *Pirate Christian* ist hier", sagte mein Freund Jay Bakker zu mir und sah dabei aus wie eine Grinsekatze mit Lippenring. Jay ist der punkrockende Sohn der Fernsehevangelisten Jim und Tammy Faye Bakker. Er überlebte seine von Pfingstlertum und öffentlicher Schande geprägte Kindheit so, wie es jeder vernünftige Mensch machen würde: durch Alkohol. Inzwischen ist Jay aber trocken und Pastor seiner eigenen, ausgesprochen liberalen Gemeinde in Brooklyn namens Revolution Church. Im Allgemeinen werden Jay und ich von denselben Leuten gehasst.

Mag ja sein, dass es in Psalm 23 heißt: *„Du bereitest vor mir einen Tisch im Angesicht meiner Feinde"*, aber Jay brauchte mich nur auf die Anwesenheit meines Feindes hinzuweisen, und schon stieg der Zorn, das Sodbrennen der Emotionen, in meinen Eingeweiden auf und zerfraß das Innenfutter meiner Menschlichkeit. Ich informierte Jay, dass ich nicht mit *Pirate Christian* reden wollte. Er solle mir nicht einmal zeigen, wer das sei, und hoffentlich würde er einfach verschwinden. *Pirate Christian* ist mein Feind. Ach ja, und übrigens, zum Henker mit ihm.

Nachdem ich am nächsten Tag einen Vortrag über das Evangelium und über Vergebung gehalten und erzählt hatte, wie es in einer Gemeinde zugeht, in der ich ich selbst sein kann, ohne mich entschuldigen zu müssen, und ich dasselbe auch von anderen erwartete, stellten sich mehrere Leute an, um mit

Der christliche Pirat

mir zu reden. Während ich dort in einem großen Gemeindesaal in Minnesota stand, gab ich mir alle Mühe, das Interesse und die Ausdauer aufzubringen, die man braucht, um jede einzelne Person mit der Ehrerbietung zu begrüßen, die sie verdient. Für mich ist das immer ein Kampf zwischen meiner misanthropischen Persönlichkeit (eigentlich bist du mir egal) und meinen Wertvorstellungen (du bist ein geliebtes Kind Gottes, das verdient, dass man ihm zuhört), und das ist anstrengend. So, wie wenn ich so tun muss, als ginge mir Lobpreismusik nicht auf die Nerven, aber danach muss ich mich unbedingt erst mal hinlegen.

Ich begrüßte eine Frau mittleren Alters, die schon immer den Wunsch gehabt hatte Theologie zu studieren, und die offenbar aus irgendeinem Grund meinen Segen haben wollte. Dann unterhielt ich mich mit einer aufgedrehten jungen Frau, die sich vor allem für meine Tattoos interessierte, und schließlich mit einem jungen schwulen Mann mit Gel in den Haaren, der mir mit Tränen in den Augen sagte: „Ich wünschte, meine Mutter hätte das hören können."

So ähnlich läuft das eigentlich immer ab, wenn Leute nach einem Vortrag mit mir reden wollen. Mein Bischof hat deswegen einmal einen Witz über die Pastorenkragen gemacht, die wir tragen. „Weißt du, warum wir diese kleinen weißen Rechtecke hier oben tragen?", fragte er mich und deutete auf seine Kehle. „Die tragen wir, damit die Leute ihre Heimvideos darauf projizieren können."

Der Letzte in der Reihe war ein Kerl von Mitte vierzig mit Bierbauch und einem üblen Spitzbart.

„Nadia, ich bin Chris. *Pirate Christian*", stellte er sich vor.

Kapitel 11

Vielleicht hatte ich eine Augenklappe oder ein Holzbein erwartet, keine Ahnung. Jedenfalls war ich verdattert.

Gott, bitte hilf mir, mich nicht wie ein Arschloch zu benehmen – das ist eines der häufigsten Gebete in meinem Leben. Und in so einer Situation, wo ich in der Öffentlichkeit meinem Feind gegenüberstehe, was bleibt mir da übrig, als zu beten?

Chris streckte mir seine Hand entgegen, und nachdem ich gegen den Drang angekämpft hatte, ihm zu sagen, er solle sich verpissen, ergriff ich sie.

„Es ist komisch, Nadia", sagte er. „Wir sind offensichtlich über viele Dinge unterschiedlicher Meinung, aber irgendwie habe ich den Eindruck, dass unter all diesen liberalen Christen du jemand bist, mit dem ich in ein paar Dingen übereinstimme."

„Toll", sagte ich nach kurzem verblüfftem Schweigen. „Dann ... äh ... dann reden wir doch mal darüber."

Und mit einer Offenheit, die sich anfühlte wie ein geistliches Waterboarding (bei dem Jesus meinen Kopf unter das Wasser meiner eigenen Taufe drückt, bis ich mich ergebe), führte ich ein langes Gespräch mit meinem Feind.

Da der Pirat und ich mitten im Konferenzsaal standen, rechneten die Leute ringsum, die von unserer Fehde wussten, vielleicht mit einem Showdown. Stattdessen sahen sie uns in aller Öffentlichkeit dreißig Minuten lang einen Dialog über unsere eigene Kaputtheit und unser Bedürfnis nach Sündenbekenntnis und Absolution führen, darüber, warum wir das Evangelium brauchen und was bei der Eucharistie geschieht. Und während wir uns unterhielten, vergoss er Tränen. Zweimal.

Ich fand, er war jemand, der verletzt und empfindsam und wirklich intelligent war.

Irgendwann schaute ich ihm in die Augen und sagte: „Chris, ich habe dir zwei Dinge zu sagen. Erstens, du bist ein wunderbares Kind Gottes. Zweitens, ich glaube, vielleicht sind wir beide verzweifelt genug darauf angewiesen, das Evangelium zu hören, dass wir es sogar voneinander hören können."

An jenem Tag machte Gott mir meinen Feind zum Freund. Und seither bin ich dem Piraten nie mehr zur Beute geworden. Chris hat nicht mehr über mich gesprochen oder geschrieben. Aber er ruft immer wieder an. Manchmal reden wir eine Stunde lang über Theologie oder unsere Familien, und manchmal streiten wir, aber wir tun es respektvoll wie Freunde. Wir sind zwei völlig gegensätzliche Leute, die sich gegenseitig das Wasser in der Wüste gezeigt haben.

Wenn solche Dinge in meinem Leben passieren, Dinge, die so offensichtlich angefüllt sind mit viel mehr Schönheit oder Heil oder Versöhnung, als meine streitsüchtige Persönlichkeit und mein steinhartes Herz je aus sich selbst heraus zustandebringen könnten, dann habe ich einfach keine andere Erklärung dafür als diese: Gott.

Ungefähr ein Jahr später musste ich an meinen Piratenfreund denken, als ich mich mit einer Predigt über Feindesliebe abmühte. Für Prediger sind manche Wochen leichter als andere. Wahrscheinlich trifft dasselbe auch für Lehrer und Müllleute und Striptänzerinnen zu. Ich weiß nur, dass ich mich in der Woche einfach nicht konzentrieren konnte, in der ich über diesen Text aus der Bergpredigt Jesu zu predigen hatte: „Ihr habt gehört, dass gesagt ist: ‚Du sollst deinen Nächsten lieben' und deinen Feind hassen. Ich aber sage euch: Liebt eure Feinde und bittet für die, die euch verfolgen". Ständig lenkte mich ein Gedanke ab: Wo

Kapitel 11

steht denn eigentlich dieser Vers: Du sollst deinen Nächsten lieben und deinen Feind hassen? Ich konnte mich nämlich nicht daran erinnern, das je im Alten Testament, aus dem Jesus meistens sein bestes Material entnimmt, gelesen zu haben.

Ich rief meinen Freund Paul an, einen Priester aus derselben Episkopalgemeinde in San Francisco, in der auch meine Freundin Sara arbeitet. Paul ist so etwas wie mein kluger, witziger, schwuler großer Bruder. Ihn fragte ich, wo denn diese Sache mit „deinen Feind hassen" steht, die Jesus da erwähnt.

„Wieso, Nadia?", fragte er zurück. „Bist du auf der Suche nach einer Ausnahmeklausel?"

Offensichtlich.

„Du kannst genauso gut nach ‚Hilf dir selbst, dann hilft dir Gott' suchen", sagte er. „Es steht einfach nicht in der Bibel."

Paul hatte Recht. Es steht nicht in der Bibel. Aber als ich auflegte, wurde mir klar, warum sich „Du sollst deinen Nächsten lieben und deinen Feind hassen" so vertraut anhört ... ich bin ziemlich sicher, es steht in meinem Herzen. In meiner DNS sozusagen.

Es kam mir vor wie ein Horrorfilm. „Der Anruf kommt aus diesem Haus." In meinem Herzen möchte ich meinen Groll auskosten. Denn mein Zorn und mein Hass sind etwas Besonderes. Sie sind ja berechtigt. Und ganz genau zu wissen, warum jeder meiner Feinde (die Fundamentalisten, Becky, die Tyrannin, die Leute, die so elend langsam fahren) es offensichtlich verdient hat, gehasst zu werden, das kann einem vorkommen wie ein religiöses Festmahl – bis ich merke, dass ich selbst das Hauptgericht bin. Und weil Hass einfach nur eine ätzende Form von geistlicher Knechtschaft ist, sagt Jesus: „Liebt eure Feinde und bittet für die, die euch verfolgen." Das ist eine der ärgerlichsten Aufforderungen, die Jesus je ausgesprochen hat.

Ich zerbrach mir den Kopf darüber, wie Jesus das meinte, wenn er uns aufforderte, unsere „Feinde zu lieben und für die zu bitten, die uns verfolgen". Ich glaube nämlich nicht, dass er es so meinte, dass wir in uns freundliche Gefühle für Leute heraufbeschwören sollten, die uns verletzen. Ich glaube nicht einmal, dass es darum geht, es wirklich so zu meinen.

Ich glaube, die Liebe zu unseren Feinden spielt möglicherweise eine zu zentrale Rolle im Evangelium – und liegt Jesus zu sehr am Herzen –, als dass wir darauf warten dürften, dass wir sie so meinen. Ich meine sie nicht so. Ich habe es nicht so gemeint, als ich die Hand des christlichen Piraten ergriff. Und der Winkel in meinem Herzen, aus der der Impuls kommt, meinen Nächsten zu lieben und meinen Feind zu hassen, wird nicht so bald geläutert sein. Wenn also Gott darauf wartet, dass sich in diesem Herzen nette, liebevolle, warme, blumige, flauschige Gefühle gegenüber Leuten tummeln, die meine Feinde sind – nun, dann wird Gott wohl eine Weile warten müssen.

So kam mir der Gedanke, dass es bei dem Gebetsaspekt dieser Aufforderung „liebt eure Feinde und bittet für die, die euch verfolgen" vielleicht darauf ankommt, *wie* wir sie lieben. Vielleicht war mein kleines Gebet – „Gott, hilf mir bitte, mich nicht wie ein Arschloch zu benehmen" – genau das winzige Schlupfloch, durch das Gott wirken konnte. Ich weiß nicht, wie Gebet funktioniert. Ich bin nicht einmal sicher, ob es überhaupt immer funktioniert. Aber ich wüsste nicht, wie es mir sonst an jenem Tag möglich gewesen wäre, mit offenem Herzen mit meinem Feind zu reden.

Kapitel 11

In meiner Predigt erzählte ich dann die Geschichte von Chris und mir und sagte, dass wir, um unsere Feinde zu lieben, keine netten oder großzügigen Gefühle brauchen. Notwendig ist nur, dass wir unsere Gefühle demjenigen anvertrauen, der die Feindesliebe zur Vollkommenheit geführt hat. Notwendig ist, dass wir im Gebet in die Gegenwart eines Gottes gehen, der von seinen Feinden getötet wurde. Und statt Rache zu üben, statt Gewalt anzuwenden, statt Auge um Auge zu vergelten, gesagt hat: „Vergib ihnen." Der Predigt gab ich den Titel „Unsere Feinde lieben, auch wenn wir es nicht so meinen" und schickte sie an Chris.

Ein paar Monate später, gerade zwei Tage, nachdem Osama bin Laden getötet worden war, fragte mich mein Vater, ob er meine Predigt „Unsere Feinde lieben, auch wenn wir es nicht so meinen" seinen Freunden bei seinem Männer-Gebetsfrühstück vorlesen dürfe. Folgendes sollten Sie dazu wissen. Mein Vater gehört immer noch zu einer Gemeinde der Church of Christ (wenn auch zu einer, die nicht ganz so konservativ ist wie die meiner Kindheit), und die Männer, denen er meine Predigt vorlas, sind (nach meinem besten Wissen) wohlhabend, privilegiert und sowohl theologisch als auch politisch konservativ. Als wir uns am selben Tag hinterher darüber unterhielten, sagte er: „Das war so eine eindrucksvolle Predigt, Nadia. Ich kann mir gar nicht vorstellen, wie man die Lehren Jesu bewegender ausdrücken könnte. Du hättest im Raum eine Stecknadel fallen hören können, als ich sie beim Gebetsfrühstück vorlas." Ich freute mich riesig. Bis er dann sagte: „Natürlich habe ich denen nicht gesagt, wer sie geschrieben hat." Da wurde mir das Herz schwer.

Der christliche Pirat

Ich schickte ihm eine SMS: *Vielleicht wäre es ja für die Leute in dem Raum, die glauben, das Evangelium Jesu Christi könne einfach nicht von einer Frau gepredigt werden, ganz wichtig, zu wissen, wer die Predigt geschrieben hat, die sie gerade gehört haben.* Er antwortete prompt: *Ich schlage lieber immer nur eine Schlacht auf einmal, vielen Dank.*

Ob das ein beschissenes Gefühl war? Aber hallo. Ob ich mich verraten fühlte? Keine Frage. Doch auch mitten in diesen Empfindungen war ich dankbar, dass zwei Tage nach der Erschießung Osama bin Ladens und inmitten des unvermeidlichen Jubels über unseren „Sieg" die Botschaft Jesu, der uns dazu aufruft, unsere Feinde zu lieben, gehört wurde. Und vielleicht hätten diese Männer keine Ohren gehabt, zu hören, wenn sie gewusst hätten, dass eine Frau diese Predigt geschrieben hatte. Das ist die Mehrdeutigkeit unserer zerbrechlichen, chaotischen menschlichen Existenz. Ich sehne mich nach Schwarz und Weiß, ganz ehrlich, aber so erlebe ich die Welt nun einmal nicht. Ich muss immer wieder lernen, dass es oft mehr als nur zwei mögliche Etiketten für die Dinge gibt.

Ein paar Monate später geriet ich in eine Situation, die sowohl *Pirate Christian* als auch mein Vater verstehen konnten.

Die Zeitschrift *Sojourners*, die sich selbst als progressiven christlichen Kommentar zu Glauben, Politik und Kultur bezeichnet und versucht, eine geistliche Bewegung für gesellschaftliche Veränderung aufzubauen, hatte sich geweigert, einer Organisation namens „Believe Out Loud" Platz für eine Werbeanzeige zu verkaufen, die Gemeinden helfen will, sich rückhaltlos für alle Menschen zu öffnen, ungeachtet ihrer sexuellen Orientierung oder Identität. Mein Name ist auf dem Blog „God's Politics" von *Sojourners* aufgeführt: Ich bin eine ihrer Au-

Kapitel 11

torinnen. Zugleich tue ich Dienst in einer Gemeinde, die nach eigener Aussage und auch de facto „queer inclusive" ist, also Menschen jeglicher sexuellen Orientierung willkommen heißt.

Doch als ich darüber nachdachte, was ich als Reaktion auf die Entscheidung von *Sojourners* sagen oder tun sollte, sah ich mich einer schrecklichen Mehrdeutigkeit gegenüber, so ähnlich, wie es meinem Vater gegangen sein muss, als er meine Predigt vorlas und meinen Namen dabei verschwieg. Die Mehrdeutigkeit stellt sich so dar: *Sojourners* hat nach meiner Einschätzung mehr als jede andere christliche Organisation dafür getan, evangelikale Christen für die Realität wachzurütteln, dass der Einsatz für die Armen ein zentraler Bestandteil der Nachfolge Jesu ist. Diese Wahrheit wird in der evangelikalen Szene in Amerika größtenteils ausgeklammert. *Sojourners* bietet ein Forum, um zu Leuten über soziale Gerechtigkeit zu sprechen, die sonst vielleicht keine Ohren hätten, zu hören – und das ist entscheidend wichtig. Während in der Hauptströmung des Protestantismus der Trend klar zu einer vollen Inklusion unserer Brüder und Schwestern aus der LGBT-Szene geht, sind viele Evangelikale im Großen und Ganzen noch nicht so weit. Insofern hätte *Sojourners* durch eine Stellungnahme zu LGBT-Fragen möglicherweise seine Chance vertan, eine Stimme für die Armen unter den konservativeren christlichen Kreisen zu sein. Viele meiner progressiven christlichen Freunde und Kollegen sprachen sich für einen Boykott gegen *Sojourners* aus, und ich respektierte das. Ich konnte nur nicht dabei mitmachen. Hätte ich es getan, so hätte sich das für mich angefühlt wie eine Einschränkung der Dinge auf zwei Schubladen und zwei Etiketten. Und weil ich auf so einen Quatsch stehe wie andere Leute auf Kokain, muss ich mich davon weit fernhalten.

Der christliche Pirat

Ich schrieb einen Blogeintrag über dieses Paradox und schickte ihn zum Begutachten zu einem jungen Transgender-Mann und einem schwulen Mann aus meiner Gemeinde. Nachdem sie mir grünes Licht gegeben hatten, postete ich meine Antwort. Daraufhin hagelte es bitterböse Kommentare, doch diesmal waren es die Liberalen, die mich attackierten. Ich sei eine Verräterin, sagten sie. Und es sei nur gut, dass Jesus nicht nur eine Schlacht auf einmal schlagen könne. Und wie ich dazu stehen würde, wenn es um Schwarze ginge und nicht um Schwule? Ich sei dabei, die Entfremdung von LGBT-Leuten von der Kirche zu zementieren, und solle mich schämen.

Von einem konservativen Ketzerjäger angegriffen zu werden, mochte mir vielleicht noch einen Schub für mein Ego verschaffen, aber von meinen eigenen Leuten attackiert zu werden, fühlte sich furchtbar an. An dem Tag kam ich kaum zum Arbeiten, weil ich wie besessen jeden Kommentar las, sobald er erschien. Es war, als ginge ich von Tür zu Tür, um mir überall eine Ohrfeige verpassen zu lassen.

Doch ich hatte mit acht Leuten, von denen vier schwul waren, eine Gemeinde gegründet, rief ich mir in Erinnerung. Unsere Gemeinde ist nach wie vor nicht nur „inklusiv" im Blick auf Schwule; das House for All Sinners and Saints war von seinem Ursprung, seiner Leitung und seiner Kultur her schon immer selbst teilweise schwul.

„Zum Henker mit denen", schnauzte ich meinen nichts ahnenden Mann an, der gerade arglos durchs Wohnzimmer ging, um sich etwas zu trinken zu holen. „Ich mache mir in dieser Sache jeden Tag die Finger schmutzig. Und was steuern diese ach so superliberalen Kommentarschreiber bei? Meinungen.

Kapitel 11

Ach, ihr habt eine bessere Meinung? Okay. Ach, und übrigens scheiße ich auf euch."

Matthew sah mich nur an mit dieser Miene, die besagt: „Sag mir einfach, was du von mir hören willst, und lass mich dann wieder verschwinden."

Natürlich wusste ich, dass sich hinter meiner Wut nur die Tatsache versteckte, dass ich a) tatsächlich verletzt war und mich b) dafür schämte, dass Blog-Kommentarschreiber mich verletzen konnten. Wenn die Konservativen auf mich einprügelten, war es mir egal. Aber von meinen eigenen Leute hatte ich noch nie so eine Abreibung bekommen.

Mein Telefon summte. Im ersten Moment hätte ich es am liebsten ignoriert. Aber wenn ich selbstverliebt genug bin, um Blogkommentare in Echtzeit mitzulesen, wie stehen dann wohl die Chancen, dass ich eine SMS ignorieren kann?

Der Bildschirm leuchtete noch, als ich darauf schaute. Die Nachricht kam von Chris, dem *Pirate Christian*. *Das sieht ja ziemlich wüst aus bei dir*, schrieb er. *Wie kommst du damit klar?*

Nicht so toll!, schrieb ich zurück. Im nächsten Moment rief er mich an.

Die Sache ist die: Chris ist im Hinblick auf die Inklusion von LGBT-Leuten in der Gemeinde Jesu ganz anderer Meinung als ich oder meine ach so superliberalen Kommentarschreiber. Aber der einzige Anruf, den ich bekam, während meine eigene Meute über mich herfiel, kam von jemandem, der eigentlich auf der anderen Seite der Debatte steht. Denn er wusste, wie es sich anfühlt, wenn die eigenen Leute sich gegen einen wenden, nämlich beschissen. Er liebe mich, sagte Chris, und würde für mich beten. Seine Feindin.

Am ersten Tag der Woche kommt Maria von Magdala früh, als es noch finster war, zum Grab und sieht, dass der Stein vom Grab weg war. Da läuft sie und kommt zu Simon Petrus und zu dem andern Jünger, den Jesus lieb hatte, und spricht zu ihnen: Sie haben den Herrn weggenommen aus dem Grab, und wir wissen nicht, wo sie ihn hingelegt haben. ... Maria aber stand draußen vor dem Grab und weinte. Als sie nun weinte, schaute sie in das Grab und sieht zwei Engel in weißen Gewändern sitzen, einen zu Häupten und den andern zu den Füßen, wo sie den Leichnam Jesu hingelegt hatten. Und die sprachen zu ihr: Frau, was weinst du? Sie spricht zu ihnen: Sie haben meinen Herrn weggenommen, und ich weiß nicht, wo sie ihn hingelegt haben. Und als sie das sagte, wandte sie sich um und sieht Jesus stehen und weiß nicht, dass es Jesus ist. Spricht Jesus zu ihr: Frau, was weinst du? Wen suchst du? Sie meint, es sei der Gärtner, und spricht zu ihm: Herr, hast du ihn weggetragen, so sage mir, wo du ihn hingelegt hast; dann will ich ihn holen. Spricht Jesus zu ihr: Maria! **DA WANDTE SIE SICH UM UND SPRICHT ZU IHM AUF HEBRÄISCH: RABBUNI!**, das heißt: Meister! Spricht Jesus zu ihr: Rühre mich nicht an! Denn ich bin noch nicht aufgefahren zum Vater. Geh aber hin zu meinen Brüdern und sage ihnen: Ich fahre auf zu meinem Vater und zu eurem Vater, zu meinem Gott und zu eurem Gott. Maria von Magdala geht und verkündigt den Jüngern: Ich habe den Herrn gesehen, und das hat er zu mir gesagt.

Kapitel 12

Der haitianische Kreuzweg

Um Zions willen will ich nicht schweigen, und um Jerusalems willen will ich nicht innehalten, bis seine Gerechtigkeit aufgehe.
– Jesaja 62,1 (Luther)

Im Januar 2012 schauten meine Familie und ich uns eine Woche lang San Diego an und unternahmen eine viertägige Kreuzfahrt auf einem Schiff, das ungefähr so groß war wie Wichita. Meine Kinder fanden es herrlich, auf dem Schiff ihren Spaß und ihre Freiheit zu haben, aber für mich war es anstrengend, dass die ganze Zeit über Völlerei und Askese in mir im Widerstreit lagen. Einerseits fand ich das Büfett, an dem man sich rund um die Uhr nach Herzenslust bedienen konnte, wunderbar; andererseits war es mir zuwider, wie viele Lebensmittel dadurch vergeudet wurden. Am Ende trug die Völlerei den Sieg davon. Ich rechtfertige das damit, dass ich mir sagte, je mehr ich esse, desto weniger Lebensmittel werden weggeworfen. Wann immer ich eine Möglichkeit sehe, ein Laster in eine Tugend zu verwandeln, bin ich dabei, besonders, wenn dabei Kekse oder Nachos im Spiel sind.

Kapitel 12

Nachdem wir in San Diego von Bord gegangen waren, wo wir noch eine Nacht verbringen wollten, bevor wir den Heimweg antraten, zwängten wir unsere vollgestopften Leiber in einen überhitzten Mietwagen. Im Radio lief ein Nachrichtensender. Haiti.

Aufgerüttelt aus unserem Kreuzfahrtbüfettkoma hörten wir voller Entsetzen die Berichte über Zehntausende von Toten und Hunderttausende, die ohne Obdach, Nahrung oder Familie dastanden. Und obendrein gab es noch nicht einmal fließendes Wasser.

Ende der Ferien.

Pastoren können ziemlich schnell von nicht arbeiten auf arbeiten umschalten. Ich konnte nur einen Gedanken fassen: Ich muss am Sonntag predigen. Ich muss am Sonntag predigen. Ich muss predigen, und es ist etwas ganz Schlimmes passiert, und alle werden wollen, dass ich etwas darüber sage. Was wird wohl der Evangelientext für diesen Sonntag sein? Matthew wusste es auch nicht mehr.

Wir parkten vor demselben Hotel in San Diego, in dem wir schon vor der Kreuzfahrt übernachtet hatten, steckten die Kinder in ihre Badehosen und schickten sie an den Pool. Dann setzte ich mich im Foyer an den Computer und schaute mir die Berichte über das Erdbeben im Internet an. Es gab eine Flut von Bildern der Zerstörung und Verwüstung. Die Blogger machten Überstunden, und die Nachrichtenagenturen konnten kaum Schritt halten. Ich versuchte, alles in mich aufzusaugen, um vielleicht irgendwo irgendeine gute Nachricht zu finden, über die ich predigen konnte.

Schließlich stolperte ich über eine Meldung darüber, was der

Der haitianische Kreuzweg

Fernsehprediger Pat Robertson über das Erdbeben gesagt hatte. Robertson war aus irgendeinem unterirdischen theologischen Höllensumpf hervorgekrochen, den er wohl seine ideologische Heimat nennt, um Amerika darüber aufzuklären, warum es zu diesem Erdbeben gekommen sei: Die Haitianer hätten einen Pakt mit dem Teufel geschlossen, und somit hätten sie sich das alles im Grunde selbst zuzuschreiben.

Vielen Dank, Pat Robertson. Du hast mir wieder einmal meine Arbeit erleichtert. Was immer ich nächsten Sonntag predige, so verrückt wie das kann es gar nicht sein.

Ich schaute aus dem Fenster und sah Harper und Judah, die damals elf und neun waren, im Wasser miteinander balgen. Vermutlich blieben mir nur noch ein paar Minuten, bis die Dinge zwischen den beiden aus dem Ruder laufen würden. Also riss ich mich von der Nachrichtenseite los, um den Text herauszusuchen, den das Lektionar für den kommenden Sonntag vorsah. Hoffentlich würde mir der Text, was immer es auch war, irgendeinen Anhaltspunkt geben, was ich sagen könnte, denn in Wirklichkeit war ich angesichts einer so unaussprechlichen Tragödie genauso verdattert und kleingläubig wie jeder andere auch.

Der vorgesehene Text: die Hochzeit zu Kana, das erste Wunder Jesu, bei dem er Wasser in Wein verwandelte. Na toll. Jesus sorgt auf einer großen Party dafür, dass der Wein in Strömen fließt. Das will doch jetzt keiner hören. Niemand will eine hübsche kleine Wundergeschichte hören, die uns zeigt, wie großzügig Gott ist, wenn das ärmste Land unserer Hemisphäre noch mehr am Boden zerstört ist, als es das schon am Montag gewesen war. Niemand will etwas von reichlich fließendem

Kapitel 12

Wein hören, während die Leute auf den Straßen von Haiti am Verdursten sind.

Während ich den Text las, kam ein Anruf von einem Gemeindeglied, der um Fürbitte bat. Drew, unser Kantor, war eng mit einem jungen lutherischen Theologiestudenten befreundet, der gerade auf Haiti war und dort Häuser gebaut hatte, als das Erdbeben kam. Er war beim Einsturz eines Gebäudes ums Leben gekommen. Ein Albtraum für eine Predigerin – wie konnte ich es wagen, von einer Feier mit unerschöpflichen Weinvorräten zu sprechen, wenn Drew um seinen Freund Ben trauerte? Wenn Tausende von Müttern um ihre Kinder trauern mussten?

Die Ereignisse um das Erdbeben in Haiti warfen viele Fragen über Gott auf, und keine davon hatte etwas mit Partys zu tun. Ein atheistischer Blog, den ich in jener Woche las, nahm das Erdbeben zum Anlass für eine Argumentation gegen den Glauben an Gott überhaupt. Der Autor fand, er könne nicht an einen Gott glauben, der solches Leid über so viele Menschen bringe. Ich musste zugeben, dass ich nach dieser Definition auch Atheistin sein muss, denn an diesen Gott glaube ich auch nicht.

Offenbar waren Pat Robertson und der Atheist einer Meinung: Gott verursacht das Leid. Bei Robertson verursacht Gott das Leid, um alle zu bestrafen, die Robertson nicht leiden kann. Bei dem Atheisten hat Gott das Erdbeben und all das damit verbundene Leid zugelassen und verdient es deshalb nicht, dass man an ihn glaubt. So oder so ist Gott ein herzloser Mistkerl, der im Himmel steht wie ein verzogenes Kind und uns kleine Ameisen mit seiner göttlichen Lupe verbrennen lässt. Ich verstehe den Impuls, die Sache so zu sehen. Doch als Predigerin kann ich so etwas ja nicht von der Kanzel sagen.

Der haitianische Kreuzweg

Also verbrachte ich die nächsten zwei Tage damit, die Geschichte von der Hochzeit zu Kana immer wieder zu lesen. Ich hoffte, irgendetwas zu entdecken, keine Ahnung, was. Dann plötzlich, als hätte sie sich eben erst in die Geschichte hineingeschlichen, bemerkte ich Maria. Maria, die besorgte Mutter unseres Herrn, war vielleicht der Schlüssel zu einem Blick auf den Text, der in unsere Trauer und Verwirrung hineinsprechen konnte.

Die Geschichte von der Verwandlung von Wasser in Wein ereignete sich auf einer Hochzeit, wo es einen, wie ich empfand, ziemlich ruppigen und etwas unschönen Wortwechsel zwischen Jesus und seiner Mutter gab. Sie sind beide auf einer Hochzeit, und Maria sieht ihren Sohn an und sagt ihm, der Wein sei ausgegangen.

„Frau", sagt Jesus in einem anscheinend abweisenden, vielleicht sogar respektlosen Ton zu seiner Mutter, „meine Stunde ist noch nicht gekommen."

Worauf Maria etwa so reagiert: *Ach wirklich? Jammerschade.* Okay, das sagt sie nicht wirklich. Stattdessen wendet sie sich nur an einen der Diener und sagt: „Was er euch sagt, das tut."

Ich weiß, im Zusammenhang mit Wein hört es sich ein bisschen melodramatisch an, aber unter dem Eindruck der Verwüstung Haitis stellte ich mir vor, wie Maria Jesus am Ärmel zupfte und sagte: *Ich werde nicht still sein. Ich werde dir gehorchen und auch anderen sagen, dass sie dir gehorchen sollen, aber ich werde nicht den Mund halten. Die Leute haben Durst.* Im Johannesevangelium ist Maria nicht die Jungfrau, die lieblichen Dinge in ihrem Herzen bewegt. Im Johannesevangelium ist Maria nicht von singenden Engeln umgeben. Sie wird überhaupt nirgends namentlich erwähnt. Sie ist einfach nur „die Mutter Jesu".

Kapitel 12

So fing ich in der Woche des Erdbebens an, Maria in der langen Reihe der Propheten zu sehen, die nicht den Mund gehalten haben. Die Prophetin Maria steht auf und sagt: „Herr, uns ist der Wein ausgegangen, und die Leute haben Durst."

Und Jesus hört sie.

Maria taucht im Johannesevangelium nur zweimal auf, und an beiden Stellen nennt ihr Sohn sie „Frau". Die eine Stelle ist hier bei der Hochzeit. An der anderen steht sie am Fuß des Kreuzes. Sie sieht ihren Sohn und Herrn unschuldig an einem Kreuz hängen, wo das Gewicht des Leidens der Welt an seinem Fleisch zerrt.

Ich versuchte also, wenn auch ungeschickt, die Hochzeit zu Kana mit dem Kreuz in Verbindung zu bringen, weil dies die einzigen beiden Stellen sind, an denen Maria erwähnt wird. Vielleicht war das ein bisschen weit hergeholt. Und vielleicht versuchte ich damit, Pat Robertson und dem Atheisten eine Antwort zu geben. Doch in einem Moment, in dem wir alle uns fragten, wo zum Henker Gott eigentlich steckte, gab es nur einen Punkt in diesem ansonsten irrelevant erscheinenden Text, wo ich eine Antwort finden konnte: bei Maria, wie sie zum Kreuz aufschaut. Am Kreuz begibt sich Gott in unsere menschliche Tragödie hinein.

Über Leiden habe ich in diesem Buch schon einmal geschrieben, und ich werde wieder darüber schreiben, denn es ist eine meiner Hauptaufgaben als Pastorin, über Schmerz und Tragik zu sprechen. Ich bin gefordert, im Leiden Gott zu finden. Und immer, wenn ich mich mitten im Kummer auf die Suche nach Gott begebe, stoße ich dabei auf Jesus am Kreuz. In Tod und Auferstehung.

Der haitianische Kreuzweg

Das ist unser Gott. Kein ferner Richter und kein Sadist, sondern ein Gott, der weint. Ein Gott, der leidet, nicht nur für uns, sondern mit uns. Nirgends ist die Gegenwart Gottes mitten im Leid augenfälliger als am Kreuz. Wie sollte ich also etwas anderes tun als zu bekennen, dass dies kein Gott ist, der Leid verursacht. Dies ist ein Gott, der Leiden trägt. Ich muss glauben, dass Gott das Leiden nicht initiiert; Gott verwandelt es.

Der Abschnitt im Johannesevangelium lautet so:

Es standen aber bei dem Kreuz Jesu seine Mutter und seiner Mutter Schwester, Maria, die Frau des Klopas, und Maria von Magdala. Als nun Jesus seine Mutter sah und bei ihr den Jünger, den er lieb hatte, spricht er zu seiner Mutter: Frau, siehe, das ist dein Sohn! Danach spricht er zu dem Jünger: Siehe, das ist deine Mutter! Und von der Stunde an nahm sie der Jünger zu sich. Danach, als Jesus wusste, dass schon alles vollbracht war, spricht er, damit die Schrift erfüllt würde: Mich dürstet.

„Mich dürstet", sagt er. „Ich schaue mir das alles nicht vom Himmel her aus sicherer Entfernung an. Ich bin auch durstig."

Ich fragte meine Gemeinde an jenem Sonntag, ob wir vielleicht aus dem Aufschrei unserer haitianischen Brüder und Schwestern noch andere Stimmen heraushören könnten: die Stimme Marias, wie sie sagt: *Sie sind durstig.* Und die Stimme Christi, wie er sagt: „Mich dürstet."

Predigten sind manchmal wie eine Entfesselung. Wenn sie einmal an die Ohren der Leute gedrungen sind, kann man nie wissen, was sie erschaffen oder zerstören werden, und manchmal haben sie auch eine Inkubationszeit. Doch trotz allem, was

Kapitel 12

ich mir wünschen mag, kann eine Predigt manchmal (eigentlich meistens) nicht alles vollbringen.

Ein paar Monate zuvor hatte meine Freundin Sara mir ein Foto aus Abu Ghraib gezeigt. Es zeigte einen nackten Gefangenen mit einem Sack über dem Kopf, der auf dem Boden kniete und so aussah, als versuchte er, zugleich seine Genitalien und seine Menschlichkeit zu schützen. Sara hatte mich bedeutsam angeschaut und eine der Stationen des Kreuzweges zitiert. „Jesus fällt zum ersten Mal", sagte sie.

Das brachte mich auf eine Idee. „Wie wäre es, wenn wir unter dem Eindruck dieser Tragödie dieses Jahr die Stationen des Kreuzweges aus Nachrichtenfotos gestalten?" Ich gab die Frage ein paar Tage vor dem Gottesdienst, als mir schon klar war, dass ich über das Kreuz predigen würde, an unsere Liturgiegruppe weiter. Wir versuchten, gemeinsam unsere Liturgien für die Fastenzeit zu planen, und da wir wussten, dass meine Predigt allein nicht reichen würde, um die Wunden dieser Tragödie zu salben, suchte ich nach einer Ergänzung, die kathartisch wirken und unsere Herzen und Gedanken zurück zum Kreuz führen könnte.

Die Stationen des Kreuzweges sind eine traditionelle Form des Gebets, bei der der Betende einen Pfad entlang oder durch einen Raum geht und über vierzehn einfachen Bildern des Leidens und Todes Jesu meditiert, von seiner Verurteilung bis zu seiner Grablegung.

An jenem Sonntag hatten wir für unsere Gemeindeglieder Ausgaben der *Time*, der *Newsweek*, des *Economist* und anderer Nachrichtenquellen ausgelegt. Und nach der Predigt, während der offenen Zeit, in der wir uns normalerweise zehn Minuten fürs Gebet und die Antwort auf die Predigt nehmen, war nur

Der haitianische Kreuzweg

das leise Umblättern von Zeitschriftenseiten zu hören, unterbrochen durch Scheren, die das dünne, glänzende Papier durchschnitten. Am Ende entstanden alle vierzehn Stationen des Kreuzweges aus Fotos vom Erdbeben in Haiti.

1. Jesus wird verurteilt: Ein Finger deutet auf die wild ausschlagenden schwarzen Linien einer seismografischen Nadel.
2. Jesus trägt sein Kreuz: Ein Mann mit Mundschutz hilft mit, eine Kiste aus Kiefernholz zu tragen.
3. Jesus fällt zum ersten Mal: Luftaufnahme eines ganzen Häuserblocks aus eingestürzten Gebäuden.
4. Jesus begegnet seiner Mutter: Eine alte Haitianerin mit weißem Kopftuch kniet mit ausgebreiteten Armen und einem Gesicht voller Trauer auf dem Boden. Hinter ihr steht eine Menschenmenge.
5. Simon hilft das Kreuz zu tragen: Zwei Männer tragen einen Kiefernsarg.
6. Veronika wischt Jesus den Schweiß vom Gesicht: Eine Frau in roter Bluse beugt sich herab und berührt den Kopf einer völlig benommen dasitzenden alten Frau.
7. Jesus fällt zum zweiten Mal: Verwundete und Tote liegen auf dem Boden, und ihr Blut fließt auf die Straße.
8. Jesus begegnet den weinenden Frauen: Drei Frauen mit Gebetsperlen in den Händen umarmen einander. Im Vordergrund erhebt eine weiß gekleidete Frau mit geschlossenen Augen ihre Hände zum Gebet.
9. Jesus fällt zum dritten Mal. Noch eine Luftaufnahme eines anderen Häuserblocks aus völlig zerstörten Gebäuden.

Kapitel 12

10. Jesus wird seiner Kleider beraubt: Ein Haufen fast nackter Leichen in der Ferne.
11. Jesus wird ans Kreuz genagelt: Eine Frau liegt auf dem Boden, die Arme seitlich weit ausgestreckt. Sie hebt den Kopf und weint laut.
12. Jesus stirbt am Kreuz: Von Decken und Mänteln bedeckte Leichen liegen an der Straße aufgereiht, während in der Ferne drei Männer einen Sarg tragen.
13. Jesus wird vom Kreuz abgenommen: Der Leichnam eines Mannes wird auf einem Stück Stahl von einem Gebäude herabgelassen.
14. Jesus wird ins Grab gelegt: Ein staubbedeckter Leichnam liegt unter dem Schutt eines eingestürzten Hauses.

Wir entschieden uns dafür, zu glauben, dass Jesus in Haiti dabei war. Wir wissen, er war dort. Wir hoffen, er war dort. Wir sind darauf angewiesen, dass er dort war. Er war dort. Er war dort. Wir werden nicht still sein. Pat Robertson hat sich geirrt.

Kapitel 13

Dämonen und Schneeengel

Jesus aber, voll Heiligen Geistes, kam zurück vom Jordan und wurde vom Geist in die Wüste geführt und vierzig Tage lang von dem Teufel versucht. Und er aß nichts in diesen Tagen, und als sie ein Ende hatten, hungerte ihn. Der Teufel aber sprach zu ihm: Bist du Gottes Sohn, so sprich zu diesem Stein, dass er Brot werde.

– Lukas 4,1-3 (Luther)

An dem Sonntag, als wir mithalfen, Asher einen neuen Namen zu geben, hatte er sich einen kleinen Schrein für sich selbst als Mädchen aufgestellt: einen Tisch, auf dem zwei Bilder standen, die ihn als junge Frau zeigten, die Kleider und Bänder in ihrem langen Haar trug. Auf einer Papierrolle vor den Bildern stand in liebevoll kalligrafischer Schrift der Name Mary Christine Callahan geschrieben. Die Schrift schien sich im Licht einer einzelnen weißen Kerze zu bewegen und ihre Farbe zu ändern. Eine große Zuneigung sprach aus seinem Schrein für sein früheres weibliches Selbst.

Die Idee war uns eine oder zwei Wochen zuvor gekommen,

Kapitel 13

als Mary uns gesagt hatte, sie würde nun in den Übergang von einer Frau zu einem Mann eintreten, von Mary zu Asher.

„Liebes, was können wir für dich tun?" – das war so ziemlich das Einzige, was ich dazu sagen konnte, ohne dass es sich naiv oder idiotisch anhörte. Und wir beschlossen, am Sonntag der Taufe unseres Herrn (dem ersten Sonntag nach Epiphanias) einen Namensgebungsritus in die Liturgie aufzunehmen. Mitten in der Liturgie, in der Jesus „Sohn" und „Geliebter" genannt werden würde, würde Mary zu Asher werden.

Asher war wie ich in der Church of Christ aufgewachsen. Das schuf von Anfang an ein Band zwischen uns, ähnlich, wie wenn sich zwei Soldaten begegnen, die dieselbe blutige Schlacht überlebt haben. Asher hat einen kräftigen Kiefer, einen messerscharfen Verstand, eine gequälte Seele und ein unbändiges Lachen. Einmal erzählte er mir, als er angefangen habe, seine Sexualität zu hinterfragen, habe ein wohlmeinender, aber gründlich irregeleiteter christlicher Therapeut ihm den Vorschlag gemacht, ein Gummiband ums Handgelenk zu tragen und es immer dann, wenn ihm homosexuelle Gedanken kamen, schnappen zu lassen. Das war natürlich keine sehr hilfreiche Anregung.

Asher erinnerte mich an eine Transgender-Version des Apostels Paulus oder Martin Luthers aus dem einundzwanzigsten Jahrhundert. Was ihn mit diesen beiden prägenden Gestalten des Christentums verband, war sein glühendes Verlangen, gut zu sein, „mit Gott im Reinen" zu sein. Saulus von Tarsus war der Frömmste der Juden und ein Verfolger der Christen. Dann sah er auf dem Weg in eine Stadt, die er aufsuchen wollte, um dort noch weitere Nachfolger Jesu aus dem Weg zu räumen, eine Erscheinung Christi. Jesus sagte so etwas wie: *Mann, du machst mich fertig. Hör auf mit dem Blödsinn.* Und Saulus wurde zu Paulus; er, der Jude gewesen war wie kein anderer, wurde nun zu einem Christen wie kein anderer. Nur wurde ihm irgendwann klar, dass dazu niemand wirklich in der Lage war. Das war der Moment, in dem Paulus endlich die Gnade verstand. Paulus begriff, dass Gottes Fähigkeit, uns Namen zu geben und zu lieben, immer größer ist als unsere Fähigkeit, uns selbst dessen würdig zu erweisen.

Auch Martin Luther hatte fünfzehnhundert und ein paar Jahre später eine ähnlich ruppige Begegnung mit Gott – ebenfalls auf einer Straße. Luther war ein Augustinermönch, der es mit dem Gutsein so ernst meinte, dass sein Beichtvater sich Sorgen machte, er könnte es damit übertreiben, was für Augustinermönche schon einiges heißen will. Luther quälte die Möglichkeit, dass er, auch wenn er sich noch so viel Mühe gab, alle seine Sünden zu bekennen, vielleicht eine vergessen oder womöglich erneut sündigen könnte, bevor er wieder zur Beichte kam. Und darunter litt er. Zumindest, bis er eines Tages den Brief des Paulus an die Gemeinde in Rom las. Dort erfuhr Luther, dass wir durch Gnade gerettet werden und nicht durch unsere „Werke". Als er das las, wurde ihm klar, dass er belogen worden war. Man hatte ihm gesagt, die einzige Möglichkeit, „mit Gott im Reinen zu sein", bestehe darin, sich von der katholischen Kirche ins Reine bringen zu lassen. Was er dazu tun musste, verriet ihm die Kirche ganz genau: bei einem Priester beichten, durch Gebete Buße tun, Geld spenden, damit prächtige Kirchen gebaut werden konnten, und haufenweise andere frei erfundene Sachen. Wollen Sie wissen, was die protestantische Reformation ausgelöst hat? Es war die Tatsache, dass Martin Luther aufhörte, sich Lügen über Gott und die Kirche andrehen zu lassen.

Kapitel 13

Als Luther endlich die Gnade begriff, gab es kein Zurück mehr.

Fünfhundert Jahre später wurde auch Mary Callahan von ihrem Wunsch gequält, gut zu sein. Eingedenk dessen, was sie in ihrer Gemeinde über einen zornigen, rachsüchtigen Gott gelernt hatte, versuchte sie, ihre Sünden vor Gott zu bekennen, nicht lesbisch zu sein, kein Junge zu sein, nach Kräften zu beten und nötigenfalls ein Gummiband um ihr Handgelenk schnappen zu lassen. Als Kind ließ die Sorge um ihr Seelenheil sie nachts nicht schlafen: Konnte sie denn jemals gut genug sein, um von Gott geliebt zu werden? Gab sie sich genug Mühe, um des Heils wert zu sein? Konnte sie sich vielleicht noch mehr Mühe geben? Oft träumte sie, verdammt zu sein, und hörte eine Stimme das Urteil über sie sprechen.

Auf dem College wurde Mary trotz ihrer tiefen Frömmigkeit und all ihrer Anstrengung aus ihrer christlichen Studentengruppe geworfen, weil sie lesbisch war. Ihre lesbische Neigung war eine Übertretung der Regeln, an die sie sich halten musste, damit Gott sie liebte.

Ein paar Jahre später kam Mary ins House for All Sinners and Saints und erlebte, wie wir versuchten, die Wahrheit zu leben – dass Gottes Gnade allen frei zur Verfügung steht, dass wir alle geliebte Kinder Gottes sind und dass nichts, was wir tun, Gott dazu bringen könnte, uns mehr oder weniger zu lieben. Wie Paulus und Martin Luther vorher glaubte Mary daran, dass das wahr sei. Und damit veränderte sich alles. Mary dachte, es sei endlich gefahrlos möglich, sie selbst zu sein, vielleicht zum ersten Mal in ihrem Leben. Und sie selbst sein hieß, sich als Mann zu sehen und als Mann zu leben.

Dämonen und Schneeengel

Zu der Zeit, als wir den Namensgebungsritus für Asher feierten, hatte auch ich mit Identitätsproblemen zu kämpfen. Ich hatte mich zu stark mit dem House for All Sinners and Saints identifiziert, und mein Selbstwertgefühl hatte sich zu stark an den Erfolg oder das Scheitern der Gemeinde gebunden. Meine Arbeitsfähigkeit litt unter dem belastenden Gefühl, meine Mühe sei vergeblich. In der Dusche, beim Spazierengehen und im Schlaf kämpfte ich gegen ganz bestimmte entmutigende Gedanken an. Wie bei dieser Foltermethode, der Kriegsgefangene ausgesetzt werden, lief in meinem Kopf ständig dasselbe Lied ab. Der Text ging ungefähr so:

Die meisten neuen Gemeinden scheitern in den ersten achtzehn Monaten. Mach dich auf eine öffentliche Blamage gefasst. Du hast nicht das Zeug dazu. Mach dich darauf gefasst, dass alle anderen das bald herausfinden werden. Die Diözese steht nicht hinter dir. Mach dich darauf gefasst, dass die Bürokraten dich im Stich lassen. Du hast eine Zeit lang gute Predigten geschrieben, aber das ist jetzt vorbei. Mach dich darauf gefasst, dass du scheitern wirst.

Nicht gerade ein Ohrwurm, aber dieser „Text" ging mir wie ein dämonischer Popsong nicht mehr aus dem Kopf. Und in der Woche, in der ich eine Predigt für den Sonntag der Taufe unseres Herrn zu schreiben hatte, an dem Marys Name zu Asher geändert werden würde, konnte ich nicht verhindern, dass diese Textzeilen sich durch meinen Schädel gruben wie Bohrköpfe. Ich nahm mir vor, diese bösartige Musicalproduktion in meinem Kopf zum Schweigen zu bringen, mich hinzusetzen und eine Predigt darüber zu schreiben, wie Jesus „Sohn" und „Geliebter" genannt wurde. Aber ich schaffte es nicht.

Kapitel 13

Mir kam der Gedanke, dass ich vielleicht gegen Dämonen zu kämpfen hatte, dass irgendeine Macht von außen versuchte, mir den Schneid abzukaufen. Ich gebe das nur ungern zu, weil ich ziemlich sicher bin, dass ich eigentlich gar nicht an Dämonen glaube. Aber es fühlte sich so an, als ob etwas mich erwischen wollte. Ich neige überhaupt nicht dazu, an Dämonen oder den Teufel oder diese ganze Sache mit den „Fürstentümern und Gewalten" zu denken. Als gute liberale Mittelschichtprotestantin liegt es mir näher, das alles als abergläubischen Schlangenbeschwörerunsinn zu sehen und meine theologische Nase darüber zu rümpfen, als wäre es das peinliche geistliche Gegenstück zu einer Monster Truck-Rally. Im besten Fall, glaube ich, ist das Gerede über dämonische Mächte, das ich in manchen christlichen Kreisen höre, nur die Folge von Unwissenheit und mangelnder Bildung; schlimmstenfalls ist es nur die Art und Weise, wie wir unsere eigene Sünde nach außen zu projizieren versuchen. Denn wenn der Teufel mich dazu getrieben hat, dann muss ich mich nicht der Wirklichkeit stellen, dass ich mich vielleicht selbst dazu getrieben habe. Das alles öffnet dem Missbrauch Tür und Tor. Manche meiner Gemeindeglieder, darunter auch Asher, sind anderen Christen zum Opfer gefallen, die versucht haben, den sogenannten Dämon der Homosexualität aus ihnen auszutreiben, so als wären geistlicher Kampf und Kulturkampf ein und dasselbe. Deswegen hatte ich ein äußerst unbehagliches Gefühl dabei, ausgerechnet an dem Sonntag von Ashers Namensgebung den Drang zu verspüren, über dämonische Mächte zu reden.

Aber mir blieb nichts anderes übrig. Mein Blick fiel auf meine Tätowierung von Maria Magdalena, der Pastrix/Patronin,

Dämonen und Schneeengel

von der ich so viel Kraft und Zielbewusstsein empfangen hatte und die selbst auch von Dämonen geheilt worden war, und ich wusste, ich musste darüber predigen. Denn als ich mich mit dem Text beschäftigte, fiel mir auf, dass unmittelbar nach der Taufe Jesu etwas geschah, was sowohl Asher als auch mir möglicherweise etwas Wichtiges zu sagen hatte.

Und eine Stimme kam aus dem Himmel: Du bist mein lieber Sohn, an dir habe ich Wohlgefallen. ... Jesus aber, voll Heiligen Geistes, kam zurück vom Jordan und wurde vom Geist in die Wüste geführt und vierzig Tage lang vom Teufel versucht. Und er aß nichts in diesen Tagen, und als sie ein Ende hatten, hungerte ihn. Der Teufel aber sprach zu ihm: Bist du Gottes Sohn, so sprich zu diesem Stein, dass er Brot werde. Und Jesus antwortete ihm: Es steht geschrieben: „Der Mensch lebt nicht allein vom Brot, sondern von einem jeden Wort Gottes."

Und das Wort, das Gott zuletzt gesprochen hatte, lautete: „Du bist mein lieber Sohn, an dir habe ich Wohlgefallen." Identität. Das ist immer Gottes erster Schritt. Noch bevor wir irgendetwas falsch oder richtig machen, hat Gott uns schon die Seinen genannt und seine Hand auf uns gelegt. Doch im Nu kommen andere Dinge, die uns zu sagen versuchen, wer wir sind und wem wir gehören: der Kapitalismus, die Schlankheitsindustrie, unsere Eltern, die Kinder in der Schule – alle wollen uns sagen, wer wir sind. Aber nur Gott kann das tun. Alles andere ist Versuchung. Vielleicht könnte man Dämonen definieren als alles, was nicht Gott ist und dennoch versucht, uns zu sagen, wer wir sind. Und wenn der Teufel wenige Augenblicke nach der Taufe

Kapitel 13

Jesu zu ihm sagt: „Bist du Gottes Sohn ...", dann tut er das vielleicht, weil er weiß, dass Jesus genau in dem Maße anfällig für Versuchung ist, in dem er sich seiner eigenen Identität unsicher ist und seiner Beziehung zu Gott misstraut.

Wenn Gottes erster Schritt also darin besteht, uns unsere Identität zu geben, dann ist es der erste Schritt des Teufels, diese Identität infrage zu stellen. Identität ist wie das Ende einer Fadenspule. Wenn man daran zieht, kann sich der ganze Faden abrollen.

Viel zu lange lebte ich in dem Glauben, Gott sehe mich genauso, wie die Church of Christ mich sah, oder wie meine Familie mich sah, oder wie die Gesellschaft mich sah. Doch dann fing ich an, etwas zu begreifen, was eigentlich schmerzhaft offensichtlich erscheint, wofür wir aber fast alle blind sind: Unsere Identität hat nichts damit zu tun, wie andere uns sehen. Trotzdem sind wir immer wieder versucht, genau das zu glauben. Ich meine, wenn Jesus angreifbar für Versuchung war, dann sind wir anderen es ganz bestimmt erst recht – sei es die Versuchung, uns selbst zu verabscheuen oder uns selbst zu überhöhen, zur Depression oder zum Stolz, zur Selbstzerstörung oder zur Zügellosigkeit. In genau dem Maße, in dem wir unserer eigenen, von Gott kommenden Identität und unserer Beziehung zu Gott unsicher sind, stehen wir in Versuchung, an unserem angeborenen Wert zu zweifeln.

So dachte ich nun darüber nach, wie oft ich mir von der Gemeinde, von einem Freund oder von meinen eigenen Wahnvorstellungen hatte sagen lassen, wer ich sei. Und an jenem Sonntag dann, als Asher einen kleinen Schrein für sich selbst als Mary aufbaute, schickte ich mich an, über Dämonen zu predigen. Als es so weit war, schluckte ich schwer und gestand dann meiner Gemeinde, ich hätte zwar nicht den geringsten Wunsch, an geistlichen Kampf zu glauben, aber ich hätte in den letzten zwei Jahren insgeheim angefangen, meine Meinung zu ändern. Heute glaube ich, dass es tatsächlich Mächte gibt, die versuchen, in der Welt und in unserem eigenen Leben gegen Gott zu streiten. Ich weiß zwar nicht genau, woher sie kommen (aus unserem Innern oder von außen) oder welche Gestalt sie annehmen (richtige Dämonen oder einfach nur die menschliche Finsternis selbst), aber ich kann nicht mehr so tun, als gäbe es sie nicht.

Die Präzision, mit der der Teufel, das Böse oder die Finsternis (wie auch immer Sie es nennen wollen) sich in unser Leben hineinschlängelt, ist atemberaubend. Sie ist wie ein maßgeschneidertes radioaktives Isotop, das unsere Identität als Kinder Gottes infrage stellt. Und nirgends sind wir anfälliger für die herankriechende Finsternis als gerade dann, wenn wir ins Licht treten: für die plötzliche Entmutigung mitten in gesunden Entscheidungen, die wir treffen, für einen toxischen Gedanken oder eine bestimmte Versuchung.

Da ich die Leute, die vor mir saßen, gut kannte, machte ich meiner Gemeinde den folgenden Vorschlag: Schneidet euch eine Scheibe von Martin Luther ab und schreit dieser Finsternis trotzig entgegen: „Ich bin getauft!" Nicht „ich bin getauft worden", sondern „ich *bin* getauft". Als Luther sich auf einer Burg versteckte und die Bibel aus dem Griechischen ins Deutsche übersetzte, damit mehr oder weniger gewöhnliche Leute sie zum ersten Mal lesen konnten, da kämpfte er gewaltig mit Zweifeln und Entmutigung, die seiner Meinung nach vom Teufel kamen. Später war Luther nicht nur dafür bekannt, dass er gelegentlich ein Tintenfass nach seinen Quälgeistern warf, die ihn an Gottes Verheißungen zweifeln ließen, sondern auch dafür, dass er dabei so laut, dass jedermann in der Burg es hörte, schrie: „Ich bin getauft!" Das war bei Luther so, und bei Asher war es genauso. Und da ich gerade das an der Taufe so liebe, dass es dabei um Gottes Handeln an uns geht und nicht um unsere Wahl, uns für Gott zu „entscheiden", glaube ich, dass die Verheißungen, die in der Taufe über uns ausgesprochen werden, für die ganze Menschheit gelten. Jede Person, egal welcher Religion, ist von dem Gott, der sie geschaffen hat, beim Namen genannt und als sein Eigentum beansprucht – getauft. Als ich Lutheranerin wurde, bat ich Ross Merkle, mich zu taufen, doch er sagte, ungeachtet dessen, woran ich geglaubt hatte, als ich als Zwölfjährige in weißen Sandalen getauft worden war, könne eine Handlung Gottes weder rückgängig gemacht noch wiederholt werden.

Der lutherische Theologe Craig Koester sagt, aus irdischer Perspektive könne das Böse so allgegenwärtig erscheinen, dass man es für unaufhaltsam hält. Und wenn man sich die Abendnachrichten anschaut, scheint sich dieser Gedanke ja zu bestätigen. Doch aus himmlischer Perspektive, fährt er fort, wüte das Böse – die Finsternis und der Teufel – nicht deshalb auf Erden, weil es so mächtig sei, sondern weil es so verwundbar sei. Satan, sagt Koester, wütet deshalb so verzweifelt auf der Erde, weil er weiß, dass er bereits verloren hat.

Ich schaute meinen Zuhörern in die Augen. Viele von ihnen sahen mich an, als hätte ich mein letztes Quäntchen Verstand verloren. Doch ich lud sie ein, mit mir diese verrückte Übung

Dämonen und Schneeengel

zu machen und uns unsere Entmutigung und unseren Zweifel als eine reale Macht vorzustellen, die gegen Gott streiten will, und sich dann mit mir gemeinsam das Böse und die Finsternis als nicht mächtig und unaufhaltsam, sondern als verzweifelt und verwundbar vorzustellen.

Wenn die Mächte, die wider Gott streiten, uns das Wörtchen *wenn* in die Ohren flüstern – wenn Gott mich wirklich liebte, würde ich mich nicht so fühlen ... wenn ich wirklich geliebt würde, dann müsste ich doch alles bekommen, was ich will ... wenn ich wirklich Gott gehörte, dann wäre mein Leben nicht so beschissen –, dann lasst uns daran denken, dass Gott uns beim Namen genannt und als sein Eigentum beansprucht hat. Wenn Depressionen oder zwanghaftes Essen oder Narzissmus oder Verzweiflung oder Entmutigung oder Groll oder Isolation die Oberhand gewinnen, lasst uns versuchen, sie uns als eine verwundbare und verzweifelte Macht vorzustellen, die versucht, gegen die Gnade und Barmherzigkeit Gottes in unserem Leben zu streiten. Und dann lasst uns zu ihr sagen, dass sie sich verpissen soll, und ihr trotzig entgegenhalten: „Ich bin getauft" oder „Ich gehöre Gott", denn außer ihm darf dir niemand sagen, wer du bist.

Während der offenen Zeit sah ich Ashers Vater mit Tränen in den Augen dasitzen. Ich ging zu ihm und reichte ihm ein Taschentuch. Warum er weinte, weiß ich nicht genau. Vielleicht trauerte er um den „Verlust" seiner Tochter. Bestimmt war es eine Mischung aus vielen Zutaten, die nur er allein kennt. Aber ich hoffe, ich konnte ihm zu verstehen geben, dass es eigentlich keine Rolle spielt, mit welchem Geschlecht sich Asher identifiziert. Geistlich gesehen hat keine andere Identität irgendeine Bedeutung als nur die eines Kindes Gottes.

Kapitel 13

Zwei Jahre später saß ich mit Asher im Schnellimbiss bei einer Portion Gyros. Wir verabschiedeten uns voneinander, denn er war dabei, zum Theologiestudium aufzubrechen. Es war bei Asher genauso wie vor ihm bei Paulus und bei Martin Luther. Nachdem Asher das Evangelium gehört hatte – die Nachricht, dass er geliebt und beim Namen genannt ist von dem, der ihn geschaffen hat, und dass dieser Gott sich in Jesus Christus geoffenbart hat, der Fleisch wurde und unter uns wandelte voller Gnade und Wahrheit, und der so für uns und bei uns ist, dass er um unsertwillen sogar ins Grab ging – als Asher hörte, dass wir nichts sagen oder tun oder glauben können, wodurch wir Gottes Evangelium noch realer machen könnten, als es schon ist, und dass das alles ein Geschenk ist ... nun, als Asher dieses Evangelium hörte, da fühlte er, dass er keine andere Wahl hatte, als sein Leben der Aufgabe zu widmen, auch anderen diese Geschichte zu erzählen, in der Hoffnung, dass auch sie frei werden können.

Asher sah munter und fröhlich aus in diesem Schnellimbiss. Er trug eine Tweedmütze, ein Hipster-T-Shirt und ein Lächeln. Er wirkte frei. „Ich habe dir nie von dem Traum erzählt, den ich in der Nacht nach meinem Namensgebungsritus hatte", sagte er. „Es war wie in so vielen Nächten davor – eine Stimme, die mich anklagte, mich verdammte, mir Angst machte. Aber diesmal habe ich widersprochen", berichtete er stolz. „Ich sagte: ‚*Ich bin getauft*, also verpiss dich.'" Dann wachte ich auf und war ganz aus dem Häuschen. Ich rief einen Freund an, und wir gingen zusammen in den Stadtpark und machten Schneeengel.

Kapitel 14

Fußabtreter
und zerknautschte Talare

Da trat Petrus zu ihm und fragte: Herr, wie oft muss ich denn meinem Bruder, der an mir sündigt, vergeben? Genügt es siebenmal? Jesus sprach zu ihm: Ich sage dir: nicht siebenmal, sondern siebzigmal siebenmal.

– Matthäus 18,21f. (Luther)

Es war eine gute Idee, zum zehnten Jahrestag der Terrorangriffe vom 11. September in unserer Nachbarschaft einen interreligiösen Gebetsgottesdienst zu veranstalten, aber sie war nicht von mir. Wäre es meine Idee gewesen, so hätte ich vielleicht auch rechtzeitig dafür gesorgt, dass mein Talar nicht aussah, als hätte er den ganzen Sommer über zerknautscht im heißen Kofferraum eines Autos gelegen. Ich nahm eigentlich nur die Einladung der Geistlichen an, die auf die Idee gekommen waren und sie umsetzten. Die Priester, ein Imam und ein Rabbi luden mich ein, daran teilzunehmen, weil das House for All Sinners and Saints seine Gottesdienste in einer Episkopalkirche in der Nachbarschaft feiert. Wenige Momente vor dem Be-

Kapitel 14

ginn des Gottesdienstes war ich im Keller des Gemeindehauses noch fieberhaft damit beschäftigt, meine Albe zu bügeln. Ich hatte nicht geahnt, wie zerknittert sie war, bis ich sie aus der Kleidertasche nahm. Im Gegensatz zu den anderen Geistlichen, die sich oben versammelt hatten und die Gottesdienstbesucher begrüßten, trug ich fast nie einen Talar oder eine Robe. Gerade an diesem Tag spürte ich die unvermeidliche metaphorische Bedeutung, die darin lag.

Der Gottesdienst war nachdenklich, geschmackvoll und bewegend, wenn ich auch größtenteils nur als sogenannte geistliche Leiterin im Gemeinwesen zusammen mit den anderen vorne stand und andere durch unser Gedenken und unsere Trauer über die Ereignisse vor zehn Jahren leitete. Im Rahmen des Gottesdienstes wurden die Teilnehmer – Christen, Muslime und Juden – gebeten, Gebete und Klagen auf buntem Papier niederzuschreiben. Als wir dann aus der riesigen presbyterianischen Kirche hinaus in den kühlen, sonnigen Septembertag traten, waren einige Mitglieder meiner Gemeinde damit beschäftigt, die bunten Zettel wie kleine Gebetsfähnchen an einer zwischen zwei Eichen gespannten Schnur aufzuhängen. Nur einer davon sprang mir ins Auge. Ein fröhliches gelbes Rechteck, auf dem die Worte standen: „Ich kann das nicht vergeben. Ihr etwa?"

In dem Moment wurde mir schlagartig klar, dass mein Problem mit diesem Tag nicht darin bestand, dass mein Talar zerknautscht war oder dass ich mich darin irgendwie deplatziert fühlte neben den anderen religiösen Leitern, denen ihre Roben viel besser zu stehen schienen. Das eigentliche Problem war, dass ich die Empfindung auf diesem Zettel total verstehen

Fußabtreter und zerknautschte Talare

konnte. Für mein Empfinden ist Vergebung einer der kniffligsten Aspekte des christlichen Glaubens, weil man manchmal das Gefühl hat, etwas zu vergeben sei dasselbe wie zu sagen, es sei in Ordnung.

Jeder, der über zwanzig ist, hat seine 9/11-Geschichte, so wie ihre Eltern ihre Kennedy-Attentat-Geschichten und deren Eltern wiederum ihre Pearl-Harbor-Geschichten haben. Mein 9/11 passierte, als ich eine junge Mutter war, und die Erinnerung verbindet sich für mich unauflöslich mit Käse-Enchiladas.

Als ich die Nachricht hörte, saß ich in „Ed's Cantina", einem mexikanischen Restaurant in Estes Park, Colorado. Ich bin ziemlich sicher, dass ich die letzte Person im Raum war, die mitbekam, was da auf dem Fernsehschirm passierte, so vertieft war ich in eine Portion Enchiladas, die ich weder zubereiten noch bezahlen musste. Zu der Zeit versuchten Matthew und ich, mit seinem Hilfspastorengehalt zwei Kinder von zwei Jahren und zehn Monaten groß zu kriegen. Deshalb hatten wir das Angebot eines kostenlosen Urlaubs in den Bergen von seinen Eltern begeistert angenommen. Ein Urlaub mit Tom und Lois bedeutete, dass das Zahlenverhältnis Erwachsene zu Kleinkindern sich verdoppelte. Damals fühlte sich mein Leben an wie ein mehrjähriger Ironman-Wettkampf. Zwei Erwachsene mehr, die sich mit um die Kinder kümmern konnten, waren an sich schon Urlaub genug für mich.

So vertieft, wie ich in meine Käse-Enchiladas war, brauchte ich länger als die meisten anderen, bis ich bemerkte, dass alle Leute in Ed's Cantina stumm auf den Fernseher über der Theke schauten. Bis zu diesem Moment war mir noch nicht einmal aufgefallen, dass es dort einen Fernseher gab, doch nun schien

Kapitel 14

es in dem Raum nichts anderes mehr zu geben. Da waren nur noch einstürzende Gebäude und drohende Fragen.

Später in der Hütte, als wir endlich bereit waren, den Alltag in den Raum einzulassen, den die Ungewissheit geschaffen hatte, saß ich da und stillte meinen zehn Monate alten Sohn, während Oma Lois Tee kochte. Mein Sohn tätschelte mir mit seiner speckgepolsterten Hand das Gesicht, und ich weinte und fragte mich bang, in was für einer Welt er nun wohl leben würde.

Als ich zehn Jahre später den flatternden gelben Zettel in meiner Hand hielt, sah ich mich damit konfrontiert, in meiner Gemeinde über Vergebung predigen zu müssen, obwohl ich in Wirklichkeit immer noch stinkwütend darüber war, dass meine Kinder nicht in einem Land aufwachsen dürfen, in dem keine Flugzeuge in Hochhäuser krachen. Mit anderen Worten, ich bin wütend darüber, dass ihr Leben jetzt vielleicht dem Leben von unzähligen Kindern in anderen terrorisierten Ländern ähnlicher sein könnte.

Der zehnte Jahrestag der Anschläge vom 11. September fiel auf einen Sonntag. Am Vormittag waren wir alle bei dem interreligiösen Gottesdienst, doch am Abend fand bei uns im House for All Sinners and Saints unsere eigene wöchentliche Eucharistiefeier statt, und die im Lektionar vorgeschlagenen Texte handelten alle von Vergebung. Folgende Texte waren für den 11. September 2011 vorgesehen: eine Lesung aus dem 1. Buch Mose, wo Joseph seinen Brüdern vergibt, die ihn in die Sklaverei verkauft hatten; ein Text aus dem Römerbrief, der davor warnt, über andere zu richten; und eine kleine Geschichte aus dem Matthäusevangelium, wo Petrus Jesus fragt, wie oft wir denen vergeben sollen, die gegen uns sündigen. „Sieben

Mal?", fragt Petrus. „Nichts da", erwidert Jesus, „Siebzigmal sieben Mal."

Allen Ernstes.

Ich fand es ein bisschen ungeschickt von den Leuten, die für die Perikopenordnung zuständig waren, ausgerechnet der Woche des 11. September mehrere Texte über Vergebung zuzuordnen. Dann aber merkte ich, dass dieses Lektionar schon 1994 zusammengestellt worden war. Die Tatsache, dass ich am zehnten Jahrestag des 11. September gezwungen war, über Vergebung zu predigen, war also purer Zufall. Oder so etwas Ähnliches. Wie auch immer es dazu kam, Tatsache ist Folgendes: Dass ich jetzt über diese Texte predigen musste, kam mir etwa so vor, als tauchte Jesus zehn Jahre nach dem unverzeihlichsten, mörderischsten Ereignis meines Lebens plötzlich auf und finge an, über Vergebung zu labern. Und damit fühlte sich Vergebung auf einmal nicht mehr so an wie ein Begriff, sondern wie eine Feuerprobe.

Jesus lehrte uns zu beten: „Vergib uns unsere Schuld, wie auch wir vergeben unsern Schuldigern" – nicht etwa vergib uns, aber hau die Mistkerle, die uns verletzt haben, in die Pfanne.

Auf Englisch heißt diese Stelle im Vaterunser: „Forgive us our trespasses as we forgive those who trespass against us." Als ich klein war, gab es in unserer Straße ein Haus, in dem die Vorhänge etwas ausgefranst aussahen. Der Vorgarten sah aus wie ein Friedhof für kaputte Sachen. Auf dem Zaun war ein Schild mit der Aufschrift „NO TRESPASSING" („Betreten verboten") angebracht. Ich weiß noch, wie ich meine Mutter fragte, was denn „Trespassing" sei, um ganz sicher zu gehen, dass ich das nicht versehentlich mit irgendjemandem machte, der in diesem

Kapitel 14

merkwürdigen Haus wohnte. Als sie mir dann erklärte, das hieße nur, dass man nicht ungebeten in ihren Garten gehen dürfte, dachte ich, *kein Problem*.

Als ich wenig später das Vaterunser kennenlernte, fand ich es komisch, dass Jesus uns aufforderte, Gott ausgerechnet für unsere „Trespasses" um Vergebung zu bitten. Ich achtete daraufhin sehr darauf, mich aus fremden Gärten herauszuhalten, und auch in unseren schien niemand ungebeten zu kommen. Alles schien also in bester Ordnung zu sein. Erst später wurde mir klar, dass „trespass" eigentlich ganz allgemein „übertreten" bedeutet und unbefugtes Betreten nur eine von vielen Möglichkeiten ist, „trespasses" gegen andere zu begehen. Inzwischen habe ich es einigermaßen kapiert. Vergib uns unsere Schuld, wie auch wir vergeben unsern Schuldigern. Offenbar ist für Jesus Gottes Vergebung immer daran gekoppelt, dass wir auch anderen vergeben.

Aber wieso? Als ich heranwuchs, dachte ich, der Sinn dahinter sei, uns Schuldgefühle zu machen, damit wir andern vergeben. Etwa so, als würde Jesus sagen: *Hey, ich bin für dich gestorben, und du schaffst es noch nicht einmal, zu deinem kleinen Bruder nett zu sein?* So als könnte Gott uns dazu bringen, das Richtige zu tun, indem er uns ein schlechtes Gewissen damit macht, wie viel wir ihm schuldig sind. Aber das ist nicht der Gott, den ich in Jesus Christus erkenne. Das ist eine manipulative Mutter.

Vergebung ist für Jesus etwas sehr Wichtiges, und er redet davon genauso viel wie ein Oberschüler von seiner Garagenband, nämlich unentwegt. Das ist peinlich. Bei dem ganzen Gerede von Vergebung kommt einem Nachfolge Jesu manchmal vor wie ein Treffen der Anonymen Weicheier. Slogan: Behandelt

Fußabtreter und zerknautschte Talare

uns ruhig wie Dreck, wir vergeben alles. Aber ist das nicht genau die Gefahr, wenn wir eine gegen uns oder gar gegen viele Menschen begangene Sünde vergeben? Ist nicht die ewige Vergeberei genau der Grund, warum verprügelte Frauen immer weiter verprügelt werden?

Bei so etwas kann es einem schon einmal zum Hals heraushängen, Predigerin zu sein. Besonders, wenn der zehnte Jahrestag der Anschläge vom 11. September auf einen Sonntag fällt. Ich kann nicht einfach etwas predigen, woran ich nicht glaube. Das heißt, das stimmt nicht ganz: Ich kann schon etwas predigen, wovon ich hoffe, dass es wahr ist. Oder sogar etwas, was ich herausfordern und zwingen möchte, wahr zu sein. Unerträglich aber ist mir der Gedanke, etwas zu predigen, wovon ich den Verdacht habe, dass es nicht wahr ist. Und am Sonntag, dem 11. September 2011, hatte ich den starken Verdacht, dass Jesus möglicherweise in Wirklichkeit gar nicht will, dass wir das Böse vergeben und dass wir angesichts des Bösen zu heiligen Fußabtretern werden und sagen, schon gut, Schwamm drüber. Und ganz sicher glaubte ich nicht an die andere populäre Botschaft, die an jenem Tag von so mancher Kanzel in Amerika gepredigt wurde: Die USA seien die Lieblingsnation des Allmächtigen; Gott werde das Böse rächen, das uns angetan wurde, und *das* sei der Gott, auf den wir trauen.

Irgendwann in meiner Geschichte hat man mir beigebracht, das Böse werde durch Gerechtigkeit und Macht bekämpft. Wir treten dem Bösen entgegen, indem wir dafür sorgen, dass jeder kriegt, was er verdient. Auge um Auge. Du greifst mich an, ich greife dich an. Fair ist fair. Und es gab Zeiten in meinem eigenen Leben, in denen ich so verletzt war, dass ich fest davon über-

Kapitel 14

zeugt war, dass Vergeltung mir helfen würde, mich besser zu fühlen. Doch das führt zwangsläufig dazu, dass ich dann, wenn ich denen, die mir geschadet haben, keinen Schaden zufügen kann, am Ende nur den Leuten Schaden zufüge, die mich lieben. Demnach hilft es vielleicht gar nicht gegen das Böse, wenn ich Vergeltung übe oder an dem Zorn über den mir angetanen Schaden festhalte. Vielleicht spielt es dem Bösen sogar in die Hände.

Wenn wir nicht aufpassen, kann es passieren, dass die schlimmsten Eigenschaften unseres Feindes auf uns abfärben, ja, dass wir ihm auf einer gewissen Ebene sogar gleich werden. Wenn gegen uns gesündigt wird, wenn jemand uns Schaden zufügt, dann sind wir doch auf gewisse Weise mit dieser Sünde verbunden und an diese Misshandlung gefesselt wie durch eine Kette. Und unser Zorn, unsere Furcht oder unser Groll können uns überhaupt nicht davon befreien. Sie halten uns nur noch fester in Ketten.

Aber wenn nun Vergebung kein wabbelweiches „Schwamm drüber" wäre, sondern in Wirklichkeit ein Weg, um einen Bolzenschneider zu nehmen und die Kette, die uns fesselt, zu durchtrennen? Fairerweise sollte ich sagen, dass es genau solche Dinge sind, die Jesus das Leben gekostet haben. Er lief herum und sagte den Leuten, ihnen sei vergeben. Er befreite die Leute, schnitt sie los. Und diese Art von Freiheit ist immer bedrohlich.

Fragen Sie nur meinen Freund Don, den lutherischen Pastor, der seine Stelle aufgeben musste, nachdem er die Beerdigung für Dylan Klebold durchgeführt hatte. Dylan Klebold war einer der Amokschützen des Massakers an der Columbine High School, und Don hatte die Unverfrorenheit, zu glauben, die

Fußabtreter und zerknautschte Talare

Verheißungen, die Dylan bei seiner Taufe von Gott gegeben worden waren, seien mächtiger als die bösen Taten, die er beging. Mir hilft es, an Don zu denken, weil mir klar ist, dass er nicht etwa sagte, was Dylan Klebold getan hatte, sei in Ordnung gewesen. Er verkündete lediglich trotzig, das Böse sei schlicht und einfach nicht mächtiger als das Gute. Es gebe tatsächlich ein Licht in der Finsternis, und die Finsternis könne, werde und dürfe es nicht überwältigen.

Ich frage mich oft, was Don wohl empfand, als er diese Beerdigung hielt. War er so schnell zur Vergebung übergegangen, oder handelte er, was ich für wahrscheinlicher halte, einfach nur seiner Überzeugung entsprechend? So ist das Leben im Glauben, zumindest für mich. Die große amerikanische Schriftstellerin Flannery O'Connor sagte: „Glaube ist das, was jemand als wahr erkannt hat, ob er es glaubt oder nicht." In meinem Herzen mag es finster sein, aber ich entscheide mich für den Versuch, nach dem zu handeln, was ich glaube, nicht nach dem, was ich empfinde. Was am 11. September geschah, war *nicht* in Ordnung. Deshalb muss ich ja vergeben. Denn ich kann mich nicht an so etwas Böses binden lassen. Sonst könnte es das Böse in meinem eigenen Herzen anstecken und Metastasen bilden.

Am Sonntag, dem 11. September 2011, hatten meine Gemeindeglieder die Gebete aus dem interreligiösen Gottesdienst eingesammelt und hängten sie später am Abend in unserem eigenen Gottesdienstraum auf. Unsere Gemeinde fügte ihnen eigene Gebete und Klagen hinzu, aber ich las keine davon. Der eine Zettel hatte mir völlig gereicht.

Kapitel 15

Gespenster im Himmelreich

In der Woche, in der Amy Winehouse starb, war ich gerade auf der Suche nach dem richtigen Ansatz für die Predigt am folgenden Sonntag, als mein Ex-Freund mir über Facebook eine Freundschaftsanfrage schickte. Ich hatte seit ungefähr siebzehn Jahren nichts mehr von Ben gehört, und als ich seine Anfrage sah, war ich vor allem geschockt darüber, dass er auch noch nicht tot war.

Im Frühjahr 1992 hatten wir uns im zweiten Stock in der York Street kennengelernt, an dem Ort, wo für mich die Befreiung von der Alkoholsucht begann. Im ersten Stock – der Raucheretage – hatten alle Wände, die Poster, das Linoleum und sogar die Stühle eine nikotingelbe Färbung, als hätte der Raum selbst eine schlecht funktionierende Leber. Als ich Ben kennenlernte, war ich seit sechs Monaten trocken und im ersten Stock zu Hause. Ich hatte meine eigene Strategie für den Entzug: viel rauchen, Zucker essen, mit jedem ins Bett gehen, beten wie der Teufel, mich benehmen wie eine wütende Zicke und das Ganze wieder von vorn. Oder, wie ich es gerne erkläre: genau dieselbe Person sein, die ich war, bevor ich mit dem Saufen aufhörte, nur

Kapitel 15

mit weniger Spaß und mehr Gebet. Offenbar war es für mein persönliches Entwöhnungsprogramm besonders wichtig, dass ich alle meine alten Vorstellungen von mir selbst aufrechterhielt. Und das war vor allem, wie ich schon erzählt habe, die Vorstellung, ich sei eine heroische, tragische Gestalt, die jung sterben wird.

Manchmal treffen wir in unserem Leben Entscheidungen entweder danach, wer wir sein wollen, oder danach, wer wir glauben, dass wir sein werden, wenn wir „es" erst einmal haben. Das können Autos sein, von denen wir hoffen, damit wichtig und bedeutend auszusehen, Tattoos, von den wir hoffen, damit tough auszusehen, oder Radlerklamotten, von denen wir hoffen, damit sportlich auszusehen. Auch bestimmte Leute können „es" sein. In gewisser Hinsicht suchte ich mir Leute aus wie eine Frisur oder einen Schal. Sie wurden zu Accessoires, handverlesen unter dem Aspekt, wie gut sie meine Vorstellungen von mir selbst ergänzten. Und das Accessoire, das meinem krassen „Look" im Frühjahr 1992 noch fehlte, war offenbar ein Freund, der bis vor Kurzem ein halbes Dutzend Jahre wegen bewaffneten Raubüberfalls in San Quentin gesessen hatte. Und so kam mir, als ich dort in der York Street im ersten Stock saß, meine vierte Marlboro an diesem Morgen rauchte und einen großen, gut aussehenden Mann mit rasiertem Schädel und tätowierten Armen die Treppe zum zweiten Stock hinaufgehen sah, der Gedanke: *Vielleicht ist es Zeit, mit dem Rauchen aufzuhören.*

Zu der Zeit war mir der Gedanke an ein Leben ohne Fusel verhasst. Aber mir war deutlich geworden, dass ich zu den Leuten gehörte, die „wirklich nicht trinken sollten". Und Ben lieferte mir eine Möglichkeit, auch ohne Fusel weiterhin eine chaotische Alki-Schlampe zu sein. Mit ihm konnte ich das Drama, den Selbstekel und die toughe Krassheit meines früheren Lebens (das natürlich gar nicht so tough war, wie ich dachte) aufrechterhalten, ohne mich dafür erniedrigen und durch die Nase kotzen zu müssen.

Ben hatte keine Ahnung, was er mit einer Freundin anfangen sollte, außer zu sagen: „Rasier dir die Scheißhaare von den Beinen" oder liebesbedürftig in meinen Armen zu liegen wie ein Kind, dessen Gefühle verletzt worden waren. Dazwischen gab es nicht viel. Und genau das war er auch gewesen, als er ins Gefängnis kam: ein Kind. Jetzt, gerade mal erwachsen, wusste er nicht, wie man sich als Mann benimmt, denn die entscheidenden Jahre seines Lebens, die eigentlich für die Entwicklung zum Mann bestimmt sind, hatte er ausschließlich damit verbracht, sich zu schützen. Im einen Moment beschimpfte er mich; im nächsten fragte er mich, ob ich Brotkrümel hätte, damit er die Eichhörnchen im Park füttern könnte. Er machte sich immer Sorgen, sie könnten nicht genug zu fressen haben.

Ich mochte Ben, aber verliebt in ihn war ich nie. Verliebt war ich nur in das, was es über mich sagte, dass ich einen Freund wie Ben hatte, und das ist etwas anderes. Als er dann, nachdem wir fünf Wochen zusammen waren, mit einer glänzenden Pistole bei mir ankam und mich fragte, ob er sie für eine Weile bei mir lassen könne, sagte ich erst nach einigem Zögern ja. Wir schliefen eine Nacht mit dem Ding unter der Matratze, was so unbequem war, dass ich meine Meinung änderte. Damals schrieb ich das nur einem Rückfall ins Bürgerliche meinerseits zu, aber heute weiß ich es besser. Der Grund, warum ich mit einer illegalen Waffe unter der Matratze nicht schlafen konnte,

Kapitel 15

war, dass ich in Wirklichkeit nicht diese Person war. Ich trug nur ihre Klamotten.

Nach einer Weile suchten wir uns in New York City eine gemeinsame Wohnung, wo er meinte, es wäre eine gute Idee für einen frisch trockengelegten Alkoholiker, als Barkeeper zu arbeiten. Er hielt ungefähr einen Monat durch; dann zog er zurück nach Denver, wo er von der Bildfläche verschwand. Ich schlug mich nur ein paar Monate länger in New York durch. Als ich wieder nach Hause zog, ging ich in die York Street, um nach ihm zu suchen. Jemand erzählte mir, er sei „rausgegangen": Ben trank wieder. Das war das Letzte, was ich von ihm hörte.

Es ist also etwas untertrieben, wenn ich sage, dass ich überrascht war, als ich an diesem Montag siebzehn Jahre später über Facebook eine Freundschaftsanfrage von Ben bekam. Es kam mir so vor, als wäre er das letzte Mal, als ich ihn sah, in einem brennenden Gebäude eingeschlossen gewesen. Es war eine freudige Überraschung, siebzehn Jahre später zu erfahren, dass er lebend herausgekommen war. Ich nahm die Freundschaftsanfrage an, und binnen fünf Minuten bekam ich eine Nachricht von ihm. Er sei am nächsten Tag in der Stadt. Ob wir uns zum Mittagessen treffen könnten?

Nur weil ich wegen des Treffens mit Ben nervös war, wollte ich mir meine Pläne für jenen Tag nicht durcheinanderbringen lassen. Also saß ich am nächsten Morgen wie jeden Dienstag mit meinem Mann und fünf anderen lutherischen Pastoren um einen Konferenztisch und unterhielt mich mit ihnen über den Perikopentext für den kommenden Sonntag und die möglichen Stoßrichtungen für unsere Predigten.

Diese Kollegen haben äußerlich nicht viel Ähnlichkeit mit

mir. Niemand würde auf der Straße erst mich und dann sie anschauen und auf den Gedanken kommen: Ich wette, die sind gut miteinander befreundet. Und ich bin mir ziemlich sicher, dass ich die Einzige an jenem Tisch war, die vorhatte, sich hinterher mit ihrem vorbestraften Ex-Freund zu treffen, mit dem sie mit zweiundzwanzig Jahren gemeinsam auf Entzug gewesen war. Ja, das traf wohl nur auf mich zu. Aber das spielte keine Rolle. Ich liebe diese lutherischen Pastoren in ihren Bügelfaltenhosen und Button-down-Hemden, und in Wirklichkeit habe ich viel wichtigere Dinge mit ihnen gemeinsam als Tätowierungen und eine Suchtvergangenheit.

Einer der Pastoren, die an jenem Tag mit Matthew und mir am Tisch saßen, war John Pederson, der möglicherweise belesenste Mensch, den ich kenne. John bringt es fertig, mit einer Nietzsche-Ausgabe in der Hand, aber ohne Bibel zum Textstudium zu erscheinen. Justin Nickel war auch da. Er ist der sehr junge, neurotische und gefährlich intelligente kleine Bruder, den ich nie hatte. Ich zögere nicht, ihn als einen der besten jungen Theologen zu bezeichnen, die die lutherische Kirche zu bieten hat. Der Nächste in der Runde war Kevin Maly, ein schwuler lutherischer Pastor, der stärker auf der unerschütterlichen Liebe und Vergebung Gottes beharrt als irgendein anderer Mensch, dem ich je begegnet bin. Brillant ist er obendrein. Und dann war da noch Caitlin Trussell, die Alibi-Nichtzynikerin der Gruppe, deren riesiges Pastorinnenherz ihrem enormen Gehirn nicht nachsteht.

Ich langte über den Tisch nach meiner zweiten Tasse hellbraunen Kirchenkaffees, während John den Evangelientext vorlas. Es war eine Reihe von Gleichnissen aus dem Matthäus-

Kapitel 15

evangelium, in denen Jesus das Himmelreich mit allen möglichen Dingen vergleicht; zum Beispiel mit einem Senfkorn, das jemand nimmt und auf seinem Acker aussät. Es ist das kleinste Samenkorn von allen, aber wenn es aufgegangen ist, wird es größer als alle Kräuter und wächst zu einem Baum heran. Im nächsten Gleichnis ist das Himmelreich gleich einem Sauerteig, den eine Frau nahm und mit einem halben Zentner Mehl vermischte, bis alles durchsäuert war. Dann wieder ist das Himmelreich wie ein Kaufmann, der nach Perlen sucht. Als er eine besonders kostbare Perle fand, verkaufte er alles, was er hatte, um sie zu erwerben.

Schweigen.

Nach ein paar Minuten sagte John: „Es hört sich komisch an, vom Königreich des Himmels zu reden. Die amerikanische Demokratie hat nichts für Könige übrig. Was sollen wir daraus machen?"

Gutes Argument. Vielleicht sollte ich über Tyrannei predigen. Freilich bin ich mir nicht sicher, ob politische Tyrannei ein Thema ist, das den Leuten unter den Nägeln brennt.

Dann schlägt Kevin vor: „Vielleicht ist das Kreuz auf dem Berg die Perle auf dem Acker, und Gott schummelt. Gott hebelt das System aus, indem er auf den Kopf stellt, was wir für wertvoll halten."

Was das heißen soll, verstehe ich eigentlich nicht, aber ich bin zu feige, um das zu sagen.

John Pederson dagegen scheint es kapiert zu haben und fügt hinzu: „Das wäre die Dickens-Methode – die Wahrheit sagen, aber mit Tendenz." Ich staune immer nur über die Schlagfertigkeit und den scharfen Verstand, die um diesen Tisch versammelt sind. Ich habe den Verdacht, diese Typen lesen tatsächlich Bücher, während ich Netflix gucke.

Das Gespräch war toll, aber ich hatte immer noch keine Ahnung, wie ich die Predigt für den Sonntag anpacken sollte. Vor allem aber machte mich der Gedanke, gleich Ben zu sehen, nervös.

Seit ich Pastorin geworden bin, verbringe ich so ziemlich jeden Dienstag damit, mich zu trösten, wenn mir wieder einmal nicht das Geringste einfällt, was ich meinen Leuten predigen könnte. Im Notfall, denke ich mir dann, kann ich ja immer noch zwölf Minuten *Lectio Divina* vorschlagen – die geistliche Übung, schweigend über den Bibeltext zu meditieren. Diese Möglichkeit habe ich immer in der Hinterhand. Vielleicht ist es diese Woche ja so weit, dass ich darauf zurückgreifen muss.

Eine Stunde später saß ich in der Nische eines Restaurants und wartete auf meinen Ex-Freund. „Pete's Kitchen" macht niemals zu, und hier hatten sich schon diverse Dramen meines Lebens abgespielt. Zweiundzwanzig Jahre zuvor hatte ich so manches Mal um drei Uhr morgens in ebendiesem Restaurant in der Ecknische gesessen, ganz flatterig vom Kokain und ganz schluderig vom Fusel, meistens neben meinem besten Freund Jimmy. Jimmy war der schwule Bruder meines ersten Freundes, laut und witzig, und über Jahre mein Erzkumpan. Wir waren gemeinsam Alkoholikerbabys, und dann wurde ich trocken und er nicht. Sechs Monate vor diesem Mittagessen mit Ben war Jimmy in seiner Wohnung in Reno tot aufgefunden worden. Er hatte sich buchstäblich zu Tode gesoffen. Ein paar Teile meiner Geschichte, die ich mit niemandem sonst geteilt habe, hat er mit ins Grab genommen, und weder sie noch Jimmy werde ich je wieder zurückbekommen. Leider war ich seit seinem

Kapitel 15

Tod so beschäftigt gewesen, und zwar ausgerechnet damit, eine lutherische Pastorin zu sein, dass ich gar nicht dazu gekommen war, um ihn zu trauern. Wenn man trocken wird, sagt einem niemand, dass man, wenn man es schafft, dabei zu bleiben, seine Freunde begraben wird. Nicht jeder kommt in den Genuss eines blitzblanken, wenn auch chaotischen ganz neuen Lebens, so wie ich. Eine befriedigende Erklärung dafür, warum das so ist, habe ich nie gefunden.

Inzwischen war ich zwei Jahrzehnte älter, aber die Speisekarte in Pete's Kitchen hatte sich nicht verändert. Fleisch und Eier für wenig Geld, schäumende Pfannkuchen, lauter Sachen, für die man Ketchup braucht. Das Vinyl war ersetzt worden, und sie hatten eine überdachte Terrasse hinzugefügt. Dort lassen sich die Leute vom House for All Sinners and Saints immer nach der Vesper (dem Abendgebet) im Advent und in der Fastenzeit zu Pfannkuchen nieder. Wenn ich an solchen Abenden mit meinen Gemeindegliedern dort sitze, denke ich meist nicht an all die Dinge, die in diesem ironischen kleinen Restaurant mit der Pastorin passiert sind. Nur hin und wieder werde ich ein bisschen still. Ich glaube nicht, dass es jemand merkt, und das ist okay.

Gleichzeitig mit meiner Diät-Cola erschien Ben und riss mich aus meiner Trance. Er sah immer noch ziemlich genauso aus: wie eine jüngere Ausgabe von Richard Gere, aber mit Gefängnistattoos, darunter eine Träne, nach der ich lieber nie gefragt hatte. Ich begrüßte ihn mit einer Umarmung, die erleichtert wirkte, als hätte ich draußen auf ihn gewartet, bis er endlich aus jenem brennenden Gebäude gerannt kam. Die Zuneigung, die ich empfand, überraschte mich selbst.

Gespenster im Himmelreich

Er erzählte mir von seinen Kindern, seinen gesundheitlichen Problemen und davon, dass er nicht mehr zu den AA gehen musste. Ach ja, und dass er in seinem Bus wohnte. Dieses Treffen zum Mittagessen entwickelte sich genauso wie einige andere, die ich im Lauf der Jahre mit Leuten aus meiner Vergangenheit gehabt hatte: Am Ende empfand ich Schuldgefühle, so etwas wie ein Überlebenden-Syndrom. Nach dem Motto: Irgendwann einmal waren wir in unserem Leben in derselben Situation gewesen, aber jetzt hatte ich alles und er nichts, und ich hatte nicht den Ansatz einer Erklärung dafür. Ich habe nicht die geringste Ahnung, wie ich ohne Weiteres nachvollziehen könnte, wie ich von dort hierher gekommen bin. Irgendwie habe ich heute ein Zuhause und einen Mann, zwei wunderhübsche und kluge Kinder und einen sinnvollen Beruf, den ich liebe. Er dagegen hatte drei Kinder in zwei verschiedenen Staaten, die er selten sah, ein krankes Herz, einen kaputten Rücken und eine Schwerbehindertenrente, von der er lebte.

Ich kam mir komisch vor und versuchte es zu vermeiden, ihm allzu viele Details aus meinem Leben zu erzählen, was teilweise daran lag, dass ich damit rechnete, dass er mich beim Abschied mit irgendeiner Bemerkung heruntermachen oder beleidigen würde, so wie er es früher immer getan hatte, um mich in meine Schranken zu weisen. Stattdessen aber sah er mich, bevor er aufbrach, über den Tisch hinweg an und sagte: „Ich bin froh, dass du noch am Leben bist. Viele von uns haben das nicht geschafft. Äh ... ist es dir recht, wenn ich diesen Sonntag in deine Kirche komme?"

Während der restlichen Woche plagte ich mich damit ab, eine Predigt über das Himmelreich zu schreiben, während ich

Kapitel 15

das Gefühl hatte, dass die süchtigen Geister meiner Vergangenheit sich vor dem Fenster meines Verstandes versammelten und greinten: „Willst du nicht lieber rauskommen und spielen?" Ich hatte überhaupt keinen Sinn für Senfkörner und Kräuter und Sauerteig, und es gelang mir nicht, meine Vergangenheit lange genug zum Schweigen zu bringen, um in meiner Gegenwart eine Predigt zu schreiben. Jeder Kommentar und jeder Artikel über die Gleichnisse, die ich las, lieferten mir nur dieselbe Mischung aus Offensichtlichem und Nutzlosem: Das Himmelreich fängt klein an und wird dann groß. Na und? Ich konnte mir nicht vorstellen, dass das Leben irgendeines Menschen sich dadurch verändern würde, dass ich darüber predigte, wie klein Senfkörner sind und was für große Pflanzen dann daraus werden und dass es mit dem Himmelreich genauso sei.

Als der Samstag kam, war ich in Panik. Meine Gedanken kreisten wie besessen um Samenkörner und Pflanzen und versuchten, ihnen irgendeine Bedeutung abzuringen, was mir besonders schwerfiel, da ich überhaupt keine gärtnerische Ader habe. Ich bin nicht einmal gern im Freien. Ich bin sogar so ungern im Freien, dass ich, wenn ich mit Freunden in ein Restaurant gehe und die Empfangsdame fragt, ob wir gerne auf der Terrasse sitzen wollen, die anderen so lange mit bösen Blicken durchbohre, bis sie sagen: „Nein danke, bitte drinnen." Hätte Jesus nicht auch mal ein Beispiel über das Posten von Facebook-Nachrichten, Kinobesuchen und Beziehungen zu Tattookünstlern erzählen können, damit ich auch mal schnalle, was er damit sagen will? Aber nein. Er redet immer nur über Samenkörner und Weinstöcke und Ernte und Pflanzen und Bauern.

Schließlich schrieb ich etwas darüber, wie sehr mein Mann Matthew Wacholderbüsche hasst, und schilderte den privaten Krieg, den er gegen sie führt. Schon beim Schreiben wusste ich, dass es Mist war. Ich machte eine Pause und loggte mich auf Facebook ein. Nachdem ich unter ein paar Postings meiner Freunde auf „Gefällt mir" geklickt hatte, stieß ich auf einen Status, der schlicht *RIP Amy Winehouse* lautete.

Verdammt.

Amy Winehouse, die britische Soulsängerin und Katastrophenprominente, war tot. Sofort musste ich wieder an meine Mitsüchtigen und die Alkoholiker in meinem Leben denken, die gestorben waren, während ich noch lebte. Natürlich erinnerte ich mich besonders an PJ. Dass es in vieler Hinsicht an PJ lag – und besonders an seinem Tod –, dass ich Pastorin geworden bin, habe ich ja schon erwähnt. Es dauerte zwar dann noch lange, bis ich Theologie studierte und ordiniert wurde, aber die Trauerfeier für PJ, die ich als seine einzige „religiöse" Freundin hielt, war der erste Moment, in dem mir klar geworden war, dass Gott mich zur Pastorin für meine Leute berief.

Nun war PJ tot, und ich war Pastorin und musste eine Predigt schreiben, die etwas zu sagen hatte. Ich musste daran denken, dass PJ ebenso wie Amy Winehouse tot in seinem Zuhause aufgefunden worden war. Ein lautes Lachen entfuhr mir, als mir der Gedanke kam, wie großartig es wäre, PJ selbst anzurufen und ihn zu fragen, worüber ich seiner Meinung nach predigen sollte. Bestimmt hätte er irgendwelche schmutzigen, aber zum Brüllen komische Bemerkungen über Dinge gemacht, die klein sind, aber dann größer werden, allesamt völlig unbrauchbar zum Predigen, aber wenigstens hätten sie mich zum Lachen gebracht. Doch dann überkam mich plötzlich das Gefühl, als ob PJ mich beim Wort nähme.

Ich nahm mir noch einmal die Gleichnisse vor: „Das Himmelreich gleicht einem Senfkorn, das ein Mensch nahm und auf seinen Acker säte; das ist das kleinste unter allen Samenkörnern; wenn es aber gewachsen ist, so ist es größer als alle Kräuter." Vielleicht ging es ja dabei überhaupt nicht um den Gegensatz zwischen der Größe des Samenkorns und der Größe der Pflanze. Das größte aller Kräuter hört sich etwa so an, als würde man jemanden den klügsten aller Idioten nennen. Und doch sagt Jesus, das Himmelreich sei wie Kräuter und Netze und Sauerteig. Das mit dem Sauerteig brachte mich auf den Gedanken, dass PJ mir etwas zu sagen versuchte. Und für einen kurzen Moment zahlte sich meine theologische Ausbildung einmal aus.

Mir fiel ein, dass Sauerteig als etwas Unreines galt (wie übrigens auch die meisten Gedanken von PJ). Wir reden hier nicht über die kleinen Hefewürfel, die man im Supermarkt bekommt; hier geht es um große, gammelige Klumpen, die alles andere anstecken. Das ist der Grund, warum die Juden des ersten Jahrhunderts vor manchen Feiertagen erst einmal allen Sauerteig aus dem Haus schaffen mussten. Sauerteig war eine rituelle Verunreinigung.

Das brachte mich auf den Gedanken, vielleicht sei das Himmelreich ja im Unreinen und Überraschenden zu finden, womöglich sogar im Profanen. An diesem Punkt waren die Gedanken an meine kaputte Jugend, das Mittagessen mit meinem vorbestraften Ex-Freund, der Tod von Amy Winehouse und von Jimmy, der in seiner Wohnung gestorben war, plötzlich

Gespenster im Himmelreich

keine Ablenkung mehr, sondern wurden zur Quelle meiner Predigt. Ich dachte zurück an etwas, was zwei Tage nach PJs Tod passiert war. Und das wurde zu der Geschichte, die ich in meiner Predigt erzählte.

PJ war in einer guten katholischen Familie in einem kleinen Bauerndorf in Iowa aufgewachsen. Mir ist unklar, wie aus dieser Umgebung so ein finster-sarkastisches, unflätiges Komikergenie hatte hervorgehen können, aber das ist eine andere Geschichte für eine andere Gelegenheit. Zwei Tage nach PJs Tod unternahmen einige meiner Freunde eine Barmherzigkeitsmission; anders kann ich es nicht nennen. Sie gingen in die Wohnung unseres toten Freundes und schafften sämtlichen Pornokram hinaus. Jeden *Playboy* und jede Videokassette. Alles. Sie wollten PJs Eltern unnötigen zusätzlichen Schmerz ersparen.

So bricht, sagte ich in meiner Predigt, das Himmelreich auf Erden herein. Indem wir den Pornokram aus den Wohnungen unserer toten Freunde wegschaffen, bevor ihre netten Eltern aus der Kleinstadt anreisen, um sich um den Nachlass ihres toten Sohnes zu kümmern. Es ist eine Kleinigkeit, es ist überraschend, und es ist auch ein bisschen profan, aber es ist das Wahre.

Ich hatte irrtümlich gedacht, das Himmelreich sei etwas, wofür ich auf dieser Seite meines Lebens eine passende Illustration finden könnte. Heute geht es mir besser als damals. Ich bin Christ, und ich bin clean und trocken. Wie sollte mir denn da irgendetwas, was von Ben oder PJ oder meinem jungen, verkorksten Ich kam, als Beispiel fürs Himmelreich dienen? Ein predigttaugliches Bild für das Himmelreich konnte doch wohl nur aus dem Garten und aus dem Dasein als Mutter und Pas-

Kapitel 15

torin und anständige Bürgerin kommen. Aber das ist es nicht, was Jesus bringt.

Jesus bringt ein Reich, in dem der Gekreuzigte herrscht, das bevölkert ist von den Unreinen und das immer im Unerwarteten zu finden ist. Ich hatte damit gerechnet, beim Blick in die Vergangenheit nur die Fehler zu sehen, die ich hinter mir gelassen hatte, nur die Zerstörung und die Sucht und die tragische Selbsttäuschung. Doch indem ich so dachte, hatte ich Gott unterstellt, er sei damals nirgendwo zu finden gewesen. Aber das ist im Grunde ein Affront gegen Gott. Es ist, als würde ich sagen: „Du existierst nur, wenn ich dich erkenne." Das Himmelreich, von dem Jesus immerzu sprach, ist hier. Ganz nah. Es ist jetzt. Wo immer Sie sind. Auf eine Art und Weise, wie Sie es nie erwarten würden.

Am ersten Tag der Woche kommt Maria von Magdala früh, als es noch finster war, zum Grab und sieht, dass der Stein vom Grab weg war. Da läuft sie und kommt zu Simon Petrus und zu dem andern Jünger, den Jesus lieb hatte, und spricht zu ihnen: Sie haben den Herrn weggenommen aus dem Grab, und wir wissen nicht, wo sie ihn hingelegt haben. ... Maria aber stand draußen vor dem Grab und weinte. Als sie nun weinte, schaute sie in das Grab und sieht zwei Engel in weißen Gewändern sitzen, einen zu Häupten und den andern zu den Füßen, wo sie den Leichnam Jesu hingelegt hatten. Und die sprachen zu ihr: Frau, was weinst du? Sie spricht zu ihnen: Sie haben meinen Herrn weggenommen, und ich weiß nicht, wo sie ihn hingelegt haben. Und als sie das sagte, wandte sie sich um und sieht Jesus stehen und weiß nicht, dass es Jesus ist. Spricht Jesus zu ihr: Frau, was weinst du? Wen suchst du? Sie meint, es sei der Gärtner, und spricht zu ihm: Herr, hast du ihn weggetragen, so sage mir, wo du ihn hingelegt hast; dann will ich ihn holen. Spricht Jesus zu ihr: Maria! Da wandte sie sich um und spricht zu ihm auf Hebräisch: Rabbuni!, das heißt: Meister! Spricht Jesus zu ihr: Rühre mich nicht an! Denn ich bin noch nicht aufgefahren zum Vater. Geh aber hin zu meinen Brüdern und sage ihnen: Ich fahre auf zu meinem Vater und eurem Vater, zu meinem Gott und zu eurem Gott. MARIA VON MAGDALA GEHT UND VERKÜNDIGT DEN JÜNGERN: ICH HABE DEN HERRN GESEHEN, UND DAS HAT ER ZU MIR GESAGT.

MARIA VON MAGDALA GEHT UND VERKÜNDIGT DEN JÜNGERN: ICH HABE DEN HERRN GESEHEN, UND DAS HAT ER ZU MIR GESAGT

Kapitel 16

Schmutzige Fingernägel

Maria aber stand draußen vor dem Grab und weinte. Als sie nun weinte, schaute sie in das Grab und sieht zwei Engel in weißen Gewändern sitzen, einen zu Häupten und den andern zu den Füßen, wo sie den Leichnam Jesu hingelegt hatten. Und die sprachen zu ihr: Frau, was weinst du? Sie spricht zu ihnen: Sie haben meinen Herrn weggenommen, und ich weiß nicht, wo sie ihn hingelegt haben. Und als sie das sagte, wandte sie sich um und sieht Jesus stehen und weiß nicht, dass es Jesus ist. Spricht Jesus zu ihr: Frau, was weinst du? Wen suchst du? Sie meint, es sei der Gärtner, und spricht zu ihm: Herr, hast du ihn weggetragen, so sage mir, wo du ihn hingelegt hast; dann will ich ihn holen. Spricht Jesus zu ihr: Maria! Da wandte sie sich um und spricht zu ihm auf Hebräisch: Rabbuni!, das heißt: Meister!
– Johannes 20,11-16 (Luther)

Der erste öffentliche Gottesdienst im House for All Sinners and Saints fand im April 2008 statt. Es war die Osterzeit, und deshalb schuf jeder der acht Leute, die die Gemeinde zusammen gründeten, eine Station der Auferstehung: ein Gedicht, ein

Kapitel 16

Kunstwerk oder eine Aktion, die uns half, die verschiedenen biblischen Berichte über die Begegnungen, die Jesu Freunde mit ihm hatten, nachdem er von den Toten auferstanden war, auf uns wirken zu lassen. Ich suchte mir die Geschichte von Maria von Magdala am leeren Grab aus.

Da damals noch keiner von uns wusste, wie man so etwas gut macht, wirkte das Ganze ziemlich unbeholfen und klobig. Ungefähr die Hälfte von uns schaffte dreiteilige Präsentationstafeln an, auf denen Texte oder Bilder auf buntem Bastelpapier angebracht waren. *„Ach du meine Güte, das sieht ja aus wie ein theologisches Schülerprojekt"*, witzelte Seth.

Ins Zentrum meiner Station der Auferstehung, die aussah wie ein Schülerreferat in der Mittelstufe, hatte ich eine Ikone von Maria von Magdala und die Geschichte ihrer Begegnung mit Jesus am Grab gestellt. Unter ihrem Bild stand nur eine Zeile aus der Geschichte: „Spricht Jesus zu ihr: Maria!" Darunter durften Leute ihre eigenen Namen schreiben. Jemand schrieb „schwules Kind" hin. Der Gedanke, dass Jesus uns beim Namen nennt und dass uns das dazu bringt, uns umzudrehen und ihn zu erkennen, war mir wichtig geworden, besonders im Licht der Art und Weise, wie Gott mich gerufen hatte.

Vier Jahre nach diesem tollpatschigen Ostergottesdienst war unsere Gemeinde mit vollen Segeln unterwegs, und seit einiger Zeit hielt ich Sprechstunden im Café „Hooked on Colfax" an der Colfax Street in Denver. Über diese Straße hatte schon Jack Kerouac geschrieben und sie den „Boulevard of Broken Dreams" genannt, die Straße der geplatzten Träume. Besonders in den 1970er und 1980er Jahren war sie als eine Straße bekannt gewesen, auf der Frauen dem älteste Gewerbe der Welt nachgingen. Wenn Leute zu Gesprächen ins Café kommen, weiß ich nie, ob sie einfach nur plaudern wollen, ob sie ihren Glauben komplett verloren haben, ob sie in irgendeiner Krise stecken oder ob sie nur versuchen, hinter einen Gedanken oder eine Lebenseinsicht zu kommen. Sicher bin ich mir nur, dass es unmöglich ist, allein daraus, was sie mir sagen, warum sie mit mir reden wollen, zu entnehmen, welche dieser Möglichkeiten zutrifft. Immer wird eins für ein anderes vorgeschoben. Ich glaube, anders als auf diese indirekte Weise schaffen wir es einfach nicht, uns verwundbar zu machen.

Darum war ich mir, als Michael Meehan, ein Mitglied meiner Gemeinde, sich eines Morgens dort mit mir traf, nicht ganz sicher, worüber wir tatsächlich reden würden. Wir sprachen über seine Arbeitssituation und darüber, was bei seinem Bruder los war. Dann gestand er mir, dass er nach neun Monaten in unserer Gemeinde immer noch nicht so recht wusste, was er von dieser Sache mit Jesus halten sollte. Er merkte nur, dass in der Kirche etwas Reales passierte, besonders in der Eucharistie. „Es ist wie in diesem Dylan-Song: ‚Du weißt, hier passiert etwas, aber du weißt nicht genau, was es ist, nicht wahr, Mr. Jones?'" Die Erklärung hörte sich für mich durchaus plausibel an.

Dann sagte er: „Jesus scheint mit allen meinen Freunden befreundet zu sein, aber mich scheint der Kerl zu ignorieren. Ich versuche, es nicht persönlich zu nehmen."

Ich mag es, wenn Leute über Jesus so reden, als ob er real neben ihnen säße. Meine Freundin Sara nennt Jesus den „Boyfriend". Einmal rief ich sie an, um mit ihr zu quatschen und ihr zu erzählen, dass Soundso, eine Frau, die ich eigentlich überhaupt nicht leiden konnte, mir allmählich irgendwie ans Herz

Kapitel 16

wuchs und wie frustrierend es für mich war, sie nicht mehr hassen zu können.

„Mädel", hatte Sara gesagt, „der Boyfriend steckt im Moment ganz schön seine Nase in deinen Kram."

Michael wollte offenbar sagen, dass der Boyfriend seine Nase eben nicht in seinen Kram steckte, doch gleichzeitig behauptete er, er glaube gar nicht an „den Typen", was sich ein bisschen widersprüchlich anhörte. Manche Pastoren hätten darin vielleicht eine Krise gesehen, aber für mich, mit den Leuten, deren Hirtin ich bin, war es fast Alltag.

Einen Ratschlag für Michael hatte ich nicht. Den habe ich nie. Ich habe ja nun einmal keine Kontrolle über Jesus oder darüber, was die Leute in meiner Gemeinde glauben, und Gott sei Dank scheint mir das mit der Zeit immer weniger auszumachen. Das Beste, was ich in diesem Moment tun konnte, war, Michael zu versichern, es sei mir egal, dass er das Gefühl hatte, Jesus ignoriere ihn. Er schaute mich an, als hätte ich seine „Jesus-will-nicht-mein-Facebook-Freund-sein"-Geschichte offensichtlich nicht verstanden.

„Kennst du die Band The Hold Steady?", fragte ich ihn. „In einem ihrer Songs singen sie von einem Mädchen, das mit lauter Glasscherben in den Haaren in eine Ostermesse hineinplatzt und zu dem Priester sagt: *‚Pater, darf ich Ihrer Gemeinde sagen, wie sich eine Auferstehung wirklich anfühlt?'*"

„Manchmal ist es einfach das, worum es bei dieser Sache mit Jesus geht." Dann bat ich ihn, über seine eigene Geschichte von Tod und Auferstehung nachzudenken.

Im Januar 2011 hatte Michael Meehan, ein Mann von neunundvierzig Jahren, aufgegeben. Dieses Aufgeben sah so aus,

Schmutzige Fingernägel

dass er mit einem Rasiermesser in der Hand allein im Bad eines billige Motelzimmers mitten im Hinterland von Oregon saß. Er war verblutet, hatte es aber nicht geschafft, zu sterben. Als die Polizei eintraf, noch vor dem Krankenwagen, sollen sie freundlich zu ihm gewesen sein. Im Krankenhaus fragte ihn der Notarzt, ob er Familie habe. „Nur einen Bruder, aber wir stehen uns nicht nahe", hatte er gesagt.

Dieser nicht nahestehende Bruder flog von Denver nach Oregon und brachte das, was von Michaels Leib und Seele noch übrig war, vom Ufer des Ozeans in eine Höhe von einer Meile. Es gibt weniger Sauerstoff in Denver, aber trotzdem lernte Michael hier wieder das Atmen, nachdem er versucht hatte, ganz damit aufzuhören.

Als Michael drei Monate später in der Küche seines Bruders einen Kaffee trank, fiel sein Blick auf das Porträt einer tough aussehenden, tätowierten Priesterin auf der Titelseite der *Denver Post*, und er las den Bericht unter der Schlagzeile: „Geleitet von Auferstehung und einer Prise Aufstand: Pastorin erregt Aufsehen mit Mischung aus Tradition und Respektlosigkeit." Noch in derselben Woche hörte Michael mich im Red Rocks Park predigen.

Es war ein kalter, feuchter Sonntagvormittag. Ich war schon oft im Red Rocks Park gewesen, wo es ein natürliches Amphitheater gibt, in dem viele Open-Air-Konzerte stattfinden. Für mich als Teenager in Colorado war Red Rocks eines meiner Lieblingsplätzchen. Ich fuhr dort hinauf, um high zu werden und die Sterne anzuschauen. Einmal bin ich sogar schon hinter der Bühne gewesen, 1985 bei einem Konzert von UB40. Natürlich trug ich damals noch keinen Talar.

Kapitel 16

Es war ein langer Weg gewesen von den Selbsthilfegruppen in Gemeindehauskellern über den Konfirmandenunterricht bei Ross Merkle, ebenfalls in einem Gemeindehauskeller, bis hierher, wo ich im Begriff war, in einem Amphitheater in Colorado vor zehntausend Leuten (oder wie mein Mann bissig sagte, vor fünftausend Männern plus Frauen und Kindern) zu predigen. Doch als ich an diesem Ostermorgen auf einem Stuhl am Rand der Bühne von Red Rocks saß, konnte ich nur an eines denken: dass ich nun schon zum zweiten Mal in der unerträglichen Situation war, vor den Augen einer großen Menschenmenge zu sitzen, während sich auf der Bühne eine abgrundtiefe Peinlichkeit abspielte: Lobpreissongs, leicht schief gesungen von einer Gruppe von Vorstadtmüttern in abgestimmten Klamotten. Und da es ein Gottesdienst war und ich eine Geistliche bin, musste ich versuchen, so zu tun, als wäre ich nicht entsetzt.

Mein erstes Erlebnis, bei dem ich vor einem großen Publikum versuchen musste, kein entsetztes Gesicht zu machen, war in San Francisco gewesen, kurz bevor ich bei der ELCA-Eucharistie predigte. Dort wurde etwas aufgeführt, was irreführenderweise als „liturgischer Tanz" bezeichnet wurde. Ich finde, liturgischer Tanz ist weder liturgisch noch ein Tanz, und dargeboten wird er meist von liberalen Frauen mittleren Alters, die sich dazu in jede Menge bunte Seidenschals hüllen.

Gott hat mir nicht die Gabe geschenkt, so zu tun, als empfände ich etwas ganz anderes, als ich tatsächlich empfinde. Wenn es unumgänglich ist, kriege ich es für kurze Zeit hin, aber es ist enorm anstrengend für mich. Wenn sich auf der Bühne Dinge wie liturgischer Tanz oder kitschige Lobpreisgesänge abspielen und Tausende von Leuten mich beobachten können, dann schaffe ich es vielleicht eine halbe Stunde lang, meine Körpersprache und meine Miene in Schach zu halten. Aber dann geht es mir genauso, wie wenn ich zu mehr als drei Leuten hintereinander nett sein muss: Ich brauche ein Nickerchen.

Das Gute war, dass die Mischung aus bitterer Kälte und der Anstrengung, die es mich kostete, nicht meine Augen zu verdrehen, all meine nervöse Energie verbrannt hatte, sodass ich vollkommen ruhig war, als ich anfing zu predigen.

„Für viele Gemeinden", sagte ich zu den Leuten, „ist Ostern im Grunde ein Tag, an dem sich die Kirche im besten Licht präsentiert. Wir putzen das Gebäude heraus, schaffen Blumen heran, heuern ein Bläserquintett an, setzen unsere schicksten Hüte auf und tun alles, was nötig ist, um bei Gästen Eindruck zu schinden. Mir kam das schon immer so vor, wie wenn man die Gästehandtücher auslegt, nur eben die kirchliche Version davon. Eigentlich ergibt das keinen Sinn. Die Geschichte von Ostern handelt nicht von neuen Kleidern und Blumen und einem herausgeputzten Gebäude. Eigentlich ist es eine Geschichte über Fleisch und Schmutz und Körper und Verwirrung, und sie handelt davon, dass Gott anscheinend überhaupt keine Rücksicht auf unsere Erwartungen nimmt, was ein richtiger Gott tun würde (zum Beispiel, dass er sich nicht völlig vermeidbarerweise umbringen lassen würde)."

Es war klirrend kalt. Die zehntausend Leute vor mir steckten in Daunenparkas und Mützen, und ich trug eine leinene Albe über einem Priesterhemd aus Baumwolle. Die Handschuhe hatte ich ausziehen müssen, um die Seiten meines Manuskripts umblättern zu können, was ich vergeblich ohne Stocken zu tun versuchte.

Kapitel 16

„Jesus sah an Ostern nicht sehr beeindruckend aus", sagte ich, „jedenfalls nicht im kirchlichen Sinne. Das merken wir schon daran, dass Maria aus Magdala ihn für einen Gärtner hielt."

Ich schaute die zitternde Menschenmenge an und fügte hinzu, vielleicht hätte Maria den auferstandenen Christus deshalb für einen Gärtner gehalten, weil Jesus noch die Erde aus seinem eigenen Grab unter den Fingernägeln hatte. Auf den Kirchenbildern des auferstanden Christus ist natürlich nie Dreck unter den Fingernägeln zu sehen. Dort sieht er eher aus wie ein Engel ohne Flügel als wie ein Gärtner. Es ist, als hätte man ihn für die Ostergäste erst einmal herausputzen müssen, damit er mehr Eindruck macht und niemand an der Wahrheit Anstoß nehmen muss. Doch das führt am Ende nur dazu, dass wir uns eine verdrehte Vorstellung davon machen, wie Auferstehung aussieht. Meine Erfahrung dagegen ist, dass der Gott von Ostern ein Gott mit Dreck unter den Fingernägeln ist.

Auferstehung fühlt sich nie so an, als würde man hübsch sauber und fromm herausgeputzt wie auf jenen Osterbildern. Ich wäre nie bereit gewesen, für Gott zu arbeiten, wenn ich geglaubt hätte, Gott wäre daran interessiert, mich nett oder hübsch oder auch nur gut zu machen. Schon damals hatte ich unbewusst begriffen, dass es Gott nie darum ging, mich schick herauszuputzen. Er wollte mich neu machen.

Neu sieht nicht immer perfekt aus. Neu ist oft chaotisch, wie die Ostergeschichte selbst. Neu sieht aus wie Alkoholiker auf Entzug. Neu sieht aus wie Versöhnung zwischen Familienmitgliedern, die es eigentlich nicht verdienen. Neu sieht so aus wie jedes Mal, wenn ich es schaffe zuzugeben, dass ich mich irre, und jedes Mal, wenn ich es schaffe, nicht zu erwähnen, dass ich recht habe. Neu sieht aus wie jeder Neuanfang und jeder Akt der Vergebung und jeder Moment, indem wir etwas loslassen, wovon wir glaubten, nicht ohne es leben zu können, und dann doch irgendwie ohne es leben. Neu ist das, was wir nie kommen sahen – was wir uns nicht einmal erhofft haben –, was sich aber dann doch als genau das entpuppt, was wir schon immer brauchten.

„Das passiert uns allen", schloss ich an jenem Ostermorgen. „Gott greift immer wieder hinunter in den Dreck des Menschseins und lässt uns auferstehen aus den Gräbern, die wir uns selbst durch unsere Gewalttätigkeit, unsere Lügen, unsere Selbstsucht, unsere Arroganz und unsere Süchte gegraben haben. Und immer wieder liebt Gott uns zurück ins Leben."

Als Michael Meehan diese Predigt von mir hörte, war er alles andere als ein Kirchgänger. Er war katholisch erzogen worden, hatte aber als Erwachsener nie ein Bedürfnis nach der Kirche verspürt. Doch er hatte versucht, seinem Leben ein Ende zu machen, und hatte es gegen seinen eigenen Widerstand zurückbekommen. Als er mich nun sagen hörte, dass Gott in die Gräber hinabgreift, die wir uns selbst graben, und uns zurück ins Leben liebt, wusste er, dass das in seinem Fall durchaus keine Metapher war. Im Monat darauf tauchte er im House for All Sinners and Saints auf.

Es kamen so viele Leute in jenem ersten Monat nach dem Bericht in der *Denver Post* und dem Ostergottesdienst im Red-Rocks-Amphitheater, dass mir Michael, ein Mann von knapp fünfzig Jahren mit einem komischen Gang – ein Bein zu kurz, die Hüfte im Eimer – kaum auffiel. Doch Catherine,

Kapitel 16

eine junge Architektin, ursprünglich aus der Episkopalkirche, die seit einiger Zeit ins House for All Sinners and Saints kam, bemerkte ihn. Während des Friedensgrußes, der Stelle in der Liturgie, wo sich alle gegenseitig die Hände schütteln oder in die Arme nehmen und „Friede sei mit dir" sagen, hatte Michael beobachtet, wie Catherine einige ihrer Freunde umarmte, die um sie herumsaßen. Dann kam sie zu Michael und reichte ihm die Hand.

„Aber Sie sind doch eigentlich eine Umarmerin, oder?", sagte er und nahm sie dann unerschrocken in die Arme.

Später sagte er, dass dieser Akt überhaupt nicht seinem Wesen entsprochen hatte. Irgendwann sagte er auch, in den Monaten vor jener Nacht, in der er mit einem Rasiermesser in der Hand im Bad eines billigen Motelzimmers gesessen hatte, habe er sich ganz systematisch von so ziemlich allem gelöst. Sein Geschäft als Buchdesigner verkümmerte bis zum nahezu völligen Verschwinden. Er hatte keine Beziehung, kein Geld, und sein geliebter Hund wurde plötzlich krank und starb. Da gab Michael auf, verkaufte seine Möbel und löste sich von allen Bindungen an sein eigenes Leben.

„Keine Bindungen zu haben ist der Tod", sagte er mir, als wir im „Hooked on Colfax" saßen, neun Monate nach seinem ersten Besuch im HFASS. „Einen wildfremden Menschen umarmen zu können, ist das Gegenteil davon."

Michael fand im House for All Sinners and Saints Gemeinschaft. Er ist dort eingebunden. Geschätzt. Gewollt. Doch obwohl er sagt, dass er Jesu Freunde im HFASS liebt, hat er mir eben erklärt, dass er sich Jesus selbst gegenüber wie ein Fremder fühlt. (Ein seltsamer Gegensatz zu dem, was Gandhi einmal gesagt haben soll: „Ich mag euren Christus, aber ich mag nicht eure Christen." In dem Punkt musste ich dem Mahatma immer zustimmen.)

Drei Monate nach jenem Treffen im Café, bei dem Michael mir gesagt hatte, er fühle sich Jesus nicht nahe, und ich ihn meinerseits an seine eigene Geschichte von Tod und Auferstehung erinnert hatte, lag er wieder im Krankenhaus. Diesmal jedoch ging es um so etwas wie eine fortschreitende Auferstehung. Michael bekam eine neue Hüfte.

Ich saß auf dem wasserdichten Besucherstuhl im Krankenhaus und hörte ihm zu, wie er staunend davon sprach, wie sein Leben jetzt aussah. Es war ihm nicht gelungen, geschäftlich wieder so Fuß zu fassen wie früher, sodass er immer noch bei seinem Bruder wohnte. Und er war noch nicht bereit, einen neuen Hund zu lieben. Doch Michael hatte Freunde, die mit Jesus befreundet waren, einen Ort, wo er hingehen konnte, um zu beten, und eine nagelneue Hüfte. Und auch, wenn er sich dem Typen nicht besonders nahe fühlte, hatte Michael Tod und Auferstehung, den Grundgedanken des Christentums, besser begriffen als viele Geistliche, die ich kenne. Und das brachte mich seltsamerweise dazu, noch fester daran zu glauben, dass diese Sache real ist. Diese ganze Sache mit Jesus.

Es gibt Momente, in denen ich meinen Namen höre, mich umdrehe und Jesus erkenne. Es gibt Zeiten, in denen sich der Glaube anfühlt wie eine Freundschaft mit Gott. Aber es gibt auch viele andere Zeiten, in denen er mir schwergängiger oder auch leer vorkommt. Doch all das spielt letzten Endes keine Rolle. Was wir für Jesus empfinden oder wie nahe wir uns Gott fühlen, ist bedeutungslos gegenüber dem, wie Gott an uns han-

Kapitel 16

delt. Wie Gott tatsächlich in unser chaotisches Leben eintritt und uns hindurchliebt, ob wir seine Hilfe wollen oder nicht. Und wie auch dann, wenn wir so eine Art Auferstehung erlebt haben, sie nie so perfekt und eindrucksvoll ist wie ein hübsches Osterhütchen, weil auferstandene Leiber genau wie Jesus immer in ziemlich mitgenommenem Zustand sind.

Kapitel 17

Anders auf die falsche Art

Gastfrei zu sein vergesst nicht; denn dadurch haben einige ohne ihr Wissen Engel beherbergt.

– Hebräer 13,2 (Luther)

„Wir müssen mit der Gemeinde hier wegziehen", sagte ich zu meiner rechten Hand Amy Clifford, als wir nach dem Gottesdienst aufräumten. „Das ist eine viel zu nette Nachbarschaft hier; das zieht die falschen Elemente an."

Sie gab dieses Lachen von sich, das besagt: „Witzig, aber das glaubst du selbst nicht."

Es war 2011 im Sommer. Drei Monate zuvor waren ein paar schlechte und ein paar gute Dinge passiert, die mich zu der Äußerung veranlassten, dass wir aus Park Hill wegziehen sollten, dem gediegenen, historischen Viertel in Denver, in dem das House for All Sinners and Saints vorübergehend untergebracht war. Das Schlechte: Wir waren aus unserem Gemeindehaus in dem rauen, hippen Künstlerviertel, in dem wir drei Jahre lang gewesen waren, rausgeschmissen worden. Die guten Dinge: Ich hatte im Red Rocks Park gepredigt, und die *Denver Post* hatte

Kapitel 17

ihren Titelbericht über das HFASS gebracht. Das Foto, das mich von Kopf bis Fuß zeigte in einem traditionellen kurzärmeligen Priesterhemd, die tätowierten Arme vor der Brust verschränkt und streng über den Brillenwand hinweg in die Kamera blickend, ließ es so aussehen, als würde ich vermutlich jedem in den Hintern treten, der nicht auf meine Predigten hörte.

Damit wird sich alles verändern, hatte ich gedacht. In meiner Vorstellung würden dieses Foto und die Gelegenheit für mich, im Red Rocks zu predigen, wie ein weithin sichtbares Signal wirken für alle Leute in Denver, die eigentlich ins House for All Sinners and Saints gehörten, aber noch nie von uns gehört hatten. Bis dahin waren sonntagabends kaum jemals mehr als fünfundvierzig Leute zum Gottesdienst erschienen (was es umso unbegreiflicher machte, dass ich vor so vielen Menschen hatte predigen können und die *Post* diesen Bericht gebracht hatte). Die überwiegende Mehrzahl davon waren alleinstehende junge Erwachsene, die in der Stadt wohnten. Natürlich war ich nicht darauf aus, dass aus dem HFASS ein weitläufiges Megachurch-Gelände mit Jumbotron, Parkplatzanweisern und eigener chemischer Reinigung wurde; die Gefahr bestand wohl auch kaum (zumindest das hatte ich aus dem Erlebnis mit dem Rally Day gelernt).

Im ersten Jahr hatte mich einmal jemand gefragt, ob ich glaubte, die Gemeinde, die ich gerade gründete, würde einmal richtig groß werden. Ich lächelte, schaute zum Himmel auf und sagte: „Na ja ... äh ... nein." Wenn es eine der zentralen Botschaften der Kirche ist, dass Jesus uns auffordert, zu ihm zu kommen und zu sterben (unserem Selbst abzusterben, unserem alten Denken abzusterben, unserer Selbstgenügsamkeit

Anders auf die falsche Art

abzusterben), dann stehen die Leute für so etwas nicht gerade Schlange. Gemeinden, die sich bemühen, die Schönheit radikaler Gastfreundschaft und den destabilisierenden Gedanken auszuleben, dass Jesus dadurch erfahrbar wird, dass wir Fremde willkommen heißen, sind in der Regel nicht unbedingt durch explosives Wachstum gekennzeichnet. Dagegen kommt *Jesus will, dass du reich und schön bist* als Botschaft wunderbar an. Elegante, millionenschwere Prediger und volle, bewachte Parkplätze beweisen das in Amerika jeden Sonntagmorgen.

Trotzdem war das Problem, dass das „Wir" für meinen Geschmack schon ein bisschen größer sein könnte. Wenn ich von Wachstum für meine Gemeinde träumte, träumte ich davon, dass siebzig Leute zum Gottesdienst kämen. Siebzig Leute konnten sich die Arbeit teilen, die Rechnungen bezahlen und sich immer noch gegenseitig kennen. Bei fünfundvierzig Leuten musste ich mehr als meinen Anteil an der Arbeit schultern und mehr als meinen Anteil an den Rechnungen bezahlen, und ich wusste, dass mir das zu schaffen machte.

Das ausbleibende Wachstum beim Gottesdienstbesuch machte mich wahnsinnig. Kaum kamen zwei neue Leute hinzu, zogen drei andere aus der Stadt weg. Alles schleppte sich mit einer Vergeblichkeit dahin, die mich mit der Zeit geistlich mürbe machte. Ich war überzeugt davon, dass es in Denver mehr als nur fünfundvierzig Leute gab, für die diese Gemeinde genau das Richtige wäre. Sie wussten nur noch nicht, dass es uns gab. Ich hatte schon alles Mögliche versucht, um mehr Leute zu bekommen. Ich trank mit jedem Menschen in der Stadt Denver einen Kaffee. Zweimal. Wir führten kuriose Veranstaltungen in der Nachbarschaft durch. Ich ließ mich bei jeder Veranstaltung

Kapitel 17

blicken, die mir unter die Augen kam, und trotzdem blieben wir bei fünfundvierzig stecken, und das machte mich fertig.

Eines Abends im Herbst unseres ersten Jahres, als ich allein im Bett lag, kam Matthew herein, um sich etwas aus der Kommode zu holen. Ich hielt ihm sogleich einen Vortrag über irgendetwas, worüber ich mir gerade den Kopf zerbrach (vermutlich, warum Soundso gar nicht mehr zum Gottesdienst kam). Er stand ganz verdattert da, aber ich war zu sehr mit meinen eigenen Gedanken beschäftigt, um es zu merken.

Schließlich stöhnte ich: „Mann, ich wünschte, ich könnte an irgendetwas anderes denken als an die Gemeinde."

„Ja", antwortete er und machte das Licht aus, „ich auch." Dann ging er hinaus. Wir hatten einen langen Weg zurückgelegt seit der Zeit in Kalifornien, als er noch versuchen musste, mich zu überreden, mit in den Gottesdienst zu kommen.

Schon in der Woche nach Ostern – nach dem *Post*-Artikel und nach Red Rocks – verdoppelte sich die Größe unserer Gemeinde. Nach dem ganzen Wirbel wussten wir, dass ein paar Leute kommen würden, die aus reiner Neugier nur mal schauen wollten, was es mit diesem HFASS auf sich hatte, aber wir hatten nicht damit gerechnet, dass sie bleiben würden und dass sie ganz anders aussehen würden als wir. Ich wollte ja nur, dass das „Wir" größer wäre. Darauf, dass das „Wir" auch anders werden würde, war ich nicht vorbereitet.

Eine Titelstory in der Zeitung war natürlich eine einmalige Gelegenheit für unsere Gemeinde, aber am Morgen des Karsamstags, als der Bericht erschien, mussten ich und so ziemlich alle anderen Leute im HFASS uns erst einmal ein Exemplar der Zeitung *suchen*. „Meine Leute" lesen keine Zeitung.

Anders auf die falsche Art

Wir beziehen unsere Nachrichten online oder aus dem Radio. Leute, die Zeitung lesen, sind fünfzig Jahre alt und wohnen in den Vororten, und abgesehen von Michael Meehan waren es genau solche Leute, die jetzt bei uns auftauchten. Es war grauenhaft.

Als die Wochen des Frühsommers vergingen, fiel es mir immer schwerer, Leute freundlich willkommen zu heißen, die im Gegensatz zu uns anderen jederzeit in eine ganz normale protestantische Gemeinde in der Stadt gehen könnten und sich in einem Raum voller Leute wiederfinden würden, die so aussähen wie sie. Wir hatten das HFASS gegründet, weil wir die religiöse Konsumentenkultur ablehnten. In unserer Gemeinde konnte man nicht passiv eine Art religiöses Produkt konsumieren, das nach eingehender Marktforschung für einen produziert wurde. Wir waren eine Mitmachgemeinde. Wir malten Bilder und sangen a cappella. Den Gottesdienst leitete, wer immer das in der jeweiligen Woche machen wollte, und wir setzten uns dazu im Kreis. Und nun kam ein Haufen Leute, Babyboomer, die Dockers trugen und bei Applebee's aßen, aus den Vororten angefahren, um unsere Gottesdienste zu konsumieren, weil sie „schick" waren und viel cooler und authentischer als alles, was sie selbst zustande brachten. Es war ein grauenhaftes Gefühl, und ich wurde wütend. Und dann fühlte ich mich grauenhaft, weil ich wütend geworden war.

Meine kostbare kleine Indie-Boutique von einer Gemeinde wurde behandelt wie ein Discounter, und ich hatte fürchterliche Angst, die krassen, ausgegrenzten Leute, die wir bisher immer angezogen hatten, würden nun kommen, einen Haufen Leute erblicken, die aussahen wie ihre Eltern, und denken:

Kapitel 17

„Das hier ist nichts für mich." Und wenn es dazu kommen würde, wäre ich geliefert.

Wenn Stuart, die dicke Drag Queen, Phil, der alternde Hipster, oder ich irgendwo im amerikanischen Hinterland in eine Presbyterianergemeinde kämen, würde man uns vermutlich mit einem etwas angestrengten Lächeln begrüßen. Nur wenige von uns im House for All Sinners and Saints fühlen sich in traditionellen Mainstreamgemeinden wohl. Doch Tatsache war, dass wir nun selbst diese ordentlichen, anständigen Männer im mittleren Alter und „Soccer Moms", deren Lebensinhalt darin besteht, die lieben Kleinen von einer Sportveranstaltung zur nächsten zu fahren, ebenso angestrengt anlächelten.

Ich berief eine Gemeindeversammlung ein, um über „das plötzliche Wachstum und die demografischen Veränderungen" zu reden. Dabei verfolgte ich einen geheimen Plan: Ich dachte mir, wenn die Leute, die schon einer Weile beim HFASS waren, einfach sagten, wer sie sind und worum es dieser Gemeinde immer gegangen war, dann würden die neuen Leute, die eigentlich gar nicht dorthin gehörten, aus eigenem Antrieb wieder verschwinden, weil sie merkten, dass dieser Ort absolut nicht für sie bestimmt war. Doch noch während ich die Einzelheiten für diese Versammlung plante, wusste ich, dass es falsch war. Beweisstück Z: Es ist schwierig, eine gute Pastorin zu sein, wenn man eigentlich gar kein so guter Christ ist.

Zwei Wochen später, am Abend der Versammlung, war es draußen heiß und trocken. Als ich das Ogden House betrat, wo die Versammlung stattfinde würde, spürte ich die Wärme, die von den Ziegelsteinen des Gebäudes ausstrahlte, als wären sie gerade benutzt worden, um Pizza zu backen. Das Ogden House

Anders auf die falsche Art

ist ein hundert Jahre altes Haus mit dreizehn Zimmern in Denver, wo junge Erwachsene ein Jahr lang als Freiwillige in lokalen sozialen Diensten mitarbeiten und währenddessen in einer christlichen Gemeinschaft leben können. Es ist ein altes Haus ohne Klimaanlage. Der Geschäftsführer, drei Vorstandsmitglieder und etliche der derzeitigen und früheren Freiwilligen kommen ins House for All Sinners and Saints, und manchmal halten wir in ihren Räumen Versammlungen ab. Ich stellte die Stühle rings um den Raum in einem etwas ungleichmäßigen, ausgebeulten Kreis auf und fand eine Stelle, wo ich die Kekse hinstellen konnte, deren Überzug in der Hitze zu einer weichen Masse geworden war.

In den zwei Wochen vor diesem Treffen hatte in mir ein hitziger emotionaler Kampf getobt, aber jetzt war ich ganz ruhig. Ursprünglich war ich entschlossen gewesen, meine Gemeinschaft vor der Bedrohung durch Leute zu schützen und zu bewahren, die die Lokalzeitung lasen und bei Applebee's aßen. Ich hatte mich wacker dafür ins Zeug gelegt, aber schließlich eine göttliche Niederlage erlitten.

Ein paar Tage vor der Versammlung erlebte ich so etwas wie eine Herzverpflanzung; anders kann ich es nicht beschreiben. Hesekiel, der verrückte Prophet aus dem Alten Testament, erklärt das gut. In Hesekiel 36,26 schreibt er, Gott habe zu ihm gesagt: „Und ich will euch ein neues Herz und einen neuen Geist in euch geben und will das steinerne Herz aus eurem Fleisch wegnehmen und euch ein fleischernes Herz geben" (Luther).

Es fühlte sich nicht an wie ein Wegnehmen. Wegnehmen ist ein viel zu freundliches Wort. Mein Herz wurde herausgerissen. Als mein eigenes Herz anfing, sich bitter und richtend und hart

Kapitel 17

anzufühlen, und als ich so genau wie möglich artikuliert hatte, warum es völlig berechtigt war, dass ich mich so stählte, sagte Gott schließlich: *Genug*. Und dann griff Gott ohne Anästhesie oder sterile Umgebung in mich hinein, riss mein steinernes Herz heraus und ersetzte es (und zwar nicht zum ersten Mal) durch ein fleischernes Herz. So oft, wie dieser Eingriff bei mir geschieht, sollte man meinen, dass ich inzwischen einen Reißverschluss in der Brust haben müsste, um den Zugang zu erleichtern, aber offenbar funktioniert das nicht so.

Ein paar Tage vor dem Treffen hatte ich meinen Freund Russell angerufen, der in St. Paul Pastor einer Gemeinde mit ähnlicher Geschichte und Demografie ist wie das HFASS, die aber schon ungefähr zehn Jahre länger besteht. Ich fragte ihn, ob sie das auch schon erlebt hätten, auf eine solche Weise vereinnahmt zu werden, und schilderte ihm, was bei uns los war.

Aber Russell spielte nicht mit. „Ja, das ist schon saublöd", sagte er sarkastisch. „Ihr seid schwer gut darin, Fremde gastfreundlich aufzunehmen, wenn es junge Transgender-Leute sind. Aber manchmal sieht so ein Fremder eben auch aus wie deine Mutter oder dein Vater." Am liebsten hätte ich mir das Telefon vor den Mund gehalten und gebrüllt: „Und du nennst dich mein Freund!", um dann aufzulegen. Aber das konnte ich nicht, denn in diesem Moment konnte ich zum ersten Mal seit Wochen, so kam es mir vor, richtiges Blut und richtige Liebe spüren, die durch meinen Körper strömten. Russell hatte recht.

Ich weiß, Leute, die nicht an Gott glauben, machen sich bestimmt lustig über den Gedanken, der Schöpfer des Universums hätte Zeit oder Lust dazu, unentwegt (und ohne viel nachhaltigen Erfolg) zu versuchen, mein Herz zu verändern. Schon klar.

Anders auf die falsche Art

Nur habe ich keine andere Erklärung. Ich weiß nur, dass ich schon so oft über irgendetwas in meinem Leben, woran natürlich irgendwelche Idioten schuld waren, so stinksauer war, dass ich nicht mehr richtig denken oder atmen konnte. Und wann immer es mir so ging, war ich völlig außerstande, irgendetwas zu empfinden, außer sogenanntem gerechtem Zorn. Barmherzigkeit kommt in solchen Situationen überhaupt nicht infrage. Und alle innere Weiterentwicklung, alle Erfahrung als Pastorin und aller Erfolg als trockene Alkoholikerin scheinen daran nichts zu ändern. Aber wenn Gott in Gestalt eines Freundes zu mir kommt, der gerade Arschloch genug ist, um mir die Wahrheit zu sagen, dann ist es wirklich so, als würde mir das Herz aus der Brust gerissen und durch etwas Warmes, Schlagendes ersetzt. Und die ganze Prozedur verläuft einfach zu plötzlich und fühlt sich zu buchstäblich an und geht zu sehr gegen meine Natur, als dass ich selbst dahinterstecken könnte.

Als der Tag der Versammlung schließlich kam und die Leute nach und nach in den Pizzaofen von einem Raum kamen, konnte ich nur daran denken, was für ein Wunder es war, dass überhaupt jemand von diesen Leuten in die Kirche kam. Seit meiner Herzverpflanzung vor ein paar Tagen war ich auf die neuen Leute neugierig geworden, und als die Versammlung schließlich begann, wusste ich, was jetzt passieren musste. Die neuen Leute in den Dockers mussten uns erzählen, wer sie waren und warum sie kamen, damit die jungen Leute mit den Tattoos, die schon länger da waren, hören konnten, was es mit dieser Gemeinde eigentlich auf sich hatte. Doch als Erstes gestand ich ihnen, was mein Freund Russell mir darüber gesagt hatte, dass der Fremde manchmal so aussieht wie meine Mutter oder mein Vater.

Kapitel 17

Michael Meehan meldete sich zu Wort. Er sagte uns (wie er auch mir später im Café erzählte), er habe keine Ahnung, woran er glaube, aber er wisse, dass in der Eucharistie etwas ganz Reales geschehe. Er wäre nie zum HFASS gekommen, wenn er nicht sicher wäre, dass kaputte Leute hier willkommen sind.

Eine dreiundsiebzigjährige Diakonin aus der Episkopalkirche namens Marcia sagte, ihr sei klar, dass sie ein bisschen älter sei als die meisten von uns, doch sie habe das Gefühl, das HFASS sei ein Ort, wo sie wirklich beten und sie selbst sein könne. Dann kam Jennifer, eine Pfadfinderleiterin, die seit Wochen die fünfundvierzig Minuten Fahrt vom Stadtrand in die Innenstadt auf sich nahm. Sie wisse noch nicht genau, ob sie in die Gemeinde passe, sagte sie, aber es sei ihr die lange Fahrzeit wert, sich Gott so nahe zu fühlen, wie sie es in unseren Gottesdiensten tue.

Dann ergriff Asher das Wort. „Als einer von den jungen Transgender-Leuten, die in dieser Gemeinschaft herzlich aufgenommen wurden, würde ich gern zu Protokoll geben, dass ich wirklich froh bin, dass es jetzt in der Gemeinde Leute gibt, die so aussehen wie meine Mutter und mein Vater. Weil ich zu ihnen jetzt eine Beziehung haben kann, die mit meiner Mutter und meinem Vater leider nicht möglich ist."

Uuuuund Herzverpflanzung geheilt.

Es geht mir richtig auf den Senkel, dass der Tod so eine große Rolle im Evangelium Jesu spielt. Ich hasse das. Ich wünschte, Jesu Botschaft wäre: *Folgt mir nach, und all eure Träume vom großen Geld und Reichtum werden sich erfüllen; folgt mir nach, und werdet euch euer Leben lang kostenlos das Fett absaugen lassen können und jede Woche im Lotto gewinnen.* Aber offensichtlich hat er damit nichts am Hut. Jesus sagt: „Verleugne dich selbst, nimm dein Kreuz auf dich und folge mir nach." Er sagt: „Die Ersten werden die Letzten sein, und die Letzten werden die Ersten sein." Und dann auch noch so empörende Sachen wie: „Wer sein Leben zu erhalten sucht, der wird es verlieren; und wer es verlieren wird, der wird es gewinnen." Und jedes Mal, wenn ich irgendwelchen Dingen abserbe – meinen Vorstellungen davon, was für ein besonderer Mensch ich sei, meinen Plänen und Wünschen, irgendetwas müsse so und nicht anders sein –, kämpfe ich dagegen an, und jedes Mal entdecke ich mehr Leben und mehr Freiheit, als wenn ich bekommen hätte, was ich wollte.

Es versteht sich von selbst, dass das House for All Sinners and Saints dank dieser Neuankömmlinge stärker geworden ist. Man kann sich unter den etwa 120 Leuten, die sich an einem beliebigen Sonntag dort versammeln, umschauen und denken: *Mir ist nicht ganz klar, was all diese Leute gemeinsam haben.* Aus dem einen Augenwinkel sieht man einen Obdachlosen, der einem Firmenanwalt die Kommunion reicht; aus dem anderen ein junges Mädchen mit pinken Haaren und dem Baby einer Soccer Mom aus dem Vorort auf dem Schoß. Und da hatte ich vor einem Jahr allen Ernstes Angst, die Schrägheit unserer Gemeinde könnte verwässert werden.

Kapitel 18

Er ist ein Vollchaot, aber er ist unser Vollchaot

Johannes der Täufer war in der Wüste und predigte die Taufe der Buße zur Vergebung der Sünden. Und es ging zu ihm hinaus das ganze jüdische Land und alle Leute von Jerusalem und ließen sich von ihm taufen im Jordan und bekannten ihre Sünden.

– Markus 1,4-5 (Luther)

„Ach du meine Güte, wir habe kein Brot mehr", brüllte Rick Strandlof aus der Küche. Durch diese Mitteilung kam die Aktivität im Keller des Gemeindehauses abrupt zum Stillstand, wo eben noch ein unaufhaltsames Durcheinander von Frischhaltetüten, Mayonnaisepäckchen, Kürbiskuchen und frotzelnder Feiertagslaune geherrscht hatte. Alles hielt inne, bis auf die Kinder, die nichts von dem stockenden Arbeitsfluss merkten und weiter Lunchpakete mit Aufklebern versahen, auf denen geschrieben stand: „So ein Mist, dass Sie an Thanksgiving arbeiten müssen. Operation Truthahnsandwich, serviert vom House for All Sinners and Saints."

Kapitel 18

Es war unser drittes Jahr, in dem wir zu Thanksgiving nichtsahnenden Leuten Lunchpakete brachten, die das Pech hatten, an einem Feiertag, den die meisten von uns mit Freunden und Angehörigen verbringen, arbeiten zu müssen. Die Essenstüten unserer „Operation Truthahnsandwich" entsprechen dem traditionellen Thanksgiving-Festmahl: Sandwiches mit frisch gebratenem Truthahn, Kürbiskuchen und „Stuffing Muffins" (Muffins, die aus der Füllung des Truthahns gebacken werden), ergänzt durch Salz, Pfeffer, Mayonnaise- und Senfpäckchen und eine Serviette. Sobald wir sechshundert Tüten gepackt hatten, luden wir sie in unsere Autos und zerstreuten uns, um alle Tankstellenkassierer, Stripperinnen, Wachleute, Barkeeper, Busfahrer oder Klinikshausmeister zu finden, die wir aufspüren konnten.

Für Rick war es die erste Operation Truthahnsandwich. Er hatte sich darauf gefreut. Diese Aktion war genau das Richtige für seine manische Persönlichkeit. Sechs Monate zuvor war Rick als obdachloser, an einer bipolaren Störung leidender pathologischer Lügner zu uns gekommen. Nun, ein halbes Jahr später war er *unser* obdachloser, an einer bipolaren Störung leidender pathologischer Lügner.

Seiner wattierten REI-Weste und seinen Levis war am Geruch anzumerken, dass sie nicht oft gewaschen wurden, und er schlief in einem verlassenen Gebäude, aber Rick ist fraglos ein hilfreicher Mitarbeiter in unserer Gemeinde. Bei jeder Veranstaltung ist er frühzeitig zur Stelle und bleibt bis zum Schluss, bis alle Arbeit getan ist. Doch als er sich erbot, loszugehen und mehr Brot für die Operation Truthahnsandwich zu besorgen, zuckte ich zusammen. Das ist der Haken dabei, wenn Sie sagen,

Er ist ein Vollchaot, aber er ist unser Vollchaot

in Ihrer Gemeinde sei jeder willkommen. Die Leute nehmen Sie beim Wort. Und Rick Strandlof ist ein notorischer Schwindler.

Ich fuhr mit dem Daumen etliche Male über die erhabenen Zahlen auf der Gemeindekreditkarte in meiner Hand, als wäre darauf vielleicht eine Botschaft in Blindenschrift zu finden, die mir sagte, wie ich auf Ricks Angebot reagieren sollte. Dann drehte ich mich zu Eileen um, einer netten Frau in den Fünfzigern. „Eileen, du hast doch ein Auto. Könntest du noch mal schnell losfahren?"

Als Rick zum ersten Mal in unserer Gemeinde aufgetaucht war, hatte ich mich auf einen Kaffee mit ihm getroffen. „Ich weiß, wer du bist", hatte ich ihm gleich zu Beginn gesagt. „Also lass uns damit anfangen."

Zwei Jahre zuvor, im Sommer 2009, hatte das FBI einen Irakkriegsveteranen namens Rick Duncan durchleuchtet. Duncan war in Fernsehspots zugunsten politischer Kandidaten aufgetreten und hatte seine Geschichte als Veteran und Kriegsgegner erzählt, der auch am 11. September am Pentagon dabei war. Er hatte eine gemeinnützige Stiftung gegründet, die zurückkehrenden Kriegsveteranen dabei half, ihre Ansprüche geltend zu machen. Rick war äußerst hilfsbereit. Nur war sein Name nicht Rick Duncan. Er hieß Rick Strandlof. Und Rick Strandlof ist nie beim Militär gewesen. In einem hochpeinlichen Interview mit Anderson Cooper von CNN im Juli 2009 gab er das alles zu.

Bald nach dem Interview wurde er angeklagt, gegen den Stolen Valor Act verstoßen zu haben, ein Bundesgesetz, das das unbefugte Tragen, Herstellen oder Verkaufen von militärischen Auszeichnungen und Medaillen verbietet. Es hatte Rick Strandlof nämlich nicht gereicht, sich nur als Kriegsveteran auszugeben. Er behauptete auch, im Kampf verwundet worden zu sein und dafür das Purple Heart erhalten zu haben. Natürlich hatte Rick nie das Purple Heart bekommen, aber weil er diesbezüglich gelogen hatte, musste er während seines Prozesses eine ganze Weile im Staatsgewahrsam verbringen. Und es trug ihm eine Menge negative Publicity ein. Für eine Weile prangten sein Gesicht und sein Name (diesmal der richtige) auf allen Titelseiten und Fernsehschirmen.

Am 16. Juli 2010 erklärte ein Bundesrichter in Denver den Stolen Valor Act für verfassungswidrig, weil er das Recht auf freie Rede einschränkt. Mit anderen Worten, ein Bundesgericht kam zu dem Schluss, dass Rick Strandlof sich zwar eines verwerflichen Verhaltens schuldig gemacht hatte, als er sich fälschlicherweise als Kriegsheld ausgab, aber nicht einer Straftat. Alle Vorwürfe gegen ihn wurden fallengelassen, da sich herausstellte, dass Rick im Gegensatz zu den meisten Schwindlern nie andere getäuscht hatte, um Geld zu stehlen. Er wollte nur, dass man ihn mochte. Und er wollte helfen. Nun war all das Wohlwollen, das er durch seinen Einsatz für die Veteranen geerntet hatte, dahin. Stattdessen wurde er mit Häme überschüttet, weil er sich als Soldat ausgegeben hatte. Unzählige Leute hassen Rick Strandlof, weil er sie angelogen hat. Und dennoch hörte er nicht damit auf.

Im Sommer danach tauchte er in Denver als Rick Gold wieder auf und machte seiner Umgebung weis, er sei in Tel Aviv geboren und habe in der israelischen Armee gedient, wovon natürlich kein Wort stimmte. Rick ist zwar jüdisch (glaube ich), aber er war noch nie in Israel und hat auch nie in der Armee gedient.

Er ist ein Vollchaot, aber er ist unser Vollchaot

Bei den Dingen, die ich gern vermeiden möchte, rangiert das Betrogenwerden ungefähr auf gleicher Stufe wie Kehlkopfkrebs. Einmal war ich schon von einem Zuhälter aus Denver hereingelegt worden, und ich hatte nicht die geringste Lust, dieses Erlebnis mit einem Schwindler aus Denver zu wiederholen. Als Rick Strandlof im August 2011 in der Kirche auftauchte, war darum mein erster Impuls, ihn so schnell wie möglich wieder loszuwerden. Sie wissen schon, so wie Jesus es tun würde.

Ach, Jesus. Der scheint immer auf der Bildfläche zu erscheinen, wenn ich gerne möchte, dass er sich bitteschön aus meinen Angelegenheiten heraushält. Meine Freundin Sara hatte wieder einmal recht: Der Boyfriend steckte seine Nase in meinen Kram. Das ist das Schlimmste.

Ich wünschte, ein gläubiger Mensch zu werden wäre so etwas wie eine Persönlichkeitstransplantation. Das Leben wäre dann viel leichter. Aber so läuft das nicht. Im Lauf der Jahre waren die meisten meiner Versuche, mich selbst zu bessern, kläglich versiegt. Ich schaffte es nie, zu trinken wie eine Dame oder immer nur Nettes über andere Leute zu sagen oder zu verhindern, dass mein Auto immer so aussah, als ob ein Obdachloser darin wohnte. Und der Kontrabass, auf dem ich noch nie gespielt habe, seit mein lieber Mann ihn mir vor zehn Weihnachtsfesten kaufte, steht immer noch in der Ecke wie die besaitete Version einer Schaufensterpuppe für Übergrößen. Und das alles, obwohl ich entschlossen bin, mich in einen besseren Menschen zu verwandeln, eine nettere, ordentlichere, musikalischere Person. Einen besseren Menschen, der Rick Strandlof ohne Vorbehalte lieben würde.

Kapitel 18

Doch trotz meiner eigenen Erfahrungen persönlicher Ablehnung und meiner jahrelangen theologischen Ausbildung, unzähligen Gebeten, einer Ordination und einem Leben, das sich ganz um den Dienst der Kirche dreht, habe ich immer noch dieselbe Persönlichkeit, mit der ich geboren wurde. Ich bin oft ungeduldig und streitlustig. Und meine erste Reaktion auf fast alles ist „fick dich". Das ist nicht oft mein letztes Wort, aber fast immer mein erstes. Ich bin immer noch ich. Doch die Tatsache, dass ich es inzwischen schaffe, von dem „fick dich" zu einer weniger feindseligen Haltung zu kommen, ja dass ich sogar oft in der Lage bin, diesen Schritt schnell zu gehen – nun, wie gesagt, das alles lässt mich an Gott glauben. Und jedes Mal fühlt es sich an wie Buße.

Nicht die Buße der hitzköpfigen Straßenprediger, die „Tut-Buße!"-Schilder schwenken. Nein, jene Art von Buße hörte sich für mich immer so an wie *Hör auf, schlecht zu sein – fang an, gut zu sein, oder Gott wird stinkwütend sein und dich in die Pfanne hauen*. Es kommt mir eher wie eine menschliche Drohung vor als wie irgendetwas sonst. Bei mir wirkt es nie. Wer will schon, dass ihm geistlich der Arm umgedreht wird, bis er „ich ergebe mich" schreit? Das ist Schikane. Ich meine, Angst und Drohungen können schon dazu führen, dass jemand sein Verhalten ändert. Keine Frage. Aber so verändert sich nicht wirklich mein Denken. Drohungen verändern nicht mein Herz, und sie bringen mich nicht von einem Augenblick zum nächsten von „fick dich" zu einer weniger ätzenden Haltung.

Das griechische Wort für Buße bedeutet eher soviel wie „hinterher anders denken" als „die Schwindeleien sein lassen". Natürlich *kann* es sein, dass Buße so aussieht, dass eine Prostituierte zur Bibliothekarin wird, aber sie kann auch so aussehen, dass die Prostituierte einfach sagt: „Okay, ich bin eine Sexarbeiterin, und ich weiß nicht, wie ich das ändern soll, aber ich kann hierherkommen und Brot und Wein empfangen, und ich kann mich an der Liebe Gottes festhalten, ohne dass irgendjemand außer Gott mich dessen für würdig erachtet."

Rick Strandlof versucht zum ersten Mal in seinem Leben, eine reale Person zu sein, und er weiß eigentlich gar nicht mehr, wer diese Person ist. Aber am Abendmahlstisch erhascht er einen Blick darauf. Er sieht sie in den Augen der Person, die ihm Wein und Brot reicht und ihm sagt: „Kind Gottes, Christi Leib, für dich gegeben." Das ist seine Buße.

Und wenn der Verkäufer in der Sexbuchhandlung an der Colfax feuchte Augen bekommt, wenn wir ihm seine Operation-Truthahnsandwich-Tüte überreichen, und sagt: „Moment mal, Ihre Gemeinde bringt mir ein Thanksgiving-Essen – hierher?" Das ist Buße.

Buße, „hinterher anders denken", ist das, was mir passiert, wenn die Wahrheit darüber, wer ich bin, und die Wahrheit darüber, wer Gott ist, die Finsternis widerstreitender Gedanken vertreibt. Und diese Wahrheiten scheinen nie aus meinem eigenen Innern zu kommen. Sie erreichen uns als seltsame kleine Pakete und werden auf unerwartete Weise in unserem Leben abgegeben. Auf mich allein gestellt, würde ich Leute wie Rick Strandlof niemals in meinem Leben oder meiner Gemeinde willkommen heißen. Ich hasse es, wenn man mich anlügt (habe ich das schon erwähnt?), und mein großer Irrtum ist immer wieder, dass ich mehr auf meine Fähigkeit vertraue, mich selbst vor anderen zu schützen, als darauf, dass Gott mein Herz ver-

Kapitel 18

ändern wird. Aber ich liebe Rick wirklich, und das ist wieder einmal so eine Sache, die mich an Gott glauben lässt.

Buße ist die einzige Erklärung, die ich dafür habe, dass ich, statt mich und meine Gemeinde schützen zu wollen, indem ich den Schwindler wegschickte, dahin kam, dass ich ihm tatsächlich vorschlug, sich in unsere Gemeinschaft einzufügen und zu bleiben. Das hatte durchaus Ähnlichkeit mit der Herzverpflanzung, die ich brauchte, als die Yuppies zu uns kamen. Ich machte mir solche Sorgen, mein Gesicht zu verlieren, wie es den Veteranen und den Juden in Denver ergangen war (und verdammt noch mal, manchmal mache ich mir immer noch Sorgen darum), aber Gottes Hand griff trotzdem nach mir, riss mein Herz heraus und pflanzte mir stattdessen sein eigenes ein.

„Was hältst du davon ...", schlug ich Rick vor, als wir uns zum ersten Mal auf einen Kaffee trafen, ungefähr zehn Minuten nach meiner jüngsten Herzverpflanzung. „Komm ins House for all Sinners and Saints, und sei einfach Rick Strandlof. Du bist ein Chaot, also werde ich dich lieben, werde versuchen, dafür zu sorgen, dass du ehrlich bleibst, und ich werde dich im Auge behalten. Aber ernsthaft, Rick", warnte ich ihn, „du musst was gegen deine Durchgeknalltheit machen. Hol dir Hilfe."

Damit war er einverstanden. Wir nennen das jetzt „den Plan".

Und so ist er jetzt zum ersten Mal in seinem Erwachsenenleben einfach nur Rick Strandlof. Aber Rick Strandlof zu sein ist schmerzhafter als Rick Duncan oder Rick Gold, weil der wirkliche Rick eine Vorgeschichte der Vernachlässigung als Kind, der psychischen Erkrankung und des Alkoholmissbrauchs hat.

„Es tut ein bisschen weh, als der geliebt zu werden, der ich wirklich bin", sagte er mir kürzlich. Rick ist jetzt seit sechs

Monaten trocken. Wegen seiner bipolaren Störung ist er in Behandlung, und vor kurzem ist er in eine Wohnung gezogen. Außerdem ist er einer der lautesten Menschen, denen ich je begegnet bin, und so spastisch hyperaktiv, dass ich mich oft frage, ob es nur geflunkert ist, dass er seine Medikamente nimmt. Er könnte im Hinblick auf alles Mögliche lügen, aber das gilt für jeden Menschen. Ganz genau weiß ich nur, dass er immer noch bei jeder Gemeindeveranstaltung unglaublich hilfsbereit ist und dass er im House for All geliebt und gewollt ist.

Während der Occupy-Denver-Aktionen im Herbst 2011 organisierte und beaufsichtigte er die gesamte Lebensmittelversorgung am Nabel der zentralen Proteste. „Es ist fantastisch, hier bei Occupy Denver Lebensmittel zu verteilen", flötete er mir am Telefon zu. „Alle bekommen zu essen. Es spielt gar keine Rolle, ob einer ein Obdachloser ist, dem Occupy völlig wurscht ist, oder ein Anwalt, der gerade Mittagspause macht." Er hielt inne. „Der einzige Ort, wo ich das je wirklich erlebt habe, ist die Kommunion." Als wir auflegten, versuchte ich so zu tun, als hätte ich keine Tränen in den Augen.

Kapitel 19

Bier und Choräle

Wir konnten zwar den Lärm in dem rammelvollen Irish Pub an jenem Abend mit unserem Gesang nicht übertönen, aber wir sangen mitten in dem Lärm, durch den Lärm hindurch, wie eine heilige Kontrapunktmelodie zum Chaos. „Bier und Choräle" (oder für Rick Strandlof und mich „Diät-Cola und Choräle"), eine vierteljährliche Veranstaltung des House for All Sinners and Saints, war gerade eben zu Ende gegangen, doch komischerweise hatten wir, statt nach Hause zu gehen, angefangen, die Vesper zu singen, das Abendgebet. In einer Kneipe die Vesper zu singen, war selbst *uns* bisher noch nie eingefallen, aber es war der 20. Juli 2012, und neunzehn Stunden zuvor war neun Meilen östlich von uns ein bewaffneter Mann in die Mitternachtsvorstellung eines Batman-Films marschiert und hatte das Feuer eröffnet. Er tötete zwölf Menschen und verletzte noch Dutzende mehr. Auch einige unserer Freunde hatten in diesem Kino gesessen. Sie hatten keine Kugeln abbekommen, aber verletzt waren sie trotzdem auf eine Art und Weise, wie es niemand, der nicht dabei war, je würde ganz und gar nachvollziehen können.

Kapitel 19

Bier und Choräle findet alle paar Monate statt. Dabei stopfen wir normalerweise so viele Leute wie möglich in den Keller einer Kneipe und singen mit erhobenen Bierkrügen aus voller Kehle alte Choräle. Dieser Termin war schon vor Monaten festgelegt worden. Nach der Schießerei hatte ich einen Augenblick lang überlegt, das Ganze abzusagen. Aber der Gedanke verflog schnell wieder. Stattdessen postete ich auf Facebook, dass wir uns an diesem Abend trotzdem treffen würden, um zu Gottes Lobpreis zu singen. Es heißt ja nicht umsonst in der Begräbnisliturgie: „Auch auf dem Weg ins Grab soll Halleluja unser Lied sein."

Außerdem müssen die Menschen zusammensein, wenn Tragödien passieren. Mag sein, dass wir nicht wissen, was wir sagen oder tun sollen, aber wir haben einfach das Bedürfnis, da zu sein, wo andere Menschen sind. Und wenn wir schon in der Öffentlichkeit an einem Ort zusammenkommen, nachdem sich ein paar Stunden zuvor wenige Meilen entfernt ein Massaker ereignet hat, was können wir dann Besseres tun, als Choräle für Gott zu singen? Statt also Bier und Choräle abzusagen, nahmen wir es in Beschlag. Die Atmosphäre war dem Anlass entsprechend weniger übermütig als sonst, aber zugleich lag etwas Neues in der Luft. Ich merkte es daran, wie entschlossen Jim und Stuart und Amy ihre Biergläser hoben, als wir sangen: „Mir ist wohl, mir ist wohl in dem Herrn!"

Ich brauchte ein paar Minuten, bis ich den Finger auf das Besondere daran legen konnte, wie diese Choräle an diesem Abend gesungen wurden. Aber dann wurde es mir klar. Es war Trotz.

Zwei Tage später versammelten wir uns zu unserer wöchentlichen Eucharistiefeier. Es war Sonntag, der 22. Juli; der Festtag meiner Patronin Maria von Magdala, wie es sich traf. Wieder dachte ich darüber nach, ob wir auf unsere Feier zu Ehren dieser Heiligen verzichten und uns stattdessen an die vorgesehenen Standardlesungen für den Tag halten sollten. Doch dann las ich noch einmal den Auferstehungsbericht aus Johannes 20, und mir wurde klar, dass Maria von Magdala mir helfen konnte, über Tod und Auferstehung zu predigen, so wie sie es schon unzählige Male getan hatte.

Mein ehemaliger Bischoff Allan Bjornberg sagte einmal, die größte geistliche Übung sei nicht Yoga oder das Stundengebet oder das Leben in freiwilliger Armut, auch wenn diese alle ihre eigene Schönheit haben. Die größte geistliche Übung bestehe darin, einfach nur zur Stelle zu sein. Und Maria von Magdala ist die Schutzpatronin derer, die einfach nur zur Stelle sind. Zur Stelle sein bedeutet für mich, dass man präsent ist für das, was real ist, was tatsächlich passiert. Maria Magdalena wusste nicht unbedingt, was sie sagen oder tun oder auch nur denken sollte, als sie dem auferstandenen Jesus begegnete. Aber das alles war auch nicht annähernd so wichtig wie die Tatsache, dass sie präsent war und ihm ihre Aufmerksamkeit zuwandte.

Vor sieben Jahren ließ ich mir ein Bild von Maria von Magdala auf den Unterarm tätowieren, als mir klar wurde, dass ausgerechnet ich, die unwahrscheinlichste Kandidatin, die man sich denken kann, zur Predigerin des Evangeliums berufen war. Schon oft, angefangen bei dem Moment, als ich meinen Eltern erstmals von meiner Berufung erzählte, hat mir dieses Tattoo die Zuversicht gegeben, mir Marias Stimme und ihre Fähigkeit, zur Stelle zu sein, auszuborgen. Maria war die Erste, die mitten in Verlust und Trauer verkündete, dass der Tod besiegt war. Und

Kapitel 19

an jenem Freitag nach der Schießerei brauchte ich sie dringend. Maria wäre nicht davor zurückgescheut, die Finsternis und die Verzweiflung eines Ereignisses wie des Kinomassakers beim Namen zu nennen. Schließlich war sie mit Finsternis nur zu vertraut.

Lukas berichtet uns, dass Jesus sieben Dämonen aus Maria austrieb. Nachdem sie dann von ihren Dämonen frei war, folgte sie Jesus nach und finanzierte, so berichtet uns der Text, seinen Dienst aus ihrer Tasche mit. Am Ende war es Maria von Magdala, die Jesus weder verleugnete noch verriet noch sich aus dem Staub machte, als es brenzlig wurde, sondern mit nur zwei anderen treuen Frauen unter dem Kreuz stand. Und nachdem Jesus gestorben war, war sie es, die zu seinem Grab kam, als es noch finster war. Dort stand sie und weinte. Den auferstandenen Christus erkannte sie nicht, bis er sie mit ihrem Namen ansprach, aber als sie ihn hörte, drehte sie sich um. Und sie war es, diese zutiefst treue und zutiefst schwache Frau, die Jesus erwählte, die erste Zeugin seiner Auferstehung zu sein, der er den Auftrag gab, hinzugehen und allen anderen davon zu erzählen.

Wäre Maria von Magdala die „Pastrix" meiner Gemeinde gewesen, so wäre sie nicht vor der Nachricht zurückgewichen, dass unschuldige Menschen niedergemetzelt worden waren, als es noch dunkel war. Sie wäre zur Stelle gewesen und hätte dieses Ereignis, das zwei Tage zuvor stattgefunden hatte, als genau das benannt, was es war: grauenhafte, böse, sinnlose Gewalt ohne den geringsten tröstlichen Aspekt. Und so beschloss ich es auch zu machen.

Freilich hätte Maria von Magdala nichts von den christlichen Plattitüden und dem seichten Optimismus wissen wollen, die bei solchen tragischen Ereignissen immer Hochkonjunktur haben. Diese Plattitüden sind verlockend, aber sie sind nichts als ein Luxus, den sich Leute leisten, die nie Dämonen hatten (oder es zumindest nie zugegeben haben). Ebenso würde sie aber den Nihilismus weit von sich weisen, und ebenso den Gedanken, weder Leben noch Tod hätten letzten Endes einen wirklichen Sinn – Vorstellungen, die in der Postmoderne weit verbreitet sind. Auch diese Gedanken sind ein Luxus, aber diesmal für jene, die nie von Dämonen befreit worden sind.

Nein, Maria würde zur Stelle sein und uns daran erinnern, dass es sich trotz Gewalt und Angst immer lohnt, Gott und die Menschen zu lieben. Und dass es sich immer, immer lohnt, Halleluja zu singen, dem Teufel, der nichts so sehr hasst wie diesen Klang, zum Trotz.

Am Sonntag nach dem Massaker stand ich vor unserer Gemeinde, hielt mich an dem Notenständer fest, auf dem immer meine Predigtnotizen liegen, und betrachtete mein inzwischen leicht verblichenes Tattoo von Maria von Magdala. Das Bild zeigt sie hoch aufgerichtet, eine Hand in einer offenen Geste zugewandt, die andere mit erhobenem Finger, als wollte sie sagen: *Sei still, denn ich habe dir etwas zu sagen.* Nicht zum ersten und nicht zum letzten Mal lieh ich mir ihre Stimme aus.

Ich predigte darüber, dass es sich zwei Abende zuvor, als wir in der Kneipe Choräle für Gott gesungen hatten, angehört hatte wie eine Schar von Leuten, die einfach nicht glauben wollten, dass die Gewalt siegt; eine Schar von Leuten, die weiß, dass der Klang des auferstandenen Christus, der uns mit Namen anspricht, alle anderen Stimmen übertönt. Er übertönt den Klang der politischen Posiererei, den Klang der Rufe nach Rache, den

Klang unserer eigenen Ängste und Sorgen *und* die ohrenbetäubende Ungewissheit – denn all das kann es nicht mit dem strahlenden Klang des auferstandenen Christus aufnehmen, der uns beim Namen nennt.

Es ist der auferstandene Gott, dem wir singen. Ein Gott, der nie sagte, wir würden uns nie fürchten, sondern wir würden nie allein sein. Denn dies ist ein Gott, der zur Stelle ist: angesichts der Gewalttätigkeit des Kreuzes, in der Dunkelheit eines Gartens kurz vor der Morgendämmerung, in dem Gärtner, in einem Kino, im Keller einer Kneipe.

Und mitten in meiner Predigt dann überraschte ich mich selbst, indem ich das Trishagion aus der Karfreitagsliturgie nicht sprach: „Heiliger Gott, heiliger starker Gott, heiliger unsterblicher Gott, erbarme dich unser." Diesmal sang ich es. Meine Stimme zitterte ein wenig, als die ersten Worte aus meinem Mund kamen: „Heiliger Gott." Doch als ich den vertrauten Karfreitagsgesang anstimmte, fielen andere Stimmen ein: „Heiliger starker Gott." Und als ich „heiliger unsterblicher Gott" sang, sang die halbe Gemeinde mit, und das war ein Segen, denn bei „erbarme dich unser" brach mir die Stimme vor Bewegung. Und während der offenen Zeit nach dem Gottesdienst weinte ich.

Inmitten des Bösen zu singen, das ist Jüngerschaft. Dass wir wie Maria von Magdala für Jesus dastehen und weinen und auf seine Stimme hören können, liegt daran, dass wir wie sie Träger der Auferstehung sind – wir sind neu gemacht. Am dritten Tag stand Jesus von den Toten auf, und wir brauchen uns nicht zu fürchten. Mitten in der Trauer für Gott zu singen heißt, so wie Maria von Magdala gegenüber den Aposteln, und so, wie mein Freund Don bei Dylan Klebolds Beerdigung, trotzig zu verkünden, dass der Tod nicht das letzte Wort hat. Trotzig immer wieder zu sagen, dass ein Licht in der Finsternis scheint und dass die Finsternis es nicht überwinden kann, nicht überwinden wird, nicht überwinden soll. Und deshalb zur Hölle mit dem Bösen, denn auch auf dem Weg ins Grab soll Halleluja unser Lied sein. Halleluja. Halleluja.

Als ich wenige Augenblicke später die Eucharistie unter meinen Gemeindegliedern verteilte, schaute ich jedem von ihnen in die Augen und sagte: „Kind Gottes, der Leib Christi, für dich gebrochen."

Nach dem Gottesdienst stand ich hinten am Ausgang der Kirche, wo ich jede Woche nach der Liturgie in Stellung gehe, um die Leute zu verabschieden. Eine Besucherin ergriff meine Hand und drehte dann meinen Unterarm herum.

„Das ist also Maria von Magdala?", fragte sie, während sie das Tattoo betrachtete, das meinen rechten Unterarm vom Ellbogen bis zum Handgelenk bedeckt.

„Ja", erwiderte ich der Besucherin, bemüht, mir meine Verärgerung darüber, von einer Fremden angefasst zu werden, nicht anmerken zu lassen.

„Warum habe Sie sich ausgerechnet sie ausgesucht?", fragte sie mit leicht missbilligendem Tonfall (obwohl ich mir das auch nur eingebildet haben könnte).

„Ich denke, um mir immer in Erinnerung rufen zu können, dass ich die Vollmacht habe, das hier zu tun", erwiderte ich mit einer Geste zu der Schar der Leute, meiner Leute, die im Saal herumliefen. Lachend machten sie sich über Brot und Wein her, die von der Kommunion übrig geblieben waren und reichten ein neugeborenes Baby herum. Andere stapelten Stüh-

Kapitel 19

le auf, zum Teil mit der leicht beleidigten Miene von Leuten, die arbeiten, während alle anderen herumlaufen/lachen/Babys herumreichen.

Ich sah John und Maria, das schrullige Hipsterpärchen, Hand in Hand dastehen. Sie hatten sich im HFASS kennengelernt. Ein Jahr zuvor hatte ich sie getraut, und jetzt war es ihr Baby, das von Arm zu Arm wanderte. Ich sah Aaron, den schlaksigen, nerdigen Ingenieur, mit dem Kantor Jamie zusammen lachen. Ich sah Rick Strandlof Stühle wegräumen und alle zum Lachen bringen. Ich sah Krista, die eins achtzig große, rothaarige Tochter eines lutherischen Bischofs, die gerade Stuart, die Drag Queen, in die Arme nahm, und mir dämmerte plötzlich, dass all diese Leute sich überhaupt nicht kennen würden, hätte ich nicht diese Gemeinde in meinem Wohnzimmer gegründet und selbst dieses Verlangen gehabt, Teil einer Gemeinschaft zu sein.

Am Tag davor hatte ich das Brot für die Kommunion gebacken. Das Beste daran ist immer, wenn ich die Melasse hinzugebe. Durch sie wird alles karamellbraun. Ich beobachtete, wie sich die Klebrigkeit des Sirups im Teig verlor. Zwanzig Minuten später machten meine Kinder und ich uns über den zweiten Laib her und steckten uns die Bissen in den Mund, bevor die Butter, die wir darauf schmierten, eine Chance hatte, vollständig zu schmelzen. Das Brot war fest und sättigend und nicht im Mindesten trocken und sandig wie das Brot, das ich einmal im Humboldthaus zu backen versucht hatte. Seit damals hatte sich viel verändert. Meine Brotbackkünste waren da nur das Wenigste.

Dies ist meine geistliche Gemeinschaft, in der chaotische, wunderbare Menschen kommen, so wie sie sind, und sich um eine Geschichte und einen Tisch versammeln und Wahrheit und molassiges Brot miteinander teilen – und das ist schlicht und einfach meine Bestimmung.

Einmal bat mich ein Theologiestudent, sich für zwei Tage an meine Fersen heften zu dürfen, um zu sehen, wie mein Leben als Pastorin so ist. Am Schluss sagte er: „Meine Güte, eigentlich bist du von Beruf eine *Person*." Ich darf meinen Lebensunterhalt damit verdienen, eine Person zu sein. Eine Person, die jeden Morgen an ihre schrullige kleine Gemeinde denkt und betet: *Oh Gott, sie ist so wunderbar. Hilf mir, dass ich sie nicht versaue.*

Die Besucherin am Kirchenausgang hatte sich inzwischen meinen anderen Tattoos zugewendet: dem aus dem Grab erweckten Lazarus und den Bildern des Kirchenjahres auf dem anderen Arm. Einen Moment lang fühlte ich mich zurückversetzt ins Wohnzimmer meiner Eltern vor fast sieben Jahren, als ich mir Mühe gab, nicht an der ganz frischen Tätowierung von Maria von Magdala zu kratzen, während ich ihnen nervös gestand, ich wolle lutherische Pastorin werden.

Ohne es zu merken, kratzte ich nun wieder an dem nicht mehr ganz so leuchtenden Tattoo, und die Gottesdienstbesucherin fragte mich, ob es immer noch jucke.

„Ach, nur geistlich", antwortete ich, ohne genau zu wissen, was das eigentlich bedeutete. Aber ich kratzte weiter, während die Hallelujagesänge durch meinen Kopf hallten.

Danksagungen

An Greg Campbell. Ich habe es nicht geschafft, dich zum Lutheraner zu machen. Aber du hast es vielleicht geschafft, mich zur Schriftstellerin zu machen.

An meinen Agenten Greg Daniel, der mich versteht und für mich kämpft und mir manchmal sogar sagt, was ich hören muss (aber nicht will).

An Nicci Jordan Hubert, die ganz bestimmt von Gott gesandt ist, meine Lektorin zu sein.

An meinen „kleinen Bruder" Justin Nickel, durch dessen bloße Nähe ich mich schlauer fühle und der mir einiges von dem Selbstvertrauen gegeben hat, das ich brauchte, um dieses Buch zu schreiben.

An meine Freunde und Autorenkollegen Sara Miles, Paul Fromberg, Tony Jones, Doug Pagitt, Rachel Held Evans, Lauren Winner, Enjuma Okoro, Rachel Swan, Melissa Febos, Shane Hipps, Frank Schaeffer, Brian McLaren und Phyllis Tickle, die ans Telefon gehen, wenn ich anrufe. Bitte erzählt nie irgendjemandem, wie hilfsbedürftig ich manchmal bin.

An meine Pastorenkollegen John Pederson, Caitlin Trussell, Jim Gonia, Kevin Maly, Jodi Hogue, Jodi-Renee Adams, Ruth

Woodliff-Stanley, Jerry Herships und Heather Haginduff, die immer wieder Jesus für mich sichtbar machen.

An Jane Vennard für ihre weise Anleitung.

An Courtney Perry für die fantastischen Fotos.

An Wendy und all die großartigen Leute bei Jericho, die so viel riskieren, indem sie an mich und an dieses Buch glauben.

An Pomegranate Place, den Lighthouse Writers Workshop und Jenny Morgan und Kristy Jordon für Orte zum Schreiben.

An meine erweiterte Familie Barbara und David Lehr, Gary und Elizabeth Bolz und Tom und Lois Weber für eure Freundlichkeit und Unterstützung, und an meinen Mann Matthew, meine Tochter Harper und meinen Sohn Juda dafür, dass ihr mich liebt, obwohl ihr mich wirklich kennt.

An die wunderbaren und unvollkommenen Leute im House for All Sinners and Saints – ich danke euch, dass ihr mich eure Pastorin sein lasst und mir erlaubt, eure Geschichten zu erzählen. Das ist eine Ehre und ein Privileg. Euretwegen bin ich gerne Christ, und das will eine Menge heißen.

Apple Mac OS X
   10.6 Snow Leopard

Apple Mac OS X 10.6 Snow Leopard

Der PowerFinder für Ihren Mac

Uthelm Bechtel

ADDISON-WESLEY

An imprint of Pearson Education

München • Boston • San Francisco • Harlow, England
Don Mills, Ontario • Sydney • Mexico City • Madrid • Amsterdam

Die Deutsche Nationalbibliothek verzeichnet diese Publikation in der Deutschen Nationalbibliografie;
detaillierte bibliografische Daten sind im Internet über http://dnb.d-nb.de abrufbar.

Die Informationen in diesem Produkt werden ohne Rücksicht
auf einen eventuellen Patentschutz veröffentlicht.
Warennamen werden ohne Gewährleistung der freien Verwendbarkeit benutzt.
Bei der Zusammenstellung von Texten und Abbildungen wurde mit größter Sorgfalt vorgegangen.
Trotzdem können Fehler nicht vollständig ausgeschlossen werden.
Verlag, Herausgeber und Autoren können für fehlerhafte Angaben und deren Folgen weder eine
juristische Verantwortung noch irgendeine Haftung übernehmen.
Für Verbesserungsvorschläge und Hinweise auf Fehler
sind Verlag und Herausgeber dankbar.

Alle Rechte vorbehalten, auch die der fotomechanischen Wiedergabe und der Speicherung in
elektronischen Medien.
Die gewerbliche Nutzung der in diesem Produkt gezeigten Modelle und Arbeiten ist nicht zulässig.

Fast alle Hardware- und Softwarebezeichnungen und weitere Stichworte und sonstige Angaben, die
in diesem Buch verwendet werden, sind als eingetragene Marken geschützt. Da es nicht möglich ist, in
allen Fällen zeitnah zu ermitteln, ob ein Markenschutz besteht, wird das ®-Symbol in diesem Buch nicht
verwendet.

Umwelthinweis:
Dieses Buch wurde auf chlorfrei gebleichtem Papier gedruckt.
Um Rohstoffe zu sparen, haben wir auf die Einschweißfolie verzichtet.
Bei der Produktion dieses Buches kamen keine Schneeleoparden zu Schaden.

10 9 8 7 6 5 4 3 2 1

12 11 10

ISBN 978-3-8273-2864-9

© 2010 Addison-Wesley Verlag,
ein Imprint der Pearson Education Deutschland GmbH
Martin-Kollar-Straße 10–12, 81829 München/Germany
Alle Rechte vorbehalten

Einbandgestaltung:	Marco Lindenbeck, webwo GmbH, webwo.de
Redaktion und Satz:	Almute Kraus, exclam!, Düsseldorf (www.exclam.de). Gesetzt aus der Thesis.
Lektorat:	Boris Karnikowski, bkarnikowski@pearson.de
Korrektorat:	exclam!, Düsseldorf (www.exclam.de)
Herstellung:	Philipp Burkart, pburkart@pearson.de
Druck und Verarbeitung:	Kösel, Krugzell (www.KoeselBuch.de)

Printed in Germany

»**People who are really serious about software should make their own hardware.**«

Leute, die Software wirklich ernst nehmen, sollten ihre eigene Hardware bauen.

Alan Kay
Computerwissenschaftler, ehemaliger «Apple Fellow»

Geschichte

10 Es war einmal ...
Die Geschichte des Macintosh und des IBM-PCs

16 Systemdrift
Die Geschichte von Mac OS, NeXTStep und Mac OS X

Technik

24 Anatomie
Technisches zur Hardware

40 Psychologie
Technisches zum Betriebssystem Mac OS X

70 Willkommen!
Der Systemstart

Praxis

74 Aller Anfang ist leicht
Die Installation des Betriebssystems Mac OS X

80 Einstellungssache
Grundeinstellungen für Ihr Mac OS X

84 Switch
Daten vom Windows-PC auf den neuen Mac übernehmen

90 Face2Face
Der Finder, das Gesicht von Mac OS X

114 Beziehungskiste
Dateien bestimmten Programmen zuteilen

116 Schnell zur Hand
Das Dock

120 Mein Mac, dein Mac
Den Mac als Mehrbenutzersystem einrichten

134 Alle Wege führen nach Rom
Der Weg durch die Ordnerhierarchie

142 Wer suchet, der findet
Dateien und Inhalte suchen mit dem Finder und Spotlight

148 Chaos-Kontrolle
Arbeiten mit Fenstern in Mac OS X

154 Kennzeichnung
Arbeitserleichterung durch visuelle Strukturierung

158 Gut beraten
Die Mac-Hilfe

160 Der Mac am Draht
Das Netzwerk

176	Netz der Netze Mit dem Mac in das Internet	270	Vorsorgeuntersuchung Systempflege für Ihren Mac
190	Daten schleudern Dateiaustausch über das Netzwerk	278	Private Sphäre Schutzmaßnahmen gegen unbefugte Datenzugriffe
208	Warenaustausch Daten zwischen Programmen austauschen	284	Notaufnahme Erste Hilfe bei Problemen
212	Symphonie Daten zwischen Geräten abgleichen		
214	Weltenbummler Datenaustausch mit dem Windows-PC und Linux		

Referenz

220	Bilderflut Arbeiten mit digitalen Fotos in Mac OS X
224	Schwarz auf Weiß Drucken in Mac OS X
234	Starke Typen Arbeiten mit Schriften in Mac OS X
240	Alles so schön bunt hier! Farbmanagement in Mac OS X
246	Handschriftlich Arbeiten mit der Handschrifterkennung »Ink«
248	Automatikgetriebe Arbeitserleichterung mit Automator und AppleScript
256	Harte Schale, weicher Kern Programme in der Shell und X11-Programme
262	Massenhaft Speicher Festplatten und andere Speichermedien am Mac

292	Infrastruktur Menübefehle und Einstellungen im Finder
310	Programme Programme aus dem Ordner »Programme«
322	Kleine Helferlein Programme aus dem Ordner »Dienstprogramme«
330	Systemeinstellungen Kontrollfelder in Mac OS X
374	Farbauswahl Die Farbwähler des Mac OS X

Anhang

378	Jetzt übersichtlich Anhang
386	Index

Geschichte

- 10 **Es war einmal ...**
  Die Geschichte des Macintosh und des IBM-PCs
  - 15 Andere Mac-OS-X-Geräte von Apple

- 16 **Systemdrift**
  Die Geschichte von Mac OS, NeXTStep und Mac OS X
  - 16 Mac OS
  - 18 UNIX und BSD
  - 19 NeXTStep
  - 19 Mac OS X
  - 21 Mac OS X Intel
  - 21 Andere Varianten von Mac OS X

Es war einmal ...

Die Geschichte des Macintosh und des IBM-PCs

Abbildung: Apple

Apple II

Obwohl der Mac mit Intel-Prozessor noch immer den Namen »Mac« trägt, hat er mit der Hardware früherer Macs keine Gemeinsamkeiten. Der Mac mit Intel-Prozessor ist ein direkter Abkömmling des IBM-PC. Dieses Kapitel gibt einen kurzen Überblick über die Geschichte des PCs. Es handelt vom Apple-PC, vom IBM-PC, vom Mac und vom NeXT-Computer – und davon, wie der IBM PC zum Mac wurde.

Die Anfänge des Personal Computers

Schon in den Jahren vor dem Apple II, mit dem die Geschichte des Personal Computers beginnt, zeigten sich erste Vorboten dieser kommenden Computergeneration.

In den 60er- und 70er-Jahren waren Computer noch große Geräte, die zum Teil ganze Räume ausfüllten und über Terminals bedient wurden. Der dominierende Hersteller solcher Geräte war die Firma IBM. Einige Computer-Freaks kamen auf die Idee, dass ein Computer auch ein Gerät für Einzelpersonen sein könnte. Die Idee des Personalcomputers war geboren. Es entstanden verschiedene Geräte – meist als Bausätze – wie 1974 der Altair oder 1976 der Apple I. 1977 folgte der Apple II, der erste kommerziell gefertigte und als komplettes System verkaufte Personal Computer mit Tastatur und Bildschirm.

▶ 28
Technik, Befehlssätze

Der IBM-PC

Dem Apple II folgten ähnliche Geräte verschiedener anderer Hersteller. Der Erfolg dieser Geräte brachte IBM in Zugzwang. Es musste ein PC von IBM her.

Da man bei IBM dem PC jedoch keine besonderen Erfolgschancen beimaß und der PC keine Konkurrenz zu den richtigen Computern darstellen sollte, designte man eine besonders schlichte Architektur um den 16-bit-Prozessor Intel 8088, einer Variante des 8086 mit 8-bit-Datenbus. Dieser war in erster Linie als besonders langsam und für seinen undurchdachten Befehlssatz bekannt. Zu der Zeit waren schon weitaus bessere und leistungsfähigere Prozessoren erhältlich und mit dem 68000 vom Motorola war bereits die 32-bit-Ära eingeläutet.

Das BIOS (Basic Input-Output System, ein kleines Grundbetriebssystem) entwickelte IBM selber. Das eigentliche Betriebssystem jedoch wurde lizenziert – bei einer damals noch unbekannten Software-Klitsche namens »Microsoft«. Trotzdem wurde der IBM-PC ein großer Erfolg. Das war nicht zuletzt Firmen wie

Abbildung: IBM

Der erste IBM PC Modell 5150 von 1981 mit CGA Farbbildschirm

Abbildung: Apple

Der Mac Plus von 1986 unterscheidet sich äußerlich kaum vom originalen Macintosh.

Compaq oder Phoenix zu verdanken, die das BIOS nachprogrammierten und so kompatible Modelle ermöglichten, sowie Microsoft, die das Betriebssystem auch an andere Hersteller lizenzierten. Weitere Hersteller folgten und der IBM-kompatible PC wurde zur dominanten Computer-Plattform, Intel zum größten Prozessorhersteller und Microsoft zum weltgrößten Softwarehersteller.

Der Mac, ein Computer mit grafischer Benutzeroberfläche

Bei Apple wollte man sich damals nicht auf dem Erfolg des Apple II ausruhen und ließ sich unter Anderem vom Xerox Alto zu einer neuen Computergeneration inspirieren. Der Xerox Alto, welcher 1973 im PARC-Labor als Prototyp entwickelt wurde, war eine Ausnahmeerscheinung. Er war seiner Zeit um über ein Jahrzehnt voraus. Neben anderen Technologien, die erst viele Jahre später den Weg in einen Personal-Computer fanden, zeigte der Alto schon eine erste Umsetzung des Gedankens, dass Computer besser über eine grafische Benutzerschnittstelle als über Tastatureingaben gesteuert werden könnten.

Für den ersten kommerziellen Einsatz der grafischen Benutzeroberfläche entwickelte Apple zuerst die »Lisa«, ein Jahr später – am 24. Januar 1984 – erschien der deutlich billigere »Macintosh«. Beide verwendeten den 68000-Prozessor von Motorola, einen 32-bit-Prozessor mit 24-bit-Adressbus.

Mit dem ersten Mac erschien auch das erste Mac OS, damals einfach »System« genannt, da es nicht unabhängig vom Mac zu kaufen war. Um Arbeitsspeicher und damit Geld zu sparen, musste der Mac auf einige Features der Lisa verzichten und ein Teil des Systems wurde in einen 64 kB großen ROM-Baustein gebrannt. So konnte der Mac trotz der grafischen Benutzeroberfläche mit 128 kB Arbeitsspeicher auskommen.

Bald darauf erschienen weitere Computer mit grafischer Benutzeroberfläche, wie der ATARI ST und der Commodore Amiga (beide kamen 1985 auf den Markt und verwendeten ebenfalls den Motorola 68000 als Prozessor), aber auch grafische Benutzeroberflächen für andere Systeme, wie das »X Window System« für UNIX-Systeme (Mitte 1984) oder Microsoft »Windows« für x86-PCs mit DOS (1985; richtige Fenster bekam Windows allerdings erst 1987).

66 ▶
Technik,
Grafische
Benutzer-
oberfläche

Der NeXTComputer von 1988. Er war mit einem magneto-optischen Laufwerk bestückt und wurde zusammen mit einem 17"-Monitor verkauft. Auf dem Cube von Tim Berners-Lee am CERN lief übrigens der weltweit erste Web-Server.

NeXT-Hardware

Auch NeXTStep, das System, auf dem Mac OS X basiert, startete zunächst auf spezieller, angepasster Hardware. Die ersten Versionen von NeXTStep wurden mit dem NeXTComputer ausgeliefert. Dieser Computer mit einem würfelförmigen Magnesiumgehäuse erschien 1989 mit 68030-Prozessor und zwei speziellen Beschleunigerchips. Die Nachfolgemodelle, der NeXTCube mit dem gleichen Gehäuse und die NeXTStation mit einem Pizzaschachtel-Gehäuse, verwendeten den 68040-Prozessor. 1993 stellte die Firma NeXT die eigene Hardware ein und beschränkte sich auf den Verkauf von Software, bis sie 1996 von Apple aufgekauft wurde.

Die Entwicklung der x86-PCs

Nach einem zweiten Modell mit 8088-Prozessor, dem PC/XT, erschien 1984 der PC/AT mit 80286-Prozessor. Der 80286 besaß eine integrierte MMU und damit einen neuen Betriebsmodus, mit dem der Prozessor mehr als 1 MB Arbeitsspeicher adressieren konnte. Dieser »Protected Mode« ließ sich aber erst nach dem Start aktivieren. Mit dem Modell 80386 wurde 1986 eine 32-bit-Erweiterung hinzugefügt. Der erste PC mit dem 80386-Prozessor wurde jedoch nicht von IBM herausgebracht, sondern von Compaq. In den 80486 wurde der Fließkomma-Koprozessor 80x87 integriert, der bei den Vorgängern separat eingebaut werden musste. Die darauf folgenden Modelle des x86 von Intel erhielten den Namen »Pentium«. Hiermit wollte sich Intel von AMD abgrenzen, welche schnellere und gleichzeitig billigere Prozessoren unter gleichem Namen anboten. Der Pentium war der erste superskalare x86-Prozessor, er konnte bis zu zwei Befehle pro Takt verarbeiten. Gleichzeitig etablierte sich ein neuer Systembus als Ersatz für den bisher verwendeten, mehrfach erweiterten AT- oder ISA-Bus. Mit dem PCI-Bus mussten Erweiterungskarten beim x86-PC erstmals nicht über Jumper-Stecker konfiguriert werden.

1995 brachte Intel den Pentium Pro auf den Markt, bei dem erstmals die x86-Befehle in interne RISC-artige Befehle umgewandelt wurden. (Der AMDs K5, der die gleiche Technik nutzt, erschien nur wenige Monate später.) Wegen verschiedener Probleme blieb dem Pentium Pro jedoch ein Markterfolg verwehrt. Er bildet aber die Grundlage für die nachfolgenden Prozessorgenerationen vom Pentium II bis hin zu den aktuellen Modellen (mit Ausnahme des Pentium 4). Im Pentium II führte Intel mit SSE eine Erweiterung ein, die anstelle der etwas problematisch zu programmierenden x87-Fließkomma-Einheit verwendet werden sollte. Die x87-Einheit wurde jedoch nicht ersetzt, sondern blieb weiterhin im Prozessor enthalten. Nach demselben Prinzip wurde im Pentium III die Erweiterung SSE2 der – beim Pentium eingeführten – etwas verunglückten ersten Multimedia-Einheit MMX als Ersatz zur Seite

Die Entwicklung der Mac-Hardware

Neben verbesserten Modellen des Macintosh mit eingebautem Bildschirm war ab 1987 auch eine über »Nubus«-Steckkarten erweiterbare Mac-Familie ohne integrierten Bildschirm erhältlich, der »Macintosh II«. Als Prozessoren kamen die rein 32-bittigen 68020 und 68030 mit integrierter MMU (Memory Management Unit, Speicherverwaltungseinheit) zum Einsatz. Im Oktober 1991 kamen die Macintosh-»Quadra«-Modelle auf den Markt, die mit dem 68040er-Prozessor bestückt waren, bei dem zusätzlich eine Fließkomma-Recheneinheit integriert wurde.

1991 beschloss Apple den Abschied von der 68k-Prozessorfamilie und den Umstieg auf moderne RISC-Prozessoren. Dafür wurde ein Joint Venture mit IBM und Motorola (die AIM-Allianz) gegründet. Als Basis nahm man den POWER (Performance Optimization With Enhanced RISC), welchen IBM in Großrechnern verwendete. Der aus 11 Chips bestehende POWER wurde zu einem Chip zusammengefasst und um einen von Motorola entwickelten Bus ergänzt. Für den so entstandenen 64-bit-Prozessor »PowerPC« (PC steht hier für »Performance Chip«) wurde zusätzlich eine 32-bit-Untermenge definiert. Der erste Prozessor erschien 1993 in der 32-bit-Version, 1995 kam der erste Chip mit 64 bit.

Im März 1994 kam der erste der »PowerMac« mit PowerPC-Prozessor auf den Markt. Dieser verwendete noch den gleichen Chipsatz und das gleiche Bussystem wie das letzte Modell mit 68040-Prozessor. Ein Jahr später, im Mai 1995, erscheinen dann die ersten PowerMacs mit PCI-Bus, einem internen Bussystem, das auch bei x86-PCs verwendet wurde. Außerdem kam hier zum ersten Mal die OpenFirmware zum Einsatz.

Im G4 wurde der PowerPC-Prozessor von Motorola um Altivec, eine sauber designte und äußerst leistungsfähige Vektor-Einheit ergänzt. 2003 verbaute Apple mit dem PowerPC 970 im PowerMac G5 erstmals eine 64-bit-Version des PowerPC-Prozessors.

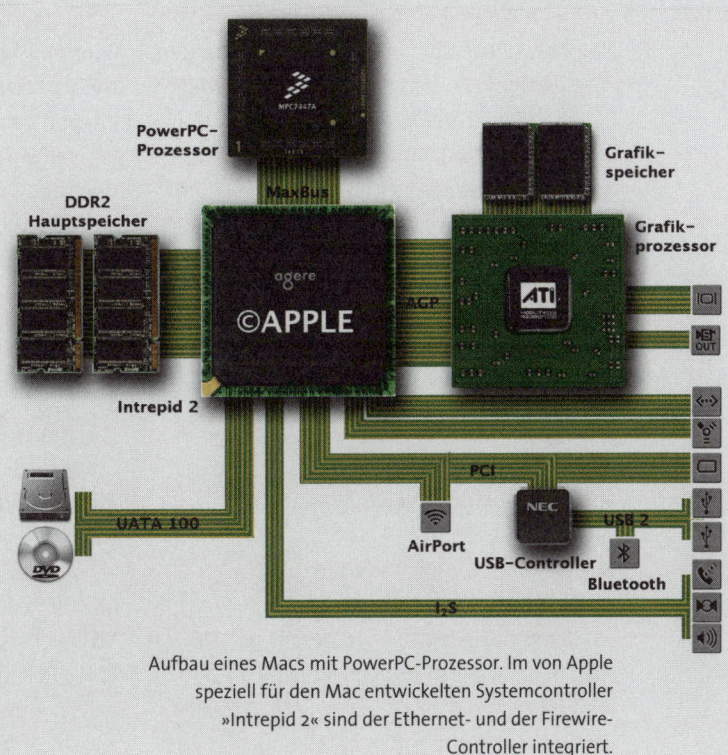

Aufbau eines Macs mit PowerPC-Prozessor. Im von Apple speziell für den Mac entwickelten Systemcontroller »Intrepid 2« sind der Ethernet- und der Firewire-Controller integriert.

gestellt. SSE wurde seitdem noch mehrmals um jeweils eine Handvoll Befehle erweitert.

Für den Pentium 4, der im Jahre 2000 erschien, entwickelte Intel erstmals seit dem Pentium Pro wieder einen neuen Prozessorkern. Das neue Konzept des Pentium 4, dass einzig und allein auf hohe Taktraten zielte, erwies sich aber als Fehlgriff. Daher griff man wieder auf

Der erste Intel-Mac. Äußerlich ein iMac, im Inneren aber ein x86-PC mit Intel-Notebook-Technik.

Abbildung: Apple

das ältere Konzept des Pentium Pro zurück und stellte 2003 dem Pentium 4 den Pentium M als Notebook-Prozessor zu Seite. Als Ersatz für den PCI-Bus wurde im Jahr darauf PCIe mit seriellen Punkt-zu-Punkt-Verbindungen eingeführt.

Der Pentium M wurde Anfang 2006 ohne signifikante technische Änderungen in »Core« umbenannt und ist seitdem wieder als Desktop- und Server-Version erhältlich. Die Modelle Core 2, die seit Mitte 2006 erhältlich sind, entsprechen dem Core, besitzen aber zusätzlich eine von AMD im Jahre 2003 vorgestellte 64-bit-Erweiterung. Mit dieser erfährt die x86-Prozessor-Architektur die erste größere Änderung seit Einführung der 32-bit-Erweiterung im 80386 bald 20 Jahre zuvor.

Wie der IBM-PC zum Mac wurde

Im Juni 2005 kündigte Apple-Chef Steve Jobs auf der Apple-Entwickler-Konferenz den Umstieg der Mac-Plattform von PowerPC- auf Intel-Prozessoren an. Anvisiert wurde der Beginn dieses Umstiegs für Mitte 2006, bis Ende 2007 sollten alle Macs auf Intel-Prozessoren umgestellt sein. Tatsächlich jedoch kam der erste Mac mit Intel-Prozessor schon Anfang 2006 auf den Markt und Mitte 2006 wurde der letzte verbliebene Mac mit PowerPC-Prozessor vom Markt genommen.

Für die Zeit bis zum Erscheinen des ersten Macs mit Intel-Prozessor konnten Software-Entwickler für 999$ ein so genanntes »Developer Transition Kit« erwerben, ein Pentium-4-Board von Intel im Gehäuse eines PowerMac G5, auf dem Mac OS X vorinstaliert war.

Als erste Macs mit Intel-Prozessor erschienen im Januar 2006 der iMac und das MacBook Pro, welches mit dem Intel-iMac technisch identisch ist. Diese Geräte entsprechen äußerlich einem iMac G5 bzw. einem PowerBook G4. Obwohl bei Apple von Macintosh Computern mit Intel-Prozessoren die Rede war, wurde schnell klar, es sich hierbei in Wirklichkeit um ganz normale x86-PCs mit Mac OS X als Betriebssystem handelt. Nicht nur der Prozessor stammt von Intel, die gesamte Architektur im Inneren entspricht der eines x86-PCs mit Intel-Chipsatz. Damit ist der Mac – abgesehen vom Betriebssystem Mac OS X – keine eigenständige Plattform mehr, sondern ein Teil der x86-PC-Plattform. Mit dem Mac, dessen Entwicklung im Kasten auf der vorherigen Seite beschrieben wird, hat der Intel-Mac technisch nichts mehr gemein.

Im Frühjahr 2006 folgten der Mac mini und etwas später das MacBook als Nachfolger des iBooks. Obwohl diese Geräte mit Standard-PC-Hardware und integrierter Grafik bestückt sind, lag der Preis für diese Modelle teils deutlich über dem der mit Apple-Spezialhardware und dedizierter Grafikhardware ausgestatteten PowerPC-Vorgängern. Als letztes Modell wurde der PowerMac G5 durch den Mac Pro mit Core-2-Xeon Server-Prozessor ersetzt. Zwischen Ende 2006 und Anfang 2007 wurden dann auch die anderen Geräte auf Core-2-Prozessoren mit 64-bit-Erweiterung umgestellt.

Anfang 2007 strich Apple Computer den Zusatz »Computer« aus dem Firmennamen. Die Firma heißt seitdem nur noch »Apple Inc.«.

Andere Mac-OS-X-Geräte von Apple

iPhone und iPod Touch

Anfang 2007 stellte Apple das Apple-Mobiltelefon, das iPhone vor, das dann Mitte desselben Jahres erhältlich war, und Ende 2007 erschien der iPod-Touch, ein iPhone ohne die Telefonfunktionen. iPhone und iPod-Touch verwenden eine angepasste Version von Mac OS X als Betriebssystem. Die Hardware, die von dem berührungsempfindlichen Multitouch-Bildschirm dominiert wird, basiert auf dem ARM-Prozessor.

iPhone 3G S

Die Firma Acorn Computers startete 1983 die Entwicklung des ARM-Prozessors (Acorn RISC Machine) als 32-bit-Prozessor für die eigenen Computer. 1985 war das Design fertig und 1986 erschien der ARM2 im »Archimedes«, dem ersten Personal-Computer mit ARM-Prozessor.

Mit seinem RISC-Design kam der ARM2 mit einem Bruchteil der Transistoren eines Intel 80386 aus (30000 statt 275000), der zeitgleich erschien, brachte aber die eineinhalbfache Rechenleistung pro Takt (er war allerdings auch niedriger getaktet).

Ab 1990 übernahm die von Acorn zusammen mit VLSI Technology und Apple gegründete Firma ARM Ltd. die Weiterentwicklung des ARM-Prozessors. ARM steht seit dem für »Advanced RISC Machine«. Acorn selbst hat sich 1998 aus dem PC-Markt verabschiedet. Apple hat seine Beteiligungen an ARM Ltd. nach Steve Jobs Rückkehr Stück für Stück wieder abgestoßen, da das Gerät, für das die Investition in die Entwicklung des ARM-Prozessors getätigt war – der »Newton«, ein taschenbuchgroßer Computer, der über einen berührungsempfindlichen Bildschirm bedient wurde – eingestellt worden war.

Obwohl der ARM-Prozessor nicht mehr in Personal Computer verbaut wird, werden derzeit ca. zehn mal so viele ARM-Prozessoren in Geräte verbaut wie x86-Prozessoren – jede Sekunde 90 Stück. ARM verkauft allerdings keine kompletten Prozessoren, sondern lizenziert das Design an andere Hersteller. Diese können den Prozessorkern dann in ihre eigenen Chips bzw. SoCs (System on a Chip, Prozessor und Chipsatz auf einem Chip) integrieren. Aktuelle ARM-Prozessorkerne können, je nach Anwendung, verschiedene Erweiterungen besitzen, u.a. »Jazelle«, mit der Java-Code direkt ausgeführt werden kann, und die SIMD-Erweiterung »NEON«.

Im iPhone und iPod touch (und auch in den anderen iPods) finden sich – im Gegensatz zum Mac mit Intel-Architektur, der nicht auf spezieller Apple-Hardware basiert – ebenso wie in den alten Macs mit 68k- und PowerPC-Prozessoren verschiedene Chips aus dem Hause Apple.

Der ARM-SoC-Chip im iPhone mit Apple-Logo.

Apple TV

Im Gegensatz zu iPhone und iPod Touch, welche auf Apple-Spezialchips mit ARM-Prozessorkernen basieren, wird im Apple TV Intel-PC-Architektur verwendet – den Pentium-M-Prozessor unterstützt ein über den Intel-Chipsatz angebundener Grafikchip von NVIDIA.

Systemdrift

Die Geschichte von Mac OS, NeXTStep und Mac OS X

Mac OS X ist ein aus vielen Wurzeln zusammengewachsenes System. Auch wenn der Name es vermuten lässt, dass Mac OS X in erster Linie von Mac OS abstammt, ist Mac OS X größtenteils ein Nachfahre von NeXTStep, das wiederum einen Teil seiner Wurzeln in UNIX und BSD hat.

Mac OS

Die erste Version von Mac OS, damals nur »System« genannt, erschien mit dem ersten Mac. Da dieser mit nur 8 MHz und 128 kB RAM die für damalige Verhältnisse enorme Aufgabe bewältigen sollte, eine grafische Benutzeroberfläche zu berechnen, wurde das System an anderen Stellen abgespeckt. In den ersten Versionen des Mac-Systems lief entweder ein Anwendungsprogramm oder der Finder. Um in den Finder zu gelangen, musste das Anwendungsprogramm beendet werden. Das änderte sich mit der Einführung des »MultiFinders« in System 6. Mit diesem konnte der Benutzer erstmals zwischen mehreren aktiven Programmen wechseln. In System 6 konnte man sich noch zwischen dem Finder und dem MultiFinder entscheiden – denn der MultiFinder brauchte mehr RAM. Der Finder der nachfolgenden Systeme war ein Abkömmling des MultiFinders.

Ein nächste große Sprung war die Einführung von System 7. Es wurde Mitte 1991 mit den ersten Quadras und den PowerBooks eingeführt. Bis System 6 verwendeten die Mac-Systeme passend zum Adressbus des 68000-Prozessors nur 24 bit für die Adressierung. Ab System 7 wurden die kompletten

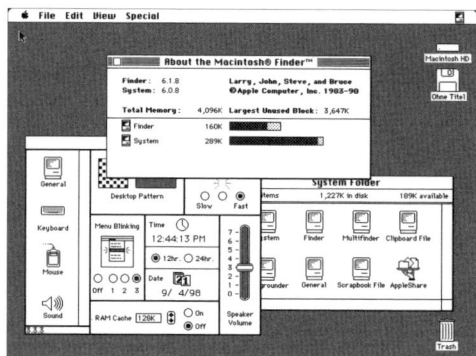

System 6 in Schwarzweiß-Optik

32 bit verwendet. Optisch unterschied sich System 7 von den Vorgängern durch Fenster mit grauen Titelleisten und farbige Symbole. Zusätzlich wurde eine ganze Reihe neuer Funktionen eingeführt, wie virtueller Speicher, File-Sharing, Alias-Dateien, Etiketten und vieles mehr.

Als Apple im März 1994 auf die modernere Prozessortechnologie des PowerPC umstellte, wurde das System zuerst nur wenig angepasst. Mithilfe eines Plug-ins, dem »PowerPC Enabler« wurde System 7.1, welches weiterhin in Kode für den 68k-Prozessor geschrieben war, um einige angepasste Systemroutinen er-

68k-Emulation

Da die PowerPC-Prozessoren von sich aus nicht in der Lage waren, die alten, im 680x0-Code geschriebenen Programme verarbeiten zu können, wurde in die Systemsoftware des klassischen Mac OS der PowerMacs der 68k-Emulator eingebaut. Dieser übersetzt die Instruktionen für 680x0-Prozessoren in Instruktionen für PowerPC-Prozessoren. Das 680x0-Programm »denkt« dabei, dass es auf einem 68020-Mac läuft. Der PowerPC-Prozessor erhält jedoch nur Befehle in seiner eigenen Sprache. Beim Übergang vom 68k zum PowerPC gab so gut wie keine Probleme mit alter Software. Bei neuer Software gab es eine echte (native) PowerPC-Version und eine 68k-Version. Oder sie wurden in »Fat Binary« geschrieben, das den Code für beide Prozessortypen enthält. Zum Teil wurde 68k-Software sogar mit Plug-ins auf den neuen Prozessortyp angepasst. Der Anwender merkt nicht einmal, ob ein 680x0- oder ein PowerPC-Programm läuft. Apple ist mit der Einführung der PowerPCs ein echtes Meisterstück gelungen.

Der 68k-Emulator wurde noch in der Classic-Umgebung von Mac OS X weitergeführt, die bis Mac OS X Tiger auf PowerPC-Macs ausgeführt werden konnte. Auch hier liefen älteste Mac-Programme ohne Probleme.

weitert. Erst Ende 1994 erschien mit System 7.5 ein System, das sich sowohl auf PowerPCs, als auch auf Macs mit 68k-Prozessor installieren ließ. Mit System 7.5 wurde der Markenname »Mac OS« eingeführt.

Die nächste Version des Mac OS – Mac OS 8 – hat eine etwas eigentümliche Geschichte. Als Apple mit den PowerMacs auf die neue Hardware-Technologie umgestellt hatte, plante man, dazu passend ein komplett neues System zu schreiben, das keine Altlasten der langen Systemgeschichte mit sich herumschleppen und die Anforderungen an ein modernes System erfüllen sollte. Das Projekt »Copland« wurde jedoch bereits für gescheitert erklärt, als nur wenige Teile fertiggestellt waren, darunter der komplett neue, in PowerPC-Code geschriebene Finder. Man entschied sich für eine zweigleisige Strategie. Für das neue System wurde die Firma NeXT gekauft. Deren Betriebssystem NeXTStep stellt die Basis für Mac OS X dar. Gleichzeitig wurde die Arbeit am alten Mac OS wieder etwas forciert und der Finder aus dem Copland-Projekt in das vorhandene System integriert. Daraus wurde dann Mac OS 8.

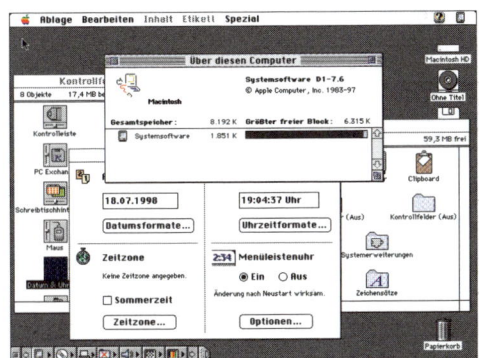

System 7.6 oder Mac OS mit grauen Fenstertiteln und bunten Symbolen

Mac OS 8.1 in der »Platinum«-Optik mit grauen Fensterrahmen

Die Geschichte des Macintosh und des Mac-Systems 17

Carbon

Für den Übergang vom klassischen Mac OS zum Mac OS X entwickelte Apple eine neue Programmumgebung. Apple überprüfte dafür alle 8.000 Schnittstellen, auf die Programme zugreifen, auf ihre Eignung für das neue System. Die 6.000 geeigneten Schnittstellen packte Apple – zum Teil überarbeitet – in eine API Namens »Carbon« (»Kohlenstoff, woraus alle lebenden Wesen aufgebaut sind«). Seit Mitte 1998 konnten die Entwickler mit dem Programm »Carbon Dater« ihre Programme auf inkompatible Aufrufe hin überprüfen lassen.

Mit Mac OS 9 führte Apple Carbon offiziell ein. Damit wurde die Umwandlung vorhandener Mac-Programme in Programme für Mac OS X erheblich erleichtert. Lediglich etwa fünf Prozent des Codes mussten neu geschrieben werden. Bestimmte Carbon-Programme (Carbon CFM) laufen sowohl im klassischen Mac OS – mittels der Systemerweiterung »CarbonLib« – als auch in Mac OS X unter Rosetta.

Die Carbon-API wurde bis Mac OS X Leopard mit etwa dem gleichen Funktionsumfang neben der aus NeXTStep geerbten Cocoa-API geführt. Mit dem Übergang zu 64 bit aber fällt der grafische Teil der Carbon API weg. Damit wurde Mac OS X von seiner Wurzel Mac OS getrennt.

Der Dämon, das Zeichen von BSD.

UNIX und BSD

Mitarbeiter der Firma AT&T Bell Labs entwickelten in den 60er- und 70er-Jahren ein Betriebssystem für Großrechenanlagen, das von vielen Benutzern gleichzeitig über Terminals genutzt werden konnte. Es vermochte mehrere Prozesse gleichzeitig auszuführen, den Benutzern unterschiedliche Rechte zu geben, und außerdem ließ es sich ohne großen Aufwand von einem Computersystem auf ein anderes übertragen. Das Betriebssystem wurde unter dem Namen UNIX bekannt.

Anfangs war UNIX frei zugänglich und wurde auch an Universitäten verwendet und weiterentwickelt, u.a. an der University of California, die die »Berkeley Software Distribution« (BSD) herausgaben. Ab Mitte der 80er Jahre wurde an der Carnegie Mellon University eine teilweise Alternative zum BSD-Kernel namens »Mach« entwickelt. Als es später zu Lizenzstreitigkeiten kam, wurden Anfang der 90er Jahre alle auf dem originalen Quellcode basierten Bestandteile aus BSD entfernt. Es entstand 4.4BSDlite. Das originale UNIX System V wurde kommerziell weitergeführt und später in Form von Linux noch einmal als freies System nachprogrammiert, sodass es heute zwei grundlegende Linien von UNIX mit unzähligen Varianten gibt (BSD- und System-V-Varianten). UNIX ist heute das Standardsystem für leistungsfähige Rechner wie Großrechner (z.B. IBM pSeries mit AIX auf PowerPC-Prozessoren) oder Server (z.B. SUN-Server mit SPARC-Prozessoren und Solaris). Aber auch auf vielen billigen x86-PCs und manch einem Handy oder anderem Kleingerät läuft ein UNIX (meist Linux). Für die grafische Benutzeroberfläche wird – anders, als bei Mac OS X – meist X11 verwendet. Auch NeXTStep bzw. Mac OS X und das iPhone OS verwenden ein UNIX als Basis: die Kombination aus BSD und dem Mach-Kernel.

Da UNIX eine standardisierte API (POSIX) besitzt, können Programme, die auf der einen UNIX-Variante laufen, wenn der Quellcode zur Verfügung steht, mit geringem Aufwand auf jede andere UNIX-Variante portiert werden. »Apache« beispielsweise, der am weitesten verbreitete Webserver im Internet, der meist unter Linux oder BSD im Einsatz ist, übernimmt auch in Mac OS X die Webfreigabe.

▶ 41 Technik, APIs

NeXTStep

Nachdem Steve Jobs im Jahre 1985 nach Meinungsverschiedenheiten die von ihm mit gegründete Firma Apple verlassen musste, gründete er die Firma NeXT. Für den NeXT Computer entwickelte NeXT ein UNIX-artiges Betriebssystem mit grafischer Benutzeroberfläche namens »NeXTStep«.

1993, als die NeXT-Hardware aus dem Programm genommen wurde, wurde das Betriebssystem NeXTStep auf verschiedene Plattformen portiert, u.a. RISC-Hardware, wie SUN SPARC und HP PA RISC aber auch den x86-PC. Spätere Versionen kamen unter dem Namen »OpenStep« sowohl als eigenständiges Betriebssystem (OPENSTEP for Mach), als auch als Systemaufsatz u.a. für Windows (OPENSTEP Enterprise) auf den Markt. OpenStep ermöglichte es, mit seiner Entwicklungsumgebung Programme zu erstellen, die sowohl auf Windows-basierten Rechnern als auch auf UNIX-basierten Computern liefen. 1996 wurde NeXT von Apple übernommen und die Weiterentwicklung von OpenStep wurde zugunsten von Mac OS X eingestellt.

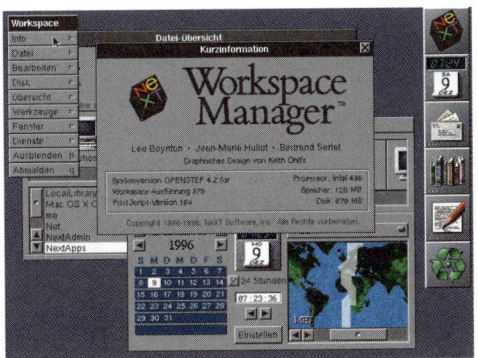

Die Oberfläche von OpenStep 4.2 unterschied sich kaum von NeXTStep.

Rhapsody und Mac OS X Server 1.x

Nach der Übernahme von NeXT erschienen parallel zu Mac OS 8 zwei Vorversionen von Mac OS X mit dem Codenamen »Rhapsody«. Diese erhielten die grauen Mac-OS-8-Fenster und die Menüleiste am oberen Bildschirmrand, unterschieden sich aber in der Bedienung nicht wesentlich von NeXTStep. Das erste Produkt, das auf Basis von NeXTStep für den Mac erschien, war Anfang 1999 Mac OS X Server 1.x.

Rhapsody DR2 – die letzte Entwickler-Vorversion, die es sowohl für den PowerPC-Mac als auch für x86-PCs gab.

Mac OS X

Im September 2000 stellte Apple dann die öffentliche Vorversion von Mac OS X Client (Mac OS X Public Beta) mit der neuen Oberfläche Aqua vor – mit halbdurchsichtigen Fenstern, pulsierenden Schaltern, Symbolen, die sich stufenlos skalieren lassen und einem Dock, in dem Programme und Dokumente verschwinden können.

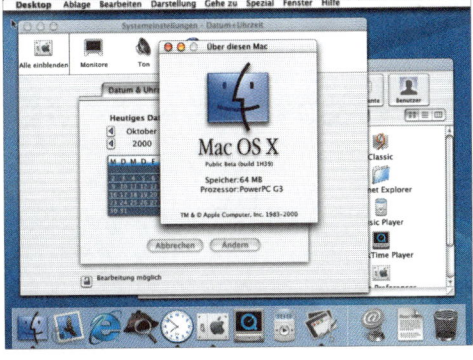

Die Mac OS X Public Beta bekommt mit »Aqua« eine neue Oberfläche.

Blue Box und Classic

Als Nachfahre von NeXTStep kann Rhapsody und damit Mac OS X keine Mac-OS-Programme ausführen. Daher wurde mit der »Blue Box« eine Übergangslösung eingeführt. In Rhapsody und Mac OS X Server konnten Mac-OS-Programme mithilfe der »MacOS.app« ausgeführt werden. Innerhalb dieses Programms wird ein komplettes Mac OS im Vollbildmodus und mit eigenen Netzwerk-Einstellungen etc. ausgeführt. Zwischen Rhapsody- und Mac-OS-Programmen kann über ein Programmmenü gewechselt werden, der Datenaustausch ist, allerdings mit Einschränkungen, über die Zwischenablage möglich. Das Mac OS musste auf einer Festplatten-Image-Datei installiert werden. In der letzten Versionen von Rhapsody gab es zusätzlich die »Classic.app«, die dasselbe machte wie die MacOS.app, jedoch mit ausgeblendetem Schreibtisch.

Mac OS X Public Beta wird erstmals auf dem Mac-OS-Dateisystem HFS+ installiert, sodass die Installation mit einer Mac-OS-Installation koexistieren kann. Die Umgebung zum Ausführen von Mac-OS-Programmen, nun »Classic« genannt, wurde vollständig transparent, so dass nur die Programmfenster zu sehen sind. Nach dem Start des Systems in einem

Mac OS 9 in der Classic-Umgebung in Mac OS X Tiger. Datum und Uhrzeit können in Mac OS 9 nicht eingestellt werden, da sie von Mac OS X übernommen werden.

Fenster verschwindet dieses einfach, ohne dass der Mac-OS-Finder gestartet wird. Die Netzwerk-Einstellungen, die Zwischenablage etc. werden von Mac OS X übernommen.

Classic wurde bis Mac OS X Tiger weitergeführt. Auf Macs mit Intel-Architektur konnte Classic allerdings nicht ausgeführt werden, auch nicht unter Rosetta. Mit Mac OS X Leopard wird Classic auch auf PowerPC-Macs nicht mehr unterstützt.

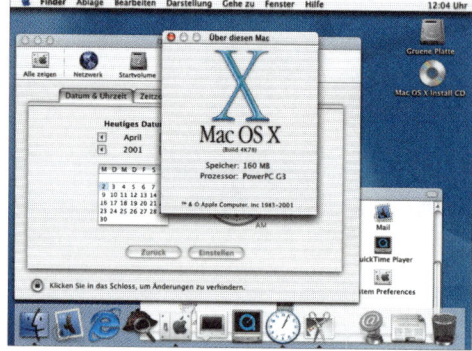

Mac OS X 10.0

Außerdem wurden Schritt für Schritt so gut wie alle Technologien in das neue System übernommen, die Mac OS zu einem besonders einfach zu bedienenden Betriebssystem machten. Damit ist Mac OS X das erste UNIX-System für ganz normale Computeranwender. Am 24. März 2001 erschien dann die erste Version von Mac OS X mit der Versionsnummer 10.0. Wie bei NeXTStep wird auch bei Mac OS X eine leistungsfähige Entwicklersoftware mitgeliefert.

Ab Mac OS X 10.2 bzw. Jaguar verwendet Apple als Versionsbezeichnung zusätzlich Großkatzennamen, die Anfangs nur als Kodenamen verwendet wurden.

Rosetta

Da die Intel x86-Prozessoren die vorhandenen PowerPC-Programme nicht verarbeiten können, wurde Rosetta in Mac OS X eingebaut. Rosetta übersetzt die Instruktionen für PowerPC-Prozessoren in Instruktionen für x86-Prozessoren. So können PowerPC-Programme auch auf dem x86-Prozessor ausgeführt werden. Anders als bei der 68k-Emulation der ersten PowerMacs gab es dabei verhältnismäßig viele Einschränkungen. Trotzdem hatten die meisten Anwender beim Übergang vom PowerPC zum x86 nur wenige Probleme. Ein Großteil der Programme und Hardwaretreiber waren relativ schnell in Form einer »Universal Binary« erhältlich, das den Code für beide Prozessortypen enthält. Die Anwender vieler Programme, speziell großer Softwarepakete, mussten sich aber teils mehr als ein Jahr gedulden, bis eine Intel-Version des Programmes erschien. Und da der Leistungssprung vom PowerPC-Mac zu den Macs mit Intel-Architektur bei weitem nicht so groß war wie vom 68k- zum PowerPC-Mac, war der Einsatz der alter Software auf der neuen Hardware oft mit deutlichen Geschwindigkeitseinbußen verbunden.

Mac OS X Intel

Die ersten Entwickler-Versionen von Mac OS X mit dem Codenamen »Rhapsody« liefen auf x86-PCs. Seit Mac OS X Server bzw. der Mac OS X Public Beta jedoch wurde die Unterstützung für die x86-Architektur offiziell gestrichen. Zur internen Verwendung bei Apple wurden jedoch alle weiteren Versionen von Mac OS X auch für x86-PCs entwickelt. Sie kamen aber nie an die Öffentlichkeit. Veröffentlicht wurde von diesen Versionen nur der Open-Source-Systemkern Darwin.

Erst Mitte 2005 gab es wieder einen kompletten, öffentliche Version von Mac OS X für x86-PCs. Diese Version von Mac OS X 10.4.1 konnten Softwareentwickler zusammen mit dem Developer Transition Kit zum Entwickeln der Universal-Binary-Versionen ihrer Programme erwerben.

Als Betriebssystem für die ersten Macs mit Intel-Architektur fand eine spezielle Version von Mac OS X Tiger 10.4.4 Einsatz. Mac OS X Leopard kam in einer gemeinsamen Version für PowerPC- und Intel-Macs auf den Markt und mit Mac OS X Snow Leopard ist die PowerPC-Unterstützung offiziell gestrichen.

Andere Varianten von Mac OS X

iPhone OS

Auch das iPhone OS, auch »OS X iPhone« genannt, ist eine Variante von Mac OS X und damit ein Abkömmling von NeXTStep. Für das iPhone OS wurde Mac OS X auf den ARM-Prozessor portiert. Die Cocoa-Programmumgebung wurde an den Multitouch-Bildschirm angepasst und heißt hier »Cocoa Touch«. Die Verwendung von Mac OS X als Betriebssystem für das iPhone wurde mit Synergieeffekten begründet. Beinahe alle benötigten Technologien sind in Mac OS X bereits vorhanden. (Wenig später begründete Steve Jobs allerdings das um ein Jahr verspätete Erscheinen von Mac OS X Leopard mit dem Aufwand für die Entwicklung des iPhone OS.)

Apple TV OS

Apple TV OS, das Betriebssystem für das Apple TV, ist lediglich ein Mac OS X Tiger, aus dem nicht benötigte Komponenten herausgelöscht und der Finder durch eine angepasste Version des Programms »Front Row« ersetzt wurden.

Technik

24 Anatomie
Technisches zur Hardware
24 Der Prozessor
29 Der Intel-Prozessor
33 Der Chipsatz
34 Die Firmware
36 Interne Schnittstellen
36 Peripherie-Schnittstellen
39 Netzwerk-Schnittstellen

40 Psychologie
Technisches zum Betriebssystem Mac OS X
40 Das Schichtenmodell
41 Programmumgebungen
44 Rosetta – PowerPC-Programme auf Intel ausführen
46 Grafik und Multimedia
49 OpenCL, universelle Berechungen auf Grafik-Prozessoren
50 Speicher- und Prozessverwaltung
54 Massenspeicherverwaltung
54 Partitionsschemata
54 Das Dateisystem
58 Bundles
60 Objektattribute
65 Voreinstellungen
66 Grafische Benutzeroberfläche
67 Der Finder
68 Human Interface Guidelines

70 Willkommen!
Der Systemstart

Anatomie

Technisches zur Hardware

Zum Betrieb eines Computers werden verschiedene Komponenten gebraucht. Die wichtigsten Komponenten dabei sind der Prozessor und der Chipsatz.

▶ 33 Chipsatz

Der Prozessor

Der Prozessor ist die zentrale Recheneinheit eines Computers. Er führt Befehle aus, nimmt Berechnungen vor und verteilt Aufgaben an die verschiedenen Subsysteme.

Prozessortechnik oder: Wie funktioniert ein Prozessor?

Ein Prozessor besteht aus verschiedenen funktionalen Einheiten, die erst das Abarbeiten von Programmen ermöglichen. Man kann hier zwischen dem Frontend und dem Backend unterscheiden. Das Frontend ist dafür zuständig, dem Programmablauf zu folgen und das Backend mit den Befehlen und Daten aus dem Arbeitsspeicher zu versorgen. Das Backend übernimmt die eigentliche Berechnung der Daten anhand der Befehle.

Programmablauf

Alle Prozessoren arbeiten nach dem gleichen Ablauf – Fetch, Decode/Dispatch, Execute, Writeback: Ein Prozessorbefehl wird von einer bestimmten Speicheradresse angenommen, abgefertigt und verarbeitet (d.h. auf bestimmte Daten angewendet). Dann wird das Ergebnis zurückgeschrieben. Gleichzeitig wird der Programmzähler um Eins erhöht, und der nächste Befehl im Programmablauf in der nächsthöheren Speicheradresse wird angenommen. Diese Sequenz durchläuft der Prozessor immer und immer wieder, von dem Zeitpunkt, an dem der Computer eingeschaltet wird, bis zum Ausschalten.

Register

Register sind die Speichereinheiten innerhalb des Prozessors, der einzige Speicher, auf den der Prozessor direkten Zugriff hat. Befehle können nur auf Daten angewendet werden, die sich in Registern befinden. Jeder Befehl und die zu bearbeitenden Daten müssen zuerst in ein Register geladen werden. Um Daten aus dem Arbeitsspeicher in die Register zu laden, werden Lade-Befehle verwendet bzw. Speicher-Befehle, um Daten aus Registern in den Arbeitsspeicher zu schreiben (Load/Store-Befehle). Die unterschiedlichen Recheneinheiten für Festkomma-, Fließkomma- und Vektor-Berechnungen besitzen jeweils einen eigenen Satz an Registern. Speicheradressen werden in den Festkomma-Registern gespeichert. Zusätzlich gibt es Befehlsregister sowie Status- und Steuer-Register (z.B. für den Programmzähler).

Programmverzweigungen

Normalerweise wird ein Befehl eines Programmes nach dem anderen abgearbeitet. In bestimmten Situationen kommt es jedoch zu Sprüngen oder Schleifen. Diese werden von der **Branch-Unit** bearbeitet. Ein Branch-Befehl setzt den Programmzähler unter bestimmten Umständen auf einen anderen Wert, sodass die folgenden Befehle von einer anderen Speicheradresse geladen werden.

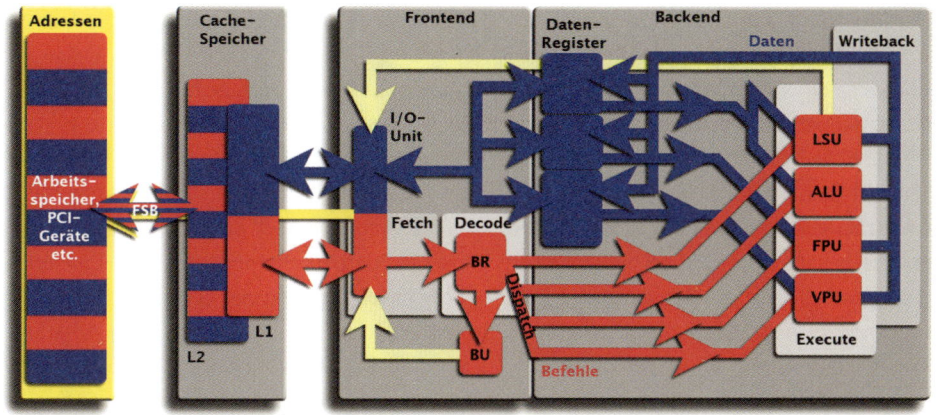

Schematische Darstellung eines superscalaren RISC-Prozessors. In vier Pipeline-Stufen und mit vier parallelen Recheneinheiten werden die Daten (blau) mithilfe der Befehle (rot) verarbeitet. Die LSU berechnet die Adressen (gelb) für den Speicherzugriff.

BR = Befehls-Register
BU = Branch Unit
LSU = Load/Store Unit
ALU = Arithmetic Logical Unit
FPU = Floating Point Unit
VPU = Vector Processing Unit

Aufbau von Prozessor-Befehlen

Ein Befehl besteht aus einer Reihe von Informationen. Die erste Information ist die Kennung, der »Opcode«. Dieser bestimmt, welche Berechnung ausgeführt werden soll (z.B. Addieren, Laden von Adresse etc.). Dahinter finden sich Registeradressen für die Quelle und das Ziel der Berechnung. Einige Befehle beinhalten auch eine so genannte »Immediate«, eine Zahl, die beim Übersetzen des Programms schon bekannt war.

Techniken in der Mikroarchitektur

- **Pipelines:** Bei den allerersten Prozessoren wurde ein neuer Befehl erst angenommen, wenn der vorherige Befehl fertig bearbeitet war. Damit verbringt aber ein Teil des Prozessors sehr viel der Zeit mit Leerlauf. Daher ist man auf die Idee der Befehlspipeline gekommen. Der nächste Befehl wird schon angenommen, wenn der erste sich noch in Bearbeitung befindet. Damit sind immer alle Funktionseinheiten ausgelastet. Die kleinste Pipeline besteht aus vier Stufen (die klassische RISC-Pipeline – für die vier Phasen der Bearbeitung eines Befehls: Fetch, Decode/Dispatch, Execute, Writeback). Dieser Ablauf kann wiederum in kleinere Einheiten unterteilt und die Pipeline so deutlich verlängert werden (z.B. bis zu 31 Stufen beim Intel Pentium 4, 16 Pipeline-Stufen bei den Intel-Core-Prozessoren). Längere Pipelines ermöglichen eine höhere Taktfrequenz, da die kleineren Bearbeitungsschritte weniger Zeit benötigen.

  Allerdings funktioniert das nur gut, solange es keine Abhängigkeiten von den Ergebnissen vorheriger Befehle oder Verzweigungen gibt. Dann müssen schon in Bearbeitung befindliche Befehle wieder gelöscht werden, es entstehen Blasen in der Pipeline, so genannte »Bubbles«. Je länger die Pipeline, desto öfter treten diese auf und desto größer sind sie.

- **Sprungvorhersage:** Bei Sprung-Befehlen ist es aber möglich, bestimmte Befehle schon auf Verdacht auszuführen, um Verzögerungen durch Bubbles zu vermeiden. Beispielsweise ist die Wahrscheinlichkeit, dass sich eine Schleife wiederholt, ungleich höher, als dass die Schleife verlassen wird (z.B. wird beim Umwandeln eines Bildes mit 1000 Pixeln die Schleife 999 mal wiederholt, aber nur einmal verlassen). Moderne Prozessoren haben eine eigene Recheneinheit, die darauf spezialisiert ist zu berechnen, welcher Zweig am wahrscheinlichsten als nächstes genommen wird (den Branch-Predictor).

- **Superscalare Prozessoren:** Die ersten Prozessoren besaßen nur eine Recheneinheit im Backend, mit der jede Art von Daten berechnet wurden. Später, als die Zahl der Transistoren zunahm, wurden in den Prozessor zuerst zwei gleiche Recheneinheiten eingebaut, die die Daten parallel berechnen konnten. Noch später wurden die Recheneinheiten in Unter-Einheiten für unterschiedliche Arten von Berechnungen geteilt (z.B. eine Einheit für die einfachen Berechnungen Addition, Subtraktion und Multiplikation, plus eine für die komplizierte Division). Beim Intel Core z.B. arbeiten 13 unterschiedliche Recheneinheiten parallel. Moderne Prozessoren arbeiten »superscalar«. Damit kann der Prozessor bei einem Takt nicht nur einen Befehl, sondern mehrere ausführen. Ein superscalarer Prozessor braucht jedoch eine zusätzliche Steuereinheit, die dafür sorgt, dass die Ergebnisse in der richtigen Reihenfolge ausgegeben werden.
- **Weitere Techniken:** Im Laufe der weiteren Entwicklung wurden weitere Techniken erfunden, die die Leistungsfähigkeit des Prozessors steigern sollten, wie das Umsortieren der Befehle (Out of Order Execution, OoOE) vor dem Ausführen oder das Ausführen von Befehlen auf Verdacht (Speculative Execution), unsichtbare Register, in denen Daten zwischengespeichert werden, wenn ein Register belegt ist (Rename-Register) o.Ä. Allerdings kommen einige neuere Prozessordesigns (wie der POWER6 von IBM oder der Intel Atom) von manchen dieser Techniken wieder ab, da man – wie in den 80er-Jahren bei CISC – gerade feststellt, dass sie u.U. mehr Kosten als Nutzen bringen.

Speicher

Wie oben beschrieben, hat der Prozessor nur auf die Register einen direkten Zugriff. Zugriff auf den Arbeitsspeicher ist nur über den Speicherbus anhand von Adressen möglich. Auch Ein- und Ausgabegeräte (die Festplatte, die Tastatur, die Grafikkarte o.Ä.) werden über Adressen behandelt. In Programmen finden sich jedoch keine absoluten Speicheradressen (diese ändern sich, z.B. je nachdem, wie groß der eingebaute Arbeitsspeicher ist), Programme arbeiten mit einem virtuellen Adressraum. Heutige Prozessoren besitzen eine eigene Funktionseinheit für das Berechnen von Speicheradressen, die **Load/Store-Unit**, sowie eine weitere Einheit für das Umrechnen der in den Programmen gespeicherten Adressen in absolute Adressen, die **Memory Management Unit**.

Cache

Regulärer Arbeitsspeicher ist um ein Vielfaches langsamer als der Prozessor. Es gibt zwar schnelleren Speicher, doch der ist erheblich teurer (je schneller, desto teurer). Damit der Prozessor so wenig wie möglich auf den langsamen Arbeitsspeicher warten muss, wird schneller Speicher in mehreren Stufen als Cache für den langsamen Arbeitsspeicher verwendet (wobei der Arbeitsspeicher wiederum ein Cache für die Festplatte ist). Im Cache werden Kopien der aktuell benötigten Daten und Programmbefehle zwischengespeichert. Es gibt folgende Cache-Stufen: Am schnellsten, aber auch am kleinsten ist der Level-1-Cache (L1), er ist in den Prozessor integriert. Im L1 werden Befehle und Daten in getrennten Bereichen gespeichert. Auch der größere, etwas langsamere L2 befindet sich bei heutigen Prozessoren zusammen mit dem Prozessor auf einem Chip. Bei manchen Prozessoren steht zusätzlich noch ein Level-3-Cache zur Verfügung. Die Verwaltung des L1- und L2- (und evtl. L3-) Cache übernimmt der Prozessor, sie ist von Prozessor zu Prozessor unterschiedlich. Mithilfe der Cache-Hierarchie wird der Speicherzugriff stark beschleunigt. Wie stark, wird nicht nur durch die Größe des Cache, sondern auch durch seine Organisation bestimmt.

Recheneinheiten

Ein Prozessor besteht nicht nur aus einer Recheneinheit, sondern aus verschiedenen, die für unterschiedliche Rechen- und Steueraufgaben zuständig sind. Frühere Prozessoren besaßen als Recheneinheit nur die Einheit für Ganzzahl-Berechnungen (**ALU**, Arithmetic Logical Unit). Seit Längerem enthalten Prozessoren mit der **FPU** zusätzlich eine Einheit für Fließkomma-Berechnungen in doppelter Genauigkeit (d.h. für 64-bit-Fließkomma-Werte). Alle Einheiten können auch mehrfach vorhanden sein.

Vektor-Einheiten

Heutige Prozessoren enthalten zusätzlich zu den bekannten Recheneinheiten für Ganzzahl- und Fließkomma-Berechnungen eine weitere Recheneinheit, mit der multiple Daten bzw. Vektoren gleichzeitig mit einem Befehl bearbeitet werden können (SIMD – Single Instruction, Multiple Data).

64 bit

In den letzten Jahren wurden die meisten Prozessorarchitekturen auf 64 bit erweitert. Die Bezeichnung 64-bit-Prozessor bezieht sich auf die Breite der Register für die ALU. Mit den 64 bit breiten Registern kann der Prozessor eine ungleich größere Menge an (virtuellem und

Blick ins Innere des Intel Core 2 Quad Prozessors. Dieser enthält zwei Prozessoren mit jeweils zwei Prozessorkernen. Erst der Core i7 ist ein richtiger Vierkern-Prozessor. Die großen Felder unten sind der L2-Cache-Speicher.

physikalischem) Speicher adressieren. Außerdem wird die Berechnung von ganzen Zahlen, die über 32 bit lang sind, beschleunigt.

Multicore

Bei einem Multicore-Prozessor sind zwei oder mehr Prozessorkerne auf einen gemeinsamen Chip zusammengefasst. Wie bei einem Computer mit mehreren einzelnen Prozessoren kann dadurch die Rechenleistung gesteigert werden. Sie verdoppelt sich jedoch nicht, da zusätzlicher Verwaltungsaufwand entsteht. Mehrere Prozessorkerne auf einen Chip zu bringen, hat gegenüber einzelnen Prozessoren den Vorteil, dass die Prozessoren direkt, ohne den Umweg über die Northbridge, kommunizieren und auf einen gemeinsamen Cache-Speicher zugreifen können.

Der erste Dualcore-Prozessor wurde schon im Jahre 2001 eingeführt. Es war der POWER4 von IBM, aus dem später der PowerPC 970 (G5) – paradoxerweise zuerst als Singlecore-Prozessor – entwickelt wurde.

Befehlssätze

Jede Prozessorfamilie arbeitet mit einem eigenen Satz von Prozessorbefehlen (Instruction Set Architecture, ISA). Die **ISA** wurde erstmals in den 60er-Jahren im IBM System/360 eingeführt, um die Programmierung von der eigentlichen Hardware unabhängig zu machen. Die ISA liegt als Abstraktionsebene über der Mikroarchitektur des Prozessors. Vorher musste ein Programm immer für die Mikroarchitektur angepasst werden, selbst bei einer kleinen Änderung des Prozessors mussten die Programme neu geschrieben werden. Mit Einführung der ISA konnte vorhandene Software auch auf neuer Hardware mit der gleichen ISA verwendet werden. Die Befehle der ISA wurden dabei zuerst mithilfe der Microcode Engine verarbeitet. Diese ist eine Art Prozessor im Prozessor, der aus jedem Befehl eine Reihe von Befehlen erzeugt und diese dann dem Backend zuführt. Moderne ISAs sind jedoch so designt, dass der Prozessorkern direkt versorgt werden kann.

Mit der Wahl des Befehlssatzes werden in einem gewissen Maße auch die Eigenschaften des Prozessors bestimmt. Einige Hersteller bieten Prozessoren mit verschiedenen Befehlssätzen für unterschiedliche Einsatzzwecke an. Der Befehlssatz des **ARM**-Prozessors (Advanced RISC Machine) zeichnet sich durch besondere Effizienz aus. Prozessoren mit diesem Befehlssatz sind besonders sparsam. Wie das iPhone ist auch praktisch jedes andere Mobiltelefon mit einem ARM bestückt. Außerdem werden ARM-Prozessoren im Embedded-Bereich eingesetzt, also in Computern, die in andere Geräte integriert sind. In diesem Bereich sind aber auch z.B. MIPS, 68k (der Befehlssatz des Prozessors der ersten Macs) und **PowerPC** (der später, bis zum Wechsel zu Intel, in den Macs verbaut war) vertreten. Letzterer besitzt einen besonders flexiblen Befehlssatz, der Sparsamkeit, Leistungsfähigkeit und Zuverlässigkeit

◄ 29 RISC

◄ 15 Geschichte, ARM

◄ 13 Geschichte, PowerPC

Intel Core-2-Duo-Prozessor

vereint. PowerPC-Prozessoren finden in den unterschiedlichsten Gebieten Einsatz. Die Prozessoren der aktuellen Spielekonsolen von Sony, Microsoft und Nintendo sind PowerPCs. PowerPCs steuern die Infrastruktur der Mobilfunknetze und auch im Bereich Automobil und Luft- und Raumfahrt ist der PowerPC stark vertreten (z.B. wird das 2009 gestartete Kepler-Weltraumteleskop von PowerPC-Prozessoren gesteuert). Die Palette geht bis zu den großen Server-Systemen. Hier ist auch der SPARC-Prozessor vertreten.

Der **x86** dagegen ist praktisch ein reiner Personalcomputer-Prozessor. Seine herausragende Eigenschaft ist die Kompatibilität zu Windows, dem meist verbreiteten PC-Betriebssystem. Damit konnte der x86 sich am Markt halten und zum Teil sogar die modernen Prozessoren im RISC-Design verdrängen. Intel versucht, mit dem x86 in die verschiedenen anderen Bereiche vorzustoßen. In Bereichen, in denen besondere Sparsamkeit, besondere Leistungsfähigkeit oder besondere Zuverlässigkeit gefordert ist (oder alles gleichzeitig), hat der x86 jedoch kaum eine Chance. Der x86 zeigt, dass mit der Lösung eines Problems ein neues geschaffen werden kann: Durch die definierte ISA wurde der Markterfolg eines Prozessors von der vorhandenen Software abhängig.

Der Intel-Prozessor

Der Intel-Prozessor in den Macs ist ein **x86**. Er entstand aus dem 8086, einem Prozessor, der 1978 entworfen wurde. Bei der schrittweisen Erweiterung des 8086 bis zum heutigen x86 mit 64-bit-Erweiterung wurde das Grundgerüst nie wirklich modernisiert. Statt dessen wurden immer wieder zusätzliche Betriebsmodi hinzugefügt oder Recheneinheiten angeflickt. Nur so war es möglich, dass jede neue Prozessorgeneration weiterhin mit DOS und Windows kompatibel war. So besitzt auch der neueste Intel-Prozessor noch immer die Eigenschaften eines Prozessors, der in den 70er-Jahren entworfen wurde. An vielen Verbesserungen, die es seit den 70er Jahren in der Prozessor-Entwicklung gegeben hat, hat der x86 nicht oder nur über Umwege teilhaben können. Daher unterscheiden sich x86-Prozessoren in einigen Punkten von modernen Prozessoren, wie dem PowerPC, welcher bis zum Wechsel zu Intel in Macs verbaut wurde, oder auch dem ARM, dem Prozessor im iPhone.

CISC vs. RISC

Intels x86-Architektur ist ein Lehrbuchbeispiel für einen »komplexen Befehlssatz«. Mit **CISC** (Complex Instruction Set Computing) wurden in den 70er-Jahren die Möglichkeiten, die sich durch die ISA ergaben, auf die Spitze getrieben. Grund dafür war u.a., Speicher zu sparen – Speicher war rar und teuer und Prozessorlogik billiger zu produzieren als Speicher. Außerdem sollte dem Programmierer, der damals noch auf Programmieren in der maschinennahen Sprache »Assembler« angewiesen war, die Arbeit erleichtert werden. Daher wurde mehrere Befehle zusammengefasst und Befehle eingeführt, mit denen Speicheradressen direkt manipuliert werden. Die Befehle einer solchen ISA können vom Prozessor nicht direkt verarbeitet werden. Damit wurden die Prozessoren immer komplexer. Da die Ressourcen beschränkt waren, ist die Zahl der Register stark beschränkt.

In den 80er-Jahren begann man daher, mit der **RISC**-Technologie (Reduced Instruction Set Computing) die Grenzen zu überwinden, die durch CISC gesetzt wurden. Man besann sich auf die Einfachheit der Prozessoren aus der Zeit vor CISC. Das Konzept der ISA wurde beibehalten, die ISA aber so angelegt, dass die Befehle direkt vom Prozessor verarbeitet werden können. Der Prozessor kommt ohne eine Microcode Engine aus, die verfügbaren Transistoren können stattdessen für die eigentlichen Recheneinheiten verwendet werden. RISC sollte eine höhere Taktgeschwindigkeit aber auch höhere Rechengeschwindigkeit pro Takt ermöglichen. Techniken wie Pipelines und superscalare Prozessoren wurden erst durch RISC möglich. Bei RISC gibt es, bis auf die speziellen Load- und Store-Befehle, keinen Zugriff auf Speicheradressen. Die Zahl der Register ist ungleich größer als beim CISC. Aus der gleichen Länge und Struktur der Befehle (bzw. der daraus resultierenden fixen Länge des Opcodes) ergibt sich aber auch eine beschränkte Anzahl von Befehlen.

CISC- und RISC-Code. Im x86-CISC-Code (rot) haben Befehle eine unterschiedliche Länge und Struktur. Der PowerPC (blau) ist RISC, dort sind alle Befehle gleich lang und haben auch die gleiche Struktur. Damit der Intel-Prozessor die Befehle effektiv verarbeiten kann, muss er den x86-Code intern in Code umwandeln, der so ähnlich aussieht wie der PowerPC-Code. (Die Bilder zeigen echten Maschinencode. Dieses Code-Segment wird beim Starten eines Mac-OS-X-Programms aufgerufen.)

12ff ◄
Geschichte, x86

Apple verwendet dieses Logo anstelle des offiziellen Intel-Logos.

Eigenschaften und Probleme der x86-ISA
Die Befehle des x86-Befehlssatzes haben eine extrem **unterschiedliche Länge** (zwischen 1 und 17 Bytes; im Durchschnitt 3,5, in tatsächlich verwendetem Programm-Code kann der Wert höher oder niedriger sein). Aufgrund der unterschiedlichen Länge der Befehle kann der Prozessor beim Annehmen der Befehle nicht automatisch erkennen, wann der nächste Befehl beginnt. Im Vergleich zu modernen Prozessoren, bei denen die Befehle alle gleich lang sind, ist das Dekodieren der Befehle beim x86 also ungleich aufwendiger. Heutige x86-Prozessoren nehmen die Befehle paketweise an. x86-Befehle können nicht einfach wie ein gleichmäßiger Datenstrom angenommen und aufgeteilt werden. Bevor diese weiterverarbeitet werden können, muss der Prozessor immer zuerst anhand des Inhalts feststellen, ob es sich dabei um einen oder mehrere Befehle handelt.

Häufig gebrauchte Befehle sind kurz, um Speicher zu sparen. Da die Zahl der kurzen Befehle rein mathematisch beschränkt ist, gibt es – um möglichst viele Befehle zu realisieren – zusätzlich seltener gebrauchte, längere Befehle. Zum Teil handelt es sich um zwei Versionen des gleichen Befehls: Ein kurzer Befehl, der automatisch auf ein bestimmtes Register angewendet wird, und ein langer, der auf jedes beliebige Register angewendet werden kann. Der x86-Befehlssatz enthält auch Befehle, die Speicherinhalte direkt berechnen (der Prozessor muss die Inhalte natürlich trotzdem in die Register laden, um sie berechnen zu können). Heutzutage ist die Einsparung an Speicherplatz, die sich theoretisch durch den Befehlssatz ergibt, irrelevant. Bei einem Mac-OS-X-Programm beträgt sie, wenn überhaupt, nur wenige Prozent.

Die **Zahl der Register** ist im Vergleich zu modernen Prozessoren sehr klein. Pro Funktionseinheit stehen im 32-bit-Modus 8 Register zur Verfügung. Die Menge an Registern reicht nicht aus, um die Grundparameter zu speichern, die für den Programmablauf benötigt werden. Diese müssen beim x86 im Speicher abgefragt werden, was viel Zeit kostet. Im 64-bit-Modus stehen 16 Register zur Verfügung. Das soll laut AMD in 90% der Fälle ausreichend sein.

Im Gegensatz zu modernen Prozessor-Designs kennt der x86 nur Befehle mit **zwei Operanden**, der Inhalt eines Registers (oder einer Speicheradresse) wird mit dem Inhalt eines anderen verändert (nach dem Schema A + B → A). Bei modernen Prozessoren dagegen haben die meisten Befehle drei Operanden (A + B → D) oder gar vier (A + B + C → D).

Der x86 bearbeitet Daten **»Little Endian«**. D.h. wenn das Wort »UNIX« ein 64-bit-Wert wäre, würde es in den Registern im 32-bit-Modus als »NU« und »XI« bzw. im 64-bit-Modus als »XINU« gespeichert. Little-Endian brachte früher den Vorteil, dass beim Umwandeln von Werten weniger Befehle gebraucht werden (die Speicheradresse ändert sich nicht). Moderne Prozessoren können meist im Little- oder Big-Endian-Modus betrieben werden. Sie werden aber vorzugsweise Big-Endian betrieben, da Netzwerk-Protokolle in der Regel Big-Endian-Zahlen verwenden. Auch das Mac-OS-X-Dateisystem HFS+ ist Big-Endian. Beim x86 müssen diese Werte entsprechend vom Kernel hin- und hergedreht werden.

Die **SSE** genannte Vektor-Einheit übernimmt beim x86 auch Fließkomma-Berechnungen, da die ursprüngliche x87-FPU problematisch zu programmieren ist. Dafür werden die Register der immer noch vorhandenen x87-FPU für bestimmte Vektorberechnungen gebraucht, die mit Intels erstem Versuch einer Multimedia-Erweiterung namens MMX eingeführt wurden. Da SSE den Beschränkungen des x86-Befehlssatzes unterliegt, ist die Vektor-Einheit

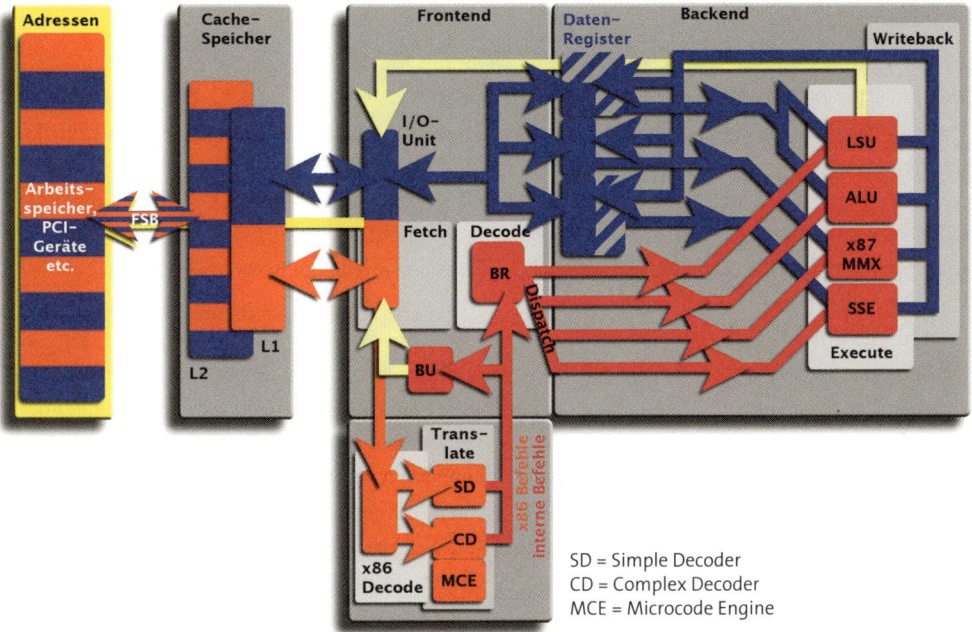

SD = Simple Decoder
CD = Complex Decoder
MCE = Microcode Engine

Schematische Darstellung eines x86-Prozessors mit x86-Translationseinheit. Das Backend entspricht dem eines RISC-Prozessors. Im Frontend aber findet sich eine zusätzliche Einheit, in der die x86-Befehle in interne Befehle umgewandelt werden. Im 64-bit-Modus ändert sich die Anzahl der Datenregister.

auch nach mehreren Erweiterungen noch nicht annähernd so leistungsfähig, wie die Vektor-Einheiten moderner Prozessorarchitekturen.

Die Core-2-Prozessoren enthalten eine Anfang 2003 von AMD eingeführte **64-bit-Erweiterung** – AMD 64 bzw. x86-64, bei Intel EMT64 oder Intel64 genannt. Über verschiedene Initialisierungsschritte wird der 32-bit-Prozessor zu einem 64-bit-Prozessor. Im 64-bit-Modus erscheint der Prozessor als ein anderer Prozessor als im 32-bit-Modus, u.a. mit der doppelten Anzahl an Registern. 32-bit-Programme laufen dann in einem Kompatibilitätsmodus, ein Mischbetrieb ist nicht möglich.

Da beim x86 die Kompatibilität zu vorhandenen DOS- und Windows-Systemen und -Programmen oberste Priorität hat, verhält sich außerdem selbst der aktuellste x86-Prozessor mit 64-bit-Erweiterung zuerst immer wie ein 8086 und muss beim Systemstart oder nach einem Ruhezustand durch 8086-Befehle in den Modus eines 80386 versetzt werden und danach in den 64-bit-Modus.

x86-Translation

Bei den meisten heutigen x86-Prozessoren werden die x86-CISC-Befehle im Prozessor zu Mikrobefehlen umgewandelt und dann abgearbeitet. Diese Mikrobefehle besitzen ähnliche Eigenschaften wie RISC-Befehle (denn sie orientieren sich wie diese an den Arbeitsabläufen eines modernen Prozessors). So ist es möglich im Backend die Optimierungstechniken, die bei RISC verbreitet sind, auch zusammen mit dem x86-Befehlssatz zu nutzen. Auf die Mikrobefehle ist jedoch weiterhin kein direkter Zugriff möglich, sie sind auch unterschiedlich je nach x86-Prozessortyp. Dabei gibt es bei heutigen x86-Prozessoren mehrere Einheiten zur Umwandlung der CISC-Befehle in die internen Befehle. Einfache Befehle werden von mehreren parallel arbeitenden einfachen Umwandlungs-

52 ▶
Software, 64 bit

Technisches zur Hardware der Macs **31**

einheiten in ein oder zwei interne Befehle umgewandelt, die komplexeren Befehle werden über ein Mikroprogramm in eine Sequenz von – teils Dutzenden – internen Befehlen umgerechnet.

x86-Overhead

Sowohl für die Verarbeitung der x86-Befehle nach der ursprünglichen CISC-Methode, als auch für die Umwandlung der x86-Befehle werden viele Ressourcen verschwendet, für x86-Translation tendenziell sogar mehr, als für die Verarbeitung über Mikroprogrammierung. Viele Millionen Transistoren sind damit beschäftigt, den Prozessor mit Windows kompatibel zu machen und verbrauchen Strom, ohne zur Rechenleistung beizutragen. Da die verfügbaren Ressourcen sich mit jeder Prozessor-Generation vervielfachen, dachte man, man könnte diesen Overhead bald vernachlässigen. Heute aber wird mehr auf Stromsparen geachtet und Leistungssteigerungen bei Prozessoren werden nicht mehr durch Vergrößern eines einzelnen Prozessors und höhere Taktung erreicht, sondern durch Mehrprozessor-Technik. Mit der Vervielfachung kompletter Prozessorkerne steigt die Menge der von der x86-Übersetzungshardware verbrauchten Ressourcen nun doch wieder an.

Über die tatsächliche Menge der Transistoren, die für den x86-Overhead verbraucht werden, schweigen sich die Hersteller von x86-Prozessoren weitestgehend aus. Ein Pentium Pro, aus dem die aktuellen Core-Prozessoren entwickelt wurden, soll ca. 40% seiner Transistoren gebraucht haben, um x86-Befehle zu übersetzen. In heutigen x86-Prozessoren dürfte der x86-Overhead im Bereich von 10 Millionen Transistoren pro Prozessorkern liegen. (Diese Zahl entspricht etwa zwei bis drei kompletten ARM-Prozessorkernen, von denen einer im iPhone zum Einsatz kommt!)

Vorteile durch x86?

Intels Marketingabteilung behauptet häufig, dass die Verwendung von x86-Prozessoren Vorteile bringen würde, z.B. dass man so Zugriff auf die große Menge an Programmen hätte, die für x86 geschrieben sind. Diese Behauptungen sind allerdings völlig falsch. Für einen Mac, der unter Mac OS X betrieben wird (oder auch bei Verwendung von Linux oder einem anderen Betriebssystem) bringt es keinen Vorteil, den x86-Befehlssatz zu verwenden. Programme sind in der heutigen Zeit nicht mehr in Assembler für einen bestimmten Prozessor programmiert, sondern in Hochsprachen wie »C« oder »C++« bzw. »Objective C« für Cocoa. Diese Sprachen sind prozessorunabhängig. Beim Erzeugen eines Programms sorgt der Compiler dafür, die Hochsprache in die Prozessorsprache umzusetzen.

Außerdem besteht der größte Teil eines Programms (bei Photoshop z.B. sind es 80%) heutzutage aus Code für die Kommunikation mit dem Betriebssystem. Beim Portieren eines Programms von Windows nach Mac OS X muss dieser Teil aufwendig von Hand geändert werden, da Mac OS X andere Schnittstellen verwendet, als Windows. Nur der mathematische Teil (bei Photoshop, einem Programm, das verhältnismäßig viele Berechnungen durchführt, ungefähr 20%), kann eventuell auf einen Prozessor-Befehlssatz optimiert sein. Meist allerdings reicht es, den Code neu zu kompilieren. Die Verwendung von x86-Prozessoren bringt allenfalls den Vorteil (falls man das als solchen sieht), dass Windows – und damit Windows-Programme – auf dem Computer in voller Geschwindigkeit betrieben werden kann.

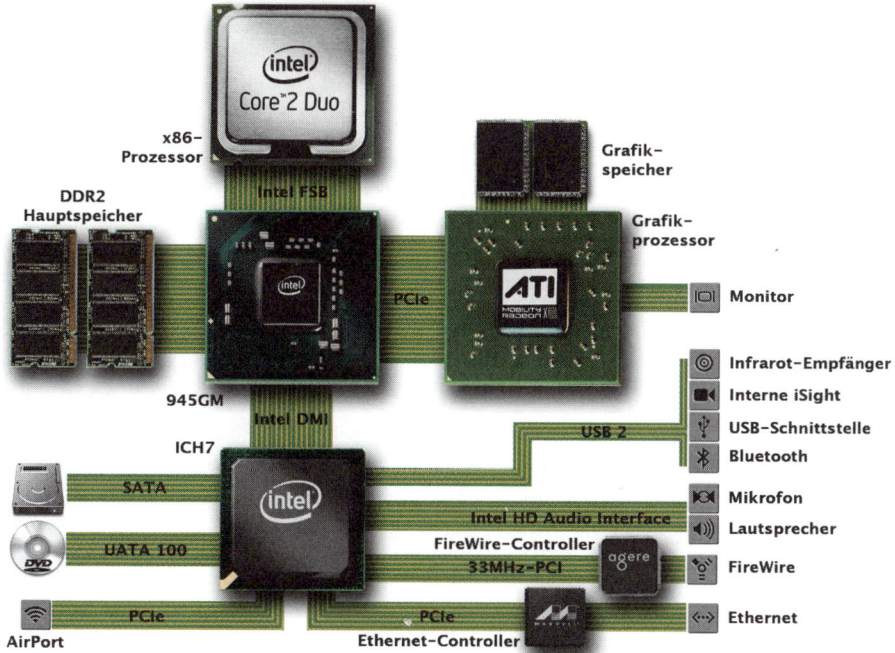

Das Design des Mainboards im Intel-iMac entspricht dem des MacBook Pro bzw. ohne den Grafikprozessor und -speicher dem des Mac mini und MacBooks – und dem Design der meisten PC-Notebooks mit Intel-Prozessor.

Der Chipsatz

Auf dem Mainboard des Macs befinden sich neben dem Prozessor weitere Komponenten, die zum Betrieb eines vollwertigen Computers gebraucht werden. Bei diesen Komponenten spricht man vom »Chipsatz«.

Ein Chipsatz besteht traditionell aus zwei Hauptkomponenten. Die Northbridge kontrolliert den Speicher und verbindet den Prozessor mit dem lokalen Bus. Außerdem ist die Grafik-Hardware über die Northbridge angebunden. Die Southbridge ist für die Verwaltung der I/O-Schnittstellen wie Festplatten-, USB-, FireWire- und die Netzwerk-Schnittstellen zuständig. North- und Southbridge sind direkt miteinander verbunden.

Der Trend geht allerdings zu einer immer weiteren Integration der Komponenten. Bei moderner Hardware, wie sie z.B. im iPhone eingesetzt wird, sind der Prozessor und alle Komponenten des Chipsatzes auf einen Chip vereint, den so genannten SoC (System on a Chip). Im Bereich der x86-PC-Hardware, speziell der von Intel, hängt die Entwicklung aber noch deutlich hinterher. Mittlerweile werden bei einigen Chipsätzen die North- und die Southbridge (wie schon bei dem Chipsatz, den Apple selber für den G4 entworfen hatte, siehe Grafik Seite 13) zu einem Chip zusammengefasst. Außerdem wird die Grafikhardware in den Chipsatz integriert. Bei vielen Herstellern wird schon länger der Speicher-Controller direkt in den Prozessor integriert. Beim Prozessor im neusten Mac Pro folgt Intel etwas verspätet diesem Trend.

Die Macs mit Intel-Prozessor verwenden die gleichen Chipsätze wie jeder andere PC. Der

36ff ▶
Schnittstellen

zuerst verwendete 945-Chipsatz von **Intel** war eigentlich für 32-bit-Prozessoren gedacht und kann daher – selbst, wenn mehr eingebaut ist – nur bis 3 GB Speicher verwalten. Später wurde auf den 965-Chipsatz gewechselt, welcher mehr Speicher verwalten kann. In die Intel-Southbridges ICH7 und ICH8 sind lediglich Festplatten- und USB-Schnittstellen integriert. Die Controller für die Netzwerk-Schnittstellen sind über PCIe angebunden, FireWire bei manchem Modell sogar nur über den langsamen PCI-Bus. In einigen Modellen enthält der Chipsatz einen in die Northbridge integrierten Grafikprozessor (GMA). Dieser Grafikprozessor besitzt im Gegensatz zu normalen Grafikprozessoren keine eigene Speicherschnittstelle, er greift auf einen reservierten Teil des Hauptspeichers zu. Außerdem fehlen Recheneinheiten für bestimmte Grafikberechnungen, die moderne Grafikhardware ausführen kann. Der Intel GMA suggeriert dem System jedoch, diese Funktionen zu beherrschen und gibt einen Teil der Berechnungen dann aber wieder an den Hauptprozessor zurück.

In neueren Modellen wird ein Chipsatz von **NVIDIA** verwendet. Dieser zeichnet sich durch eine größere Integration aus. Hier sind North- und Southbridge, der Grafikprozessor und die Netzwerk-Schnittstelle auf einem Chip zusammengefasst. Im Gegensatz zur integrierten Grafik in den Intel-Chipsätzen wird im NVIDIA-Chipsatz ein vollwertiger Grafikprozessor eingesetzt. Lediglich in Bezug auf die Speicheranbindung gibt es Nachteile gegenüber dedizieren Grafikprozessoren, da hier statt auf speziellen Grafikspeicher, auf den (etwas langsameren) Hauptspeicher zugegriffen wird.

Im Mac Pro werden Server-Prozessoren (Xeon) und -Chipsätze verbaut. Bei Intel ist nur mit diesen der Betrieb mehrerer Prozessoren möglich.

Die Firmware

Damit ein Computer starten kann, braucht das Mainboard ein eigenes kleines Betriebssystem, das den Arbeitsspeicher initialisiert und das auf der Festplatte befindliche System starten kann.

EFI

Beim x86-PC ist dafür normalerweise das BIOS zuständig, das mittlerweile schon 25 Jahre alt ist und im Laufe der Zeit um viele Funktionen erweitert wurde. Es setzt aber immer noch den »Real Mode« des x86-Prozessors voraus. Im Real Mode verhält der Prozessor sich wie ein 8086, einem Prozessor aus den 70er Jahren, mit entsprechend geringen Möglichkeiten bezüglich des adressierbaren Speichers und der Programmiersprache. Selbst für den neuesten x86-PC mit 64-bit-Prozessor muss ein x86-BIOS mit 1 MB Arbeitsspeicher auskommen und kann nur in Assembler – einer Sprache, die sich mehr an der Maschine, als am Menschen orientiert – programmiert werden.

In den Macs mit Intel-Prozessor übernimmt EFI (Extensible Firmware Interface) diese Aufgabe. EFI, welches von Intel ursprünglich als Firmware für den 64-bit-Server-Prozessor Itanuim entwickelt wurde, ist beim x86 nur eine Abstraktionsschicht und ein Interface-Aufsatz für das BIOS. Das BIOS wird im Gegenzug von den vielen Funktionen, die im Laufe der Zeit hinzugekommen waren, befreit und wird wieder zu einer reinen Firmware. EFI ermöglicht für den Systemstart das Auffinden der Startdatei auf der Festplatte und es können Firmware-Programme (hier »EFI-Module« genannt) ausgeführt werden.

Apple verwendet die fertige EFI-Implementation von Intel namens »Tianocore«, welche auch Intel für den größten Teil der Intel-Mainboards verwendet. Daher wird die EFI-Software für einen Mac unter Windows entwickelt. Apple hat das Intel-EFI nur um eigene wenige Module erweitert – z.B. ein geändertes Modul mit grafischer Benutzeroberfläche für die Start-Volume-Auswahl oder ein Modul für den FireWire-Target-Modus. Damit bietet EFI im Intel-Mac die gleichen Möglichkeiten, wie sie seit Jahren in Macs selbstverständlich waren, die auf der moderneren PowerPC-Architektur aufbauten.

Der Zugriff über eine Kommandozeilen-Oberfläche (EFI-Shell) ist bei Intel-Macs nicht ohne Weiteres möglich, da Apple das entsprechende Modul nicht integriert hat.

Eines der Module, die beim Start ausgeführt werden können, liefert das BIOS-Interface. Dieses ist zum Start von Windows notwendig. (Bei den meisten PCs anderer Hersteller mit EFI ist dieses Compatibility Support Module (CSM) das einzige EFI-Programm, das ausgeführt wird. Es liefert dort auch die im PC-Bereich bekannte BIOS-Bedienoberfläche.)

Mac OS X ohne EFI?

Für den Betrieb von Mac OS X ist EFI nicht notwendig. EFI schreibt lediglich beim Systemstart bestimmte Werte in den Arbeitsspeicher. Eine angepasste Bootloader-Software, wie die im Internet frei verfügbare, nur wenige kB große Software »Chameleon« kann diese Aufgabe auf normalen PCs mit BIOS übernehmen. Ist diese Software installiert, läuft Mac OS X ohne Änderungen auf jedem beliebigen PC mit Intel-Prozessor und -Chipsatz. Für den Betrieb auf PCs mit Chipsätzen oder Prozessoren von anderen Herstellern muss zusätzlich ein Kernel mit kleineren Änderungen verwendet werden. Auch der »Voodoo«-Kernel ist im Internet frei verfügbar.

NVRAM

Die Einstellungen für das EFI werden im NVRAM gespeichert, einem nicht-flüchtigen (engl. non-volatile) Flash-Speicherbaustein auf dem Mainboard. Sie können auch im Terminal von Mac OS X mit dem Befehl »nvram -p« betrachtet werden.

SMC

Macs haben auf dem Mainboard einen speziellen Baustein, der unter anderem die Batterie und die Lüfter überwacht. Der SMC (System Management Controller) ist – entsprechend Intels Vorgabe – ein komplett vom Betriebssystem unabhängiges System aus einem kleinen RISC-Prozessor mit integriertem Arbeits- und Flash-Speicher, in dem ein eigenes kleines Betriebssystem gespeichert ist.

Im Speicher des SMC ist außerdem ein Entschlüsselungscode – ein Limerick – für das Ausführen bestimmter essenzieller Mac-OS-X-Programme (Loginwindow, Finder) gespeichert, deren x86-Binärcode in verschlüsselter Form vorliegt, um den Betrieb von Mac OS X auf Nicht-Apple-PCs zu verhindern. Auch gegen diese Maßnahme hat die Hackintosh-Szene entsprechende Software entwickelt (z.B. die Kernel-Erweiterung »dsmos.kext« oder »fakesmc.kext«).

Das Logo der uefi.org, welche die Weiterentwicklung der EFI-Spezifikation übernommen hat.

82 ▶
Praxis, FireWire-Target-Modus

288 ▶
Praxis, SMC-Reset

257ff ▶
Praxis, Shell

▶ 266
Praxis,
Festplatte
installieren

▶ 264
Praxis,
Bustypen

Interne Schnittstellen

Serial ATA
Die Macs mit Intel-Architektur verwenden Serial ATA als Festplatten-Schnittstelle. An einen Anschluss kann nur eine Festplatte angeschlossen werden, sie braucht nicht konfiguriert zu werden.

Serial-ATA-Festplatten können auch extern in speziellen eSATA-Gehäusen angeschlossen werden. Da Apple jedoch keine externen Anschlüsse einbaut, müsste dafür eine eSATA-Schnittstelle nachgerüstet werden. Das ist nur beim Mac Pro mittels einer PCIe-Karte möglich.

ATA / IDE
Die DVD-Laufwerke sind bei einigen Modellen an eine IDE-Schnittstelle angeschlossen. IDE wird auch als ATA bezeichnet, seit sich Serial ATA durchsetzt, IDE häufig auch als parallel ATA oder PATA.

PCIe
Der Mac Pro verwendet als interne Schnittstellen PCIe – auch PCI Express genannt. PCIe arbeitet mit Punkt-zu-Punkt-Verbindungen, so genannten Lanes. Karten bzw. Steckplätze können 1, 2, 4, 8 oder 16 Lanes besitzen. PCI-, PCI-X- und AGP-Karten sind nicht kompatibel zu PCIe.

PCI-Express-
x1-Karte
(1 Lane) mit
zwei eSATA-
Schnittstellen

Peripherie-Schnittstellen

Jeder Mac besitzt eine Reihe von Schnittstellen, über die er mit der Außenwelt kommuniziert. Einige dieser Schnittstellen sind bei jedem Mac vorhanden, andere nur bei bestimmten Modellen. Hier werden alle Schnittstellentypen und ihre Stecker beschrieben.

USB

Am Universal Serial Bus (USB) werden die Eingabegeräte – Tastatur, Maus – sowie andere »langsame« Geräte wie Modem, Drucker, Scanner usw. angeschlossen. Im laufenden Betrieb können bis zu 127 Geräte angeschlossen werden.

Trotz der Bezeichnung ist USB eigentlich gar kein Bus. USB-Geräte können nicht direkt hintereinander angeschlossen werden. Sie müssen immer an einem Hub (dem internen im Computer oder einen externen) angeschlossen werden. Die Geräte können nicht direkt miteinander kommunizieren. Die Kommunikation läuft immer über den Computer, selbst wenn die Geräte an den gleichen Hub abgeschlossen sind.

USB 2

USB 2 ist eine stark beschleunigte Variante von USB. Hier können auch schnelle Geräte wie Festplatten etc. angeschlossen werden. Hierfür sollten Sie aber FireWire den Vorzug geben. (USB 2 wurde von Intel entwickelt, um FireWire zu verdrängen. USB 2 bleibt aber trotzdem nur eine aufgebohrte Tastaturschnittstelle, ohne eine für eine Hochgeschwindigkeitsschnittstelle geeignete Bus-Topologie. Wegen der – um wenige Cent – billigeren Hardware werden häufig Geräte statt mit einer FireWire- mit einer USB-2-Schnittstelle ausgestattet.)

FireWire

In den meisten neueren Macs ist mit FireWire (IEEE 1394) eine Hochgeschwindigkeitsschnittstelle zu finden. FireWire ist ein serieller Bus, an den im laufenden Betrieb bis zu 63 Geräte angeschlossen werden können. FireWire kann beispielsweise zum Anschluss von externen Festplatten und digitalen Camcordern verwendet werden. Am Mac werden die 6-poligen Stecker verwendet, die auch die Stromversorgung enthalten.

FireWire-Geräte sind meist mit zwei Schnittstellen – und einem sogenannten Repeater, der die Signale weiterleitet – ausgestattet, sodass mehrere Geräte hintereinander in einer Kette betrieben werden können. Im Gegensatz zu USB 2 können die Geräte dabei auch direkt miteinander kommunizieren, der Computer muss die Kommunikation lediglich anstoßen.

FireWire 800

Mit FireWire 800 wurde die Geschwindigkeit der FireWire-Schnittstelle noch einmal verdoppelt. Dabei werden aber auch andere (9-polige) Stecker verwendet. FireWire-400-Geräte können jedoch mit einem Adapter angeschlossen werden.

ExpressCard/34

Das MacBook Pro besitzt eine ExpressCard-Schnittstelle. ExpressCard kombiniert eine PCIe-Schnittstelle mit einer USB-2-Schnittstelle in einem Steckplatz. Im MacBook Pro können lediglich die schmaleren ExpressCard/34-Karten verwendet werden, nicht die breiteren ExpressCard/54-Karten. ExpressCard ist nicht kompatibel zu PC-Card.

SD-Card

Einige UniBody MacBook Pro haben eine eingebaute Schnittstelle für SD-Speicherkarten (Secure Digital Memory Card). In dieser können Speicherkarten im Standard-SD-Format gelesen werden und mit Adapter auch Mini-SD- und Micro-SD-Karten.

Bluetooth

Bluetooth ist ein Kurzstreckenfunk, der eigentlich für die Kommunikation zwischen einem Mobiltelefon und Komponenten konzipiert ist. Hier können aber auch andere Peripheriegeräte angeschlossen werden. Die neuesten Macs haben Bluetooth eingebaut, ältere können mit einem Adapter nachgerüstet werden, der an die USB-Schnittstelle gesteckt wird. Bluetooth bietet eine Übertragungsgeschwindigkeit von maximal 723 kbit, mit der neueren Version 2.0 wurde die Geschwindigkeit verdreifacht.

USB-Anschlussstecker:
B-Form (bei einigen Peripheriegeräten verwendet),
A-Form (für Anschlussbuchse am Mac),
Mini 5-polig (beispielsweise bei Digitalkameras)

FireWire-Anschlussstecker:
FireWire 400 (4-polig), FireWire 400 (6-polig) und FireWire 800

▶ 206
Praxis,
Datenaustausch mit
dem Handy
über Bluetooth

▶ 352
Referenz,
Kontrollfeld
Monitore

▶ 372f
Referenz,
Kontrollfeld
Ton

▶ 323
Referenz,
Audio-MIDI-
Konfiguration

Monitor

 Monitore werden über die **DVI**-Schnittstelle angeschlossen. Hierbei wird die Konfiguration DVD-I verwendet, die neben den Pins für das digitale Monitorsignal auch Pins für analoges **SVGA**-Monitorsignal enthält. Für den Anschluss eines analogen Monitors liegt meist ein Adapter bei.

Einige Modelle besitzen eine **Mini-DVI**-Schnittstelle, an die DVI- oder VGA-Monitore mit einem Adapter angeschlossen werden können.

In neueren Modelle setzt Apple statt dessen auf den **Mini DisplayPort**. Dieser enthält kein analoges Signal mehr. Zum Anschluss von DVI- oder VGA-Monitoren oder Fernsehgeräten mit HDMI-Eingang wird ein Adapter benötigt.

Monitore melden sich über DDC am Mac an; so erkennt Mac OS X automatisch den Monitortyp.

iSight

 iMacs und Notebooks sind mit einer integrierten Kamera ausgestattet, die bei Apple iSight genannt wird. Diese ist intern über USB angeschlossen. Ältere Geräte können mit einer externen iSight über FireWire ausgestattet werden. Alternativ können auch USB-Kameras anderer Hersteller verwendet werden. Für die iSight stellt Mac OS X verschiedene Software-Funktionen zur Verfügung.

Ton

 Schon der erste Mac hatte eine integrierte »Soundkarte«. Alle neueren Macs können mit ihrer Soundausstattung CD-Qualität produzieren. Alle Macs haben einen Line-Ausgang – manche Modelle auch zusätzlich einen Kopfhörerausgang und einen Line-Eingang – mit 3,5-mm-Miniklinken-Steckern. (Der Line-Eingang ist ein High-Level-Eingang, kein Mikrofoneingang. Die meisten Mikrofone brauchen hier einen Vorverstärker.)

Der Mac Pro verfügt außerdem über jeweils einen optischen digitalen Audioeingang und Audioausgang mit Toslink-Anschlüssen.

Apple Remote (Infrarot-Schnittstelle)

Die meisten Intel-Macs sind mit einer Infrarot-Schnittstelle für die Fernbedienung »Apple Remote« ausgestattet. Diese ist nicht mit IrDA kompatibel.

Als Batterie für die Fernbedienung wird eine CR2032-Knopfzelle verwendet.

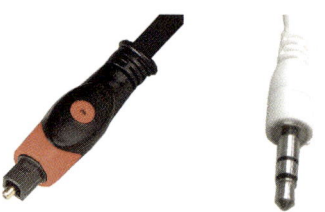

Anschlüsse für Ton: Toslink und Miniklinke

Monitor-Anschlussstecker: Mini DisplayPort, Mini-DVI, DVI, VGA und HDMI

Netzwerk-Schnittstellen

Ethernet

Schon seit vielen Jahren werden Macs mit einer Ethernet-Schnittstelle ausgerüstet. Für den Anschluss an das 10BaseT-, 100BaseT- bzw. 1000BaseT-Netz steht eine Buchse für RJ45-Stecker zur Verfügung.

AirPort

Macs haben mit der (je nach Modell optionalen oder serienmäßigen) AirPort-Karte die Möglichkeit, Netzwerkverbindungen über Funk herzustellen. AirPort benutzt das Ethernet-Protokoll.

FireWire

Bei Bedarf kann auch die FireWire-Schnittstelle zur Übertragung von Ethernet-Paketen verwendet werden.

Ethernet-Stecker

160ff ▶
Praxis,
Netzwerk

353ff ▶
Referenz,
Kontrollfeld
Netzwerk

Psychologie

Technisches zum Betriebssystem Mac OS X

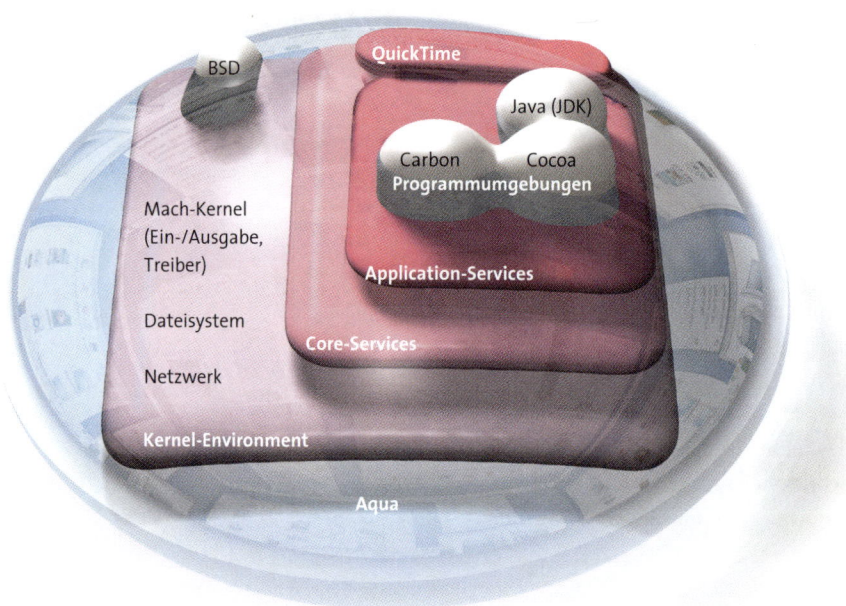

Das Schichtenmodell

Mac OS X ist aus verschiedensten Wurzeln zusammengewachsen. Ein Teil ist klassisches UNIX, ein Teil kommt von NeXTStep, wieder ein anderer Teil aus dem Mac OS.

Mac OS X ist in Schichten aufgebaut, die verschiedene Aufgaben bei der Verarbeitung der Daten übernehmen. Dabei liegen die Schichten jedoch nicht wirklich aufeinander, eine Schicht kann mit jeder anderen kommunizieren.

Die unterste Schicht ist der **Mach-Kernel**, ein so genannter Micro-Kernel. Der Kern selbst enthält lediglich die Komponenten für Speicher und Prozessverwaltung. Treiber werden in Form von **Kernel-Extensions** (KEXT) dem Kernel hinzugefügt. Diese können dynamisch geladen und entladen werden. Der Kernel und die Extensions – zusammen auch XNU oder **Kernel-Environment** genannt – verhalten sich zusammen wie ein so genannter monolithischer Kernel. Sie liegen beispielsweise in einem gemeinsamen Speicherbereich, was Vorteile in der Geschwindigkeit bringt. Nur das Kernel-

Environment darf direkt mit der Hardware kommunizieren. Alle anderen Prozesse laufen abgeschirmt.

Hier werden beispielsweise verschiedene Dateisysteme direkt oder über das Netzwerk angeschlossener Datenträger in ein gemeinsames virtuelles Dateisystem übersetzt, mit dem die Programme dann arbeiten können, ohne sich um die tatsächliche Struktur kümmern zu müssen.

Auf dem Kernel-Environment liegen die **Core-Services**, die den Programmumgebungen nicht-grafische Dienste anbieten. (Das Kernel-Environment zeigt sich zusammen mit einem Teil der Core-Services als Variante von BSD und ist von Apple unter dem Namen »Darwin« als Quellcode freigegeben worden. BSD – Berkeley Software Distribution – ist ein im Quellcode frei verfügbares UNIX-artiges Betriebssystem.) Über den Core-Services liegen die **Application-Services**. Diese stellen den Programmen die grafische Umgebung zur Verfügung.

Die Programme selbst benutzen die verschiedenen, wiederum in einer übergeordneten Schicht liegenden **Programmumgebungen**. Jede Programmumgebung ist eine Sammlung so genannter »**API**s« (Application Programming Interfaces, Schnittstellen für Programme), auf die die Programme zugreifen können.

Wenn ein Programm eine bestimmte Funktion benötigt, die schon Teil des Systems ist, kann es diese aufrufen. Dank dieser Technik müssen viele wichtige Routinen nicht für jedes Programm neu programmiert werden. Das Programm muss lediglich eine Anfrage an den zuständigen Teil seiner Programmumgebung richten. So braucht ein Programm beispielsweise keine eigenen Routinen, die Fenster oder Schaltflächen erzeugen. Es muss nur die Funktionen erzeugen, die mit der Schaltfläche im Fenster aufgerufen werden.

Programmumgebungen

Da Mac OS X ein aus unterschiedlichen Wurzeln zusammengewachsenes System ist, existieren hier verschiedene Programmumgebungen nebeneinander. Für den Anwender macht es praktisch keinen Unterschied, in welcher Programmumgebung ein Programm läuft. Er kann einfach zwischen den Programmen wechseln oder Daten zwischen ihnen austauschen. Seit Mac OS X 10.2 können Cocoa-Programme auch Carbon-Interface-Elemente enthalten bzw. Carbon-Programme Cocoa-Elemente.

Seit Mac OS X eingeführt wurde, hieß es in den Entwicklerdokumenten von Apple, dass der Funktionsumfang von Carbon und Cocoa immer in etwa auf dem gleichen Stand gehalten werden sollte. Welche Umgebung für ein Programm verwendet wird, hänge nur davon ab, welche Programmiertechnik der Programmierer bevorzuge. Außerdem wurde die Empfehlung ausgesprochen, für die Portierung von Windows-Programmen Carbon zu verwenden. Bei der Einführung der 64-bit-APIs für Mac OS X Leopard zog Apple jedoch plötzlich die 64-bit-HIToolbox – den grafischen Teil der Carbon API – zurück. Auch soll Carbon nun keine neuen Schnittstellen für neue Technologien mehr erhalten. Carbon-Programme, die in einer 64-bit-Version erscheinen oder neue Technologien nutzen sollen, müssen daher zuerst nach Cocoa portiert werden. Das ist allerdings kein triviales Unterfangen. Die Portierung von Carbon nach Cocoa entspricht in etwa dem Aufwand der Portierung eines Programms von einer anderen Plattform (wie z.B. von Windows oder X11) nach Cocoa. Daher müssen Mac-OS-X-Anwender bei vielen Programme, die für Windows oder Linux bereits in einer 64-bit-Version vorliegen, noch auf 64-bit-fähige Versionen warten.

Hexley, ein Schnabeltier, ist das Maskottchen von Darwin.

An ihrem Aussehen lassen sich die Programmumgebungen nicht unterscheiden. Der Finder in Leopard (rechts) ist ein Carbon-Programm mit Cocoa-Elementen. Der Finder in Snow Leopard (oben) musste für die 64-bit-Version komplett nach Cocoa portiert werden. Sichtbare Veränderungen gibt es dadurch aber kaum.

Cocoa

Cocoa ist die aus NeXTStep entstandene Programmumgebung. Sie verwendet die eigens mit NeXTStep zusammen entwickelte Programmiersprache Objective-C. Diese ist eine verhältnismäßig einfach zu programmierende und leistungsfähige objektorientierte Programmiersprache, die auf der bekannten Sprache »C« aufbaut. Objective-C ist jedoch nicht sehr verbreitet und wird praktisch nur für die Programmierung von Mac-OS-X/Cocoa-Programmen verwendet.

▶ 44
Rosetta

Carbon

Carbon ist eine für das Mac OS X angepasste Version der Mac-OS-Programmumgebung. Ein großer Teil der APIs entspricht denen des klassischen Mac OS. Programmiert wird hier in den verbreiteten Programmiersprachen »C« und »C++«. In Mac OS X wurden diese APIs weiterentwickelt und bis Mac OS X 10.5 kamen viele neue hinzu. Auf Intel-Prozessoren laufen nur reine Mac-OS-X-Carbon-Programme, die direkt gegen den Mach-Kernel verlinkt sind (Carbon Mach-O).

Java

Als weitere Programmumgebung steht eine Java-VM (Virtuelle Maschine) zur Verfügung. Java wurde von der Firma SUN mit dem Ziel entwickelt, dass Programmierer Programme schreiben können, die auf jeder beliebigen Plattform ausgeführt werden können. Solche in »100% pure Java« programmierten Programme laufen also ohne jede Änderung auch unter Windows oder Linux. Sie werden im Quelltext geliefert und erst bei der Programmausführung für den entsprechenden Prozessor übersetzt.

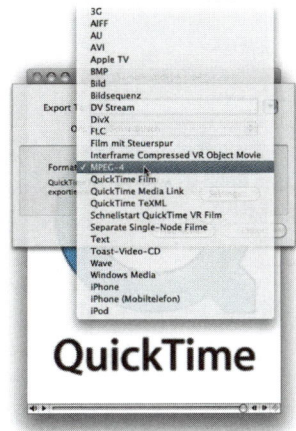 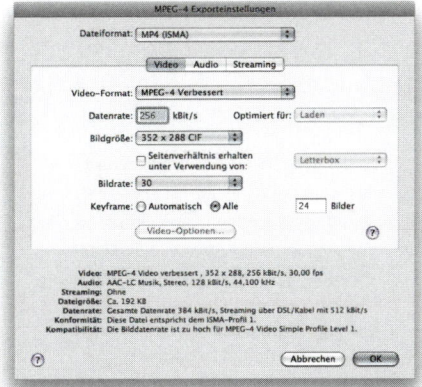

Der ausführbare Code des Programms »QTAmateur« ist als Universal Binary gerade mal 112 kB groß. Trotzdem kann das Programm mit den unterschiedlichsten Videoformaten umgehen.

QuickTime

 Für Multimedia-Inhalte bietet Apple die schon im klassischen Mac OS eingeführte Umgebung QuickTime. QuickTime kann mit unterschiedlichsten Arten von Multimedia-Daten umgehen. Diese werden dann in einem Container an die Programme weitergegeben. Das Programm selbst muss dafür nicht mit den Multimedia-Formaten umgehen. Der QuickTime-Container kann beispielsweise mehrere parallele Video- und Audiospuren enthalten, die in verschiedenen Formaten mit unterschiedlichen Codecs digitalisiert wurden. Im Programm wird lediglich ein Video abgespielt.

So können Programme, die die Dienste von QuickTime in Anspruch nehmen, mit einer neuen Version von QuickTime auch Dateiformate verarbeiten, mit denen sie vorher nicht umgehen konnten.

QuickTime gibt es außer für Mac OS X auch für Windows und – in einer älteren Version – für das klassische Mac OS.

BSD-Kommandos

 Das BSD-Subsystem greift direkt auf das Kernel-Environment zu. Es umgeht damit die Core-Services und die Grafik-Layer. Die UNIX-Shell kann über das Terminal-Programm bedient werden.

Auch die Daemons – unsichtbare Hintergrundprozesse, die Dienste bereitstellen – laufen in der BSD-Umgebung. (Die Namen dieser Prozesse enden i.d.R. mit einem »d«, z.B. ist »diskarbitration**d**« ein Daemon, der für das automatische Anmelden von externen Festplatten sorgt. Das Wort »Daemon« leitet sich nicht vom mittelalterlich christlichen Dämonen ab, sondern vom Altgriechischen bzw. von der sokratischen inneren Stimme »Daimonion«.)

X11

 Optional kann in Mac OS X mit X11 eine weitere Programmumgebung installiert werden. X11 ist die Standard-Grafikumgebung für UNIX-Programme. Apples X11-Programm bildet dabei die X11-Grafiken in Aqua-Fenstern ab.

256ff ▶
Praxis, Shell

261 ▶
Praxis, X11

Der Emulationsmodus zum Ausführen von Mac-OS-X-Programmen für PowerPC auf Intel-Architektur wurde nach dem Stein von Rosetta benannt. Auf diesem Stein aus dem Jahre 196 vor Christus findet sich derselbe Text in griechisch, demotisch und ägyptisch eingemeißelt. Der Stein von Rosetta brachte den Durchbruch bei der Entschlüsselung der ägyptischen Hieroglyphen.

Rosetta – PowerPC-Programme auf Intel ausführen

◂ 28
Befehlssätze

Um den Erfolg von Mac OS X zu sichern, musste Apple in den Anfangstagen versuchen, den Programmierern den Umstieg möglichst einfach zu machen. Daher gab es die Möglichkeit, Programme zu erzeugen, die sowohl auf Mac OS X als auch auf Mac OS 8 und 9 laufen konnten. Der Programmierer konnte dabei sein Mac-OS-X-Projekt auf vorhandenem Code aufbauen und weiter seine aus dem Mac OS vertrauten Programmierwerkzeuge benutzen. Nur wenige Änderungen waren nötig.

So erzeugte Programme wurden unter Mac OS X gegen eine Zwischenschicht, den »Code Fragment Manager«, verlinkt (Carbon-CFM). Unter Mac OS 8 und 9 lief das Programm mithilfe der Systemerweiterung »CarbonLib«. Der Code Fragment Manager, ein essenzieller Bestandteil des klassischen Mac-OS-Systems, wurde für die Kompatibilität in das Carbon-Framework von Mac OS X integriert. Auch »QuickDraw«, das Grafiksystem des klassischen Mac OS zur Darstellung von zweidimensionalen Objekten, wurde in Mac OS X integriert und erweitert.

Mit dem Wechsel zu Intel-Prozessoren ist diese Möglichkeit allerdings verloren gegangen. Programme, die mit den Mac-OS-Programmierwerkzeugen für den CFM erzeugt wurden, können nicht direkt für den Intel-Prozessor übersetzt werden, u.a. da das Design des Code Fragment Managers stark an die Möglichkeiten des PowerPC-Prozessors angelehnt war. Um Carbon-Programme für Intel zu erzeugen, mussten die Projekte in die XCode-Entwicklungsumgebung importiert und dort weitergeführt werden.

Aus diesem Grunde gab es beim Umstieg auf Intel viele Programme – speziell viele größere Programmpakete, wie Adobe CS oder Microsoft Office – die nicht in einer Intel-Version erschienen sind. Erst die nächste Version war als Universal Binary verfügbar. (Selbst Apples Pro-Software gab es als Universal-Binary-Version

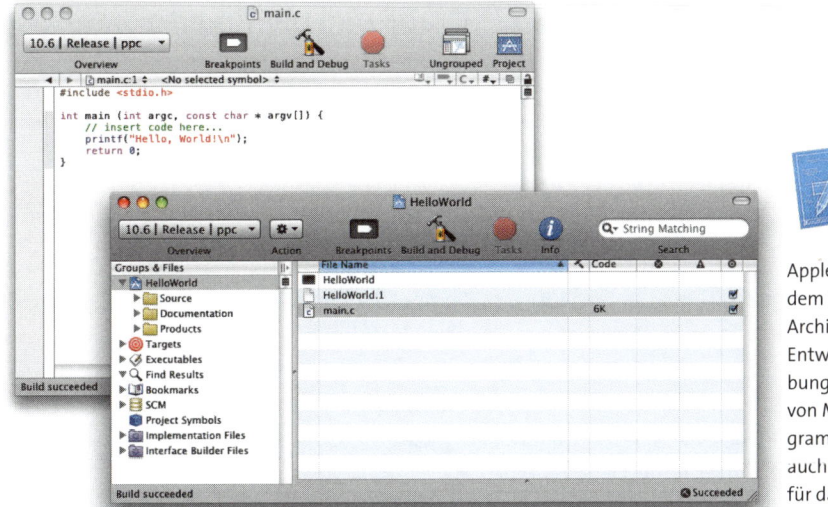

Apples XCode ist seit dem Wechsel zur Intel-Architektur die einzige Entwicklungsumgebung zum Erzeugen von Mac-OS-X-Programmen. Hier werden auch die Programme für das iPhone erzeugt.

nur in Verbindung mit einem kostenpflichtigen Update.)

Damit diese Programme trotz des Umstiegs auf die x86-Architektur weiterhin auf den neuen Geräten laufen konnte, wurde in Mac OS X für Intel-Prozessoren Rosetta eingeführt, das Apple von der Firma »Transitive« lizenzierte. Da die Intel-Prozessoren mit anderen Befehlen arbeiten als die PowerPC-Prozessoren, können diese eigentlich keinen Programmcode ausführen, der für PowerPC erstellt wurde. Rosetta aber übersetzt den PowerPC-Code des Programms in x86-Befehle. Dieser Prozess findet unsichtbar im Hintergrund statt, sodass sich Programme, die mittels Rosetta ausgeführt werden, nicht anders verhalten als andere Programme. Der Benutzer merkt keinen Unterschied.

Allerdings werden Programme unter Rosetta aufgrund der Übersetzung mit einer geringeren Geschwindigkeit ausgeführt als Programme, die für den Intel-Prozessor erstellt wurden.

Beim Wechsel vom 68k-Prozessor zum PowerPC war es durch die Möglichkeiten des PowerPC-Prozessors machbar, nur Teile eines Programmes auf den neuen Prozessor anzupassen. Das ist mit dem x86-Prozessor nicht möglich. Hier muss der Code eines Prozesses immer im Ganzen für eine Architektur vorliegen. Daher können Kernel-Extensions und Programme, die auf eine Kernel-Extension angewiesen sind, Plug-ins und Erweiterungen für die Systemeinstellungen (PreferencePanes) sowie bestimmte Java-Applets nicht unter Rosetta ausgeführt werden.

Auch gibt es ein paar Einschränkungen dabei, welche Art von Code über Rosetta ausgeführt werden kann. G3- und G4-Programmcode wird ausgeführt, nicht jedoch Programmcode, der auf den G5-Prozessor angewiesen ist.

Rosetta übersetzt den Programmcode nach Bedarf in Häppchen. Beim Start des Programms wird der dabei verwendete Code übersetzt, optimiert und in einen Cache geschrieben. Wenn

17 ◄
Geschichte, 68k-Emulation

im Laufe des Programmbetriebs ein anderer Teil des Codes gebraucht wird, wird dieser zusätzlich übersetzt und ebenfalls in den Cache geschrieben.

Rosetta (bzw. »QuickTransit«, wie die Technologie eigentlich heißt) ist prinzipiell nicht darauf beschränkt, PowerPC-Code in x86-Code zu übersetzen. Als »PowerVM Lx86« ermöglicht es z.B. auch, Linux-x86-Programme auf IBM Großrechnern mit PowerPC-Prozessor auszuführen.

In Snow Leopard wird Rosetta nur noch optional installiert. Wenn Rosetta bei der Installation nicht ausgewählt wurde, fordert das System Sie beim ersten Aufruf eines PowerPC-Programms auf, Rosetta nachzuinstallieren. Dies geschieht über die Softwareaktualisierung.

Das Installationspaket enthält allerdings nur das Hintergrundprogramm »translate«, welches für die dynamische Übersetzung des Codes zuständig ist. Die PowerPC-Programme benötigen zusätzlich auch PowerPC-Versionen der API-Bibliotheken, um unter Mac OS X Snow Leopard laufen zu können. Diese werden auch installiert, wenn das Paket »Rosetta« nicht zur Installation ausgewählt wurde.

Grafik und Multimedia

Mac OS X verwendet für die Darstellung der Objekte auf dem Bildschirm, je nach Art des Objekts, verschiedene Technologien. Die Technologien greifen dabei über Plug-in-Schnittstellen ineinander. Sie werden unter dem Oberbegriff **»Quartz«** zusammengefasst. Der Quartz Compositor bringt die gerenderten Objekte auf den Bildschirm.

Quartz 2D

Quartz 2D wird für die Darstellung von zweidimensionalen Objekten und Text verwendet. Quartz 2D basiert auf dem von Adobe entwickelten PostScript-Format »PDF« (Portable Document Format), in dem Layouts unabhängig von der verwendeten Computerplattform (oder dem Drucker) immer gleich dargestellt werden. In PDF werden Objekte anhand von Vektoren und mathematischen Formeln beschrieben. Dadurch können alle Objekte beliebig skaliert werden. Sie werden in jeder Größe gleich scharf dargestellt.

OpenGL

Zur Darstellung von dreidimensionalen Objekten verwendet Mac OS X **OpenGL**. OpenGL wurde von Silicon Graphics als plattformunabhängige Bibliothek zur Darstellung von 3D-Objekten entwickelt und ist mittlerweile der Industrie-Standard für 3D-Darstellung. Moderne Grafikkarten können OpenGL-Objekte ohne Hilfe des Hauptprozessors berechnen.

Viele Spiele und 3D-Programme für Windows oder UNIX verwenden OpenGL. Diese lassen sich verhältnismäßig einfach auf Mac OS X portieren, da die Routinen für die Darstellung der 3D-Objekte nicht verändert werden müssen.

Unter Quartz Extreme werden alle Objekte der Benutzeroberfläche zu OpenGL-3D-Objekten. Diese werden von der Grafikkarte miteinander arrangiert.

Quartz Extreme

Ab Mac OS X 10.2 gibt der Quartz Compositor die Grafik mit Quartz Extreme aus. Quartz Extreme verwendet OpenGL zur Grafikausgabe. Die Objekte (z.B. Fenster) werden als 3D-Objekte, die Inhalte der Objekte als Texturen (Oberflächen) der Grafikkarte zugeführt. Sobald jetzt ein Objekt bewegt wird, kann die Grafikkarte mit ihrem eigenen Prozessor die Objekte neu anordnen, der Hauptprozessor wird von dieser Rechenarbeit entlastet.

Seit Mac OS X 10.5 können mit **QuartzGL** zusätzlich auch die Fensterinhalte einzelner Programme auf dem Grafikprozessor berechnet werden.

QuickTime

Zur Darstellung von Multimedia-Inhalten wie Videos, Musik etc. dient QuickTime. QuickTime braucht jedoch in jedem Fall zum Darstellen der Multimedia-Inhalte eine Host-Application in Form eines Anwendungsprogramms. **Core Video** synchronisiert als Schnittstelle zwischen QuickTime und Quartz die Multimediainhalte mit der Bildschirmausgabe.

318 ▶
Referenz,
QuickTime Player

183 ▶
Praxis,
Internet,
QuickTime Plug-in

Die kleine Beispielapplikation »Core Image Fun House« in den Developer Tools zeigt die Möglichkeiten von Core Image.

Core Image

Mit Core Image hat Apple Funktionen für Bildbearbeitungsprogramme in das Betriebssystem integriert und über eine systemweite Plug-in-Schnittstelle zur Verfügung gestellt. Entsprechend programmierte Programme können diese Image Units als Filter-Plug-in verwenden. Die Funktionen der Image Units werden direkt in der Grafikhardware ausgeführt (vgl. OpenCL). Dadurch werden die Anwendungen von Filtern, deren Berechnung selbst auf einem G5 einige Zeit benötigt, in Echtzeit möglich. Gleichzeitig bleibt der Prozessor für andere Aufgaben verfügbar.

Core Video

Über Core Video können Video-Bearbeitungsprogramme für Video-Effekte auf die Image Units von Core Image zugreifen.

Core Animation

Core Animation ermöglicht mithilfe von Core Image Animationseffekte in der grafischen Benutzeroberfläche.

Core Audio

Core Audio ist die Schnittstelle für Ton-Ausgaben. Auch Core Audio stellt über eine Plug-in-Schnittstelle jedem Programm die Effekte zur Verfügung, die in den Audio Units enthalten sind.

Wie bei Core Image können Audio-Bearbeitungsprogramme über eine Plug-in-Schnittstelle auf die Audio Units von Core Audio zugreifen. Für die Entwicklung eigener Audio Units bietet Core Audio eine auf »OpenAL« basierende Programmierbibliothek. OpenAL ist eine plattformunabhängige Programmierschnittstelle, welche u.a von Creative Labs als Audio-Gegenstück zu OpenGL für 3D-Grafiken, entworfen wurde.

OpenCL, universelle Berechungen auf Grafik-Prozessoren

Bei der Rechenleistung eines Computers denkt man meistens zuerst an die Rechenleistung der CPU, des zentralen, universellen Prozessors. Im Computer befinden sich aber auch noch andere leistungsfähige Prozessoren.

Mit jeder neuen Generation Grafikprozessoren lassen sich seit Anfang bis Mitte der 2000er-Jahre immer mehr Funktionen der Grafikprozessoren frei programmieren. Gleichzeitig steigt die Leistung der Grafikprozessoren immer weiter an, während die Leistungssteigerung der allgemeinen Prozessoren spätestens seit dem Wechsel zu Intel-Prozessoren nicht mehr in diesem Maße zugenommen hat (siehe »Multiprocessing mit Grand Central Dispatch« auf Seite 51). Die Grafik-Prozessoren bringen in bestimmten Bereichen ein Vielfaches an Leistung im Vergleich zu den zentralen Prozessoren (besonders denen von Intel; PowerPC-Prozessoren aber auch x86-Prozessoren von AMD, haben eine etwas bessere Fließkomma-Leistung). In einem iMac aus dem Jahre 2009 z.B. hat der NVIDIA-Grafik-Prozessor eine ca. 10x so große 32-bit-Fließkomma-Leistung, wie der Core-2-Duo-Prozessor.

Aus diesem Grunde begann man sich Mitte der 2000er Jahre Gedanken darum zu machen, die Rechenleistung der Grafikprozessoren auch für andere Aufgaben zu nutzen. Der Gedanke des GPGPU (General-purpose computing on graphics processing units – universelle Berechungen auf Grafik-Prozessoren) wurde geboren. Für diese Aufgabe musste eine Programmierschnittstelle her. Sowohl NVidia als auch ATI stellten 2006 mit CUDA (Compute Unified Device Architecture) bzw. CTM (Close to Metal) jeweils eine an die weit verbreitete Programmiersprache »C« angelehnte Programmierschnittstelle für ihre Grafik-Prozessoren vor. Mit OpenCL (Open Computing Language) hat Apple zusammen mit anderen eine ebenfalls C-basierte Programmierschnittstelle entworfen, die GPGPU unabhängig vom Hersteller des Grafik-Prozessors ermöglichen soll.

Wenn der Programmierer OpenCL für seine Software nutzt, können bestimmte Operationen auf dem Prozessor und dem Grafik-Prozessor verteilt ausgeführt und so deutlich beschleunigt werden. Bei einem MacBook Pro, das zwei Grafik-Prozessoren besitzt, können sogar beide Grafik-Prozessoren zusätzlich zur CPU verwendet werden.

OpenCL kann allerdings nur auf Grafikprozessoren der neuesten Generation genutzt werden. Geeignete Grafikhardware ist – abgesehen vom MacBook Pro, das schon seit Mitte 2007 unterstützte Grafikhardware besitzt – erst in Macs vorhanden, die Anfang 2009 oder später erschienen sind.

◄ 26
Hardware, Speicher

Speicher- und Prozessverwaltung

Der Arbeitsspeicher sowie sämtliche internen Chips und externen Geräte werden seitens der Computerhardware über Speicheradressen angesprochen. Die Zugriffe auf diese Speicheradressen jedoch müssen vom Betriebssystem verwaltet werden.

Das Betriebssystem ist aber auch für die Verwaltung der verschiedenen laufenden Prozesse zuständig.

Speicherverwaltung

Der Mach-Kern von Mac OS X besitzt eine der effektivsten Speicherverwaltungen in der gesamten Computerwelt. Er teilt jedem Prozess einen virtuellen Speicherbereich zu, der bei einem 32-bit-Prozess jeweils bis zu 4 GB groß sein kann, bei einem 64-bit-Prozess beim Intel Core2 oder Core i7 sogar bis zu 256 Terabytes.

◄ 27
x86, 64-bit-Erweiterung

(Auf dem PowerPC G5 sind es 16 Exabytes. Beim x86 ist wegen der prozessorinternen Speicherverwaltung derzeit nur ein virtueller 48-bit-Adressraum verfügbar, ein 65536stel des 64-bit-Adressraumes.) Der virtuelle Speicherbereich wird in kleine Teile (Pages) à 4 KB eingeteilt. Der Mach-Kernel versteht den Arbeitsspeicher und die Auslagerungsdateien auf der Festplatte als Cache für den virtuellen Speicher: Nur die tatsächlich benutzten Pages werden in den physikalischen Arbeitsspeicher des Mac geladen. Sollte die Anzahl der verwendeten Pages die Größe des physikalischen Arbeitsspeichers übersteigen, werden die am seltensten benötigten Pages auf die Festplatte ausgelagert – in Mac OS X in eine (oder mehrere) Auslagerungsdatei(en), die sich in einem unsichtbaren Ordner befinden (/var/vm/swapfileX). Unter allen geladenen Pages werden regelmäßig diejenigen aussortiert, die nicht mehr benötigt werden (Garbage-Collection). Wenn zwei identische Objekte im Arbeitsspeicher liegen (z.B. zwei Instanzen eines Programms oder wenn ein Objekt kopiert wird), ist es sogar möglich, dass das nur eines der beiden Objekte komplett im Speicher liegt und das andere Objekt nur als Verweis.

Das Programm arbeitet immer nur mit seinem virtuellen Speicherbereich. Es erhält keine Informationen darüber, an welcher Stelle sich seine Objekte tatsächlich im Speicher befinden. Durch dieses System wird der Arbeitsspeicher immer effektiv genutzt. Programme, die besonders viel Arbeitsspeicher benötigen, stellen kein wirkliches Problem dar.

Speicherschutz

Da die virtuellen Speicherbereiche der verschiedenen Programme strikt voneinander getrennt sind, kann kein Programm versehentlich in den Bereich eines anderen schreiben. Ein abstürzendes Programm kann also kein anderes Programm oder gar das System mit in den Abgrund ziehen.

Multitasking

Der Mach-Kern des Mac OS X verwaltet außerdem auch die Prozessorzeit. Er teilt hochherrschaftlich jedem Prozess eine bestimmte Zeit zu. Ist diese Zeit abgelaufen, geht die Prozessorzeit an einen anderen Prozess über. Diese Form der Verwaltung der Prozessorzeit wird als präemptives Multitasking bezeichnet. (Im Gegensatz dazu steht das kooperative Multitasking – wie es beispielsweise im klassischen Mac OS verwendet wurde –, bei dem der aktive Prozess von sich aus den Prozessor freigeben muss.)

Durch dieses Multitasking lässt sich beispielsweise in einem Programm weiter arbeiten, während ein anderes gestartet wird. Genauso gut kann ein abstürzendes Programm

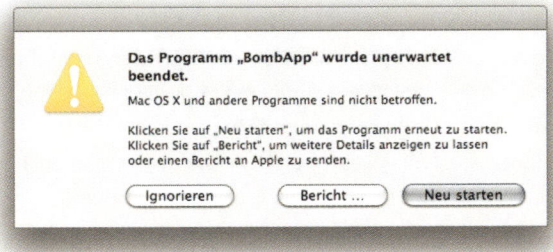

Mit dem Programm »BombApp« aus den Developer Tools der ersten Mac-OS-X-Versionen kann die Effektivität des Speicherschutzes leicht überprüft werden.

beendet werden, obwohl es nicht mehr reagiert.

Multiprocessing mit Grand Central Dispatch

Viele Jahre wurde die Rechenleistung von Computern in erster Line dadurch gesteigert, dass der Prozessor mit jeder Generation höher getaktet wurde und damit mehr Rechenoperationen innerhalb eines Zeitraums ausgeführt werden konnten. Taktrate wurde so beinahe zum Synonym für Rechenleistung. Besonders Intel setzte auf den Marketingeffekt hoher Taktraten und trimmte den Pentium 4 – auf Kosten der Rechenleistung pro Takt – auf hohe Taktraten. Seit ca. 2003 aber zeichnete sich ab, dass diese Steigerung ihren Zenit erreicht hat. Selbst Intels Pentium 4, der schnell 5 und später gar 10 GHz Taktrate erreichen sollte, erreichte gerade mal 3,8 GHz. 2006 wurde er gegen das effektivere Design des Core 2 Duo ausgetauscht. Eine Taktrate von 5 GHz wurde bislang nur von IBM mit dem POWER6 erreicht. Um weitere Steigerungen in der Leistung zu erreichen, begannen die Prozessorhersteller, statt auf eine immer höhere Taktfrequenz, auf die Vervielfachung der Prozessorkerne zu setzen.

Traditionell programmierte Software allerdings konnte von diesem Trend bislang wenig profitieren, denn sie läuft nur auf einem Prozessorkern. Bei zwei Prozessoren lässt sich noch eine gewisse Leistungssteigerung erreichen, da neben dem einen Prozess z.B. noch Systemprozesse laufen, die dann auf dem anderen Prozessor ausgeführt werden. Steigt aber die Anzahl der Prozessorkerne weiter, bleibt eine weitere Leistungssteigerung aus. Im ungünstigsten Falle wird z.B. bei einem aktuellen Mac Pro mit vier oder acht Prozessorkernen, auch wenn die Rechenleistung eines Kerns für die Software eigentlich nicht ausreicht, nur ein Prozessorkern genutzt. Die anderen drei oder sieben Prozessorkerne aber liegen praktisch brach.

Damit die Software auf mehrere Prozessorkerne verteilt werden kann, muss sie in einer anderen Art und Weise programmiert werden. Die Software muss in so genannte Threads (Stränge) aufgeteilt werden und diese wiederum müssen so programmiert werden, dass sie sich auch tatsächlich auf die Kerne verteilen lassen. So parallelisierte Software ist aber ungleich aufwendiger zu programmieren. Daher nutzen, obwohl seit Jahren alle Macs mit mindestens zwei Prozessoren ausgestattet sind, immer noch ein Großteil der Programme nur einen Prozessor. Nur wenige Spezial-Programme verteilen die Last auf mehr als einen oder zwei Prozessoren.

Auch Apple hat dieses Problem jahrelang ignoriert. In der Hoffnung, dass so die Taktraten wieder schneller steigen würden, hat man vom PowerPC-Prozessor auf Intel gewechselt. Mit dem Wechsel zu Intel kam man aber vom Regen in die Traufe. Mit Grand Central nimmt sich Apple endlich dieses Problems an.

Grand Central soll dem Software-Entwickler das Parallelisieren seiner Software erleichtern. Außerdem übernimmt mit Grand Central der Systemkern die Verwaltung der Threads und kann verschiedene Prozesse so effizienter auf die vorhandenen Ressourcen verteilen. Wenn (bzw. »falls«, denn die Erfahrung zeigt, dass solche Technologien nur sehr zögerlich angenommen werden) die Entwickler Grand Central für ihre Programme verwenden, wird das System insgesamt schneller, da effektiver arbeiten.

◀ 27
Prozessoren, 64 bit

Kommunikation zwischen Programmen
Mithilfe von Interprozesskommunikation, kurz IPC, können unterschiedliche Prozesse mit dem Kernel aber auch untereinander kommunizieren. Eine der Neuerungen, die der Mac OS X zugrunde liegende Systemkern »Mach« gegenüber dem traditionellen BSD-Kern brachte, war eine besonders aufwendige IPC. Auf Basis der »Mach-Ports« sind in Mac OS X aber auch andere Formen der IPC implementiert, wie z.B. die »POSIX IPC« oder »AppleEvents«.

Die POSIX IPC, welche in allen UNIX-Systemen vorhanden ist, wird von Shell-Programmen und von den UNIX-Skriptsprachen, wie PHP, TCL oder Perl genutzt. Apple Events werden seit System 7 verwendet, wenn ein Mac-Programm eine Funktion eines anderen Programms in Anspruch nehmen möchte. Auch »AppleScript« steuert Programmfunktionen

▶ 257ff
Praxis, Shell

▶ 248ff
Praxis, AppleScript

über AppleEvents. Mit dem AppleScript-Befehl »do script«, welcher Shell-Befehle im Terminal ausführt, wird eine Verbindung zwischen AppleEvents und der POSIX-IPC geschaffen. Umgekehrt können in der Shell mit dem Befehl »osascript« Apple-Skript-Funktionen in Programmen mit grafischer Benuteroberfläche aufgerufen werden.

Interprozesskommunikation ist nicht nur lokal, sondern auch über das Netzwerk möglich. AppleScripts können Befehle für Programme auf entfernten Rechnern enthalten, die über das eppc-Protokoll verschickt werden, und POSIX-IPC-Befehle können über die Secure Shell »ssh« an Prozesse auf entfernten Rechner geleitet werden.

64 bit
Seit der Einführung des 64-bittigen G5-Prozessors vollzieht Apple einen schrittweisen Übergang von 32 bit nach 64 bit. In Panther (Mac OS X 10.3) konnte das System mit den 64-bit-Hardware-Adressen des PowerMac G5 umgehen. Seit Tiger können UNIX-Prozesse in der BSD-Umgebung im 64-bit-Modus arbeiten. Da Mac OS X auch (damals noch insgeheim) auf x86-Prozessoren laufen sollte, konnte man jedoch nicht die Möglichkeiten nutzen, die der PowerPC-Prozessor geboten hätte und beschränkte sich auf Lösungen, die auch auf dem x86 funktionieren können. Ein 64-bit-Programm mit Benutzeroberfläche musste daher aus zwei Teilen bestehen – einem 64-bit-Hintergrundprozess und einem 32-bit-Programm für die grafische Oberfläche. Seit Leopard stehen auch die Frameworks für die grafische Programmumgebung Cocoa in 64 bit zur Verfügung, sodass auch grafische Mac-OS-X-Programme in einer 64-bit-Version erstellt werden können. Carbon-Programme müssen dafür allerdings auf Cocoa umgeschrieben werden.

Trotzdem ist Leopard kein 64-bit-System »von Grund auf« (wie Steve Jobs behauptete). Der Kernel ist weiterhin 32 bit. In Snow Leopard liegt der Kernel nun in zwei Versionen vor. Je nach Computer läuft ein 32-bit-Kernel oder ein 64-bit-Kernel. Bei Computern mit 32-bit-Hardware wird weiterhin der 32-bit-Kernel verwendet, aber auch bei den meisten Computern mit 64-bit-Hardware. Apple hat Mac OS X Snow Leopard so konfiguriert, dass diese Computer trotz 64-bit-Prozessor mit dem 32-bit-Kernel starten. Nur bei bestimmten Computern wird standardmäßig der 64-bit-Kernel verwendet.

Bei einigen Geräten kann optional der 64-bit-Kernel verwendet werden. Er wird bei diesen Geräten aktiviert, wenn beim Starten die Tasten »6« und »4« gedrückt werden. Ist der 64-bit-Kernel aktiviert, können Erweiterungen, die nur in 32 bit vorhanden sind, nicht verwendet werden. Bei manchen Geräten kann der 64-bit-Kernel trotz vorhandener 64-bit-Hardware nicht aktiviert werden. Möglich wird es bei diesen Geräten dann nur, wenn der Bootloader »PC_EFI« von netkas verwendet wird – eine Software aus der Hackintosh-Szene, die es eigentlich ermöglichen soll, Mac OS X auf PC-Hardware laufen zu lassen und die nicht von Apple stammt.

Ein 32-bit-Kernel trotz 64-bit-Hardware ist insofern kein Problem, als dass der Kernel-Prozess je nach Hardware-Konfiguration nicht mehr als 4 GB virtuellen Speicher zugeteilt bekommen muss. Mehr als 4 GB virtuellen Speicher braucht der Kernel-Prozess erst, wenn mehr als 32 GB Arbeitsspeicher verwendet wird oder die Grafikhardware mehr als 2 GB Speicher besitzt. Allerdings ist beim x86 der 32-bit-Kompatibilitätsmodus ausdrücklich nur für Benutzerprozesse gedacht, nicht für Kernel-Prozesse. Apple setzt sich hier über Vorgaben Intels (bzw. AMDs) hinweg. (Beim PowerPC ist das vom Design her so vorgesehen – der 32-bit-Kernel kann im 64-bit-Modus des Prozessors ausgeführt werden.)

Ob auf Ihrem Computer ein 64-bit-Kernel läuft, erfahren Sie im »System-Profiler«. Dort findet sich auf der Seite »Software« der Punkt »64-bit-Kernel und -Erweiterungen«.

328 ▶
Referenz,
System-
Profiler

Universal Binarys

Mac OS X bietet die Möglichkeit, Programme in 32 und 64 bit, sowie für x86 und für PowerPC zu einem einzigen Programm zusammenzufassen. Bei einem Großteil der Dateien im Programm-Bundle handelt es sich um Dateien für die grafische Benutzeroberfläche des Programms wie Fenster, Menüs, Symbole etc. Daten dieser Art sind von sich aus plattformunabhängig. Nur die Binärdatei in Contents/MacOS enthält plattformabhängigen Code, der nur auf einem bestimmten Befehsatz ausgeführt werden kann.

59 ▶
Programm-
Bundles

Mit den Universal-Binarys kann aber auch diese Datei plattformunabhängig gestaltet werden. In der Datei ist dann sowohl der Code für den Intel-Prozessor in 32- und 64-bit-Version, als auch der für den PowerPC-Prozessor, ebenfalls in 32- und 64-bit enthalten. Beim Kompilieren des Programms wird der Code hintereinander in die Datei geschrieben. Im Datei-Header finden sich Informationen, für welche Architekturen Code vorhanden ist und wo in der Datei sich der jeweilige Code findet.

28 ◀
Befehlssätze

Ein Programm in der falschen Architektur

▶ 266
Praxis, Speichermedien formatieren

▶ 265
Praxis, Dateisysteme

▶ 267
Praxis, Partitionieren

Massenspeicherverwaltung

Bei Festplatten, CDs und DVD, USB-Sticks etc. spricht man von Massenspeichern. Diese werden zum einen vom Benutzer verwaltet, der Dateien anlegt und diese in Ordner legt. Zum anderen aber muss auch das Betriebssystem die Massenspeicher verwalten, um auf die Daten zugreifen zu können, wenn sie auf den Bildschirm gebracht oder vom Prozessor verarbeitet werden sollen.

Partitionsschemata

Am Anfang eines jeden Datenmediums findet sich ein Eintrag über die auf dem Medium vorhandenen Volumes – die so genannte Partitionstabelle. Dabei verwenden die unterschiedlichen Rechnerarchitekturen unterschiedliche Formate. Der Mac mit Intel-Architektur die GUID-Partitionstabelle (GPT), die in Intels EFI-Standard vorgegeben ist, der Mac mit PowerPC verwendet die Apple-Partitionstabelle (Apple Partition Map, APM) und der normale PC mit BIOS die MBR-Partitionstabelle (Master Boot Record). MBR und GPT können zusammen auf einem Medium existieren. Alle Macs mit Mac OS X seit 10.4 können mit dem Apple-, dem GUID- und dem MBR-Partitionsschema umgehen. Macs mit älteren Systemen aber evtl. nur mit dem Apple- und dem MBR-Partitionsschema. Das Apple-Partitionsschema ist inkompatibel mit DOS-formatierten Volumes. DOS-formatierte Volumes sind nur auf Festplatten mit dem MBR- oder dem GUID-Partitionsschema möglich. Damit jedoch ein Volume auf dem Medium in dem jeweiligen Mac startfähig sein kann – zu dem Zeitpunkt, an dem beim Systemstart das erste Mal auf die Festplatte zugegriffen werden muss, läuft Mac OS X noch nicht – muss für den Mac mit Intel-Architektur das GUID-Partitionsschema verwendet werden. Ein Mac mit Intel-Architektur startet aber auch von mit dem Apple-Partitionsschema partitionierten Medien, wie der Mac-OS -X-DVD. Es lässt sich allerdings mit dem Installationsprogramm kein System installieren.

Das Dateisystem

Zum Verwalten der Daten auf der Festplatte und anderer Speichermedien benötigt jedes Betriebssystem ein Dateisystem. Dieses Dateisystem ist nicht zu verwechseln mit dem Dateisystem, welches der Benutzer z.B. über den Finder zu sehen bekommt. Es bietet jedoch mit seiner Struktur die Grundlage für die Hierarchien des Finders.

Wie jedes Betriebssystem benutzt Mac OS X ein eigenes, an seine Bedürfnisse und Fähigkeiten angepasstes Dateisystem. Das Dateisystem von Mac OS X trägt den Namen »**HFS+**« (Hierarchical File System). HFS+ organisiert die Daten auf der Festplatte über so genannte B*-Bäume (balancierter Baum), die besonders schnelles Auffinden der Einträge ermöglichen. Jedes Objekt, egal ob Ordner oder Datei, besitzt eine ID-Nummer (Catalog Node ID, CNID). Wie bei einer Seriennummer erhält jedes neue Objekt eine neue ID. IDs von gelöschten Objekten werden nicht mehr vergeben (es sei denn, die größte mögliche Zahl für die ID-Nummer wurde überschritten), eine neue Nummerierung wird erst begonnen, wenn das Volume initialisiert wird. Zugriffe auf Dateien und Ordner erfolgen anhand der ID-Nummer – nicht anhand des Dateinamens. Im Knoten (die Einträge im B-Baum) ist zu jedem Objekt als zusätzliche Information die ID des Ordners gespeichert, in dem es sich befindet. So kann der Finder die gesamte Hie-

54 Technik

Eine Festplatte ist durch magnetische Linien in kleine Blöcke aufgeteilt.

rarchie zurückverfolgen, in der sich ein Objekt befindet. Für den Zugriff auf die in den Dateien gespeicherten Daten ist im Blattknoten die Position der Daten auf dem Datenmedium gespeichert.

Auch **UNIX-Dateisysteme** verwenden Dateinummern (hier iNode-Nummern) für die Verwaltung der Dateien, benutzen dabei jedoch einfache, über die Festplatte verteilte Tabellen. Nur das **MS-DOS-Dateisystem FAT** verwaltet die Dateien anhand ihrer Namen und Pfade, in einer einzigen großen Tabelle.

Blöcke und Zuteilungsblöcke

Festplatten werden mittels magnetischer Linien in Blöcke eingeteilt, die jeweils 512 Bytes Daten enthalten können. Da aber zu viele Blöcke die Arbeit des Dateisystems verlangsamen und auch einer Fragmentierung vorgebeugt werden muss, fasst das Dateisystem als Kompromiss zwischen Platz und Geschwindigkeit mehrere Blöcke auf der Festplatte zu Zuteilungsblöcken zusammen (auch Cluster genannt). Bei Festplatten, welche in HFS+ formatiert sind, z.B. ist die Blockgröße 4 kB, bei einer unter Mac OS X gebrannten Daten-CD 2 kB. Im ungünstigsten Falle belegt damit eine 1 Byte große Datei 4 kB auf der Festplatte. HFS+ benutzt für die Adressierung der Zuteilungsblöcke eine 32 bit lange Zahl. Es kann also bis zu 4.294.967.296 Blöcke adressieren. Beim MS-DOS-Dateisystem FAT32 sind 4 kB die kleinste Clustergröße, für Volumes kleiner als 8 GB. Bei größeren Volumes sind die Cluster 8, 16 oder bis zu 32 kB groß.

HFS+

Das HFS+-Dateisystem besteht aus mehreren B*-Baum-Dateien. Im größten, dem Katalog (Catalog File), wird der Aufenthaltsort jeder einzelnen Datei auf der Festplatte eingetragen. In einer weiteren Datei (Extents Overflow File, in einer älteren Version des Festplatten-Dienstprogramms auf Deutsch »Zusatzdatei für Dateiaufbau« genannt) wird für fragmentierte Dateien – Dateien, die nicht als ein zusammenhängendes Stück auf der Festplatte liegen – verzeichnet, an welcher Stelle sich weitere Teile dieser Datei befinden. Hinzu kommt noch eine B-Baum-Datei, in der erweiterte Attribute verzeichnet werden können.

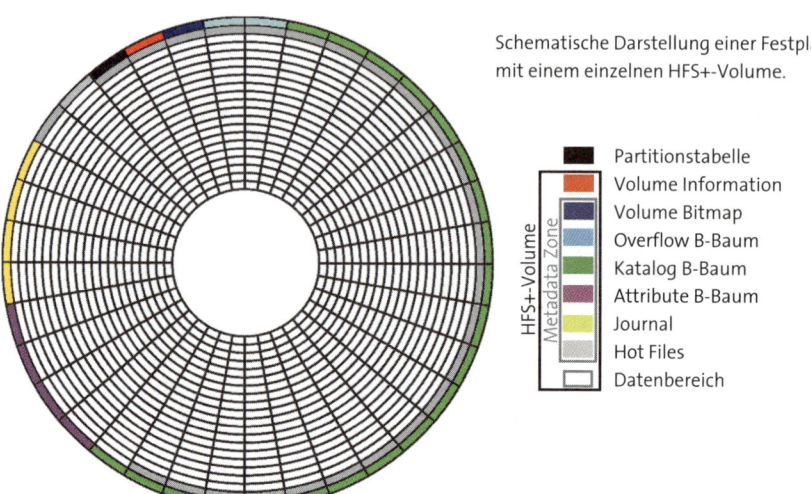

Schematische Darstellung einer Festplatte mit einem einzelnen HFS+-Volume.

- Partitionstabelle
- Volume Information
- Volume Bitmap
- Overflow B-Baum
- Katalog B-Baum
- Attribute B-Baum
- Journal
- Hot Files
- Datenbereich

HFS+-Volume / Metadata Zone

Am Anfang des Volumes steht der Header – die Volume-Informationen. In diesem Bereich wird das Volume als Mac-Volume identifiziert, sind der Name des Volumes und verschiedene andere Informationen abgelegt, z.B. die Größe und Position der Dateisystems-Dateien, die Nummer, die das nächste Objekt bekommt, und die Objektnummer des aktiven Systemordners (des »blessed Folders«).

HFSX

Mit Panther neu hinzugekommen ist HFSX, das gegenüber HFS+ weitere Möglichkeiten bietet. Implementiert ist zurzeit aber nur die Möglichkeit, das Dateisystem Case sensitive anzulegen, d.h. ein gleicher kleiner und großer Buchstabe werden unterschiedlich behandelt.

▶ 57 Case sensitivity

Journal

▶ 276 Praxis, Journal Aktivieren

Seit Mac OS X 10.2.2 kann für HFS+-Volumes auch ein Journal aktiviert werden. Wenn das Journal aktiviert ist, werden die letzten Änderungen am Dateisystem noch einmal zusätzlich in eine Datei (das Journal) geschrieben. Bei einem eventuellen Absturz kann der zuletzt geänderte Teil des Dateisystems anhand der Daten im Journal überprüft und repariert werden. Ein Durchlauf von fsck, der das gesamte Dateisystem überprüft, ist so nicht nötig.

Adaptive Hot Files Clustering

Mit Panther wurde für HFS+-Volumes ein System eingeführt, das die Zugriffszeiten auf Dateien auf der Festplatte optimiert. Auf Festplatten befinden sich Tausende Dateien, kleine und große. Aber nur auf wenige, meist kleine Dateien wird ganz besonders häufig zugegriffen. Außerdem wird sehr oft auf das Dateisystem zugegriffen.

Wenn also die Dateien, auf die besonders häufig zugegriffen wird, nahe am Dateisystem liegen, erspart das dem Schreib-Lesekopf viele Wege. Damit werden die Zugriffe beschleunigt. Mac OS X führt daher in einer eigenen Datenbank (/.hotfiles.btree) Buch über die Zugriffe und verschiebt Dateien, auf die ganz besonders oft zugegriffen wird (die »heißesten« Dateien), in einen Bereich direkt hinter dem Dateisystem. Umgekehrt werden aber auch Dateien, auf die nicht mehr so häufig zugegriffen wird, wieder in den normalen Bereich der Festplatte verschoben. Diese Funktion nennt sich »adaptive hot files clustering«.

Metadata Zone
Beim Initialisieren eines Volumes reserviert Mac OS X am Anfang des Volumes den Platz, der für das Dateisystem, das Journal und die Hot-Files benötigt wird. Dieser Bereich wird »Metadata Zone« genannt.

Datei-Fragmentierung
HFS+ verhindert die Fragmentierung von Dateien schon von vornherein. Das Volume Bitmap – ein Abbild des Volumes, in dem belegte und unbelegte Blöcke anhand der »Farbe« (schwarz bzw. weiß) erkannt werden können – ermöglicht es dem Dateisystem, einen Bereich auf der Festplatte zu finden, der groß genug für eine zu schreibende Datei ist. Außerdem verwendet HFS+ so genannte Extents. Für eine spätere Erweiterung wird beim Schreiben einer Datei ein größerer Bereich reserviert als eigentlich nötig. Sollten diese Maßnahmen nicht reichen, greift die On-the-fly-Defragmentierung. Beim Zugriff auf Dateien bis zu einer bestimmten Größe überprüft Mac OS X, zu welchem Grad diese fragmentiert ist. Wird dabei ein bestimmter Wert übertroffen, wird die Datei automatisch defragmentiert, indem sie komplett an einen freien Platz auf der Festplatte verschoben wird.

Dateisystemkomprimierung
In Mac OS X Snow Leopard werden einige Dateien vom Dateisystem komprimiert gespeichert. Die Dateisystemkompression ist allerdings nur für System- und Programmdateien vorgesehen, die nicht verändert werden. Die Daten wandern dabei komprimiert in den Ressourcenzweig, in eine Ressource namens »cmpf«, gespeichert. Zusätzlich wird eine Kompressionsinformation in einen benannten Zweig »com.apple.decmpfs« geschrieben. Beim Kopieren unter Snow Leopard wird die Datei dekomprimiert. Unter Tiger oder Leopard wird die Datei als 0 Byte groß angezeigt mit erweiterten Attributen. So gespeicherte Programme können dort nicht ausgeführt werden.

Andere Dateisysteme
Neben HFS+ kann Mac OS X mit einigen weiteren Dateisystemen wie dem älteren Mac-Dateisystem HFS, dem UNIX-Dateisystem UFS, den Windows-Dateisystemen FAT und NTFS (NTFS nur lesend) sowie UDF (Universal Disk Format) für DVDs, ISO 9660/Joliet auf Windows-CD-ROMs usw. umgehen.

Sie alle besitzen unterschiedliche Eigenschaften. Damit weder die Programme noch die Anwender die Besonderheiten der unterschiedlichen Dateisysteme berücksichtigen müssen, legt Mac OS X über alle verwendeten Dateisysteme ein virtuelles Dateisystem und konvertiert die Dateinamen und Datenstrukturen für das tatsächlich verwendete Dateisystem im Hintergrund. In das virtuelle Dateisystem werden auch die Netzwerk-Dateisysteme eingebunden, die von den Netzwerkprotokollen der File-Server erzeugt werden.

Bei Audio-CDs generiert Mac OS X sogar ein Dateisystem, obwohl auf der Audio-CD gar keines vorhanden ist (eine Audio-CD enthält nur einen durchgehenden Datenstrom). Dafür benutzt es die Track-Informationen im TOC (Table of Contents).

Case sensitivity
HFS+ ist »Case insensitive but Case respecting«. Das Dateisystem speichert zwar die großen und kleinen Buchstaben, verwendet beim Suchen aber einen Algorithmus, der sie behandelt, als wären sie gleich.

277 ▶
Praxis,
Defragmentierung

Technisches zum Betriebssystem Mac OS X

Vorschaubilder und Symbole werden in Ressourcen gespeichert. Mit dem kostenlosen Ressourcen-Editor »Rezilla« können Ressourcen geöffnet werden.

UNIX-Dateisysteme jedoch sind »Case sensitive«, sie unterscheiden zwischen großen und kleinen Buchstaben. Bei »Text.txt« und »text.txt« handelt es sich dort also um zwei verschiedene Dateien. Mit **HFSX** gibt es die Möglichkeit, ein Case sensitives Mac-Dateisystem anzulegen.

Zweige
Eine Mac-OS-X-Datei kann in mehrere »Zweige« (Forks) unterteilt werden. Das klassische Mac OS kannte den Datenzweig und den Ressourcenzweig. Seit Leopard verwendet Mac OS X »Named Forks« (benannte Zweige), welche bereits beim Entwurf von HFS+ vorgesehen waren.

Der Datenzweig enthält reine Textinformationen oder Binärdaten, wie die Dateien von anderen Betriebssystemen auch.

Die weiteren Zweige sind eine Besonderheit des Mac OS und des Mac-Dateisystems HFS. In Named Forks werden erweiterte Dateieigenschaften gespeichert. Der Ressourcenzweig enthält beispielsweise Symbole oder Vorschaubilder, die in einer Art Datenbank verwaltet werden. Sie entsprechen einer vorgegebenen Struktur und können daher auch von anderen Programmen gelesen werden. Die benannten Zweige sind nach dem umgekehrten DNS-Schema benannt (z.B. com.apple.TextEncoding für die Text-Kodierung in einer Textdatei, siehe Bild Seite 61).

Bundles
In Mac OS X sind viele Datentypen als Bundles organisiert. Ein Bundle ist eigentlich nur ein Ordner, der jedoch im Finder als Datei erscheint. Ein Ordner wird dadurch zu einem Bundle, dass seinem Namen ein Suffix (z.B. ».app« bei einem Programm) hinzugefügt wird. Innerhalb des Ordners werden die Daten nach einer bestimmten Struktur abgelegt. Diese Struktur wird in anderen Betriebssystemen (Windows, Linux, Mac OS 8) sichtbar. Unter Mac OS X können Sie sich den Inhalt eines Bundles mit dem Kontextmenü-Befehl »Paketinhalt anzeigen« anzeigen lassen.

▶ 60
Objektattribute

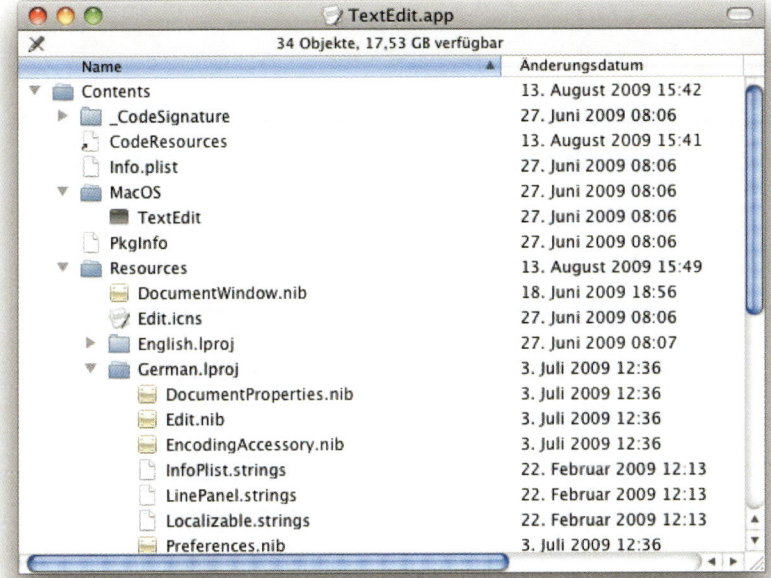

Das Programm-Bundle des Programms TextEdit. Die Datei »TextEdit« im Ordner »Mac OS« enthält den ausführbaren Code des Programms. Die .nib-Dateien enthalten die Elemente der grafischen Benutzeroberfläche (Fenster etc.). Im Ordner »German.lproj« befindet sich die deutsche Lokalisierung. Hinzu kommen noch Dateien mit Informationen zum Inhalt des Bundles und zu den Dokumententypen (Info.plist), der Type- und Creator-Kennung (PkgInfo) und der Versionsinformation (Version.plist). »Edit.icns« ist das im Finder sichtbare Programm-Symbol.

Neben den Programm-Bundles gibt es in Mac OS X noch weitere Typen von Bundles, die vom System verwendet werden, z.B. Kernel-Extensions und Frameworks. Aber auch Programme können Bundles verwenden. So packt beispielsweise TextEdit RTF-Dateien mit Bildern in ein .rtfd-Bundle. Solche Bundles werden erst als Bundle erkannt, wenn das entsprechende Programm auf dem Mac vorhanden ist. Sonst werden sie als normale Ordner angezeigt.

Programmbundles
Bei Mac-OS-X-Programmen werden die ausführbare Datei und Ressourcen, wie Fenster, Symbole etc. des Programms in einzelnen Dateien in den Unterordner »Contents« des .app-Bundles gepackt. Carbon- und Cocoa-Programme unterscheiden sich kaum. Carbon-Programme verwenden für Elemente der grafischen Benutzeroberfläche zum Teil, neben den vom Interface-Builder erzeugten .nib-Dateien, noch Ressourcen in .rsrc-Dateien. Deren Inhalt entspricht der Struktur des Ressourcenzweiges von Programmen für das klassische Mac OS.

Erweiterungen
In Mac OS X werden Treiber für Hardware-Komponenten oder Protokolle in Form von Erweiterungen (Kernel-Extensions, KEXT) dem Systemkern hinzugefügt. Die Erweiterungen befinden sich im Ordner »/System/Library/Extensions«. Eine Erweiterung besteht aus mehreren Dateien in einem .kext-Bundle – dem Treiber, der Infodatei und den Ressourcen.

Frameworks
Routinen, die von mehreren Programmen benutzt werden können, werden nicht in den Programmcode integriert, sondern in Form von Bibliotheken als eigene Datei gespeichert und dynamisch mit dem Programmcode verlinkt.
Im Mac OS X werden Bibliotheken für Programme mit grafischer Benutzeroberfläche als Frameworks organisiert. In einem .framework-

Das Symbol einer Kernel-Extension

Das allgemeine Programmsymbol

41f ◄
Programmumgebungen

Bundle können sich mehrere Versionen einer Bibliothek befinden, sodass Probleme mit der Kompatibilität verschiedener Programme und unterschiedlicher Versionen ausgeschlossen werden. Die aktuelle Version wird dabei besonders markiert. Frameworks werden im Ordner »/System/Library/Frameworks« gespeichert. Die Programmbibliotheken für UNIX-Prozesse finden sich, wie bei UNIX üblich, in den dylib-Dateien in /usr/lib.

Objektattribute

Mac OS X gibt jedem Objekt eine Reihe von Informationen mit. Die bekanntesten sind natürlich der Objektname, das Erstellungsdatum, das Änderungsdatum und die Größe. Bei UNIX-Systemen kommen dazu die Dateirechte. Diese Informationen werden im Mac-Dateisystem HFS+ in den Knoten des Dateisystems gespeichert. Zusätzlich zu diesen Informationen können Objekte, noch weitere Informationen wie z.B. Sichtbarkeit ‚Etikett oder den Dateitypen in Form der Type- und der Creator-Kennung erhalten. Diese, ursprünglich ebenfalls in den Knoten des Dateisystems gespeicherten »Finder Flags«, werden seit Leopard im benannten Zweig »com.apple.FinderInfo« gespeichert.

▶ 156f
Praxis, Etiketten

▶ 61
Type/Creator

Objektnamen

Objektnamen dürfen in Mac OS X (je nach verwendetem Dateisystem) bis zu 255 Zeichen lang sein. Jedes Zeichen darf verwendet werden – mit einer Ausnahme: dem Doppelpunkt. Er wird zur Trennung der Pfadnamen benutzt.

Der Finder erzeugt trotzdem bei dem Versuch, einen Doppelpunkt einzugeben, keine Fehlermeldung – er ersetzt ihn einfach durch einen Strich. Der Doppelpunkt wird sogar dann automatisch durch einen Strich ersetzt, wenn ein Name, der einen Doppelpunkt enthält, durch »Kopieren und Einsetzen« vergeben wird. Auch in den Sichern-Dialogen lässt sich der Doppelpunkt nicht eintippen.

Dateien dürfen beliebig benannt werden. Dateityp-Suffixe, wie Windows sie benutzt, braucht der Mac nicht unbedingt. Diese Funktionen können in Mac OS X auch die Type- und Creator-Kennungen übernehmen. Trotzdem sollten Sie auch bei Dateien mit Type- und Creator-Kennung Suffix anhängen, damit beispielsweise bei der Übertragung über das Internet noch zu erkennen ist, welcher Art die Datei ist.

Ordnerlokalisierungen

Im Finder und in den Öffnen- und Sichern-Dialogen der Programme werden die vom System angelegten Ordner lokalisiert angezeigt. Das geschieht mithilfe der Vorgaben in der Datei »SystemFolderLocalizations.strings« für die ausgewählte Sprache (auf Deutsch in »/System/Library/CoreServices/SystemFolderLocalizations/de.lproj«). Mit einer unsichtbaren Hinweis-Datei ».localized«, die in dem zu lokalisierenden Ordner liegt, wird das System angewiesen, den Namen dieses Ordners lokalisiert anzuzeigen. Programme werden anhand des Namens in der Datei »Infoplist.strings« des Sprachpakets lokalisiert.

Volumenamen

Beim Mac tragen neben Dateien auch alle Volumes einen Namen. Logische Laufwerke wie »C:« bei Windows gibt es nicht. Volumes, die keinen Namen haben, erhalten den Namen »Ohne Titel«. Der Name eines HFS-Volumes darf höchstens 63 Zeichen lang sein. Theoretisch können alle Volumes denselben Namen haben, was aber aus Gründen der Übersichtlichkeit nicht empfehlenswert ist.

```
uts-mini:~ ut$ ls -le@ /Users/ut/Desktop/Text.txt
-rw-r-----@ 1 ut  staff  1828 25 Aug 15:06 /Users/ut/Desktop/Text.txt
    com.apple.FinderInfo      32
    com.apple.ResourceFork  1031
    com.apple.TextEncoding    15
 0: group:admin allow read,execute,readattr,readextattr,readsecurity
 1: user:peter allow read,readattr,readextattr,readsecurity
uts-mini:~ ut$
```

In der Shell werden die »Named Forks« und die »Access Control Lists« von »ls« mit den Optionen »@« bzw. »e« angezeigt. (Hier sehen Sie die Ausgabe des Befehls »ls -le@«.)

Dateirechte

Auch die Dateirechte sind Objektattribute des Dateisystems. Die UNIX-Dateirechte werden im Katalog gespeichert. Mit diesen können dem Eigentümer, einer Gruppe und jedermann Rechte für Dateien und Ordner zugeteilt werden. Daneben ist eine verfeinerte Zugriffsteuerung über ACLs (Access Control Lists – Zugangskontrolllisten) möglich. Hier können in Form einer Liste Rechte für weitere Benutzer und Gruppen definiert werden.

Die Dateisysteme FAT und HFS (Mac OS Standard) kennen keine Dateirechte.

Type und Creator

Auf einem Computer werden verschiedenste Dateitypen verwendet. Zwar bestehen alle Dateien aus Folgen von Einsen und Nullen; Systemdateien, Programme oder Dokumente verhalten sich jedoch ganz unterschiedlich.

Es wird also eine Methode benötigt, mit der sich die einzelnen Dateitypen auf Anhieb unterscheiden lassen. Der einfachste Weg ist, einen Teil des Dateinamens zu verwenden, den Dateinamenssuffix (Dateiname.xxx).

Diese Lösung ist unflexibel, da sie voraussetzt, dass immer nur ein Programm einen Dateityp erzeugen kann. Außerdem kann der Anwender den Dateityp versehentlich verändern und so die Datei unbrauchbar machen.

Mac OS X bietet hier eine weitere Möglichkeit. Im benannten Zweig »com.apple.FinderInfo« können zwei der Datei zwei voneinander unabhängige Kennungen verzeichnet werden. Die Type-Kennung kodiert den Dateityp, die Creator-Kennung das Programm, das diese Datei erzeugt hat. Dadurch können Dokumente gleichen Typs eindeutig einem Erzeugerprogramm zugeordnet werden und so gleichzeitig per Doppelklick mit dem jeweiligen Programm geöffnet werden.

Die Type- und die Creator-Kennung bestehen jeweils aus vier Buchstaben. Alle Zeichen können verwendet werden, große und kleine Buchstaben werden unterschiedlich behandelt. Hier einige Beispiele für Type- und Creator-Kennungen:

- **Type-Kennungen:** Eine Textdatei bekommt die Kennung »TEXT«, ein Pict-Bild »PICT« oder ein Programm »APPL« (für Application Program).
- **Creator-Kennungen:** »ttxt« steht für das Erzeugerprogramm »TextEdit« (»ttxt« steht eigentlich für »TeachText«, später bekannt als »SimpleText«), »GKON« für den »Graphic-Converter« oder »8BIM« für »Photoshop«.

Anhand dieser beiden Angaben kann Mac OS X Beziehungen zwischen Programmen und Dokumenten herstellen und in der Listendarstellung oder in der Infobox eine Angabe über die

Objektart machen. Programme werden mittels der Datei »PkgInfo« im Programm-Bundle mit der Type-Kennung »APPL« und ihrer Creator-Kennung (oder »????«, wenn sie keinen Creator-Code verwenden) kodiert.

LaunchServices
Mac OS X führt Buch über die Verbindungen zwischen Dokumenten und Programmen. Dafür baut es über die »LaunchServices« eine Datenbank auf, in der sich Informationen darüber befinden, welches Programm welchen Dateityp öffnen kann und welche Symbole die Programme und ihre Dokumente bekommen.

Jedes Mac-OS-X-Programm enthält in seinem Bundle eine Datei – »Info.plist« (Informations Property List) – in der verzeichnet ist, welche Art von Dokumenten es öffnen kann. Bewegt der Anwender jetzt ein Dokument mit einer geeigneten Type-Kennung oder Dateinamenserweiterung auf ein Programmsymbol, aktiviert der Finder das Programmsymbol. Sobald der Anwender nun das Dokumentensymbol über dem Programmsymbol loslässt, öffnet das Programm das Dokument. Ist der Typ des Dokuments nicht verzeichnet, wird das Programmsymbol auch nicht aktiviert.

In der Datei »Info.plist« kann der Finder außerdem erkennen, welche Symbole den Dateien zugewiesen werden sollen, die von diesem Programm erzeugt wurden, und wie dieser Dateityp benannt werden soll. Der Mac-OS-X-Finder speichert diese Informationen für jeden Benutzer einzeln. Dafür liest er zuerst nur die Standard-Ordner für Programme aus. Weitere Informationen werden in den verschiedenen Ordnern erst ausgelesen, wenn der Anwender in einen neuen Ordner navigiert.

Uniform Type Identifiers
Seit Mac OS X 10.4 werden von den Launchservices verschiedene Suffixe und Types – aber auch die MIME-Typen, die im Internet verwendet werden – die gleiche Dateitypen kodieren, nach einem ausgeklügelten System gegen einen »Uniform Type Identifier« (UTI) aufgelöst (z.B. die Suffixe ».txt« und ».text« zu »public.plain-text« oder das Suffix ».pdf« und der Type »PDF« zum »com.adobe.pdf«).

Zweige und Objektattribute in flachen Dateisystemen
Das HFS+-Dateisystem bietet dem Mac mit den Objektattributen und den benannten Zweigen Besonderheiten, die andere Dateisysteme nicht kennen. Daher muss Mac OS X zu einem Trick greifen, um die Daten, die dort gespeichert sind, auch auf anderen Dateisystemen zu erhalten: das AppleDouble-Format.

Wird die Datei auf ein flaches Dateisystem ohne Zweige kopiert, wird unter Mac OS X zusätzlich zur Datei, die den Datenzweig enthält, eine zweite Datei mit gleichem Namen, aber mit dem Präfix »._« angelegt. In diese ._-Datei werden die zusätzlichen Zweige des Dateisystem HFS+ transferiert.

Zweige und Objektattribute und andere Betriebssysteme
Wird das Kopieren oder die Übertragung einer Mac-Datei mit verschiedenen Zweigen nicht von Mac OS X aus initiiert, ergibt sich ein Problem: Andere Betriebssysteme (Windows, UNIX) und normale Übertragungsprotokolle erkennen die Verbindung zwischen dem Datenzweig und den anderen Zweigen einer Mac-Datei nicht. In der Regel wird nur der Datenteil kopiert, die benannten Zweige und die Attribute aber gehen ganz verloren.

Spotlight sammelt die Metainformationen aus Dateien. In diesem Infofenster werden die EXIF-Informationen einer Bilddatei aufgelistet.

Wenn Dateien über das Internet verschickt werden sollen – das ja nur zu einem kleinen Teil aus Macs besteht und zum größten Teil aus »normalen« UNIX-Rechnern –, muss eine Verbindung zwischen den Zweigen geschaffen werden. Hierfür müssen die Dateien kodiert werden. Das Mail-Programm z.B. teilt eine angehängte Datei in zwei Anhänge auf, die beim Empfänger dann wieder zusammengefügt werden.

Spotlight

Neben den Objektattributen im HFS+-Dateisystem gibt es innerhalb vieler Dateien weitere Metadaten. Diese stellen Informationen über eigentlichen Daten in der Datei bereit – z.B. die EXIF-Daten in Bilddateien, ID3-Tags in MP3-Musikdateien aber auch Copyright-Informationen. Diese Daten werden von Spotlight zusammen mit den Objektattributen in einer Datenbank gesammelt. In einer weiteren Datei wird ein Index der Textinhalte von Textdateien angelegt. Diese Daten stehen damit allen Spotlight-fähigen Programmen zur Verfügung. Selbst in der Kommandozeile kann über die Befehle »mdls« und »mdfind« auf Spotlight zugegriffen werden. Mit den Befehlen »mdimport« und »mdutil« kann Spotlight zum erneuten Indizieren veranlasst werden – komplett oder nur mit einem bestimmten Importfilter – sowie ein- und ausgeschaltet werden etc.

Alias, Symbolic Links und Hardlinks

Seit System 7 bietet Mac OS dem Anwender die Möglichkeit, Alias-Dateien anzulegen. Diese Dateien sind Verweise auf eine Originaldatei oder einen Ordner.

Aliase können von jedem beliebigen Objekt angelegt werden, auch von Objekten, die sich auf einem anderen Volume oder irgendwo im Netzwerk befinden. Aliase besitzen dieselben Eigenschaften wie ihr Original. Deshalb können sie beispielsweise genauso wie das Original zum Öffnen per Drag&Drop benutzt werden. Aliase sind zu erkennen an einem kleinen Pfeil an der unteren linken Ecke des Symbols.

204 ▶
Praxis, Freigaben, Daten kodieren

100 ▶
Praxis, Alias

144ff ▶
Praxis, Spotlight, Dateien finden

In der Ressource eines Alias ist der Pfad zum Original (rot) und die ID des Ordners, in dem es sich befindet, (blau) gespeichert, sowie das passende Symbol.

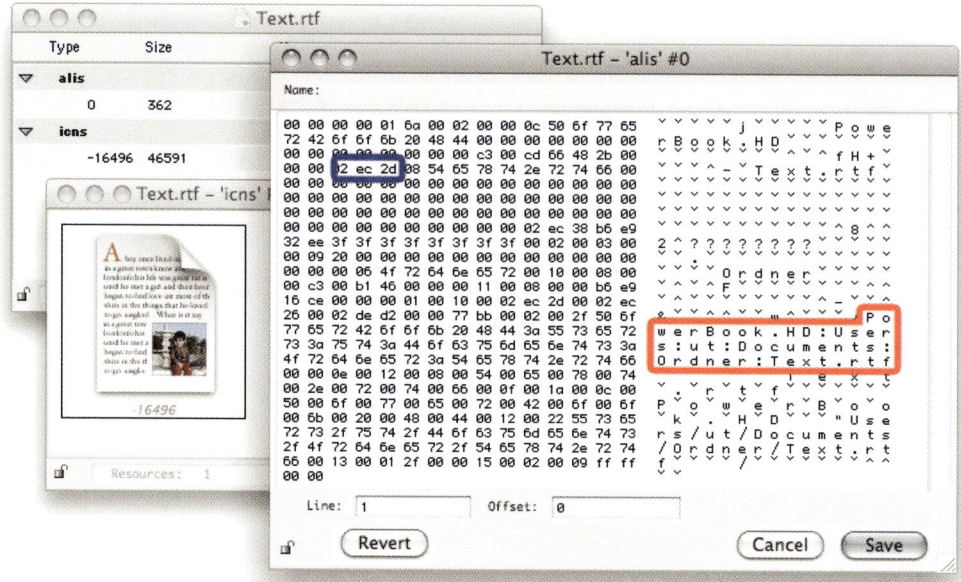

Die Verbindung zum Original wird in der »alis«-Ressource der Alias-Datei als Pfad abgespeichert. Im Infofenster wird dieser Pfad angezeigt. Ergänzend wird hier aber auch die ID-Nummer des Ordners, in dem sich die Originaldatei befindet, gespeichert. So wird das Original auch dann wiedergefunden, wenn es verschoben und umbenannt wurde. Das funktioniert sogar, wenn sich das Original auf einem anderen Volume befindet, das während des Verschiebens und Umbenennens nicht gemountet war. (Einzige Ausnahme: wenn ein Objekt mit den gleichen Eigenschaften und gleichem Namen am selben Ort erstellt und das Original gelöscht wurde.) Mit dem Befehl »Original finden« (⌘R) können Sie sich das Original zum Alias anzeigen lassen. Damit bei Aliasen ohne Type- und Creator-Kennungen das Symbol nicht verloren geht, schreibt Mac OS X zusätzlich eine »icns«-Ressource mit dem Symbol des Originals in die Alias-Datei.

In UNIX-Dateisystemen verweisen »Symbolic Links« auf andere Dateien. Diese erfüllen die gleich Aufgabe wie Aliase im HFS+, sie besitzen jedoch andere Eigenschaften. Symbolic Links können in Mac OS X ebenfalls aufgelöst werden. Der Mac-OS-X-Finder kann jedoch keine Symbolic Links erzeugen; er erzeugt stattdessen ein Alias. Symbolic Links können im Programm »Terminal« in der Shell mit dem Befehl »ln -s« erzeugt werden.

Zusätzlich wird in UNIX-Dateisystemen mit Hardlinks gearbeitet. Mit Hardlinks ist es möglich, dass eine Datei sozusagen mehrere Namen hat. Hardlinks werden im Mac-Dateisystem in iNode-Dateien verwaltet, die sich im unsichtbaren Ordner » HFS+ Private Data« auf der obersten Ebene der Festplatte befinden.

◀ 55
iNode

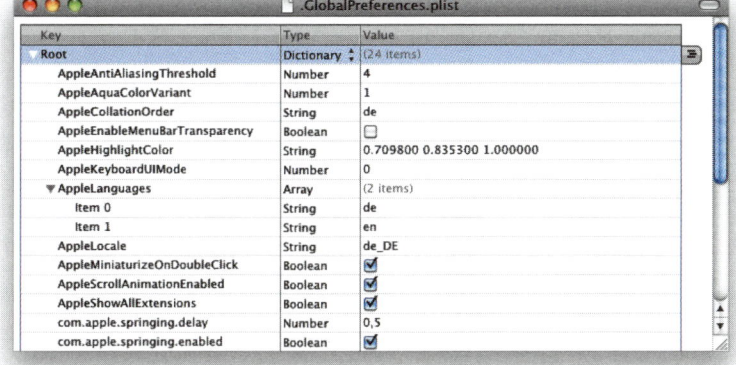

In der privaten allgemeinen Voreinstellungsdatei ».globalpreferences.plist« werden u.a. die Spracheinstellungen gespeichert. Der »Property List Editor« aus den Developer Tools stellt den Inhalt übersichtlich dar.

Voreinstellungen

Voreinstellungen von Programmen werden in Mac OS X für jeden Benutzer separat in einzelnen Dateien im Ordner »*Privat/ Library/Preferences*« angelegt. (Die Voreinstellungen der Programme, die vor der Anmeldung der Benutzer gestartet werden, befinden sich im Ordner »*/Library/Preferences*«.) Beim Starten des Programms werden die Voreinstellungsdateien gelesen und die entsprechenden Voreinstellungen vorgenommen. Jedes Programm kann eine oder mehrere Voreinstellungsdateien anlegen. Diese können Sie in der Regel am Namen ihrem Erzeuger zuordnen.

Voreinstellungsdateien können dabei – wie jedes andere Objekt – aus dem Ordner herausbewegt oder in den Papierkorb gelegt und gelöscht werden. Das entsprechende Programm kann dann die Voreinstellungen nicht lesen und legt eine neue Voreinstellungsdatei mit den im Programm gespeicherten Standard-Voreinstellungen an.

Voreinstellungen von Mac-OS-X-Programmen werden als Textdateien in XML verfasst.

Ab Mac OS X Tiger werden die Dateien beim Zugriff durch das System in ein Binärformat umgewandelt. Sie erhalten den Namen des Programmpakets (z.B. »com.apple calculator.plist« für den »Rechner«). .plist-Dateien können beispielsweise im »Property List Editor« aus den Developer Tools bearbeitet werden. Mit dem Befehl »plutil -lint« können sie in der Shell auf Syntaxfehler hin überprüft werden.

Voreinstellungen können auch durch Kopieren der Voreinstellungsdatei in den Preferences-Ordner eines anderen Benutzers oder gar eines anderen Macs übertragen werden. (Carbon-Programme, die auch unter dem klassischen Mac OS laufen, verwenden dasselbe Format wie im klassischen Mac OS. So können Sie auch Voreinstellungen von Programmen, die Sie schon unter dem klassischen Mac OS verwendet haben, in Mac OS X übernehmen.)

Voreinstellungen von UNIX-Programmen werden in Config-Dateien, reinen ASCII-Textdateien, gespeichert.

287 ▶ Praxis, Voreinstellungsdatei defekt

258 ▶ Praxis, Config-Dateien

Der »X-Y Position Indicator for a Display System«, dessen Patentierung mit dieser Patentschrift 1967 von Doug Engelbart beantragt wurde, ist heute als »Maus« Standard an jedem Personal Computer.

Die Benutzeroberfläche des Xerox Alto von 1974 lässt nur erahnen, wohin die Entwicklung gehen würde. Das GUI wurde über drei Maustasten bedient.

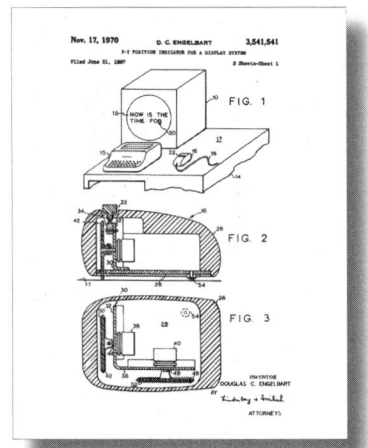
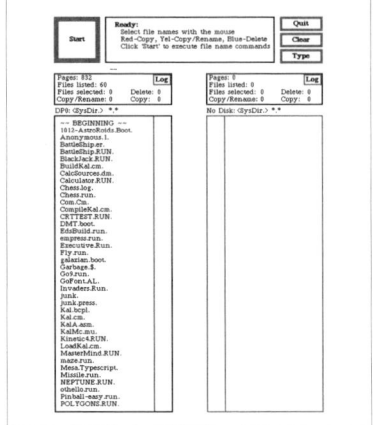

Grafische Benutzeroberfläche

Der Gesichtssinn ist der ausgeprägteste der menschlichen Sinne. Die Grenzen der Sprache erfahren Sie recht schnell, beispielsweise bei dem Versuch, jemandem einen Gegenstand genau zu beschreiben, den Sie nicht sehen. So ist es z.B. einfacher, durch Zeigen auf eine Besonderheit hinzuweisen, als sie mit Worten zu erklären. Ähnlich ist es bei der Arbeit am Computer. Seine visuelle Orientierung macht es für einen Menschen einfach, einen Ordner zu aktivieren, indem er per Mausklick darauf zeigt. Er kann sich dann umsehen, ob sich das gesuchte Objekt – vielleicht eine Datei oder ein anderer Ordner – in diesem Ordner befindet. (Das Prinzip wird in Apples »Human Interface Guidelines« treffend »See and Point« genannt.) Mit Worten, die der Computer auch noch verstehen muss, den Weg zu einem Objekt zu beschreiben, ist da doch bedeutend komplizierter.

Eine erste Idee zu einer grafischen Benutzeroberfläche präsentierte Doug Engelbart schon im Jahre 1968 am Stanford Research Institute.

▶ 257ff
Praxis, Shell

Im Xerox-Entwicklungszentrum PARC wurde 1973 der Alto, ein Prototyp eines Rechners mit grafischer Benutzeroberfläche, gezeigt. Apple ergänzte diese Ideen um wesentliche Elemente wie z.B. Pull-Down-Menüs und Drag&Drop. Damit war der Standard gesetzt, seitdem gab es keine umgreifenden Änderungen mehr. Außerdem wurde die Maus weiterentwickelt. Die ursprünglich verwendete Dreitastenmaus wurde aufgrund der Erfahrungen bei Xerox zur Eintastenmaus, noch heute ein herausragendes Merkmal des Macs.

Diese grafische Benutzerschnittstelle war das im wahrsten Sinne des Wortes augenfälligste Merkmal des Macs. Vor dem Mac gab es keinen erschwinglichen Personalcomputer mit dieser Eigenschaft. In den darauf folgenden Jahren hat sich die grafische Benutzerschnittstelle auf allen Computerplattformen durchgesetzt.

Die Besonderheit des Mac-Systems war, dass diese Oberfläche ein integraler Bestandteil des Systems ist. In Mac OS X dagegen gibt es eine Trennung des eigentlichen Systems von der grafischen Oberfläche. Programme können über die Befehlszeile des Terminal-Programms angesteuert werden, BSD-Programme laufen sogar komplett ohne grafische Oberfläche. Echte Mac-OS-X-Programme (Carbon oder Cocoa) sind jedoch trotzdem ohne grafische Benutzeroberfläche nicht vorstellbar. In Mac OS X ist die Integration der grafischen Oberfläche so konsequent durchgezogen worden, dass selbst grundlegende Änderungen des Systems über diese Oberfläche vorgenommen werden können – durch Bewegen von Objekten oder Anklicken von Schaltflächen. Der normale Anwender kommt eigentlich nie mit dem Mac OS X zugrunde liegenden UNIX und dessen Shell in Kontakt.

Der Xerox Star, der erste kommerzielle Computer mit grafischer Benutzeroberfläche erschien 1981, zwei Jahre vor der Lisa (jedoch nach einem Besuch von Apple-Mitarbeitern bei Xerox).

Der Finder

Das für den Anwender wichtigste Programm in Mac OS X ist der Finder. Der Finder liefert dem Anwender den Schreibtisch und die Volumes mit den Ordnerfenstern und den Dokumentensymbolen. Er bietet dem Anwender die Möglichkeit, in den Hierarchien der Festplatten zu navigieren und diese zu manipulieren. Der Finder bildet also die Schnittstelle zwischen dem Dateisystem und dem Anwender.

Der Finder gibt dem Anwender die Möglichkeit, seine Dateien übersichtlich zu ordnen. Wie in den »Human Interface Guidelines« auch für andere Programme empfohlen, verwendet der Finder dafür eine Metapher aus dem normalen Leben: Den (Büro-)Schreibtisch. Alle Dokumente lagern in Aktenschränken (den Volumes) in Ordnern. Um Einblick in einen Ordner zu bekommen, wird dieser aus dem Aktenschrank herausgenommen und man blättert in seinem Inhalt. Um ein bestimmtes Dokument zu betrachten, wird es aus dem Ordner herausgenommen und auf den Tisch gelegt. Ein Dokument, das nicht mehr gebraucht wird, landet im Papierkorb.

Zwar befindet sich der Papierkorb normalerweise nicht über dem Schreibtisch und wir werfen auch nicht einen ganzen Aktenschrank in den Papierkorb. Aber kleine Abweichungen von der Realität dienen der Konsistenz, wenn sie das System einfacher machen. Gleiche Handlungen erzeugen denselben Effekt.

90 ▶
Praxis, Finder

Fenster-Darstellungs-Informationen

Damit der Finder die Fenster der einzelnen Ordner in der vom Benutzer gewünschten Form öffnen kann, muss er sich die Informationen zu den Darstellungen innerhalb der Fenster – z.B. Position und Größe der Icons, Größe des Fensters, Darstellungsart etc. – merken. Die Informationen werden innerhalb des jeweiligen Ordners in der unsichtbaren Datei ».DS_Store« gespeichert. Da die ».DS_Store«-Datei sich in dem zu öffnenden Ordner befindet und somit auch mitkopiert wird, kann auch beispielsweise für ein Diskimage oder ein Servervolume eine bestimmte Darstellung vorgegeben werden.

Die Darstellungen des Schreibtischs und im Fenster »Computer« werden in der Voreinstellungsdatei des Finders gespeichert.

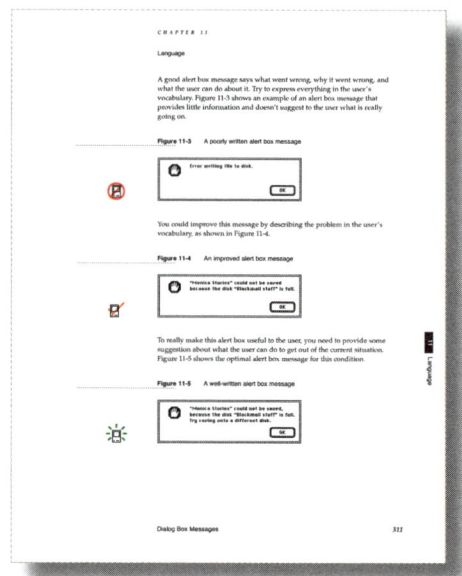

Human Interface Guidelines

Schon von Anfang an hat Apple detaillierte Richtlinien herausgegeben, wie ein Programm auf dem Mac auszusehen hat. Dafür wurden intensive ergonomische Studien durchgeführt. Aus dem Ergebnis dieser Studien entstanden einige grundlegende Prinzipien.

- **Direct Manipulation:** Der Anwender manipuliert immer das Objekt selbst und sieht direkt die Auswirkungen.

  Beispiel: Beim Verschieben eines Objekts bleibt dieses Objekt sichtbar. Das Objekt, auf das es gezogen wird, wird aktiviert.

- **See-and-Point:** Der Anwender bekommt immer alle Möglichkeiten präsentiert und kann dann zwischen diesen auswählen.

  Beispiel: Menüs präsentieren Befehle, unter denen dann ausgewählt wird.

- **Consistency:** Wenn zwei Objekte das gleiche tun, sehen sie auch gleich aus. Reagieren sie unterschiedlich, sehen sie auch unterschiedlich aus. So kann der Anwender schon aus dem Aussehen eines Objekts schließen, wie es sich verhalten wird.

  Beispiel: Programme und Erweiterungsbundles unterscheiden sich dadurch, dass Programme vom Anwender gestartet werden, Erweiterungen jedoch vom System. Deshalb haben sie auch unterschiedliche Symbole.

- **User Control:** Der Anwender, nicht der Computer, kontrolliert den Verlauf einer Aktion.

  Beispiel: Die Hilfe erklärt dem Anwender lediglich, wie eine Einstellung am Objekt vorgenommen wird. Das nächste Mal kann der Anwender diese oder eine ähnliche Einstellung (Consistency) ohne Hilfe ausführen. Er ist nicht auf Gedeih und Verderb einem Assistenten ausgeliefert.

- **Forgiveness:** Der Anwender muss einen Schritt, den er ausgeführt hat, wieder rückgängig machen können.

Neben den hier aufgeführten Prinzipien gibt es noch viele weitere.

In den »Human Interface Guidelines« werden aber auch ganz konkrete Angaben zu Aussehen und Funktion vieler Objekte gemacht.

Die aktuellen »Human Interface Guidelines« können unter <http://developer.apple.com/mac/library/navigation/index.html> oder, wenn die Developer Tools installiert sind, direkt über das Hilfe-Menü des Interface Builders aufgerufen werden.

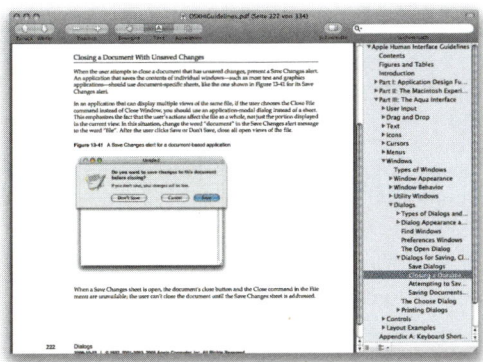

Beispiele aus den Interface Guidelines

- **Menüs:** Die beiden ersten Menüs »Ablage« und »Bearbeiten« sind als Standard vorgegeben, ebenso wie die Reihenfolge der Standardbefehle innerhalb dieser Menüs. Auch die Tastaturkürzel für die Grundfunktionen sind standardisiert. Diese Vorgaben wurden unverändert vom klassischen Mac OS in Mac OS X übernommen.

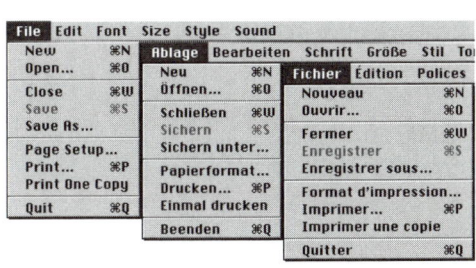

- **Abfragen:** Auch für die Sicherheitsabfrage zu einem geänderten Dokument gibt es Vorgaben. Da das Auge des Betrachters von oben links nach unten rechts wandert, sieht es zuerst das Symbol und liest dann den Text. Im Text muss zu erkennen sein, um welches Dokument es sich handelt. Schaltflächen, mit denen die getane Arbeit vernichtet wird (»Nicht sichern«), werden von den Schaltflächen getrennt, die die getane Arbeit nicht zerstören (»Abbrechen« und »Sichern«) – »Sichern« ist unten rechts und aktiviert. Die Beschriftung der Schaltflächen beschreibt noch einmal die Aktion – »Sichern« und »Nicht sichern« statt »Ja« und »Nein«.

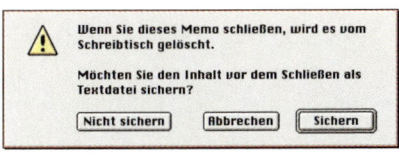

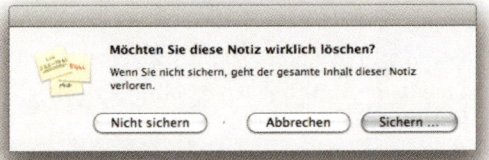

Unverständlicherweise finden sich immer wieder Programmhersteller, die sich nicht an diese ergonomischen Vorgaben halten.

Willkommen!
Der Systemstart

◄ 34　**BIOS und EFI**
EFI　Beim Mac mit Intel-Architektur wird zuerst das BIOS aktiviert, das einen POST (»Power-On Self Test«) durchführt. Dann initialisiert das BIOS die grundlegende Hardware und der Prozessor wird in den 32-bit-Modus (bei einigen Modellen zusätzlich in den 64-bit-Modus) versetzt, um das EFI laden zu können. Ist das EFI geladen, initialisiert es weitere Hardware und lässt den Startgong erklingen.

boot.efi

◄ 35　EFI aktiviert die im NVRAM verzeichnete Boot-Datei »boot.efi« im Ordner »/System/Library/CoreServices«. Der graue Apfel erscheint auf dem Bildschirm.
NVRAM
► 369
Referenz,
Kontrollfeld,
Startvolume

◄ 40　**Kernel-Environment**
Kernel-Environment　boot.efi lädt nun das Kernel-Environment. Dafür werden Treiber geladen, bis die Systemfestplatte aktiviert werden kann. Beim Mac mit Intel-Architektur wird außerdem der Device Tree – ein Verzeichnis aller installierten Hardware-Komponenten – erstellt (als Ersatz für den echten Device Tree beim PowerPC-Mac). Dann wird in verschiedenen Stufen der Mach-Kernel initialisiert. Wenn der Intel-Prozessor eine 64-bit-Erweiterung besitzt, aktiviert dieser in mehreren Schritten den 64-bit-Modus. Anschließend wird das BSD-System initialisiert. Unter dem Apfel wird ein Kreisel angezeigt.

Launchd

Anschließend wird der Daemon (ein unsichtbarer Systemdienst) »launchd« geladen. Der Bildschirm wechselt die Farbe und wird blau. Launchd startet verschiedene andere Systemdienste und ist auch für den Start aller weiteren Programme zuständig.

Unter den Diensten, die hier gestartet und anhand der Vorgaben in »/System/Library/LaunchDaemons« konfiguriert werden, befinden sich unter anderem AppleShare, Samba und der Apache-Webserver. Ab hier ist also ein Zugriff aus dem Netzwerk möglich.

190ff ▶
Praxis,
Freigabe

Loginwindow

Das letzte Objekt, das geladen wird, ist das Programm »Loginwindow«. Dieses meldet den Benutzer beim System an. Das Programm bleibt immer aktiv, es ist auch für das Fenster »Sofort beenden« oder die Abmeldung zuständig.

294 ▶
Referenz,
Sofort beenden

Benutzer-Programme

Loginwindow startet das Dock und den Finder mit dem Schreibtisch. Außerdem werden die im Kontrollfeld »Benutzer« unter »Startobjekte« bestimmten Objekte gestartet. Jetzt ist Mac OS X für die Arbeit bereit.

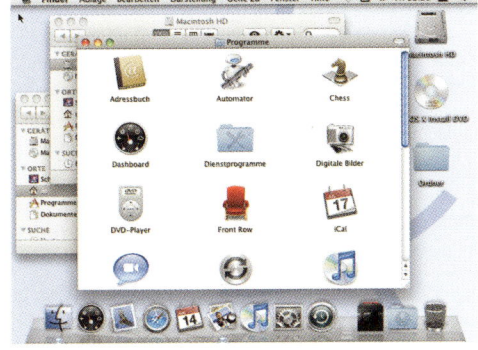

333 ▶
Referenz,
Kontrollfeld
»Benutzer«,
»Anmeldeoptionen«

74	Aller Anfang ist leicht	
	Die Installation des Betriebssystems Mac OS X	
75	Installation von Mac OS X	
77	Installation von Erweiterungen	
78	Installation von Programmen	
79	Software aktualisieren	
80	Einstellungssache	
	Grundeinstellungen für Ihr Mac OS X	
82	Migrationsassistent	
83	Manuell übertragen	
84	Switch	
	Daten vom Windows-PC auf den neuen Mac übernehmen	
85	Dokumente, Programme und Speichermedien	
86	Dokumente vom PC zum Mac	
86	E-Mails, Favoriten und Adressen	
87	Microsoft-Office-Dateien	
88	Windows auf dem Mac	
89	Linux auf dem Mac	
90	Face2Face	
	Der Finder, das Gesicht von Mac OS X	
91	Der Schreibtisch	
92	Die Menüs	
93	Allgemeines über Objekte	
95	Volumes – die Datenträger des Macs	
96	Sammelbehälter für Objekte – die Ordner	
97	Der Papierkorb	
98	Der Schreibtisch	
98	Dateien	
98	Programme	
99	Dokumente	
99	Formularblock	
100	Alias	
101	Fenster	
103	Darstellungen in den Fenstern	
104	Symboldarstellung	
106	Listendarstellung	
107	Cover Flow	
108	Spaltendarstellung	
109	Ein-Fenster-Betrieb	
112	Übersicht mit QuickLook	

114	Beziehungskiste
	Dateien bestimmten Programmen zuteilen
116	Schnell zur Hand
	Das Dock
117	Objekte im Dock
118	Aktive Programme im Dock
118	Programme über das Dock bedienen
119	Ordner und Fenster
120	Mein Mac, dein Mac
	Den Mac als Mehrbenutzersystem einrichten
121	Anlegen eines Benutzers
124	Benutzer mit eingeschränkten Rechten
125	Einfacher Finder
126	Wechseln zwischen Benutzern
127	Schneller Benutzerwechsel
128	Automatische Anmeldung
129	Kennwort vergessen
130	Der private Benutzerordner
131	Dateirechte bestimmen
133	root
134	Alle Wege führen nach Rom
	Der Weg durch die Ordnerhierarchie
135	Der klassische Weg
136	Dreiecke in der Liste
137	Spaltendarstellung
138	Aufspringende Ordner
140	Ordnerhierarchie in Öffnen- und Sichern-Dialogen
141	Durch die Hierarchie springen
142	Wer suchet, der findet
	Dateien und Inhalte suchen mit dem Finder und Spotlight
143	Spotlight und die Metainformationen
144	Dateien finden im Finder
145	Suchergebnisse
146	Die Suche über das Spotlight-Menü
147	Intelligente Ordner

148	Chaos-Kontrolle
	Arbeiten mit Fenstern in Mac OS X
149	Ein Fenster mit Exposé finden
150	Spaces
151	Ausblenden
151	Programm-Wechsel
152	Dashboard
154	Kennzeichnung
	Arbeitserleichterung durch visuelle Strukturierung
155	Symbole ändern
156	Etiketten verwenden
158	Gut beraten
	Die Mac-Hilfe
160	Der Mac am Draht
	Das Netzwerk
161	Hardware
161	Ethernet
162	AirPort Extreme
162	FireWire
162	Anbindung an das Internet
163	Ältere Netzwerke einbinden
164	Software
164	Verbindungsprotokolle
165	Übertragungsprotokolle
165	Umgebungen
166	Lokales Netzwerk einrichten
168	AirPort – Wireless LAN
168	In ein AirPort-Netz einklinken
170	Computer-zu-Computer-Verbindung
171	Internetzugang einrichten
172	Internetzugang über Modem oder Mobiltelefon einrichten
173	Internetzugang über Router einrichten
174	Internetfreigabe

176 Netz der Netze
Mit dem Mac in das Internet
177 Der Aufbau des Internets
178 Protokolle
179 Mit Safari im Internet surfen
180 Tabs
180 RSS
181 Lesezeichen
181 Weitere Funktionen
184 Downloads
185 Suchen im Internet
186 E-Mails mit »Mail«
187 E-Mails empfangen
187 Mailboxen – Postfächer
188 E-Mails verschicken
189 E-Mail-Anhänge
189 Notizen, Aufgaben und RSS

190 Daten schleudern
Dateiaustausch über das Netzwerk
191 Protokolle für den Datenaustausch über das Netzwerk
192 Am Server anmelden
195 FTP, WebDAV und NFS im Finder
196 Bei Verbindungsproblemen
197 Der Mac als Dateifreigabe-Server
200 Freigaben über SMB
201 Verbinden vom klassischen Mac OS
201 FTP-Server
201 NFS-Server
203 Webserver
204 MobileMe
204 Dateien für das Internet
206 Dateiaustausch mit Bluetooth-Geräten
207 Bildschirmsteuerung über das Netzwerk

208 Warenaustausch
Daten zwischen Programmen austauschen
209 Zwischenablage
210 Drag&Drop
210 Clips
211 Dienste

212 Symphonie
Daten zwischen Geräten abgleichen

214 Weltenbummler
Datenaustausch mit dem Windows-PC und Linux
215 Mac-Dokumente an Windows und Linux weitergeben
219 PC-Dateiformate am Mac öffnen

220 Bilderflut
Arbeiten mit digitalen Fotos in Mac OS X
221 Bilder von einer Kamera importieren
222 Bilder verwalten
222 Bilder betrachten
223 Bilder bearbeiten
223 Bilder über das Netzwerk bereitstellen

224 Schwarz auf Weiß
Drucken in Mac OS X
225 Einen Drucker installieren
228 Drucken
229 Papierformat
229 Druckoptionen
230 Warteliste
231 Dokument über »Drucken« und »Vorschau« als PDF sichern
232 Druckerserver
233 Faxen

234 Starke Typen
Arbeiten mit Schriften in Mac OS X
235 Zeichensatz-Typen
236 Schriftsammlung

240 Alles so schön bunt hier!
Farbmanagement in Mac OS X
241 Farbtheoretische Grundlagen
243 ColorSync und ICC-Profile
243 Workflow
244 ColorSync-Dienstprogramm
245 Monitorprofil kalibrieren

246 Handschriftlich
Arbeiten mit der Handschrifterkennung »Ink«

248 Automatikgetriebe
Arbeitserleichterung mit Automator und AppleScript
249 Automator
250 AppleScript
253 AppleScript-Editor
254 Ordneraktionen

256 Harte Schale, weicher Kern
Programme in der Shell und X11-Programme
257 Die Shell
261 X11

262 Massenhaft Speicher
Festplatten und andere Speichermedien am Mac
263 Bus- und Speichertypen und Dateisysteme
263 Speichertypen
264 Bustypen
265 Dateisysteme
266 Interne Festplatte installieren
266 Ein Speichermedium formatieren
267 Partitionieren
268 RAID
268 CD oder DVD brennen

270 Vorsorgeuntersuchung
Systempflege für Ihren Mac
271 Backup – Datensicherung
271 Time Machine
273 Datensicherung mit Images
274 Backup durch Kopieren
275 Erste Hilfe

278 Private Sphäre
Schutzmaßnahmen gegen unbefugte Datenzugriffe
279 Datensicherheit erhöhen
282 Sicherheit im Netzwerk

284 Notaufnahme
Erste Hilfe bei Problemen
285 Probleme eingrenzen
286 Probleme beim Starten
287 Probleme im laufenden Betrieb
288 Weitere Maßnahmen
289 Viren, Würmer und anderes Ungeziefer

Aller Anfang ist leicht

Die Installation des Betriebssystems Mac OS X

Das Mac OS X wird mithilfe des »Mac OS X-Installationsprogramms« direkt von der Mac-OS-X-DVD installiert. Mit dem Installationsprogramm können aber auch weitere Komponenten oder Programme installiert werden.

Mit dem »Mac OS X-Installiationsprogramm« auf der Mac-OS-X-DVD kann mit wenigen Mausklicks ein komplettes System installiert werden. Im Installationsprogramm lassen sich bestimmte Komponenten zur Installation auswählen. Für die Installation des Mac OS X müssen folgende Systemvoraussetzungen erfüllt sein:
- Mac OS X 10.6 unterstützt alle Apple Computer mit Intel-Architektur (Computer mit Intel-Architektur, welche nicht von Apple stammen, versucht Apple per Klausel im Lizenzvertrag auszuschließen).
- Mac OS X benötigt mindestens 1 GB RAM.
- Das Mac OS X belegt bei einer Standardinstallation ca. 5 GB Festplattenspeicher. Je nach Auswahl der Komponenten kann auch weniger Festplattenspeicher erforderlich sein.

Bei einem Upgrade eines Mac OS X auf 10.6 ersetzt das Installationsprogramm nur die aktualisierten Systemdateien und Programme. Sämtliche Einstellungen und Benutzerdateien bleiben unverändert. Durch die Dateisystem-Komprimierung, welche bei der Installation von Snow Leopard aktiviert wird, verringert sich dabei der Speicherplatz, den das System belegt, um ca. 6 bis 7 GB.

Programme werden unter Mac OS X installiert, indem sie einfach auf die Festplatte kopiert oder wie Systemerweiterungen mit dem Installationsprogramm installiert werden.

Mit dem Kontrollfeld »Softwareaktualisierung« lassen sich Systemkomponenten und Updates für Apple-Programmme automatisch über das Internet aktualisieren.

Installation von Mac OS X

Einfache Installation – Update
Folgen Sie dieser Anleitung, wenn Sie ein vorhandenes Mac OS X Leopard auf Snow Leopard aktualisieren wollen. Eine Anleitung für eine komplette Neuinstallation finden Sie auf der folgenden Seite.

1. *Installationsprogramm starten*
   Legen Sie die Mac-OS-X-DVD ein und starten Sie dann aus dem automatisch geöffneten Fenster das Programm »Mac OS X Installation«.

2. *Eventuell Volume auswählen*
   Nachdem Sie die Lizenzvereinbarung bestätigt haben, zeigt das Installationsprogramm an, auf welches Volume Mac OS X installiert wird. Wenn mehrere installationsfähige Volumes vorhanden sind, können Sie das Volume auswählen, auf dem das System installiert werden soll.
   Wenn Sie möchten, können Sie den Umfang der Installation anpassen (siehe Seite 77).

3. *Installation starten*
   Drücken Sie die Schaltfläche »Installieren«, um die Installation zu starten.
   Die Installation dauert etwa eine halbe Stunde.

Das Installationsprogramm legt eine Reihe von temporären Dateien an und startet dann den Rechner von der DVD neu. Danach prüft es das Volume auf Fehler im Dateisystem und repariert diese gegebenenfalls. Dann werden die temporären Dateien extrahiert und installiert. Am Ende der Installation wird der Rechner von dem aktualisierten System gestartet.

Neuinstallation

Wenn nötig kann Mac OS X auch (auf eine komplett gelöschte Festplatte) neu installiert werden.

1. Installation starten

- *Über das Installationsprogramm starten*
  Wenn auf Ihrem Mac noch ein lauffähiges Mac OS X installiert ist, legen Sie die Mac-OS-X-DVD ein. Starten Sie dann aus dem automatisch geöffneten Fenster das Programm »Mac OS X Installation«. Dort klicken Sie die Schaltfläche »Dienstprogramme« und dann »Neustart«.
  Nach Klicken der Schaltfläche »Neustart« wird der Mac automatisch von der DVD neu gestartet.

- *Von DVD starten*
  Sollte keine lauffähige Version von Mac OS X mehr vorhanden sein, können Sie direkt von der DVD starten, indem Sie während des Startens die Taste »C« gedrückt halten.

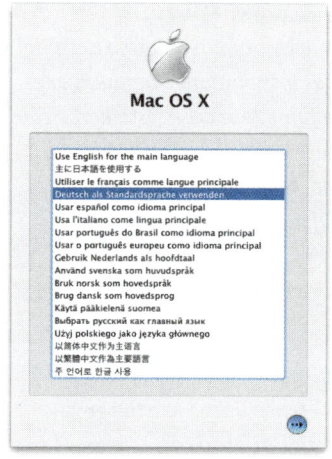

2. Sprache wählen
Nachdem Mac OS X von der DVD gestartet wurde, wird ein Programm geöffnet, in dem Sie eine Standardsprache auswählen.
Mit Ihrer Auswahl bestimmen Sie auch die Sprache, die später im Anmeldefenster verwendet wird.

3. Installationsprogramm
Im Installationsprogramm lesen Sie die letzten Informationen sowie die Lizenzvereinbarung.

4. Festplatten-Dienstprogramm

▶ 266
Festplatte formatieren

Im Menü »Dienstprogramme« wählen Sie den Menüpunkt »Festplatten-Dienstprogramm«.
Dort formatieren Sie das Medium wie auf Seite 266 beschrieben.

▶ 271ff
Time Machine

5. Installation ausführen
Beenden des Festplatten-Dienstprogramms bringt das Mac OS X-Installtionsprogramm in den Vordergrund. Dort setzen Sie die Installation fort.

Wiederherstellen aus einem Time-Machine-Backup

Wenn Sie Ihr System aus einem Time-Machine-Backup wieder herstellen wollen, müssen Sie Mac OS X nicht zuerst neu installieren. Wählen Sie stattdessen den Menüpunkt »System aus Backup wiederherstellen« aus dem Menü »Dienstprogramme«. Nachdem Sie die Backup-Festplatte ausgewählt haben erscheint eine Liste der System-Backups mit Datum und Systemversion.

Umfang der Installation anpassen

Der Umfang der Installation kann im »Mac OS X-Installiationsprogramm« individuellen Bedürfnissen angepasst werden. Dafür klicken Sie nach der Auswahl des Zielvolumes (Anleitung Seite 75, Punkt 2.) auf die Schaltfläche »Anpassen«. Sie gelangen in ein Fenster, in dem sich einzelne Komponentenpakete zur Installation auswählen lassen. Wenn Sie eine vorausgewählte Komponente nicht installieren wollen, können Sie das Häkchen mit einem Klick auf den Schalter entfernen. Durch einen Klick auf die Schaltfläche »Installieren« setzen Sie die Installation dann in dem gewünschten Umfang fort.

Einige Komponenten in der Liste werden zusammengefasst angezeigt. Die einzelnen Komponenten können mit dem kleinen Dreieck eingeblendet werden.

Im unteren Bereich des Fensters werden Informationen zu der jeweils aktivierten Komponente in der Liste angezeigt.

Installation von Erweiterungen

Erweiterungen werden mit dem »Installationsprogramm« (im Ordner /System/Library/CoreServices) installiert. Erweiterungen für Mac OS X werden in Paketen (.pkg) geliefert. Die Pakete enthalten alle Komponenten und Informationen, die zur Installation benötigt werden. Mehrere Pakete können zu einem Meta-Paket (.mpkg) zusammengefasst werden. Dieses enthält die Information, welche Pakete in welcher Reihenfolge installiert werden sollen.

Per Doppelklick auf das Paket bzw. auf das Meta-Paket wird automatisch das Installationsprogramm gestartet. In diesem führen Sie die weiteren Schritte (ähnlich, wie vorne für die Systeminstallation beschrieben) aus.

Dateiliste und Protokoll

Der Befehl »Dateien einblenden« (⌘I) im Ablage-Menü des Installationsprogramms öffnet ein Fenster, in dem eine Liste der Dateien angezeigt wird, die vom ausgewählten Paket installiert werden. Wenn Sie ein detailliertes Protokoll der Installation wünschen, wählen Sie den Befehl »Installationsprotokoll« (⌘L) aus dem Menü »Fenster«.

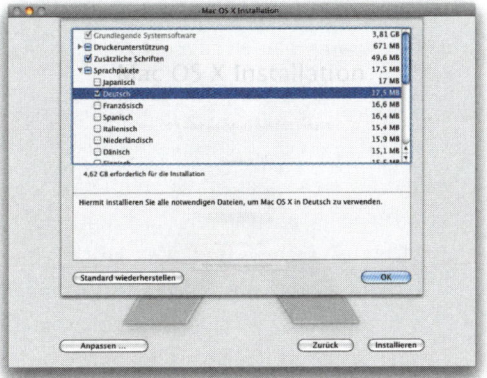

Installation einer Erweiterung ohne Installationsprogramm

▶ 257ff
Shell

Wegen der benötigten Zugriffsrechte reicht es nicht aus, eine Erweiterung (.kext), welche ohne Installationspaket auf Ihrem Mac gelandet ist, einfach in den Ordner »/System/Library/Extensions« zu legen. Hilfreich sind hier verschiedene Programme aus der Hackintosh-Szene, z.B. »Kext Helper«.

Der erfahrene UNIX-Anwender kann die Kext auch in einer root-Shell (sudo -s) mit dem Befehl »mv« in den Ordner »Extensions« bewegen und mit dem Befehl »kextload« ohne Neustart aktivieren. Gegebenenfalls müssen noch die Zugriffsrechte des .kext-Bundles korrigiert werden (chmod -R 755 und chown -R 0:0).

Installation von Programmen

Programme werden in Mac OS X in der Regel nicht installiert. Sie können einfach in den Ordner »Programme« (⌘⇧A) oder an einen beliebigen Ort innerhalb Ihres privaten Ordners kopiert werden. Einige Programme werden auch mit dem Installationsprogramm installiert (siehe »Installation von Erweiterungen« auf Seite 77), einige wenige werden mit einem eigenen Installationsprogramm geliefert.

Deinstallieren von Programmen

Programme können bei Mac OS X zur Deinstallation einfach in den Papierkorb gelegt werden.

Einige Programme legen jedoch zusätzliche Dateien an, beispielsweise im Ordner »/Library/Application Support«. Auch wenn es kein Problem ist, wenn diese Dateien auf der Festplatte bleiben, schadet es nichts, sie zu löschen. So können Sie die Dateien lokalisieren:

- Mit Spotlight finden, indem Sie z.B. nach dem Programmnamen oder dem Namen des Programmherstellers suchen.
- Wenn ein Programm mit dem Apple-Installer installiert wurde, können Sie feststellen, welche Dateien installiert wurden. Öffnen Sie dazu per Doppelklick die Paketquittung in »/Library/Receipts« und rufen Sie dann im »Installationsprogramm« die Dateiliste auf.
- Programme, die einen eigenen Installer verwenden, legen häufig ein Installationsprotokoll an. Dieses finden Sie meist im selben Ordner, in dem das Programm installiert wird. Manchmal enthält der Installer auch eine Deinstallationsfunktion.

Wenn Sie möchten, können Sie außerdem noch die Voreinstellungsdatei in »*Privat*/Library/Preferences« löschen.

▶ 205
Disk-Images

Als typisches Mac-OS-X-Programm wird der »GraphicConverter« auf einem Disk-Image geliefert. Das Programm kann per Drag&Drop auf das Alias auf dem Image in den Ordner Programme kopiert werden – oder aber an jeden beliebigen anderen Ort.

Software aktualisieren

Mit der »Softwareaktualisierung« können Updates direkt über das Internet installiert werden. Die Verbindung zu Apples Software-Update-Server kann dabei automatisch, nach Zeitplan oder manuell hergestellt werden.

1. **Software aktualisieren ...**
   Wählen Sie den Befehl »Softwareaktualisierung« aus dem Apfel-Menü.
   Das Programm »Softwareaktualisierung« wird gestartet und sucht nach Updates.

2. **Auswählen und Aktualisieren**
   Im Programm »Softwareaktualisierung« können Sie die verfügbaren Komponenten durch einfaches Ankreuzen aus einer Liste auswählen und dann mit der Schaltfläche »X Objekte installieren« installieren.
   Software, die einen Neustart verlangt, wird mit einen Dreieck in der linken Spalte markiert. Sie wird erst installiert, nachdem die Benutzer abgemeldet sind. Da bestimmte Software erst in der Liste erscheint, wenn eine andere installiert ist, sucht das Programm »Softwareaktualisierung« automatisch nach weiteren Updates, sobald die Installation erfolgt ist.

Ausgewählte Objekte laden
Wenn Sie die Softwareaktualisierung erst später vornehmen wollen oder die Installation auch auf anderen Rechnern ausführen wollen, können Sie mit dem Befehl »Nur laden« bzw. »Paket installieren und behalten« aus dem Menü »Aktualisieren« die Installationspakete in den Downloads-Ordner laden. Sie können dann später installiert oder auf einen anderen Mac kopiert und dort mit dem Installationsprogramm installiert werden.

Ignorieren
Aktualisierungen, die sie nicht installieren wollen, können Sie mit dem Befehl »Update ignorieren« aus der Liste ausblenden. Mit dem Befehl »Ignorierte Updates zurücksetzen« aus dem Menü »Softwareaktualisierung« können Sie sich die deaktivierten Objekte erneut anzeigen lassen.

Zeitplan
In den »Systemeinstellungen« können Sie im Kontrollfeld »Softwareaktualisierung« einen Zeitplan bestimmen, nach dem automatisch nach neuer Software gesucht wird. Wenn aktualisierte Software auf dem Server gefunden wird, wird das Programm »Softwareaktualisierung« gestartet.

293 ▶
Referenz,
Apfel-Menü

364 ▶
Referenz,
Kontrollfeld
»Software-
aktualisie-
rung«

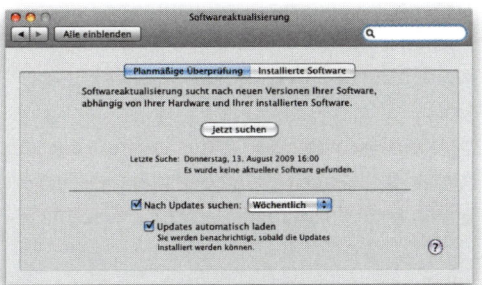

Einstellungssache
Grundeinstellungen für Ihr Mac OS X

Wenn Sie ein neues System installiert haben, sollten Sie dem Mac ein paar Grundeinstellungen gönnen. Natürlich lassen sich alle Einstellungen auch jederzeit wieder ändern.

Systemassistent
Wenn der Mac nach der Installation von Mac OS X das erste Mal gestartet wird, meldet sich der »Systemassistent«. Mit ihm werden zuerst Registrierungsdaten eingegeben und dann die Grundeinstellungen für Datum, Uhrzeit und Sprachregeln sowie für die Netzwerk- und Internetverbindung vorgenommen.

Der Systemassistent führt Sie dabei Schritt für Schritt durch alle notwendigen Einstellungen. Bevor die so vorgenommenen Einstellungen umgesetzt werden, können Sie sich diese noch einmal ansehen und gegebenenfalls korrigieren.

Die Einstellungen können auch später von Hand in den Systemeinstellungen geändert werden. Lediglich der kurze Name des ersten Benutzers kann nicht wieder geändert werden. Der Assistent nimmt nur die grundlegenden Einstellungen vor. Die weiteren Einstellungen werden auf der nächsten Seite ab Punkt 4 erklärt.

Alternativ bietet der Systemassistent auch die Möglichkeit, Einstellungen und Dateien von einem anderen Mac zu übernehmen, beispielsweise von Ihrem vorherigen Rechner (mehr dazu auf der übernächsten Seite unter »Migrationsassistent«).

▶ 80
Migrationsassistent

Registrierung übergehen
Der Registrierungsteil des Systemassistenten, in dem Sie Ihre persönlichen Daten eingeben, die dann an Apple gesendet werden, kann einfach mit der Tastenkombination ⌘Q abgebrochen werden. Der Systemassistent legt dann lediglich noch den ersten Benutzer an.

Grundeinstellungen

Alle Grundeinstellungen lassen sich direkt im Programm »**Systemeinstellungen**« (im Ordner »Programme« (⌘⇧A)) in den Kontrollfeldern selbst verändern. Die einzelnen Optionen der Kontrollfelder werden im Referenzteil erläutert. Die folgende Liste soll lediglich zeigen, welche Grundeinstellungen sinnvollerweise vorgenommen werden sollten.

1. Datum & Uhrzeit

Die grundlegendste Einstellung, die Sie an Ihrem neuen System vornehmen, ist die von Datum und Uhrzeit. Diese Einstellungen werden in dem gleichnamigen Kontrollfeld festgelegt.

(336 ▶ Referenz, Kontrollfeld »Datum & Uhrzeit«)

2. Namen

Um Ihrem Mac einen Namen zu geben, verwenden Sie das Kontrollfeld »Freigabe«. Weitere Benutzer und deren Kennwörter können im Kontrollfeld »Benutzer« angelegt werden.

(342 ▶ Referenz, Kontrollfeld »Freigaben«)

(121 ▶ Praxis, Benutzer anlegen)

(333 ▶ Referenz, Kontrollfeld »Benutzer«)

3. Sprachregeln

Wenn Sie bei der Installation Deutsch als Standardsprache verwendet haben, brauchen Sie eigentlich keine Einstellungen vorzunehmen, die die Sprachregeln betreffen. Trotzdem kann es nicht schaden, doch noch einmal im Kontrollfeld »Landeseinstellungen« nachzuschauen, ob hier das richtige Sprachsystem eingestellt ist.

(367 ▶ Referenz, Kontrollfeld »Sprache & Text«)

4. Drucker

Mit dem Kontrollfeld »Drucken & Faxen« können Sie Drucker einrichten.

(226 ▶ Praxis, Drucker einrichten)

(338 ▶ Referenz, Kontrollfeld »Drucken & Faxen«)

5. Maus und Tastatur

Um den Mac Ihren persönlichen Vorlieben beim Bedienen der Maus und der Tastatur anzupassen, stellen Sie die Geschwindigkeit in den Kontrollfeldern »Tastatur« und »Maus« ein.

(350 ▶ Referenz, Kontrollfeld »Maus«)

(369 ▶ Referenz, Kontrollfeld »Tastatur«)

6. Voreinstellungen des Finders

Jetzt können Sie die Standardeinstellungen für die Darstellungen in den Finder-Fenstern definieren und die Symbol- und die Seitenleiste konfigurieren.

(304f ▶ Referenz, Darstellungsoptionen)

(109ff ▶ Praxis, Symbol- und Seitenleiste konfigurieren)

7. Dock

Stellen Sie im Kontrollfeld »Dock« das Dock nach Ihren Vorlieben ein.

(116ff ▶ Praxis, Das Dock einrichten)

(337 ▶ Referenz, Kontrollfeld »Dock«)

8. Erscheinungsbild

Im Kontrollfeld »Erscheinungsbild« können Sie den Mac Ihren persönlichen farblichen Präferenzen anpassen und im Kontrollfeld »Schreibtisch & Bildschirmschoner« ein Bild für den Schreibtischhintergrund aussuchen.

(340 ▶ Referenz, Kontrollfeld »Erscheinungsbild«)

(360f ▶ Referenz, Kontrollfeld »Schreibtisch & Bildschirmschoner«)

Schneller Zugriff auf die Kontrollfelder

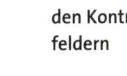

Im Apple-Menü befindet sich ein Menüpunkt »Systemeinstellungen«, mit dem Sie von jedem Programm aus das Programm »Systemeinstellungen« starten können. Außerdem wird bei der Installation automatisch das Symbol der Systemeinstellungen ins Dock gelegt.

328 ▶ Referenz, Systemeinstellungen, Wechseln zwischen den Kontrollfeldern

Migrationsassistent

Mit dem Migrationsassistenten hat Apple eine einfache Möglichkeit geschaffen, Dateien, Programme und Einstellungen von einem anderen Mac oder aus einem anderen System zu übernehmen.

Daten von einem anderen Mac übernehmen

◀ 39
Technik,
FireWire

1. FireWire
Starten Sie den Mac, von dem Sie die Daten übernehmen wollen, mit gedrückter Taste »T«.
Sollte Ihr Mac keine FireWire-Schnittstelle besitzen, muss die Übertragung über das Netzwerk stattfinden.

2. Anschließen
Schließen Sie den so gestarteten Mac mit einem FireWire-Kabel an den anderen Mac an, auf den Sie Daten übertragen wollen.
Die Festplatte des Macs erscheint auf dem Schreibtisch des anderen Macs.

3. Migrationsassistent
Starten Sie den Migrationsassistenten (im Ordner »Dienstprogramme« (⌘⇧U)). Dort wählen Sie die Option »Von einem anderen Mac« und bestimmen in den weiteren Schritten, welche Daten Sie übernehmen wollen.

4. Beenden
Nachdem die Daten übertragen sind, melden Sie den im FireWire-Modus angeschlossenen Mac ab, indem Sie das Festplattensymbol auf den Papierkorb ziehen oder den Befehl »Auswerfen« (⌘E) aus dem Menü »Ablage« des Finders wählen. Schalten Sie dann den Mac im FireWire-Modus aus, indem Sie die Einschalttaste drücken.

Der Bildschirm eines Macs im FireWire-Modus

Übernehmen über das Netzwerk

Für das MacBook Air, das keine FireWire-Schnittstelle besitzt, wurde mit Mac OS X 10.5.2 die Möglichkeit der Übertragung über das Netzwerk eingeführt. Hierfür verbinden Sie die Macs über das Netzwerk und starten den Migrationsassistenten auf beiden Rechnern. Auf dem Mac, von dem die Daten übertragen werden sollen, wählen Sie die Option »Auf einen anderen Mac«. Auf dem Mac, der die Daten übernehmen soll, wählen Sie die Option »Von einem anderen Mac« und im nächsten Schritt die Schaltfläche »Netzwerk verwenden«. Nach Austausch eines Zahlencodes werden die beiden Macs verbunden und es können die Objekte zum Übertragen ausgewählt werden.

Beide Macs müssen sich im gleichen IP-Adressbereich befinden. Auf älteren Systemen muss zuerst die Software »DVD or CD Sharing Setup« installiert werden.

Übernehmen von einer anderen Festplatte
Mit dem Migrationsassistenten lassen sich aber auch Daten, Programme und Einstellungen von einem System übernehmen, das sich auf einer anderen Festplatte befindet.

Übernehmen aus einem Backup
Der Migrationsassistent bietet auch die Möglichkeit, Daten aus einem Time-Machine-Backup in das neue System zu übernehmen.

271ff ▶
Time Machine

Manuell übertragen

Natürlich können Sie auch die Einstellungen, Daten und Programme manuell von einem Mac auf einen anderen übertragen.

Einstellungen übertragen
Wenn Sie Ihren Ordner »*Privat*/Library/Preferences« kopiert haben, werden alle Einstellungen übernommen. Sie können natürlich auch nur einzelne Einstellungsdateien übernehmen. Die Zugehörigkeit zu einem Programm ist leicht am Namen zu erkennen.

Netzwerk-Einstellungen
Die Netzwerk-Einstellungen befinden sich im Ordner »/Library/Preferences/SystemConfiguration« in der Datei »preferences.plist«.

Programme
Die meisten Programme können Sie einfach in den Ordner »Programme« des neuen Macs kopieren. Einige Programme haben zusätzliche Unterstützungsdateien im Ordner »/Library/Application Support«. Die jeweiligen Ordner tragen den Namen des Programms oder des Programmherstellers. Nur ganz wenige Programme schreiben bei der Installation zusätzliche Dateien an andere Orte – z.B. in »/Library/StartupItems«. Hier hilft die Suchfunktion des Finders oder aber Sie installieren dieses Programm dann doch neu.

Übernehmen von Einstellungen und Dateien ausgewählter Programme:
Hier ein paar Beispiele, welche Dateien Sie übertragen müssen, um bestimmte Programme auf einem neuen Mac unverändert wiederzufinden. Dafür kopieren Sie jeweils die genannten Dateien bzw. Ordner an dieselben Orte auf dem neuen Mac.

- **Mailboxen von Mail:** Die Datei »*Privat*/Library/Preferences/com.apple.mail.plist« und der Ordner »*Privat*/Library/Mail«
- **Safari-Favoriten:** Die Datei »*Privat*/Library/Safari/Bookmarks.plist«
- **Adressbuch:** Die Datei »*Privat*/Library/Adresses/Address Book.addressbook«
- **iTunes:** Der Ordner »*Privat*/Musik/iTunes«
- **iPhoto:** Der Ordner »*Privat*/Bilder/iPhoto Library«. (Bei älteren Versionen von iPhoto zusätzlich die Datei »*Privat*/Library/iApps/iPhoto/Album.xml«.)
- **iCal-Termine:** Der Ordner »*Privat*/Library/Calendars«

Grundeinstellungen für Ihr Mac OS X

Switch

Daten vom Windows-PC auf den neuen Mac übernehmen

Wie Sie nach dem Umstieg von Windows zum Mac schnell Ihre Dateien von Ihrem Windows-Rechner auf den neuen Mac übernehmen können, lesen Sie in diesem Kapitel.

Es gibt viele Gründe, vom Windows-PC zum Mac umzusteigen. Wenn Sie diesen Schritt gewagt haben, müssen Sie trotzdem nicht auf Ihre Daten verzichten. Sie können alle Ihre Dateien auf den Mac übertragen, um sie dort weiterzuverwenden.

Da der Mac mit den Windows-Dateisystemen und Netzwerk-Protokollen umgehen kann, ist es kein Problem, Dateien zu übertragen.

Die meisten Dateien – wie Bilder, Musik oder PDFs – sind in Standardformaten gespeichert, die von den Mac-OS-X-Programmen geöffnet werden können.

Bestimmte Daten, die in datenbankartige Dateien eingebunden sind – wie E-Mails, Internet-Bookmarks oder Adressen – müssen konvertiert werden, damit sie in den entsprechenden Programmen von Mac OS X benutzt werden können.

Auch für andere Daten, die in proprietären Dateiformaten gespeichert sind, gibt es entweder ein geeignetes Programm für Mac OS X oder die Dateien können konvertiert werden.

Wenn alle Stricke reißen, bietet sich auf dem Mac mit Intel-Architektur die Installation von Windows über »Boot Camp« an. Hier kann das Original-Programm dann weiterverwendet werden. Alternativ kann auch eine Virtualisierungslösung verwendet werden, mit dem Windows unter Mac OS X betrieben werden kann.

Viele unter Windows verwendete Programme sind aber auch in einer Version für Mac OS X erhältlich.

Dokumente, Programme und Speichermedien

Windows-Programme

Windows-Programme laufen nicht unter Mac OS X. Der Mac mit Intel-Architektur benutzt zwar die gleiche Hardware wie jeder normale Windows-PC, doch Programme benötigen, um laufen können, nicht nur einen bestimmten Prozessor, sondern auch eine bestimmte API. Windows jedoch besitzt eine andere API als Mac OS X – Win32 statt Carbon und Cocoa. Daher laufen Windows-Programme nicht unter Mac OS X.

Da es aber – bis auf wenige Ausnahmen – für jedes PC-Programm eine Entsprechung oder eine Alternative auf dem Mac gibt, ist das kein großes Problem.

Sollten Sie aber doch ein Programm oder Tool verwenden müssen, welches es ausschließlich für Windows gibt, können Sie mit einem Virtualisierungsprogramm einen virtuellen PC auf Ihrem Mac betreiben. Mehr dazu lesen Sie am Ende dieses Kapitels.

(86f ► Windows auf dem Mac)

Dokumente

Bei Dokumenten gibt es – im Gegensatz zu Programmen – keinen technischen Grund, warum ein Dokument unter Mac OS X nicht geöffnet werden kann. Dokumente enthalten weder Prozessor- noch API-Befehle. Jedoch besitzen Dokumente eine bestimmte interne Struktur. Daher kann es vorkommen, dass es zum Öffnen eines bestimmten Dokumenten-Typs kein geeignetes Programm für den Mac gibt. (Das ist i.d.R. der Fall, wenn der Hersteller eines Programms die interne Struktur des Dokumentenformats erfolgreich geheim hält.) Meist können aber Dokumentenformate in andere umgewandelt werden. Mehr über die Migration von Musik, Fotos, E-Mails, Favoriten und Adressen lesen Sie auf den nächsten Seiten in diesem Kapitel, mehr zu Dateiformaten erfahren Sie im Kapitel »Weltenbummler«.

(86f ► Übernehmen von Musik, Fotos, E-Mails, Favoriten und Adressen)

(219 ► PC-Dateiformate am Mac öffnen)

(218 ► Austauschformate)

Übertragungsmedien

Zum Übertragen der Daten vom PC zum Mac gibt es vielfältige Möglichkeiten. Die Daten können auf CD gebrannt werden, sie können über eine externe Festplatte oder ein Netzwerk übertragen werden.

- **CD, externe Festplatte:** Sie können Ihre Daten unter Windows auf eine CD brennen oder auf eine externe Festplatte kopieren. Da der Mac die Windows-Dateisysteme lesen kann, brauchen Sie hier nichts Besonderes zu beachten.
- **iPod:** Wenn Sie einen iPod besitzen, den Sie schon unter Windows verwendet haben, können Sie diesen ebenfalls für die Dateiübertragung verwenden. Der iPod wird im Windows Explorer wie ein normales Wechselmedium behandelt. Auch auf dem Mac erscheint der iPod als Volume auf dem Schreibtisch. Berücksichtigen Sie aber, dass die Kapazität als Festplatte um so geringer wird, je mehr synchronisierte Musik auf den iPod geladen ist.
- **Netzwerk:** Wie Sie Ihren Mac mit dem Windows-PC verbinden, lesen Sie im Kapitel File-Sharing.

(262ff ► Festplatten und andere Speichermedien)

(192ff ► Anmelden am Netzwerk)

(200f ► Windows-Freigabe)

214ff ►
Datenaustausch mit Windows

28 ◄
Technik, Befehlssätze

41 ◄
Technik, APIs

Dokumente vom PC zum Mac

Die meisten Dokumente lassen sich einfach vom PC zum Mac verschieben. Zum Sortieren der Dokumente bietet sich die von Apple vorgegebene Struktur an. Eventuell müssen Sie einen bestimmten Dateityp einem bestimmten Programm zuteilen.

(114f ▶ Dokumente Programmen zuteilen)

Musik

Musikdateien können Sie einfach aus dem Windows-Ordner »Eigene Musik« in den Ordner »Musik« auf dem Mac verschieben.

Sie können sie aber auch in iTunes importieren. Dafür ziehen Sie einfach die Dateien in das Fenster von iTunes. iTunes kopiert die Dateien dann in den iTunes-Musik-Ordner. Wenn Sie einen Ordner mit Musikdateien in den linken Bereich des iTunes-Fensters ziehen, werden die darin enthaltenen Dateien gleichzeitig automatisch in eine neue Playlist eingefügt. Falls Sie schon auf ihrem PC iTunes genutzt haben, können Sie einfach den iTunes-Ordner von »C:\Dokumente und Einstellungen\IhrName\Eigene Dateien\Eigene Musik« in den Ordner »Privat/Musik« verschieben.

▶ 314f
iTunes

Bilder

Auch Ihre Bilder können Sie einfach vom Windows-PC aus dem Ordner »Eigene Bilder« in den Ordner »Bilder« auf dem Mac kopieren.

Wenn Sie eine Kopie von »iPhoto« besitzen und die Bilder dort verwalten wollen, kopieren Sie die Bilder nicht im Finder, sondern ziehen die Bilder direkt in das iPhoto-Fenster. Die Bilder werden dann von iPhoto direkt in die iPhoto-Library Ihres Macs kopiert. (iPhoto ist als Teil von iLife auf Ihrem neuem Mac installiert.)

▶ 186ff
Mail

E-Mails, Favoriten und Adressen

Etwas aufwändiger wird der Import von E-Mails, Favoriten und Adressen.

E-Mails aus Outlook oder Outlook Express

Outlook und Outlook Express für Windows besitzen keine Exportfunktion in andere Mailbox-Formate, Mail kann die Mailboxen von Outlook bzw. Outlook Express für Windows nicht importieren. Daher müssen wir hier zu einem Hilfsmittel greifen: Mozilla bzw. dessen Verwandte, z.B. Thunderbird.

1. *E-Mails in Thunderbird importieren*

   Importieren Sie Ihre Outlook-E-Mails in Thunderbird.

2. *Thunderbird-Mailboxen übertragen*
   Die Thunderbird-Mailboxen befinden sich im Ordner »C:\Dokumente und Einstellungen\IhrName\Anwendungsdaten\Thunderbird\Profiles\kryptischeZahlen.default\Mail«. Kopieren Sie diesen Ordner auf den Schreibtisch Ihres Macs.
   Der Ordner »Anwendungsdaten« ist unsichtbar, Sie müssen also die Option »Alle Dateien und Ordner anzeigen« in den Ordneroptionen aktiviert haben oder die Adresse im Explorer direkt eingeben.

3. *Mailboxen importieren*

   In Mail wählen Sie den Befehl »Postfächer importieren« aus dem Menü »Ablage«. Dort aktivieren Sie die Option »Andere« und wählen dann den Ordner »Mail« auf Ihrem Schreibtisch aus.
   Die E-Mails erscheinen in einem Postfach »Importiert« und können jetzt umsortiert werden. Den Ordner »Mail« auf Ihrem Schreibtisch können Sie jetzt löschen.

Lesezeichen vom Internet Explorer

1. *Favoriten exportieren*

Wählen Sie im Internet Explorer unter Windows den Befehl »Importieren und Exportieren« aus dem Menü »Datei« und exportieren Sie Ihre Favoriten in eine Datei namens »Bookmark.html«.
Beachten Sie das Suffix »html«.

2. *Favoriten importieren*

Kopieren Sie die Datei auf den Schreibtisch Ihres Macs und wählen Sie sie dann in Safari mit dem Befehl »Lesezeichen importieren« aus dem Ablage-Menü zum Importieren aus.
Die Internet-Explorer-Favoriten werden importiert und erscheinen in einem Ordner »Importiert: X« in der linken Spalte. Die Lesezeichen können jetzt nach Belieben umsortiert werden. Die Datei »Bookmark.html« können Sie anschließend löschen.

Adressen aus Outlook Express

1. *Adressen als vCard sichern*

Legen Sie im Windows Explorer einen neuen leeren Ordner an. Öffnen Sie dann das Outlook-Adressbuch und markieren Sie dort alle Adressen, die in das Adressbuch auf dem Mac importiert werden sollen. Ziehen Sie anschließend diese per Drag&Drop in den leeren Ordner.
Für jede Adresse wird eine vCard-Datei angelegt.

179ff ▶
Safari

2. *Adressen in das Adressbuch einfügen.*

Kopieren Sie den Ordner auf den Schreibtisch Ihres Macs und ziehen Sie die Dateien in das Fenster des Adressbuches.
Die Adressen werden in das Adressbuch eingefügt. Den Ordner mit den vCard-Dateien können Sie jetzt löschen.

310f ▶
Adressbuch

Alternative
Alternativ – wenn das Programm, aus dem die Adressen übernommen werden sollen, das vCard-Format nicht unterstützt – können Adressen als LDIF- oder Textdateien exportiert und dann im Adressbuch importiert werden.

Microsoft-Office-Dateien

Für Dateien von Microsoft Office stehen Ihnen mehrere Möglichkeiten zur Verfügung.
- Das **Microsoft**-**Office**-Paket ist auch für den Mac erhältlich. Das Software-Paket ist jedoch sehr teuer.
- Apple **iWork** kann Microsoft-Office-Dokumente öffnen und sichern. iWork ist preiswerter als MS-Office und unterscheidet sich deutlich in der Bedienung.
- **OpenOffice.org** bzw. **NeoOffice** ist kostenlose Open-Source-Software. Sie bedient sich wie Microsoft Office für Windows.
Nur OpenOffice.org enthält eine Entsprechung zum Access Datenbank-Programm.

Windows auf dem Mac

Für die wenigen Fälle, in denen kein Programm für Mac OS X als Alternative zu einem bestimmten Windows-Programm verfügbar ist, gibt es die Möglichkeit, Windows auf dem Intel-Mac nativ oder in einer Virtualisierungsumgebung laufen zu lassen.

Windows nativ – Boot Camp

Da es sich bei dem Mac mit Intel-Prozessor um einen ganz normalen PC handelt, kann Windows genau wie auf jedem anderen PC auch auf dem Intel-Mac installiert werden. **»Boot Camp«** bietet die Möglichkeit, Windows auf dem Intel-Mac zu installieren. Auf dem Intel-Mac läuft Windows XP ab Service Pack 2 und Windows Vista. Windows kann aber auch ohne Boot Camp installiert werden. Spezielle Apple-Treiber werden nur für die wenigen Apple-Komponenten im Intel-Mac benötigt – das Trackpad und die iSight, sowie ein angepasster Tastaturtreiber. (Auf der Mac-OS-X-DVD sind trotzdem weitere Treiber für alle anderen Komponenten vorhanden, welche aber eigentlich schon mit Windows mitinstalliert werden.) Außerdem wird ein Boot-Camp-Kontrollfeld installiert. (Die allerersten Intel-Macs brauchen zusätzlich ein Firmware-Update, da Apple in der ersten EFI-Version vergessen hatte, das für Windows benötigte BIOS-Interface-Modul (CSM) zu aktivieren.)

◀ 34 Technik, CSM

◀ 28 Technik, Befehlssätze

Der Boot Camp-Assistent hilft beim Anlegen einer Windows-Partition auf der Festplatte.

Boot Camp hat aber den Nachteil, dass Mac OS X zum Betrieb von Windows-Programmen beendet und der Computer neu gestartet werden muss. Der Austausch von Dateien zwischen der Mac- und der Windows-Partition ist zwar möglich, da aber unter Windows nicht auf das HFS+-Dateisystem geschrieben werden kann und umgekehrt Mac OS X auf die Windows-Partition in NTFS nicht schreiben kann, können Dateien auf der Partition des jeweils anderen Betriebssystems nicht direkt geändert werden.

Virtualisierung

Die Idee, vorhandene Hardware mithilfe von Virtualisierung besser aufteilen zu können, entstand schon in den 60er-Jahren. Für die Virtualisierung wird das Betriebssystem vom echten Prozessor getrennt, sodass auf einem (physikalischen) Prozessor mehrere Systeme nebeneinander laufen können. Die Virtualisierungssoftware generiert dafür für jedes Betriebssystem einen virtuellen (logischen) Prozessor. Virtualisierung kommt seit den 80er-Jahren auf RISC-Server-Systemen zum kommerziellen Einsatz. Auf heutigen PowerPC-basierten Großrechnern beispielsweise laufen teils hunderte Betriebssysteme nebeneinander.

Durch einen Fehler im x86-Befehlssatz konnte beim x86-PC allerdings nie sicher gestellt werden, dass ein virtualisiertes Betriebssystem nicht doch auf den echten Prozessor zugreift. Die Firma VMWare fand 1999 eine Lösung, auch auf x86-Hardware Virtualisierung zu realisieren. Dafür werden einfach alle Befehle des virtualisierten Betriebssystems abgefangen und übersetzt – x86-Befehle in x86-Befehle. Seit einiger Zeit werden einige Intel-Prozessoren (und alle AMD-Prozessoren) um eine Handvoll neuer Befehle erweitert, mit denen dieser Fehler umgangen werden kann. Obwohl es sich bei »VT-x« (bzw. »AMD-V« alias »Pacifica«) eigentlich um eine Fehlerbereinigung handelt, verkauft Intel das großspurig als neue Technologie.

Unter Mac OS X bieten Virtualisierungsprogramme wie **Parallels Desktop**, **VMWare Fusion** oder die kostenlose OpenSource-Software **VitualBox** von Sun Microsystems die Möglichkeit, Mac OS X und Windows gleichzeitig zu betreiben. Windows läuft hier entweder in einem Fenster oder sogar transparent. Dabei werden dann – wie bei X11 – die Fenster der Windows-Programme jeweils in ein Mac-OS-X-Fenster gemappt. Die Installation von Windows erfolgt in ein Disk-Image. Alternativ kann die Windows-Installation von Boot Camp benutzt werden. In der Virtualisierung wird Windows mit annähernd voller Geschwindigkeit ausgeführt.

Da die emulierte Umgebung einem normalen x86-PC entspricht, ist die Virtualisierung von Mac OS X unter Windows oder Linux ebenfalls möglich. Apple versucht aber dieses mit einem Passus in der Benutzerlizenz zu verbieten. Selbst eine Virtualisierung von Mac OS X unter Mac OS X will Apple nur für Mac OS X Server erlauben.

Windows-Programme direkt unter Mac OS X

Das WINE-Projekt geht einen anderen Weg. WINE hat zum Ziel, dass Windows-Programme unter UNIX in X11 ausgeführt werden können, ohne dass eine Windows-Lizenz gekauft werden muss. Dafür werden die Windows-APIs nachprogrammiert, sodass ein Windows-Programm die gewohnten Schnittstellen vorfindet. Da Microsoft die Schnittstellen aber nicht offenlegt, sind die Programmierer darauf angewiesen, einzelne Funktionen der APIs auszutesten. Daher stehen mit WINE nicht immer alle Schnittstellen zur Verfügung.

Mit **DarWINE** – der Mac-OS-X-Version von WINE – können bestimmte Windows-Programe direkt unter Mac OS X ausgeführt werden. Die kommerzielle Version CrossOver Office von codeweavers bietet zusätzliche Features. Eine Liste der getesteten Programme findet sich im Internet.

Linux auf dem Mac

Da der Mac mit Intel-Architektur ein ganz normaler x86-PC ist, laufen hier auch die normalen Linux-Distributionen für x86-PCs, sowohl nativ, als auch in der Virtualisierung. Images zum Brennen einer Live-CD (ein fertig konfiguriertes System, das von CD startet) können aus dem Internet heruntergeladen werden.

Parallels Desktop mit Windows XP im Kohärenz-Modus

Face2Face

Der Finder, das Gesicht von Mac OS X

Der Finder bildet die Schnittstelle zwischen Mensch und Mac. Er stellt das in Mac OS X verwendete Dateisystem visuell dar. Für die Navigation durch die einzelnen Stufen der Hierarchie und die Manipulation der Hierarchien werden unterschiedliche Arten von Objekten verwendet. In diesem Kapitel werden die Objekte des Finders, ihre Funktion und der Umgang mit ihnen ausführlich erklärt.

Wollen Sie den Inhalt einer Festplatte betrachten oder Ihre Dokumente sortieren? Dann werden Sie die Funktionen des Finders nutzen.

Der Finder ermöglicht ein intuitives Arbeiten in den Strukturen der Dateien. Die Namen der Objekte beschreiben in Form von Alltagsbegriffen (Schreibtisch, Ordner, Papierkorb etc.) ihre Funktionen selbst. Da die verschiedenen Objekte unterschiedliche Eigenschaften besitzen, werden sie auch unterschiedlich dargestellt. So kann vom Aussehen eines Objekts direkt auf seine Eigenschaften geschlossen werden.

- Der **Schreibtisch** bildet die Arbeitsfläche.
- **Fenster** zeigen den Inhalt eines Objekts an.
- Festplatten und andere Speichermedien werden als **Volumes** dargestellt.
- Der **Papierkorb** ermöglicht das Löschen von Objekten.
- In **Ordnern** können Objekte sortiert werden.
- **Aliase** verweisen auf andere Objekte.
- **Programme** werden vom Finder aus gestartet.
- **Dokumente** sind von bestimmten Programmen erzeugte Dateien.

Die Objekte werden jedoch nicht nur einfach dargestellt, sie können auch vom Finder aus bearbeitet werden.

- **Objekte** können bewegt, kopiert oder gelöscht werden.
- Objekte tragen einen **Namen**, der sich direkt am Objekt ändern lässt.
- **Menüs** bieten Zugriff auf eine Reihe von Funktionen, mit denen sich die Objekte bearbeiten lassen.

Zusätzlich bietet der Finder mit »QuickLook« eine Vorschaufunktion für viele Dokumentenformate. Mit QuickLook können Sie schon einen Blick auf den Inhalt des Dokuments werfen, ohne dass es dafür in einem Programm geöffnet werden muss.

Dieses Kapitel ist eine Einführung in den Finder des Mac OS X, in der sicher auch erfahrene Mac-User noch einige Tipps zur Arbeitserleichterung finden können.

Der Schreibtisch

Nach dem Starten Ihres Macintosh erscheint auf dem Bildschirm der so genannte Schreibtisch, die Benutzeroberfläche des Finders. Auf dem Schreibtisch befinden sich unterschiedliche Objekte, die jedoch nicht immer alle vorhanden sein müssen.

- Der **Schreibtischhintergrund** dient als bildschirmfüllende Ablagefläche für Objekte.
- Die **Menüleiste** an der oberen Bildschirmkante ermöglicht den Zugriff auf die Funktionen des Finders.
- Ganz rechts in der Menüzeile werden die **Menü-Extras** angezeigt, mit denen die Funktionen einiger Kontrollfelder gesteuert werden können.

- Die verfügbaren Speichermedien werden als **Volumes** dargestellt.
- Im **Dock** können häufig benutzte Programme, Dokumente und Ordner für den einfachen Zugriff gelagert werden. Mehr dazu im Kapitel »Schnell zur Hand«.

  (116ff ▶ Dock)

- Im **Papierkorb** innerhalb des Docks werden Dinge gesammelt, die von den Volumes gelöscht werden sollen.
- In **Fenstern** wird der Inhalt von Objekten – Volumes, Ordner u. a. – dargestellt.
- **Ordner** enthalten weitere Ordner und Dateien.

Die Menüs

In den Menüs der Menüleiste werden die Befehle aufgelistet, mit denen der Finder oder das aktive Anwendungsprogramm gesteuert wird.

- **Schwarze Befehle** sind aktiv. Sie können ausgewählt werden.
- **Graue Befehle** sind inaktiv und können in der gerade bestehenden Arbeitssituation nicht ausgewählt werden.
- Befehlsnamen, die mit **drei Punkten** enden, öffnen einen Dialog, in dem beispielsweise Einstellungen für diesen Befehl vorgenommen werden. Befehle **ohne Punkte** werden ohne weitere Nachfrage ausgeführt.
- Befehlsnamen, hinter denen ein **schwarzes Dreieck** steht, blenden ein Untermenü ein.
- Rechts vom Befehlsnamen steht das **Tastenkürzel**, mit dem Sie den Befehl alternativ ausführen können, ohne das Menü zu öffnen.

Menübefehl auswählen

- Ein Menü öffnet sich, wenn die Maustaste darüber gedrückt und gehalten wird. Wird die Maus über das Menü geführt, werden die Befehle der Reihe nach aktiviert. Der aktivierte Befehl wird farblich hervorgehoben.
- Wird die Maustaste auf einem aktiven Befehl losgelassen, blinkt der ausgewählte Menübefehl zweimal. Der Befehl wird ausgeführt.
- Wird die Maustaste auf einem inaktiven Befehl oder in einem anderen Bereich des Bildschirms losgelassen, schließt sich das Menü.
- Ein Menü lässt sich alternativ durch ein kurzes einfaches Anklicken öffnen. Es bleibt geöffnet, bis durch einen zweiten Klick ein Befehl ausgewählt oder neben das Menü auf den Schreibtisch geklickt wird.

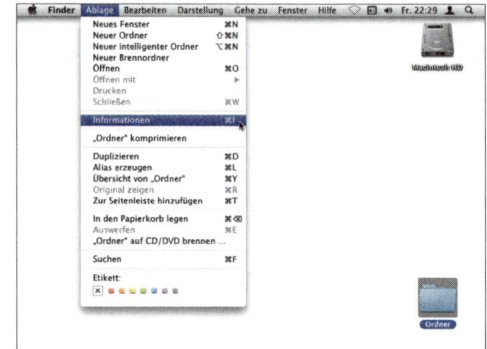

Der Klick auf »Ablage« in der Menüleiste öffnet die zugehörige Liste von Befehlen. Ein Klick auf »Informationen« öffnet das Infofenster zum ausgewählten Objekt.

Tastaturkurzbefehle

Alle Tastaturkurzbefehle werden mit der Befehlstaste ⌘ und einer Buchstaben- oder Ziffertaste und eventuell einer der Zusatztasten ⌥ (Wahltaste), ⇧ (Umschalttaste) oder ctrl ausgewählt.

Andere Formen von Menüs

Neben den Menüs der Menüleiste werden noch andere Arten von Menüs verwendet.

- **Aufklappmenüs** befinden sich beispielsweise in Kontrollfeldern. Mit ihnen können verschiedene Optionen ausgewählt werden.
- **Kontextmenüs** werden mit gedrückter ctrl-Taste – oder, wenn eine Maus mit mehreren Tasten angeschlossen ist, mit der rechten Maustaste – direkt am Objekt geöffnet. Sie enthalten in der Regel eine zum Objekt passende Sammlung von Menübefehlen.

   In Finder-Fenstern mit eingeblendeter Symbol- und Seitenleiste kann das kontextsensitive Menü auch mit der Aktions-Schaltfläche (Zahnrad-Symbol) in der Symbolleiste aufgerufen werden.

Alle Arten von Menüs werden auf dieselbe Weise bedient.

Allgemeines über Objekte

Im Finder werden Dateien, Ordner, Volumes usw. durch Symbole repräsentiert. Jedes dieser Symbole steht für ein Objekt. Alle Objekte werden gleich behandelt (mit wenigen typspezifischen Ausnahmen), egal ob es sich bei dem Objekt um ein Volume, einen Ordner, ein Alias, ein Programm oder ein Dokument handelt.

Objekt aktivieren

Wenn ein Objekt bearbeitet werden soll, muss es zuerst aktiviert werden. Nur so kann der Finder erkennen, auf welches Objekt er den Menübefehl anwenden soll. Objekte werden mit einem einfachen Klick auf das Symbol oder den Objektnamen aktiviert. Aktivierte Objekte sind durch ein mit einer grauen Fläche hinterlegtes Symbol erkennbar, der Objektname wird mit der Auswahlfarbe, leicht grau abgetönt, hinterlegt.

Mehrere Objekte aktivieren

Wenn Sie mit der Maus in eine Fensterfläche klicken und die Maustaste gedrückt halten, können Sie ein graues Rechteck aufziehen. Alle Objekte, die sich ganz oder teilweise in diesem Rechteck befinden, werden dann aktiviert.

Bei gedrückter ⌘-Taste können weitere Objekte im selben Fenster – mit einem einfachen Klick oder mit einem Auswahlrechteck – aktiviert oder deaktiviert werden.

Klicken Sie in der Listen- oder Spaltendarstellung erst auf ein Objekt und dann mit gedrückter ⇧-Taste auf ein anderes, werden alle Objekte aktiviert, die in der Liste dazwischen liegen.

340 ▶
Referenz, Kontrollfeld »Erscheinungsbild, Auswahlfarbe«

normale Darstellung — aktiviertes Objekt

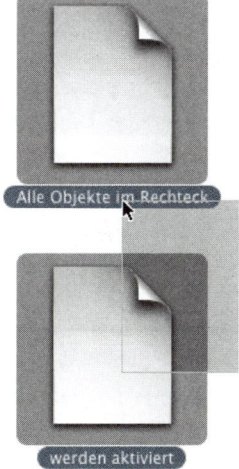

Lange Objektnamen

Wenn ein Objektname länger als die Breite der Spalte oder des Rasters ist, werden vom Finder nur die ersten und die letzten Buchstaben des Namens – durch »...« getrennt – angezeigt. In der Symboldarstellung werden lange Dateinamen in zwei Zeilen umgebrochen. Hier wird der Dateiname dann innerhalb der zweiten Zeile gekürzt. Wollen Sie den vollständigen Namen sehen, fahren Sie einfach mit dem Mauszeiger auf den Namen, nach einem kurzen Augenblick wird der ganze Name auf einem Fähnchen eingeblendet.

Objektnamen ändern

Jedes Objekt hat einen Namen. Dieser kann direkt am Objekt geändert werden.

1. Objektnamen aktivieren

Klicken Sie mit der Maus auf den Objektnamen und lassen Sie den Mauszeiger über dem Namen stehen. Nach kurzer Verzögerung erscheint der Name eingerahmt. Der Name eines aktivierten Objekts lässt sich auch mit dem Zeilenschalter aktivieren und deaktivieren.

aktivierter Name

2. Namen ändern

Jetzt kann per Texteingabe der gesamte Name ersetzt werden. Durch einen erneuten Klick kann der Textcursor an eine beliebige Stelle im Objektnamen gesetzt werden. Mit einem weiteren Klick wird dann ein zusammenhängender Textbereich, z.B. ein Wort, markiert.

Textcursor   aktiviertes Wort im Namen

Objektnamen lassen sich nur ändern, solange ein einzelnes Objekt ausgewählt ist. Sehr lange Objektnamen werden in mehreren Zeilen dargestellt.

Objektnamen können natürlich auch aus der Zwischenablage eingesetzt werden.

▶209 Zwischenablage

Objekte öffnen

Alle Objekte lassen sich per Doppelklick öffnen.

- **Ordner** und **Volumes** werden im Finder geöffnet. Der Inhalt wird in einem Fenster angezeigt.
- Ein **Programm** wird gestartet und in den Vordergrund geholt. Jetzt kann in diesem Programm gearbeitet werden. Links in der Menüzeile neben dem Apfel wird der Name des Programms angezeigt.
- Beim Öffnen eines **Dokuments** per Doppelklick wird das Programm gestartet, welches das Dokument erstellt hat, und das Dokument in diesem Programm geöffnet.

Volumes – die Datenträger des Macs

Für jeden Datenträger, auf den der Mac zugreifen kann, wird im Fenster »Computer« (⌘⇧C) und auf dem Schreibtisch ein Symbol angezeigt. Ein Laufwerk wird nur dann gezeigt, wenn es einen Datenträger enthält. Es gibt keine »logischen Laufwerke«. Die Volumesymbole werden im Fenster »Computer« (⌘⇧C) angezeigt. Zusätzlich können sie auf dem Schreibtisch – auf der rechten Bildschirmseite von oben nach unten, beginnend mit dem Startvolume – und in der Seitenleiste abgebildet werden. Dabei werden alle Arten von Volumes gleich behandelt. Sie bekommen aber unterschiedliche Symbole.

Interne Festplatte

Externe Festplatte, FireWire-Festplatte, USB-Festplatte

Wechselplatte (z.B. USB-Stick)

CD-ROM, CD-Rohling, Audio-CD

DVD, HD-DVD, Blu-ray Disc

Netzwerk-Volume, eigene iDisk, iDisk als Gast

Volumesymbole in Mac OS X

Volume öffnen
Ein Doppelklick auf das Symbol eines Volumes öffnet ein Fenster, das den Inhalt des Volumes anzeigt.

Volume auswerfen bzw. entfernen

Durch Ziehen (anklicken und mit gedrückter Maustaste bewegen) eines Volumes in den Papierkorb wird das Volumesymbol vom Schreibtisch entfernt. Der Papierkorb wird dabei, sobald ein Volume bewegt wird, zu einem Auswerfen-Symbol. Alternativ kann auch der Menübefehl »Auswerfen« (⌘E) aus dem Menü »Ablage« oder der kleine Auswerfen-Schalter in der Seitenleiste direkt neben dem Volumesymbol verwendet werden.

Das Entfernen eines Volumesymbols hat bei den verschiedenen Volumetypen einen unterschiedlichen Effekt.
- **Wechselmedien** (Diskette, CD, DVD, ZIP-Diskette, Wechselplatte usw.) werden aus dem Laufwerk ausgeworfen.
- **Festplatten** werden vom Schreibtisch entfernt und ausgeschaltet (spin down). Sie werden erst wieder angezeigt, wenn sich der Benutzer neu angemeldet hat. Handelt es sich um eine externe Festplatte, kann die Stromversorgung der Festplatte jetzt ausgeschaltet und die Kabelverbindung getrennt werden.
- Im Falle eines **Netzwerk-Volumes** bedeutet das Auswerfen, dass sich der Benutzer vom Server (oder zumindest von diesem Servervolume) abmeldet.

Sammelbehälter für Objekte – die Ordner

▶ 147
Lesen Sie hier über intelligente Ordner

▶ 119
Lesen Sie hier die Darstellung von Ordnerinhalten im Dock

▶ 109ff
Symbol- und Seitenleiste

Mauszeiger +: Objekt wird kopiert.

Alle Objekte – mit Ausnahme der Volumes – lassen sich in Ordnern sortieren. Auch Ordner können in Ordner gelegt werden. So lassen sich Ordnerhierarchien aufbauen, in denen die Objekte nach ihrem Bezug zueinander geordnet werden können.

Neuen Ordner anlegen

Ein Ordner kann mit dem Befehl »Neuer Ordner« (⌘⇧N) im Menü »Ablage« angelegt werden. Der Ordner erscheint in dem gerade aktiven Fenster und erhält den Namen »Neuer Ordner«.

Ordnerinhalt anzeigen

Doppelklicken Sie auf das Ordnersymbol, so öffnet sich ein Fenster. Hier werden die Objekte angezeigt, die sich in diesem Ordner befinden. Ist die Symbol- und Seitenleiste eingeblendet, erscheinen die Objekte des Ordners im gleichen Fenster.

Objekte in Ordner legen

Objekte können in einen Ordner hineingelegt und wieder herausgenommen werden. Dafür ziehen Sie einfach das aktivierte Objekt (oder auch mehrere aktivierte Objekte) mit gedrückter Maustaste auf das Ordnersymbol oder in das geöffnete Fenster des Ordners. Sobald das Ordnersymbol oder das Fenster aktiviert ist, lassen Sie die Maustaste wieder los. Das aktivierte Fenster erkennen Sie an einem farbigen Rahmen um den Inhalt.

Ordner bewegen

Wenn ein Ordner bewegt wird, werden alle Objekte, die sich innerhalb des Ordners befinden, mit bewegt. Sie können Ordner auch bewegen, indem Sie das Ordnersymbol in der Titelleiste des Fensters anklicken und die Maustaste gedrückt halten. Nach kurzer Zeit lässt sich das Ordnersymbol bewegen und an eine beliebige Stelle verschieben oder kopieren.

Objekte zwischen Ordnern verschieben

Wird ein Objekt in einen anderen Ordner innerhalb des gleichen Volumes bewegt, so wird es lediglich verschoben.

Befindet sich der Ordner, in den das Objekt hineinbewegt wird, auf einem anderen Volume, so wird es kopiert. Das Objekt erscheint dann im neuen Ordner, bleibt aber auf dem Ursprungsvolume unverändert. Es existiert dann also zweimal.

Mit gedrückter ⌘-Taste wird das Objekt jedoch verschoben. Das heißt, das Original wird nach dem Kopieren automatisch vom Ursprungsvolume gelöscht.

Ob das Objekt verschoben oder kopiert wird, erkennen Sie am Mauszeiger. Beim Kopieren ist dem Zeiger ein Pluszeichen angehängt.

Objekte kopieren

Wollen Sie ein Objekt innerhalb eines Volumes kopieren – also verdoppeln –, bewegen Sie es mit gedrückter ⌥-Taste oder wählen Sie den Befehl »Duplizieren« (⌘D) aus dem Menü »Ablage«. Mit diesem Befehl wird im selben Ordner eine Kopie des Objekts mit dem Namenszusatz »Kopie« angelegt.

Jeder Kopiervorgang wird mit einem Statusbalken in einem Statusfenster angezeigt. Wenn Sie detaillierter über den Status informiert werden wollen, klicken Sie auf den kleinen Pfeil. Während des Kopiervorgangs kann normal weitergearbeitet oder auch ein weiterer Kopiervorgang gestartet werden.

Der Papierkorb

Ganz rechts bzw. unten im Dock befindet sich der Papierkorb. In diesen werden Objekte gelegt, die später gelöscht werden sollen. Die Objekte sind dann in einen unsichtbaren Ordner mit dem Namen ».Trash« verschoben, den der Finder für jeden Benutzer in seinem Benutzerordner anlegt. Außerdem wird auf jedem Wechselvolume ein Ordner ».Trashes« angelegt, in dem bei Bedarf Unterordner für den jeweiligen Benutzer angelegt werden. Diese Ordner haben dieselben Eigenschaften wie jeder andere Ordner. Jedoch wird für den ».Trash«-Ordner des Benutzers und die ».Trashes«-Unterordner auf allen verfügbaren Volumes nur ein Symbol angezeigt – der Papierkorb.

Ein Objekt löschen
Das Löschen eines Objekts erfolgt in Mac OS X in zwei Schritten.

1. *Objekte in den Papierkorb verschieben*
   Objekte, die gelöscht werden sollen, werden einfach auf den Papierkorb gezogen. Sie können auch den Menübefehl »In den Papierkorb legen« aus dem Menü »Ablage« bzw. sein Tastenkürzel ⌘ Rückschritt verwenden.
   Die Objekte werden dann noch nicht gelöscht, sie befinden sich unverändert im Papierkorb. Befindet sich schon ein Objekt gleichen Namens im Papierkorb, wird der Name des neuen Objektes um die Uhrzeit ergänzt (z.B. »Objektname 12-09-06«, wenn das Objekt um 12:09:06 Uhr in den Papierkorb gelegt wurde).

2. *Papierkorb entleeren*
   Mit dem Menübefehl »Papierkorb entleeren« (⌘ ⇧ Rückschritt) aus dem Menü »Finder« werden die Objekte im Papierkorb gelöscht.
   Erst nach dem Entleeren des Papierkorbs befindet sich das Objekt nicht mehr auf dem Volume.

Objekte aus dem Papierkorb bewegen
Ein Klick auf den Papierkorb öffnet ein Fenster mit seinem Inhalt. Da die Objekte unverändert im Papierkorb liegen, können sie durch einfaches Verschieben wieder aus dem Papierkorb herausbewegt werden. Alternativ können markierte Objekte mit dem Befehl »Zurücklegen« (⌘ Rückschritt) aus dem Ablage-Menü an ihren ursprünglichen Ort zurück bewegt werden.

Netzwerkpapierkorb
Werden Objekte von einem Netzwerk-Volume in den Papierkorb gelegt, werden sie nach einer Warnung direkt gelöscht.

116ff ▶
Dock

Der Papierkorb enthält Objekte.

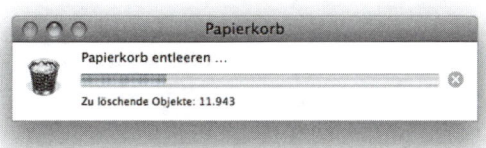
Der Papierkorb wird geleert.

Der Papierkorb ist leer.

◀ 24
Programm-
ablauf

◀ 59
Programm-
Bundles

Der Schreibtisch

Jeder Benutzer erhält in seinem Benutzerordner einen Ordner »Schreibtisch«. Objekte, die auf den Schreibtisch verschoben werden, befinden sich in diesem Ordner. Oder umgekehrt betrachtet: Objekte, die in diesen Ordner verschoben werden, werden auf dem Schreibtisch angezeigt.

Die auf dem Schreibtisch angezeigten Volumes befinden sich jedoch nicht im Ordner »Schreibtisch«.

Objekte auf den Schreibtisch legen

Jedes beliebige Objekt kann einfach auf den Schreibtisch gezogen werden. Befindet es sich nicht auf dem Startvolume, wird es dabei in den Ordner »Schreibtisch« kopiert.

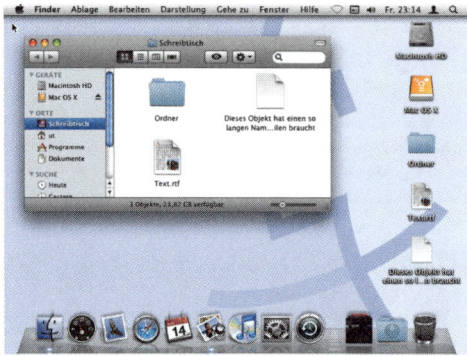

Im Ordner »Schreibtisch« befinden sich – mit Ausnahme der Volumes – alle Objekte, die auf dem Schreibtisch angezeigt werden.

Dateien

Die meisten Objekte im Finder sind Dateien. Dateien bestehen aus zusammengehörenden Daten. Sie können verschiedene Funktionen haben:

- **Programme** (bzw. die ausführbare Datei innerhalb des Programm-Bundles) beinhalten Code, der Befehle für den Prozessor enthält. So können mit den Programmen Daten manipuliert werden. Dateien, die Prozessorcode enthalten, finden sich außerdem z.B. in Erweiterungen und Frameworks.
- **Dokumente** enthalten Daten, die in den Programmen bearbeitet werden können. Besondere Arten von Dokumenten können aber auch eigene Aufgaben haben. Beispielsweise werden die Voreinstellungen von Programmen in Voreinstellungsdateien gespeichert.
- **Aliase** enthalten lediglich Informationen über das Objekt, auf das sie verweisen.

Programme

Das allgemeine Symbol für Programme ist ein  aus Werkzeugen zusammengesetztes »A« (für »Application«) über auf dem Tisch liegenden Dokumenten. Die meisten Programme tragen jedoch ein individuelles Programmsymbol. Dieses enthält häufig ein zur Funktion des Programms passendes, auf dem Tisch liegendes Dokument mit einem passenden Werkzeug.

Programm starten

Mit einem Doppelklick auf ein Programmsymbol wird das Programm gestartet. Bei manchen Programmen wird ein Dokument mit dem Namen »Ohne Titel« (oder einem ähnlichen Namen) geöffnet.

Dokumente

Dokumente sind Dateien, die von einem Programm erzeugt wurden. Ihr Symbol ist standardmäßig ein Blatt Papier mit einer eingeschlagenen Ecke. Die meisten Symbole werden vom Programm zugewiesen. Das Dokumentensymbol enthält dann in der Regel grafische Elemente aus dem Symbol des Erzeugerprogramms, so dass es leicht zugeordnet werden kann.

Dokument öffnen

Ein Doppelklick auf ein Dokumentensymbol öffnet das Dokument. Dafür wird das Programm gestartet, das dem Dokument zugeteilt ist. Wurde das Programm schon vorher gestartet, wird es in den Vordergrund geholt.

Formularblock

Jedes beliebige Dokument kann im Mac OS X als Formularblock definiert werden. Das Dokument dient dann als Vorlage für andere Dokumente.

Formularblock im Finder erstellen

Im Informationsfenster (⌘I) eines beliebigen Dokuments können Sie im Bereich »Allgemein« das Feld »Formularblock« ankreuzen.

Wenn Sie ein als Formularblock definiertes Dokument im Finder doppelklicken, erstellt der Finder im gleichen Ordner ein Duplikat des Dokuments (z.B. »Text Kopie.txt« von »Text.txt«) und öffnet dann diese Kopie mit dem passenden Programm.

Vorlagen in Programmen erstellen

Manche Programme bieten zusätzlich zur Formularblock-Funktion des Finders die Option, aus einem geöffneten Dokument eine Vorlage zu erstellen. Hierfür wird im Sichern-Dialog des Programms die Option »Vorlage« gewählt.

Per Doppelklick auf eine so angelegte Vorlage wird im Erzeugerprogramm ein neues Dokument geöffnet, das in der Regel den Namen »Ohne Titel« trägt. In diesem Dokument sind bereits alle Elemente der Vorlage vorhanden. Wenn das neue Dokument bearbeitet wird, bleibt das Vorlage-Dokument unverändert.

Die programmspezifischen Vorlagesymbole entsprechen den Dokumentensymbolen. Sie haben jedoch häufig zusätzlich ein Eselsohr in der rechten unteren Ecke und sind mit einem zweiten Blatt Papier hinterlegt.

306ff ▶
Referenz,
Das Informationsfenster

114f ▶
Lesen Sie hier, wie Sie ein Dokument einem Programm zuordnen

◀ 63
Technik, Alias

▶ 306ff
Referenz,
Infofenster

◀ 61
Technik, Type
und Creator

Alias

Ein Alias ist ein Objekt, das auf ein anderes Objekt verweist. Aliase können für alle Objekte (Dateien, Ordner, Volumes usw.) angelegt werden.

- Das Alias bekommt das gleiche Symbol wie sein Original, jedoch mit einem kleinen **gekrümmten Pfeil** in der linken unteren Ecke.
- Das Alias besitzt **dieselben Eigenschaften** wie sein Original.

Dass das Alias dieselben Eigenschaften wie sein Original besitzt, verschafft ihm diverse Einsatzmöglichkeiten.

- So können Sie beispielsweise eine Datei auf das Alias eines Ordners ziehen. Sie wird dann in den Ordner selbst bewegt. (Umgekehrt wird jedoch nicht das Original bewegt, wenn Sie ein Alias bewegen.)
- Wenn Sie eine Datei auf ein Alias eines Programms ziehen, wird das Programm-Alias nur aktiviert, wenn das zugehörige Programm diese Datei öffnen kann. Lassen Sie die Datei über dem aktivierten Alias los, wird das Dokument genauso geöffnet, als hätten Sie die Datei auf das Symbol der originären Programmdatei gezogen.

Alias erstellen

- Um ein Alias anzulegen, wählen Sie den Befehl »Alias erzeugen« (⌘L) aus dem Menü »Ablage«. Ein Objekt mit dem Namenszusatz »Alias« wird erzeugt.
- Sie können auch das Objekt, von dem Sie ein Alias erstellen wollen, mit gedrückter ⌘- und ⌥-Taste an die gewünschte Stelle bewegen. Während dieser Operation wird an den Cursor ein kleiner, nach rechts gebogener Pfeil angehängt.

Original finden

Mit dem Befehl »Original zeigen« (⌘R) aus dem Menü »Ablage« kann das Original eines Alias gefunden werden. Mit diesem Befehl wird das Fenster geöffnet, in dem sich das Original befindet, und das Original wird aktiviert.

Zuweisung aktualisieren

Wenn das Original eines Alias nicht gefunden wird, kann es in einem Dialog neu zugewiesen werden.

Alternativ kann auch im Informationsfenster (⌘I oder ⌘⌥I) mit der Schaltfläche »Original neu zuweisen« ein beliebiges Objekt als Original ausgewählt werden.

 Der Cursor beim Anlegen eines Alias mit der Maus

Fenster

Der Inhalt eines jeden Volumes oder Ordners und des Papierkorbs wird im Finder in einem Fenster angezeigt. Mittig im oberen Teil des Fensterrahmens steht der Titel des Fensters. Er entspricht dem Namen des Objekts. Links neben dem Titel eines Ordnerfensters wird zusätzlich das Symbol des Ordners angezeigt. Unterhalb der Titelzeile kann die Statusanzeige eingeblendet werden. Sie liefert Informationen über die Anzahl der Objekte im Fenster, Ausrichtungseinstellungen, Schreibschutz und über den freien Platz auf dem Volume. Beim Einblenden der Symbol- und Seitenleiste verändert sich das Aussehen des Finder-Fensters.

Fensterinhalt verschieben

Am rechten und unteren Rand des Fensters befinden sich die Rollbalken mit den Rollpfeilen an ihren Enden. Ist der Inhalt des Fensters größer als im Rahmen sichtbar, werden die Rollgriffe aktiviert. Der Fensterinhalt kann dann mit den Rollgriffen oder den Rollpfeilen innerhalb des Rahmens verschoben werden.

Ein Mausklick in den Rollbalken verschiebt den Fensterinhalt um eine ganze Seite. Ein Mausklick mit gedrückter ⌥-Taste verschiebt den Rollgriff an die angeklickte Stelle.

Fenster bewegen

Ein Fenster kann an der Titelleiste angefasst und mit der Maus bewegt werden. Ein metallenes Fenster kann rundherum angefasst werden.

Fenster schließen

Mit der Schaltfläche ⊗ ganz links in der Titelleiste – dem Schließfeld – wird das Fenster geschlossen.

Alle Fenster schließen

Wird das Schließfeld mit gedrückter ⌥-Taste angeklickt, schließen sich alle im Finder geöffneten Fenster.

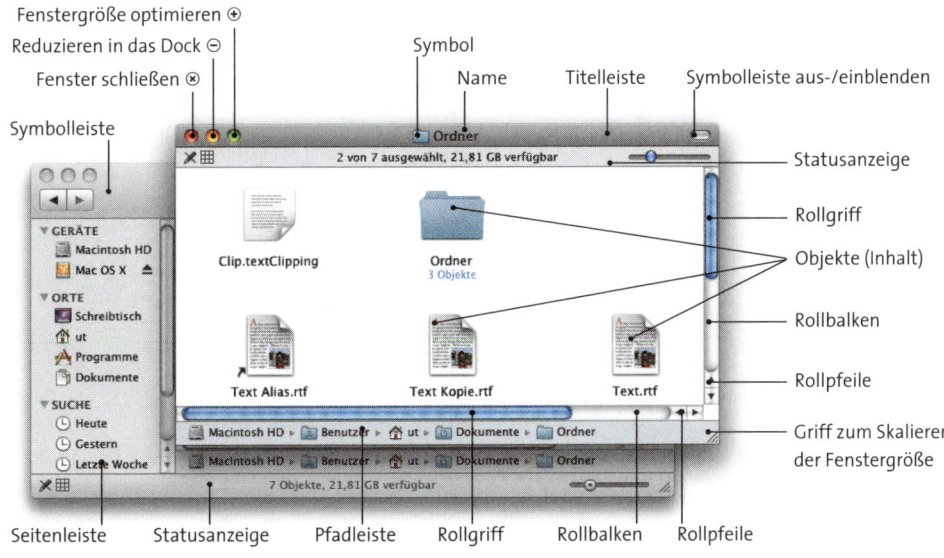

Die Elemente der beiden Formen der Finder-Fenster in Mac OS X 10.6 und ihre Funktion

Fenstergröße optimieren

Die Schaltfläche ⊕ links vom Titel optimiert die Fenstergröße. Das Fenster wird in der Größe so verändert, dass alle Objekte sichtbar sind. Wenn das Fenster dann über den Bildschirmrand hinausragen würde, wird es so verschoben, dass es in der rechten unteren Ecke des Bildschirms angeordnet und dem Inhalt entsprechend so groß wie möglich aufgezogen ist, ohne jedoch den Bereich hinter dem Dock zu nutzen.

Ein zweiter Klick auf die Schaltfläche macht die Größenänderung wieder rückgängig.

Fenstergröße verändern

Mit dem Griff an der unteren rechten Ecke des Fensters können die Größe und die Proportionen des Fensters manuell verändert werden.

▶ 116ff
Dock

Fenster in das Dock reduzieren

Mit der Schaltfläche ⊖ links vom Titel wird der Fensterinhalt ausgeblendet. Das Fenster wird dann in das Dock »gesaugt« (Flaschengeist-Effekt) und verkleinert in den rechten Bereich des Docks eingeräumt. Alternativ kann der Befehl »Im Dock ablegen« (⌘M) aus dem Menü »Fenster« verwendet werden.

Alle Fenster in das Dock reduziren

Wird beim Klicken auf die Schaltfläche ⊖ die ⌥-Taste gedrückt, schrumpfen alle Fenster des Finders bzw. des aktiven Programms in das Dock.

▶ 148
Lesen Sie hier, wie Sie mit Exposé verdeckte Objekte auf dem Schreibtisch erreichen.

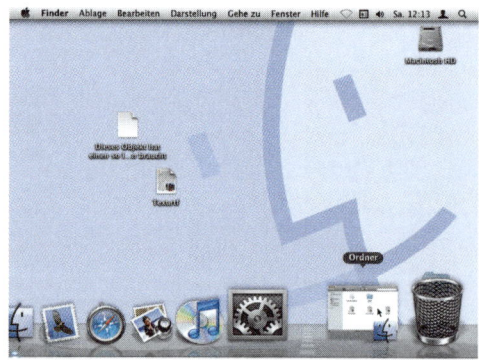

Das Fenster befindet sich verkleinert im Dock; die zuvor verdeckten Objekte auf dem Schreibtisch sind nun erreichbar.

Darstellungen in den Fenstern

Der Inhalt der Fenster kann im Finder unterschiedlich dargestellt werden. Je nachdem, für welchen Zweck die Objekte in diesem Fenster gebraucht werden und welche Vorlieben der Anwender hat, kann im Menü »Darstellungen« eine der vier Ansichten »Symbole« (⌘1), »Liste« (⌘2), »Spalten« (⌘3) oder »Cover Flow« (⌘4) gewählt werden.

Darstellungsoptionen für einzelne Fenster ...
Die vier Darstellungsarten lassen sich hinsichtlich Textgröße und weiterer Darstellungsoptionen wie der Symbolgröße und der Art der Sortierung anpassen. Mit dem Befehl »Darstellungsoptionen einblenden« (⌘J) aus dem Menü »Darstellung« wird das Kontrollfenster für die Darstellungsoptionen geöffnet. Dort kann die Darstellung für das jeweils im Vordergrund befindliche Fenster geändert werden. Außerdem kann hier bestimmt werden, dass dieses Fenster immer in der gerade aktiven Darstellungsart geöffnet wird.

... und für alle Fenster
Wenn Sie bestimmte Einstellungen vorgenommen haben, wird die Schaltfläche »Als Standard verwenden« aktiv. Aktivieren Sie diese, gelten diese Einstellungen dann für alle Fenster im Finder (außer für diejenigen Fenster, für die andere Einstellungen vorgenommen wurden).

In der Spaltendarstellung ist die Schaltfläche »Als Standard verwenden« nicht vorhanden. Dort werden Einstellungen immer für alle Fenster vorgenommen. Es sind keine individuellen Einstellungen für einzelne Fenster möglich.

304f ▶
Referenz, Darstellungsoptionen

Symboldarstellung (⌘1)

In der Symboldarstellung kann das Symbol stufenlos in der Größe verändert werden. Der Objektname kann unter oder rechts neben dem Objektsymbol angezeigt werden.

Ist die Option »Objektinfos anzeigen« aktiviert, werden unter dem Objektnamen Eigenschaften – wie Zahl der Objekte in einem Ordner oder Größe eines TIFF-Bildes – eingeblendet. Die Symbolansicht zeigt bei bestimmten Dateitypen eine Vorschau als Objektsymbol.

▶ 112f
QuickLook Vorschau

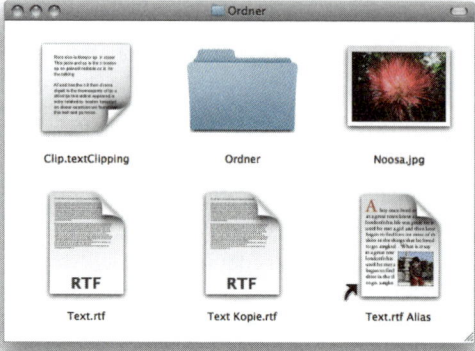

Die größte Symbolgröße mit Symbolansicht und Symbolvorschau

Aufräumen und anordnen

Mit zwei Menübefehlen aus dem Menü »Darstellungen« kann der Inhalt eines Fensters aufgeräumt werden.

Der Befehl »Aufräumen« verteilt den Fensterinhalt so im Fenster, dass die Objekte am Raster ausgerichtet sind und nicht mehr übereinander liegen. Sind im Fenster einzelne Objekte markiert, so heißt der Befehl »Auswahl aufräumen«. In diesem Fall werden nur die markierten Objekte ausgerichtet.

Die Unterpunkte des Befehls »Ausrichten« sortieren die Objekte nach dem gewählten Kriterium – Name, Änderungsdatum, Erstellungsdatum, Größe oder Art – so dass sie, am Raster ausgerichtet, die Breite des Fensters einnehmen.

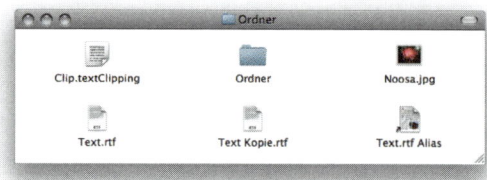

Eine mittlere Symbolgröße

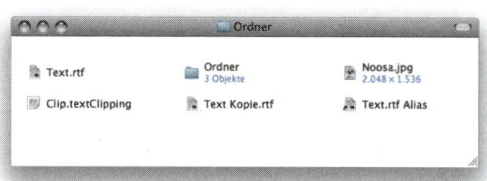

Die kleinste Symbolgröße mit Namen rechts und Objektinformationen

▶ 374ff
Referenz, Farbwähler

Ordnerhintergrund

In der Symboldarstellung kann den Fenstern eine Farbe oder ein Bild als Hintergrund zugewiesen werden. Wenn Sie die Option »Farbe« aktiviert haben, wird in einem Feld die aktuelle Farbe angezeigt. Mit einem Klick in das Feld wird der Farbwähler geöffnet, in dem Sie eine neue Farbe bestimmen können. Ist die Option »Bild« ausgewählt, kann mit der Schaltfläche »Auswählen« ein Hintergrundbild für den Ordner aussucht werden.

Ausrichten

Im Dialog »Darstellungsoptionen« des gleichnamigen Befehls aus dem Menü »Darstellungen« werden zwei Optionen für die Ausrichtung der Objekte in einem Finder-Fenster in der Symboldarstellung geboten. Die gewählte Option wird links in der Statusanzeige des Fensters mit einem kleinen Symbol angezeigt.

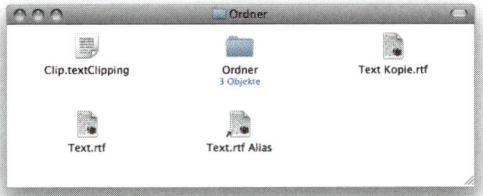

- **Am Raster ausrichten:** Mit dieser Option lässt sich ein Raster aktivieren, an dem sich die Objekte im Fenster ausrichten, wenn sie bewegt werden. Diese Einstellung kann temporär deaktiviert werden, indem Sie ein Objekt mit gedrückter ⌘-Taste bewegen.

  Umgekehrt können Objekte ohne Einschalten der Option »Am Raster ausrichten« am Raster ausgerichtet werden, indem sie mit gedrückter ⌘-Taste bewegt werden.

- **Immer ausrichten:** Ist die Option »Immer ausrichten nach« ausgewählt, können Sie mit einem Ausklappmenü bestimmen, nach welchem Kriterium die Objekte immer im Fenster sortiert werden. Es besteht die Wahl zwischen den Kriterien »Name«, »Änderungsdatum«, »Erstellungsdatum«, »Größe« und »Art«. Wird dann die Größe des Fensters verändert, richten sich die Objekte automatisch neu im Fenster aus, so dass immer die volle Breite des Fensters genutzt wird und die Sortierung beibehalten bleibt. Neue Objekte werden automatisch an der richtigen Stelle einsortiert.

Die Sortierreihenfolge bleibt beim Verändern der Fensterbreite immer erhalten.

Gitterabstand

In den Darstellungsoptionen kann der Gitterabstand verstellt werden. Beim Bewegen des Schiebereglers werden die Objekte im Fenster zusammen- oder auseinandergeschoben.

Listendarstellung (⌘2)

Für die Listendarstellung und den **unteren Fensterteil in der Cover-Flow-Darstellung** werden zwei Symbolgrößen angeboten, und es lassen sich die folgenden Einstellungen vornehmen:

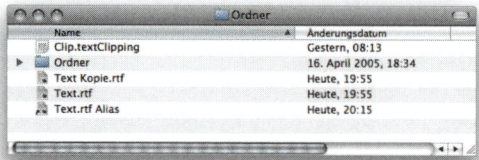

- **Anzahl der Spalten:** Mit Ankreuzfeldern lässt sich bestimmen, welche Objekteigenschaften in jeweils einer Spalte gezeigt werden sollen. Die Anzahl der Spalten ist dabei beliebig. Einzig die Spalte »Name« ist immer vorhanden.

- **Alle Größen berechnen:** Als Option für die Spalte »Größe« kann die Berechnung der Größe einzelner Ordner aktiviert werden. Der gesamte Inhalt eines Ordners inklusive aller Unterordner wird dann zusammengerechnet und in der Spalte angezeigt. Die Berechnung der Ordnergrößen kann bei großen Ordnern einige Zeit beanspruchen und zu Verzögerungen beim Aufbau der Liste führen.

- **Relatives Datum:** Für die Spalten »Erstellungsdatum« und »Änderungsdatum« wird ein »Relatives Datum« verwendet. Mit diesem wird das heutige Datum als »Heute« und das gestrige Datum als »Gestern« bezeichnet. Alle anderen Daten werden normal als Datumszahl angezeigt.

Sortierung in der Liste ändern

Mit einem Klick auf einen der Spaltentitel wird die Liste nach diesem Kriterium sortiert. Der Spaltentitel wird dann eingefärbt angezeigt.

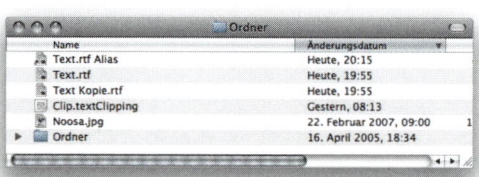

Sortierung in der Liste umkehren

Rechts im aktiven Spaltentitel befindet sich ein kleines Dreieck. Dieses zeigt die Richtung der Sortierung an. Wenn Sie auf den aktiven Spaltentitel klicken, wird die Sortierung der Liste umgekehrt (Namen beispielsweise werden dann statt von A bis Z von Z bis A sortiert aufgelistet).

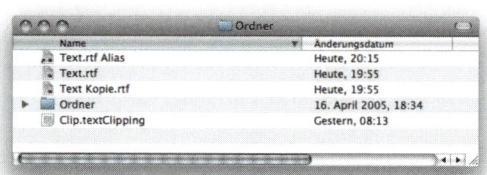

Spaltenbreite verändern

Um die Spaltenbreite in der Listendarstellung zu ändern, bewegen Sie die Maus auf den Spaltentitel. Sobald der Mauszeiger auf die Linie zwischen den Spaltentiteln kommt, verändert er sich zu einem Kreuz mit Pfeilspitzen rechts und links. Jetzt kann der Spaltenrand mit gedrückter Maustaste verschoben werden. Der Inhalt der Spalte passt sich der Spaltenbreite an. Ein Datum beispielsweise wird in der schmalsten Breite nur als Datumszahl dargestellt, in der breitesten Breite jedoch mit ausgeschriebenem Wochentag und Monat sowie mit Uhrzeit.

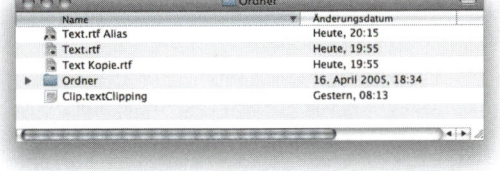

Der Cursor beim Ändern der Spaltenbreite

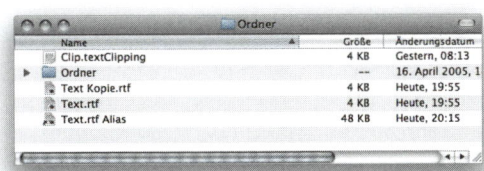

Position der Spalten vertauschen

Um die Position der Spalten zu verändern, klicken Sie in den Spaltentitel und halten die Maustaste gedrückt. Jetzt können Sie die ganze Spalte an eine andere Position verschieben. Lediglich die Spalte »Name« kann nicht verschoben werden. Sie steht immer an erster Stelle.

Der Cursor beim Verschieben der Spalten

Cover Flow (⌘4)

Die in Mac OS X 10.5 hinzugekommene Darstellung »Cover Flow« besteht aus zwei Teilen. Die Größe der beiden Teile kann mit einem Griff in der Mitte verändert werden. Der untere Teil entspricht der Listendarstellung.

Im oberen Teil werden Vorschaubilder der Objekte aufgefächert dargestellt. Dabei entspricht die Reihenfolge der Objekte der Reihenfolge in der Liste. Wenn also die Sortierung der Liste geändert wird, werden auch die Objekte im Fächer umsortiert. Wird in der Liste ein Dreieck geöffnet, werden die Objekte des Unterordners in den Fächer eingefügt. Mit dem Rollbalken im Cover-Flow-Bereich kann durch den Fächer geblättert werden. Alternativ können hierfür die Pfeiltasten verwendet werden.

112 ▶
QuickLook

Der etwas eigentümliche Name dieser Darstellung »Cover Flow« rührt daher, dass sie ursprünglich für Titelbilder von Musik-CDs (engl. Cover) in iTunes gedacht war.

136 ▶
Hierarchie, Dreiecke in der Liste

Der Finder, das Gesicht von Mac OS X **107**

Spaltendarstellung (⌘3)

Die Symbolgröße in der Spaltendarstellung entspricht den kleinen Symbolen in der Listendarstellung. Die Symbole können jedoch auch ganz ausgeblendet werden. Die Objekte innerhalb der Spalten sind normalerweise nach Namen sortiert. Eine alternative Sortierung kann nur in den Darstellungsoptionen bestimmt werden. Zu jedem Objekt wird nur sein Symbol und sein Name angezeigt, keine weiteren Eigenschaften. Die Spalten zeigen die hierarchische Anordnung der Objekte.

▶ 113
QuickLook
Vorschau

Wenn es sich bei dem ausgewählten Objekt nicht um einen Ordner handelt, wird in der letzten Spalte eine Vorschau des ausgewählten Objektes angezeigt. Außerdem werden hier alle verfügbaren Informationen zu dem Objekt geliefert. Die Vorschau kann mit dem kleinen Dreieck oben ein- und ausgeblendet werden. Sie kann aber auch in den Darstellungsoptionen ganz deaktiviert werden.

Die Breite einer Spalte lässt sich mit dem Griff am unteren Ende der Spaltenteiler verändern. Durch Ziehen nach links wird die Spalte schmaler, durch Ziehen nach rechts breiter. Mit gedrückter ⌥-Taste kann die Breite aller Spalten verändert werden.

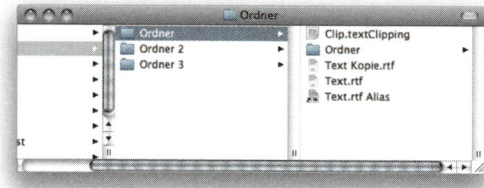

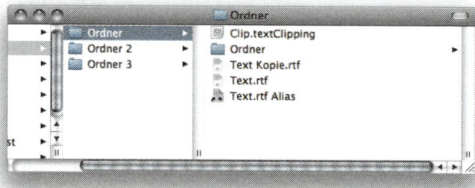

Die Breite der Spalten kann individuell verändert werden.

Statusleiste

Unabhängig von der Darstellungsart kann mit dem Befehl »Statusanzeige einblenden« unterhalb der Titelleiste die Statusanzeige eingeblendet werden. Bei eingeblendeter Symbol- und Seitenleiste wird der Status am unteren Fensterrand angezeigt und kann nicht ausgeblendet werden.

▶ 131f
Benutzerrechte

- **Objekte:** Dies ist die Anzahl der im geöffneten Fenster enthaltenen Objekte. Sind in der Listendarstellung die kleinen Dreiecke aufgeklappt, werden die Objekte in den tieferen Hierarchieebenen mitgezählt. Wenn Objekte ausgewählt sind, wird zusätzlich die Anzahl der ausgewählten Objekte angezeigt.
- **Verfügbar:** Hier wird der freie Speicherplatz auf dem Volume, auf dem sich der Ordner befindet, angezeigt.
- **Symbole für Darstellungsoptionen:** Links werden Symbole für »Am Raster ausrichten« oder »Immer ausrichten nach« angezeigt.
- **Symbol für Schreibschutz:** Ist der Ordner schreibgeschützt, erscheint ein durchgestrichener Stift.

Pfadleiste

Seit Mac OS X Leopard kann zusätzlich am unteren Ende des Fensters eine Pfadleiste eingeblendet werden. Hier wird die komplette Ordnerhierarchie angezeigt, in der sich das aktivierte Objekt befindet. Evtl. abgekürzte Namen in der Hierarchie werden vollständig angezeigt, wenn Sie mit dem Mauszeiger drüberfahren.

134ff ▶
Navigieren durch die Ordnerhierarchie

Ein Fenster mit eingeblendeter Status- und Pfadleiste

Ein-Fenster-Betrieb

Mit dem Schalter rechts in der Titelleiste oder mit dem Befehl »Symbolleiste einblenden« (⌘⌥T) aus dem Menü »Darstellung« wird die Symbolleiste und die Seitenleiste angezeigt.

Ist die Symbol-Leiste eingeblendet, wird mit einem Doppelklick auf einen Ordner kein neues Fenster geöffnet, sondern der Inhalt des geöffneten Objekts im selben Fenster angezeigt. Um ein Objekt in einem neuen Fenster zu öffnen, doppelklicken Sie es mit gedrückter ⌘-Taste. Alternativ kann in den Finder-Voreinstellungen auf der Seite »Allgemein« die Option »Ordner immer in neuem Fenster öffnen« aktiviert werden.

Die Objekte in der Symbol- und Seitenleiste werden per Einfach-Klick bedient.

Die Seitenleiste

Der Inhalt der Seitenleiste wird in den Voreinstellungen des Finders (⌘,) auf der Seite »Seitenleiste« bestimmt. Mit den Symbolen in den Bereichen »Geräte«, »Freigegeben« und »Orte« kann direkt zu einem bestimmten Objekt in der Hierarchie gesprungen werden.

Die Seitenleiste kann durch Verschieben des rechten Randes in ihrer Breite verändert werden. Mit dem Befehl »Seitenleiste ausblenden« (⌘⌥S) aus dem Menü »Darstellung« kann sie auch ganz ausgeblendet werden.

Objekte in die Seitenleiste einfügen

In den Bereich »Orte« der Seitenleiste können zusätzliche Objekte einfach aus dem Finder-Fenster zwischen die anderen Objekte gezogen werden oder mit dem Befehl »Zur Seitenleiste hinzufügen« (⌘T) aus dem Ablage-Menü hinzugefügt werden. Diese Objekte lassen sich beliebig innerhalb des Bereichs »Orte« verschieben und durch Herausziehen wieder entfernen.

Cursor beim Herausziehen eines Objekts aus der Seitenleiste

Symbolleiste anpassen

In der Standardkonfiguration enthält die Symbolleiste einige von Apple vorgegebene Objekte, sie kann aber nach Belieben angepasst werden. Das Anpassen der Symbolleiste in anderen Programmen – wie Mail, Vorschau etc. – folgt dem gleichen Schema.

1. Fenster öffnen

Zuerst müssen Sie ein beliebiges Fenster im Finder öffnen und in diesem die Symbolleiste aktivieren. Hierzu können Sie beispielsweise den Befehl »Neues Fenster« (⌘N) aus dem Menü »Ablage« wählen.

Ist die Symbolleiste nicht aktiv, blenden Sie sie mit dem durchsichtigen Schalter rechts in der Titelleiste ein.

2. Symbolleiste anpassen

Wählen Sie den Befehl »Symbolleiste anpassen« aus dem Menü »Darstellungen«.

Aus der Symbolleiste fährt ein Dialog heraus, auf dem die für die Symbolleiste möglichen Objekte angezeigt werden.

3. Objekte einfügen

Klicken Sie mit der Maus auf eines der Objekte und ziehen Sie es an die gewünschte Stelle in der Symbolleiste.

4. Fertig

Sobald Sie die Schaltfläche »Fertig« drücken, wird das Fenster wieder mit seinem ursprünglichen Inhalt, aber mit veränderter Symbolleiste angezeigt.

Objekte löschen oder verschieben

Während der Anpassen-Dialog geöffnet ist, können die Objekte in der Symbolleiste angefasst und an die gewünschte Stelle verschoben werden. Wird ein Objekt aus der Symbolleiste herausgezogen, wird es dadurch wieder aus der Symbolleiste entfernt.

Standardset

Wenn Sie die Objekte, die unter »... **oder verwenden Sie die Standardsymbole**« eingerahmt sind, in die Symbolleiste ziehen, werden alle anderen Objekte entfernt und das Standardset eingefügt. Sie können diese Objekte natürlich anschließend wieder verschieben, durch weitere Objekte ergänzen oder löschen.

Optionen

Die Symbole in der Symbolleiste werden normalerweise nur als Symbol angezeigt. Im Dialog »Symbolleiste anpassen« können Sie im Menü »Zeige« alternativ auswählen, dass das Symbol mit erklärendem Namen oder nur der Name angezeigt werden soll.

Fenster zu schmal

Ist die Fensterbreite so schmal eingestellt, dass nicht alle Symbole der Symbolleiste angezeigt werden können, erscheint rechts in der Symbolleiste ein Doppelpfeil. Wenn Sie auf diesen klicken, werden die restlichen Symbole in einem Menü zur Auswahl gestellt.

Eigene Objekte einfügen

Wenn Sie ein eigenes Objekt – z.B. einen Ordner – in die Symbolleiste einfügen wollen, ziehen Sie dieses auf die Symbolleiste. Nach kurzer Zeit verändert sich der Mauszeiger und zeigt ein »+«. Jetzt kann das Objekt an die gewünschte Position bewegt und durch Fallenlassen eingefügt werden. Um ein Objekt wieder aus der Symbolleiste zu entfernen, ziehen Sie es mit gedrückter ⌘-Taste aus der Symbolleiste heraus.

Übersicht mit QuickLook

Der Finder bietet zusätzlich zu den verschiedenen Darstellungen eine vergrößerte Übersicht und eine Diaschau. Die Technologie dahinter – »QuickLook« – ist in der Lage, Text, Bild- und Videodokumente der verschiedenen Typen zu öffnen, ohne dass ein entsprechendes Programm dafür gestartet werden muss. Die Dokumente können jedoch nicht bearbeitet werden. Weitere Dateiformate können mittels der »qlgenerator«-Plug-ins in /System/Library/QuickLook bzw. /Library/QuickLook hinzugefügt werden. Mit dieser Funktion werden auch die Vorschau-Symbole in den Finder-Fenstern generiert.

Übersicht

Die Übersicht für die markierten Objekte wird mit dem Befehl »Übersicht von X Objekten« (⌘Y) aufgerufen. Im Vorschau-Fenster werden immer die Objekte angezeigt, die im Finder markiert sind. Wenn Sie also bei geöffnetem QuickLook-Fenster andere Objekte im Finder-Fenster markieren oder das Finder-Fenster wechseln, wird im Vorschau-Fenster auch ein anderes Objekt angezeigt.

Die Darstellung der Objekte unterscheidet sich je nach Typ. Von Objekten, für die Quick-Look einen Generator besitzt, wird der Inhalt dargestellt. Bei unbekannten Objekten wird das Symbol gezeigt, zusammen mit Informationen zum Objekt.

Ist mehr als ein Objekt markiert, kann mit den Pfeil-Schaltflächen durch die Objekte geblättert werden. Die Abspielen-Schaltfläche wechselt im 5-Sekunden-Takt zwischen den gewählten Objekten. Dabei werden Filme und Musikdateien automatisch abgespielt.

Mit der Schaltfläche »Bildschirmfüllend« (zwei diagonale Pfeile) wird das Vorschau-Fenster bildschirmfüllend vergrößert. Diese Darstellung entspricht der Diaschau (siehe nächster Absatz).

Wenn Sie iPhoto installiert haben, wird bei Bildern ein weiteres Bedienelement hinzugefügt, mit dem Sie das Objekt zur iPhoto-Bibliothek hinzufügen können.

Diaschau

Die Diaschau kann aus dem QuickLook-Fenster aufgerufen werden oder direkt mit dem Befehl »Diashow« (⌘⇧Y) aus dem Ablage-Menü. Sie kann mit Bedienelementen gesteuert werden, die bei einer Mausbewegung oder per Leertaste eingeblendet werden. Ein Klick auf die Schaltfläche »Bildschirmfüllend aus« wechselt die Ansicht zum QuickLook-Fenster. Mit der ⊗-Schaltfläche oder der esc-Taste verlassen Sie die Diaschau.

Indexseite

Ein Klick auf das Bedienelement »Index-Seite« ordnet alle Bilder zu einer Übersicht an. Wenn Sie mit dem Mauszeiger über ein Objekt fahren, wird ein Rahmen mit dem Namen um das Objekt gelegt. Ein Klick auf das Objekt zeigt dieses vergrößert an. Sie können auch mit den Pfeiltasten durch den Index blättern und das umrahmte Objekt dann mit der Eingabetaste vergrößern.

Symbolvorschau in Finder-Fenstern

Auch die Symbolvorschau in Finder-Fenstern und den Stacks im Dock wird von QuickLook generiert. Die Darstellung unterscheidet sich dabei je nach Dateiformat. Bilder werden direkt angezeigt. Die Symbole von Text-, html- oder PDF-Dateien beispielsweise zeigen den Inhalt des Objektes sowie die Bezeichnung des Dateiformats. Mehrseitige PDF-Dateien werden als Buch mit Ringbindung dargestellt. Bei Musik-Dateien, die sich in der iTunes-Mediathek befinden, wird das Albumcover gezeigt etc.

Die Darstellung im oberen Bereich des Cover-Flow-Fensters und in der Vorschau-Spalte der Spaltendarstellung bietet weitere Möglichkeiten. Hier kann z.B. in mehrseitigen PDF-Dateien geblättert werden, Filme und Musik-Dateien können direkt abgespielt werden.

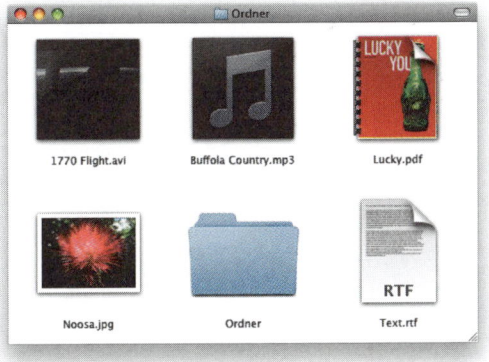

103ff ◄
Darstellungen in Finder-Fenstern

315 ►
iTunes-Mediathek

Beziehungskiste

Dateien bestimmten Programmen zuteilen

Manchmal werden Dateien per Doppelklick in einem anderen Programm geöffnet als gewünscht. Dieses Kapitel zeigt Ihnen, wie Sie die Programmzuteilung eines einzelnen Dokuments oder eines Dokumententyps ändern können und stellt Alternativen zum Doppelklick vor.

◀ 58
Technik,
Ressourcen

◀ 62
Technik,
Launch-
Services

◀ 62
Technik,
Uniform
Type
Identifier

Normalerweise erledigen die LaunchServices unter Mac OS X die Zuteilung von Dokumenten zu Programmen automatisch. Unter bestimmten Umständen kann es aber nötig oder gewünscht sein, dass diese Zuteilung vom Benutzer geändert wird. Hier gibt es mehrere Möglichkeiten.

- **Dateitypen zuteilen:** Wie in jedem Betriebssystem kann auch unter Mac OS X einem Dokument ein bestimmtes Programm zum Öffnen per Doppelklick zugeteilt werden.
- **Einzelne Dateien zuteilen:** Zusätzlich besteht unter Mac OS X auch die Möglichkeit, einem einzelnen Dokument ein Programm zuzuteilen. Sinnvoll ist das beispielsweise bei einer Video-Datei, deren Codec in Ihrem Lieblings-Video-Player nicht decodiert werden kann. Diese kann dann trotz gleichen Dateityps per Doppelklick in einem anderen Player geöffnet werden.
- **Temporär:** Als dritte Möglichkeit können Sie Dateien auch nur einmal mit einem bestimmten Programm öffnen, ohne dass die Zuteilung davon beeinflusst wird.

Programmzuteilung

Unter Mac OS X können sowohl Dokumententypen als auch einzelne Dokumente einem Programm zugeteilt werden.

Die Zuteilung eines einzelnen Dokuments wird in einer Ressource (usro) im Dokument gespeichert.

Die Zuteilung eines Dokumententyps wird in der persönlichen Voreinstellungsdatei der »LaunchServices« gespeichert. Sie erfolgt unter Mac OS X nicht allein nach dem Suffix, auch Type und Creator spielen eine Rolle. Theoretisch können in Mac OS X Zuteilungen nach folgenden Aspekten vorgenommen werden:

- Suffix allein
- Type allein
- Suffix zusammen mit Creator
- Type zusammen mit Creator

Dabei werden in Mac OS X 10.6 verschiedene Suffixe und Type-Codes, die gleiche Dateitypen codieren, zu einem gemeinsamen Identifier zusammengefasst. Außerdem wird bei bestimmten Dateitypen der Creator immer ignoriert.

Bei bestimmten Konstellationen kann es aber eventuell trotzdem vorkommen, dass die Zuordnung scheinbar nicht für alle Dateien eines Typs gilt.

Ein einzelnes Dokument oder einen Dokumententyp mit Programm verknüpfen

Die Zuteilung eines einzelnen Dokuments und eines Dokumententyps zu einem Programm funktioniert prinzipiell gleich. Die Zuteilung eines Dokumententyps erfolgt über einen zusätzlichen Schritt.

1. Infofenster öffnen
Aktivieren Sie im Finder das Dokument bzw. eines der Dokumente des gewünschten Typs und öffnen Sie das Fenster »Information« (⌘I) aus dem Menü »Ablage«. Blenden Sie den Bereich »Öffnen mit:« ein, indem Sie auf das kleine Dreieck klicken.

2. Programm auswählen
Wählen Sie aus dem Aufklappmenü das gewünschte Programm aus.
Sollte das gewünschte Programm nicht im Menü gezeigt werden, wählen Sie den letzten Menüpunkt »Anderem Programm ...«. Im Öffnen-Dialog wählen Sie dann ein Programm aus und klicken auf »Hinzufügen«. Wenn Sie ein Programm verwenden wollen, das eigentlich diesen Dokumenttyp nicht öffnen kann, wählen Sie aus dem Aufklappmenü »Aktivieren« den Menüpunkt »Alle Programme«.

3. Als Standard definieren
Wenn Sie einem Dokumententyp ein Programm zuteilen wollen, klicken Sie auf die Schaltfläche »Alle ändern ...«.
Das gewählte Programm wird als Standard für alle Dokumente dieses Typs definiert. Das Standardprogramm ist im Menü mit dem Zusatz »(Standard)« markiert.
Der Finder braucht manchmal ein bisschen Zeit, bis er die Symbole der anderen Dokumente des gleichen Typs geändert anzeigt.

Ein einzelnes Dokument mit einem beliebigen Programm öffnen

Am einfachsten können Dokumente per Drag& Drop – durch Ziehen des Dokumentensymbols auf ein Programmsymbol (im Finder oder im Dock) – mit einem bestimmten Programm geöffnet werden. Wenn das Programm diesen Dokumententyp öffnen kann, wird das Programmsymbol aktiviert und das Dokument in dem Programm geöffnet.

Sollte das Programmsymbol nicht aktiviert werden, »meint« das Programm, es könne diesen Dokumententyp nicht öffnen. Wenn Sie jedoch die Tasten ⌘⌥ gedrückt halten, während Sie das Dokument auf das Programmsymbol ziehen, wird das Dokument in jedem Fall in dem Programm geöffnet. Sollte das Programm das Dokument dann tatsächlich nicht öffnen können, erscheint eine Fehlermeldung.

Als Alternative steht im Ablage-Menü der Befehl »Öffnen mit:« zur Verfügung. Zum Öffnen eines Dokumentes mit einem bestimmten Programm aktivieren Sie das Dokument im Finder und wählen ein Programm aus dem »Öffnen mit:«-Untermenü aus. Soll das einzelne Dokument ab sofort per Doppelklick mit einem bestimmten Programm geöffnet werden können, kann der Befehl mit gedrückter ⌥-Taste zu »Immer öffnen mit« verändert werden.

149 ▶
Dock-Exposé.

306ff ▶
Lesen Sie hier über die Varianten des Infofensters.

Schnell zur Hand
Das Dock

Im Dock können Sie häufig benötigte Programme und Dokumente ablegen. Auf den folgenden Seiten lesen Sie, welche Möglichkeiten das Dock außerdem bietet.

Nachdem das System geladen wurde, erscheint als Erstes am unteren Bildschirmrand das Dock. Es ist sozusagen die Zentrale des Systems.

Im Dock befindet sich der Papierkorb, und die aktiven Programme werden angezeigt. Objekte, die schnell erreichbar sein sollen (wie Dokumente, Ordner und Programme) lassen sich hier lagern. Außerdem werden minimierte Fenster im Dock abgelegt.

Das Dock konfigurieren

▶ 337
Referenz,
Kontrollfeld
»Dock«

Das Dock lässt sich mit dem Kontrollfeld »Dock« aus den Systemeinstellungen konfigurieren. Viele Einstellungen können Sie jedoch auch vornehmen, ohne dass Sie dazu die Systemeinstellungen benötigen.

Der Mauszeiger zum Verändern der Größe

- **Größe:** Die Größe der Symbole kann direkt am Dock eingestellt werden, indem Sie mit der Maus auf den Trenner fahren. Der Mauszeiger verwandelt sich in eine Linie mit zwei Pfeilen. Bewegen Sie die Maus mit gedrückter Maustaste in Richtung Bildschirmrand, verkleinert sich das Dock, bewegen Sie sie in die andere Richtung, vergrößert es sich.

- **Ein- und ausblenden:** Mit dem Befehl »Dock ▶ Automatisch einblenden« (⌥⌘D) aus dem Apple-Menü kann das Dock in jeder Situation aus- und wieder eingeblendet werden. Ist das Dock ausgeblendet, so erscheint es automatisch, sobald sie den Mauszeiger an den Bildschirmrand bewegen, an dem das Dock positioniert ist.

- **Vergrößerung:** Die Vergrößerung der Symbole lässt sich mit dem Befehl »Dock ▶ Vergrößerung einschalten« aus dem Apple-Menü ein- und ausschalten. Wenn die Vergrößerung eingeschaltet ist, werden die Symbole, die sich unter dem Mauszeiger befinden, vergrößert dargestellt. Die Stärke der Vergrößerung lässt sich im Kontrollfeld »Dock« festlegen.

- **Position:** Das Dock lässt sich mit den Befehlen »Dock ▶ links positionieren« oder »Dock ▶ rechts positionieren« auch senkrecht am linken bzw. rechten Bildschirmrand positionieren. Dabei werden die Objekte immer so angeordnet, dass der Papierkorb unten erscheint.

Objekte im Dock

Das Dock besteht aus zwei Bereichen, die durch eine Linie getrennt werden.
- Im linken (bzw. oberen) Teil können häufig benötigte Programme für einen schnellen Zugriff bereitgestellt werden. Außerdem werden hier alle aktiven Programme angezeigt.
- Im rechten (bzw. unteren) Teil befindet sich der Papierkorb. Außerdem lassen sich Dokumente und Ordner, die häufig gebraucht werden, einfach erreichbar ablegen. In diesem Teil werden auch minimierte Fenster gelagert.

Wenn Sie mit dem Mauszeiger über ein Objekt fahren, wird dessen Name eingeblendet.

97 ◄
Papierkorb

Das Programm »TextEdit« wird aus dem Finder-Fenster in das Dock eingefügt.

Objekte in das Dock einfügen

Ziehen Sie das gewünschte Objekt einfach in das Dock. Programme können nur in den linken (oberen), Dokumente und Ordner nur in den rechten (unteren) Teil gezogen werden.

Außerdem lassen sich Objekte mit dem Befehl »Zum Dock hinzufügen« (⌘⇧T) im Ablage-Menü des Finders in das Dock einfügen.

Objekte entfernen und anordnen

- Zum **Entfernen** bewegen Sie das Objekt aus dem Dock heraus. Das Objekt löst sich in kleine Wölkchen auf und wird aus dem Dock entfernt. (Das Original bleibt dabei natürlich unverändert.)
- Um die Objekte im Dock zu **sortieren**, klicken Sie auf ein Objekt und verschieben es an die gewünschte Stelle. Der Finder und der Papierkorb können nicht verschoben werden, Programme können nur innerhalb des linken (oberen), Dokumente und Ordner nur innerhalb des rechten (unteren) Bereichs verschoben werden.

Die Objekte im Dock können einfach verschoben werden.

Aktive Programme im Dock

Zusätzlich zu den Objekten, die vom Benutzer in das Dock gelegt wurden, werden im Dock die laufenden Programme angezeigt. Aktive Programme sind an der Markierung unter bzw. neben dem Symbol zu erkennen.

▶ 334
Referenz,
Kontrollfeld
Benutzer,
Startobjekte

Wechseln zwischen Programmen
Ein Klick auf ein Programmsymbol im Dock holt das Programm mit allen seinen Fenstern in den Vordergrund.

▶ 151
Programm-
wechsel

Programm macht auf sich aufmerksam
Programme, die im Hintergrund Prozesse ausführen, können mithilfe des Docks die Aufmerksamkeit des Benutzers anfordern. Dafür springt das Programmsymbol so lange in regelmäßigen Abständen kurz aus dem Dock, bis der Benutzer in das Programm wechselt.

Programme über das Dock bedienen
Ein aktives Programm kann auch über das Dock bedient werden. Wenn Sie ein Objekt auf das Symbol eines Programms im Dock ziehen und halten, aktiviert sich Exposé. Mehr zu Exposé lesen Sie im Kapitel »Chaos-Kontrolle« ab Seite 148. Wenn Sie auf das Programmsymbol im Dock klicken und die Maustaste für einen kurzen Augenblick gedrückt halten, erscheint zusätzlich ein Menü mit allgemeinen Funktionen. Klicken Sie das Symbol mit gedrückter ctrl-Taste an, öffnet sich ein Menü, in dem eine Reihe zusätzlicher Programmfunktionen angeboten wird.

▶ 148f
Exposé

▶ 314f
Referenz,
iTunes

Programm beenden
Mit dem Befehl »Beenden« können Sie das Programm beenden, ohne es vorher in den Vordergrund zu holen. Offene Dokumente lassen sich natürlich noch sichern.

Aktives Programm in das Dock einfügen
Mit dem Befehl »Im Dock behalten« können Sie ein aktives Programm einfach in das Dock einfügen. Es bleibt dann auch nach seiner Beendigung im Dock sichtbar.

Bei der Anmeldung öffnen
Mit diesem Befehl kann das Programm schnell in die Liste der Startobjekte im Kontrollfeld »Benutzer« eingefügt werden.

Wechseln zwischen Fenstern eines Programms
In dem erweiterten Menü, das sich per ctrl-Klick öffnet, werden für aktive Programme alle offenen Fenster angezeigt, darunter auch diejenigen Fenster, die im Dock abgelegt sind. Wenn Sie das entsprechende Fenster auswählen, wird es in den Vordergrund geholt.

Weitere Programmfunktionen
Zusätzlich zu den Standardbefehlen kann ein Programm weitere Befehle zur Programmsteuerung in das Dockmenü einfügen. Sie erscheinen in dem Menü, das mit ctrl-Klick geöffnet wird. Im Menü von »iTunes« beispielsweise kann die Wiedergabe der eingelegten CD gestartet und zwischen den Titeln gewechselt werden. Außerdem wird im Menü der aktuelle Titel angezeigt.

Ordner und Fenster

Ordner im Dock anzeigen

Wenn Sie einen Ordner im Dock abgelegt haben, können Sie direkt auf seinen Inhalt zugreifen. Mit einem Klick auf das Symbol wird der Inhalt des Ordners – je nach Einstellung für den jeweiligen Ordner in unterschiedlicher Darstellung – angezeigt. Mit einem weiteren Klick kann dann eines der Objekte geöffnet werden. Ein Klick auf »Im Finder öffnen« bzw. »X mehr im Finder« öffnet den Ordner. Die Darstellung der Objekte wird mit einem Klick auf das Schließen-Symbol im Dock oder mit einem Klick an eine beliebige Stelle außerhalb geschlossen.

Die Sortierung und Darstellung der Objekte können Sie in einem Menü bestimmen, das sich öffnet, wenn Sie das Objekt mit gedrückter ctrl-Taste anklicken.

Für die Darstellung stehen die Optionen »Gitter« (QuickLook-Index-Seite) und »Liste« (Menü) zur Verfügung. In diesen beiden Darstellungen können auch Ordnerhierarchien verfolgt werden. Wenn sich das Dock am unteren Bildschirmrand befindet, steht eine alternative Anzeige als »Fächer« zur Verfügung. Sie eignet sich aber nur für Ordner mit wenigen Objekten. Mit der Option »Automatisch« ändert sich die Darstellung je nach Menge der Objekte.

Für das Objekt im Dock kann entweder das Ordnersymbol benutzt werden oder ein Stapel-Symbol, das aus dem Inhalt des Ordners generiert wird.

Der Befehl »Im Finder anzeigen« im Menü öffnet den Ordner, in dem sich der Ordner befindet. Alternativ können Sie den Ordner im Dock mit gedrückter ⌘-Taste anklicken.

Anzeige des Inhalts eines im Dock abgelegten Ordners

Minimierte Fenster

Fenster, die mit dem Verkleinern-Schalter in der Titelleiste oder mit dem Befehl »Fenster verkleinern« (⌘M) aus dem Menü »Fenster« minimiert wurden, werden im rechten (bzw. unteren) Teil des Docks abgelegt. Zur besseren Unterscheidung werden die Fenster mit einem kleinen Symbol des zugehörigen Programmes versehen. Sie lassen sich durch einfaches Anklicken wieder auf ihre ursprüngliche Form bringen. Der hierbei verwendete Effekt kann in den Dock-Einstellungen verändert werden. Der Effekt »Trichter« (im Englischen »Genie«, Flaschengeist) saugt das Objekt in das Dock, »Linear« verkleinert es einfach. Minimierte Fenster werden im Fenster-Menü mit einer Raute markiert angezeigt.

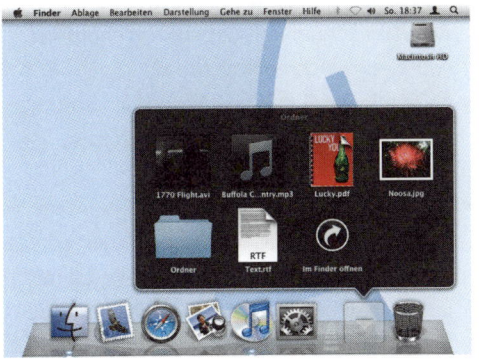

301 ▶
Referenz
Finder, Fenster-Menü

112f ◀
QuickLook

134f ▶
Ordnerhierarchien

Mein Mac, dein Mac

Den Mac als Mehrbenutzersystem einrichten

Mac OS X basiert auf UNIX, einem Mehrbenutzersystem. Benutzer können sich mit unterschiedlichen Zugriffsrechten und eigenen Einstellungen am System anmelden. Sie können Mac OS X aber auch für einen einzelnen Benutzer einrichten.

Aufgrund seiner UNIX-Wurzeln ist Mac OS X ein Mehrbenutzersystem. Im Kontrollfeld »Benutzer« in den »Systemeinstellungen« werden Benutzer eingerichtet, die sich beim Systemstart oder über das Netzwerk auf dem Rechner anmelden können. Diesen Benutzern können unterschiedliche Zugriffsrechte zugeteilt werden.

- Der Eigentümer meldet sich als so genannter **Admin** an. Er kann die anderen Benutzer-Accounts einrichten oder verändern. Es können auch weitere Benutzer mit Admin-Benutzerrechten angelegt werden.
- **Standard-Benutzer**, die nur normale Zugriffsrechte erhalten, können keine Systemeinstellungen verändern. Die Rechte normaler Benutzer können mit der Kindersicherung weiter eingeschränkt werden.
- **Nur-Freigabe-Benutzer** können sich nur über das Netzwerk anmelden, sie besitzen keinen privaten Ordner auf dem Mac.
- Ist der **Gast-Account** aktiviert, können sich auch Gäste über das Netzwerk anmelden. Ein Gast kann sich aber auch optional lokal mit einem eigenen Ordner anmelden, der jedoch beim Abmelden wieder gelöscht wird.

Die Systemeinstellungen werden für jeden Benutzer einzeln abgespeichert:

- Jeder Benutzer kann sich die Darstellung der Finder-Fenster unterschiedlich einstellen und einen eigenen Schreibtischhintergrund verwenden.
- Auch die Einstellungsdateien der Programme werden für jeden Benutzer einzeln im Ordner »*Privat*/Library/Preferences« angelegt. Individuelle Einstellungen des Einen beeinflussen also nicht die Präferenzen der Anderen.

Ein Benutzer kann sich mit dem Befehl »Abmelden« (⇧⌘Q) aus dem Apple-Menü aus dem System abmelden. Daraufhin erscheint das Anmeldefenster für die Anmeldung eines anderen Benutzers. So kann ohne Neustart zwischen den Benutzern gewechselt werden.

Mit der schnellen Benutzerumschaltung können sich auch weitere Benutzer anmelden, ohne dass sich die anderen Benutzer abmelden müssen.

Anlegen eines Benutzers

Im Kontrollfeld »Benutzer« werden die einzelnen Benutzer angelegt und ihre Rechte definiert.

Benutzer anlegen

1. Neuen Benutzer anlegen
Öffnen Sie in den »Systemeinstellungen« das Kontrollfeld »Benutzer« und klicken Sie auf das Pluszeichen unter der Liste der Benutzer.
Es erscheint ein Fenster, in dem Sie die Daten für den neuen Benutzer eingeben können.

2. Benutzertyp bestimmen
Im Menü »Neuer Account« wählen Sie den Benutzertyp aus.
Die Benutzer mit den ersten drei Optionen »Administrator«, »Standard« und »Verwaltet durch die Kindersicherung« können sich am Mac direkt anmelden, aber auch über die Dateifreigabe, FTP oder SSH auf den Rechner zugreifen. Benutzer mit der Option »Nur Freigabe« können nur über das Netzwerk auf die öffentlichen Ordner der anderen Benutzer und freigegebene Ordner zugreifen.

3. Namen und Passwort vergeben
In den Textfeldern legen Sie einen Namen und einen Kurznamen und das Passwort für den neuen Benutzer fest.
Ein Klick auf den Schlüssel öffnet den Kennwort-Assistenten, der Passwörter vorschlägt und ihre Sicherheitsstufe anzeigt. Das Passwort müssen Sie zur Sicherheit bestätigen, zusätzlich können Sie auch eine Merkhilfe eingeben.

4. Fenster schließen
Schließen Sie das Einstellungsfenster.
Der neue Benutzer wird jetzt angelegt. Mit einem Klick auf das Bild können Sie ein anderes Bild für den Benutzer auswählen.

Für jeden Benutzer-Account (außer den Nur-Freigabe-Accounts) wird im Ordner »Benutzer« auf der obersten Ebene der Startfestplatte ein Ordner mit seinem Kurznamen angelegt.

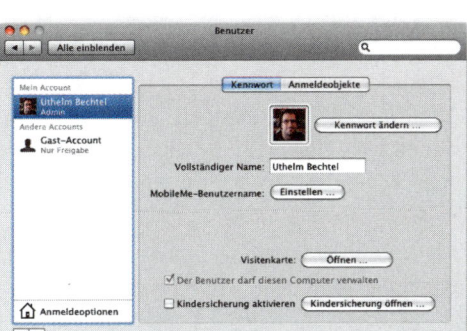

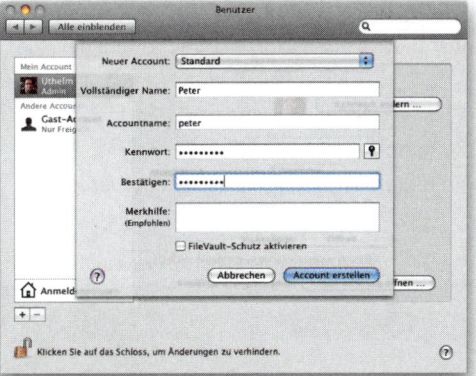

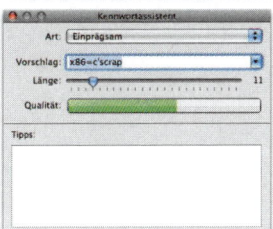

130 ▶
Der private Benutzerordner

333ff ▶
Referenz, Kontrollfeld »Benutzer«

123 ▶
Gruppen anlegen

190ff ▶
Freigaben

342 ▶
Referenz, Kontrollfeld »Freigabe«

▶ 133
Root

Benutzernamen
Als Name kann jeder Name außer »root« verwendet werden. Da dieser Name vom System für den Super-User (System-Administrator) vergeben ist, kann er nicht verwendet werden.

Benutzer löschen
Im Benutzer-Kontrollfeld können Sie mit der Schaltfläche »–« einen Benutzer löschen. Wenn Sie dabei in dem folgenden Dialog die Option »Benutzerordner als Image sichern« wählen, werden seine Dokumentenordner in ein Disk-Image kopiert, das dann im Ordner »Deleted Users« abgelegt wird. Dieses Diskimage kann, falls bestimmte Dateien herauskopiert werden sollen, von Admin-Benutzern geöffnet werden oder es wird einfach in den Papierkorb gelegt und gelöscht. Mit der Option »Benutzerordner nicht ändern« bleiben die Daten des Benutzers für jeden Benutzer zugänglich am selben Ort. Ist die Option »Benutzerordner löschen« gewählt, wird der Benutzerordner direkt gelöscht.

Die verschiedenen Benutzertypen
Beim Anlegen der Benutzer kann zwischen mehreren Benutzertypen gewählt werden. Ein Administrator, ein Standard- oder durch Kindersicherung verwalteter Benutzer kann auch nachträglich in einen der jeweils anderen umgeändert werden. Nur-Freigabe-Benutzer lassen sich nicht in einen anderen Benutzertyp umwandeln.

Jeder Benutzertyp hat unterschiedliche Zugriffsrechte auf die Ordner und Dateien auf der Festplatte. Ebenso haben die unterschiedlichen Benutzertypen verschiedene Zugriffsmöglichkeiten über das Netzwerk. Die Zugriffsrechte sehen Sie in der Tabelle unten.

Gast-Benutzer
In Leopard kann ein Gast-Benutzer angelegt werden. Dieser bekommt dieselben Rechte wie ein normaler Benutzer. Die Benutzerrechte können zusätzlich über die Kindersicherung eingeschränkt werden.

Der Gast-Account kann für eine lokale Anmeldung und für eine Anmeldung über das Netzwerk aktiviert werden. Bei der lokalen Anmeldung wird der Gast als temporärer Benutzer angelegt. Der Benutzerordner wird erst erstellt, wenn dieser sich anmeldet. Wenn der Gast-Benutzer sich wieder abmeldet, wird der

▶ 190ff
Freigaben

Ordner: **Zugriffsrechte für Benutzer (lokal und über das Netzwerk)**

Ordner		Admin	normaler Benutzer	Kindersicherung	einfacher Finder	Nur Freigabe	Gast (lokal)	Gast (Nur Freigabe)	root	
Benutzerordner (eigener Ordner)		LS LS	LS LS	LS LS	LS LS	LS LS		LS LS	LS LS	lokal Netzwerk
Öffentlich (andere Benutzer)		L L	L L	L L	L	L	L	L	LS LS	lokal Netzwerk
Für alle Benutzer		LS LS	LS	LS	LS	LS			LS LS	lokal Netzwerk
Programme		LS LS	L	L			L		LS LS	lokal Netzwerk
Library		LS LS	L	L			L		LS LS	lokal Netzwerk
System		L L	L	L			L		LS LS	lokal Netzwerk
BSD-Ordner (unsichtbar)		L L	L	L			L		LS LS	lokal Netzwerk

L: Lesen, S: Schreiben; Netzwerk-Zugriff durch »root« nur über ssh

Ordner automatisch gelöscht. Außerdem besteht auf den Benutzer-Ordner des Gastes kein Zugriff über das Netzwerk.

Eigenschaften des Admins
Der Admin-Benutzer ist eigentlich ein normaler Benutzer. (Anders als der Administrator bei Windows.) Durch seine Zugehörigkeit zur Gruppe »admin« bekommt er jedoch ein paar wenige zusätzliche Rechte zugeteilt. So darf ein Admin auf bestimmte Ordner wie »/Library« und »/Programme« zugreifen und bestimmte Einstellungen und Aktionen vornehmen, die ein normaler Benutzer nicht vornehmen darf, z.B. Netzwerk-Einstellungen, Volumes initialisieren etc. Zusätzlich kann er weitergehende Aktionen ausführen, wenn er sich erneut mit seinem Namen und Passwort autorisiert. Trotzdem bleiben seine Rechte eingeschränkt. Uneingeschränkte Rechte hat nur »root«.

Auch wenn ein normaler Benutzer angemeldet ist, können einige Aktionen, die Admin-Rechte erfordern, ausgeführt werden. Dafür müssen Name und Passwort eines Admins in die Sicherheitsabfrage eingegeben werden – z.B. nach dem Klicken auf das Schlösschen in den Systemeinstellungen.

Benutzer nachträglich zum Admin machen
Einen Standard-Benutzer können Sie auch nachträglich zu einem Admin machen, indem Sie im Kontrollfeld »Benutzer« die Option »Der Benutzer darf diesen Computer verwalten« aktivieren. Durch Deaktivieren der Option wird ein Admin wieder zu einem normalen Benutzer.

Gruppen
In Leopard ist jeder Benutzer Mitglied in der Gruppe »staff«. Admin-Benutzer sind zusätzlich Mitglied in der Gruppe »admin«.

Zusätzlich können weitere Gruppen im Kontrollfeld »Benutzer« angelegt werden. Die Vorgehensweise ist dieselbe wie beim Anlegen eines Benutzers. Mit solchen Gruppen können Sie die Vergabe von gleichen Rechten für mehrere Benutzer auf bestimmte Objekte vereinfachen.

121 ◄
Benutzer anlegen

Verzeichnisdienste
Mac OS X kann auch von unterschiedlichsten Verzeichnisdienst-Servern – wie Mac-OS-X-Server, LDAP- oder Active-Directory-Server etc. – Benutzerlisten empfangen, sodass sich auch die dort eingerichteten Benutzer anmelden können. Im Benutzer-Kontrollfeld unter »Anmeldeoptionen« können Sie Ihren Mac mit der Schaltfläche »Verbinden« an einem Netzwerk-Account-Server anmelden. Mit einem Klick auf die Schaltfläche »Verzeichnisdienste öffnen« können weitere Einstellungen vorgenommen werden. Wie die jeweiligen Einstellungen aussehen müssen, erfragen Sie beim Administrator des Verzeichnisdienst-Servers.

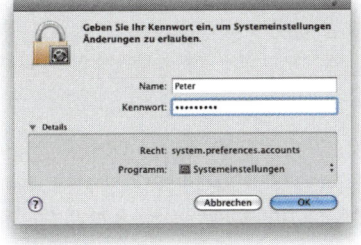

Unter »Details« zeigt das Autorisationsfenster, welches Programm nach dem Admin-Passwort verlangt.

Erweiterte Benutzereinstellungen
Mit einem ctrl-Klick auf einen Account im Kontrollfeld »Benutzer« können die erweiterten Einstellungen für den Benutzer geöffnet werden. Hier können der kurze Benutzername, die Benutzer-ID, die Hauptgruppe, der Benutzerordner und die Login-Shell geändert werden. Diese Einstellungen sollten aber nur von erfahrenen Benutzern vorgenommen werden.

Benutzer mit eingeschränkten Rechten

◀ 122
Tabelle, Zugriffsrechte der verschiedenen Benutzertypen

Mit dem Kontrollfeld »Benutzer« können auch Benutzer mit stark eingeschränkten Rechten angelegt werden.

Benutzerrechte einschränken

1. Benutzer anlegen

Führen Sie die Schritte 1 bis 3 der Anleitung auf Seite 119 aus. Wählen Sie dabei im Menü »Neuer Account« die Option »Verwaltet durch Kindersicherung«.
Gehen Sie direkt zu Schritt 3 in dieser Anleitung, wenn Sie einen vorhandenen Benutzer verwalten wollen.

2. Kindersicherung öffnen

Wechseln Sie in das Kontrollfeld »Kindersicherung« (durch Klicken der Schaltfläche »Kindersicherung öffnen …«).

3. Eigenschaften bestimmen

Im Kontrollfeld »Kindersicherung« wählen Sie in der Liste links den Benutzer aus. Auf der Seite »System« deaktivieren Sie dann die gewünschten Eigenschaften.

4. Programme freigeben

Wenn Sie die Option »Einfachen Finder verwenden« oder »Nur ausgewählte Programme erlauben« aktiviert haben, können Sie im unteren Teil des Fensters einzelne Programme für den Benutzer freigeben. In der Liste werden unterschiedliche Programm-Kategorien angezeigt. Mit einem Klick auf das kleine Dreieck wird eine Liste der installierten Programme der jeweiligen Kategorie eingeblendet. Durch einfaches Ankreuzen können Sie die Programme bestimmen, die der Benutzer starten darf.
Im einfachen Finder erscheinen im Programm-Fenster nur die ausgewählten Programme. Ein eingeschränkter Benutzer erhält beim Versuch, ein nicht ausgewähltes Programm zu starten,

eine Meldung, dass seine Rechte nicht ausreichen. Durch Eingabe eines Admin-Passworts kann das jeweilige Programm dann trotzdem geöffnet oder zu den erlaubten Programmen hinzugefügt werden.

Einfacher Finder

Mit dem einfachen Finder hat Apple dem Mac eine einfache Alternative zum Finder geschaffen. Diese bietet nicht die Hierarchieebenen und Steuerfunktionen des Finders. Der einfache Finder besitzt nur ein einziges Fenster, in dem er die Programme bzw. Dokumente zeigt.

Dock
Das Dock enthält auf der rechten Seite lediglich die drei Objekte »Meine Programme«, »Dokumente« und »Für alle Benutzer«.

Programme
Schon ein Einfachklick auf ein Objekt startet das entsprechende Programm. Sind mehr Programme freigegeben als in das Fenster passen, kann mit den beiden Pfeilen und den Seitennummer-Schaltflächen zu den nächsten Programmen gewechselt werden.

Dokumente
Ein Klick auf das Objekt »Dokumente« im Dock zeigt den Inhalt des Dokumentenordners des jeweiligen Benutzers, das Objekt »Für alle Benutzer« öffnet den Ordner »Benutzer/Für alle Benutzer«. Ein einfacher Klick auf ein Dokument öffnet dieses in seinem Standard-Programm.

Bewegen in der Hierarchie
Bewegen in der Ordnerhierarchie ist im einfachen Finder mit einem einfachen Klick auf einen Ordner möglich. Objekte können jedoch nicht verschoben werden. Die Öffnen- und Sichern-Dialoge in den Programmen funktionieren wie gewohnt.

Kompletten Finder aktivieren
Falls Sie Objekte im Finder verschieben wollen, können Sie mit dem Befehl »Kompletten Finder aktivieren« aus dem Finder-Menü – nach Identifikation als Admin-Benutzer – den normalen Finder aktivieren. Dort finden Sie dann im Finder-Menü den Befehl »Zurück zum einfachen Finder«.

122 ◄
Tabelle, Zugriffsrechte der verschiedenen Benutzertypen

▶334
Referenz,
Kontrollfeld
»Benutzer,
Anmelde-
Optionen«

Wechseln zwischen Benutzern

1. Abmelden

Wählen Sie aus dem Apple-Menü den Befehl »Abmelden« (⌘⇧Q).
Alle aktiven Programme inklusive des Finders werden nach Nachfrage beendet.

2. Anmelden

Es erscheint das Anmeldefenster, in dem sich ein Benutzer mit Namen und Passwort anmelden kann. Je nachdem, welche Option im Kontrollfeld »Benutzer« unter »Anmelde-Optionen« eingestellt ist, kann der Name aus einer Liste der angelegten Benutzer ausgewählt werden oder muss manuell in das Textfeld eingetragen werden.
Der Finder wird nun mit den Einstellungen dieses Benutzers gestartet.

Nur der private Ordner des jeweils aktiven Benutzers wird mit dem Häuschen-Symbol versehen. Er kann mit dem Befehl »Benutzerordner« (⌘⇧H) aus dem Menü »Gehe zu« direkt erreicht werden.

Optionen für das Anmeldefenster

Im Kontrollfeld »Benutzer« können unter »Anmeldeoptionen« Einstellungen für das Anmeldefenster vorgenommen werden.

▶279
Sicherheit

- Für die Benutzerauswahl stehen eine **Liste der Benutzer** oder **Textfelder** zur Eingabe von Benutzername und Passwort zur Auswahl.
- Das **Tastaturmenü** wird über der Benutzerliste eingeblendet. Mit diesem kann zwischen den verschiedenen Tastaturbelegungen gewechselt werden, so dass anderssprachige Benutzer z.B. die Sonderzeichen für Passwörter an der gewohnten Stelle finden.

Schneller Benutzerwechsel

Seit Mac OS X 10.3 können auch mehrere Benutzer gleichzeitig an einem Mac arbeiten, ohne dass die Prozesse der jeweils anderen Benutzer beim Benutzerwechsel beendet werden.

1. **Schnellen Benutzerwechsel aktivieren**
   Öffnen Sie das Kontrollfeld »Benutzer«, klicken Sie dort auf »Anmelde-Optionen« und aktivieren Sie dann die Option »Schnellen Benutzerwechsel ermöglichen«.
   Je nach Option wird nun ganz rechts in der Menüleiste Ihr Benutzername oder ein einfaches Symbol angezeigt.

2. **Benutzer wechseln**
   Wenn Sie auf Ihren Benutzernamen klicken, öffnet sich ein Menü mit den Namen der anderen auf diesem Mac eingerichteten Benutzer. Wählen Sie dort den Namen des gewünschten Benutzers aus. Um einen Benutzer anzumelden, der nicht im Menü erscheint, wählen Sie den Menüpunkt »Anmeldefenster«.
   Wenn der Benutzer ein Passwort eingerichtet hat, müssen Sie jetzt das Passwort eingeben.

Besonderheiten beim schnellen Benutzerwechsel

Programme werden bei Mac OS X als Prozess des jeweiligen angemeldeten Benutzers gestartet. Prozesse des einen Benutzers stehen den anderen Benutzern nicht zur Verfügung. Wenn über den schnellen Benutzerwechsel mehrere Benutzer aktiv sind, können also bestimmte Programme mehrfach aktiv sein, jeweils in einer Instanz für den jeweiligen Benutzer. Die geladenen Programme der anderen Benutzer bleiben im Arbeitsspeicher erhalten, die verschiedenen Instanzen beeinflussen sich dabei jedoch nicht.

Ausschalten, Neustart

Wenn der Mac ausgeschaltet oder neu gestartet werden soll, während andere Benutzer angemeldet sind, müssen auch die Prozesse der jeweils anderen Benutzer beendet werden. Dafür ist das Passwort eines Admin-Benutzers notwendig.

Welche Benutzer sind angemeldet?

Im Benutzer-Menü und im Anmeldefenster werden die angemeldeten Benutzer mit einem Häkchen gekennzeichnet.

Automatische Anmeldung

Wenn Sie Ihren Mac alleine benutzen, können Sie die Anmeldeprozedur übergehen, indem Sie die automatische Anmeldung aktivieren. Dann kann jedoch jeder, der Ihren Mac startet, auch auf alle Ihre Dateien zugreifen.

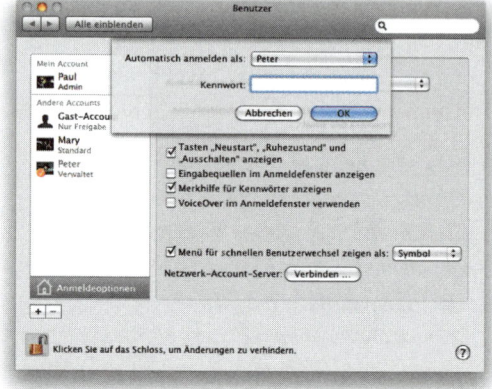

Automatische Anmeldung

1. Anmelde-Optionen
Klicken Sie im Kontrollfeld »Benutzer« unter der Liste der Benutzer auf die Schaltfläche »Anmelde-Optionen«.

2. Automatische Anmeldung aktivieren
Wählen Sie aus dem Menü »Automatische Anmeldung« den gewünschten Benutzer aus. Es erscheint ein Dialog, in dem Sie das Passwort des Benutzers eingeben müssen.
Der Benutzer wird beim nächsten Systemstart automatisch angemeldet. Wechseln zwischen Benutzern ist jedoch wie immer möglich.

▶ 362
Referenz,
Kontrollfeld
»Sicherheit«

Anderer Benutzer
Soll ein anderer Benutzer automatisch angemeldet werden, können Sie diesen wie oben gezeigt im Menü auswählen.

Automatische Anmeldung deaktivieren/aktivieren
Durch Auswahl des Menüpunkts »Deaktiviert« im Menü »Automatische Anmeldung« kann die automatische Anmeldung wieder deaktiviert werden.

Alternativ kann die Option »Automatisches Anmelden deaktivieren« im Kontrollfeld »Sicherheit« verwendet werden. Wenn hier die automatische Anmeldung durch Entfernen des Häkchens erneut aktiviert wird, muss der Benutzer im Kontrollfeld »Benutzer« trotzdem neu ausgewählt werden.

Kennwort vergessen

Wenn Sie einmal Ihr Kennwort vergessen haben und sich deshalb nicht mehr am Rechner anmelden können, können Sie Ihr Passwort zurücksetzen. Dieses ist auf zwei Wegen möglich:

- **Hauptkennwort:** Wenn Sie im Kontrollfeld »Sicherheit« ein Hauptkennwort vergeben haben, klicken Sie im Anmeldefenster zuerst auf einen Namen und dann auf die Schaltfläche »Kennwort zurücksetzen«. Nach Eingabe des Hauptkennworts können Sie ein neues Kennwort für den Benutzer bestimmen.
- Mit dem Programm »**Kennwörter zurücksetzen**« auf der Mac-OS-X-DVD:

279 ▶
Sicherheit,
Firmware-Passwort

1. Von der DVD starten
Legen Sie die Mac-OS-X-DVD ein und klicken Sie auf »Neustart«.

2. »Kennwörter zurücksetzen« starten
Wenn das Mac-OS-X-Installationsprogramm fertig geladen ist, wählen Sie im Menü »Dienstprogramme« den Menüpunkt »Kennwörter zurücksetzen«.
Damit das Programm seine Menüs deutschsprachig zeigt, sollten Sie vorher die Option »Deutsch als Standardsprache verwenden« auswählen.

3. Kennwort zurücksetzen
Wählen Sie zuerst das Volume aus, auf dem sich Ihr Mac OS X befindet. Dann wählen Sie Ihren Namen aus dem Ausklappmenü und geben ein neues Passwort (zweimal) ein.

4. Neustart
Beenden Sie »Kennwörter zurücksetzen« und das »Mac OS X- Installationsprogramm« und klicken Sie auf »Neustart«.
Nach dem Neustart können Sie sich mit dem neuen Kennwort anmelden.

Der private Benutzerordner

Mac OS X legt für jeden Benutzer einen privaten Ordner an. Dieser ist mit dem Befehl »Benutzerordner« (⌘ ⇧ H) aus dem Menü »Gehe zu« oder über die Seitenleiste direkt erreichbar. Im Benutzerordner werden automatisch verschiedene Unterordner angelegt.

- Im Ordner **»Library«** werden Einstellungen etc. gespeichert.
- Alle Objekte im Ordner **»Schreibtisch«** werden auf dem Schreibtisch angezeigt.
- Der Ordner **»Web-Sites«** wird für die Webfreigabe benutzt.
- Der Ordner **»Öffentlich«** ist für alle Benutzer zum Lesen freigegeben. In ihm befindet sich der **»Briefkasten«**, in den Objekte gelegt werden können.
- Die anderen Ordner **»Dokumente«**, **»Musik«** etc. sind zum Sortieren von Dokumenten vorgesehen.

Der Ordner »Benutzer« enthält außerdem den Ordner **»Für alle Benutzer«**, auf den jeder Benutzer uneingeschränkt zugreifen darf.

Achtung: Den Namen des Benutzerordners dürfen Sie auf keinen Fall ändern. Er wird sonst bei der nächsten Anmeldung nicht gefunden und Mac OS X zeigt stattdessen einen leeren Benutzerordner.

Zugriffsrechte für den Benutzerordner zurücksetzen

Im Programm »Kennwörter zurücksetzen« können Sie – falls Sie die Benutzerrechte Ihres Benutzerordners so verstellt haben, dass Sie sich nicht mehr anmelden können – die Rechte des Benutzerordners auf den Standard zurücksetzen. Dazu folgen Sie der Anleitung »Kennwörter zurücksetzen« auf der vorherigen Seite und klicken auf die Schaltfläche »Zurücksetzen« unter »Zugriffsrechte und Zugriffssteuerlisten für den Benutzerordner zurücksetzen«.

▶ 280
Lesen Sie im Kapitel »Sicherheit« über den verschlüsselten Benutzerordner

◀ 129
Kennwörter zurücksetzen

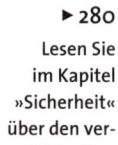

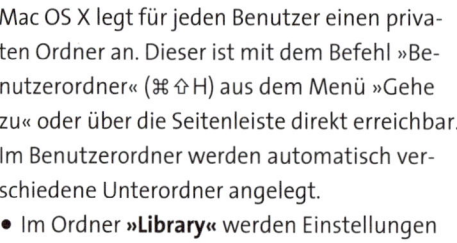

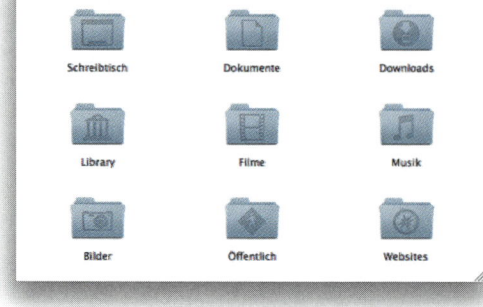

So erscheint Ihr privater Ordner.

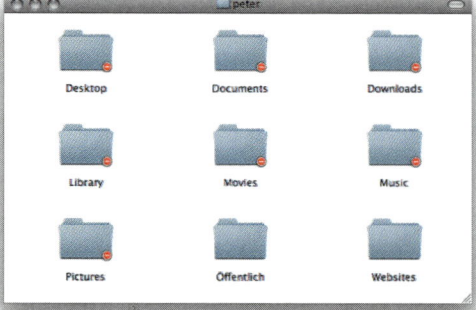

So erscheint Ihr privater Ordner für einen anderen Benutzer. (Die Ordner, auf die Sie keinen Zugriff haben werden mit englischem Namen angezeigt.)

Dateirechte bestimmen

Im Infofenster können Sie die Privilegien für Ordner und Dateien bestimmen. Damit können Sie diese Objekte für andere Benutzer an diesem Mac oder im Netzwerk zugänglich machen.

Privilegien vergeben

1. Infofenster öffnen
Markieren Sie das betreffende Objekt und öffnen Sie dann das Infofenster, indem Sie den Befehl »Information« (⌘I oder ⌘⌥I) aus dem Menü »Ablage« des Finders wählen oder für mehrere Objekte gemeinsam den Befehl »Zusammengefasste Informationen« (⌘ctrl I). Öffnen Sie mit dem kleinen Dreieck den Bereich »Freigabe & Zugriffsrechte«.

2. Autorisieren
Bevor Sie die Privilegien ändern oder erweitern können, müssen Sie sich mit einem Klick auf das Schlösschen-Symbol und Eingabe Ihres Passworts autorisieren.

2. Privilegien vergeben
Normalerweise enthält die Liste drei Einträge für Eigentümer, Gruppe und Jedermann. Für diese können Sie mit den Aufklappmenüs in der Spalte »Rechte« die Privilegien festlegen. Sollen alle Benutzer Ihr freigegebenes Objekt uneingeschränkt nutzen können, wählen Sie unter »everyone« die Einstellung »Lesen & schreiben«. Achten Sie darauf, dass sich ein solches Objekt in einem Ordner mit mindestens Lesezugriff befinden muss, sonst ist das Objekt für den Benutzer nicht zu erreichen.

3. Privilegien für Unterordner vergeben
Sollen Unterordner dieselben Privilegien erhalten, klicken Sie auf die Schaltfläche mit dem Zahnrad und wählen Sie den Menüpunkt »Auf alle Unterobjekte anwenden«.

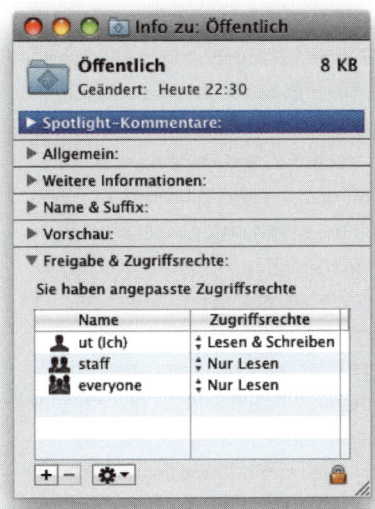

306ff ▶
Lesen Sie hier über die Varianten des Infofensters.

197ff ▶
Lesen Sie hier über die Freigabe von Objekten über das Netzwerk.

Rechte für weitere Benutzer und Gruppen

Mit der »+«-Schaltfläche können Sie weitere Benutzer oder Gruppen in die Liste einfügen, für die Sie Rechte festlegen wollen. In einem Fenster können Sie aus den vorhandenen Benutzern und Gruppen auswählen.

Wenn Sie einen Benutzer aus dem Adressbuch auswählen, wird für diesen Benutzer ein neuer Nur-Freigabe-Account angelegt.

Mit der »–«-Schaltfläche können Sie die hinzugefügten Benutzer und Gruppen wieder entfernen. Auch die ursprüngliche Gruppe kann hier entfernt werden. (Das Objekt geht dann ohne Rechte an die Gruppe »wheel« über.)

Lediglich die Einträge für den Eigentümer können nicht entfernt werden. Die Rechte der zusätzlichen Benutzer werden über Zugriffskontrolllisten (ACLs) definiert.

◀ 61
Technik, Dateirechte, ACLs

Die Wertigkeit der verschiedenen Privilegien
Im Kontrollfenster »Information« unter »Freigabe & Zugriffsrechte« können die Privilegien der Benutzer in verschiedenen Stufen vergeben werden. Hierfür gibt es Menüs, in denen sich die Stufen bestimmen lassen.

Mit der Einstellung »everyone« werden die Minimalprivilegien für alle Mitbenutzer vergeben. Bei der Einstellung unter »everyone« handelt es sich sozusagen um die Grundrechte aller möglichen Benutzer (auch für den Gast). Für spezielle Benutzer können den Grundrechten gleichwertige oder über sie hinausgehende Privilegien vergeben werden. Die Rechte einzelner Benutzer können aber auch gegenüber diesen Grundrechten weiter eingeschränkt werden.

Der Benutzer kann seine Zugriffsrechte am Aussehen der Ordner erkennen.

Lesen & schreiben
Die Objekte können geöffnet, geändert oder gelöscht werden. In einem Ordner mit Schreib-Lese-Rechten können auch weitere Objekte angelegt oder bewegt werden.

Nur lesen
Auf alle Objekte mit der Einstellung »Nur lesen« kann zugegriffen werden. Die Objekte können zwar auch bearbeitet werden, jedoch können die Änderungen – wie bei einer CD – nicht in diesem Ordner gesichert werden.

Nur schreiben (Briefkastenordner)
In den Ordner können Objekte hineingelegt werden, er kann jedoch nicht geöffnet werden.

Keine
Das Objekt kann nicht geöffnet, bewegt oder gelöscht werden.

Wie sieht ein anderer Benutzer seine Rechte bezüglich eines Ordners?
Je nach Zugriffsrechten wird der Ordner unterschiedlich dargestellt:
- Ist **»Lesen & schreiben«** erlaubt, erscheint der Ordner als normaler Ordner.
- Ist **»Nur lesen«** erlaubt, erscheint der Ordner auch als normaler Ordner. In der Statusleiste des Finder-Fensters wird jedoch ein durchgestrichener Stift angezeigt.
- Ein Ordner mit den Rechten **»Nur schreiben (Briefkasten-Ordner)«** wird mit einem blauen Pfeil im Symbol angezeigt.
- Wurden **»Keine«** Rechte vergeben, erscheint der Ordner mit einem roten Verbotsschild im Symbol.

Mauszeiger
Beim Bewegen von Objekten verändert der Mauszeiger abhängig von den Rechten seine Form.
- Wenn Sie ein Objekt in einen Ordner hereinbewegen wollen, zu dem Sie keine Schreibrechte haben, zeigt der Mauszeiger ein Verbotsschild. Bewegen oder Kopieren in einen solchen Ordner ist nicht möglich.
- Wenn Sie ein Objekt aus einem Ordner herausbewegen, zu dem Sie keine Schreibrechte besitzen, wird der Mauszeiger zu einem Kopiercursor. Bewegen des Objektes ist nicht möglich.

Wieso kann ich eine Datei sehen und bearbeiten, die Änderungen aber nicht sichern?
Sie haben nur das Lesezugriffsrecht auf die Datei oder den Ordner, in dem sich die Datei befindet. In der Statusanzeige des Fensters sehen Sie ein Symbol mit einem durchgestrichenen Stift. Sichern Sie die Änderungen an einem anderen Ort.

Neue Objekte
Neue Objekte bekommen bei UNIX-Systemen Benutzerrechte nach einer bestimmten Maske (umask). Die Standardmaske gibt dem Objekt folgende Rechte: Eigentümer ist der Benutzer, der das Objekt angelegt hat, die Gruppe seine Hauptgruppe (i.d.R. »staff«). Der Eigentümer (und seine Gruppe) hat Schreib- und Leserechte, Jeder (»everyone«) bekommt nur Leserechte.

Auch beim Anlegen des neuen Ordners werden Sie als Eigentümer dieses Ordners definiert. Sie erhalten automatisch Schreib-/Lese-Zugriff. Für andere Benutzer werden dem Ordner nur Leserechte zugeteilt. Das gilt auch, wenn Sie den Ordner innerhalb eines Ordners anlegen, dessen Eigentümer ein anderer Benutzer ist.

Rechte von kopierten Objekten
Beim Kopieren eines Objektes wird der Benutzer, der das Objekt kopiert, Eigentümer der Kopie, unabhängig davon, welcher Benutzer Eigentümer des Originals ist. Die weiteren Rechte entsprechen denen des Originals.

root

Unter UNIX gibt es einen besonderen Benutzer, den »root«. Dieser Benutzer – auch Super-User genannt, in Mac OS X auch »System-Administrator« – hat als einziger alle Rechte und freien Zugriff auf sämtliche Ordner und Dateien, auch auf die Ordner und Dateien des Systems und aller anderen Benutzer. Er kann so auch irreparablen Schaden am System anrichten. Der root-Account ist deshalb in Mac OS X werksmäßig gesperrt.

sudo
Damit für bestimmte Operationen, die den »root« erfordern, »root« nicht angemeldet werden muss, gibt es in der Shell den Befehl »sudo«. Mit »sudo« wird genau ein Befehl mit den Rechten von »root« ausgeführt, ohne dass sich »root« tatsächlich anmelden muss. sudo-Befehle können auch ausgeführt werden, ohne dass »root« freigeschaltet wurde. Der gewünschte Befehl wird einfach mit einem vorangehenden sudo eingegeben. Möglich ist das jedoch nur für einen gerade an der Shell angemeldeten Admin, der sich mit seinem Passwort autorisiert. »sudo -s« öffnet eine root-Shell.

root freischalten
Falls es aus irgendeinem Grunde nötig ist, »root« freizuschalten, sodass er sich normal anmelden kann, wählen Sie im Programm »Verzeichnisdienste« im Ordner /System/Library/CoreServices aus dem Menü »Bearbeiten« den Befehl »root-Benutzer aktivieren«. (Der Befehl wird erst aktiv, wenn Sie sich mit dem Schlösschen als Admin identifiziert haben.)

»root« wird im Anmeldefenster nicht in der Liste der Benutzer angezeigt. Damit Sie sich als »root« anmelden können, klicken Sie auf »Andere« und geben dann den Namen »root« und das Passwort ein.

Alle Wege führen nach Rom

Der Weg durch die Ordnerhierarchie

Im Finder des Mac OS X können die Objekte in hierarchischen Strukturen angeordnet werden. Dieses Kapitel zeigt die verschiedenen Möglichkeiten, wie in diesen Hierarchien navigiert werden kann.

▶ 380
Sehen Sie in dieser Tabelle nach, mit welchen Tasten Sie sich mit der Tastatur durch die Ordnerhierarchie bewegen können.

Im Mac OS konnten schon immer Objekte in Ordner sortiert werden. Der Inhalt der Ordner wird in einem Fenster dargestellt. Seit mit System 3 des klassischen Mac OS das hierarchische Dateisystem eingeführt wurde, können sich in Ordnern wiederum weitere Ordner befinden usw. So entstehen verschachtelte Hierarchien, durch die Sie navigieren müssen.

Mac OS X bietet verschiedene Möglichkeiten der Navigation durch Ordnerhierarchien.

- Mit der klassischen Methode werden alle Ordner und Unterordner jeweils per Doppelklick geöffnet.
- Zum Zurücknavigieren kann mit gedrückter ⌘-Taste ein Menü in der Titelzeile des Ordnerfensters geöffnet werden, in dem die gesamte Hierarchie bis zur aktuellen Ordnerebene angezeigt wird. Hier kann der entsprechende übergeordnete Ordner geöffnet werden.
- In der Listendarstellung können mithilfe der kleinen Dreiecke auch die weiteren Unterordner zusammen in einem Fenster angezeigt werden. So lassen sich auch Objekte aus verschiedenen Unterordnern gleichzeitig anfassen und bewegen.
- Von NeXTStep wurde die Spaltendarstellung übernommen, in der die Hierarchien innerhalb eines einzigen Fensters in Spalten angezeigt werden.
- Sind die Symbol- und die Seitenleiste eingeblendet, kann auch in der Symbol- und Listendarstellung innerhalb eines Fensters durch die Ordnerhierarchie navigiert werden.
- Aufspringende Ordner erleichtern das Ablegen eines Objektes in der Tiefe der Hierarchie.

Mac OS X bietet also für unterschiedliche Aufgaben unterschiedliche Möglichkeiten der Navigation durch die Hierarchie. Wollen Sie beispielsweise ein Objekt in einem tiefen Unterordner verstecken, benutzen Sie die Spaltendarstellung. Wollen Sie die gesamte Hierarchie überblicken, benutzen Sie die Dreiecke in der Listenansicht.

Aber auch in den Öffnen- und Sichern-Dialogen der Programme können Sie durch die Hierarchie navigieren. Hier werden die Hierarchien analog zur Spaltendarstellung des Finders dargestellt. Mit den Menüs »Gehe zu« des Finders und »Von« bzw. »Ort« in den Öffnen- und Sichern-Dialogen können Sie an bestimmte Orte der Hierarchie springen.

Der klassische Weg

Mit dem System 3, das 1986 mit dem Mac Plus ausgeliefert wurde, wurde das hierarchische Dateisystem eingeführt. Seitdem gibt es den klassischen Weg durch die Hierarchie, in dem der Inhalt eines Ordners immer in einem eigenen Fenster angezeigt wird. In System 7 wurde das Menü in der Titelzeile ergänzt.

Dieser Weg wurde in Mac OS X für die einfachen Finder-Fenster übernommen.

Vorwärts
Wenn Sie sich vorwärts durch die Ordnerhierarchie bewegen wollen, öffnen Sie ein Fenster nach dem anderen per Doppelklick auf die Ordnersymbole.

Zurück
Wollen Sie in der Hierarchie zurückschreiten, wählen Sie den Befehl »Übergeordneter Ordner« (⌘↑) aus dem Menü »Gehe zu«. Klicken Sie mit gedrückter ⌘-Taste in den Titel, öffnet sich ein Aufklappmenü, in dem die Hierarchiestufen von diesem Fenster bis zu der obersten Ebene des Volumes als Menüpunkte dargestellt werden. Wird der entsprechende Menüpunkt ausgewählt, öffnet sich das zugehörige Fenster. Ist das Fenster schon geöffnet, wird es in den Vordergrund geholt.

Letztes Fenster automatisch ausblenden
Wenn Sie beim Öffnen eines Fensters per Doppelklick auf ein Ordnersymbol die ⌥-Taste drücken, schließt sich das Fenster, in dem dieser Ordner angezeigt wurde, automatisch wieder.

Alle Fenster schließen
Wenn Sie beim Schließen eines Fensters (⊗) die ⌥-Taste drücken, schließen sich auch alle anderen Fenster (unter Umständen aber auch die Fenster, die geöffnet bleiben sollten).

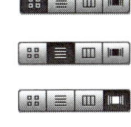

101ff ◀
Der Finder, Fenster

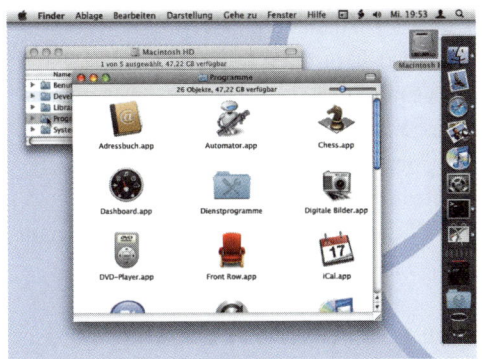

109 ◀
Lesen Sie im Kapitel »Ein-Fenster-Betrieb«, wie sich Fenster mit eingeblendeter Symbol- und Seitenleiste verhalten.

109 ◀
Pfadleiste

Ein Doppelklick auf einen Ordner in einem Fenster ohne Symbolleiste öffnet ein neues Fenster, das den Inhalt dieses Ordners zeigt.

Mit gedrückter ⌘-Taste angeklickt, wird in der Titelleiste anstelle des Ordnernamens eine Liste der in der Hierarchie übergeordneten Ordner eingeblendet.

Dreiecke in der Liste

◀ 107
Cover Flow

◀ 93
Finder, mehrere Objekte aktivieren

In der Listendarstellung (⌘2) und in Cover Flow (⌘4) im unteren Teil können mithilfe des kleinen Dreiecks links neben den Ordnern die Inhalte der Unterordner eines Ordners mit im selben Fenster angezeigt werden. In dieser Darstellung lassen sich Objekte aus unterschiedlichen Stufen der Hierarchie gemeinsam aktivieren und bewegen.

Inhalt des Unterordners anzeigen
Wenn Sie auf das Dreieck vor einem Ordnernamen klicken, wird unterhalb des Ordnernamens der Inhalt des Ordners – ein wenig nach rechts eingerückt – als Liste angezeigt. Das Dreieck dreht sich dann, sodass es nach unten zeigt.

Komplette Hierarchie anzeigen
Wenn Sie mit gedrückter ⌥-Taste auf das Dreieck klicken, werden alle Unterordner des angeklickten Ordners mit geöffnet.

Objekt in der Hierarchie bewegen
Wenn Sie ein Objekt von einer Hierarchiestufe zur anderen bewegen wollen, ziehen Sie es einfach auf den entsprechenden Unterordner. Wollen Sie es in den obersten Ordner bewegen, können Sie es alternativ auch auf den Spaltentitel ziehen. Ein Rahmen in Auswahlfarbe um den Fensterinhalt zeigt an, dass der oberste Ordner aktiviert ist.

▶ 340
Referenz, Auswahlfarbe im Kontrollfeld »Erscheinungsbild«

Schließen
Mit einem erneuten Klick auf das Dreieck wird der Ordner wieder geschlossen. Alle Unterordner innerhalb eines Ordners schließen sich, wenn der Ordner mit gedrückter ⌥-Taste und einem Klick auf das Dreieck geschlossen wird.

Der Inhalt eines Ordners mit Unterordnern

Mehrere Hierarchiestufen in der Listendarstellung

Spaltendarstellung

Vom Workspace Manager des NeXTStep wurde die Spaltendarstellung (⌘3) in Mac OS X übernommen. Hier wird die gesamte Ordnerhierarchie innerhalb eines Fensters in Spalten dargestellt. Die Anzahl der Spalten ist dabei abhängig von der Fensterbreite.

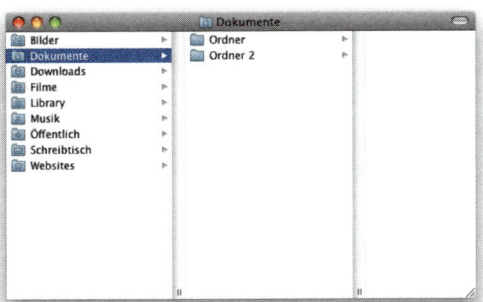

Vorwärts
Ein einfacher Klick auf ein Objekt erzeugt eine neue Spalte rechts von dem Objekt. Die sichtbaren Spalten werden um eine Spalte nach links verschoben. Handelt es sich bei dem Objekt nicht um einen Ordner, sondern um ein Programm oder Dokument, werden in der ganz rechten Spalte eine Vorschau des Objekts und Informationen zum Objekt angezeigt.

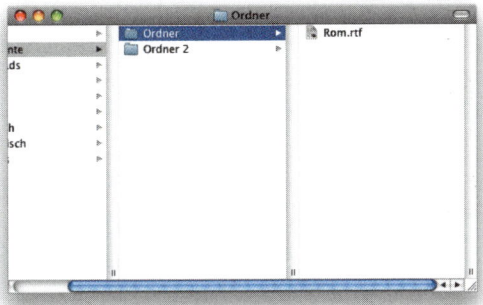

Zurück
Um in der Hierarchie zurückzublättern, klicken Sie links vom Rollgriff in den Rollbalken. Die Spalten verschieben sich um eine Spalte nach links und zeigen die nächsthöhere Hierarchieebene. Sie können alternativ auch den Rollgriff nach links schieben.
    Ebenso können Sie jedoch mit gedrückter ⌘-Taste das Menü in der Titelleiste öffnen.

Wo bin ich?
Das ausgewählte Objekt erscheint in der Auswahlfarbe hinterlegt, die übergeordneten Ordner sind hellgrau hinterlegt. In der Titelleiste des Fensters wird außerdem der Name des untersten ausgewählten Ordners angezeigt. Um zu diesem Ordner zu gelangen, verschieben Sie den Rollgriff nach rechts. Falls das ausgewählte Objekt eine Datei ist, zeigt die Titelleiste den Namen des Ordners, in dem sich die Datei befindet.

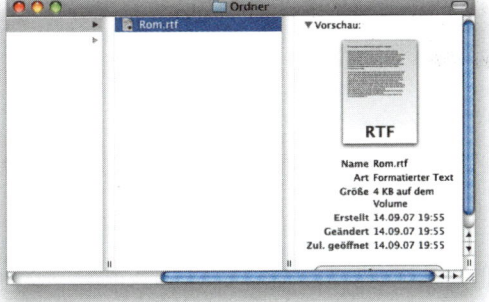

109 ◄
Pfadleiste

135 ◄
Pfadmenü

Aufspringende Ordner

Mit den aufspringenden Ordnern hatte Apple in Mac OS 8 eine weitere Möglichkeit der Navigation durch die Hierarchie geschaffen. Diese Möglichkeit fehlte jedoch im Finder von Mac OS X. Mit Mac OS X 10.2 wurden die aufspringenden Ordner auch im Mac-OS-X-Finder eingeführt.

Objekt bewegen

Wird ein Objekt auf einen Ordner oder ein Volume gezogen und mit gedrückter Maustaste darüber gehalten, öffnet sich nach einer kurzen Zeitspanne das dazugehörige Fenster.

- Wenn Sie nun das Objekt innerhalb des neuen Fensters auf den nächsten Ordner in der Hierarchie bewegen, öffnet sich auch dessen Fenster und so weiter.
- Bewegen Sie das Objekt wieder aus dem Fenster heraus, schließt sich das Fenster wieder.
- Wenn Sie die Maustaste in einem Fenster loslassen, schließen sich alle anderen Fenster in der Hierarchie. Lediglich das letzte Fenster bleibt geöffnet.
- Wollen Sie alle so geöffneten Fenster schließen, bewegen Sie das Objekt auf den Schreibtisch.

Die Fenster öffnen sich immer unter dem Mauszeiger. Wenn die Fenster später per Doppelklick geöffnet werden, befinden sie sich wieder an ihrer ursprünglichen Position. Ist für einen Ordner schon ein Fenster geöffnet, wird ein weiteres Fenster unter dem Mauszeiger geöffnet.

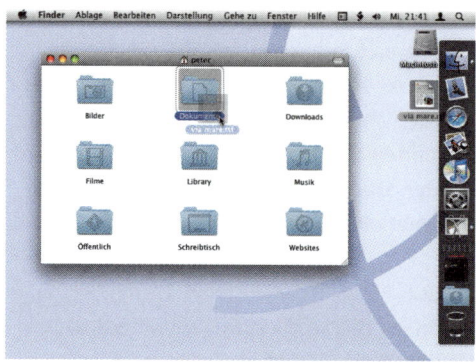

Ein Dokument wird auf einen Ordner gezogen.

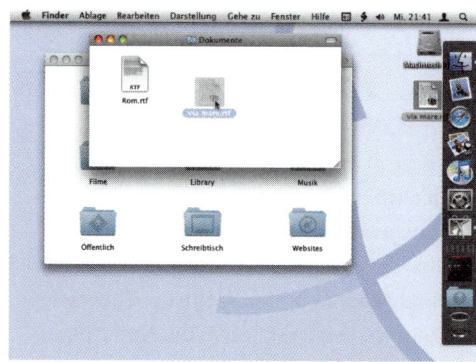

Der Ordner springt auf.

Hervorspringende Fenster

Wenn die aufspringenden Ordner aktiviert sind und ein Objekt auf ein bereits geöffnetes Fenster gezogen und darüber gehalten wird, springt das Fenster in den Vordergrund. Das funktioniert auch aus anderen Programmen heraus. Wenn z.B. ein Bild aus dem Internetbrowser in den Finder gezogen wird, springt das Finder-Fenster nach kurzer Zeit vor das Browser-Fenster.

Aufspringende Ordner in der Spaltendarstellung

Die aufspringenden Ordner funktionieren auch in der Spaltendarstellung. Hier wird das ausgewählte Objekt in einer weiteren Spalte geöffnet.

- Sollte die Spalte am rechten Fensterrand liegen, werden die Spalten automatisch weiter nach links verschoben. Wenn Sie das Objekt an den linken Fensterrand bewegen, verschieben sich die Spalten wieder nach rechts.
- Wenn das Objekt dann aus dem Fenster herausgezogen wird, verschieben sich die Spalten wieder in die ursprüngliche Position.

Ist jedoch in den Finder-Voreinstellungen die Option »Ordner immer in einem neuen Fenster öffnen« aktiviert oder wird ein Objekt auf eine andere Spalte des gleichen Fensters geschoben, werden die Objekte wie auf der vorherigen Seite beschrieben in neuen Fenstern geöffnet.

Einstellungen für die aufspringenden Ordner

Die aufspringenden Ordner können in den Einstellungen des Finders (⌘,) aktiviert und deaktiviert werden. Hier kann auch die Zeitspanne für das Öffnen eingestellt werden.

Direkt öffnen

Wenn Sie, während Sie ein Objekt auf einen Ordner ziehen, die Leertaste drücken, wird der Ordner direkt ohne Verzögerung geöffnet.

Aufspringende Ordner und die Seitenleiste

Wird ein Finder-Objekt auf ein Objekt in der Seitenleiste gezogen, so wird nach kurzer Zeit der Inhalt des Objekts im Finder-Fenster angezeigt bzw. ein neues Fenster mit dem Inhalt des dazu gehörenden Ordners geöffnet.

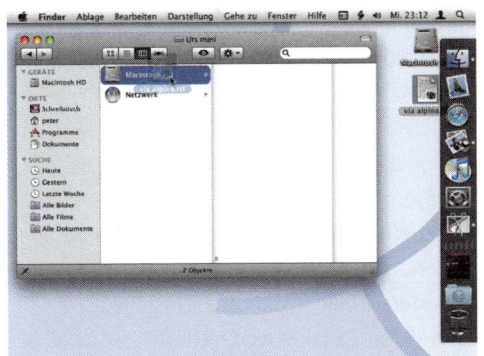

Ein Dokument wird auf das Volumesymbol gezogen.

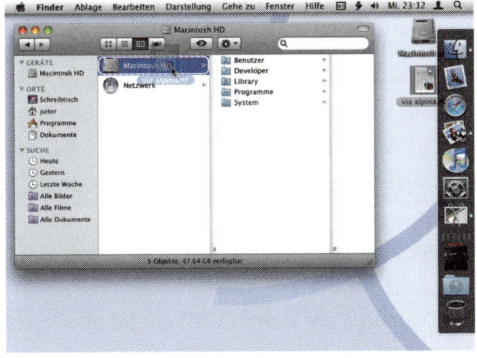

302 ▶
Referenz, Einstellungen für den Finder

In der zweiten Spalte wird der Inhalt angezeigt.

Die Spalten werden nach links verschoben.

Ordnerhierarchie in Öffnen- und Sichern-Dialogen

Auch in Anwendungsprogrammen können Sie sich durch die Ordnerhierarchie bewegen. Wird der Befehl »Öffnen« (⌘O) oder »Sichern« (⌘S) bzw. »Sichern unter« (⌘⇧S) in einem Programm aufgerufen, öffnet sich ein Dialog. In diesem wird die Hierarchie analog zur Listen- und zur Spaltendarstellung des Finders mit eingeblendeter Symbol- und Seitenleiste gezeigt. Es bestehen jedoch einige Unterschiede.

◂106ff
Listen- und Spaltendarstellung

Im Sichern-Dialog wird die Liste erst sichtbar, wenn auf den Pfeil links neben dem Texteingabefeld »Sichern unter« geklickt wurde.

◂136f
Navigieren in der Listen- und Spaltendarstellung

Wo bin ich?

Das Aufklappmenü oben in der Mitte zeigt den aktuellen Ordner und durch Öffnen des Menüs wird die komplette Hierarche sichtbar. (Im eingeklappten Sichern-Dialog werden stattdessen die Objekte aus der Seitenleiste angezeigt.)

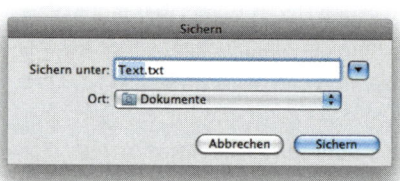

Ordner wechseln per Drag&Drop

Wenn Sie ein Ordnersymbol aus dem Finder in das Dialogfenster ziehen, wird der Inhalt dieses Ordners angezeigt.

Namen vergeben per Klick

Wenn Sie im Sichern-Dialog auf einen Dateinamen klicken, wird dieser in das Textfeld übernommen.

▸142ff
Dateien und Inhalte suchen mit Spotlight

Sichern-Optionen

Im Textfeld des Dialogs »Sichern unter« kann der Dateiname für die zu sichernde Datei eingegeben werden. In vielen Fällen lassen sich außerdem noch in einem Menü der Dateityp auswählen, in dem das Objekt gesichert werden kann, und weitere Optionen bestimmen.

Suchen

Per Eingabe eines Begriffes in das Suchfeld können Sie innerhalb der Dialoge nach Objekten suchen. Dabei wird im Öffnen-Dialog nicht nur nach dem Namen, sondern auch nach Metadaten gesucht, im Sichern-Dialog jedoch nur nach Ordner-Namen.

▸380
Sehen Sie in der Tabelle nach, mit welchen Tasten Sie sich schnell durch die Hierarchie bewegen können.

Neuer Ordner

In den Sichern-Dialogen lässt sich – wenn das Dreieck neben dem Menü »Ort« geöffnet ist – mit der Schaltfläche »Neuer Ordner« im aktuell ausgewählten Ordner ein neuer Unterordner anlegen. In einem Dialogfeld können Sie dem Ordner dann einen Namen geben.

Medien

In der Seitenleiste des Öffnen-Dialogs wird zusätzlich ein Bereich »Medien« angezeigt. Hier werden die Inhalte der iTunes-, iPhoto- bzw. iMovie-Mediathek angezeigt.

Durch die Hierarchie springen

Mac OS X bietet mehrere Möglichkeiten, wie Sie direkt zu einem bestimmten Ordner wechseln können, ohne dass Sie sich dabei durch die Ordnerstruktur arbeiten müssen.

Menü »Gehe zu« des Finders
Im Finder kann mit dem Menü »Gehe zu« oder den Tastenkürzeln direkt an eine bestimmte Stelle der Hierarchie gesprungen werden:
- **Computer (⌘⇧C):** Hier werden alle gemounteten Volumes angezeigt.
- **Benutzerordner (⌘⇧H):** Ihr privater Ordner (»Ihr Name«) wird ausgewählt.
- **Schreibtisch (⌘⇧D):** zeigt die Objekte auf dem Schreibtisch in einem Fenster.
- **Netzwerk (⌘⇧K):** Im Fenster »Netzwerk« werden die Server im Netzwerk angezeigt.
- **iDisk:** Im Untermenü werden die Objekte auf der iDisk angezeigt.
- **Programme (⌘⇧A):** öffnet den Programmordner.
- **Dokumente (⌘⇧O):** öffnet den persönlichen Dokumente-Ordner.
- **Dienstprogramme (⌘⇧U):** öffnet den Ordner »Dienstprogramme«.
- **Benutzte Ordner:** stellt die zuletzt verwendeten Ordner zur Auswahl.
- **Mit Server verbinden (⌘K):** öffnet einen Dialog, über den Sie sich in andere, freigegebene Rechner einloggen können.

Pfadangabe in »Gehe zum Ordner«
Mit dem Befehl **»Gehe zum Ordner« (⌘⇧G)** aus dem Menü »Gehe zu« des Finders öffnet sich ein Textfeld. Hier kann ein Pfad zum gewünschten Ordner eingegeben werden (entsprechend dem Befehl »cd« in der Shell absolut – beginnend mit »/« – oder relativ). Die Eingabe wird automatisch ergänzt. Falls Sie sich trotzdem vertippt haben, erhalten Sie eine Fehlermeldung. Mit dieser Funktion können Sie auch die unsichtbaren BSD-Ordner erreichen.

257▶
Shell, Navigieren

Die Seitenleiste
Mit einem Klick in eines der Objekte in der Seitenleiste des Finders oder der Öffnen- und Sichern-Dialoge springen Sie direkt zu dem gewünschten Objekt.

109◀
Finder, Seitenleiste

Im Sichern-Dialog
Auch im eingeklappten Sichern-Dialog kann über das Menü »Ort« an einen bestimmten Ort gewechselt werden. Dafür klicken Sie im Dialog »Sichern« auf das Aufklappmenü »Ort«. Hier stehen Ihnen die Objekte zur Verfügung, die sich in der Seitenleiste des Finders befinden.

301▶
Referenz, Finder-Einstellungen, Seitenleiste

Wer suchet, der findet

Dateien und Inhalte suchen mit dem Finder und Spotlight

Mit der Suchfunktion des Finders und der Spotlight-Technologie können Sie nach Dateien und Inhalten suchen. Dieses Kapitel beschreibt, wie über die Suchfunktion des Finders und über das Spotlight-Menü Objekte gefunden werden können.

Wenn Sie unter Mac OS X ein Objekt finden wollen, steht Ihnen seit Mac OS X Tiger die Spotlight-Technologie zur Verfügung.

Spotlight ermöglicht schnelles Auffinden von Dateien und Inhalten. Es kann nach klassischen Datei-Suchkriterien wie Dateinamen, Größe oder Art etc., nach bestimmten Metainformationen wie Bildgröße, Belichtungszeit, Samplingrate etc., aber auch nach Wörtern oder Sätzen innerhalb von Textdateien gesucht werden. Mit diesem System wird es möglich, z.B. nach Bildern zu suchen, die am 24. Dezember in Hochformat mit Rote-Augen-Blitz aufgenommen wurden. (Mit diesen Suchkritereien könnten Sie beispielsweise die Portraits von der Weihnachtsparty suchen.)

- **Dateien finden im Finder:** Über das Suchfenster im Finder kann auf Volumes im eigenen Rechner und im lokalen Netzwerk nach bestimmten Dateien gesucht werden. Es kann über den Befehl »Suchen ...« (⌘F) aus dem Menü »Ablage« geöffnet werden. Als Suchkriterien lassen sich Dateiname, Erstellungsdatum, Suffix und viele weitere Attribute festlegen, die die Suche eingrenzen. Alternativ kann für die Suche auch das Textfeld »Suchen« in der Symbolleiste eines Finder-Fensters gestartet werden.
- **Spotlight-Menü:** Mit dem Spotlight-Menü, das aus jedem Programm erreichbar ist, werden auch E-Mails, Adressen u.ä. gefunden, die den Suchkriterien entsprechen.
- Eine Suche im Finder kann als **intelligenter Ordner** gesichert werden, der immer die aktuell den Suchkriterien entsprechenden Objekte enthält.

Spotlight indiziert eine erstmalig gemountete Festplatte.

142 Praxis

Spotlight und die Metainformationen

Seit Mac OS X Tiger und Spotlight hat Apple ganz neue Möglichkeiten eingeführt, nach bestimmten Objekten zu suchen. In vielen Dateiformaten sind sogenannte Metainformationen enthalten. Bilddateien enthalten Informationen über die Bildgröße, den Farbraum, aber auch Informationen, mit welcher Kamera und ob mit Blitz fotografiert wurde und vieles mehr. MP3-Dateien enthalten ID3-Tags, in denen Titel, Interpret, Album etc. gespeichert sind. Spotlight sammelt diese Informationen aus allen Dokumenten auf der Festplatte und stellt eine Datenbank zusammen (sie befindet sich im unsichtbaren Ordner ».Spotlight-V100« auf der obersten Ebene der Festplatte). Die Liste der Metadaten ist lang und kann durch entsprechende Plug-ins für weitere Dateiformate noch verlängert werden.

Zusätzlich werden Inhalte von Textdateien indiziert. Dabei werden bestimmte Wörter (der, die, und, oder usw.) von der Indizierung ausgenommen.

62 ◄
Technik, Spotlight

Einstellungen für Spotlight

In den Systemeinstellungen können Sie für Spotlight bestimmen, welche Dateitypen in welcher Reihenfolge im Spotlight-Menü und -Fenster angezeigt werden sollen. Außerdem können Sie im Bereich »Privatsphäre« einzelne Ordner bestimmen, die von der Suche ausgeschlossen werden sollen. Die Ordner »System« und »Library« (und, falls die Developer Tools installiert sind, »Developer«) sind vom System vorgegeben.

Dateien finden im Finder

Im Suchfenster des Finders können Sie auf Ihren Volumes oder im lokalen Netzwerk unter bestimmten Kriterien nach Dateien suchen. Die Suche kann eingegrenzt werden, damit die Liste der gefundenen Objekte überschaubar bleibt. Die Reihenfolge, in der die Kriterien bestimmt werden, spielt in Mac OS X 10.6 keine Rolle, da mit der Spotlight-Technologie die Suchergebnisse praktisch ohne Verzögerung präsentiert werden.

Suchen mit Objektattributen

1. *Suchfenster öffnen*
   Öffnen Sie das Suchfenster des Finders mit dem Befehl »Suchen ...« (⌘F) im Ablage-Menü des Finders bzw. »Nach Name Suchen« (⌘⇧F), wenn Sie nach einem Dateinamen suchen wollen..

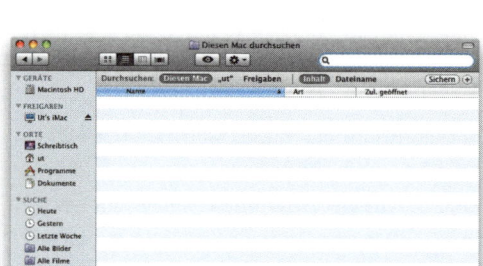

2. *Namen eingeben*
   Geben Sie den Namen des gesuchten Objekts in das Textfeld ein.
   Spotlight beginnt unverzüglich mit der Suche.

3. *Den Ort der Suche bestimmen*
   Um die Suche grob einzuschränken, legen Sie in der oberen Zeile den Ort der Suche fest. Sie können zwischen den lokalen Volumes (»Diesen Mac«) und Ihrem privaten Ordner und – falls vorhanden – den Netzwerk-Volumes (»Freigaben«) auswählen.
   Bei einem neuen Fenster ist der Ort »Diesen Mac« ausgewählt.

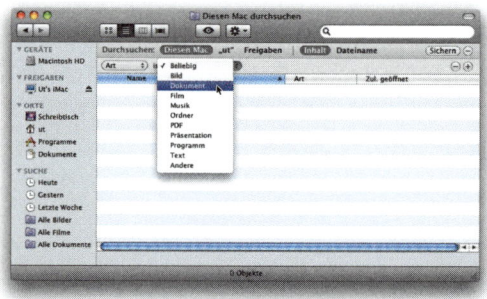

4. *Die Suche weiter einschränken*
   Wenn Sie nach ganz bestimmten Eigenschaften eines Objekts suchen wollen, klicken Sie auf das Pluszeichen und wählen ein weiteres Kriterium aus dem Menü aus. Der letzte Punkt »Andere« listet alle möglichen Kriterien auf. Mit dem Suchfeld können Sie wiederum Suchkriterien suchen.

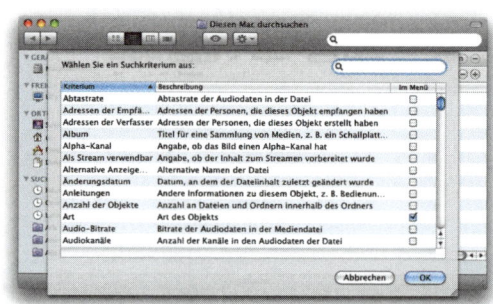

Weniger Suchkriterien

Die Minuszeichen-Schaltfläche entfernt das Suchkriterium wieder aus der Suche.

In einem bestimmten Ordner suchen

Wenn Sie in einem bestimmten Ordner suchen wollen, öffnen Sie den Ordner im Finder und starten Sie die Suche durch Auswahl des Befehls »Suchen ...« (⌘F) im Ablage-Menü oder Eingabe eines Suchbegriffs in das Textfeld in der Symbolleiste. Statt des Benutzerordners findet sich unter »Durchsuchen« eine Schaltfläche mit dem Namen des Ordners. Wenn Sie diese auswählen, findet die Suche im ausgewählten Objekt statt.

Nach unsichtbaren Objekten suchen

Mit dem Kriterium »Sichtbarkeit« (in der Liste unter »Datei ist sichtbar«) kann nach unsichtbaren Objekten – oder Objekten in unsichtbaren Ordnern – gesucht werden.

Das Suchfeld in der Symbolleiste

In der Symbolleiste der Finder-Fenster befindet sich ein Texteingabefeld zur direkten Eingabe eines Suchbegriffs. Sobald hier ein Begriff eingegeben wird, wird das Fenster zu einem Suchfenster. Zusätzliche Suchkriterien können Sie dann nachträglich nach der auf der vorherigen Seite beschriebenen Methode hinzufügen. Mit einem Klick auf das ⊗ im Texteingabefeld oder auf den Zurück-Pfeil links wird das Fenster wieder zu einem normalen Finder-Fenster.

Boolesche Operatoren, Wortketten

In die Suchbegriffe können auch Boolesche Operatoren wie AND, NOT oder OR eingegeben werden, um die Suche zu begrenzen. Mehrere Worte in Anführungszeichen ("X X") gesetzt werden als Wortkette gesucht.

Suchen auf einem Server

Mit der Schaltfläche »Freigaben« kann auch auf Netzwerk-Volumes gesucht werden.

Suchergebnisse

Wenn Sie eine Suche gestartet haben, werden die gefundenen Objekte im Fenster angezeigt.

Ort des gefundenen Objekts

Wenn Sie auf ein gefundenes Objekt klicken, wird in der Pfadleiste im unteren Teil des Fensters die komplette Ordnerhierarchie angezeigt, in der sich dieses Objekt befindet. Abgekürzte Namen in der Hierarchie werden komplett angezeigt, wenn Sie mit dem Mauszeiger drüberfahren.

109 ◄
Pfadleiste

Darstellungen im Suchfenster

Im Suchfenster lassen sich – ähnlich wie im normalen Finder-Fenster – unterschiedliche Ansichten auswählen. Zur Verfügung stehen hier die Symboldarstellung, die Listendarstellung und Cover Flow, nicht aber die Spaltendarstellung. Im Vergleich zu normalen Finder-Fenstern gibt es jedoch ein paar kleine Unterschiede:

- Es können keine **Darstellungsoptionen** bestimmt werden.
- In der **Listendarstellung** und **Cover Flow** werden lediglich die Spalten Name, Art und Zuletzt geöffnet, sowie optional Änderungs- und Erstellungsdatum, angeboten.
- In der **Symboldarstellung** lässt sich die Sortierfolge nicht ändern, die Objekte sind immer nach Name sortiert. Die Größe der Symbole wird mit einem Regler unten rechts in der Pfadleiste eingestellt.

106f ◄
Listen- und Cover-Flow-Darstellung

104 ◄
Symboldarstellung

Was tun mit den gefundenen Objekten?

◄ 101f
Finder-Fenster

Das Suchergebnisfenster ist mehr als eine einfache Auflistung der gefundenen Objekte. Wie in jedem anderen Finder-Fenster kann auf die angezeigten Objekte zugegriffen werden.

- **Gefundene Objekte öffnen:** Zum Öffnen des Objekts reicht ein Doppelklick. Das Objekt kann aber auch per Drag&Drop auf ein Programmsymbol geöffnet werden.
- **Gefundene Objekte bewegen:** Sie können die Objekte auch direkt aus dem Fenster »Suchergebnisse« bewegen.

Beim Bewegen eines Objekts in ein anderes Finder-Fenster wird es von seinem ursprünglichen Ort an den neuen verschoben. Gleichzeitiges Drücken der ⌥-Taste erzeugt eine Kopie, das Drücken der Tasten ⌘ und ⌥ ein Alias.

- **Gefundene Objekte umbenennen:** Sie können die Objekte auch direkt im Fenster »Suchergebnisse« umbenennen.
- **Weitere Möglichkeiten:** Weiterhin stehen Ihnen für die Objekte alle Manipulationsmöglichkeiten des Finders – wie »Zur Seitenleiste hinzufügen« (⌘T), »In den Papierkorb legen« (⌘Rückschritt) etc. – zur Verfügung.

◄ 109
Finder, Pfadleiste

Objekte in der Pfadleiste

Die Objekte in der Pfadleiste im unteren Teil des Fensters können alle – also auch die Objekte in höheren Hierarchiestufen – per Doppelklick geöffnet werden.

Übergeordneten Ordner öffnen

Wollen Sie den Ordner öffnen, in dem sich das Objekt befindet, wählen Sie den Menübefehl »Übergeordneten Ordner öffnen« (⌘R) aus dem Menü »Ablage«.

Die Suche über das Spotlight-Menü

Mit dem Spotlight-Menü in der Menüleiste sind Suchanfragen aus jedem Programm heraus möglich. Zusätzlich zur Dateisuche im Finder werden hier auch andere Spotlight-fähige Programme in die Suche einbezogen. Beispielsweise werden unter den Ergebnissen auch E-Mails angezeigt, die das entsprechende Wort enthalten. Ein Klick auf das Ergebnis startet dann das Programm Mail und zeigt dort die gefundene E-Mail.

Spotlight-Suche

1. *Spotlight-Menü*
   Klicken Sie rechts in der Menüleiste auf das Spotlight-Zeichen und geben Sie den gewünschten Begriff in das Textfeld ein.
   Sofort werden die Suchergebnisse unterhalb des Textfeldes angezeigt. Wenn Sie den Mauszeiger über dem jeweiligen Objekt stehen lassen, werden weitere Informationen als Fähnchen eingeblendet.

2. *Finder-Fenster*
   Wenn Sie auf den ersten Eintrag im Menü, »Alle einblenden«, klicken, wird ein Suchfenster des Finders angezeigt.

Spotlight findet auch Adressbuch-Einträge und ID3-Tags in Musikdateien – die gefundenen Dateien stammen alle von Prokofievs »Peter und der Wolf«.

Intelligente Ordner

Seit Tiger bietet Mac OS X die Möglichkeit, »intelligente Ordner« anzulegen. In intelligenten Ordnern werden Objekte angezeigt, die bestimmten Kriterien entsprechen. Durch die Spotlight-Technologie ist der Inhalt immer aktuell. Sobald also irgendwo auf der Festplatte (bzw. im festgelegten Bereich) ein Objekt angelegt wird, das den gewählten Kriterien entspricht, erscheint es auch in diesem intelligenten Ordner.

Dabei bleibt das originale Objekt natürlich völlig unverändert. In Wirklichkeit ist ein intelligenter Ordner nämlich gar kein Ordner, sondern ein XML-Dokument, in dem die Kriterien für die Objekte gespeichert sind. Der Finder setzt diese um und stellt das Ergebnis wie einen Ordner dar. Auch in den Öffnen- und Sichern-Dialogen wird beim Klick auf einen intelligenten Ordner die in der XML-Datei gespeicherte Suche ausgeführt.

Intelligenten Ordner anlegen

1. Suchfenster öffnen
Öffnen Sie einen neuen intelligenten Ordner mit dem Befehl »Neuer intelligenter Ordner« (⌥⌘N) aus dem Ablage-Menü des Finders.

2. Suchkriterien vergeben
Die Auswahl der Kriterien für Objekte, die im intelligenten Ordner angezeigt werden sollen, erfolgt wie auf Seite 142 beschrieben.

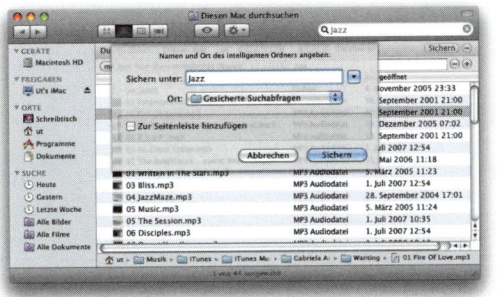

3. Sichern
Klicken Sie zuletzt, um den intelligenten Ordner anzulegen, auf die Schaltfläche »Sichern«. *Wenn Sie das Fenster schließen, ohne den Ordner zu sichern, werden Sie in einer Abfrage aufgefordert, dies zu tun.*

Intelligenten Ordner aus der Finder- oder Spotlight-Menü-Suche erstellen

Alternativ können Sie einen intelligenten Ordner auch aus einer Suchabfrage – gestartet mit »Suchen ...« (⌘F) im Finder, per Texteingabe in das Suchfeld eines normalen Finder-Fensters oder mit dem Befehl »Alle Einblenden« im Spotlight-Menü – erstellen. Dafür klicken Sie oben rechts auf die Schaltfläche »Sichern« und geben einen Ort an, an dem der intelligente Ordner gesichert werden soll.

Intelligenten Ordner bearbeiten

Die gesicherten intelligenten Ordner können nach einem Klick auf die Schaltfläche »Bearbeiten« wieder verändert werden. Die Änderungen lassen sich dann mit der Schaltfläche »Sichern« speichern. Mit gedrückter ⌥-Taste heißt die Schaltfläche »Sichern unter«, so können die Änderungen auch als neuer intelligenter Ordner gesichert werden. Der ursprüngliche intelligente Ordner bleibt dann unverändert.

146 ◄
Suchergebnisse

146 ◄
Spotlight-Menü

Chaos-Kontrolle

Arbeiten mit Fenstern in Mac OS X

Dieses Kapitel beschreibt, wie sie mithilfe von Exposé Fenster finden, mit Dashboard zwischendurch kleine Aufgaben erledigen sowie durch Ausblenden einzelner Programme und durch virtuelle Schreibtische Ordnung wahren können.

Bei der Arbeit am Mac werden viele Fenster unterschiedlicher Programme gleichzeitig geöffnet. Mit Exposé bietet Mac OS X seit 10.3 eine neue Möglichkeit, unter den vielen Fenstern das richtige zu finden. Seit Mac OS X 10.4 sind mit Dashboard auch Informationen und Aufgaben schnell griffbereit. Die Dashboard-Widgets werden über Exposé schnell ein- und genauso schnell wieder ausgeblendet.

Zusätzlich zu Exposé können auch die bereits bekannten Möglichkeiten – das Fenster-Menü, die Ausblenden-Funktion und der Programmwechsel per Tastatur oder per Dock – helfen, Ordnung in das Fenster-Chaos zu bringen.

Mit Mac OS X 10.5 finden die virtuellen Schreibtische ihren Einzug in Mac OS X. Mit »Spaces« können Fenster verschiedenen Schreibtischen zugeordnet werden, zwischen denen dann gewechselt werden kann.

Funktionen von Exposé
- **Alle Fenster:** ordnet alle geöffneten Fenster übersichtlich an und verkleinert sie so, dass alle auf dem Bildschirm zu sehen sind.
- **Programmfenster:** Nur die Fenster des aktiven Programms werden angezeigt und übersichtlich angeordnet. Alle anderen Fenster bleiben abgeblendet an ihrer Position.
- **Schreibtisch:** Alle Fenster werden an den Rand des Bildschirms verschoben, sodass der komplette Schreibtisch sowie ein schmaler Rahmen am Bildschirmrand sichtbar werden. Ein Klick auf diesen Rahmen blendet wieder alle Fenster über dem Schreibtisch ein.
- **Dashboard:** Zu Dashboard lesen Sie auf Seite 152 weiter.

Wenn Sie die jeweilige Taste kurz drücken, wird Exposé aktiviert und mit einem weiteren Tastendruck wieder deaktiviert. Drücken Sie die Taste lang, wird Exposé deaktiviert, sobald sie die Taste wieder loslassen.

Ein Fenster mit Exposé finden

1. **Exposé aktivieren**
   Aktivieren Sie Exposé, indem Sie entsprechend der Einstellungen im Kontrollfeld eine der F-Tasten drücken, die Maus in die gewünschte Bildschirmecke ziehen oder eine zusätzliche Maustaste drücken.

2. **Fenster aktivieren**
   Klicken Sie auf das gewünschte Fenster.
   Exposé wird deaktiviert und das gewünschte Fenster nach vorne gebracht. Alternativ können Sie Exposé durch erneutes Drücken der eingestellten Taste deaktivieren, während Sie die Maus über dem Fenster stehen lassen.

153 ▶
Exposé-Einstellungen

Dock-Exposé
Die Funktion »Programmfenster« kann auch über das Dock aufgerufen werden. Klicken Sie hierfür auf das Programmsymbol eines aktiven Programms und halten Sie die Maustaste gedrückt oder ziehen Sie ein Objekt auf das Symbol.

Zwischen Programmen wechseln
Mit der Funktion »Programmfenster« werden nur die Fenster eines einzelnen Programms angezeigt. Sie können bei aktiviertem Exposé die Tab-Taste verwenden, um die Funktion »Programmfenster« aufzurufen und zwischen den Programmen zu wechseln. So können Sie sich auch die Fenster ausgeblendeter Programme in Exposé-Ansicht anzeigen lassen.

Exposé und Drag&Drop
Exposé können Sie auch mit Drag&Drop-Aktionen verbinden. Hier gibt es viele Möglichkeiten. Zwei Beispiele:
- **Objekte im Finder bewegen:** Bewegen Sie ein Objekt mit der Maus, aktivieren Sie Exposé und führen Sie die Maus auf das gewünschte Fenster. Wenn Sie die Maus ein wenig über

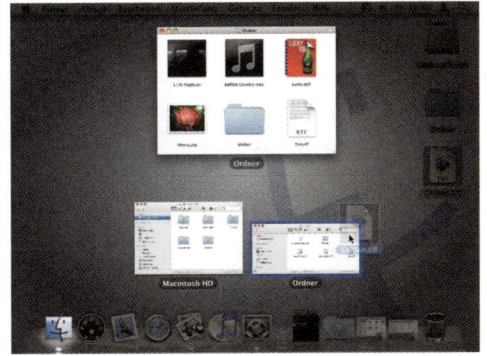

dem Fenster verweilen lassen, deaktiviert sich Exposé und das gewünschte Fenster liegt im Vordergrund. Jetzt können Sie das Objekt fallen lassen.
- **Textabschnitte oder Grafiken von einem Dokument zu einem anderen bewegen:** Markieren Sie einen Textabschnitt oder eine Grafik und greifen Sie diese mit der Maus. Aktivieren Sie Exposé, fahren Sie mit der Maus über das gewünschte Dokumentenfenster und deaktivieren Sie Exposé. Jetzt können Sie das Objekt an der gewünschten Stelle im Dokument zum Einfügen fallen lassen.

Spaces

Als Neuerung in Mac OS X 10.5 hat Apple die Idee der virtuellen Schreibtische aufgegriffen. Virtuelle Schreibtische tauchten erstmals Mitte der 80er-Jahre auf. Heute dienen sie bei den meisten UNIX-Desktops der größeren Übersichtlichkeit beim Arbeiten mit vielen Fenstern. Unter Mac OS X ergänzt diese Funktion das Ausblenden der Programme.

▶ 151
Ausblenden

Es können mehrere virtuelle Schreibtische angelegt werden, auf denen dann unterschiedliche Fenster angezeigt werden. Ein Fenster, das einem Schreibtisch zugeteilt ist, wird nur angezeigt, wenn der jeweilige virtuelle Schreibtisch aktiv ist. Ist ein anderer virtueller Schreibtisch aktiv, ist das Fenster – obwohl weiterhin geöffnet – nicht sichtbar.

Spaces aktivieren

Im Kontrollfeld »Exposé & Spaces« aktivieren Sie Spaces. Hier können Sie auch die Zahl der virtuellen Schreibtische bestimmen. Mit den Schaltflächen ⊕ und ⊖ lassen sich Zeilen und Spalten hinzufügen bzw. entfernen. Bis zu 4 x 4 = 16 virtuelle Schreibtische sind möglich.

Programme zuteilen

Spaces bietet auch die Möglichkeit, einem Programm einen virtuellen Schreibtisch zuzuteilen. Ein Klick auf die »+«-Schaltfläche öffnet einen Dialog, in dem Sie ein Programm auswählen können. Sobald das Programm in der Liste erscheint, können Sie mit einem Klick auf »Space X« einen virtuellen Schreibtisch aus dem Menü auswählen. Wenn ein neues Fenster in diesem Programm geöffnet wird, wird automatisch zum zugeteilten virtuellen Schreibtisch gewechselt. Wird »Alle Spaces« gewählt, bleiben die Fenster beim Wechsel zwischen den virtuellen Schreibtischen immer sichtbar.

Fenster zwischen Spaces verschieben

Wenn Sie ein Fenster an den Bildschirmrand ziehen, an den der nächste virtuelle Schreibtisch angrenzt, wird automatisch in den nächsten Schreibtisch gewechselt und das Fenster mitgenommen. Außerdem können Sie im Programm »Spaces« die Fenster per Drag&Drop auf den virtuellen Schreibtischen arrangieren.

Wechseln zwischen den Schreibtischen
Für den Wechsel zwischen den Schreibtischen gibt es verschiedene Möglichkeiten.
- **Mit dem Programm »Spaces«:** Beim Klicken auf das Programmsymbol im Dock werden die virtuellen Schreibtische angezeigt. Ein Doppelklick wechselt zum jeweiligen virtuellen Schreibtisch.
- **Direkter Wechsel:** Mit ctrl-Pfeiltaste oder ctrl-Zifferntaste können Sie direkt zwischen den virtuellen Schreibtischen wechseln.

- Wenn Sie ein Fenster eines Programms in einem anderen virtuellen Schreibtisch geöffnet haben, können Sie in diesen virtuellen Schreibtisch wechseln, indem Sie das Symbol des Programms im Dock anklicken.
- Wenn Sie mehrere Fenster eines Programms in verschiedenen virtuellen Schreibtischen geöffnet haben, können Sie zwischen den verwendeten virtuellen Schreibtischen wechseln, indem Sie mehrfach auf das Symbol des Programms im Dock klicken.

118 ◄
Programme im Dock

Ausblenden

Eine einfache Möglichkeit, Ordnung in das Fenster-Chaos zu bringen, ist die Funktion »Ausblenden«.
- Mit dem Befehl **»*Programm* ausblenden«** (⌘H) aus dem Programm-Menü können Sie alle Fenster des jeweiligen Programms unsichtbar machen. Diese Funktion steht auch über das Dock zur Verfügung.
  Wenn Sie mit gedrückter ⌥-Taste zwischen Programmen wechseln, wird das Programm, aus dem Sie wechseln, automatisch ausgeblendet.
- Mit dem Befehl **»Andere ausblenden«** (⌘⌥H) werden die Fenster aller anderen Programme ausgeblendet. Nur die Fenster des aktiven Programms sind sichtbar.
- **»Alle einblenden«** macht alle Fenster wieder sichtbar.

Programm-Wechsel

Zwischen den laufenden Programmen können Sie auf unterschiedliche Weise wechseln.
- **Klicken auf ein Fenster** (auch mit Exposé) aktiviert das Programm, holt aber nur das jeweilige Fenster in den Vordergrund.
- Wenn Sie auf das **Symbol im Dock** klicken, werden alle Fenster des jeweiligen Programms in den Vordergrund geholt.
- Mit dem Tastaturbefehl **⌘Tab** können Sie zwischen den beiden zuletzt benutzten Programmen wechseln.
- Wenn Sie **⌘Tab drücken und die ⌘-Taste gedrückt lassen**, werden in der Bildschirm-Mitte die Symbole der aktiven Programme angezeigt. Ein weiterer Druck auf die Tab-Taste wechselt zu dem nächsten Programm, ⇧Tab in entgegengesetzter Richtung. Wenn Sie die ⌘-Taste loslassen, wird das ausgewählte Programm in den Vordergrund geholt. Sie können aber auch mit der Maus eines der Programme anklicken und auf diese Weise aktivieren.

Dashboard

Mit Dasboard hat Apple Exposé um eine weitere Funktion erweitert. Mit Dashboard stehen Informationen und Funktionen griffbereit, ohne beim normalen Arbeiten im Wege zu sein. Dies ist über so genannte Widgets realisiert. Widgets sind eigentlich kleine Webseiten (html und JavaScript), die Funktionen von richtigen Programmen abgreifen oder Informationen aus dem Internet beziehen. Mitgeliefert werden z.B. eine Steuerung für iTunes, Taschenrechner, Uhr, Kalender und Adressen, ein Wetterbericht.

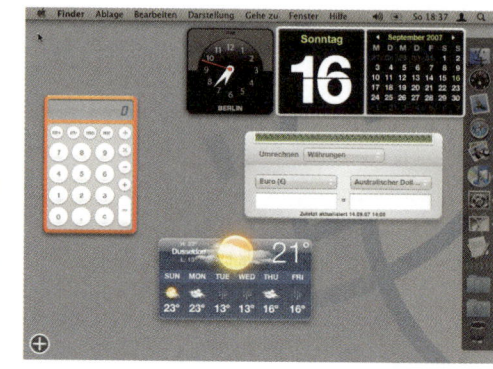

Widgets hinzufügen

Wenn Sie weitere Widgets hinzufügen wollen, klicken Sie bei aktiviertem Dashboard auf das ⊕ unten links auf dem Bildschirm. Im unteren Bereich werden dann die installierten Widgets angezeigt. Mit dem »Widgets«-Widget lassen sich die installierten Widgets verwalten. »Weitere Widgets« öffnet eine Internetseite, von der Sie Widgets herunterladen können. Heruntergeladene Widgets werden per Doppelklick in den Ordner »*Privat*/Library/Widgets« installiert.

... und schließen

Wenn Sie die Maus mit gedrückter ⌥-Taste über ein Widget bewegen, erscheint in der oberen linken Ecke eine Schaltfläche ⊗, mit der Sie das Widget schließen können.

Einstellungen für Widgets

Wenn sich der Mauszeiger über einem Widget befindet, wird bei einigen Widgets in der unteren rechten Ecke ein »i« sichtbar. Sobald Sie auf dieses klicken, dreht sich das Widget und Sie können die für das Widget angebotenen Einstellungen vornehmen. Mit einem Klick auf die Schaltfläche »Fertig« wird das Widget wieder zurückgedreht. Mit ⌘R können Sie ein angeklicktes Widget aktualisieren.

Web-Clip-Widgets erstellen

In Safari gibt es die Option, Webseiten als Clip auszuschneiden, der dann als Dashboard-Widgets angezeigt wird.

Eine Internet-Seite zu Dashboard hinzufügen

1. Seite auswählen
   Öffnen Sie in Safari die gewünschte Seite und wählen Sie den Befehl »In Dashboard öffnen« im Ablage-Menü.

2. Hinzufügen
   Wählen Sie einen Ausschnitt und klicken Sie auf die Schaltfläche »Hinzufügen«.
   Die Auswahl des Ausschnitts kann später noch geändert werden.

3. Bearbeiten
   Der gewählte Ausschnitt wird jetzt in Dashboard geöffnet. Um den Clip zu bearbeiten, klicken Sie auf das »i«. Hier können Sie einen Rahmen für den Clip bestimmen. Wenn Sie auf die Schaltfläche »Bearb.« klicken, gelangen Sie in einen Bearbeitungsmodus. Hier können Sie den Clip innerhalb des Rahmens verschieben und die Größe des Rahmens mit dem Griff unten rechts verändern. Wenn Sie ihn am Rand anfassen, können Sie auch den kompletten Clip verschieben.

Einstellungen für Exposé und Dashboard

Wenn Sie noch keine Einstellungen für Exposé vorgenommen haben, wird Exposé mit den Tasten F10, F11 und F13 bedient und Dashboard mit F12. Es können aber auch Kombinationen aus den Funktionstasten mit den Tasten ⌘ ⌥ ⇧ und ctrl zur Aktivierung von Exposé eingestellt werden. Alternativ lässt sich Exposé durch Bewegen der Maus in bestimmte Bildschirmecken oder Klicken der rechten oder weiterer Maustasten aktivieren.

Widgets für alle Benutzer verfügbar machen

Widgets, die in den Ordner »/Library/Widgets« gelegt werden, sind für alle Benutzer verfügbar. Dieser Ordner hat besonders eingeschränkte Rechte. Daher müssen Sie sich beim Bewegen eines Widgets in diesen Ordner auch als Admin noch einmal identifizieren.

341 ▶
Referenz,
Kontrollfeld
»Exposé &
Spaces«

Kennzeichnung

Arbeitserleichterung durch visuelle Strukturierung

Mac OS X bietet viele Möglichkeiten, persönliche Ordnungskriterien in die Dateiverwaltung einzubringen. Dieses Kapitel erläutert, wie mit eigenen Symbolen und Etiketten Objekte zusätzlich zu den hierarchischen Strukturen des Finders optisch unterscheidbar gemacht werden können.

Die Möglichkeiten des Finders machen es dem Anwender leicht, verschiedenartige Objekte so zu strukturieren, dass sie leicht wieder auffindbar sind. Die hierarchische Anordnung ist jedoch nicht die einzige Möglichkeit des Finders, Dateien zu systematisieren. Objekte lassen sich auch individuell optisch verändern, damit sie leicht von anderen in der Hierarchie zu unterscheiden sind.

Hierfür gibt es zwei Möglichkeiten:
- **Symbole:** Jedes Objekt kann in Mac OS mit einem individuellen Symbol ausgestattet werden. Dieses Symbol kann beispielsweise eine Vorschau auf das Bild in der Datei sein oder den Inhalt eines Ordners symbolisieren.
- **Etiketten:** Der Name eines Objekts wird farbig hinterlegt. So sticht es aus der Reihe der Objekte heraus. Die Objekte können anhand der Etiketten sortiert werden.

Etiketten sind an das Objekt gebunden. Sie gehen bei der Übertragung oder beim Kopieren des Objekts nicht verloren. Lediglich der Name des Etiketts kann von Benutzer zu Benutzer unterschiedlich sein, da diese Eigenschaft in den Voreinstellungen des Finders verändert wird.

Auch Symbole sind an das Objekt gebunden. Sie können leicht durch Kopieren und Einsetzen weitergegeben werden. Im Internet finden Sie die unterschiedlichsten Symbole – Computersymbole für das interne Volume, Ordnersymbole oder auch Comicfiguren wie die Simpsons oder Feuersteins. Sie werden in der Regel als Icon-Dateien oder als leere Ordner gesichert. Natürlich können Sie auch selbst Symbole erstellen. Der Phantasie sind keine Grenzen gesetzt.

Symbole ändern

In Mac OS X kann jedes Objekt – anstelle des Symbols, das ihm vom System gegeben wurde – auch ein individuelles Symbol erhalten. Beispielsweise verwenden viele Bildbearbeitungsprogramme eine kleine Vorschau des Dokuments als Symbol. Bei Verwendung eines individuellen Symbols ist jedoch der Dateityp nur noch in der Listendarstellung, im Infofenster oder eventuell am Dateinamenssuffix zu erkennen. Dieses spezielle Symbol wird – in verschiedenen Größen und Farbtiefen – im Ressourcenzweig des Objekts angelegt.

Auch Ordner können eigene Symbole bekommen. Das Symbol eines Ordners wird als unsichtbares Objekt mit dem Namen »Icon« in dem Ordner abgelegt.

Symbole selbst herstellen
Symbole können Sie auch selbst neu erstellen. Dafür kopieren Sie ein beliebiges Bild, welches Sie z.B. in »Vorschau« geöffnet haben, in die Zwischenablage und fügen es im Infofenster des gewünschten Objekts ein. Der Finder skaliert das Bild in die passenden Größen.

Die so angelegten Symbole haben dann jedoch in der Regel eine rechteckige Maske. Mit Symbol-Editoren, wie z.B. »Iconographer« oder »Icon Machine« können die Symbole bei Bedarf weiter angepasst werden.

Bildvorschau
In Mac OS X ist es alternativ möglich, in der Symbolansicht als Symbol eine von QuickLook generierte Vorschau des Inhalts der Bilddateien anzeigen zu lassen. Dafür aktivieren Sie im Fenster »Darstellungsoptionen« (⌘J) die Option »Symbolansicht anzeigen«. Der Finder kann jedoch nicht bei allen Bilddateiformaten ein Vorschausymbol anzeigen.

Symbol auf ein anderes Objekt übertragen

1. Infofenster öffnen
Um das Symbol von einem Objekt auf ein anderes zu übertragen, aktivieren Sie im Finder beide Objekte und öffnen Sie mit dem Befehl »Information« (⌘I) im Menü »Bearbeiten« die Infofenster. Klicken Sie auf das Symbol in der oberen linken Ecke.
Das Symbol wird mit einem blauen Schatten hinterlegt.

2. Symbol kopieren
Kopieren Sie das Symbol mit dem Befehl »Kopieren« (⌘C) aus dem Menü »Bearbeiten« in die Zwischenablage.

3. Einsetzen
Aktivieren Sie jetzt das Symbol im anderen Infofenster und setzen Sie dort das Symbol mit dem Befehl »Einsetzen« (⌘V) ein.

306 ▶ Referenz, Infofenster

58 ◀ Technik, Zweige

209 ▶ Zwischenablage

112 ◀ Vorschau mit QuickLook

103 ◀ Darstellungsoptionen

Etiketten verwenden

In Mac OS X kann jedem Objekt ein Etikett zugewiesen werden. Objekte, die mit Etiketten belegt sind, werden mit einem farbig unterlegten Objektnamen angezeigt. Sieben Etikettenfarben stehen zur Auswahl.

◂ 58
Technik, Objektattribute

Wenn das Objekt kopiert oder verschoben wird, geht das Etikett nicht verloren. (Es wird als Objektattribut des Objekts in Form von gesetzten Bits kodiert.)

Mögliche Strukturen

Mit Etiketten lässt sich die Arbeit einfach strukturieren. Beispielsweise kann mit Etiketten der Bearbeitungsstand einer Datei gekennzeichnet werden. Dateien oder Ordner, deren Inhalt noch überarbeitet werden muss, bekommen das rote Etikett, fertige Objekte das grüne Etikett. Es ist auch möglich, allen Objekten, die zu einem bestimmten Projekt gehören, das gleiche Etikett zu geben. Die Objekte können dann – auch wenn sie an eine falsche Stelle innerhalb der Ordnerhierarchie verschoben wurden – leicht erkannt werden.

Es sind natürlich noch andere Möglichkeiten für die Verwendung von Etiketten denkbar. Beispielsweise können alle Objekte, die bei einer Suche gefunden wurden, mit einem bestimmten Etikett versehen werden.

Etiketten aus dem klassischen Mac OS

Etiketten, die unter dem klassischen Mac OS vergeben wurden, werden auch in Mac OS X 10.6 erkannt. Die Farben und die Namen sind jedoch unterschiedlich.

Etiketten vergeben

1. *Objekt aktivieren*
   Aktivieren Sie das Objekt, indem Sie es im Finder einfach anklicken.

2. *Etikett auswählen*
   Unter dem Menüpunkt »Etiketten« im Menü »Ablage« können Sie jetzt ein Etikett auswählen.
   Wenn Sie mit dem Mauszeiger über die Etiketten fahren, wird der Name der Farbe eingeblendet. »X« bedeutet: Kein Etikett. Das ausgewählte Etikett ist mit einem Rahmen gekennzeichnet.

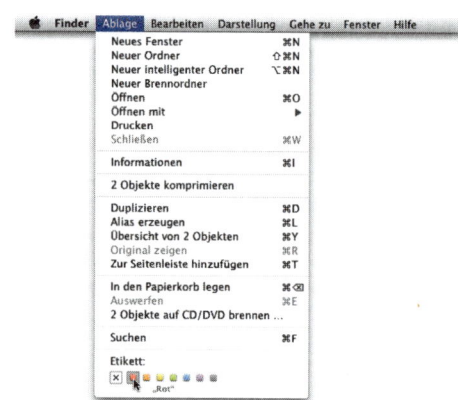

Nach Etiketten sortieren

In der Symboldarstellung können Sie die Objekte in einem Fenster den Etiketten entsprechend umsortieren. Wählen Sie dazu aus dem Menü »Darstellung« den Befehl »Ausrichten nach ▶ Etikett« (⌘ ctrl 6).

In der Listen- und der Cover-Flow-Darstellung können Sie in den Darstellungsoptionen (⌘J) im Menü »Darstellung« die Spalte »Etikett« aktivieren. Nun können Sie die Objekte im Fenster ganz einfach durch einen Klick in den Spaltentitel »Etikett« nach den zugewiesenen Etiketten sortieren. Die Sortierung erfolgt in der Reihenfolge der Etiketten, wie sie im Ablage-Menü oder in den Voreinstellungen zu sehen ist – entsprechend den Regenbogenfarben.

101f ◀
Darstellungen in den Finder-Fenstern

302f ▶
Referenz, Darstellungsoptionen

Nach Etiketten suchen

Etiketten können als Suchkriterium verwendet werden, wenn Sie Dateien mit dem Befehl »Suchen« (⌘F) im Finder suchen. Um alle Dateien zu finden, die ein bestimmtes Etikett haben, wählen Sie unter »Andere« das Suchkriterium »Dateietikett«. Im Fenster wählen Sie dann das gewünschte Etikett aus. Mit gedrückter ⌘-Taste können auch mehrere Etiketten ausgewählt werden.

144ff ◀
Dateien finden

Voreinstellungen

Auf der Seite »Etiketten« der Finder-Voreinstellungen können die Namen der Etiketten geändert werden. Der Name des zugewiesenen Etiketts wird nicht mit dem Objekt gespeichert, sondern ist eine individuelle Benutzer-Einstellung. Wenn für einen anderen Benutzer andere Namen für die Etiketten vergeben sind, wird für das Objekt der Etikettenname angezeigt, der für diesen Benutzer für die gewählte Farbe definiert ist.

302f ▶
Referenz, Einstellungen für den Finder

Gut beraten

Die Mac-Hilfe

Mac OS X bietet ein einheitliches Hilfesystem, den Help Viewer. Den Umgang mit diesem System erläutert Ihnen dieses Kapitel.

Obwohl Mac OS X im Wesentlichen intuitiv zu bedienen ist, musste doch eine programmübergreifende Hilfefunktion geschaffen werden.

Mit Mac OS 8.5 wurde – damals zusätzlich zu den Hilfesystemen aus System 7 und 7.5 – ein neues, HTML-basiertes Hilfesystem eingeführt. Dieses wird auch in Mac OS X verwendet. Der »Help Viewer« ist ein HTML-Browser, in dem Hilfetexte zu unterschiedlichen Themen gesucht und gelesen werden können. Der »Help Viewer« besitzt die Besonderheit, dass er Programme ansprechen und Skripts starten kann. In Leopard wird die Hilfe um eine Direktsuche ergänzt und eine Funktion, die auf Menübefehle zeigen kann.

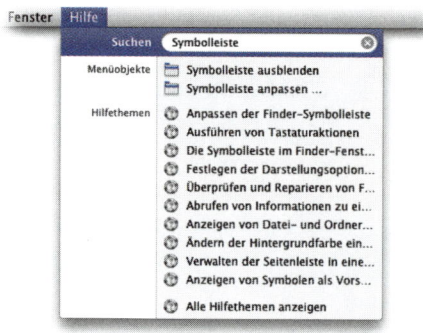

1. Suche starten
Öffnen Sie das Menü »Hilfe« und geben Sie in das Textfeld einen Suchbegriff ein.
Im Menü werden die Suchergebnisse angezeigt – zuerst die Menübefehle, dann die Themen, die in der Hilfe behandelt werden.

2. Thema öffnen
Wählen Sie das gewünschte Thema aus.
Der Hilfe-Text wird im »Help Viewer« geöffnet. Wenn Sie den Befehl »Alle Hilfethemen anzeigen« wählen, werden die Ergebnisse im »Help Viewer« aufgelistet. Unter dem Titel findet sich jeweils ein kurzer erklärender Text. Wenn Sie die Maus über einen der Menübefehle in der Liste bewegen, wird das entsprechende Menü geöffnet und der Menübefehl mit einem Pfeil angezeigt.

3. Links verfolgen
Wenn Sie auf eines der Suchergebnisse klicken, gelangen Sie auf eine Seite mit den Erklärungen zum entsprechenden Thema.
Die blauen Texte sind Links (Verknüpfungen), die zu anderen Seiten führen oder Aktionen starten.

Links

- **Weitere Informationen:** Die Links unter »Weitere Informationen« stellen eine neue Suchanfrage, die dasselbe Thema behandelt.
- **»Bitte Folgendes öffnen«** öffnet das beschriebene Programm oder Kontrollfeld.

Navigieren

- **Pfeile:** Mit den beiden Schaltflächen, die einen Pfeil nach links bzw. nach rechts im Symbol haben, können Sie zwischen den bereits besuchten Seiten navigieren.
- **Startseiten:** Die Schaltfläche mit dem Haus öffnet bei einem kurzen Klick die Startseite der entsprechenden Hilfe. Klicken und Halten öffnet ein Menü, in dem die installierten Hilfen aufgelistet werden.

Anleitungen

Neben Erklärungen gibt es in den Hilfetexten auch Anleitungen. Diese sind grau eingerahmt.

?-Schaltflächen

In einigen Programmen oder Kontrollfeldern findet sich ein kleiner Schalter mit einem »?«. Dieser öffnet die passende Anleitung in der Hilfe.

Kurzbefehle

Unter »So fangen Sie an«, »Tastaturkurzbefehle und andere Kurzbefehle« können Sie sich die Tastenkombinationen der Kurzbefehle für verschiedene Einsatzbereiche anzeigen lassen.

Tipp-Fähnchen

Kleinere Fragen zu Bedienelementen in Programmen können eventuell mit den Tipps beantwortet werden. Wenn Sie den Mauszeiger auf ein Objekt bewegen und dort einen Augenblick stehen lassen, öffnet sich in vielen Fällen ein kleines Fähnchen, auf dem eine kurze Erklärung für dieses Element zu lesen ist.

Support-Artikel

Unter den Suchergebnissen werden im Help-Viewer Artikel aus Apples Support-Seiten im Internet aufgelistet. Diese per Klick direkt im Help-Viewer angezeigt. Die Support-Seiten können auch im Internetbrowser unter <www.apple.com/de/support> aufgerufen werden.

284ff ▶ Probleme und Lösungen

179ff ▶ Internetbrowser

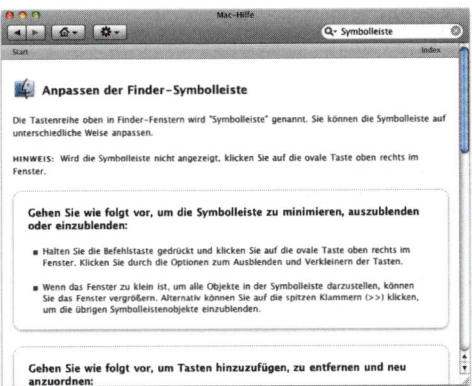

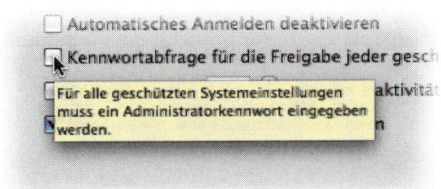

Der Mac am Draht

Das Netzwerk

Computernetzwerke sind für viele Anwender ein Buch mit sieben Siegeln. Dieser Abschnitt soll Ihnen die Scheu vor dem Thema nehmen. Auf anschauliche Weise erfahren Sie, wie Mac OS X mit nur wenigen Einrichtungsschritten einen reibungslosen Datenaustausch zwischen mehreren Rechnern ermöglicht.

Die naheliegendste Methode, einen Datenaustausch zwischen Rechnern zu ermöglichen, besteht darin, diese untereinander zu verkabeln. Diese Möglichkeit erstreckt sich von der direkten Verbindung zweier Computer mittels eines Ethernet-Kabels oder AirPort bis zur Anbindung an Millionen andere Rechner über das Internet. Hierbei wird zwischen LAN (Lokal Area Network; Lokales Netzwerk) und WAN (Wide Area Network; Datenfernübertragung) unterschieden. Heutzutage werden häufig lokale Netzwerke über eine WAN-Verbindung an das Internet angebunden. Das ist deshalb problemlos möglich, weil sowohl im lokalen Netzwerk als auch im Internet das identische Verbindungsprotokoll TCP/IP verwendet wird.

Die **Hardwareverbindung im lokalen Netzwerk** kann verschiedenen Verkabelungsnormen entsprechen. Unterschiedliche Formen von Netzwerken lassen sich über Adapter zu einer größeren Struktur miteinander verbinden.

- **10BaseT-Ethernet, 100BaseT-Ethernet** und **1000BaseT-Ethernet** verwenden eine gemeinsame Industrienorm-Schnittstelle und werden sternförmig über einen zentralen Hub (Sternverteiler) verkabelt.
- Mit **Wireless LAN**, bei Apple AirPort genannt, kann das Ethernet-Netzwerk über eine Funkverbindung betrieben werden.

Für eine **Anbindung an das Internet** kann ein analoger Telefonanschluss, ein ISDN-Anschluss oder DSL verwendet werden. Der Rechner kann direkt oder über einen Router an das Internet angebunden werden. Der Router stellt dann unabhängig von den Rechnern im Netzwerk die Verbindung über ISDN oder DSL her.

Für die **Softwareverbindung** stehen verschiedene Protokolle zur Auswahl. Sie definieren die »Sprache«, in der sich die Computer untereinander verständigen. In einem Netzwerk können auch unterschiedliche Protokolle nebeneinander verwendet werden. Die allgemein gebräuchliche Norm **TCP/IP** kann für Netzwerke beliebiger Größe verwendet werden. Auch im Internet, dem mit Abstand größten Netzwerk, »spricht« man TCP/IP.

Hardware

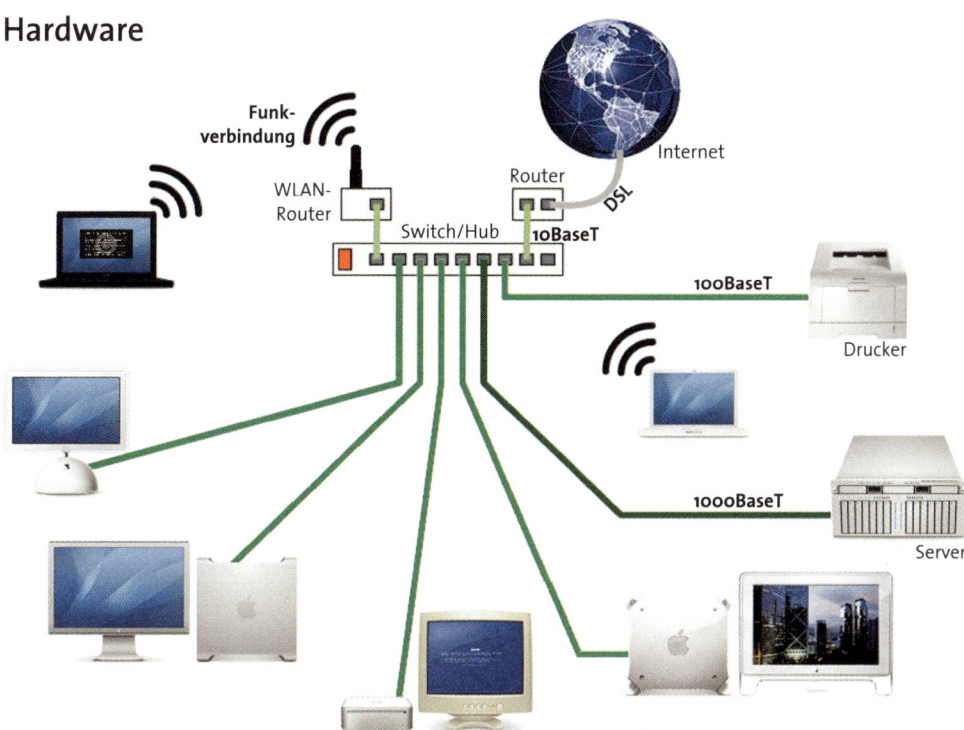

Um mehrere Computer miteinander zu vernetzen, muss eine physikalische Verbindung zwischen den Rechnern geschaffen werden. Die verschiedenen Verbindungsnormen bauen Netze mit unterschiedlichen Eigenschaften auf.

Ethernet

Alle für Mac OS X geeigneten Macs sind mit der Ethernet-Schnittstelle ausgestattet. Ethernet ist eine Industrienorm, die auch von PCs, UNIX-Servern und -Workstations verwendet wird. Sie hat im Laufe der Zeit mehrere Entwicklungsstufen durchgemacht. Die mögliche Übertragungsgeschwindigkeit stieg von 10 Mbit/s auf 10.000 Mbit/s.

Alle Intel-Macs verwenden Gigabit-Ethernet – 1000BaseT – welches mit 10BaseT und 100BaseT abwärtskompatibel ist. Es wird sternförmig mit einem so genannten »Switch« oder »Hub« als Zentrum verkabelt. Dadurch ist jeder Teilnehmer im Netz unabhängig von den anderen, und eventuell auftretende Störungen wirken sich immer nur auf einen Rechner aus.

10/100/1000BaseT-Ethernet verkabeln

Der Mac wird direkt über die Ethernet-Schnittstelle RJ45 verbunden. In der Mitte des Sterns sitzt der Switch, ein Verteiler. Jedes Gerät wird einzeln mit einem eigenen Kabel an den Hub angeschlossen. Dafür werden achtadrige, besonders geschirmte Kabel verwendet. Um das Netzwerk zu vergrößern, kann über den Uplink-Port auch ein weiterer Hub an einen Hub angeschlossen werden. Für eine störungsfreie Verbindung von 100BaseT und 1000BaseT sollten nur hochwertige Kabel verwendet werden.

39 ◀
Technik,
Netzwerk-
Schnittstellen

▶ 171
Lesen Sie hier, wie Sie einen Internet-Zugang einrichten

Zwei Rechner ohne Hub verbinden
Wenn nur zwei Rechner miteinander verbunden werden sollen, können die beiden Ethernet-Schnittstellen direkt, ohne Hub, mit einem RJ45-Kabel verbinden.

Die Verwendung eines »gekreuzten« Kabels, wie es für die Verbindung zweier älterer Macs (vor Baujahr Mitte 2000) oder auch vieler (auch neuerer) PCs gebraucht wird, ist nicht notwendig.

AirPort Extreme
AirPort ist Apples Bezeichnung für »WLAN« (Wireless LAN). Mit AirPort lässt sich ein kabelloses Ethernet-Netzwerk aufbauen. Hierzu ist in jedem verbundenen Rechner eine AirPort- bzw. WLAN-Karte erforderlich. Die Datenübertragung erfolgt mittels Funk, so dass die kabellose Verbindung auch zwischen unterschiedlichen Räumen hergestellt werden kann. Mit einer Basisstation kann ein Netzwerk aufgebaut werden, das sich bei Bedarf direkt an ein Ethernet-Netzwerk anschließen lässt. AirPort Extreme zusätzlich IEEE 802.11g (maximal 54 Mbit/s) und in den letzten Modellen auch IEEE802.11n (maximal 300 Mbit/s). AirPort (ohne den Zusatz »Extreme«) entspricht der Norm IEEE 802.11b (maximal 11 Mbit/s). IEEE 802.11a und -h sind mit AirPort nicht kompatibel.

▶ 168fff
Lesen Sie hier, wie Sie ein AirPort-Netzwerk einrichten

FireWire
Die FireWire-Schnittstelle kann auch als Netzwerk-Schnittstelle genutzt werden.

Anbindung an das Internet
Die Anbindung an das Internet erfolgt meist über DSL, Modem oder ISDN.

DSL
Das DSL-Modem (NTBBA) wird an die Ethernet-Schnittstelle des Macs angeschlossen. Hierfür wird keine weitere Software gebraucht. DSL-Modems, die über die USB-Schnittstelle angebunden werden, benötigen jedoch spezielle Treiber. Das DSL-Modem wird über den Splitter an das Telefonnetz angeschlossen.

DSL- oder ISDN-Router
DSL- oder IDSN-Router stellen die Verbindung zum Internet selbsttätig her. Am Mac wird keine spezielle Software benötigt, da die Verbindung über Ethernet erfolgt. Auch viele WLAN-Router und Apples AirPort-Base-Station enthalten einen DSL-Router.

Kabel-Modem
Auch ein Kabel-Modem wird wie ein Router behandelt. Zur Anmeldung wird jedoch manchmal zusätzlich VPN verwendet.

Internet-Freigaben
Der Zugriff über Internetverbindungen, die auf anderen Rechner eingerichtet und freigegeben sind (wie die Windows-Internetverbindungsfreigabe oder die Internetfreigabe im Mac OS X) werden genauso behandelt wie Router.

Modem
Intel-Macs besitzen kein eingebautes Modem. Für die Verbindung über eine analoge Telefonleitung kann ein externes Modem über die USB-Schnittstelle angeschlossen werden. Hierfür werden aber spezielle Treiber benötigt.

ISDN

ISDN-Adapter werden über die USB-Schnittstelle an den Mac angeschlossen. Es wird spezielle Treiber-Software benötigt, damit der Adapter vom System erkannt wird. Zum Anschluss an das digitale ISDN-Telefonnetz wird der ISDN-Adapter an den NTBA angeschlossen.

Mobiltelefone, UMTS-Adapter etc.

Zur Internetverbindung über das Mobilfunknetz können Handys oder spezielle Adapter verwendet werden. Diese werden wie ein Modem an die USB-Schnittstelle angeschlossen. Es werden spezielle Treiber und häufig zusätzlich eine Verbindungssoftware benötigt. Die Anbindung kann auch über Bluetooth erfolgen.

158f ▶
Lesen Sie hier, wie Sie Ihren Internet-Zugang für das Netzwerk freigeben

353ff ▶
Referenz, Kontrollfeld Netzwerk

335ff ▶
Referenz, Kontrollfeld Bluetooth

Ältere Netzwerke einbinden

Ältere Netzwerkformen, die von Mac-OS-X-tauglichen Macs nicht mehr verwendet werden, können mit Adaptern an ein 10/100/1000BaseT-Netzwerk angebunden werden. Dafür wird der Adapter an einen Port des Hubs angeschlossen. (Beachten Sie dabei, dass dieser Port seine Geschwindigkeit auf 10 Mbit/s drosseln können muss.) Da Mac OS X 10.6 AppleTalk nicht mehr unterstützt, können viele Geräte trotzdem nicht angesprochen werden.

- **10Base2** ist die klassische Ethernet-Verkabelung, wie sie von älteren Geräten verwendet wird. 10Base2 ist als »Daisychain« (Gänseblümchenkette) ausgelegt. Diese Verkabelung besitzt den Nachteil, dass eine Störung im Netz alle Rechner betrifft, die sich in dieser Kette befinden.
- **LocalTalk:** Die LocalTalk-Schnittstelle ist eine Apple-eigene Entwicklung aus einer Zeit, als die Vernetzung von Personalcomputern noch sehr neu war. Seit dem Mac Plus (1986) besaß jeder Mac eine LocalTalk-Schnittstelle. Erst mit dem iMac wurde diese aus dem Mac verbannt. Die serielle Schnittstelle verfügt über zusätzliche Hardware, die eine Netzwerkverbindung ermöglicht. LocalTalk ist eine für heutige Verhältnisse sehr langsame Verbindung (maximal 230.400 bit/s). Die Geräte werden als Daisychain über Transceiver miteinander verbunden.

10Base2-Ethernet verkabeln

Bei Macs und Apple-Laserdruckern mit einer Schnittstelle für 10Base2 wird ein Transceiver an die AAUI-Schnittstelle angeschlossen. Der Transceiver besitzt zwei BNC-Stecker. Diese können über Koaxialkabel mit je einem weiteren Transceiver verbunden werden.

Nachträglich eingebaute Ethernet-Karten von Drittherstellern – und auch Ethernet-Karten in PCs – werden mit einem T-Adapter angeschlossen. Sitzt dieser am Ende der Kette, muss ein Abschlusswiderstand auf das offene Ende gesteckt werden.

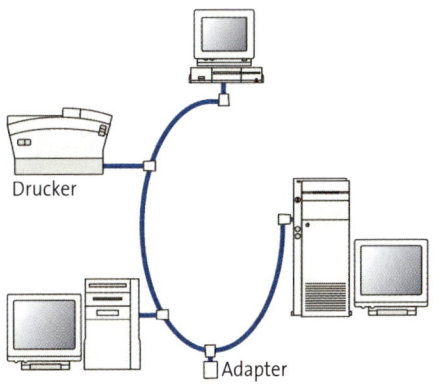
Drucker / Adapter

Software

Zusätzlich zur Verkabelung (oder Funkverbindung) der beteiligten Rechner wird ein Netzwerk durch Software organisiert. Dabei kann theoretisch jede mögliche Hardwarestruktur mit jeder möglichen Softwarestruktur kombiniert werden. Unterschiedliche Protokolle können parallel auf derselben Hardware laufen. Hardware- und Softwarestruktur sind also völlig unabhängig voneinander.

Alle Daten, die im Netzwerk übertragen werden, sind immer an einen bestimmten Rechner adressiert. Jeder Rechner im Netzwerk braucht daher eine eigene Adresse, durch die er von allen anderen Rechnern im Netz identifiziert und unterschieden werden kann.

Für die Verbindung zwischen dem Client und dem Server und für die Übertragung der Daten werden verschiedene Protokolle benötigt, Verbindungsprotokolle und Übertragungsprotokolle.

Verbindungsprotokolle

Für die Kontaktaufnahme bzw. die Identifizierung des Gegenübers wird ein Verbindungsprotokoll verwendet. Hier steht der Industriestandard TCP/IP mit seinen Erweiterungen DHCP und IP-Link-Local zur Verfügung.

Das Logo von Bonjour

TCP/IP

Der Industriestandard, gemäß dem die meisten internen Netzwerke und auch das Internet organisiert sind, heißt TCP/IP (Transmission Control Protocol/Internet Protocol). Hier werden die Adressen für den Server und die Clients vom Anwender vergeben. Es gibt jedoch Protokollerweiterungen, die es dem Server erlauben, dem Client eine Adresse zuzuweisen. Werden die Adressen manuell vergeben, müssen die Regeln beachtet werden, die im Absatz »IP-Adressen für das private Netzwerk« beschrieben werden. (Siehe Seite 167)

DHCP

Mit DHCP (Dynamic Host Connection Protocol) bekommen die TCP/IP-Clients in einem internen Netzwerk automatisch Adressen im passenden Subnetz zugewiesen. Dafür muss sich ein DHCP-Server im Netzwerk befinden, der die Adressen vergibt.

DHCP ist aus dem weniger dynamischen BootP-Protokoll entstanden. DHCP-Server unterstützen deshalb auch BootP-Clients.

IPv4-link-local

Wenn kein DHCP-Server vorhanden ist, wählt der Mac selber eine IP-Adresse im Bereich 169.254.xxx.xxx. Dabei überprüft der Mac aber auch, ob die gewählte Adresse schon im Netzwerk verwendet wird. Wenn die Adresse schon vergeben ist, sucht der Mac eine andere, so lange, bis er eine Adresse gefunden hat, die noch nicht vergeben ist. IPv4-link-local ist in Mac OS X und in Mac OS 9 implementiert.

Bonjour

Mit Bonjour hat Apple Eigenschaften des klassischen AppleTalk in TCP/IP implementiert. Bei Bonjour melden sich Macs mit ihrem Namen im Netzwerk an. Bonjour benutzt dafür einen kleinen integrierten DNS-Server (mDNSResponder) für die Domain ».local«, der die IP-Adresse des jeweiligen Macs in den Bonjour-Namen übersetzt. Aktive Server – z.B. AppleShare, Web-

oder SMB-Server – können so auch ohne das Vorhandensein eines DNS-Servers im Netzwerk unter ihrem Bonjour-Namen erreicht werden.

Bonjour wird aber auch für die automatische Erkennung anderer im Netz verfügbarer Dienste verwendet, wie Druckerfreigabe oder iTunes-Streaming.

IPv6

Der neue Industriestandard IPv6 wurde eingeführt, da IPv4 nur eine begrenzte Anzahl von Adressen zur Verfügung stellt. IPv6 bietet so viele Adressen, dass jedem Quadratmillimeter auf der Erde eine Adresse zugewiesen werden könnte. IPv6 enthält aber auch verschiedene Funktionen, die in IPv4 nur mithilfe von Zusatzprotokollen ermöglicht waren. IPv6 ist in Mac OS X implementiert und aktiv. Es wird jedoch in Ermangelung von IPv6-Netzwerken kaum verwendet.

PPP

PPP (Point-to-Point Protocol) wird für die Einwahl eines einzelnen Computers in das Netz unabhängig von seinem Standort verwendet. Modem- und ISDN-Verbindungen nutzen PPP.

PPPoE

Eine DSL-Verbindung benutzt das PPPoE-Protokoll (PPP over Ethernet) für die Anbindung an das Internet.

VPN mit PPTP oder IPsec

Einige Internet-Anbieter, die Internet über Fernseh-Kabel anbieten, verwenden für die Anmeldung das Protokoll VPN. Das Kabelmodem wird dabei meist über Ethernet angeschlossen und mit DHCP konfiguriert. Auch Universitäten verwenden oft »IPsec« für den Internetzugang über das Uni-Netz.

AppleTalk

AppleTalk wird von Mac OS X 10.6 nicht mehr unterstützt. Die Verbindung zu Macs mit Systemen vor Mac OS 8.5 und älteren Laserdruckern, die klassisches AppleTalk verwenden, ist nicht mehr möglich.

Übertragungsprotokolle

Für den Austausch von Daten werden zusätzlich zu den Verbindungsprotokollen Übertragungsprotokolle gebraucht. Die verschiedenen Übertragungsprotokolle für Dateifreigaben, Internet und E-Mail werden im Kapitel »Dateifreigaben« und »Internet« besprochen.

190ff ▶
Dateifreigaben

176ff ▶
Internet

Umgebungen

Mac OS X bietet mit den Umgebungen die Möglichkeit, unterschiedliche Netzwerkeinstellungen für unterschiedliche Bedürfnisse einzurichten und zu speichern, z.B. eine Umgebung für das Büro, eine für zu Hause etc. Zwischen diesen kann dann bei Bedarf im Kontrollfeld »Netzwerk« bzw. im Apfel-Menü unter »Umgebung« hin- und hergeschaltet werden.

353 ▶
Referenz, Kontrollfeld »Netzwerk«, Umgebungen

293 ▶
Referenz, Apple-Menü

Lokales Netzwerk einrichten

▶ 173f
Internet-
verbindung
über einen
DSL-Router
einrichten.

Um den Mac in ein lokales Netz einzubinden, muss zuerst die Verkabelung eingerichtet werden. Anschließend sind noch einige Einstellungen in der Netzwerksoftware des Betriebssystems vorzunehmen. Diese Einstellungen gelten auch für eine **Internetverbindung über**

einen DSL-Router. Die erste Netzwerk-Einstellung wird schon bei der Installation mit dem System-Assistenten vorgenommen. Wenn Sie dort keine Einstellungen vornehmen, sind die Schnittstellen auf DHCP konfiguriert.

▶ 168ff
Netzerk-
Verbindung
über AirPort
einrichten

Eine kabelgebundene Netzwerkverbindung einrichten

◀ 39
Technik,
Netzwerk-
Schnittstellen

1. *Hardwareverbindung schaffen*
   Bevor Daten zwischen Computern ausgetauscht werden können, müssen die Computer hardwaremäßig über eine Netzwerk-Schnittstelle miteinander verbunden werden – meist über die interne Ethernet-Schnittstelle.
   Der Status der Verbindung an der Ethernet-Schnittstelle wird in der linken Spalte des »Netzwerk«-Kontrollfelds angezeigt. Wenn Sie einen Router verwenden, brauchen Sie keine weiteren Einstellungen vorzunehmen.

▶ 353ff
Referenz,
Kontrollfeld
»Netzwerk«

2. *Eventuell Umgebung einrichten*
   Wenn die neue Netzwerk-Konfiguration alternativ zu einer vorhandenen verwendet werden soll, legen Sie in den »Systemeinstellungen« im Kontrollfeld »Netzwerk« eine neue Umgebung an.

3. *Eventuell TCP/IP konfigurieren*
   Wenn die IP-Adressen nicht über DHCP vergeben werden, wählen Sie im Kontrollfeld »Netzwerk« in der linken Spalte die verwendete Schnittstelle aus. Auf der rechten Seite bestimmen Sie dann die Art der TCP/IP-Verbindung und geben die Adresse, die Subnetzmaske und die Router-Adresse ein. Diese Informationen erhalten Sie von Ihrem Netzwerkadministrator.

▶ 167
IP-Adressen
für das priva-
te Netzwerk

Hardwareverbindung überprüfen

Am Mac wird die Hardwareverbindung an der Ethernet-Schnittstelle in der linken Spalte des »Netzwerk«-Kontrollfelds angezeigt. Bei einer funktionierenden Hardwareverbindung ist die Schnittstelle mit einer gelben oder grünen Diode markiert. Am Switch oder Router und an Ethernet-Karten in PCs wird eine funktionierende Verkabelung mit einer – meist mit »Link« bezeichneten – Leuchtdiode angezeigt.

DHCP

Wird die Einstellung DHCP gewählt, müssen keine weiteren Einstellungen vorgenommen werden. Wenn im Netzwerk kein DHCP-Server vorhanden ist, gibt der Mac sich selbst eine IP-Adresse über IPv4-link-local (169.254.xxx.xxx).

Sollte sich in Ihrem Netzwerk ein Rechner befinden, der die automatische Adressvergabe über IPv4-link-local nicht beherrscht, und auch kein DHCP-Server vorhanden sein, bietet sich eine manuelle Konfiguration an.

Manuelle Einstellung

Bei der manuellen Einstellung müssen bestimmte Regeln beachtet werden:
- Alle Rechner müssen **Adressen im gleichen Subnetzbereich** haben, sonst kann keine Verbindung aufgebaut werden.
- Jede Adresse darf **nur einmal** im Netzwerk vergeben werden. Falls die Adresse schon vergeben ist, erfolgt eine Meldung und die Schnittstelle wird deaktiviert.
- Außerdem sind für lokale Netzwerke **nur bestimmte IP-Adressen** erlaubt.

IP-Adressen für das private Netzwerk

IP-Adressen im Internet werden vom Network Information Centre (NIC) verkauft. Für private Netzwerke sind bestimmte Blöcke von IP-Adressen freigegeben, andere IP-Adressen sind nicht erlaubt.

Erlaubt sind: ein Class-A-Block 10.xxx.xxx.xxx (Subnetzmaske 255.0.0.0), die 15 Class-B-Blöcke von 172.16.xxx.xxx bis 172.31.xxx.xxx (Subnetzmaske 255.255.0.0) und alle 255 Class-C-Blöcke mit 192.168.xxx.xxx (Subnetzmaske 255.255.255.0). Server und Clients müssen sich innerhalb eines Blocks befinden, es sei denn, es wird ein Router verwendet. Die Blöcke können mittels engerer Subnetzmasken weiter aufgeteilt werden. Die letzte Adresse des jeweiligen Blocks (z.B. 192.168.1.255) wird als Broadcast-Adresse verwendet. Auf dieser Adresse werden gleichzeitig alle Rechner des Subnetzes angesprochen.

Subnetzmaske

Mit der Subnetzmaske wird das IP-Netz in Subnetze aufgeteilt. Die Subnetzmaske beschreibt die möglichen Adressen innerhalb des Subnetzes. Die Subnetzmaske 255.255.255.0 lässt beispielsweise nur Adressen zu, deren erste drei mit 255 gekennzeichneten Blöcke identisch mit der eigenen Adresse sind. Nur der letzte, mit 0 gekennzeichnete Block darf andere Zahlen, hier zwischen 0 und 255, enthalten.

Router-Adresse

Wenn eine Internetverbindung über einen ISDN- oder DSL-Router hergestellt wird, muss unter Router-Adresse die IP-Adresse des Routers eingetragen werden. Da Router aber meist einen DHCP-Server integriert haben, bietet sich hier die Konfiguration über DHCP an. Ist kein Router im Netzwerk vorhanden, muss auch keine Router-Adresse eingetragen werden.

AirPort – Wireless LAN

Mit AirPort hat Apple zusätzlich zum Netzwerk über Kabel die Möglichkeit der Vernetzung über Funk eingeführt. AirPort entspricht dem Ethernet-Standard IEEE 802.11b, AirPort Extreme entspricht IEEE 802.11g, die neuesten AirPort-Karten auch IEEE802.11n. Wireless-LAN-Module anderer Hersteller für PCs (und ältere Macs ohne AirPort-Vorbereitung) sind mit AirPort kompatibel.

Wireless-LAN-Netze können in kabelgebundene Ethernet-Netzwerke eingebunden oder über DSL o.Ä. mit dem Internet verbunden sein. Alternativ sind aber auch einfache Computer-zu-Computer-Verbindungen zwischen zwei AirPort- bzw. WLAN-Karten möglich.

WLAN-Router
Mit einem Wireless-LAN-Router kann ein AirPort-Netz an ein Ethernet-Netzwerk angeschlossen werden. Häufig werden auch kombinierte Wireless-LAN- und DSL-Router verwendet, um eine Internetverbindung über WLAN zu ermöglichen. Wie Sie den Internetzugang über solch ein Gerät einrichten, erfahren Sie in der Anleitung auf Seite 171.

▶ 173
Internet-Zugang über einen Router einrichten

Öffentliche Hotspots
In manchen Gebäuden oder Einrichtungen (z.B. Cafés, Flughäfen oder Messen) werden öffentlich zugängliche Funknetzwerke für den Internetzugang angeboten. Auch diese können mit AirPort verwendet werden. Die Hotspots sind dabei teilweise sogar so konfiguriert, dass sie die Netzwerkeinstellungen der Clients ignorieren und eine Verbindung schaffen, auch wenn die AirPort-Schnittstelle manuell in einem anderen Adressbereich eingerichtet ist.

AirPort Menü-Extra
So gut, wie alle AirPort-Funktionen lassen sich über das AirPort Menü-Extra steuern. Dieses wird mit der Option »AirPort-Status in der Menüleiste anzeigen« im Kontrollfeld »Netzwerk« unter »AirPort« aktiviert.

AirPort deaktivieren und aktivieren
Die AirPort-Karte kann im AirPort Menü-Extra oder im Kontrollfeld »Netzwerk« in den Systemeinstellungen deaktiviert werden, falls kein Netzzugriff benötigt wird. Damit verlängert sich beim Notebook die Akkulaufzeit. Wird ein Netzwerk- oder Intenet-Zugang gebraucht, kann AirPort einfach wieder aktiviert werden.

AirPort ist aktiviert (voller Empfang)   AirPort ist deaktiviert

In ein AirPort-Netz einklinken
Wenn Sie die AirPort-Schnittstelle verwenden, um sich in ein vorhandenes Netzwerk einzuklinken, müssen Sie sich im Funknetz anmelden. Hierfür stehen zwei Möglichkeiten zur Verfügung – eine kurzfristige Anmeldung und dauerhafte Konfiguration. Für die TCP/IP-Konfiguration wird meist DHCP verwendet. Sollten Sie keine Adresse zugewiesen bekommen, erfragen Sie die Konfiguration beim Netzwerkadministrator.

Mit öffentlichem Hotspot verbinden

Wenn Sie Ihr Notebook aus dem Ruhezustand aufwecken (oder frisch gestartet haben), erscheint ein Dialog auf dem Bildschirm, der ihnen die vorhandenen WLAN-Netzwerke anzeigt. Dort wählen Sie den Hotspot aus. Unverschlüsselte Netzwerke sind daran zu erkennen, dass in der Zeile kein Schlösschen-Symbol vorhanden ist. Alternativ können Sie den Hotspot auch über das AirPort-Menü-Extra oder im Kontrollfeld Netzwerk auf der AirPort-Seite auswählen.

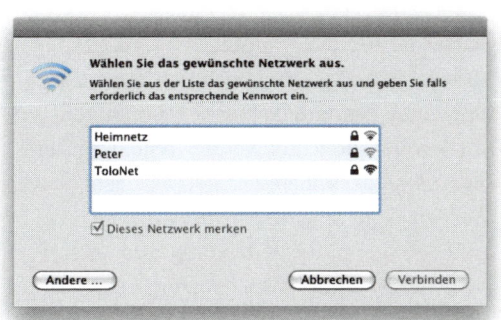

Bei kostenpflichtigen Hotspots werden Sie häufig beim Versuch, eine beliebige Internet-Adresse zu erreichen, an eine Internet-Seite weitergeleitet, in der Sie Ihre Zugangsdaten eingeben müssen bzw. Verbindungszeit kaufen können.

Netzwerk dauerhaft einrichten

Wenn Sie sich regelmäßig in ein bestimmtes Netzwerk einklinken wollen – z.B. im Büro – können Sie auch ein Netzwerk dauerhaft eintragen. Dazu aktivieren Sie im Fenster zur Auswahl der AirPort-Netzwerke das Häkchen »Dieses Netzwerk merken«.

Alternativ können Sie das Netzwerk in den Systemeinstellungen im Kontrollfeld »Netzwerk« eintragen. Dazu wählen Sie in der Liste links die AirPort-Schnittstelle und öffnen mit der Schaltfläche »Weitere Optionen ...« im Bereich rechts das Einstellungsfenster. Auf der Seite »AirPort« des Einstellungsfensters klicken Sie auf das »+« unter »Bevorzugte Netzwerke«, geben einen Netzwerknamen ein, wählen unter »Sicherheit« die Verschlüsselung aus und geben das Passwort ein. Wenn Sie auf »Netzwerke anzeigen« klicken, können Sie auch hier ein Netzwerk aus der Liste auswählen.

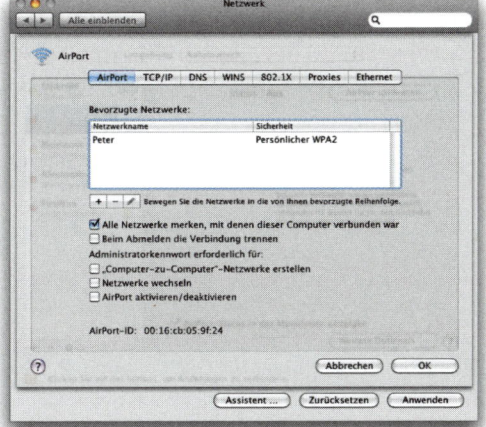

Computer-zu-Computer-Verbindung

Für eine Computer-zu-Computer-Verbindung brauchen Sie lediglich zwei mit Wireless-LAN-Karten bestückte Computer. Im hier gezeigten Beispiel zwei Macs. Für einen Dateiaustausch über diese Verbindung muss ein Computer als Server eingerichtet werden (Anleitung Seite 195), damit der andere sich dort als Client anmelden kann (Anleitung Seite 190). Die Computer-zu-Computer-Verbindung wird unter Windows »Ad-hoc-Netz« genannt.

▶ 190ff
Dateifreigaben

1. Netzwerk einrichten

Wählen Sie in den Systemeinstellungen in der Liste links »AirPort« und dann aus dem Menü im Bereich rechts den Befehl »Netzwerk anlegen ...«.

▶ 282
Sicherheit im AirPort-Netzwerk

Es erscheint ein Fenster, in dem Sie einen beliebigen Namen und ein Passwort für das neue Netzwerk festlegen können.

2. Mit dem Netzwerk verbinden

Sie können Ihr Netzwerk jetzt auf dem anderen Computer im Netzwerk-Kontrollfeld unter »AirPort« direkt aus dem Menü auswählen. Sollte es hier nicht erscheinen, wählen Sie den Menüpunkt »Mit anderem Netzwerk verbinden ...« und geben im Fenster den Namen und das Passwort für das Netzwerk an.
Jetzt sind die beiden Macs über AirPort miteinander verbunden.

... über das Menü-Extra

Das AirPort Menü-Extra bei einer Computer-zu-Computer-Verbindung

Wenn Sie bei den Macs die Option »AirPort-Status in der Menü-Leiste anzeigen« aktiviert haben, können Sie das Computer-zu-Computer-Netzwerk auch mit dem AirPort-Menü-Extra einrichten. Hier steht der Befehl »Netzwerk anlegen ...« direkt in der Menüleiste zur Verfügung. Auf dem anderen Mac erscheint das Netzwerk dann unter »Geräte«.

TCP/IP-Konfiguration

Normalerweise kann für die Computer-zu-Computer-Verbindung DHCP für die Adressvergabe verwendet werden. Wenn jedoch einer der Computer kein IPv4-link-local beherrscht, empfiehlt sich die manuelle Konfiguration z.B. mit den Adressen 192.168.1.1 für den einen und 192.168.1.2 für den anderen Mac (Teilnetzmaske 255.255.255.0). Dafür wählen Sie im Kontrollfeld »Netzwerk« in der Liste links »AirPort«. Unter »Weitere Optionen ...« können Sie unter »TCP/IP« der AirPort-Schnittstelle eine Adresse zuteilen.

Internetzugang einrichten

Wenn Sie eine direkte Verbindung zum Internet einrichten wollen, müssen Sie einige Einstellungen im Kontrollfeld »Netzwerk« vornehmen. Diese unterscheiden sich, je nachdem, ob Sie Ihre Internetverbindung über DSL bzw. Modem oder ISDN aufbauen. Wenn die Internetverbindung über einen ISDN- oder DSL-Router hergestellt wird, müssen Sie den Router konfigurieren. Der Mac wird wie für ein internes Netzwerk eingerichtet.

174 ▶
Lesen Sie im Kapitel »Internet-Freigabe«, wie Sie eine Internetverbindung über AirPort mit anderen Rechnern teilen können.

Internetzugang über DSL einrichten

1. Systemeinstellungen starten
Starten Sie zuerst das Programm »Systemeinstellungen« und öffnen Sie dort das Kontrollfeld »Netzwerk«.

2. PPPoE-Dienst erstellen
Klicken Sie auf die »+«-Schaltfläche unter der Liste auf der linken Seite. In dem Fenster, das sich öffnet, wählen Sie im Menü »Anschluss« die Option »PPPoE«. Unter »Ethernet« wählen Sie dann die Schnittstelle aus, an die das DSL-Modem angeschlossen ist.
DSL-Modems werden in der Regel an die Ethernet-Schnittstelle angeschlossen. In der Liste links erscheint eine weitere Schnittstelle, die Sie jetzt konfigurieren.

3. PPP-Verbindungsdaten eingeben
Auf der rechten Seite geben Sie jetzt die Verbindungsdaten ein. Die benötigten Informationen erhalten Sie von Ihrem Internet-Provider.

173 ▶
Account-Daten

Internetzugang über Modem oder Mobiltelefon einrichten

Die Intel-Macs besitzen kein internes Modem mehr, daher müssen Sie ein externes USB-Modem verwenden. Für dieses muss in der Regel zuerst eine Erweiterung installiert werden.

Mobiltelefone, die über Bluetooth als Modem eingesetzt werden sollen, werden im Kontrollfeld »Bluetooth« eingerichtet.

Modem konfigurieren

▶ 335f
Referenz,
Kontrollfeld
»Bluetooth«

1. Systemeinstellungen starten

Starten Sie zuerst das Programm »Systemeinstellungen« und öffnen Sie dort das Kontrollfeld »Netzwerk«.

2. Verbindungsart auswählen

Wählen Sie aus der Liste auf der linken Seite das Modem aus, über das Sie sich ins Internet einwählen.

▶ 353ff
Referenz,
Kontrollfeld
»Netzwerk«

Für ein Mobiltelefon, das über Bluetooth verbunden ist, wählen Sie »Bluetooth-DUN«.

3. PPP-Verbindungsdaten eingeben

Auf der rechten Seite geben Sie die Verbindungsdaten ein. Die benötigten Informationen erhalten Sie von Ihrem Internet-Provider. (Siehe nächste Seite.)

▶ 173
Account-
Daten

Ist Ihr Bluetooth-Telefon noch nicht gekoppelt, können Sie die Kopplung jetzt mit der Schaltfläche »Bluetooth-Gerät konfigurieren« vornehmen. Die Verbindungsdaten, die Sie im Bluetooth-Assistenten eingeben, werden dann übernommen.

4. Modem auswählen

Öffnen Sie unter "Weitere Optionen ..." die Karte »Modem« und wählen Sie aus dem Aufklappmenü ein passendes Modemskript aus.

Wenn Ihr Modem oder ISDN-Adapter nicht in der Liste vorhanden ist, müssen Sie das entsprechende Modemskript vom Hersteller installieren. Die Modemskripts befinden sich im Ordner »/Library/Modemscripts«.

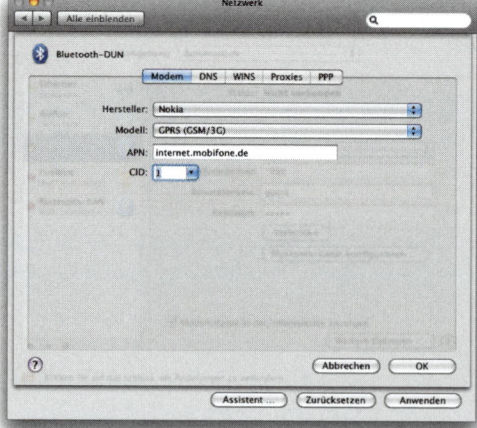

Internetzugang über Router einrichten

Wenn Sie Ihren Internet-Zugang über DSL mit mehreren Rechern benutzen wollen, brauchen Sie einen DSL-Router. Häufig stellen Internet-Anbieter auch einen Router als Bonus für einen DSL-Neuanschluss. Um den Internet-Zugang benutzen zu können, müssen Sie dann nicht den Mac, sondern den Router konfigurieren.

Einen Router konfigurieren

1. *Mac an Router anschließen*
   Verbinden Sie die Ethernet-Schnittstelle Ihres Macs mit der Ethernet-Schnittstelle (»LAN«) des Routers.

2. *Netzwerk-Einstellungen am Mac*
   Stellen Sie sicher, dass die Schnittstelle am Mac auf »DHCP« konfiguriert ist .

2. *Konfigurationsprogramm*
   Öffnen Sie einen Internet-Browser. Geben Sie dort die IP-Adresse des Routers ein, um das Konfigurationsprogramm des Routers zu starten.
   Die Adresse, die sie dafür eingeben müssen, erfahren Sie in der Anleitung des Routers.

3. *Konfigurieren*
   Meist haben Router einen Schritt-für-Schritt-Konfigurationsassistenten. Diesen rufen Sie auf und nehmen die entsprechenden Einstellungen vor.
   Safari hat manchmal Probleme, die Daten auf dem Router zu sichern. In diesem Fall sollten Sie einen alternativen Internetbrowser wie z.B. Firefox einsetzen.

Sicherheit

Aus Sicherheitsgründen sollten Sie das Passwort des Router-Konfigurationsprogramms ändern. Außerdem sollten Sie bei der Router-Konfiguration das Wireless LAN verschlüsseln und die Firewall des Routers aktivieren.

Über Account-Daten

- Der »**Benutzername**« ist Ihr Benutzername beim Internet-Provider (meistens ein Code aus Ziffern und Buchstaben – nicht Ihr Name; eventuell aber auch identisch mit der E-Mail-Adresse),
- »**Kennwort**« ist das Zugangskennwort und
- »**Telefonnummer**« die Telefonnummer Ihres Zugangsknotens ins Internet (also die Telefonnummer, die Ihr Modem oder ISDN-Adapter wählen soll).

Der unglaubliche t-online-Account-Name

Falls Sie ihre Verbindung über t-online aufbauen, müssen Sie einen 28-stelligen Zahlencode als Account-Namen eingeben. Tippen Sie einfach hintereinander die Zahlen der »Anschlusskennung«, der »t-online-Nummer« und die Zahl »0001«, für DSL zusätzlich dahinter noch »@t-online.de«. In einigen Fällen muss vor die »0001« noch das Zeichen »#« eingegeben werden.

Proxy

Bei einigen Internet-Providern ist die Verbindung nur über so genannte Proxys möglich. Ihr Provider wird Ihnen in diesem Fall dazu die nötigen Angaben liefern. Diese tragen Sie dann unter "Weitere Optionen ..." in der Seite »Proxies« ein.

Internetzugang über VPN

Einige Anbieter, die Internet über Kabel-Modem anbieten, verwenden VPN (Virtual Private Network) zur Anmeldung. Das VPN wird im Netzwerk-Kontrollfeld eingerichtet. Dafür klicken Sie auf die »+«-Schaltfläche und im folgenden Dialog wählen Sie unter »Anschluss« »VPN« aus. In der Liste links erscheint dann ein neuer Anschluss, den Sie im Bereich rechts entsprechend der Vorgaben des Internet-Anbieters konfigurieren können.

166 ◄
Netzwerk einrichten

283 ►
Sicherheit im Netzwerk, Firewall

Internetfreigabe

Eine im Kontrollfeld »Netzwerk« eingerichtete Internetverbindung kann mit Mac OS X auch an andere Rechner im Netzwerk weitergereicht werden. So können andere Macs – oder auch PCs mit Windows oder Linux etc. – im Netzwerk mit dem Internet verbunden werden, ohne eine eigene, direkte Verbindung ins Internet zu besitzen.

Internetverbindung gemeinsam nutzen

1. Internetverbindung einrichten

◄ 171ff
Internet-Zugang einrichten

Richten Sie auf dem Mac, der mit dem Internet verbunden ist, wie auf Seite 171, 172 oder 173 beschrieben eine Internetverbindung ein.

2. Interne Netzwerkverbindung einrichten

◄ 166f
Netzwerk einrichten

Richten Sie im Kontrollfeld »Netzwerk« eine manuelle TCP/IP-Verbindung für die Schnittstelle ein, über die die Internetverbindung weitergegeben werden soll (siehe Seite 166). Hier bietet sich beispielsweise die IP-Adresse 192.168.1.1 an (Subnetzmaske 255.255.255.0).

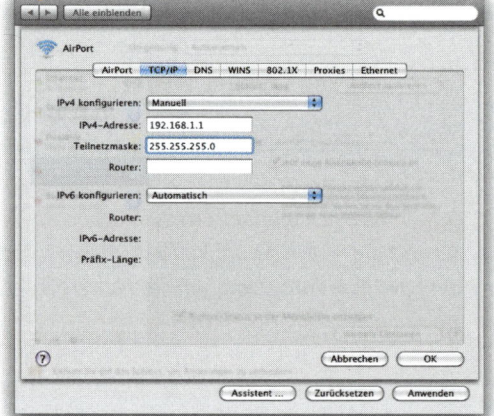

3. Schnittstellen für Internetfreigabe bestimmen

Im Kontrollfeld »Freigaben« wählen Sie in der Liste links »Internetfreigabe«. Dort wählen Sie zuerst im Menü »Verbindung freigeben« die Schnittstelle aus, die mit dem Internet verbunden ist und setzen dann in der Liste »Mit Computern über« das Häkchen für die Schnittstelle, mit der die lokalen Rechner verbunden sind.

◄ 170
AirPort-Netzwerk einrichten

Wenn Sie AirPort ausgewählt haben, können Sie mit der Schaltfläche »AirPort Optionen« ein Computer-zu-Computer-Netzwerk anlegen und die Verschlüsselung aktivieren.

Das AirPort Menü-Extra bei aktivierter Internetfreigabe

4. Internetfreigabe aktivieren

Sobald Sie eine Option aktiviert haben, wird das Häkchen »Internetfreigabe« in der Liste links aktivierbar. Klicken Sie dieses, um die Internetfreigabe zu aktivieren.

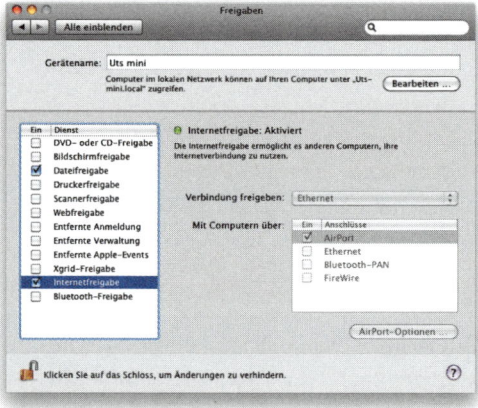

5. Andere Rechner einrichten

Auf den Rechnern, die an der Internetverbindung teilhaben sollen, richten Sie TCP/IP wie für ein internes Netzwerk ein. Unter »Router« tragen Sie die IP-Adresse des Macs mit der Internetverbindung ein.

Wenn Sie also dem Mac, der die Internetverbindung weitergibt, die IP-Adresse 192.168.1.1 gewählt haben, tragen Sie »192.168.1.1« in das Feld »Router« ein. Wählen Sie für die weiteren Rechner eine IP-Adresse im gleichen Subnetz – in unserem Beispiel im Bereich 192.168.1.xxx (Subnetzmaske 255.255.255.0).

Wenn Sie AirPort verwenden, sollten Sie auch bei den Clients das bevorzugte AirPort-Netzwerk einrichten.

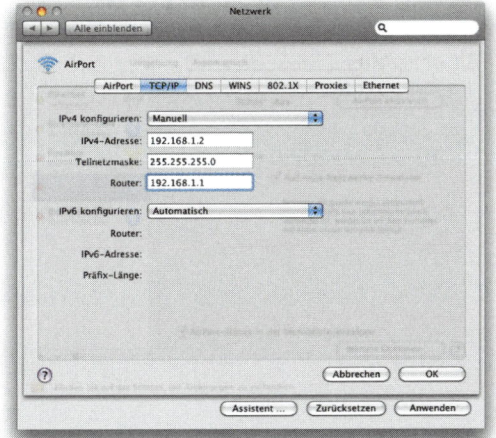

166f◀
Netzwerk einrichten

169◀
AirPort-Netzwerk dauerhaft einrichten

MTU

Sollten Sie auf dem Client-Rechnern Probleme haben, bestimmte Internetseiten zu erreichen, kann es daran liegen, dass die MTU-Größe (Maximum Tranmission Unit) geändert werden muss. Die normale Paketgröße liegt im Internet bei 1500 Byte. DSL fügt jedoch jedem Paket 8 Byte hinzu, sodass das Paket dann 1508 Byte groß ist. Pakete, die größer als 1500 Bytes sind, werden von der Internetfreigabe-Software geteilt, weil keine Pakete übertragen werden können, die größer als 1500 Bytes sind. Solche geteilten Pakete nehmen aber manche Internet-Server nicht an.

Um den MTU-Wert zu ändern, wählen Sie »Weitere Optionen« für die PPPoE-Schnittstelle und wechseln auf die Seite »Ethernet«. Dort wählen Sie im Menü »Konfiguration« »Manuell« aus und im Menü »MTU« die Option »Eigene«. Im Textfeld tragen Sie dann den Wert »1492« ein.

Internetverbindung über Bluetooth weitergeben

Im Kontrollfeld »Bluetooth« kann unter »Weitere Optionen …« die Option »Meine Internetverbindung an andere Bluetooth-Geräte freigeben« aktiviert werden. Damit kann mit Bluetooth-Geräten über ein so genanntes »Personal Area Network« (auch »Piconet« genannt) über die Internetverbindung des Macs im Internet gesurft werden.

335▶
Referenz, Kontrollfeld »Bluetooth«

Netz der Netze

Mit dem Mac in das Internet

Das Internet ist der Datendschungel der Welt. Wie Sie in diesen Datendschungel gelangen und wie Sie ihn nach Daten durchforsten, erklärt dieses Kapitel.

◄ 160ff
Netzwerk

Im Internet sind Millionen von verschiedenartigen Rechnern miteinander vernetzt. Was Sie gemeinsam haben, ist das Verbindungsprotokoll TCP/IP. Auch Sie können mit Ihrem Mac am Internet teilnehmen. Dafür brauchen Sie lediglich drei Dinge:

- **Die Hardwareverbindung:** Für den Internetzugang über DSL oder über ein internes Netzwerk und einen Router wird der Ethernet-Anschluss oder AirPort verwendet. Alternativ kann ein Modem oder ein ISDN-Adapter über USB angeschlossen werden.

▶ 190ff
Dateifreigaben

- **Die Softwareverbindung:** Die Software, die die Verbindung über die verschiedenen Internet-Protokolle ermöglicht. Sie ist in Mac OS X enthalten.
- **Einen Provider:** Den Internetprovider, der die Verbindung zum Internet herstellt und Ihnen eine E-Mail-Adresse zur Verfügung stellt, müssen Sie sich jedoch selber suchen.

Die Konfiguration der möglichen Verbindungen zum Internet wird im Kapitel »Der Mac am Draht« ab Seite 158 beschrieben.

Bestens vorbereitet zeigt sich der Mac für die beiden wichtigsten Bereiche des Internets, die in diesem Kapitel beschrieben werden:

- **WWW:** Für die grafische Oberfläche des Internets ist der Internetbrowser »Safari« installiert.
- **E-Mail:** Für die Post im Internet ist das E-Mail-Programm »Mail« vorhanden.

Die weiteren Protokolle zur Datenübertragung wie z.B. »FTP« werden im Kapitel »Daten schleudern« behandelt.

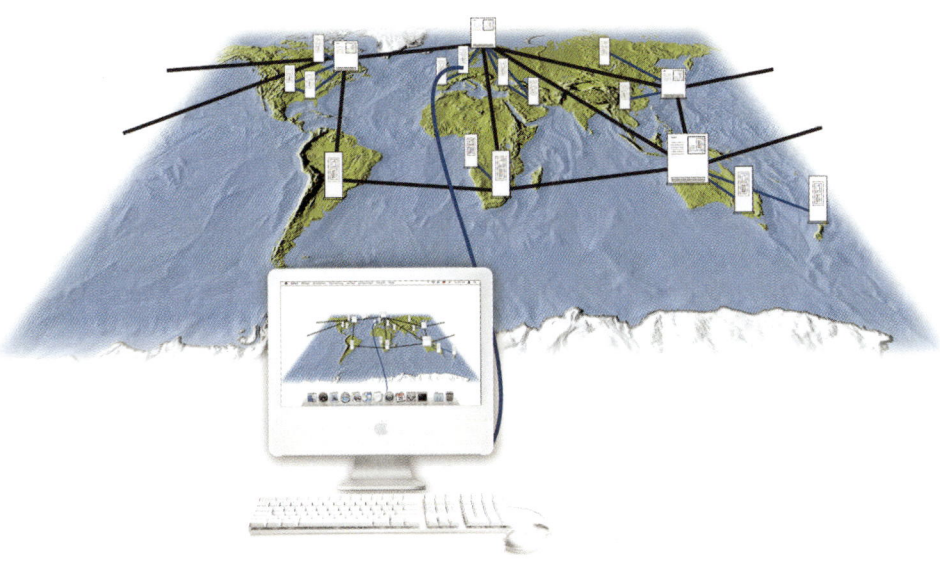

Der Aufbau des Internets

Das Internet ist ein loser Verbund aus vielen Millionen von Computern auf der ganzen Welt. Viele der Rechner sind permanent über das so genannte Backbone miteinander verbunden. Die Internetprovider sind direkt an das Backbone angebunden und bieten an ihren Knotenpunkten über das Telefonnetz Einwahlmöglichkeiten für andere Teilnehmer.

Jedem Computer wird bei der Verbindung ins Internet eine eigene IP-Nummer (zwischen 0.0.0.0 und 255.255.255.255) zugewiesen. So können die einzelnen Computer adressiert werden.

Für jede Verbindung wird ein neuer Weg zwischen zwei Computern ausgewählt. Dafür gibt es die Router, die Informationen über alle angeschlossenen Computer sammeln und so den Weg von einem Computer zu jedem anderen berechnen können.

Domain-Namen

Das Internet war ursprünglich als militärisches Netz (Arpa-Net) entwickelt worden, dessen Struktur trotz schwerer Beschädigung noch funktionieren sollte (etwa nach einem Atomschlag, so geht die Legende). Das im Arpa-Net verwendete Network Control Protocol (NCP), wurde später zu TCP/IP weiterentwickelt.

Als das Internet zu einem wissenschaftlichen Netzwerk wurde, wurden die Domain-Namen eingeführt. Mit diesen Namen sind die Computer für den Anwender einfacher zu unterscheiden, und es können mehrere Computer zu logischen Gruppen zusammengefasst werden. Da aber die Verbindung weiterhin über die IP-Nummern erfolgt, werden auf dem Domain Name Server (DNS) zu jedem Namen passende IP-Nummern gespeichert. Der Anwender muss nur die Adresse eingeben, die dann an den DNS gesendet und in eine IP-Nummer/-Adresse umgewandelt wird.

▶ 179
Internetbrowser

◀ 164f
Verbindungsprotokolle

WWW

Anfang der 90er-Jahre wurde am Genfer CERN von Tim Berners-Lee das World Wide Web (WWW) entwickelt, der grafische Teil des Internets. Das zugrunde liegende Dateiformat HTML (Hypertext Markup Language) machte es möglich, Inhalte grafisch aufbereitet und miteinander verknüpft anzubieten. Mit Links ist es möglich, von einer Webseite auf eine beliebige andere zu springen. Der erste Prototyp eines Browsers lief übrigens auf einer NeXT-Maschine. Der Mosaic-Browser (programmiert von Netscape-Gründer Marc Andreessen), mit dem jedermann unabhängig von der genutzten Computer-Plattform alle möglichen Daten betrachten konnte, erweiterte die Nutzungsmöglichkeiten des Internets. Neue, nicht mehr nur wissenschaftliche Inhalte überfluteten das Netz.

Das Bedienkonzept von Mosaic – mit unterstrichenen Links, die sich mit einem einfachen Klick öffnen und so andere Manipulationen nur per Kontextmenü ermöglichen – ist heute noch Standard bei jedem Internetbrowser. Obwohl es dem Mac-Bedienkonzept widerspricht, wird es auch in Safari verwendet.

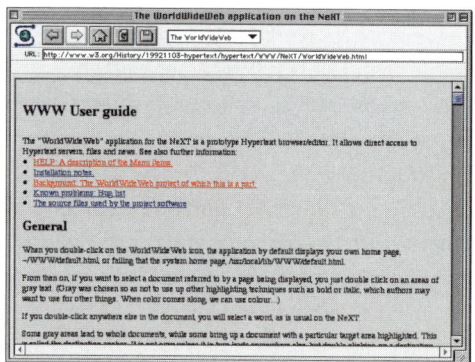

Hier wird eine der ersten HTML-Seiten überhaupt – das Handbuch zum ersten WWW-Browser-Prototypen »WorldWideWeb.app« des CERN – im Internetbrowser »Mosaic« dargestellt. Moderne Internetseiten überfordern diesen alten Browser jedoch.

Protokolle

Im Internet werden verschiedene Protokolle für unterschiedliche Aufgaben verwendet.

Verbindungsprotokolle

TCP/IP ist für die Verbindung zwischen den Rechnern und für das Verschicken der Daten an die richtige Adresse zuständig. **PPP** wird für die Einwahl eines einzelnen Computers in das Netz unabhängig von seinem Standort verwendet.

Übertragungsprotokolle

Für verschiedene Arten von Datenübertragungen gibt es verschiedene Protokolle.

- **Protokolle für das WWW:** Für die Übertragung der aus Text- und Grafik-Daten kombinierten Dokumente im WWW wird **HTTP** (Hyper Text Transmission Protocol) verwendet. Viele Server stellen auch über HTTP Dateien zum Download zur Verfügung. Hierfür findet aber oft auch das FTP-Protokoll Verwendung.
- **Mail-Protokolle:** Für Empfangen von E-Mails werden die Protokolle **POP** (Post Office Protocol) oder **IMAP** (Interactive Mail Access Protocol) verwendet, für das Versenden **SMTP** (Simple Mail Transfer Protocol).

Mit Safari im Internet surfen

Mit Mac OS X wird der Apple-Internetbrowser »**Safari**« mitgeliefert. Andere Internetbrowser (Mozilla Firefox, Netscape, OmniWeb, iCab etc.) können natürlich auch verwendet werden. Sie sind in der grundlegenden Bedienung praktisch gleich.

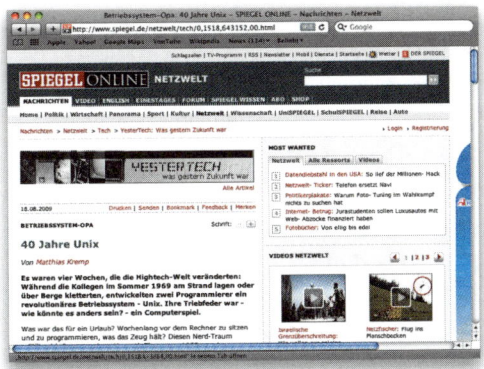

171ff ◄
Lesen Sie im Kapitel »Netzwerk«, wie Sie einen Internetzugang direkt, über einen Router oder über ein lokales Netzwerk einrichten.

Adresse eingeben
In das Textfeld in der oberen Leiste geben Sie die Adresse ein, die Sie besuchen wollen. Dabei muss das Protokoll (http://) nicht unbedingt eingegeben werden. Der Browser ergänzt diesen selbstständig. Für einfache kommerzielle Adressen reicht es sogar, lediglich den Firmennamen einzugeben, beispielsweise wird »apple« zu »http://www.apple.com« ergänzt.

Sobald Sie die Eingabetaste drücken, wird eine Verbindung zu dieser Seite aufgebaut. Innerhalb des Adresseingabefeldes wird der Fortschritt des Seitenaufbaus angezeigt. Mit der Statuszeile am unteren Fensterrand können detailliertere Infos eingeblendet werden.

Wenn die Seite fertig geladen ist, wird die Abbrechen-Schaltfläche (x) zur Neu-Laden-Schaltfläche (kreisförmiger Pfeil).

Links verfolgen
Auf Internetseiten finden sich Verweise zu anderen Internetseiten, sogenannte »Links«. Ein blaues, unterstrichenes Wort im Text ist ein Link, aber auch unter vielen Grafiken verbirgt sich ein Link. Über einem Link wird der Mauszeiger zu einer Hand. In der Statuszeile am unteren Fensterrand wird die Adresse eingeblendet, zu der dieser Link führt. Wenn Sie jetzt auf diese Stelle klicken, wird eine Verbindung zu dieser Adresse aufgebaut, und im Browser-Fenster erscheint der Inhalt der neuen Seite.

Link auf neuer Seite öffnen
Wenn Sie auch mit gedrückter ⌘-Taste auf den Link klicken, wird der Inhalt der verknüpften Seite in einem neuen Fenster angezeigt. Alternativ können Sie mit gedrückter ctrl-Taste (oder mit der rechten Maustaste) auf den Link klicken. Dann öffnet sich ein Kontextmenü, aus dem Sie den Punkt »Link in neuem Fenster öffnen« wählen können.

Vor, zurück
Neben dem Eingabefeld für die Adresse finden Sie mehrere Schalter. Der Linkspfeil führt zu der zuletzt besuchten Seite zurück. Mit dem Rechtspfeil können Sie dann wieder vorwärts wandern.

Dieser Cursor zeigt einen Link an.

Tabs

Mit den Tabs können Sie mehrere Internetseiten in einem Fenster öffnen. Zwischen den Seiten können Sie dann mit einem Klick auf den entsprechenden Titel-Tab oder mit ctrl-Tabulatortaste bzw. ctrl-⇧-Tabulatortaste wechseln. Bei eingeschalteten Tabs wird bei einem Klick auf einen Link mit gedrückter ⌘-Taste ein neuer Tab angelegt. Es ist sogar möglich, Links per Drag&Drop auf die Tab-Leiste in einem neuen Tab zu öffnen. Dafür können Sie mit dem Befehl »Tab-Leiste einblenden« (⌘⇧T) die Tab-Leiste auch dann einblenden, auch wenn nur ein Tab geöffnet ist. Die Tabs lassen sich mit der Maus in der Reihenfolge vertauschen, aber auch von einem Fenster zu einem anderen verschieben. In den Voreinstellungen (⌘;) auf der Seite »Tabs« können Sie das Verhalten der Tabs einstellen.

RSS

Internetseiten, deren Inhalt sich regelmäßig ändert, bieten häufig so genannte RSS-Feeds an. Ein RSS-Feed (Really Simple Syndication) ist eine XML-Datei, in der nur der Inhalt bzw. eine Kurzbeschreibung des Inhalts der korrespondierenden HTML-Seiten enthalten ist.

Safari zeigt das Vorhandensein eines RSS-Feeds auf einer Webseite mit einem kleinen RSS-Symbol am rechten Ende der Adressleiste an. Klicken Sie auf dieses Symbol, wird der RSS-Feed geöffnet. Sie können RSS-Feeds aber auch direkt aufrufen, indem Sie die Adresse (<feed://Adresse>) in die Adresszeile eingeben.

Wenn ein RSS-Feed in Safari geöffnet wurde, werden die Artikel untereinander aufgelistet. Ein Klick auf den Titel des Artikels öffnet diesen als normale HTML-Seite.

Artikellänge

Mit einem Schieber im Bereich rechts neben der Liste kann die Artikellänge eingestellt werden. In der ganz linken Reglerposition werden nur die Titel der Artikel angezeigt, in der rechten die ersten Zeilen aus den Artikeln – vorausgesetzt, die RSS-Datei ist entsprechend aufgebaut.

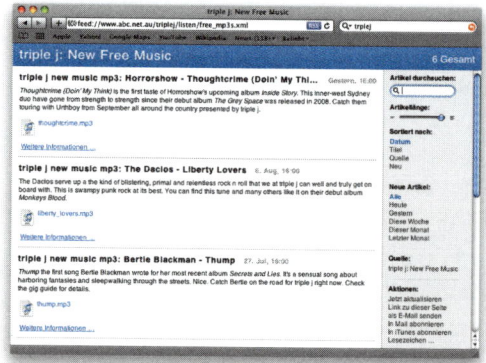

Suchen, sortieren

Mit den weiteren Funktionen im Bereich rechts neben den Artikeln können Sie die Artikel nach verschiedenen Kriterien sortieren oder Artikel heraussuchen, die bestimmte Worte enthalten.

RSS-Lesezeichen

RSS-Feeds können ganz normal als Lesezeichen gespeichert werden (siehe nächste Seite). Wenn die entsprechende Option in den »Voreinstellungen« (⌘,) auf der Seite »RSS« aktiviert ist, wird hinter dem Eintrag automatisch aktualisiert die Zahl der neuen Meldungen angezeigt. Alle RSS-Lesezeichen werden in der Kategorie »Alle RSS-Feeds« gesammelt.

Lesezeichen

Auf der Seite »Lesezeichen« können Sie Ihre Lesezeichen verwalten. Die Lesezeichen-Seite wird mit dem Schalter mit dem stilisierten Buch in der Lesezeichen-Leiste oder mit dem Befehl »**Alle Lesezeichen einblenden**« (⌘⌥B) eingeblendet. Im linken Teil des Fensters werden die Ordner angezeigt, in denen die Lesezeichen sortiert sind. Rechts wird der Inhalt des ausgewählten Ordners angezeigt.

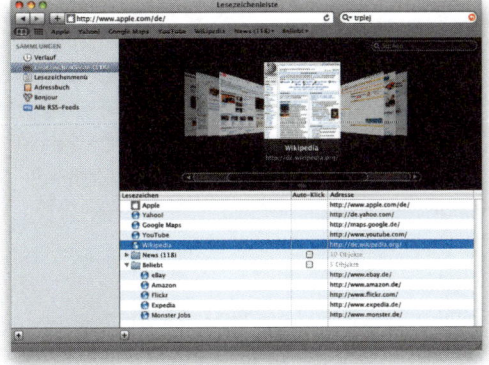

Lesezeichen hinzufügen

Sie können eigene Lesezeichen hinzufügen, indem Sie die Schaltfläche »+« neben dem Eingabefeld für die Adresse klicken oder den Menüpunkt »Lesezeichen hinzufügen« (⌘D) aus dem Lesezeichen-Menü wählen. In einem Dialog lässt sich dann ein Name für das Lesezeichen angegeben sowie der Ordner bestimmen, in den es einsortiert werden soll.

Lesezeichen sortieren

Die Lesezeichen können beliebig in Ordner und Unterordner sortiert werden. Lesezeichen und Ordner lassen sich mit der Maus an die gewünschte Stelle verschieben. Mit den beiden »+«-Schaltern unten im Fenster können neue Ordner im linken oder im rechten Fensterteil angelegt werden.

Lesezeichen bearbeiten

Falls sich die Adresse geändert hat, können Sie die Einträge bearbeiten. Die Adresse kann geändert werden, indem Sie den entsprechenden Eintrag in der Spalte »Adresse« anklicken und dann den Text ändern. In der Spalte »Name« kann auch der Name nachträglich geändert werden.

Weitere Funktionen

Verlauf

Safari führt Buch über die zuletzt besuchten Seiten. Diese werden auf der Lesezeichen-Seite unter »Verlauf« aufgelistet. Die zuletzt besuchten Seiten können auch in dem Menü »Verlauf« aufgerufen werden. Wenn Sie die Zurück-Schaltfläche klicken (bzw., wenn Sie sich zurückbewegt haben, auch die Vorwärts-Schaltfläche) und die Maustaste einen Augenblick gedrückt halten, werden in einem Menü die in diesem Fenster besuchten Seiten aufgelistet. In den Voreinstellungen (⌘,) können Sie bestimmen, nach welchem Zeitraum Einträge aus dem Verlauf gelöscht werden. Ist »**Privates Surfen**« aktiviert (im Safari-Menü), wird kein Verlauf angelegt.

Adressergänzung

Bei der Eingabe in das Adressfeld werden Adressen automatisch ergänzt. Gibt es mehrere Adressen mit den eingetippten Buchstaben, wird ein kleines Menü geöffnet, in dem Adressen aus den Lesezeichen und aus dem Verlauf aufgelistet werden. Die gewünschte Adresse können Sie dann einfach per Doppelklick aus dem Menü heraus öffnen. Oder Sie tippen einfach weiter.

Der Cache

Der Internetbrowser legt von allen Dateien, die er aus dem Internet erhalten hat, eine Kopie auf der Festplatte an (Cache). Auf diesen Cache kann dann schneller zugegriffen werden, wenn die Seite erneut aufgerufen wird. Der Cache befindet sich im Ordner »*Privat*/Library/Caches/Safari«.

Cookies

Mit Cookies legen Internetserver Informationen auf Ihrer Festplatte ab, die beim nächsten Besuch abgefragt werden. So kann ein Server beispielsweise über Ihre Vorlieben auf seinen Seiten Buch führen.

Wenn Ihnen das (zu Recht) unangenehm ist, können Sie in den Voreinstellungen des Internetbrowsers bestimmen, dass keine oder nur bestimmte Cookies akzeptiert werden.

In Safari wählen Sie in den Einstellungen auf der Seite »Sicherheit« die Option »Niemals«. Einige Seiten funktionieren jedoch nicht ohne Cookies. Ein Kompromiss zwischen Privatsphäre und Komfort ist die Option »**Nur von Web-Sites, die ich besuche**«. Mit einem Klick auf die Schaltfläche »Cookies zeigen« können die Cookies auch angesehen und gelöscht werden.

◀ 42
Grundlagen, Java

▶ 325
Referenz, Java-Einstellungen

JavaScript

Viele Autoren von Internetseiten verwenden, um ihre Seiten interaktiver zu gestalten, JavaScript. Mit JavaScript sind z.B. Schaltflächen möglich, die ihr Aussehen verändern, wenn der Anwender mit der Maus über sie fährt. Es können jedoch auch so unangenehme Dinge passieren wie sich selbsttätig öffnende Werbefenster. Manche Seiten lassen sich ohne JavaScript nicht betrachten.

In den Voreinstellungen von Safari kann JavaScript in den Einstellungen auf der Seite »Sicherheit« ein- und ausgeschaltet werden. Aufpoppende Fenster können bei aktiviertem JavaScript mit der Option »**Pop-Ups unterdrücken**« (⌘K) verhindert werden.

Java

Java ist eine Programmiersprache, die von SUN Microsystems entwickelt wurde, um besonders kleine, plattformübergreifende Programme entwickeln zu können. Diese Prögrämmchen (Applets) werden im Quellcode übertragen und dann auf einer »virtuellen Maschine« (VM) ausgeführt. Diese VM ist ein Programm, das den Java-Code in die Sprache des jeweiligen Prozessors überträgt und ausführt. In Mac OS X ist eine Java-VM als Programmumgebung integriert.

Java-Applets können direkt im Browser ausgeführt werden. Ihre Ausführung ist jedoch – unter Mac OS X wohl nicht so sehr wie unter Windows – mit einem gewissen Sicherheitsrisiko verbunden.

Java kann in den Voreinstellungen von Safari in den Optionen auf der Seite »Sicherheit« ausgeschaltet werden.

Plug-ins

Auf vielen Internetseiten werden nicht nur die HTML-Standards verwendet, sondern auch sehr viel weiterreichende Inhalte wie Filme oder Multimedia-Präsentationen. Um diese betrachten zu können, haben die Entwickler der Internetbrowser eine Plug-in-Schnittstelle eingebaut. Alle Internetbrowser verwenden die gleiche Plug-in-Schnittstelle wie der Netscape Navigator. Sie werden in Mac OS X zentral für alle Internetbrowser organisiert.

Damit die Plug-ins aktiviert werden, müssen sie sich beim Starten des Internetbrowsers im Ordner »/Library/Internet Plug-ins« (oder im Ordner »*Privat*/Library/Internet Plug-ins«) befinden. Mit Mac OS X werden das »QuickTime-Plug-in« und das »Shockwave-Plug-in« (für Macromedia Shockwave und Flash) installiert. Die Installationsprogramme anderer Plug-ins können beim jeweiligen Hersteller heruntergeladen werden.

PDF-Dateien werden in Safari ohne ein zusätzliches Plug-in im Browserfenster angezeigt. Wenn Sie die Maus in den unteren Fensterbereich bewegen, werden Bedienelemente eingeblendet.

Mit dem QuickTime-Plug-in können QuickTime-Filme direkt im Internetbrowser abgespielt werden.

47 ◄ Grundlagen, QuickTime

Webarchive

Safari bietet neben der Möglichkeit, die html-Datei und die Bilder separat zu sichern, die weitere Möglichkeit, komplette Internetseiten als Webarchiv zu sichern. Dafür wählen Sie den Befehl »Sichern unter« (⌘S) aus dem Ablage-Menü und dann das Format »Webarchiv«. Der Inhalt der so erstellten Datei kann jedoch nur in Safari (ab Version 2.0) betrachtet werden.

Web Clips

Mit Safari lassen sich Web Clips erzeugen, die in Dashboard angezeigt werden. Mehr dazu lesen Sie im Kapitel »Chaos-Kontrolle«.

153 ◄ Dashboard, Web Clips

Internetseite als E-Mail verschicken

Mit dem Befehl »Inhalt dieser Seite als E-Mail verschicken« wird in Mail eine neue E-Mail erstellt und die komplette Internetseite als Anhang eingefügt.

Eine komplette Internetseite wurde als Mail empfangen.

Mit dem Mac in das Internet **183**

▶ 204f
Freigaben, Dateien kodieren

Downloads

Da die Übertragungsgeschwindigkeiten im Internet bei Weitem nicht so hoch sind wie in lokalen Netzwerken, werden Daten für das Verschicken über das Internet gepackt. Dateien werden mit verschiedenen Rechenalgorithmen verlustfrei in ihrer Größe reduziert, um später am Ziel wieder auf ihre ursprüngliche Form gebracht zu werden.

Formate

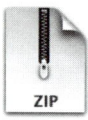

Der Standard unter Mac OS X ist »ZIP« (.zip), es wird vom Finder zum Archivieren verwendet. Programme liegen häufig in Disk-Images (.dmg). Auch auf PCs ist das ZIP-Format üblich. Im UNIX wird meist das »Tape Archive« (.tar) oder »Gzip« (.gz) oder die Kombination »Gzipped Tar« (.tgz) verwendet.

zip, tar, gz und tgz werden (wie auch bz, bz2 und cpio) vom »Archivierungsprogramm« (es befindet sich in »/System/Library/CoreServices«) automatisch entpackt, Disk-Images werden automatisch gemountet. Safari legt dabei die gepackte/kodierte Datei in den Papierkorb.

Auf älteren Mac-Systemen wurden Dateien häufig im »StuffIt-Archiv«-Format gepackt (.sit oder .sitX), oft zusätzlich in Macbinary (.bin) oder BinHex (.hqx) kodiert. Diese können mit dem »Stuffit Expander« entpackt werden. Den Stuffit Expander können Sie sich kostenlos unter <www.stuffit.com> herunterladen. Wenn der StuffIt-Expander installiert ist, kann Safari auch StuffIt-Archive automatisch entpacken.

Für andere Formate stehen eigene Programme zur Verfügung, z.B. »UnRarX« für RAR-Archive (.rar).

▶ 189
Lesen Sie hier über den Datenversand per E-Mail-Anhang

Ausgepackte Downloads

Nach dem Herunterladen entstehen beim Entpacken neue Dateien. Wenn Sie beispielsweise eine gezipte Datei heruntergeladen haben, finden sich auf Ihrer Festplatte (bzw. in Ihrem Downloads-Ordner) nach dem Download und dem Entpacken folgende Dateien:

- Eine **gepackte Datei**. In unserem Beispiel hat sie das Suffix ».zip«.
- Ein **Ordner mit den ausgepackten Dateien** oder auch eine einzelne Datei. Diese ausgepackten Dateien können Sie auf Ihrem Mac verwenden, die andere können Sie ruhig wegwerfen. (Tipp: Behalten Sie die gepackte Datei zum Archivieren. Sie können dadurch Speicherplatz auf Ihrem Archivierungsmedium sparen.)

Manuell auspacken

Sollte das Auspacken nicht automatisch gestartet werden (es z.B. aus Sicherheitsgründen in den Voreinstellungen von Safari deaktiviert haben), doppelklicken Sie die heruntergeladene Datei. Das »Archivierungsprogramm« dekomprimiert dann die Datei.

Safari Downloads

Safari legt Downloads während des Herunterladens in einen Bundle-Ordner, der im Finder als Download-Datei erscheint. In dem Ordner befindet sich eine Plist-Datei, die neben der Download-Adresse weitere Informationen enthält, sowie die eigentliche Datei, die heruntergeladen wird. Wenn der Download fertig ist, hüpft das Stack-Icon des Download-Ordners einmal im Dock.

Suchen im Internet

Um Inhalte im Internet zu suchen, stehen so genannte Suchmaschinen zur Verfügung. Diese katalogisieren die Texte der verschiedensten Internetseiten mithilfe von Programmen, den Robots. Die Suchmaschinen sind über ihre jeweilige Internetseite erreichbar. Dort kann ein Suchbegriff in ein Texteingebefeld eingegeben werden. Für die erweiterte Suche – mehrere Suchbegriffe logisch verknüpft, Einschränkungen auf oder Ausschluss bestimmter Seiten oder Domains o.ä. – steht meist eine weitere Seite mit einer Eingabemaske zur Verfügung.

Die Optionen der erweiterten Suche können auch mit entsprechenden Zeichen in der Sucheingabe angegeben werden. Wortgruppen werden beispielsweise in Anführungszeichen (⇧2) gesetzt, der Text »site:xxx« beschränkt die Suche auf die Domain »xxx«. Eine Anleitung für Google finden Sie z.B. unter <http://www.google.com/intl/de/help/refinesearch.html>.

Meta-Suchmaschinen fragen wiederum mehrere andere Suchmaschinen ab.

Google-Suche mit Safari

In der Adressleiste findet sich rechts ein weiteres Texteingabefeld. Die hier eingegebenen Texte werden direkt an die Suchmaschine »Google« <www.google.com> weitergegeben.

Safari gibt die Anfrage an Google ohne Angabe der bevorzugten Sprache weiter. Wenn Sie nur in Seiten auf Deutsch suchen wollen, klicken Sie im Google-Fenster auf den Schalter »Suche Seiten auf Deutsch« und dann die Eingabetaste, um die Suche erneut auszuführen. Unter »Einstellungen« rechts neben dem Suchfeld auf der Google-Seite können Sie auch eine permanente Spracheinstellung vornehmen, die dann als Cookie gespeichert wird.

In Safari wurde per Eingabe in das Textfeld »Google Suche« ein Begriff gesucht. Im Fenster wird die Google-Seite mit den Ergebnissen angezeigt.

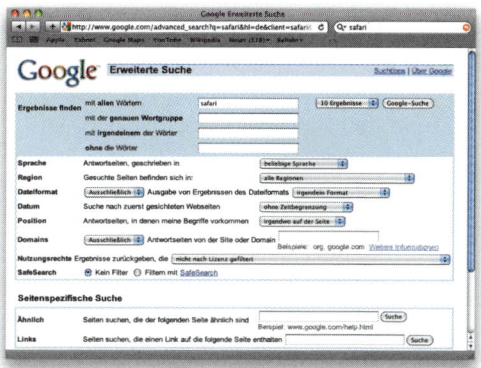

Die erweiterte Suche bietet viele zusätzliche Funktionen.

Snap-Back

Wenn Sie Links in den Google-Suchergebnissen verfolgt haben, können Sie mit einem Klick auf den orangefarbenen Pfeil rechts im Feld für die Sucheingabe einfach auf die Suchergebnis-Seite zurückspringen.

E-Mails mit »Mail«

E-Mails sind ein essenzieller Bestandteil des Internets. Sie werden mit einem E-Mail-Programm erstellt, versendet und empfangen. E-Mails enthalten reinen Text, deshalb sind sie völlig plattformunabhängig. Wie bei anderen Textdateien werden auch hier in seltenen Fällen Sonderzeichen falsch dargestellt. Sollten Sie eine E-Mail mit falschen Sonderzeichen bekommen, verzichten Sie bei der Antwort einfach auf Sonderzeichen und Umlaute – schreiben Sie z.B. UE statt Ü.

An E-Mails lassen sich aber auch Dateien anhängen – so genannte »Attachement« oder Anhänge. Über diese Anhänge können Dateien unproblematisch über das Internet an einen speziellen Empfänger verschickt werden.

Mit Mac OS X wird das E-Mail-Programm »**Mail**« installiert. Sie können natürlich auch jedes andere E-Mail-Programm verwenden.

Mail kann mit Accounts nach den Standards POP und IMAP umgehen. Außerdem können Accounts für Microsoft Exchange-Server eingerichtet werden.

◀ 110f Symbolleiste anpassen

Account einrichten

Mit dem Programm Mail können mehrere E-Mail-Accounts verwaltet werden. Sie legen diese mit dem Befehl »Account hinzufügen« aus dem Ablage-Menü an. Die für die Konfiguration des E-Mail-Accounts erforderlichen Daten erhalten Sie von Ihrem Internetprovider. Um Daten für den SMTP-Server einzutragen, klicken Sie auf die Schaltfläche »Server-Einstellungen«.

Wenn mehrere Accounts eingerichtet sind, kann bei Erstellen einer neuen E-Mail bestimmt werden, von welchem Account und über welchen SMTP-Server die Mail verschickt werden soll.

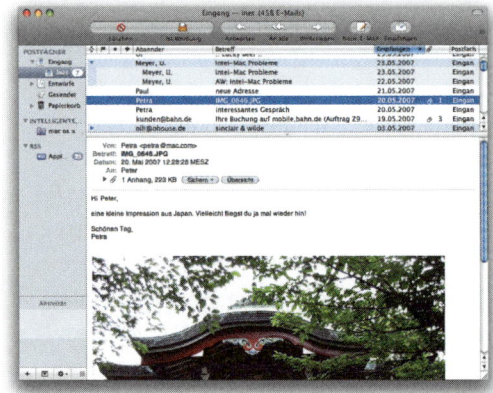

Die Inbox von »Mail« mit Verlaufsdarstellung.

Symbolleisten anpassen

Die Symbolleisten des Hauptfensters und des Fensters »Neue E-Mail« lassen sich wie die Symbolleisten des Finders anpassen.

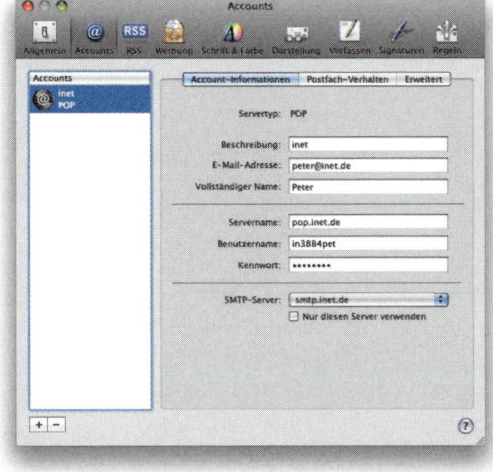

E-Mails empfangen

Wenn Sie auf die Schaltfläche »Empfangen« klicken, wird eine Verbindung zum Internetprovider aufgebaut und der E-Mail-Account abgefragt. Die empfangenen E-Mails finden Sie im Postfach-Ordner »Inbox«. Sie können sie per Einfachklick im unteren Teil des Fensters anzeigen lassen. Mit einem Doppelklick öffnen sich die E-Mails in einem eigenen Fenster.

In den Voreinstellungen auf der Seite »Allgemein« kann auch ein Zeitplan für den automatischen Empfang der E-Mails eingestellt werden.

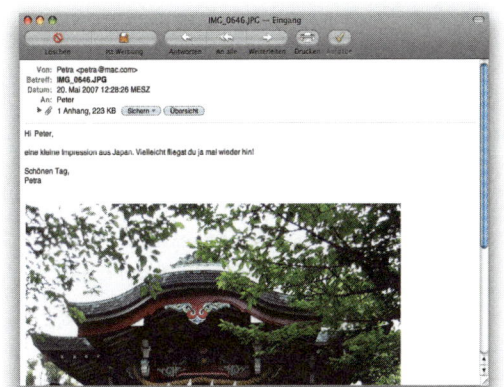

Die Anzahl der ungelesenen Mails in der Inbox wird im Dock-Symbol von »Mail« angezeigt.

Mailboxen – Postfächer

Alle E-Mails können in Mail in verschiedenen Mailboxen sortiert werden. Dafür klicken Sie auf das kleine »+« ganz unten links und wählen mit dem Befehl »Neues Postfach …« ein neues Postfach an. In dieses können Sie dann die gewünschten E-Mails ziehen. Es können auch Unter-Mailboxen angelegt werden oder Mailboxen durch Hereinziehen in Mailboxen sortiert werden.

Intelligente Mailboxen

Zusätzlich lassen sich in Mail so genannte intelligente Mailboxen anlegen. Diese funktionieren ähnlich wie die intelligenten Ordner im Finder. Wenn Sie den Befehl »Neues intelligentes Postfach« aus dem Postfach-Menü wählen, werden Sie aufgefordert, bestimmte Kriterien für den Inhalt des Postfaches zu bestimmen. In der so angelegten intelligenten Mailbox werden automatisch aktualisiert alle E-Mails angezeigt, die den eingestellten Kriterien entsprechen.

Mit dem Befehl »Neuer Ordner für intelligente Postfächer« können auch Ordner angelegt werden, in denen die intelligenten Postfächer sortiert werden können.

Mailboxen löschen

Mailboxen und intelligente Mailboxen können mit dem Befehl »Löschen« aus dem Postfach-Menü gelöscht werden. Bei normalen Mailboxen wird dabei der komplette Inhalt mit gelöscht.

Darstellungen in den Postfächern

In den Postfächern können die E-Mails – wie in der Listendarstellung des Finders – nach verschiedenen Kriterien sortiert werden. Zum Umsortieren klicken Sie in den entsprechenden Spaltentitel. Zusätzlich besteht die Möglichkeit, die E-Mails in Verläufen zu sortieren. Dabei werden zusammengehörende E-Mails zusammengefasst angezeigt. Die für die verschiedenen Darstellungen nötigen Einstellungen nehmen Sie mit den Menübefehlen im Menü »Darstellung« vor.

Postfächer ein- und ausblenden

Der Befehl »Postfach einblenden« bzw. »Postfächer ausblenden« (⌘⇧M) im Darstellungs-Menü blendet die Postfächer seitlich am Hauptfenster ein bzw. aus.

106f ◄
Finder, Listendarstellung

147 ◄
Intelligente Ordner

Mit dem Mac in das Internet

E-Mails verschicken

1. Neue Mail anlegen
Wenn Sie eine neue E-Mail verschicken wollen, klicken Sie im Hauptfenster des Mail-Programms auf die Schaltfläche »Neu«.

2. Adresse
In der Zeile »An« geben Sie zuerst den Namen und die E-Mail-Adresse des Empfängers ein.
Ist der Empfänger im Programm »Adressbuch« angelegt, brauchen Sie nur die ersten Buchstaben seines Namens zu tippen, Mail ergänzt dann Namen und Adresse. Wenn Sie eine E-Mail an mehrere Empfänger verschicken wollen, geben Sie die Adressen mit Komma und Leerzeichen getrennt nacheinander ein.

▶ 310f
Referenz, Adressbuch

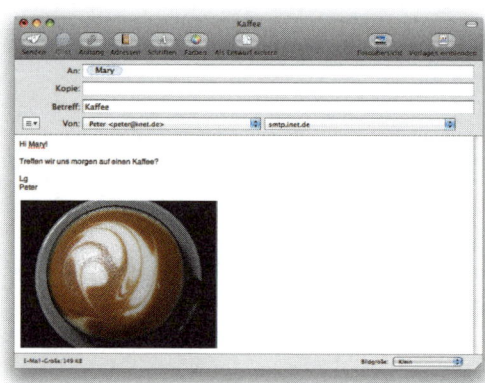

3. Betreff
In die Zeile »Betreff« geben Sie einen Titel für Ihre Mail an.
Den Betreff bekommt der Empfänger in der Liste seiner empfangenen E-Mails zu sehen, er sollte also Auskunft über den Inhalt geben.

4. Text und Anhang
In das große Textfeld unten schreiben Sie den Text. Dort können Sie auch Anhänge einfügen.

5. Verschicken
Klicken Sie auf die Schaltfläche »Senden«.
Der Mac baut eine Verbindung zum Internet auf und versendet die Mail. Wenn keine Verbindung zum SMTP-Server aufgebaut werden kann, wird die Mail im »Ausgang« gesichert.

Entwürfe
Wenn Sie auf die Schaltfläche »Als Entwurf sichern« klicken, wird die E-Mail im Postfach »Entwürfe« gespeichert. Die hier abgelegten E-Mails können geöffnet und weiter bearbeitet werden. Neue E-Mails werden nach einer kurzen Zeit automatisch als Entwurf gesichert.

Vorlagen
Im Mail für Mac OS X Snow Leopard können Sie auch html-Mails erstellen. Dafür stehen verschiedenen Vorlagen zur Verfügung. Verzichten Sie jedoch besser auf das Versenden von html-Mails, da es allgemein verpönt ist.

E-Mail-Anhänge

Wenn Sie eine Datei an eine E-Mail anhängen und so an einen bestimmten Adressaten verschicken wollen, ziehen Sie einfach die gewünschte Datei in das Fenster der neuen E-Mail. Alternativ können Sie auch den Befehl »Anhang hinzufügen« (⌘⇧A) verwenden und das Objekt mit dem Öffnen-Dialog auswählen.

Die Anhänge empfangener E-Mails können im Fenster unter dem Kopf der empfangenen Nachricht angezeigt werden und lassen sich direkt aus dem Fenster auf den Schreibtisch oder in ein Finder-Fenster ziehen. Bilder werden zusätzlich direkt in der E-Mail angezeigt und können über das Menü »Bildgröße« rechts unten in der Größe verändert werden.

Wenn Sie im Dialog »Anhang hinzufügen« (⌘⇧A) die Option »Anhänge Windows-kompatibel senden« aktivieren, werden die zusätzlichen Zweige der Datei nicht mitgesendet.

E-Mail-Kodierungen

Das »Simple Mail Transfer Protokoll« (SMTP), mit dem E-Mails verschickt werden, ist ein sehr altes Protokoll. Es stammt aus der Zeit lange vor dem WWW. Daher werden E-Mails als 7-bit-ASCII verschickt. Heutzutage bestehen Texte aber aus 8-bit-ASCII- oder gar Unicode-Zeichen und auch die Bytes in Dateianhängen sind 8 bit groß. Daten, die per E-Mail verschickt werden, müssen also kodiert werden.

Hierfür stehen zwei spezielle Kodierungen zur Verfügung. **UUEncode** (UNIX-to-UNIX Encode) und **Base64**. UU-Encode und Base64 wandeln die Daten in ASCII-Code um, der ohne Probleme übertragen werden kann. UU-Encode wandelt dabei mittels eines Algorithmus die 8-bit-Daten in 7-bit-ASCII um. Base 64 kodiert einfach per Tabelle. Der Wert von jeweils 6 bit wird durch eines von 64 7-bit-ASCII-Zeichen repräsentiert.

In einigen E-Mail-Programmen können verschiedene Kodierungen ausgewählt werden. Sie können dort also die Kodierung je nach Betriebssystem bzw. Mail-Programm des Empfängers bestimmen. Heutzutage wird meist Base64 verwendet.

Auch die **AppleDouble**-Codierung in »Mail« verwendet Base64. Mail verschickt Daten und Ressourcen einer Datei in zwei einzelnen Base64-kodierten Dateien mit dem gleichen Namen (aber unterschiedlichen MIME-Typen). Die Dateien werden dann vom Empfänger-Mail-Programm wieder zusammengesetzt. Ein Windows- oder Linux-Empfänger erhält zwei Anhänge: Eine lesbare Datei (z.B. das JPG-Bild) und eine, die er nicht lesen kann. Den lesbaren Anhang mit den Daten kann er ganz normal benutzen.

204f ▶
Freigaben, Dateien kodieren

215 ▶
AppleDouble

58 ◀
Grundlagen, Zweige

175f ◀
Geschichte des Internets

Notizen, Aufgaben und RSS

Im Snow-Leopard-Mail können auch Notizen und Aufgaben gespeichert werden. Diese werden in der Postfach-Spalte unter »Erinnerungen« eingetragen. Die hier aufgeführten Aufgaben sind übrigens identisch mit den in iCal angelegten Aufgaben. Bei den Notizen handelt es sich um die Notizen, die sich über iTunes mit dem iPhone oder iPod touch synchronisieren lassen.

Unter »RSS« können RSS-Feeds angezeigt werden. Diese werden in Safari geöffnet.

All diese Dinge haben allerdings mit E-Mails nichts zu tun.

Daten schleudern

Dateiaustausch über das Netzwerk

Mit den verschiedenen File-Sharing-Protokollen können Sie Daten einfach über das interne Netzwerk oder auch über das Internet austauschen. In diesem Kapitel erfahren Sie, wie Mac OS X mit nur wenigen Einrichtungsschritten einen reibungslosen Datenaustausch zwischen mehreren Rechnern ermöglicht.

◄ 16off
Lesen Sie hier, wie ein TCP/IP-Netzwerk eingerichtet wird.

Nachdem die Rechner miteinander verbunden sind und das Netzwerk eingerichtet ist – siehe das Kapitel »Netzwerk« ab Seite 160 – können Daten von einem Rechner zum anderen verschickt werden.

Dafür stehen die Netzwerk-Datenaustausch-Protokolle der jeweiligen Computerplattform zur Verfügung. Macs tauschen Daten über AppleShare aus, Windows-Rechner über SMB und UNIX-Rechner über NFS.

Mac OS X enthält die Client-Software für die drei Protokolle. AppleShare- und SMB-Server erscheinen im Finder unter »Netzwerk«, alternativ kann aber auch direkt über den Befehl »Mit Server verbinden« ein AppleShare-Netzwerk-Volume, eine SMB-Freigabe oder ein NFS-Export gemountet werden.

Die Server-Software für AppleShare und SMB kann einfach im Kontrollfeld »Freigaben« aktiviert werden.

Auch für FTP, das Internet-Datenübertragungsprotokoll, und HTTP, das Protokoll des WWW, stehen Client- und Server-Software zur Verfügung.

Außerdem bietet Mac OS X die Möglichkeit Dateien mit Bluetooth-Geräten auszutauschen und zur Bildschirmsteuerung eines anderen Computers.

Server und Clients

In Netzwerken gibt es eine grundlegende Aufgabenverteilung. Man unterscheidet zwischen Servern und Clients. **Server** sind die Rechner, die die Daten zur Verfügung stellen, auf die also zugegriffen werden kann. Die **Clients** greifen auf die vom Server bereitgestellten Daten zu. Auf Clients kann nicht von anderen Rechnern aus zugegriffen werden.

Grundsätzlich kann ein Rechner auch gleichzeitig Server und Client sein. Dieser Rechner greift dann auf die Daten anderer Server zu, ermöglicht aber auch den Zugriff anderer Rechner auf seine Daten.

Protokolle für den Datenaustausch über das Netzwerk

Für den Austausch von Dateien im internen Netzwerk und über das Internet stehen verschiedene Protokolle zur Verfügung.
- **AppleShare (AFP):** Das Apple-eigene Protokoll zeichnet sich durch einfache Handhabung und hohe Sicherheit aus.
- **SMB** (Server Message Blocks) ist das native Freigabe-Protokoll für Windows-Rechner. Das SMB-Protokoll wird für UNIX-Rechner über Samba bereitgestellt.
- **NFS:** Für den Dateiaustausch zwischen UNIX-Computern wird NFS (Network File System) verwendet.
- **FTP:** Für die Dateiübertragung über das Internet wird häufig FTP (File Transfer Protocol) verwendet.
- **HTTP:** Für die Übertragung von Internetseiten wird das HTTP-Protokoll (Hyper Text Transfer Protocol) verwendet. Mit HTTP können auch Dateien runtergeladen werden, es bietet jedoch keine Möglichkeit, Dateien auf den Server zu laden.
- **WebDAV:** Mit der Protokollerweiterung WebDAV (Web-based Distributed Authoring and Versioning) können über HTTP auch Dateien hochgeladen werden. So kann HTTP auch für Dateiaustausch über das Internet verwendet werden. WebDAV wird beispielsweise für die iDisk und von iCal verwendet.

AppleShare, SMB und NFS sind für interne Netzwerke konzipiert, FTP, HTTP und WebDAV für das Internet. Die lokalen Protokolle können aber auch bei Bedarf über das Internet und die Internet-Protokolle über das lokale Netzwerk verwendet werden.

Jeder Mac besitzt die nötige Software, um als AppleShare, SMB oder NFS-Client im internen Netz zu dienen. Auch für FTP und WebDAV ist Software vorhanden. Das HTTP-Protokoll wird über den Internetbrowser bedient.

Mit der integrierten Freigabe-Software kann zudem jeder Mac als Apple-Share-Server, als Samba-Server oder als FTP-Server arbeiten. Auch ein HTTP-Server steht zur Verfügung.

Die Auswahl des richtigen Protokolls
Da die Protokolle alle ihre Vor- und Nachteile haben, sollten Sie unterschiedliche Freigabe-Protokolle für unterschiedliche Aufgaben verwenden.
- **Datenübertragung von Mac zu Mac:** Hier verwenden Sie AppleShare. Dieses Protokoll ist speziell auf die Eigenarten des Macs abgestimmt und bietet alle Möglichkeiten für einen sauberen und schnellen Datentransfer von Mac zu Mac.
- **Daten zu einem Windows-Rechner übertragen:** Da Windows ohne Zusatzsoftware nur das eigene Protokoll SMB beherrscht, bietet sich hier nur SMB als Freigabe-Protokoll an.
- **Daten zu einem Linux- oder UNIX-Rechner übertragen:** Hier bietet sich das UNIX-eigene Protokoll NFS an. Linux-Rechner haben zwar meist einen Samba-Server eingebaut, SMB ist aber auf die Eigenarten von Windows abgestimmt. Häufig läuft auf Linux-Rechnern auch die Apple-Share-Implementation »Netatalk«. Empfehlenswert ist aber nur eine Version ab 2.x. (Netatalk 1.x ist einer sehr alten Version von AppleShare nachprogrammiert und daher für Mac-OS-X-Clients ungeeignet.) Da Netatalk die zusätzlichen Zweige und Metadaten der Dateien anders speichert als Mac OS X, sollte von einer parallelen Anbindung über Netatalk und SMB bzw. NFS Abstand genommen werden.
- **Große Dateien über das Internet:** Hier bietet sich FTP an.

201▶
Dateinamen bei SMB

62◀
Zweige und Objektattribute

◄ 158ff
Lesen Sie hier, wie ein TCP/IP-Netzwerk eingerichtet wird.

Am Server anmelden

Der Finder von Mac OS X bietet zwei verschiedene Möglichkeiten zur Anmeldung an einem File-Sharing-Server. Die Anmeldung über den Ordner »Netzwerk« bzw. die freigegebenen Objekte in der Seitenleiste und über den Befehl »Mit Server verbinden«.

Anmelden über den Ordner »Netzwerk«

1. Verfügbare Server anzeigen lassen
Wählen Sie den Befehl »Netzwerk (⌘⇧K) aus dem Menü »Gehe zu« bzw. öffnen Sie mit einem Klick auf das kleine Dreieck die Kategorie »Freigaben« in der Seitenleiste.
Es werden alle verfügbaren Server aufgeführt, die AppleShare- oder SMB-Freigaben anbieten. Falls der gewünschte Server hier nicht erscheint, sollten Sie die Verbindung mit der auf der nächsten Seite unter »Mit Server verbinden« beschriebenen Methode herstellen.

► 197f
Lesen Sie hier, wie Sie Ihren Mac zum Server machen.

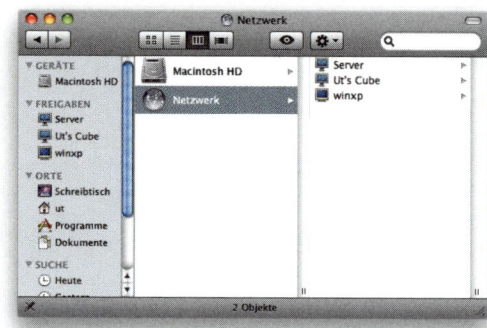

2. Server auswählen
Doppelklicken Sie auf das Symbol des gewünschten Servers.
Sie werden automatisch mit dem Server verbunden. Auf Windows-Servern bzw. auf Mac-Servern, wenn Sie auf Ihrem Mac mit einem Account angemeldet sind, der nicht auf dem Server existiert, werden Sie als Gast oder gar nicht angemeldet.

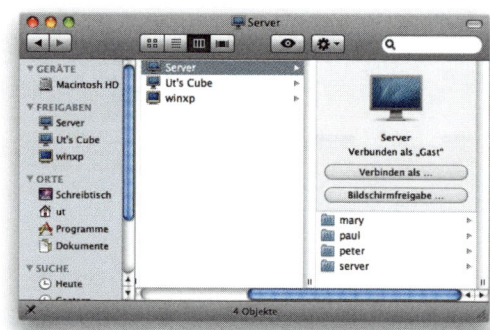

3. Evtl. unter einem anderen Namen anmelden
Falls Sie als Gast (oder gar nicht) angemeldet sind, können Sie sich mit einem anderen Namen anmelden. Hierfür klicken Sie auf »Verbinden als …« und geben Sie Ihren Namen und Ihr Kennwort für diesen File-Server ein und klicken Sie auf »Verbinden«.
Wenn Sie das Passwort zum Schlüsselbund hinzufügen, werden Sie beim nächsten Aufrufen des Servers automatisch mit diesem Namen verbunden.

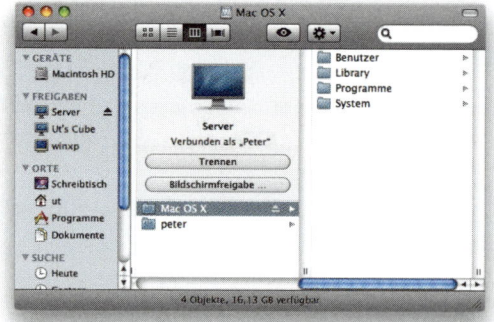

Mit Server verbinden

Wenn der Server im Finder nicht unter »Netzwerk« angezeigt wird, gibt es eine alternative Methode für das Verbinden mit einem Server.

1. *File-Server auswählen*
   Wählen Sie im Finder aus dem Menü »Gehe zu« den Menüpunkt »Mit Server verbinden ...« (⇧K).

2. *Server-Adresse eingeben*
   Geben Sie die IP-Nummer bzw. den Domain-Namen des Servers ein. Diese können Sie bei Ihrem Netzwerkadministrator erfragen.
   Die Eingabe erfolgt nach dem Schema »Protokoll://IP-Adresse bzw. Domain-Name«. Hierbei verbindet »afp://« über AppleShare, »smb://« über SMB, »nfs://« über NFS etc. Wird kein Protokoll angegeben, wird AppleShare verwendet.

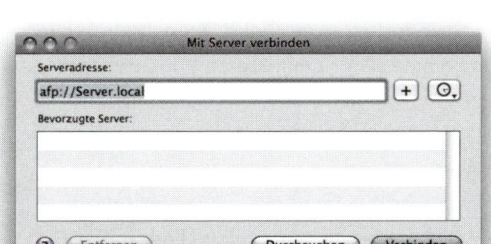

3. *Anmelden*
   In das Dialogfeld geben Sie Ihren Namen und das Passwort ein und klicken Sie auf »Verbinden«.
   Das Benutzerkennwort erfragen Sie, falls nötig, beim Netzwerkadministrator.
   Mit der Zahnrad-Schaltfläche können Sie das Passwort auf dem Server ändern sowie die Art der Verschlüsselung des Passworts bestimmen.

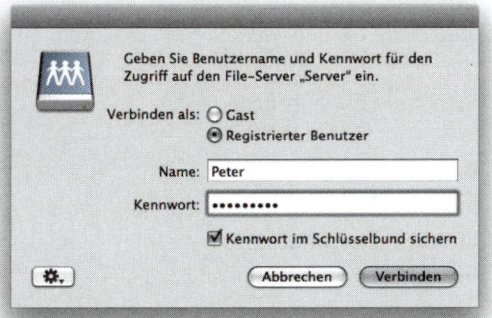

4. *Netzwerkobjekt auswählen*
   Nun werden in einem Fenster alle auf dem Server verfügbaren Volumes aufgelistet. Doppelklicken Sie auf das gewünschte Objekt.
   Das Symbol des Objekts erscheint auf Ihrem Schreibtisch, in der Seitenleiste bzw. im Fenster »Computer« (⌘⇧C). Sie können mit diesem Objekt genauso arbeiten wie mit einem Volume Ihres Rechners.

▶ 340
Referenz,
Kontrollfeld
»Erscheinungsbild«,
Benutzte
Objekte

Windows-Arbeitsgruppen
Im Fenster »Netzwerk« bzw. in der Seitenleiste unter »Freigaben« erscheinen nur Server, die sich in der gleichen Windows-Arbeitsgruppe befinden wie Ihr Mac. Wenn ein Windows-Server dort nicht erscheint, kann daran liegen, dass er sich in einer anderen Windows-Arbeitsgruppe befindet. Über »Mit Server verbinden« (⌘K) ist jedoch die Verbindung mit anderen Windows-Servern im Netzwerk möglich. Wenn Sie regelmäßig auf einen bestimmten Windows-Server zugreifen wollen, ändern Sie die Arbeitsgruppe. Die Arbeitsgruppe wird im Kontrollfeld »Netzwerk« für die jeweilige Schnittstelle unter »Weitere Optionen ...« auf der Seite »WINS« bestimmt.

Erneut anmelden
Netzwerk-Volumes, die beim Abmelden des Benutzers (bzw. beim Ausschalten des Macs) angemeldet waren, werden beim erneuten Anmelden des Benutzers – sofern erreichbar – automatisch wieder angemeldet.

◀ 63
Technik,
Alias

Benutzte Server
Im Apfel-Menü unter »Benutzte Server« werden die Server aufgelistet, mit denen Sie zuletzt über »Netzwerk« verbunden haben.

Benutzte Server, die 2.
Im Fenster »Mit Server verbinden« werden in dem Menü, das sich bei einem Klick auf die Schaltfläche mit der Uhr öffnet, alle zuletzt besuchten Server zur Schnellauswahl aufgelistet.

Bevorzugte Server
Wenn Sie auf einen Server häufiger zugreifen möchten, können Sie im Fenster »Mit Server verbinden« (⌘K) die Adresse des Servers mit der Schaltfläche »+« in die Liste »Bevorzugte Server« einfügen. Diese lässt sich dann einfach per Doppelklick öffnen.

Verbinden über Alias im Finder
Für Netzwerk-Volumes, die Sie häufig brauchen, können Sie aber auch direkt im Finder ein Alias anlegen, das die Anmeldeprozedur verkürzt.

Ziehen Sie einfach das gemountete Netzwerk-Volume mit gedrückten Tasten ⌘ und ⌥ vom Schreibtisch bzw. aus dem Ordner »Computer« (⌘⇧C) in einen beliebigen anderen Ordner oder markieren Sie das Volume und wählen Sie den Befehl »Alias erzeugen« (⌘L) aus dem Menü »Ablage« des Finders.

Wenn Sie dieses Alias doppelklicken, erscheint der Dialog »Verbindung herstellen«, in dem Ihr Benutzername schon eingetragen ist. Sie müssen nur noch das Passwort eintragen und auf »Verbinden« klicken. Wenn Sie das Passwort zum Schlüsselbund hinzugefügt haben (Schaltfläche »Optionen«) oder wenn Sie bereits mit einem anderen Volume des Servers verbunden sind, wird selbst diese Abfrage übergangen und das Netzwerkobjekt erscheint unmittelbar auf dem Schreibtisch.

Vom Server abmelden
Legen Sie die Symbole aller Netzwerkobjekte des Servers in den Papierkorb bzw. klicken Sie in der Seitenleiste des Finders auf das Auswurf-Symbol.

Dateien auf dem Windows-PC

Der Finder verwendet Windows-Freigaben wie lokal gemountete DOS-formatierte Volumes. Es gelten die im Kapitel »Weltenbummler« auf Seite 214 beschriebenen Einschränkungen in Bezug auf die Dateinamen und Pfadlängen. Die Inhalte der Named Forks werden in einer (unsichtbaren) Datei gleichen Namens mit dem Präfix »._« abgelegt. Sie können jedoch vom Windows-PC nicht verwendet werden.

Windows-Ordnernamen

Der Windows-Explorer zeigt für bestimmte Ordner im Explorer angepasste Ordnernamen (z.B. »Dateien von *Benutzername*« statt »Eigene Dateien«). Auf dem Mac werden jedoch die tatsächlichen Pfadnamen angezeigt.

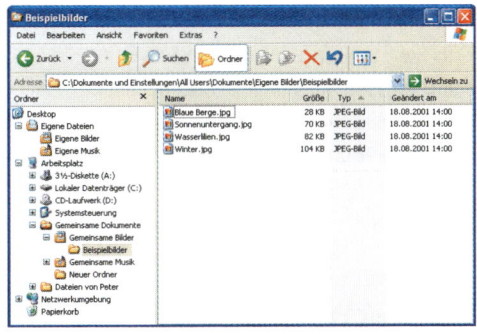

214ff ▸
Lesen Sie hier über den Datenaustausch mit dem Windows-PC

58 ◂
Technik, Named Forks

Der freigegebene Ordner eines Windows-XP-PCs.

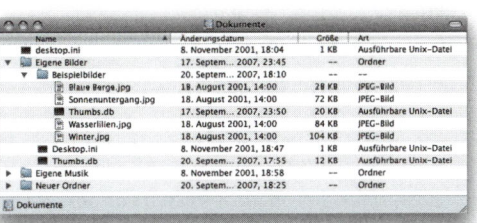

Derselbe Ordner im Finder von Mac OS X.

FTP, WebDAV und NFS im Finder

Mit dem Befehl »Mit Server verbinden« (⌘K) können FTP-, WebDAV- und NFS-Servervolumes im Finder gemountet werden. Dafür geben Sie einfach die IP-Adresse des FTP- oder WebDAV-Servers nach dem Schema »ftp://*Serveradresse*«, »http://*Serveradresse*« bzw. »nfs:// *Serveradresse*« in das Textfeld ein.

Der Finder erlaubt jedoch auf FTP-Server nur Lesezugriff, das Hochladen von Dateien ist nicht möglich. Zum Hochladen von Dateien auf einen FTP-Server sollten Sie einen speziellen FTP-Client verwenden.

Für die Anmeldung am NFS-Server müssen, je nach verwendeter Protokoll-Version, evtl die Benutzer-IDs auf Server und Client übereinstimmen. In diesem Fall muss auf dem Server die ID für den Export-Benutzer entsprechend geändert werden, damit eine Anmeldung möglich ist. Ihre Benutzer-ID erfahren Sie mit dem

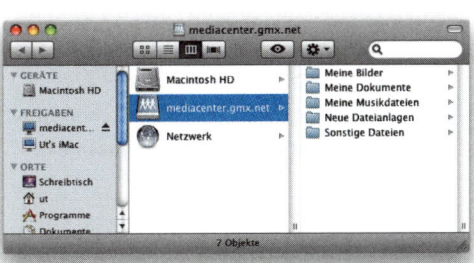

Ein WebDAV-Server wird wie ein Server im lokalen Netzwerk im Finder gemountet.

Befehl »id -u« in der Shell, Mac OS X vergibt IDs von 501 aufwärts gezählt.

NFS-Mounts, die automatisch aktiviert werden sollen, können im Festplatten-Dienstprogramm mit dem Befehl »NFS-Mounts ...« aus dem Ablage-Menü eingerichtet werden.

257ff ▸
Shell

Bei Verbindungsproblemen

Falls Sie Probleme haben, den Server zu erreichen, müssen Sie sich auf systematische Fehlersuche begeben. Überprüfen Sie Schritt für Schritt die folgenden Punkte:

Fehlersuche

1. *Physikalische Verbindung*
   Überprüfen Sie, ob die Rechner miteinander verbunden sind, ob alle Stecker richtig sitzen etc.
   Prüfen Sie eventuell zusätzlich, ob das verwendete Kabel mit einem anderen Rechner, der sich am Server anmelden kann, funktioniert.

2. *TCP/IP-Verbindung*
   Überprüfen Sie, ob die Adressen von Server und Client im selben Subnetz liegen. Wenn ja, überprüfen Sie im »Netzwerk-Dienstprogramm« auf der Seite »Ping«, ob der Client den Server anpingen kann. Geben Sie dazu die Adresse des Servers ein und klicken Sie auf die Schaltfläche »Ping«. So stellen Sie fest, ob der Server überhaupt im Netzwerk erreichbar ist. (Das Programm »Netzwerk-Dienstprogramm« finden Sie im Ordner »Dienstprogramme« (⌘⇧U).)

3. *Sharing*
   Überprüfen Sie, ob am Server die Dateifreigabe gestartet wurde bzw. bei einem Windows-Server, ob die Freigabe richtig eingerichtet ist.

4. *Benutzer*
   Überprüfen Sie, ob der Benutzername und das Passwort, mit denen Sie versuchen, die Verbindung zum Server herzustellen, mit den auf dem Server festgelegten Daten übereinstimmen.

◀ 195
Benutzer-IDs bei NFS

Netzwerkdiagnose

Alternativ steht hier auch das Programm »Netzwerkdiagnose« zur Verfügung, das direkt aus dem Netzwerk-Kontrollfeld per Klick auf die Schaltfläche »Assistent ...« und im folgenden Dialog »Diagnose ...« aufgerufen werden kann.

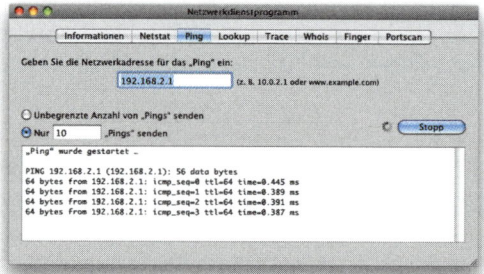

Der Mac als Dateifreigabe-Server

In Mac OS X sind ein AppleShare- und ein Samba SMB-Server integriert. So kann Ihr Arbeitsplatzrechner jedem anderen Mac und für jeden Windows-PC im Netz als Freigabe-Server dienen. Sie erlauben damit anderen Benutzern, vom Netzwerk aus auf freigegebene Objekte zuzugreifen. Als Protokoll für die Datenübertragung wird hier AFP (AppleShare) oder SMB verwendet. Die Verbindung erfolgt in beiden Fällen über TCP/IP. Durch die Verwendung dieses Protokolls sind auch Netzwerkverbindungen über das Internet möglich. Außerdem stehen ein FTP- und ein Webserver zur Verfügung.

- Im Kontrollfeld **»Freigaben«** in den Systemeinstellungen wird der Server gestartet.
- Hier können Sie neben den öffentlichen Ordnern der Benutzer weitere Ordner für das Netzwerk freigeben und deren Zugriffsrechte bestimmen.
- Die Netzwerk-Benutzer werden als lokale Benutzer oder Freigabe-Benutzer ohne eigenen privaten Ordner im Kontrollfeld **»Benutzer«** eingerichtet.

160ff ◂
Lesen Sie hier, wie ein TCP/IP-Netzwerk eingerichtet wird.

191 ◂
Dateifreigabe-Protokolle

121 ◂
Benutzer einrichten

File-Server einrichten

1. Dateifreigabe starten
Um die Dateifreigabe zu starten, aktivieren Sie das Häkchen neben »Dateifreigabe«.
Sollen die Netzwerk-Objekte nur für andere Macs freigeben werden, endet die Anleitung hier.

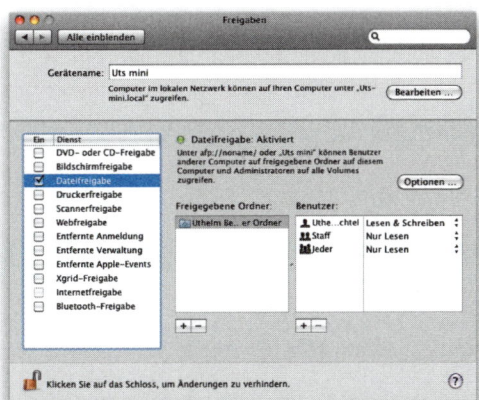

2. Evtl. Freigabe für Windows starten
Wenn Sie Objekte für Windows-Rechner freigeben wollen, aktivieren Sie unter »Optionen ...« die Option »Dateien und Ordner über SMB (Windows) freigeben«.
Der Mac erscheint nun mit dem oben angegebenen Namen im Windows-Netzwerk.

3. Accounts aktivieren
In der Liste unten können Sie bestimmen, welche Benutzer sich über das SMB-Netzwerk anmelden dürfen.
Da Samba eine unsicherere Verschlüsselung des Passworts verwendet, müssen Sie dieses noch einmal eingeben.

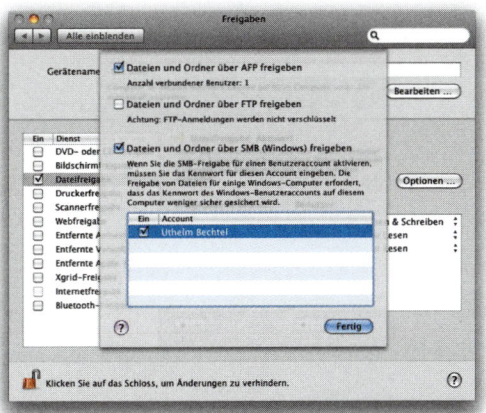

▶ 342ff
Referenz,
Kontrollfeld
»Freigaben«

◀ 121ff
Benutzer
anlegen

Computer benennen

Im Kontrollfeld »Freigaben« können Sie einen Gerätenamen für Ihren Mac festlegen. Der Gerätename ist eine beliebige Benennung des Computers. Er wird, wenn sich Benutzer mit einem anderen Mac an Ihrem Computer anmelden wollen, in der Liste der File-Server angezeigt.

Über den Bonjour-Namen können sich andere Rechner per direkter Adresseingabe anmelden (afp://*Bonjour-Name*.local, smb:// *Bonjour-Name*.local etc.). Der Bonjour-Name wird automatisch aus dem eingegebenen Gerätenamen generiert. Er kann im Kontrollfeld »Freigaben« mit einem Klick auf die Schaltfläche »Bearbeiten« geändert werden.

Als alternative Möglichkeit kann aber auch ein »dynamischer globaler Hostname« verwendet werden. Diesen können Sie eingeben, wenn Sie das Häkchen neben der gleichnamigen Option aktivieren. Den Namen beziehen Sie bei einem der »Dynamic DNS Services« im Internet (wie z.B. DynDNS.com).

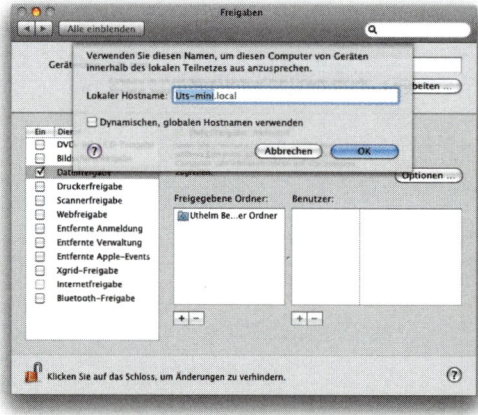

Benutzer

Benutzer, die auch über das Netzwerk auf Ihren Mac zugreifen dürfen, richten Sie im Kontrollfeld »Benutzer« ein (siehe Kapitel »Mehrbenutzersystem einrichten« ab Seite 118). Nur-Freigabe-Benutzer können aber auch direkt in Kontrollfeld »Freigaben« angelegt werden (siehe Absatz »Zugriffsrechte auf freigegebene Ordner ändern« auf der nächsten Seite).

Gäste

Wenn die Freigabe aktiv ist, kann auch Gästen ohne eigenen Account und Passwort Zugriff auf Ihren Mac gewährt werden. Diese bekommen beim Anmelden die öffentlichen Ordner der einzelnen Benutzer und die weiteren freigegebenen Ordner als Netzwerk-Volumes zu sehen und können entsprechend der unter »Jeder« vergebenen Privilegien auf die darin enthaltenen Ordner zugreifen. Den Gast-Account aktivieren Sie im Kontrollfeld »Benutzer«, indem Sie auf der Seite »Gast-Account« das Häkchen bei »Gästen den Zugriff auf freigegebene Ordnern erlauben« setzen.

Netzwerk-Objekte für die Benutzer

Vom System werden Vorgaben gemacht, auf welche Objekte die jeweiligen Benutzer über das Netzwerk Zugriff haben. Die Vorgaben für die privaten öffentlichen Ordner können geändert werden. Außerdem können weitere Ordner freigegeben werden. Die Vorgaben sind:
- **Admin-Benutzer** können auf ihren eigenen Ordner und auf ganze Festplatten zugreifen.
- **Normale Benutzer** können auf ihren privaten Ordner und auf die öffentlichen Ordner der anderen Benutzer zugreifen.
- **Gäste** und **Nur-Freigabe-Benutzer** können lediglich auf die öffentlichen Ordner der Benutzer zugreifen.

Weitere Ordner freigeben

Neben den privaten öffentlichen Ordnern der einzelnen Benutzer können unter Leopard auch beliebige andere Ordner für das Netzwerk freigegeben werden. Dafür klicken Sie im Freigaben-Kontrollfeld unter »Dateifreigabe« auf die »+«-Schaltfläche und wählen den gewünschten Ordner im Dialog aus.

Sie können Ordner aber auch direkt im Finder freigeben. Dafür öffnen Sie das Infofenster für den gewünschten Ordner und aktivieren Sie im Bereich »Allgemein« die Option »Freigegebener Ordner«.

Das Finder-Fenster eines freigegebenen Ordners ist mit dem Hinweis »Freigegebener Ordner« versehen.

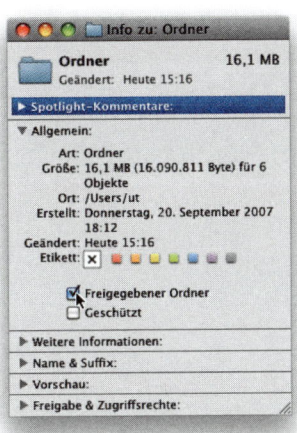

Zugriffsrechte auf freigegebene Ordner ändern

Die Zugriffsrechte auf freigegebene Ordner können im Kontrollfeld »Freigaben« geändert werden. In der Liste »Benutzer« werden die Rechte des ausgewählten Ordners in der Liste »Freigegebene Ordner« angezeigt. Die Liste enthält drei Einträge – analog zu den Dateirechten für den Ordner – für Eigentümer, Gruppe und Jedermann. Für diese können Sie mit den Aufklappmenüs in der ganz rechten Spalte die Zugriffsrechte festlegen. Sollen auch Gäste Ihr freigegebenes Objekt nutzen können, müssen Sie unter »Jeder« Leserechte oder Lese- und Schreibrechte gewähren.

133ff ◄
Dateirechte

Mit der »+«-Schaltfläche können Sie weitere Benutzer oder Gruppen in die Liste einfügen, für die Sie den Ordner freigeben wollen. In einem Fenster können Sie aus den vorhandenen Benutzern und Gruppen auswählen.

Wenn Sie einen Benutzer aus dem Adressbuch auswählen, wird für diesen Benutzer ein neuer Nur-Freigabe-Account angelegt.

Mit der »–«-Schaltfläche können Sie die hinzugefügten Benutzer und Gruppen wieder entfernen. Auch die ursprüngliche Gruppe kann entfernt werden, nicht jedoch die Einträge für den Eigentümer und »Jeder«.

Freigabe beenden

Wenn Sie das Dateifreigebe beenden wollen, deaktivieren Sie im Kontrollfeld »Freigaben« das Häkchen »Dateifreigabe« bzw. entfernen Sie das Häkchen des entsprechenden anderen Dienstes.

◀ 16off
Lesen Sie hier, wie ein TCP/IP-Netzwerk eingerichtet wird.

Freigaben über SMB

Für den Dateiaustausch über SMB sind bestimmte Dinge zu beachten.

Windows-Arbeitsgruppe

SMB verwendet so genannte Arbeitsgruppen. Wenn Sie sich in ein bestimmtes Netzwerk eingliedern wollen, müssen Sie eine Windows-Arbeitsgruppe anpassen. Dazu öffnen Sie in den Systemeinstellungen unter »Netzwerk« die Schnittstelle, über die der Rechner mit dem Server verbunden ist. Nach Klicken der Schaltfläche »Weitere Optionen …« finden Sie die Seite »WINS«. Dort geben Sie im Eingabefeld »Arbeitsgruppe« den Namen der Windows-Arbeitsgruppe ein.

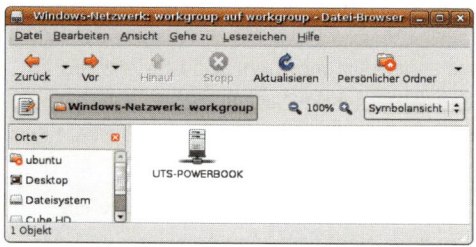

Der Mac erscheint unter seinem Bonjour-Namen in der Arbeitsgruppe

Anmelden vom Windows-PC

Auf Windows-Rechnern im Netzwerk erscheint Ihr Mac in der Netzwerkumgebung innerhalb der gewählten Arbeitsgruppe unter dem Bonjour-Namen.

Die für Windows-Anmeldungen freigegebenen Benutzer können sich mit ihrem kurzen Benutzernamen und Passwort an ihren jeweiligen privaten Ordner und an die für sie freigegebenen Ordner anmelden.

Alternativ kann der Mac durch Eingabe der Adresse »*IP-Adresse*« bzw. »*Bonjour-Name**kurzer Benutzername*« als Netzwerkressource hinzugefügt werden. Die Anmeldung funktioniert nur von Windows-PCs aus, die sich im gleichen IP-Subnetz befinden.

Windows-Rechner erkennen nur die Datenzweige der angebotenen Dateien. Die Ressourcen werden nicht mit kopiert.

Unter Linux erfolgt die Anmeldung über die Adresse »smb://*kurzer Benutzername*@*IP-Adresse*« bzw. »smb://*kurzer Benutzername*@*Bonjour-Name*«.

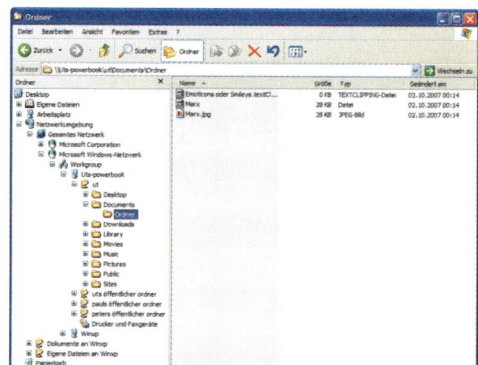

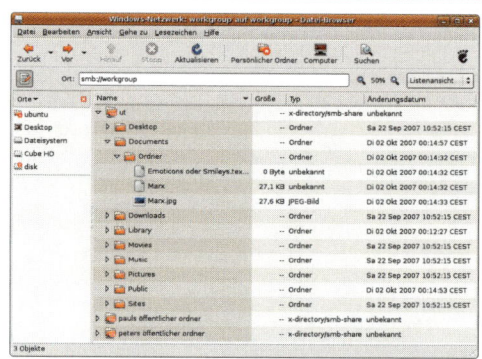

Hier wird über den Windows-Explorer unter Windows XP bzw. den Datei-Browser unter Ubuntu auf Dokumente im privaten Ordner auf dem Mac zugegriffen.

Dateinamen beim Austausch über SMB
Dateinamen, die ein unter Windows verbotenes Zeichen – *?"<>| – enthalten, werden bei Zugriff über SMB – sowohl unter Windows als auch unter Linux – kodiert dargestellt. Sie können nicht geöffnet werden. Objekte, deren Name den Schrägstrich – / – enthält, werden gar nicht gezeigt.

Lokalisierte Ordnernamen
Unter Windows und Linux werden nicht die lokalisierten Objektnamen angezeigt, sondern die originalen im Dateisystem verwendeten englischen Namen.

214ff ▶
Lesen Sie hier über den Datenaustausch mit dem Windows-PC

Verbinden vom klassischen Mac OS

Mac OS X 10.6 verwendet eine neue Version des AppleShare-Protokolls, die mit dem klassischen Mac OS inkompatibel ist. Für eine direkte Datenübertragung zwischen Mac OS X 10.6 und dem klassischen Mac OS kann AppleShare nicht mehr verwendet werden (eine indirekte Übertragung über einen zwischengeschalteten Server mit Mac OS X 10.4 oder 10.5 ist allerdings weiterhin möglich). Zur direkten Verbindung steht nur noch das FTP-Protokoll zur Verfügung.

NFS-Server
In Mac OS X ist auch ein Server für das UNIX-File-Sharing-Protokoll »NFS« enthalten. Für diesen hat Apple jedoch keinen Schalter in der grafischen Oberfläche vorgesehen. Die NFS-Exports müssen von Hand eingerichtet werden, indem sie über die Kommandozeile in die Datei /etc/exports eingetragen werden. Der NFS-Dienst wird beim Systemstart mit den Launch-Daemons für nfs und portmap automatisch gestartet.

Einfacher lässt sich NFS mit dem »NFSManager« von Marcel Bresink (<www.bresink.de/osx/NFSManager-de.html>) konfigurieren.

258 ▶
Konfigdateien

FTP-Server
FTP ist ein sehr altes Datenübertragungsprotokoll. Es wurde schon in den Anfängen des Internet lange vor der Entwicklung des WWW verwendet. Daher gibt es für jede Computerplattform FTP-Client-Software. FTP erkennt jedoch nur den Datenzweig von Mac-Dateien. Es ist daher für die Übertragung von Dateien von Mac zu Mac je nach Dateityp nur bei vorheriger Kodierung der Dateien geeignet.

58 ◀
Technik, Zweige

204f ▶
Daten kodieren

Der FTP-Server in Mac OS X wird im Kontrollfeld »Freigaben« mit dem Dienst »Dateifreigabe« gestartet, wenn unter »Optionen ...« die Option »Dateien und Ordner über FTP freigeben« aktiviert ist.

Der Benutzer kann sich unter der Adresse <ftp://IP-Adresse des Computers> mit Namen und Passwort anmelden und wird automatisch an seinen privaten Ordner geleitet. Eventuell muss die Adresse in folgender Form eingegeben werden: <ftp://Name:Passwort@Adresse/Users/Name>. Der Benutzer kann jedoch (je nach verwendetem FTP-Programm) durch die gesamte Hierarchie navigieren und entsprechend seinen Zugriffsrechten Dateien downloaden oder uploaden. Ein Gastzugriff ist in der vorgegebenen Konfiguration nicht möglich (viele FTP-Server lassen jedoch so genannte »anonymous logins« zu).

Der FTP-Server ermöglicht den Datenaustausch in beide Richtungen – Downloads und Uploads. Mit einem FTP-Client können also auch Dateien von jeder anderen Computerplattform auf Ihren Mac hochgeladen werden. Dabei gelten dieselben Benutzerrechte wie bei lokaler Anmeldung. Der im Finder eingebaute FTP-Client bietet keine Upload-Funktion.

◀ 130
Der private Ordner

◀ 131f
Dateirechte

◀ 195
FTP im Finder

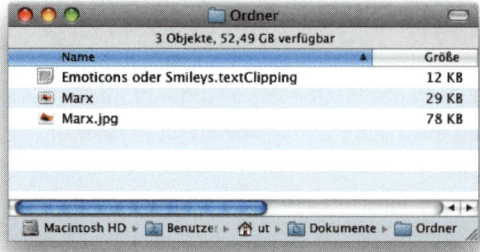

Ein Ordner mit Dokumenten auf dem Mac

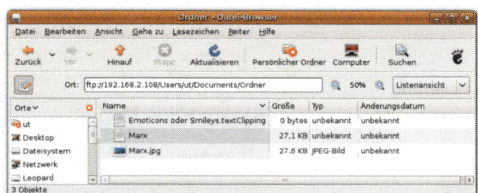

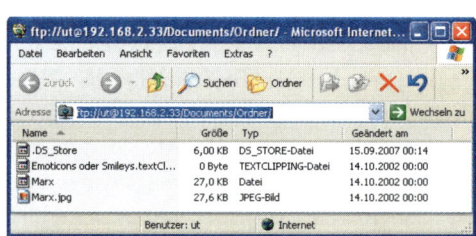

Zugriff auf den Ordner über FTP mit dem Datei-Browser unter Linux und dem Internet Explorer unter Windows XP. Der FTP-Server bietet lediglich den Datenzweig der Dateien zum Download an (beim Text-Clipping 0 Bytes).

Dateinamen unter FTP

Ein Schrägstrich (/) im Dateinamen wird in FTP-Programmen als Doppelpunkt dargestellt. Wird unter Windows eine Datei mit unter Windows verbotenen Zeichen heruntergeladen, werden diese durch Unterstriche (_) ersetzt. Sonderzeichen in Dateinamen wie beispielsweise Umlaute können je nach Konfiguration des FTP-Servers Probleme bereiten und den Zugriff auf die betreffenden Dateien unmöglich machen.

Linux sichert die Dateien mit den Namen, wie sie im FTP-Programm dargestellt werden, nicht jedoch auf FAT-Volumes.

▶ 215
Verbotene Zeichen auf FAT-Volumes

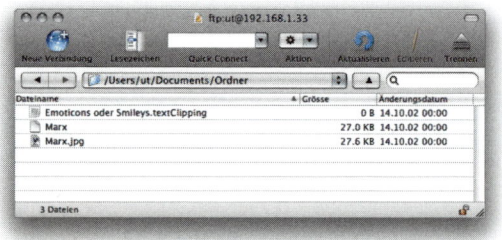

Mit einem richtigen FTP-Programm – wie hier beispielsweise »Cyberduck« – können Dateien einfach per Drag&Drop hochgeladen werden.

Webserver

Mit dem Apache-Webserver können Dokumente über das HTTP-Protokoll via Intranet oder Internet an Computer mit anderen Betriebssystemen weitergegeben werden. Der Apache-Webserver ist der am meisten verwendete Internet-Server im gesamten Internet. Es handelt sich dabei um ein UNIX-Programm, das normalerweise über die Kommandozeile gestartet und per Konfigurations-Datei (/etc/apache2/httpd.conf) konfiguriert wird. In Mac OS X wird der Webserver im Kontrollfeld »Freigaben« in der Liste »Dienste« durch ankreuzen der Option »Webfreigabe« gestartet.

Der Webserver ist in Mac OS X einfach vorkonfiguriert. Er ist für jeden Computer unter der im Kontrollfeld »Freigaben« angezeigten Internet-Adresse erreichbar. Innerhalb eines lokalen Netzwerkes können Sie auch den Bonjour-Namen (Lokaler Host-Name; *xxx*.local) verwenden. Wird diese Adresse in einem Internetbrowser aufgerufen, so wird das Dokument »index.html« aus dem Ordner »/Library/Webserver/Documents« angezeigt. Die Dokumente mit dem Namen »index.html« in den Ordnern »Websites« der verschiedenen Benutzer können unter der Adresse mit dem Zusatz »/~*kurzer Name des Benutzers*« aufgerufen werden.

Sie können den Webserver aber natürlich auch aufwändiger konfigurieren. Eine englische Anleitung für die Konfiguration des Webservers über das Terminal befindet sich im Ordner »/Library/Documentation/Services/apache« (index.html). Sie kann auch auf der Testseite mit dem Link »Online-Documentation« erreicht werden.

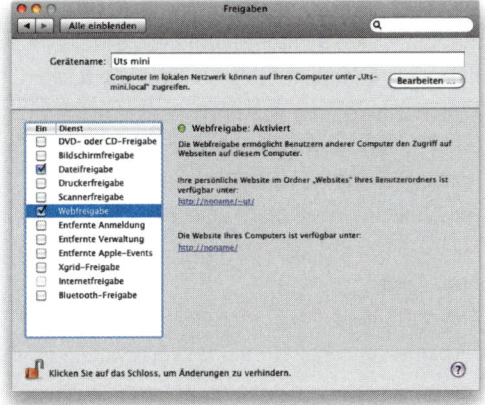

342ff ►
Referenz,
Kontrollfeld
»Freigaben«

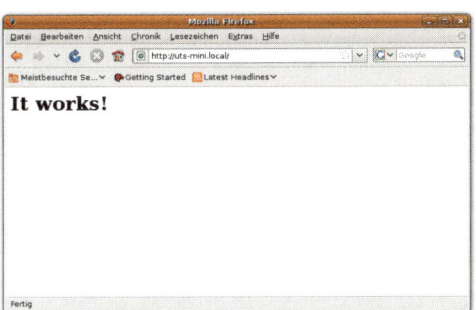

Diese Testseite ist unter der Internet-Adresse Ihres Macs aufrufbar, sobald Sie die Webfreigabe gestartet, aber noch keine eigenen HTML-Dateien in den Ordner »/Library/Webserver/Documents« gelegt haben.

MobileMe

◀ 58
Technik
Zweige

▶ 213
Abgleich über
MobileMe

▶ 350
Referenz,
Kontrollfeld
MobileMe

Mit »MobileMe« bietet Apple ab 79 € pro Jahr Dienste im Internet an, zu denen sich sich unter <http://www.apple.com/de/mobileme/> anmelden können. Die meisten der Dienste – E-Mail-Adresse, Homepage und virtuelle Festplatte im Internet sowie die vom Rechner unabhängige Verfügbarkeit von Kalender- und Kontaktdaten – erhalten Sie auch bei kostenlosen Anbietern. Zusätzlich bietet MobileMe eine vollständig automatische Synchronisierung von E-Mails, Kalender-, Kontaktdaten und Safari-Lesezeichen zwischen mehreren Computern mit Mac OS X und Windows sowie dem iPhone oder iPod touch. Außerdem können Einstellungsdateien zwischen mehreren Macs synchronisiert werden.

Anmelden

Im Kontrollfeld »MobileMe« können Sie Benutzernamen und Passwort eines vorhandenen Accounts eintragen oder mit der Schaltfläche »Weitere Informationen ...« einen 60-Tage-Probe-Account einrichten.

iDisk

Die »iDisk« ist eine virtuelle Festplatte im Internet, die genau wie eine normale lokale Festplatte verwendet werden kann. Sie wird per WebDAV – einer interaktiven Erweiterung des http-Protokolls – als Netzwerk-Volume gemountet.

Die iDisk lässt sich mit dem Befehl »iDisk ▶ Meine iDisk« (⌘⇧I) aus dem Menü »Gehe zu« direkt aus dem Finder erreichen. Auch die iDisks anderer Benutzer bzw. deren freigegebene Ordner können im Untermenü »iDisk« gemountet werden.

Im Kontrollfeld »MobileMe« auf der Seite »iDisk« können der verbleibende Speicherplatz überprüft und die Zugriffsrechte auf den Ordner »Public« eingestellt, sowie die Synchronisation mit einer lokalen Kopie aktiviert werden.

Dateien für das Internet

Wenn Sie Dateien über das Internet bereitstellen, ist zu beachten, dass die Übertragungsraten im Internet vergleichsweise langsam sind. Daher sollten die Dateien komprimiert werden.

Außerdem müssen Sie beim Bereitstellen von Daten für einen anderen Mac über das Internet beachten, dass die Übertragungsprotokolle, die im Internet verwendet werden – HTTP und FTP – immer nur den Datenzweig einer Datei übertragen. Diese Dateien müssen also zusätzlich kodiert werden.

Dateien komprimieren

Beim Komprimieren werden Dateien mittels mathematischer Algorithmen in ihrer Größe reduziert. Sie können dann am Ziel wieder auf ihre ursprüngliche Form gebracht werden. Für die meisten Dateitypen werden verlustfreie Komprimierungen verwendet: Für ».zip«-Dateien kann die Komprimierungsfunktion des Finders verwendet werden. Früher wurden Dateien für den Mac meist im »StuffIt«-Format gepackt (.sit), hierfür kann z.B »DropStuff« verwendet werden. Häufig werden sie zusätzlich kodiert. ».tar« oder ».gz«-Dateien für UNIX-Rechner können mit der Shell erzeugt werden. Grafiken in verlustbehafteten Komprimierungen wie z.B. im JPEG-Format müssen nicht zusätzlich komprimiert werden. Die Datei würde bei der Komprimierung eher größer werden.

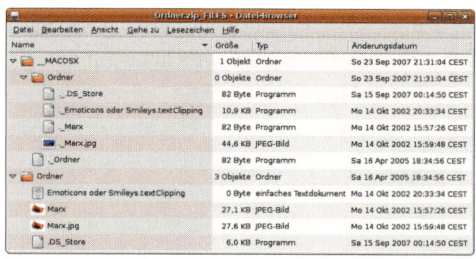

Der im Finder gezippte Ordner unter Linux ausgepackt.

ZIP-Archive aus dem Finder

Im Finder lassen sich mit dem Befehl »Komprimieren« aus dem Ablage-Menü Dateien und Ordner zu ZIP-Archiven packen. Diese benutzen eine AppleDouble-Kodierung, um die zusätzlichen Zweige und Attribute zu bewahren. Die zusätzlichen Zweige und Attribute werden in ein Unterverzeichnis »__MACOSX« gelegt. Unter Windows oder Linux kann dann der gesamte Unterordner einfach ignoriert werden. In Mac OS X 10.3 oder neuer werden die Daten und die zusätzlichen Zweige beim Entpacken wieder zusammengefügt und die Attribute vergeben.

Dateien kodieren für ältere Mac-Systeme

Das ZIP-Format aus dem Finder ist nur bedingt zum Datenaustausch zu älteren Mac-OS-X-Systemen geeignet, da beim Auspacken mit dem StuffIt Expander oder einem anderen Entpacker die Zweige nicht wieder zusammengefügt und die Dateien damit zum Teil unbrauchbar werden. Hier müssen Dateien zum Verschicken über das Internet traditionell enkodiert werden. Dafür stehen zwei Formate zur Verfügung: MacBinary (.bin) und BinHex (.hqx). Zum Enkodieren gibt es verschiedene Programme (z.B. »DropStuff« oder »StuffIt Deluxe« von Allume). **BinHex** macht aus den Mac-Dateien reine ASCII-Textdateien. **MacBinary** ist das modernere Format. Hier werden lediglich die Metadaten der Datei kodiert, die Daten (und Ressourcen) selber bleiben soweit unangetastet. MacBinary-Dateien sind kleiner als BinHex-Dateien. Steinzeitliche Internet-Zugänge können jedoch MacBinary-Dateien bei der Übertragung zerstören.

Disk-Imagess

Mit dem »Festplatten-Dienstprogramm« (im Ordner »Dienstprogramme« (⌘⇧U)) lassen sich Disk-Images erstellen, auf die Sie dann ihre Daten kopieren können. Diese Disk-Images sind nach außen einfache Dateien (.dmg), enthalten intern aber ein eigenes HFS+-Dateisystem, das per Doppelklick auf die Datei als Volume gemountet wird. Außerdem können die Daten im Disk-Images komprimiert werden. Damit erfüllen Disk-Images alle Voraussetzungen für eine reibungslose und schnelle Übertragung von Mac zu Mac.

62 ◄
Technik, AppleDouble

217 ►
Zweige auf PC-Volumes

Ein komprimiertes Image erstellen

1. *Image erstellen*
   Erstellen Sie zuerst im »Festplatten-Dienstprogramm« (im Ordner »Dienstprograme« (⌘⇧U)) mit dem Befehl »Neu ▶ Leeres Image« aus dem Ablage-Menü ein Image in der passenden Größe. Kopieren Sie dann die gewünschten Daten in das im Finder gemountete Image-Volume. Mit dem Befehl »Neu ▶ Image von Ordner« können Sie auch direkt ein komprimiertes Image von einem Ordner erstellen.
   Wenn Sie wollen, können Sie das Image auch mit einem Passwort versehen und verschlüsseln.

2. *Image komprimieren*
   Aktivieren Sie das Image in der Liste auf der linken Seite des Festplatten-Dienstprogrammes und wählen Sie den Befehl »Konvertieren« aus dem Menü »Images«. Unter Image-Format wählen Sie den Menüpunkt »Komprimiert«.
   Wenn kein Image in der Liste ausgewählt ist, öffnet der Befehl »Konvertieren« einen Öffnen-Dialog, mit dem Sie ein beliebiges Image auswählen können.

Dateiaustausch mit Bluetooth-Geräten

Mac OS X bietet die Möglichkeit zum Datenaustausch mit Bluetooth-Geräten wie z.B. Mobiltelefonen. Die Verbindungen werden im Kontrollfeld »Bluetooth« bzw. mit dem Bluetooth-Assistenten eingerichtet. Wie beim File-Sharing kann der Mac dabei Server oder Client sein.

- **Bluetooth-Freigabe:** Im Kontrollfeld »Freigaben« kann der Mac unter »Bluetooth-Freigabe« zum Server für Bluetooth-Geräte eingerichtet werden. Hier können Sie die Aktionen für den Empfang verschiedener Datentypen bestimmen und einen Download-Ordner bestimmen.
- **Bluetooth-Datenaustausch:** Sollen Dateien vom Mac aus auf ein Bluetooth-Gerät kopiert oder von dem Bluetooth-Gerät übertragen werden, wird das Program »Bluetooth-Datenaustausch« im Ordner Dienstprogramme verwendet.

Daten mit einem Bluetooth-Mobiltelefon austauschen

1. *Datei auswählen*
   Wählen Sie beim Öffnen des Programms »Bluetooth-Datenaustausch« im Ablage-Menü »Gerät durchsuchen ...« (⌘ ⌥O) aus.

2. *Telefon auswählen*
   In der Liste der erreichbaren Geräte suchen Sie dann das Telefon aus, mit dem Sie Daten austauschen wollen.

3. *Passwort austauschen*
   Wenn Sie am Telefon dazu aufgefordert werden, geben Sie dort ein Passwort ein. Dasselbe Passwort geben Sie dann auch im Fenster am Mac ein.
   Sollte das Telefon dem Mac bereits bekannt sein, entfällt dieser Schritt.

4. *Speicherort auswählen*
   Im Browserfenster können Sie einen Speicherort auf dem Telefon auswählen, an den (bzw. von dem) die Datei kopiert werden soll.
   Die Navigation erfolgt per Doppelklick auf die Ordner bzw. mit den Symbolen in der Symbolleiste. Zum Kopieren von Dateien auf das Telefon verwenden Sie die Schaltfläche »Senden ...«, zum Kopieren von Dateien vom Telefon auf den Mac die Schaltfläche »Holen ...«

Eine Datei vom Mac zum Mobiltelefon senden

Wenn Sie nur eine einzelne Datei an das Telefon senden wollen, können Sie alternativ die Funktion »Datei senden« im Programm »Bluetooth-Datenaustausch« verwenden. Dort brauchen Sie nur das Telefon in der Liste auszuwählen und auf »Senden« zu klicken. Sobald Sie die Abfrage auf dem Telefon, ob eine Datei empfanden werden soll, mit OK beantwortet haben, wird die Datei in den Downloads-Ordner des Telefons übertragen.

... und umgekehrt

Wenn die Bluetooth-Freigabe aktiviert ist, können Sie auch Dateien aus der Galerie des Telefons an den Mac senden.

▶ 335
Kontrollfeld Bluetooth

Bildschirmsteuerung über das Netzwerk

Mit der »Bildschirmfreigabe« bietet Mac OS X Leopard auch die Möglichkeit, den Bildschirm eines anderen Computers zu beobachten oder zu steuern. Die Verbindung erfolgt über »VNC« (Virtual Network Computing), ein plattformunabhängiges, quelloffenes Protokoll, basierend auf dem RFB-Protokoll (Remote Frame Buffer).

- **Apple Remote Desktop** ist schon länger im Mac OS X integriert. Eigentlich war es für die kostenpflichtige Software »Apple Remote Desktop« zur Verwaltung und Steuerung von Macs in großen Schul- und Firmennetzwerken gedacht. Die Steuerung kann unter »Apple Remote Desktop« im Sharing-Kontrollfeld von Mac OS X Tiger und Panther aktiviert werden.
- **VNC-Server** und **VNC-Viewer** stehen für die unterschiedlichsten Computer-Plattformen inkl. PDAs, iPhone und iPod touch etc. zur Verfügung.

Mit einem Bildschirm-Freigabe-Server verbinden

Der Verbindungsaufbau erfolgt wie zum Dateifreigabe auf Seite 192 bzw. 193 beschrieben: Wenn der Server die Bildschirmfreigabe anbietet, erscheint die Schaltfläche »Bildschirmfreigabe ...«. Diese klicken Sie für den Verbindungsaufbau. Alternativ geben Sie unter »Mit Server verbinden ...« (⌘K) die Adresse des VNC-Servers (vnc://IP-Adresse oder Bonjour-Name) ein. Das Programm »Bildschirmfreigabe« (in /System/Library/CoreServices) geöffnet. Nach Eingabe des Passworts wird der Inhalt des Bildschirms des anderen Computers in einem Fenster angezeigt.

Server für die Bildschirmsteuerung einrichten

Den Server für die Bildschirmsteuerung aktivieren Sie, indem Sie im Kontrollfeld »Freigaben« das Häkchen neben dem Dienst »Bildschirmfreigabe« setzen. Im unteren Bereich der Seite können Sie dann bestimmen, welchen Benutzern Sie Zugriff auf Ihren Mac gewähren wollen. Ist »Nur diese Benutzer« aktiviert, können Sie mit der »+«-Schaltfläche einen Benutzer aus dem Adressbuch auswählen. Für diesen wird dann ein Nur-Freigabe-Account angelegt. Unter »Computereinstellungen ...« können Sie außerdem den Zugriff für normale VNC-Clients aktivieren.

342ff ▶
Referenz, Kontrollfeld »Freigaben«

120ff ◀
Benutzer

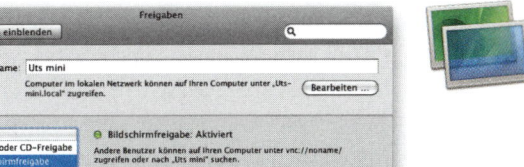

Warenaustausch

Daten zwischen Programmen austauschen

Schon seit dem ersten Macintosh lassen sich über das Betriebssystem des Macs Daten aus jedem beliebigen Programm in ein anderes übertragen. Welche Möglichkeiten Mac OS X bietet, zeigt dieses Kapitel.

Seit dem ersten System des Macintosh, bei dem noch keine zwei Programme parallel nebeneinander laufen konnten, gibt es die Möglichkeit, Daten aus einem Programm in ein anderes zu übertragen. Dazu wurde ein temporärer Zwischenspeicher, die »Zwischenablage«, eingerichtet. Der Mac-User brauchte also nie Texte aus einem Programm abzutippen, um sie in ein anderes Programm zu übertragen. Im Laufe der Zeit wurden zu der Zwischenablage weitere Möglichkeiten hinzugefügt.

- **Zwischenablage (Copy&Paste):** Daten können mit Kopieren und Einsetzen in andere Dokumente übertragen werden.
- **Cut&Paste:** Wie bei »Copy&Paste« werden die Daten über die Zwischenablage übertragen. Dabei werden jedoch die zu übertragenden Daten aus dem Original entfernt.
- **Drag&Drop:** Texte oder Grafiken können einfach mit der Maus von einem Dokument in ein anderes gezogen werden.
- **Clips:** Daten, die aus einer Anwendung in ein Finder-Fenster gezogen werden, werden in einer Clip-Datei gespeichert.
- **Dienste:** Einige Programme bieten in Mac OS X Dienste für jedes andere Programm an. Diese können über den Befehl »Dienste« im Programm-Menü direkt bezogen werden.

Für alle diese Übertragungsmöglichkeiten gibt es in Mac OS ein eigenes Datenformat, das von allen Programmen gelesen werden kann. So wird es unter Mac OS niemals passieren, dass Texte oder Grafiken nicht über die Zwischenablage übertragen werden können, auch wenn die Programme noch so unterschiedlich sind.

Zwischenablage

Der ursprünglichste Weg, Daten von einem Programm in ein anderes zu übertragen, ist der Weg über die Zwischenablage (Copy&Paste bzw. Cut&Paste).

Übertragen über die Zwischenablage

1. Markieren

Markieren Sie das gewünschte Element, z.B. einen Textblock mit dem Text-Cursor oder einen Ausschnitt aus einer Grafik mit dem Kreuz-Cursor. Mit dem Befehl »Alles auswählen« (⌘A) aus dem Menü »Bearbeiten« können Sie auch den gesamten Text oder die ganze Grafik auswählen.

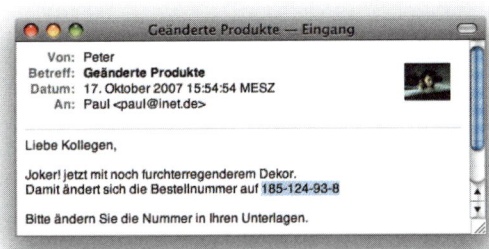

In diesem Beispiel wird ein Teil des Textes aus einer E-Mail markiert und in die Zwischenablage kopiert.

2. Kopieren bzw. Ausschneiden

Mit den Menübefehlen »Kopieren« (⌘C) oder »Ausschneiden« (⌘X) aus dem Menü »Bearbeiten« wird das markierte Element in die Zwischenablage gelegt. Wenn Sie »Ausschneiden« wählen, wird das Element gleichzeitig aus dem Ursprungsdokument gelöscht.

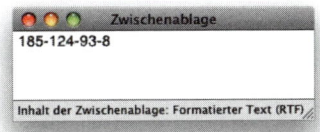

Das Fenster der Zwischenablage zeigt den kopierten oder ausgeschnittenen Inhalt.

3. Einsetzen

Wechseln Sie in das andere Programm und markieren Sie die Stelle, an der der Inhalt der Zwischenablage eingesetzt werden soll. Mit dem Menübefehl »Einsetzen« (⌘V) aus dem Menü »Bearbeiten« kann dann der Inhalt der Zwischenablage in das Dokument eingefügt werden.

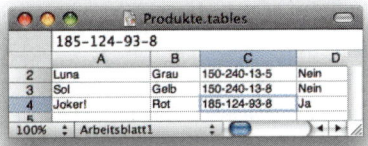

Die kopierte Bestellnummer aus der E-Mail wird aus der Zwischenablage in eine Tabellenkalkulation eingefügt.

Den Inhalt der Zwischenablage anzeigen

In der Zwischenablage werden Daten gleichzeitig in unterschiedlichen Formaten zwischengelagert, so dass jedes Mac-Programm ein Datenformat vorfindet, das es versteht.

Der Inhalt der Zwischenablage kann aus dem Finder und aus vielen Programmen mit dem Befehl »Zwischenablage einblenden« betrachtet werden. In der Infozeile des Zwischenablagenfensters wird angezeigt, welcher Art der Inhalt ist. Der Inhalt der Zwischenablage wird ersetzt, sobald neue Daten kopiert oder ausgeschnitten werden.

Drag&Drop

Mit Drag&Drop lassen sich Textblöcke oder Grafiken an eine andere Stelle innerhalb eines Fensters, in ein anderes Fenster des selben Programms oder in ein Fenster eines anderen Programms verschieben. Der Inhalt der Zwischenablage bleibt von dieser Aktion unbeeinflusst. Die allermeisten Mac-OS-X-Programme beherrschen Drag&Drop an den verschiedensten Stellen. Das System bietet allen Programmen den Drag&Drop-Service an, jedoch bleibt es dem Programmierer freigestellt, diesen zu nutzen.

Verschieben

Einen markierten Textblock oder eine Grafik können Sie mit dem Pfeilwerkzeug an eine andere Stelle verschieben. Beim Verschieben des Objekts in ein anderes Fenster wird dieses kopiert.

Kopieren

Mit gedrückter ⌥-Taste wird der markierte Bereich auch im selben Fenster an die gewählte Stelle kopiert. Das Objekt wird dupliziert.

Clips

Aus einem Programm, das Drag&Drop unterstützt, kann ein markierter Bereich auf den Schreibtisch oder in ein Finder-Fenster gezogen werden. Dadurch entsteht eine Datei mit dem Suffix ».textClipping«, ».pictClipping« bzw. mit dem Wort »Clip« im Namen. Wird diese Clip-Datei per Doppelklick geöffnet, kann der Inhalt direkt in einem Finder-Fenster betrachtet werden. Wie beim Fenster der Zwischenablage wird auch hier in der Infozeile beschrieben, welcher Art der Inhalt ist. Ziehen Sie diesen Clip in ein Programmfenster eines anderen Programms, das Drag&Drop unterstützt, so wird der Inhalt in das Dokument eingefügt.

Clip einer Netzwerk-Adresse

◂ 176ff
Internet

Handelt es sich bei dem Text im Clip um eine Netzwerk-Adresse – E-Mail, WWW, FTP, AppleShare usw. – bekommt der Clip ein spezifisches Symbol (und Suffix – ».webloc«, ».afploc« etc.). Per Doppelklick wird die Adresse im StandardProgramm für das jeweilige Protokoll geöffnet.

Dienste

Aus NeXTStep wurden die Dienste (Services) übernommen – eine weitere Möglichkeit, Daten von einem Programm in ein anderes zu übertragen.

In Mac OS X Snow Leopard lässt sich das Dienste-Menü im Kontrollfeld »Tastatur« unter »Tastaturkurzbefehle« konfigurieren.

369 ▶
Referenz, Kontrollfeld »Tastatur«

Dienst beziehen

1. Objekt für den Dienst vorbereiten
Voraussetzung für das Beziehen eines Dienstes ist, dass in dem Dokument, das den Dienst erhalten soll, ein Objekt vorbereitet ist. Je nach Art des Dienstes kann ein Text ausgewählt werden, der Text-Cursor an eine bestimmte Position gebracht oder ein Bereich mit einem Auswahlrechteck markiert werden.

2. Dienst auswählen
Öffnen Sie im Programm-Menü das Untermenü »Dienste«. Hier werden alle installierten Programme verzeichnet, die Dienste anbieten. Wählen Sie das Programm, das den gewünschten Dienst anbietet, und dann aus dem folgenden Untermenü den gewünschten Dienst.
Der Dienst wird sofort ausgeführt. Sollte das Programm, das den Dienst anbietet, nicht aktiv sein, wird es automatisch gestartet.

Art der Dienste

Die Eigenschaften der Dienste können sehr unterschiedlicher Natur sein. Es werden natürlich nur Dienste angeboten, die zu der Art des jeweiligen anbietenden Programms passen:
- So kann z.B. ein Bildschirmfoto erstellt und direkt an der markierten Stelle eingesetzt werden.
- Aus einem ausgewählten Text wird ein Memo erstellt.
- Ein ausgewählter Text wird als Text oder als Adresse in eine E-Mail eingesetzt.

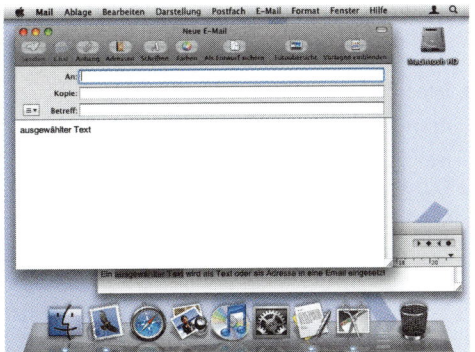

Daten zwischen Programmen austauschen **211**

Symphonie

Daten zwischen Geräten abgleichen

> *Sie besitzen mehrere digitale Geräte: einen Mac, einen PC, ein Mobiltelefon. Welche Möglichkeiten Sie haben, damit die Daten auf allen Geräten auf dem gleichen Stand sind, erfahren Sie in diesem Kapitel.*

Wenn Sie mehrere digitale Geräte wie einen Mac, einen PC, ein Mobiltelefon, iPod oder PDA besitzen, möchten Sie sicherlich, dass bestimmte Daten auf allen Geräten auf dem gleichen Stand sind. Für unterschiedliche Geräteklassen bieten sich hier verschiedene Möglichkeiten an.

Zwei Macs bzw. ein Mac und ein PC können abgeglichen werden über:

- **iSync:** Das Mac-OS-X-Adressbuch und die iCal-Termine können mit »iSync« mit dem Telefon, dem iPod oder dem PDA abgeglichen werden.
- **iTunes:** iPhone und iPod touch werden über iTunes mit dem Mac synchronisiert.
- **Sync-Programme:** Synchronistionsprogramme von Fremdherstellern bieten die Möglichkeit, Ordner direkt abzugleichen.
- **MobileMe:** Der kostenpflichtige Dienst von Apple bietet die Möglichkeit, Daten zwischen mehreren Macs, sowie Windows-PCs und dem iPhone und iPod touch über das Internet zu synchronisieren.

Abgleich mit dem Mobiltelefon, PDA oder iPod

Zum Abgleich von Adressen und Terminen zwischen Ihrem Mac und einem Mobiltelefon, PDA oder iPod ist in Mac OS X das Programm »iSync« vorhanden.

Eine Liste der von iSync unterstützten Geräte finden Sie unter <www.apple.com/isync/devices.html>.

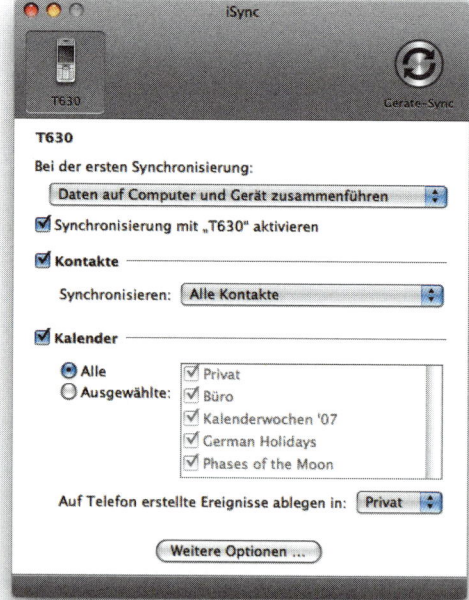

Abgleich mit dem iPhone oder iPod touch

Der Abgleich von Adressen und Terminen zwischen Ihrem Mac und einem iPhone oder iPod touch wird in iTunes vorgenommen. Wenn Sie das Gerät in der linken Spalte ausgewählt haben, können Sie rechts im Fenster unter »Infos« die Einstellungen für den Abgleich von Kontakten und Kalenderdaten etc. vornehmen. Bilder, Musik und Videos werden ebenfalls per iTunes auf das iPhone oder den iPod touch übertragen.

Datenabgleich mit Sync-Programmen

Mac OS X bietet kein Sync-Programm an, mit dem zwei Macs oder ein Mac und ein PC direkt abgeglichen werden können. Hier müssen Sie auf Programme anderer Hersteller zurückgreifen wie beispielsweise »rsyncX«, das eine Benutzeroberfläche für das Unix-Tool »rsync« bereitstellt, oder »SilverKeeper« von LaCie. Diese Programme bieten die Möglichkeit, Ordner automatisch per Zeitplan abzugleichen.

Manuell abgleichen

Natürlich können Sie Daten zwischen mehreren Macs oder Mac und PC auch manuell abgleichen. Welche Dateien zwischen zwei Macs kopiert werden können, lesen Sie in den Kapiteln »Einstellungssache« auf Seite 81 und »Switch« ab Seite 84.

E-Mails

Beim Betrieb eines E-Mail-Accounts mit mehreren Computern bietet sich das Protokoll IMAP an, bei dem die E-Mails auf dem Server bleiben und mit den lokalen Mailboxen synchronisiert werden. Wenn Ihr Provider nur POP anbietet, können Sie Ihr Mailprogramm so einstellen, dass die E-Mails nach dem Abholen auf dem Server belassen werden (bzw. erst nach einer bestimmten Zeit gelöscht werden), dann kann auch der andere Computer die E-Mails abholen.

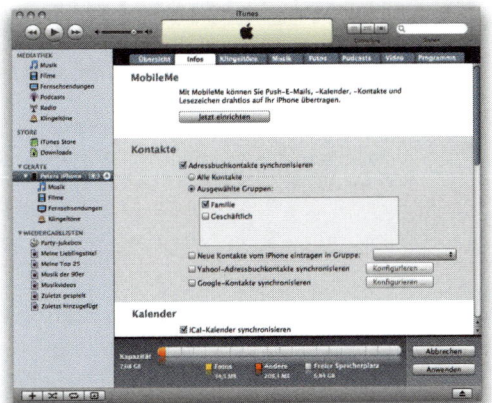

Abgleich über MobileMe

Mit MobileMe bietet Apple einen Sync-Service über das Internet. Die Daten werden auf Apples Server gespeichert und können über das MobileMe-Kontrollfeld mit einem oder mehreren Macs, Windows-PCs, iPhones oder iPod touchs synchronisiert werden.

Die Objekte, die synchronisiert werden sollen, können Sie im Kontrollfeld »MobileMe« auf der Seite »Sync« in einer Liste auswählen. Die Daten auf dem Mac und in MobileMe werden beim Synchronisieren gegenseitig ergänzt. Mit der Funktion »Sync-Daten zurücksetzen ...« (unter »Weitere Optionen ...«) können die Daten aber auch vom Mac nach MobileMe kopiert oder von MobileMe auf den Mac kopiert werden.

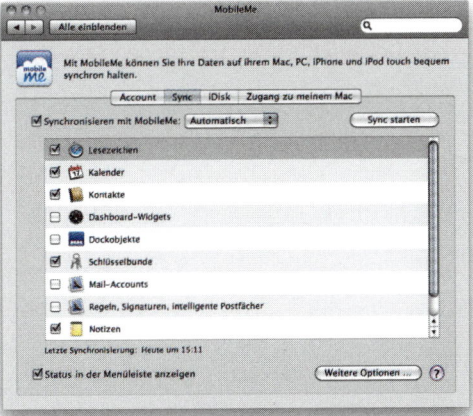

350 ▶
Referenz, Kontrollfeld »MobileMe«

83 ◀
Migration, Daten manuell übertragen

86f ◀
Dokumente vom Mac zum PC

186ff ◀
E-Mails

Weltenbummler

Datenaustausch mit dem Windows-PC und Linux

Der Mac ist kompatibel. Dateien, die von PCs kommen, können auf dem Mac ohne Probleme gelesen und weiterverarbeitet werden. Auch umgekehrt ist der Datenaustausch problemlos möglich. Welche Besonderheiten dabei zu beachten sind, wird in diesem Kapitel dargestellt.

Die Entwickler des klassischen Mac OS hatten schon früh festgestellt, wie wichtig es ist, mit anderen Computerplattformen kompatibel zu sein. Auch Mac OS X kann viele unterschiedliche Dateisysteme verarbeiten. Zudem gibt es in fast allen Anwendungsprogrammen Funktionen, die einen reibungslosen Datenaustausch zwischen den unterschiedlichen Computerwelten ermöglichen.

◄ 190ff
Freigaben

- Mac OS X kann PC-Volumes lesen.
- Mac OS X enthält Client- und Server-Software für verschiedene Dateiübertragungs-Protokolle für das Netzwerk. (Diese werden im Kapitel »Daten schleudern« ab Seite 188 behandelt.)
- Anwendungsprogramme bieten die Möglichkeit, Dokumente in verschiedenen Formaten zu sichern.

Für den Datenaustausch zwischen verschiedenen Programmen und unterschiedlichen Plattformen wurden spezielle Austauschformate entwickelt. Zusätzlich gibt es Konvertierungsprogramme, die verschiedenste Formate ineinander konvertieren können.

Um keine Probleme mit Beschränkungen und Regeln zu bekommen, die bei Windows restriktiver sind als bei Mac OS X, müssen ein paar kleine Regeln beachtet werden:

- Windows braucht zwingend ein Dateisuffix im Dateinamen. Dieses muss ergänzt werden, damit die Datei geöffnet werden kann.
- Sonderzeichen in Texten werden unterschiedlich kodiert. Sie können jedoch einfach ausgetauscht werden.
- Vorschaubilder und Symbole, die in Ressourcen gespeichert werden, können nicht verwendet werden.

Mac-Dokumente an Windows und Linux weitergeben

Wenn Sie ein Dokument an Windows- oder Linux-Rechner weitergeben wollen, müssen Sie folgende Punkte beachten:
- Das Dokument muss in einem Format gesichert sein, das der Empfänger lesen kann.
- Für Windows muss der Dateiname ein passendes Dateisuffix (die Dateinamenserweiterung) enthalten.
- Das Dokument muss auf einem PC-formatierten Volume übergeben werden.

Verbotene Zeichen auf FAT-Volumes

Das einzig mögliche Volume-Format für die Übertragung von Dateien vom Mac zu Windows- und Linux-Rechnern ist FAT. Nur dieses Volume-Format kann von allen Betriebssystemen ohne Zusatzsoftware gelesen werden. Linux-Computer können auch mit HFS+ umgehen, wenn die entsprechende Kernel-Unterstützung installiert ist.

Da FAT ein Windows-Volume-Format ist, sind auf FAT-Volumes die Zeichen \/*?"<>| in Dateinamen nicht zulässig. Unter Mac OS X ist es jedoch trotzdem möglich, Dateien mit den nicht zulässigen Zeichen im Dateinamen auf ein FAT-Volume zu kopieren. Dabei werden verbotene Zeichen in Unicode-Zeichen aus dem privat nutzbaren Bereich gemappt. Unter Windows XP sind die Zeichen unsichtbar, sodass die Dateinamen verstümmelt werden. Unter Linux werden die Unicode-Zeichen im Dateinamen statt der verbotenen Zeichen angezeigt. Auf beiden Systemen können die Dateien problemlos geöffnet werden.

Unter älteren Windows-Versionen werden die verbotenen Zeichen als Unterstriche dargestellt. Die Dateien können dann nicht geöffnet werden.

Diese Mac-Datei auf einem FAT-Volume verwendet die unter Windows verbotenen Zeichen im Dateinamen.

Das Volume gemountet unter Windows. So stellt sich die Datei unter Windows dar.

Die Datei auf dem FAT-Volume unter Ubuntu. Unter Linux sind die Unicode-Zeichen sichtbar.

Auf dem Linux-Dateisystem »ext« sind alle Zeichen außer dem Schrägstrich möglich. Die Datei wurde per FTP vom Mac heruntergeladen.

◀ 54ff
Technik,
Dateisystem

Dateinamen für Windows

Windows kann nur Dateien öffnen, die ein passendes Suffix (Dateinamenserweiterung) tragen. Das Suffix besteht aus einem Punkt und bis zu vier alphanummerischen Zeichen am Ende des Dateinamens. Über das Suffix werden der Dateityp und das Erzeugerprogramm festgelegt. Deshalb sollte bei Dateien, die auf Windows-Rechnern gelesen werden sollen, unbedingt ein passendes Suffix angefügt werden.

Die Windows-Kommandozeile (DOS-Eingabeaufforderung) älterer Windows-Versionen verwendet bei Volumes im FAT-Format die von DOS und Windows 3.1 bekannten Dateinamen in der 8.3-Form (acht Zeichen, gefolgt von einem Suffix aus drei Zeichen). Längere Dateinamen werden auf diese Form gestutzt und sind dann manchmal kaum noch wiederzuerkennen.

Sehr lange Pfadnamen unter Windows

In Mac OS X kann der Objektname bis zu 254 Zeichen lang sein. Da es unter Mac OS keinen Unterschied zwischen Ordnern und Dateien gibt, gilt dies für Ordnernamen und Dateinamen. Es kann also in einen Ordner mit 254 Zeichen ein weiterer Ordner mit 254 Zeichen gelegt werden, in den dann eine Datei mit einem 254 Zeichen langen Dateinamen gelegt wird.

Unter Windows gilt eine Beschränkung auf 255 Zeichen für den gesamten Pfad. Der Pfadname besteht aus dem Namen des Volumes, den Ordnernamen und den Schrägstrichen (\, Backslash), mit denen Windows die Hierarchiestufen trennt.

Mac OS X kopiert Pfade, die aus mehr als 255 Zeichen bestehen, auf PC-Volumes und auch über das Netzwerk auf Windows-PCs. Der Ordner, dessen Pfadname dann über die 255 Zeichen hinausgeht, wird unter Windows zwar angezeigt, kann aber weder geöffnet

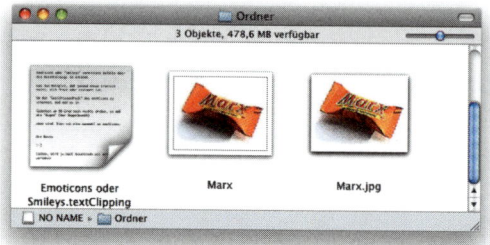

Ein Ordner mit Objekten auf einem FAT-Volume

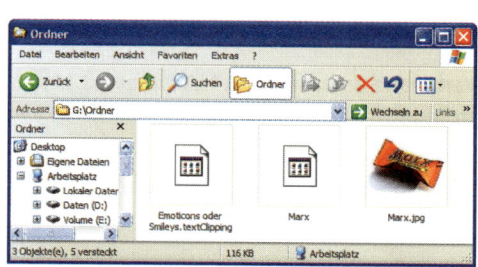

Derselbe Ordner unter Windows XP. Windows erkennt das JPEG-Bild ohne Suffix nicht als JPEG-Bild.

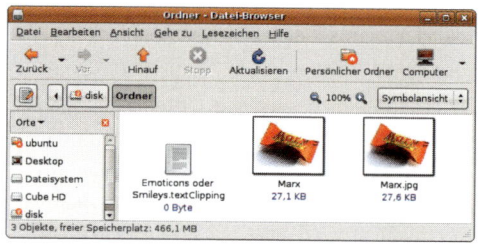

Noch einmal der selbe Ordner, diesmal unter Ubuntu. Linux erkennt das JPG-Bild ohne Suffix am Dateiinhalt.

noch verschoben, umbenannt oder gelöscht werden. Vom Mac aus lassen sich die Ordner jedoch über das Netzwerk umbenennen und bewegen. Unter Windows müssen Sie Ordnernamen weiter oben in der Hierarchie kürzen, um die Objekte in den tieferen Herarchiestufen zu erreichen.

Vermeiden Sie daher tiefe Hierarchien mit langen Ordnernamen beim Datenaustausch mit Windows.

PC-Volumes unter Mac OS X

Für den Datenaustausch mit anderen Betriebssystemen können in Mac OS X mit dem »Festplatten-Dienstprogramm« (im Ordner »Dienstprogramme« (⌘⇧U)) Laufwerke im MS-DOS-Format formatiert werden. Wählen Sie dazu in der Liste links das gewünschte Laufwerk aus. Wählen Sie dann auf der Seite »Löschen« aus dem Aufklappmenü »Volume-Format« den Eintrag »MS-DOS-Dateisystem (FAT)«. Ein Klick auf die Schaltfläche »Löschen« formatiert das Volume im PC-kompatiblen Format. Das Formatieren einzelner Volumes (Partitionen) im DOS-Format ist nur bei Medien möglich, die im GUID- oder Master Boot Record partitioniert sind.

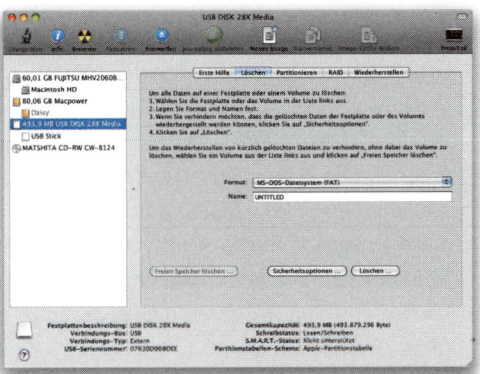

266 ▶
Speichermedien formatieren

267 ▶
Gemischt formatieren

Vorschaubilder und Symbole

Andere Betriebssysteme kennen die Teilung einer Datei in mehrere Zweige nicht. Die in den weiteren Zweigen gespeicherten Informationen, wie z.B. die Symbole und Vorschaubilder im Resourcenzweig, sind dort nicht verwendbar. Wenn Objekte auf ein PC-formatiertes Volume kopiert werden, schreibt Mac OS X die weiteren Zweige und die Objektattribute in unsichtbaren Dateien mit identischem Namen aber mit »._« als Präfix ab (AppleDouble). Wird eine der beiden Dateien umbenannt, kann Mac OS X die Zweige nicht mehr miteinander verbinden und die Inhalte der weiteren Zweige werden auch für Mac OS X unbrauchbar.

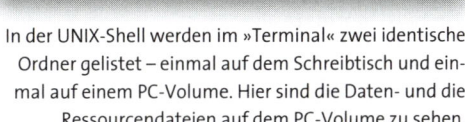

In der UNIX-Shell werden im »Terminal« zwei identische Ordner gelistet – einmal auf dem Schreibtisch und einmal auf einem PC-Volume. Hier sind die Daten- und die Ressourcendateien auf dem PC-Volume zu sehen.

58 ◀
Technik, Zweige

62 ◀
Technik, AppleDouble

PC-formatierte Volumes und das klassische Mac OS

Auch für das klassische Mac OS sind die Ressourcen der Dateien auf einem unter Mac OS X beschriebenen DOS-formatierten Volume nicht brauchbar. Verwenden Sie deshalb zur Übertragung an einen Mac immer ein HFS-formatiertes Volume. Alternativ können Sie Dateien wie für die Übertragung über das Internet kodieren.

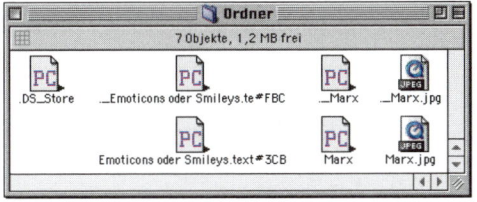

Auch Mac OS 9 stellt die unter Mac OS X auf ein PC-Volume geschriebenen Objekte geteilt dar.

205 ◀
Daten kodieren

Datenaustausch mit dem Windows-PC und Linux **217**

Dokument an einen PC weitergeben

1. Sichern im Austauschformat
Öffnen Sie das Dokument in dem Programm, in dem Sie es erstellt haben. Wählen Sie den Befehl »Sichern unter« (bzw. bei manchen Programmen »Exportieren«) aus dem Menü »Ablage«. Im Sichern-Dialog wählen Sie dann aus dem Aufklappmenü »Format« das Dateiformat des Empfängerprogramms oder ein Format, von dem Sie wissen, dass es der Empfänger lesen kann.

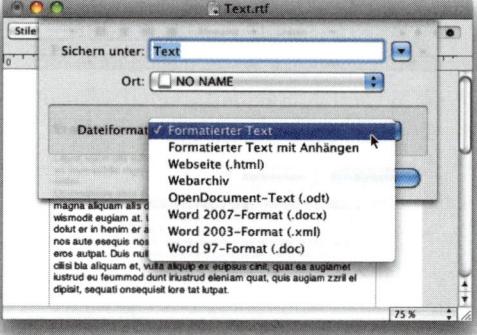

◀ 216
Dateinamen für Windows

2. Dateisuffix hinzufügen
Sollte das Programm nicht automatisch ein Suffix vergeben, hängen Sie an den Dateinamen im Textfeld des Sichern-Dialogs ein passendes Suffix an.

Sichern eines Dokuments im RTF-Format in »TextEdit«

3. Sichern auf ein PC-Volume
Achten Sie darauf, dass Sie im Dateinamen keines der »verbotenen« Zeichen – \/*?"<>| – verwendet haben. Suchen Sie im Sichern-Dialog das PC-Volume aus und klicken Sie auf »Sichern«.

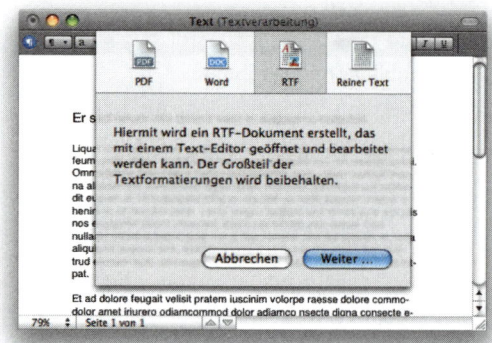

Austauschformate
Einige Beispiele für Austauschformate:
- **Text:** Im reinen Textformat (txt) wird nur der reine **ASCII-Text** gesichert. **RTF** (Rich Text Format) enthält zusätzlich Formatierungsinformationen.
- **Grafiken: TIFF** ist ein plattformübergreifendes Bitmap-Format. **JPEG** verwendet Kompressionsverfahren, die einen Verlust der Bildqualität zur Folge haben. (Je kleiner die Dateien, desto mehr Verluste.)
- **Texte mit Grafiken: HTML** ist das Standardformat für das Internet, Grafiken werden als eigene Dateien gesichert. **PDF** bettet Schriften und Grafiken ein und behält das Aussehen des Dokuments unabhängig von der Darstellungsart bei.

▶ 231
Sichern als PDF

In »Pages« muss hierfür der Befehl »Exportieren ...« verwendet werden. Mit der Schaltfläche »Weiter ...« kann dann das PC-Volume als Ort zum Sichern ausgewählt werden.

PC-Dateiformate am Mac öffnen

Viele Programme verwenden in der Mac- und in der Windows-Version dasselbe Dateiformat. Außerdem gibt es spezielle Dateiaustauschformate, die von verschiedensten PC-Programmen erstellt werden können. RTF- und reine Textdateien (aber auch Word- und OpenOffice-Dateien) können in »TextEdit« geöffnet werden. Grafik- und PDF-Dateien lassen sich in »Vorschau« öffnen.

Konvertierungsprogramme

Mit speziellen Konvertierungsprogrammen (wie z.B. dem GraphicConverter von Lemkesoft, welcher ca. 200 Grafikformate importieren kann) lassen sich Dateien, die in PC-spezifischen Formaten vorliegen, für Mac-Programme konvertieren und umgekehrt. Viele Konvertierungsprogramme bieten auch eine Mehrfachkonvertierung, mit der mehrere Dateien auf einmal konvertiert werden können.

Textdateien

DOS, Windows, UNIX und der Mac benutzen verschiedene ASCII-Codes für Sonderzeichen und Zeilensprünge. Deshalb kann es bei Textdateien vorkommen, dass Umlaute mit falschen Zeichen dargestellt werden. In einigen Programmen wie z.B. »TextEdit« kann beim Öffnen über den Öffnen-Dialog die Textkodierung ausgewählt werden.

Außerdem gibt es für solche Fälle Konvertierungsprogramme, die die Zeichen austauschen. Sie können die falschen Zeichen aber auch in einem Textprogramm mit der Funktion »Suchen und Ersetzen« austauschen.

PC-Dokumente öffnen

Wenn keine Programmzuteilung besteht (zu erkennen am neutralen Dateisymbol), können Dokumente, die von einem PC kommen, per Drag&Drop auf ein Programmsymbol im Finder oder im Dock mit dem jeweiligen Programm geöffnet werden. Mit gedrückten Tasten ⌘ ⌥ können Sie das Öffnen des Dokumentes erzwingen.

320f ▶
Referenz, TextEdit, Vorschau

PC-Dateitypen einem Mac-Programm zuteilen

Wenn Sie häufig PC-Dateien geliefert bekommen, für die Sie ein geeignetes Programm besitzen und die diesem Programm nicht automatisch zugeteilt wurden, können Sie im Fenster »Information« eine Verbindung zwischen dem Dateinamen-Suffix und dem Mac-Programm herstellen. Die Dateien lassen sich dann per Doppelklick öffnen. Eine genaue Anleitung finden Sie im Kapitel »Programme zuteilen«.

306 ▶
Lesen Sie hier über die Varianten des Infofensters

114f ◀
Lesen Sie hier, wie Sie einen Dokumenttyp einem Programm zuteilen

Datenaustausch mit dem Windows-PC und Linux **219**

Bilderflut

Arbeiten mit digitalen Fotos in Mac OS X

Dieses Kapitel beschreibt, wie Sie mithilfe von iPhoto – oder ohne iPhoto mit den Tools von Mac OS X – Bilder importieren, verwalten, betrachten und bearbeiten können.

Im Lieferumfang eines neuen Macs findet sich als Bestandteil von iLife das Programm »**iPhoto**«, mit dem Sie Bilder von der Digitalkamera **importieren**, **verwalten**, **betrachten** und **bearbeiten** können.

Aber auch wenn Sie iPhoto nicht verwenden wollen, bietet Mac OS X alle Möglichkeiten, Bilder zu importieren, verwalten, betrachten und bearbeiten:

Importieren
- **Finder:** Kartenleser und viele Kameras werden wie eine externe Festplatte im Finder gemountet. Die Bilder können einfach per Drag&Drop importiert werden.
- **Digitale Bilder:** Bilder vom Kartenleser oder einer Kamera können außerdem mit dem Programm »Digitale Bilder« importiert werden.

Verwalten
- **Finder:** Digitale Bilder können nach beliebigem System in Ordern sortiert werden. Der Finder bietet Ansichtsoptionen, die für Bilder besonders geeignet sind.
- **Spotlight, intelligente Ordner:** Bilder mit bestimmten Eigenschaften können mit Spotlight gefunden werden. Hierfür können auch intelligente Ordner verwendet werden.

Betrachten
- **Finder:** Der Finder bietet mit der QuickLook-Übersicht eine integrierte Diaschau.
- **Vorschau:** Bilder können einzeln oder ordnerweise in Vorschau geöffnet werden. Auch in Vorschau kann die Diaschau verwendet werden.

Bearbeiten
Hier bietet Mac OS X im Programm »Vorschau« nur wenige Möglichkeiten.

Bilder von einer Kamera importieren

In den Voreinstellungen des Programms »Digitale Bilder« können Sie bestimmen, welche Aktion ausgeführt wird, wenn Sie eine Kamera an Ihren Mac anschließen. Unter anderem können Sie hier einstellen, dass sich »iPhoto« oder das Programm »Digitale Bilder« automatisch öffnet, wenn Sie die Kamera aktiviert haben. Kartenlesegeräte werden hier wie Kameras behandelt.

Treiber und Protokolle

In Mac OS X sind die Treiber für das eigene Übertragungsprotokoll der meisten Digitalkameras vorhanden. Alternativ kann bei vielen Kameras das Standard-Protokoll PTP (Picture Transfer Protocol) verwendet werden. Das verwendete Protokoll kann in der Kamera eingestellt werden.

1. Kamera anschließen
Schließen Sie die Kamera an eine geeignete Schnittstelle an und aktivieren Sie die Wiedergabefunktion der Kamera.
Das gewünschte Programm öffnet sich.

2. Importieren mit »Digitale Bilder« ...
Klicken Sie auf »Alle Importiere«.
Den Ort, an den die Bilder kopiert werden, können Sie in dem Menü unten bestimmen. Wenn Sie nur bestimmte Bilder laden wollen, wählen die gewünschten Bilder in der Liste aus und klicken dann auf »Importieren«.

2. ... oder mit »iPhoto«
Klicken Sie auf die Schaltfläche »Importieren« bzw. »Alle Importieren«.
Die Bilder werden von der Kamera in die iPhoto-Mediathek kopiert. Ab iPhoto 7 ('08) können Sie auch einzelne Bilder auswählen und diese dann mit der Schaltfläche »Auswahl importieren« importieren.

36ff ◄
Technik, externe Schnittstellen

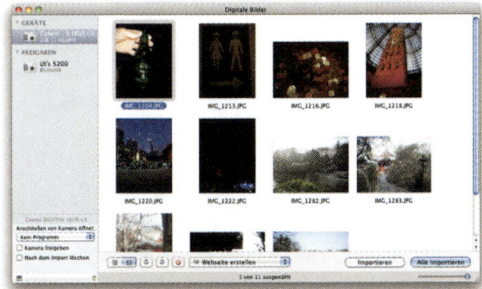
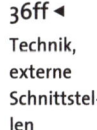

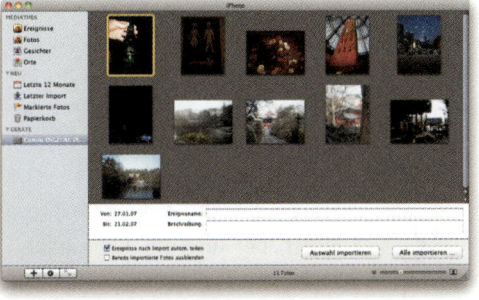

Bilder beim Importieren löschen

Optional können die Bilder nach dem Importieren direkt von der Kamera gelöscht werden. In »Digitale Bilder« finden Sie die Option unter »Geräteeinstellungen «, in iPhoto 6 können Sie ein Häkchen links von der Importieren-Schaltfläche aktivieren, in den neueren Versionen erscheint am Ende des Importvorgangs ein Dialog.

Importieren vom Finder in iPhoto

Bilder, die Sie z.B. auf CD oder per Mail bekommen haben oder die Sie bereits mit dem Programm »Digitale Bilder« importiert haben, können Sie in iPhoto importieren, indem Sie sie einfach in das iPhoto-Fenster oder auf das Symbol von iPhoto ziehen.

Bilder verwalten

iPhoto hat seine eigene Art, Bilder zu verwalten. Die Bilder werden dabei automatisch nach dem Datum sortiert, an dem die Aufnahme gemacht wurde. Dafür wird die Aufnahmezeit verwendet, die die Kamera in die Metadaten des Bildes schreibt. Wenn Sie also iPhoto verwenden, sollten Sie darauf achten, dass das Datum in der Kamera immer richtig eingestellt ist.

Alben
Innerhalb von iPhoto können Sie Ihre Bilder in Alben sortieren. Neue Alben legen Sie mit der »+«-Schaltfläche an. Zum Hinzufügen ziehen Sie die gewünschten Bilder aus der Übersicht rechts in das Album.

Intelligente Alben
Intelligente Alben enthalten Bilder, die bestimmten Kriterien entsprechen. Neue Bilder mit diesen Kriterien werden automatisch zum Album hinzugefügt. Diese Kriterien können beim Anlagen des Albums mit der ⊕-Schaltfläche bestimmt werden. Mit dem Befehl »Intelligentes Album bearbeiten« aus dem Ablage-Menü können Sie die Kriterien ändern.

◄ 147
Intelligente Ordner

Verwalten mit dem Finder

Statt mit iPhoto können Sie Ihre Bilder aber auch mit dem Finder verwalten. Sie können die Bilder nach beliebigen Kriterien in Ordner sortieren. Zur Ansicht bietet sich die Symboldarstellung mit großen Symbolen und der Darstellungsoption »Symbolvorschau zeigen« an.

◄ 96
Finder, Ordner

◄ 103ff
Finder, Darstellungsoptionen

Außerdem können Sie intelligente Ordner anlegen, in denen Bilder angezeigt werden, die bestimmten Kriterien entsprechen.

(147 ◄ Intelligente Ordner)

Bilder betrachten

iPhoto bietet zum Betrachten mehrerer Bilder eine **Diaschau**-Funktion an.

In iPhoto können Sie die Länge der Anzeige der einzelnen Bilder und Überblendeffekte einstellen. Außerdem kann die Diaschau mit Musik unterlegt werden. Die Diaschauen können auch für spätere Vorführungen gespeichert werden.

Sie können aber auch ein einzelnes Bild ansehen, indem Sie es per Doppelklick vergrößern oder mit der Schaltfläche mit zwei diagonalen Pfeilen bildschirmfüllend betrachten.

Ein Bild in iPhoto

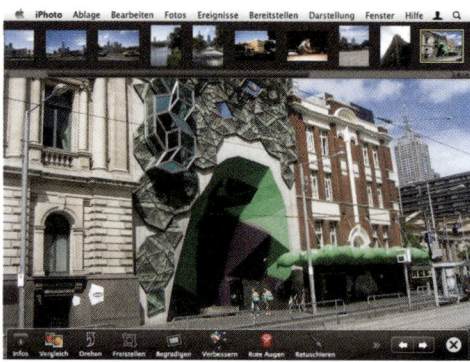

In der bildschirmfüllenden Darstellung von iPhoto kann mit der Zeile oben geblättert werden.

Finder

Im Finder steht die **Übersicht** »QuickLook« zum bildschirmfüllenden Betrachten von Fotos zur Verfügung. Auch die **Diaschau** kann auch direkt im Finder aufgerufen werden. Hierfür markieren Sie die gewünschten Bilder und wählen den Befehl »Übersicht« (⌘Y) bzw. »Diashow« (⌘⌥Y) aus dem Ablage-Menü.

(112 ◄ Übersicht mit QuickLook)

(113 ◄ Diaschau mit QuickLook)

Vorschau

Bilder können auch in »Vorschau« betrachtet werden. Wenn Sie einen Ordner auf das Symbol des Programms »Vorschau« ziehen, wird der Inhalt des Ordners angezeigt. Hierbei wird das erste Bild in Fenstergröße geöffnet. In der Seitenleiste wird eine Vorschau der weiteren Bilder angezeigt. Durch Klicken oder mit den Tasten ↓ und ↑ kann zwischen den Bildern gewechselt werden. Außerdem steht auch in Vorschau auch eine **Diaschau** zur Verfügung.

(111 ◄ Diaschau mit QuickLook)

Bilder bearbeiten

Sowohl in iPhoto als auch in Vorschau stehen zum Bearbeiten von Bildern nur grundlegende Funktionen zur Verfügung. In Vorschau können Farbwerte angepasst werden und Ausschnitte freigestellt. In iPhoto stehen zusätzlich eine Rote-Augen-Korrektur und eine Verbesserungsfunktion zur Verfügung.

Zwar stellt Mac OS X den Programmen mit »Core Image« viele Bildbearbeitungsfunktionen zur Verfügung, doch fehlt es – abgesehen vom »Core Image Fun House«, dem Demo-Programm aus den Developer Tools – an Programmen, die diese Funktionen nutzen. So werden zur ernsthaften Bearbeitung von Bildern unter Mac OS X zusätzliche Programme benötigt.

48 ◄
Technik,
Core Image

321 ►
Referenz,
Vorschau

Bilder über das Netzwerk bereitstellen

Mit »Digitale Bilder« können beim Importieren Webseiten aus den Bildern erstellt werden. Außerdem kann über das Netzwerk direkt auf eine angeschlossene Kamera zugegriffen werden.

Auch in iPhoto lassen sich Webseiten erstellen. Außerdem kann die Mediathek über das Netzwerk an iPhoto auf einem anderen Computer freigegeben werden.

179 ◄
Internetbrowser

164 ◄
Bonjour

In »Vorschau« kann in der Seitenleiste geblättert werden.

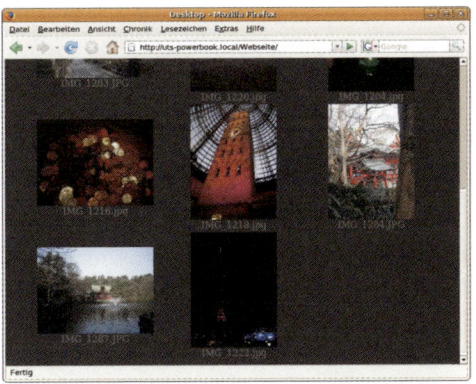

Eine Webseite, erstellt mit »Digitale Bilder«, in Firefox unter Ubuntu. Ein Klick auf ein Bild öffnet eine größere Ansicht.

Schwarz auf Weiß

Drucken in Mac OS X

Wenn Dokumente auf dem Mac erstellt werden, geschieht dies meist nicht zum Selbstzweck. Soll ein Brief mit der Schneckenpost verschickt oder der Oma ein Bild gezeigt werden, muss ein Drucker her. Wie Drucker am Mac installiert und betrieben werden, wird in diesem Kapitel erklärt.

An einem Mac können ein oder auch mehrere Drucker gleichzeitig betrieben werden. Drucker lassen sich grundsätzlich entweder lokal, d.h. direkt an den Rechner, oder über ein Netzwerk anschließen. Ein solches Netzwerk kann auch lediglich aus einem Drucker und einem Mac bestehen.

◂ 36f
Technik,
Peripherie-
Schnittstellen

Lokale Drucker werden direkt an eine der Schnittstellen des Macs angeschlossen. Die meisten lokalen Drucker werden an die **USB-Schnittstelle** angeschlossen.

Eine weitere Anschlussmöglichkeit für Drucker ist der Betrieb in einem Netzwerk. Über ein Netzwerk wird der Drucker verschiedenen Rechnern zur Verfügung gestellt.

◂ 39
Technik,
Netzwerk-
Schnittstellen

- **Netzwerkdrucker** werden wie andere Netzwerkgeräte – also genauso wie ein Mac – in das Netzwerk eingebunden. Dafür können die verschiedenen Arten des Ethernets verwendet werden.
- Drucker können auch über einen Druckerserver in das Netzwerk eingebunden sein. Mit »Sharing« im Kontrollfeld »Drucken & Faxen« kann jeder Mac einfach zum **Druckerserver** werden.

Für Mac OS X macht das alles jedoch keinen Unterschied. Alle Drucker werden grundsätzlich gleich behandelt.

Für den Betrieb eines Druckers wird für jeden Druckertyp ein Druckertreiber (im Ordner »/System/Library/Printers«, »/Library/Printers« oder »*Privat*/Library/Printers«) benötigt. Das CUPS-Drucksystem (Common UNIX Printing System) sowie Gutenprint stellen außerdem weitere Treiber unter »/usr/share/cups« zur Verfügung.

Mit dem Menübefehl »Drucken« (⌘P) aus dem Menü »Ablage« wird in jedem Programm der Druckvorgang für das geöffnete Dokument gestartet. Zuerst erscheint der Druckdialog, in dem Einstellungen vorgenommen werden können. Mit einem Klick auf die Schaltfläche »Drucken« wird eine Druckdatei angelegt und abgearbeitet – man sagt auch, sie wird »gespoolt«. Die Druckaufträge für die Drucker werden jeweils in einer eigenen Warteliste angezeigt.

Einen Drucker installieren

Bevor der Mac drucken kann, muss der Drucker entweder direkt oder über ein Netzwerk mit dem Rechner verbunden werden. Außerdem muss die passende Druckersoftware installiert werden.

1. *Drucker anschließen*
   Vergewissern Sie sich, über welchen Anschluss der Drucker mit Ihrem Mac verbunden ist.

2. *Eventuell Druckererweiterung installieren*
   Die Druckererweiterung wird wie jede andere Erweiterung mit dem »Installationsprogramm« installiert.
   Im vielen Fällen steht Ihnen der Drucker automatisch zum Drucken zur Verfügung. Sollte das nicht der Fall sein, führen Sie die nächsten Schritte aus.

3. *Drucker hinzufügen*
   Öffnen Sie das Kontrollfeld »Drucken & Faxen« in den Systemeinstellungen. Klicken Sie auf das »+« unter der Liste der installierten Drucker.
   Dies öffnet den Drucker-Browser, in dem alle angeschlossenen Drucker aufgelistet werden.

4. *Drucker-Browser*
   Wählen Sie den Drucker aus der Liste aus. Je nach Druckermodell müssen Sie nun noch im Aufklappmenü »Drucken mit« das gewünschte Papierformat des Druckers oder die passende PPD (Einstellungsdatei) auswählen. Klicken Sie dann auf »Hinzufügen«.

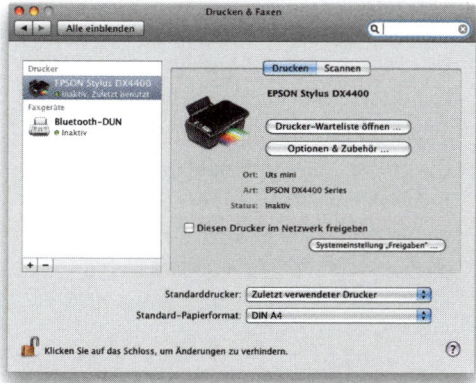

77f ◄
Installation einzelner Erweiterungen

160ff ◄
Netzwerk

36f ◄
Technik, Externe Schnittstellen

Drucken ►
Wie Sie ein Dokument ausdrucken, lesen Sie auf Seite 226.

▶ 228
Druckdialog

Drucker-Browser

Im Drucker-Browser, der mit der Schaltfläche »+« geöffnet wird, werden Drucker, die über unterschiedliche Protokolle angesteuert werden, auf unterschiedlichen Seiten ausgewählt:

- **Standard:** Hier werden die über lokale Schnittstellen angeschlossenen Drucker sowie über Bonjour freigegebene Drucker und Faxgeräte aufgelistet.
- **Fax:** Hier werden Modems, die als Faxgerät verwendet werden können, aufgelistet.
- **TCP/IP-Drucker** werden auf der Seite »IP« hinzugefügt. Hier müssen Sie die IP-Adresse des Druckers eingeben, die Sie von Ihrem Systemadministrator erfahren.

  Sie können hier auch einen PostScript-Drucker einrichten, wenn Ihnen kein solcher Drucker zur Verfügung steht. Um den **Phantom-PostScript-Drucker** einzurichten, geben Sie als Adresse »localhost« ein.
- Für Drucker über **SMB oder Windows-Freigaben** steht eine Seite, auf der Drucker ausgewählt werden können, zur Verfügung.

Drucker hinzufügen aus dem Druckdialog

Der Drucker-Browser zum Hinzufügen eines neuen Druckers kann auch direkt im Druckdialog aufgerufen werden. Hierfür wählen Sie im Aufklappmenü »Drucker« den Menüpunkt »Drucker hinzufügen …«.

Gutenprint-Druckertreiber

Mit den Gutenprint-Druckertreibern können viele zusätzliche Drucker ohne Mac-OS-X-Treiber des Herstellers betrieben werden. Sie erweitern die Liste der Druckertreiber im Menü »Drucken mit« beim Hinzufügen eines neuen Druckers um viele Modelle der unterschiedlichsten Hersteller. Sollten Sie Gutenprint bei der Installation abgewählt haben, können Sie es per Doppelklick auf das »Optional Installs.mpkg« auf der Mac-OS-X-DVD nachinstallieren.

Wo befindet sich der Drucker?

Dem Namen von freigegebenen Druckern wird am Ende der Bonjour-Name des freigebenden Computers (getrennt mit einem @-Zeichen) angefügt. So lässt sich erkennen, von welchem Rechner der Drucker freigegeben wurde.

Standarddrucker

Im Kontrollfeld »Drucken & Faxen« kann mit dem Menü »Standarddrucker« ein Drucker zum Standarddrucker bestimmt werden. Dieser Drucker ist dann im Druckdialog immer zuerst ausgewählt.

Drucker konfigurieren

Mit dem Befehl »Optionen und Zubehör« können Sie den in der Druckerliste aktivierten Drucker einrichten. Hierbei wird das Drucker-Utility des Druckerherstellers gestartet.

... über die Druckerinformation

Mit der Schaltfläche »Optionen & Zubehör« im Kontrollfeld »Drucken & Faxen« oder »Informationen« bzw. der Schaltfläche »Informationen« in der Warteliste können Sie Drucker konfigurieren, die kein eigenes Konfigurationsprogramm mitbringen. Auf der Seite »Treiber« wählen Sie die passende PPD (Postscript Printer Description – Druckerbeschreibungsdatei) aus. Im Bereich darunter können Sie dann die in der PPD verzeichneten Optionen, z.B. Papierkassetten, Speichererweiterungen etc., einstellen.

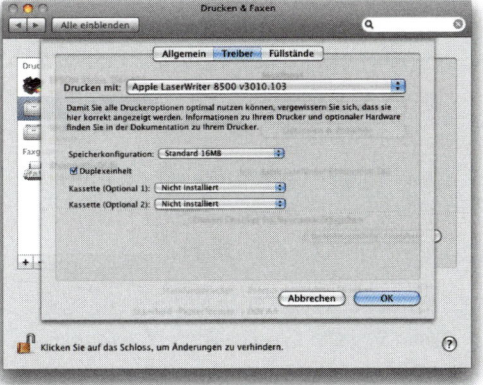

... oder über den Internetbrowser

Unter der Adresse <http://localhost:631> können Sie Ihre Drucker über das CUPS-Webinterface im Internetbrowser konfigurieren. Bei über TCP/IP verbundenen Drucker geben Sie einfach die IP-Adresse des Druckers ein (der Browser ergänzt automatisch den Port <http://>). Die hier vorgenommenen Änderungen werden automatisch mit dem Drucker-Dienstprogramm abgeglichen.

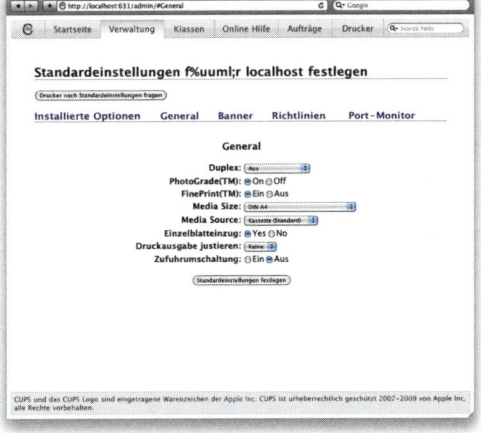

179ff ◄
Internetbrowser

Drucken

Der Druckvorgang wird in jedem Programm auf dieselbe Weise gestartet.

◄225
Lesen Sie hier, wie ein Drucker installiert wird.

1. Druckdialog aufrufen

Wählen Sie in einem Programm bei geöffnetem Dokument den Befehl »Drucken« (⌘P) aus dem Menü »Ablage«.

Es erscheint der Druckdialog für den Standarddrucker.

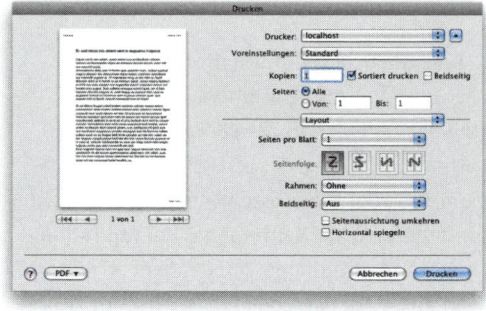

2. Den Drucker auswählen

Wenn Sie mehrere Drucker installiert haben, können Sie im Aufklappmenü »Drucker« einen anderen Drucker auswählen.

3. Eventuell Druckoptionen bestimmen

Wenn Sie beim Drucken weitere Vorgaben machen wollen, bestimmen Sie diese in den verschiedenen Seiten, die sich über das dritte Menü im Druckdialog aufrufen lassen.

Genaueres zu den einzelnen Druckoptionen lesen Sie auf der folgenden Seite.

4. Drucken

Um den Druckvorgang zu starten, klicken Sie auf die Schaltfläche »Drucken«.

Die Druckdatei wird jetzt angelegt und an den Drucker weitergeleitet. Außerdem wird ein Programm mit dem Namen des Druckers gestartet. In diesem wird die Warteliste für den Drucker angezeigt.

Papierformat

Das Standard-Papierformat wird in den Systemeinstellungen im Kontrollfeld »Drucken & Faxen« eingestellt.

Um das Papierformat für ein einzelnes Dokument zu ändern, wählen Sie im jeweiligen Programm bei geöffnetem Dokument aus dem Menü »Ablage« den Befehl »Papierformat« (⌘ ⇧ P). Dort können Sie die Lage des Dokuments auf dem Papier und die Druckgröße im Verhältnis zur Anzeigegröße auf dem Monitor einstellen. Das Papierformat kann für jeden Drucker gesondert eingestellt werden.

Um bei Druckern, die randlos drucken, diese Möglichkeit auch nutzen zu können, muss unbedingt unter »Format für« der betreffende Drucker ausgewählt sein, nicht die Option »Alle Drucker«. Bei der Einstellung »Alle Drucker« wird mit Standard-Rändern gedruckt.

Druckoptionen

Im Druckdialog kann im oberen Bereich die Anzahl der **Kopien** bestimmt werden. Außerdem lässt sich auswählen, welche **Seiten** eines Dokuments gedruckt werden sollen. Im Bereich darunter wird die Seite »Layout« angezeigt oder – wenn das Programm eigene Einstellungen vorsieht – die **programmspezifischen Optionen**. Viele Programme zeigen zusätzlich links vom Optionsbereich eine Druckvorschau, in der mit Pfeil-Schaltflächen geblättert werden kann. In einem Aufklappmenü können weitere Optionen ausgewählt werden.

- Die Seite **»Layout«** steht bei jedem Drucker zur Auswahl. Wenn Sie mehrere Seiten eines Dokuments auf ein Blatt drucken wollen, können Sie hier in einem Aufklappmenü die Anzahl der Seiten bestimmen und die Reihenfolge festlegen, in der die Seiten auf das Blatt gedruckt werden sollen.
- Auf der Seite **»Papierhandhabung«** können Sie bestimmen, welche Seiten gedruckt werden und in welcher Reihenfolge.
- Unter **»Farbanpassung«** kann neben der Farbkonvertierung auch einer der ColorSync-Filter ausgewählt werden.
- **Zeitplan:** Hier können Sie den Zeitpunkt und die Priorität des Druckvorgangs bestimmen.
- Die weiteren Seiten enthalten Drucker- und Programm-spezifische Optionen wie Farbmanagement, Papiereinzug o.ä. Welche Seiten und welche Optionen zur Auswahl stehen, hängt vom jeweiligen Drucker ab und vom Programm, aus dem gedruckt wird.
- Auf der Seite **»Zusammenfassung«** werden noch einmal alle eingestellten Optionen in Textform aufgelistet.

338 ▶
Referenz, Kontrollfeld »Drucken & Faxen«

240ff ▶
ColorSync

Vorschau

Mit der Schaltfläche »Vorschau« wird das Dokument im eingestellten Drucklayout im Programm »Vorschau« geöffnet.

Als Datei sichern

Wenn Sie ein Dokument nicht auf Papier drucken, sondern im PDF-Format sichern wollen, klicken Sie auf die Schaltfläche »PDF« und wählen Sie in dem Menü die Option **»Als PDF sichern …«**. Als Alternative steht Ihnen hier auch das Erstellen eines PDF-Dokuments über das Programm »Vorschau« zur Verfügung (siehe Anleitung auf der nächsten Seite). Mit dem Befehl **»Als PostScript sichern …«** lässt sich eine fertige PostScript-Druckdatei erstellen, die dann zum Drucken an einen anderen Rechner weitergegeben werden kann.

▶ 249f
Automator

◀ 227
Drucker konfigurieren

PDF Services

Im unteren Bereich des Menüs »PDF« können Automator-Abläufe aufgerufen werden. Der Befehl »Menü bearbeiten« öffnet ein Fenster, in dem die vorhandenen Abläufe aufgelistet sind. Mit den Schaltflächen »+« und »-« können weitere Skripte hinzugefügt bzw. entfernt werden. Sie können aber auch Menüpunkte hinzufügen, indem Sie Arbeitsabläufe oder Skripte in den Ordner »/Library/PDF-Services« (für alle Benutzer) bzw. »*Privat*/Library/PDF-Services« legen. Im Automator lassen sich Arbeitsabläufe direkt als »Plug-in für Arbeitsablauf Drucken« sichern. Sie werden dann automatisch in das Menü eingefügt.

Zusätzlich besteht die Möglichkeit, ein Alias eines beliebigen Programms in den PDF-Services-Ordner zu legen. Auch dieses erscheint im PDF-Menü. Wird der Menüpunkt aufgerufen, wird eine PDF-Datei generiert und an das entsprechende Programm weitergegeben.

Warteliste

In der Warteliste (dem Programm mit dem Namen des jeweiligen Druckers) können Sie auch Druckaufträge unterbrechen und löschen.

- **Druckauftrag stoppen oder löschen:** Möchten Sie den Druckauftrag stoppen, aktivieren Sie das Symbol dieses Druckauftrags und klicken auf die Schaltfläche »Stoppen«, möchten Sie ihn ganz löschen, klicken Sie auf »Löschen«.
- **Drucker deaktivieren:** Mit der Schaltfläche »Drucker anhalten« kann ein Drucker deaktiviert werden. Die Druckaufträge werden dann so lange gesammelt, bis der Drucker wieder aktiviert wird. Der Drucker wird im Druckdialog mit einem kleinen Ausrufezeichen gekennzeichnet.

Außerdem können Sie hier mit der Schaltfläche »Informationen« die Drucker-Konfiguration ändern und eine Testseite ausdrucken (Menü »Drucker«).

Dokument über »Drucken« und »Vorschau« als PDF sichern

Mac OS X verwendet für die Grafikdarstellung auf dem Bildschirm »PDF« (Portable Data Format). Das PDF-Format wurde von Adobe entwickelt, um Dokumente ohne Veränderungen des Layouts auf verschiedensten Computerplattformen darstellen zu können. PDF-Dokumente können Text, eingebettete Grafiken usw. enthalten. Wird das Dokument verkleinert oder vergrößert dargestellt oder gedruckt, bleiben die Proportionen immer erhalten.

In Mac OS X kann jedes Dokument als PDF gesichert werden – sogar ganze Internetseiten lassen sich so sichern. Das von Adobe kostenlos zur Verfügung gestellte Leseprogramm für PDF-Dokumente, der »Adobe Reader«, kann für immerhin 16 verschiedene Computerplattformen heruntergeladen werden.

Dokument als PDF sichern

1. *Druckerdialog aufrufen*
   In einem beliebigen Programm und einem beliebigen geöffneten Dokument wählen Sie den Befehl »Drucken« (⌘P) aus dem Menü »Ablage«.

2. *Vorschau erstellen*
   Im Druckerdialog klicken Sie die Schaltfläche »Vorschau«.
   Das Dokument wird in eine PDF-Datei umgewandelt und im Programm »Vorschau« geöffnet.

3. *PDF erstellen*
   Zum Erstellen des PDF wählen Sie im Programm »Vorschau« aus dem Menü »Ablage« den Befehl »Sichern unter« und wählen dann unter »Format« die Option »PDF«.
   Das so erstellte PDF-Dokument kann auf jeder Computerplattform unverändert betrachtet werden. Wenn Sie möchten, können Sie es aber auch zuerst mit Anmerkungen versehen.

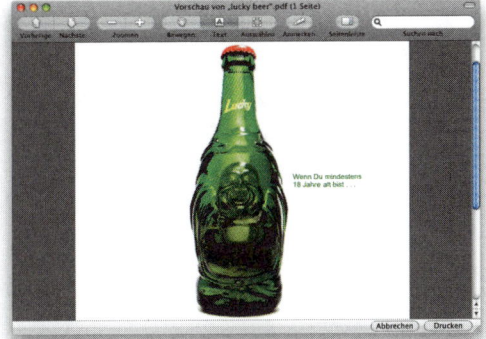

Druckerserver

◀ 16off
Lesen Sie hier, wie Sie ein TCP/IP-Netzwerk einrichten

Im Kontrollfeld »Drucken & Faxen« können Sie Ihre lokalen Drucker anderen Macs im Netzwerk zur Verfügung stellen. Ihr Mac wird hierbei zum Druckerserver. Die Drucker werden – mittels Apples Bonjour-Technologie – über das TCP/IP-Netzwerk zur Verfügung gestellt. Es müssen also beide Rechner für dasselbe Netzwerk konfiguriert sein.

Der Druckerserver wird im Kontrollfeld »Freigaben« unter »Druckerfreigebe« aktiviert und deaktiviert. Hier können auch die einzelnen Drucker zur Freigabe ausgewählt werden.

Druckerserver einrichten

1. Drucker am Server installieren
Installieren Sie den Drucker auf dem Mac, an den der Drucker angeschlossen ist (siehe Seite 223).

2. Druckerfreigabe aktivieren
Öffnen Sie auf dem Mac, an dem der Drucker angeschlossen ist, das Kontrollfeld »Drucken & Faxen«. Hier aktivieren Sie die Option »Diesen Drucker im Netzwerk freigeben«.
Dies aktiviert im Kontrollfeld »Freigaben« die »Druckerfreigabe«. Alternativ kreuzen Sie im Kontrollfeld »Freigaben« unter »Druckerfreigabe« den Drucker in der Liste an und aktivieren die Druckerfreigabe in der Liste der Dienste.

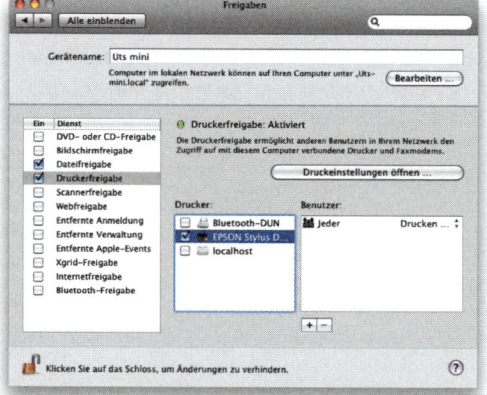

◀ 225
Drucker einrichten

3. Drucker am Client auswählen
Auf dem Client-Rechner erscheinen die freigegebenen Drucker beim Hinzufügen (siehe Anleitung auf Seite 223) auf der Seite »Standard« in der Liste. Ist der Drucker hinzugefügt, kann er im Drucken-Dialog wie ein lokal angeschlossener Ducker ausgewählt werden.

Fax-Server
Analog zur Anleitung oben können Sie auch Faxmodems für andere Rechner freigeben.

Faxen

»Es gibt tatsächlich noch Menschen, die faxen.« (Steve Jobs, 2003). Daher ist in Mac OS X seit 10.3 eine Fax-Software integriert. Mit dieser können Druckaufträge statt an einen Drucker über ein Modem oder Bluetooth-Geräte an ein Faxgerät versendet werden.

1. Druckdialog aufrufen
Rufen Sie wie gewohnt im Programm, aus dem das Dokument als Fax versendet werden soll, den Druckdialog auf (⌘P). Wählen Sie im Aufklappmenü »Drucker« das Modem aus.

2 Empfänger
Unter »An« geben Sie die Fax-Nummer des Empfängers ein und nehmen ggf. weitere Einstellung vor.

Mit einem Mausklick auf die Schaltfläche rechts neben dem Eingabefeld werden die im Adressbuch gespeicherten Kontakte mit ihren Fax-Nummern angezeigt. Diese können dann per Doppelklick in das Feld »An« eingetragen werden.

3. Versenden
Um das Dokument per Fax zu versenden, klicken Sie auf die Schaltfläche »Fax«.

Wie beim Drucken öffnet sich ein Programm mit dem Namen des Fax-Modems, in dem die Warteliste angezeigt wird.

Fax an mehrere Empfänger
Soll ein Fax an mehrere Empfänger gesendet werden, drücken Sie nach Eingabe einer Nummer den Zeilenschalter und tragen Sie die nächste Nummer ein.

Modemeinstellungen
Im Fax-Dialog können unter der Druckoption »Fax-Modem« Einstellungen für das Modem vorgenommen werden.

Faxe empfangen
Unter »Empfangsoptionen …« lässt sich der Faxempfang für das jeweilige Modem aktivieren und konfigurieren. Empfangene Faxe können auch als E-Mail weiterverschickt werden. Dafür wird der eingebaute SMTP-Server »Postfix« verwendet.

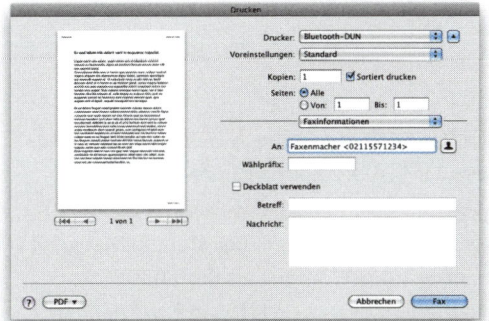

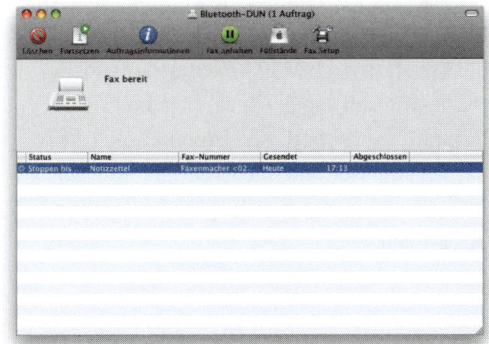

338f ▶
Referenz, Kontrollfeld »Drucken & Faxen«

184ff ◀
E-Mail

310f ▶
Referenz, Adressbuch

229 ◀
Druckoptionen

Starke Typen

Arbeiten mit Schriften in Mac OS X

Für die Arbeit im Layout ist es unerlässlich, dass viele unterschiedliche Schriften zur Verfügung stehen. Dieses Kapitel erklärt die Unterschiede zwischen den am Mac verwendeten Dateiformaten für Schriften, die integrierte Schriftverwaltung und die gestalterischen Möglichkeiten in Mac OS X 10.6.

In Mac OS X 10.3 wurde der Funktionsumfang des Mac OS bezüglich Schriften und Schriftverwaltung erheblich erweitert. Mit dem Programm **»Schriftsammlung«** steht in Mac OS X eine Schriftverwaltung als Bestandteil des Betriebssystems zur Verfügung, mit der ganz einfach eine Vorschau, Installation und Verwaltung der installierten Zeichensätze möglich ist.

Gleichzeitig wurde mit der **Zeichenpalette** eine Möglichkeit der Zeichenauswahl für jedes Mac-OS-X-Programm geschaffen. Mit der **Schriftauswahl-Palette** sind neben der Auswahl der Schriften auch Möglichkeiten zur künstlerischen Gestaltung der Texte in jedes Cocoa-Programm integriert. Hier kann beispielsweise der Text gefärbt und mit Schatten hinterlegt werden und es lassen sich spezielle Glyphen auswählen.

▶ 340
Referenz, Kontrollfeld »Erscheinungsbild«

Schriftglättung

Mac OS X enthält eine interne, programmübergreifende Schriftglättung (Antialiasing). Die Pixel der Schriftzeichen werden dabei mit unterschiedlich hellen Pixeln umgeben, sodass für das Auge die Pixeltreppen aufgelöst werden und eine glatte (wenn auch leicht unscharfe) Kante entsteht.

Die Schriftglättung kann nicht komplett deaktiviert werden. Im Kontrollfeld »Erscheinungsbild« in den Systemeinstellungen kann zusätzlich das Subpixel-Rendering aktiviert werden. Dann werden die roten, blauen und grünen Unterpixel einzeln angesteuert. Diese Art der Schriftglättung ist nur für Flachbildschirme verfügbar, da nur bei digital angesteuerten LCDs in der nativen Auflösung die dargestellten Pixel den Displaypixeln entsprechen. Zusätzlich kann bestimmt werden, ab welcher Größe kleine Schriften nicht geglättet werden.

Zeichensatz-Typen

In Mac OS X werden mehrere Arten von Zeichensätzen für die Bildschirmdarstellung und zum Drucken verwendet:

TrueType-Zeichensätze

TrueType-Zeichensätze enthalten die Informationen über das Aussehen des Zeichens in Form von Vektoren. Sie können so auf jede beliebige Größe skaliert werden.

Neu in Mac OS X sind TrueType-Zeichensätze, deren Ressourcen sich im Datenteil der Datei befinden. Diese sind mit dem Dateizusatz ».dfont« bezeichnet. Die aus dem klassischen Mac OS bekannten TrueType-Zeichensatzkoffer können auch unter Mac OS X verwendet werden (sie werden hier als einzelne Datei mit der Kennung »FFIL« im Symbol dargestellt). In Mac OS X lassen sich außerdem TrueType-Schriften für Windows (.ttf und .ttc) und OpenType-Schriften (.otf) verwenden. Die Symbole sind entsprechend gekennzeichnet.

PostScript-Zeichensätze

PostScript-Zeichensätze bestehen immer aus einem Druckerfont (PostScript-Zeichensatz) und einer korrespondierenden Zeichensatzdatei mit Bitmap-Zeichensätzen. Die Symbole der PostScript-Zeichensätze sind mit »LWFN« codiert (manche Hersteller verwenden auch eigene Symbole), die Bitmaps mit »FFIL« PostScript-Zeichensätze sind unter Mac OS X nur verwendbar, wenn sie zusammen mit ihrem Bitmap-Zeichensatz installiert sind. Manchmal sind auch mehrere PostScript-Zeichensätze mit einem Bitmap-Zeichensatz kombiniert.

Früher wurden im professionellen Layout nur PostScript-Zeichensätze verwendet, diese Rolle übernehmen mittlerweile jedoch die Open-Type-Fonts.

OpenType-Zeichensätze

Das OpenType-Format bietet einige wesentliche Vorteile gegenüber PostScript- oder True-Type-Schriften. OpenType-Schriften können bis zu 65.000 Zeichen enthalten. Deshalb sind in vielen Fontdateien neben dem Standardzeichensatz weitere Zeichenformen wie Kapitälchen, Mediävalziffern und Ligaturen enthalten. Bei anderen Fontformaten sind dafür mehrere weitere Zeichensatzdateien erforderlich. In OpenType-Schriften können auch Zeichen anderer Sprachversionen wie Kyrillisch, Griechisch oder Osteuropäisch in einer Fontdatei zusammen gefasst sein.

Eine weitere Neuerung bei OpenType-Schriften ist die Unterstützung »intelligenter« typografischer Funktionen, bei denen beispielsweise Zeichen durch Alternativzeichen ersetzt oder automatisch Ligaturen oder Schmuckbuchstaben eingesetzt werden. Leider gibt es immer noch Programme, die diese OpenType-Funktionen nicht vollständig unterstützen.

Bitmap-Zeichensätze

Die alten Bitmap-Zeichensatzkoffer (nicht Teil eines PostScript-Fonts) können nur noch eingeschränkt unter Mac OS X genutzt werden. Bitmap-Zeichensätze können nur in Carbon-Programmen verwendet und nicht mit dem Programm »Schriftsammlung« verwaltet werden. Die unterschiedlichen Größen und Formen eines Bitmap-Zeichensatzes befinden sich zusammen in einer Datei. Bitmap-Zeichensätze haben fixe Größen. Sie enthalten sozusagen Bilder der Zeichen. Größen, die nicht in der Schriftendatei vorhanden sind, werden pixelig dargestellt.

Schriftsammlung

Im Laufe der Zeit wird das Schriftenmenü immer länger und unübersichtlicher. Viele Programme installieren neue Schriften. Daher besitzt Mac OS X 10.6 mit dem Programm »Schriftsammlung« eine eigene Schriftenverwaltung. Mit Schriftsammlung können Schriften deaktiviert und in Sammlungen sortiert werden.

Schriftvorschau

◀ 112f
QuickLook

QuickLook generiert bei Zeichensätzen eine Vorschau, die Sie in der Vorschau-Spalte, im Infofenster oder im Übersichtsfenster im Finder betrachten können. Bei einem Doppelklick auf die Zeichensatz-Datei zeigt das Programm »Schriftsammlung« eine Vorschau der Schrifttypen. Hier können im Menü oben die unterschiedlichen Schriftschnitte ausgewählt werden.

Schriften installieren

Wenn Sie einen Zeichensatz beispielsweise auf CD bekommen oder aus dem Internet heruntergeladen haben, doppelklicken Sie die Zeichensatz-Datei im Finder. Es wird das Programm »Schriftsammlung« gestartet und eine Vorschau des Zeichensatzes angezeigt. Wenn Sie hier auf die Schaltfläche »Installieren« klicken, wird der Zeichensatz in Ihren privaten Zeichensatz-Ordner installiert. Diese Voreinstellung kann in den Einstellungen (⌘,) des Programmes »Schriftsammlung« geändert werden. Hier steht mit dem Menüpunkt »Computer« alternativ der Ordner »/Library/Fonts« für alle Benutzer zur Auswahl.

Außerdem lassen sich die Schriften direkt im Programm »Schriftsammlung« installieren. Wählen Sie dafür aus dem Menü »Ablage« den Befehl »Schriften hinzufügen« oder klicken Sie auf das Plussymbol unter der Spalte »Schriften«. In einem Öffnen-Dialog können Sie dann einen oder (mit gedrückter ⌘- oder ⇧-Taste) mehrere Zeichensätze zur Installation auswählen. Die neu installierten Zeichensätze stehen den Programmen sofort zur Verfügung.

Es besteht zwar auch weiterhin die Möglichkeit, Fonts direkt in den Ordner »/Library/Fonts« oder »*Privat*/Library/Fonts« zu legen – diese Methode wird jedoch nicht empfohlen.

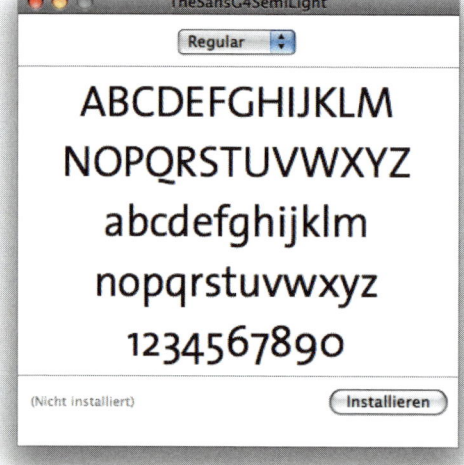

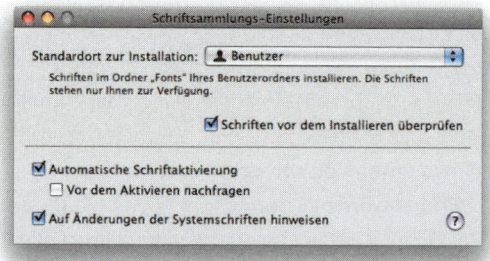

Schriften deaktivieren

Im Programm »Schriftsammlung« können Sie Schriften deaktivieren, sodass sie nicht mehr im Schriften-Menü der Programme erscheinen. Dafür klicken Sie zuerst auf »Alle Schriften«, wählen dann die Schrift in der Spalte »Schriften« an und klicken auf die Schaltfläche mit dem Häkchen. Auch Schriften, die im Netzwerk installiert sind, können auf diese Weise deaktiviert werden.

Deaktivierte Schriften werden mit »Aus« bezeichnet, sie können einfach durch Klicken auf die Schaltfläche mit dem Rechteck wieder aktiviert werden. Außerdem werden sie beim Öffnen eines Dokuments, das diese Schrift enthält, automatisch wieder aktiviert.

Doppelte Schriften

Wenn eine Schrift auf dem Computer mehrfach vorhanden ist – z.B. im Ordner »/Library/Fonts« und in »*Privat*/Library/Fonts« – wird die Schrift in der Spalte »Schriften« mit einem Punkt markiert. Mit dem Befehl »Duplikate auflösen« aus dem Menü »Bearbeiten« kann das Duplikat im privaten Fonts-Ordner deaktiviert werden.

Sammlung umbenennen oder löschen

Eine Sammlung können Sie im Fenster »Schriftsammlungen« umbenennen, nachdem Sie den Namen der Sammlung doppelgeklickt haben. Wenn Sie die Sammlung auswählen und die Rückschritttaste drücken, wird die ausgewählte Sammlung gelöscht.

Sammlung anlegen

1. Schriftsammlung starten
Starten Sie das Programm »Schriftsammlung« aus dem Ordner »Programme« (⌘⇧A).

2. Neue Sammlung
Klicken Sie auf das »+« am unteren Ende der Spalte »Sammlungen« und benennen Sie die neue Sammlung nach Belieben.

4. Schriften hinzufügen
Klicken Sie in der Spalte »Sammlungen« auf »Alle Schriften« und ziehen Sie die gewünschten Schriften aus der Spalte »Schrift« auf die neue Sammlung.
Wenn Sie statt auf »Alle Schriften« auf einen der Einträge darunter klicken, können Sie Schriften, die an einem bestimmten Ort auf Ihrem Computer gespeichert sind, einzeln auswählen.

Schriften aus Sammlung entfernen

Sie können eine Schrift aus einer Sammlung entfernen, indem Sie die Schrift anklicken und dann die Rückschritttaste drücken.

Professionelle Schriftverwaltungen

Anwender im DTP-Bereich (Desktop Publishing) benötigen meist eine Schriftenverwaltung mit zusätzlichen Funktionen. Mit »Suitcase« von Extensis oder »FontAgent Pro« von Insider können Schriften für Carbon- und Cocoa-Programme verwaltet werden.

Schriften sortieren in Cocoa-Programmen

In Cocoa-Programmen können Sets direkt ausgewählt und auch neue Sets angelegt werden. Im Programm »Schriftsammlung« deaktivierte Fonts erscheinen jedoch nicht im Schriften-Fenster der Cocoa-Programme.

Das Fenster »Schrift« (⌘T), in dem in Cocoa-Programmen die Schrift ausgewählt wird, ist ein schwebendes Fenster. Es zeigt in der kleinsten Größe nur drei Menüs für die Schriftfamilie, den Stil und die Größe. Wird es horizontal größer gezogen, erscheint zusätzlich ein Menü für die Sammlungen. Wenn das Fenster vertikal vergrößert wird, werden statt der Menüs Spalten angezeigt.

Tastaturübersicht

Im Kontrollfeld »Sprache & Text« auf der Seite »Eingabequellen« lässt sich die Tastaturübersicht aktivieren. Diese zeigt die Tasten auf der an den Mac angeschlossenen Tastatur in der aktiven Tastaturbelegung. Hier können die Positionen der Sonderzeichen gefunden werden, die mit den Zusatztasten ⌥ und ⇧ sowie ⌥ zusammen mit ⇧ aufgerufen werden.

Zeichenpalette

In Mac OS X 10.3 wurde das Bearbeiten-Menü der meisten Programme um den Menüpunkt »Sonderzeichen ...« ergänzt. Der Befehl öffnet die Zeichenpalette, in der Zeichen nach verschiedenen Kriterien ausgewählt werden können.

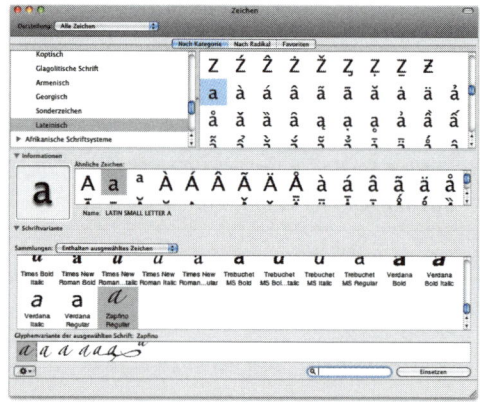

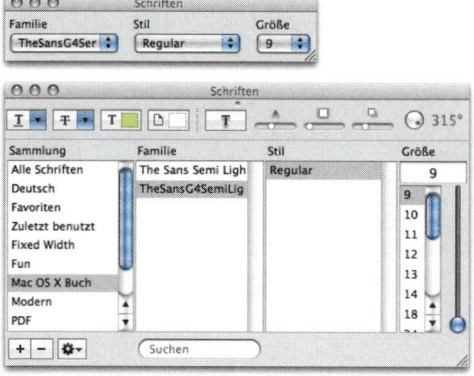

Typografische Funktionen der Fonts nutzen

Das Fenster »Schrift« (⌘T), das Cocoa-Programme aus dem Betriebssystem übernehmen können, bietet umfangreiche Einstellungen, mit denen alle Funktionen von OpenType-Schriften unterstützt werden. Die hier angebotenen aufwendigen Textauszeichnungsfunktionen können schon in so einfachen Programmen wie »TextEdit« oder den Notizzetteln angewendet werden.

Neben der üblichen Auswahl von Schrift, Schriftschnitt, Schriftgröße und Schriftfarbe stehen hier Schatteneffekte und typografische Funktionen wie Ligaturen und die Verwendung alternativer Schriftzeichen zur Verfügung.

Die Farbpalette für die Farbe von Schrift und Hintergrund sowie die **Schatteneffekte** können mit den oberen Schaltflächen aktiviert werden. Mit den Reglern werden Deckkraft, Weichzeichnung, Abstand und Winkel des Schattens eingestellt.

Die **Typografie-Palette** ist über das Aktionsmenü (Zahnrad) erreichbar. Sie verändert sich entsprechend der Möglichkeiten, die der ausgewählte Zeichensatz bietet, und umfasst alle denkbaren Funktionen von OpenType-Fonts.

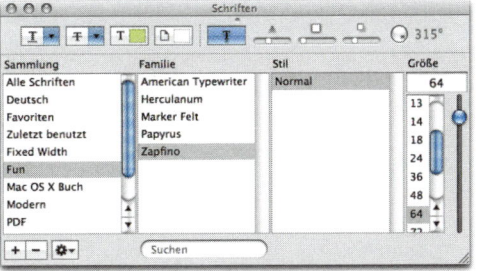

320 ▶
Referenz,
TextEdit

Mit den Reglern oben in der Palette lässt sich der Text mit einem Schatten hinterlegen, für den detaillierte Einstellungen vorgenommen werden können.

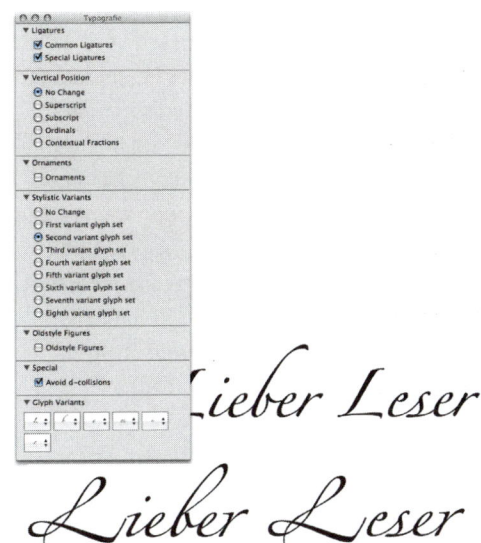

Bei Fonts mit Glyphen-Varianten lassen sich mit den Optionen unter »Stylistic Variants« automatisch unterschiedliche Glyphen-Kombinationen auf den Text anwenden. Der obere Text ist aus den Standardzeichen zusammengesetzt (Option »No Change«), der untere aus den Zeichen der zweiten Glyphen-Variante (Option »Second variant glyph set«).

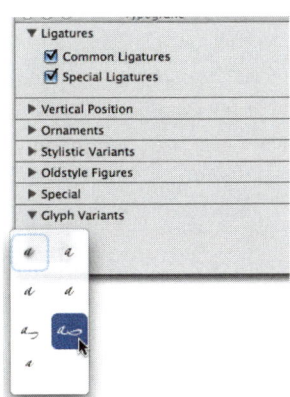

In der Typografie-Palette können beispielsweise alternative Glyphen ausgewählt werden. Dabei zeigt die Palette immer nur die für das markierte Zeichen im jeweiligen Font angebotenen Alternativzeichen an.

Arbeiten mit Schriften in Mac OS X **239**

Alles so schön bunt hier!

Farbmanagement in Mac OS X

Verschiedene Geräte stellen Farben unterschiedlich dar. Wenn ein Bild gescannt, am Bildschirm bearbeitet und dann gedruckt wird, kann es dabei zu Farbverfälschungen kommen. Um dies zu verhindern, wurde in Mac OS X »ColorSync« integriert. Dieses Kapitel erklärt, wie Sie das Farbmanagement des Mac OS einsetzen.

Da die verschiedenen Geräte, die an der Bildbearbeitung beteiligt sind, Farben unterschiedlich darstellen, kann es während des Bearbeitungsprozesses zu Farbverfälschungen kommen.

Um dies zu verhindern, wurde ein internationaler Standard entwickelt, mit dem diese Farbunterschiede ausgeglichen werden können. Die vom »International Color Consortium« (ICC) entwickelten ICC-Profile liefern zusammen mit den Bilddateien Informationen, anhand derer der Farbumfang des Gerätes berücksichtigt werden kann, das die Datei erstellt hat.

Mit »ColorSync« bietet Apple eine in das Mac OS integrierte und systemübergreifende Technologie an, mit der Farbanpassungen an die vorhandene Hardware vorgenommen werden können. So wird die Farbdarstellung auf dem Monitor angepasst und dadurch die entstehende Farbverfälschung minimiert.

Mit der ColorSync-Software kann auch ein Monitor angepasst werden, der eigentlich nicht farbkalibrierbar ist. Es kann ein eigenes Profil für diesen Monitor erstellt werden. Standardprofile für die Apple-Monitore sind im Ordner »/Library/ColorSync/Profiles« schon vorhanden.

In der ColorSync-Software sind außerdem AppleScripts enthalten, mit denen die Farbdarstellung in einer Bilddatei angepasst werden kann. Sie befinden sich im Ordner »/Library/ColorSync/Scripts«.

Mit dem »ColorSync Dienstprogramm« (im Ordner »Dienstprogramme« (⌘⇧U)) werden die Einstellungen für ColorSync vorgenommen. Hier können die installierten ColorSync-Profile eingesehen und auch auf eventuelle Fehler hin überprüft und repariert werden.

Farbtheoretische Grundlagen

Es gibt zwei grundsätzliche Möglichkeiten, Farben zu mischen: die additive und die subtraktive Farbmischung.

374ff ▶
Lesen Sie im Kapitel »Farbauswahl« über die verschiedenen Methoden der Farbmischung und Farbauswahl.

Additive Farbmischung

Das RGB-Farbsystem beruht auf der additiven Farbmischung des Lichts. Farben werden additiv gemischt, wenn Lichtquellen in den Grundfarben Rot (R), Grün (G) und Blau (B) einen Punkt beleuchten. Eine Mischung dieser drei Farben mit voller Intensität ergibt Weiß.

Beim Computermonitor werden die roten, grünen und blauen Farbpunkte durch den Kathodenstrahl zum Leuchten gebracht. Je nach Intensität der Farbanteile entstehen daraus die verschiedenen Mischfarben. Da der Monitor mit dem RGB-System arbeitet, liegt es nahe, dass auch die Farbverwaltung von Mac OS X mit diesem Modell arbeitet. Bedenken Sie, auf wie viele Milliarden Bildaufbauten am Monitor ein Farbdruck kommt!

Das Prinzip der additiven Farbmischung aus den drei Grundfarben Rot, Grün und Blau: Mischung aller Farben ergibt Weiß, keine Farbe Schwarz (Licht aus).

Subtraktive Farbmischung

Das CMYK-Farbmodell basiert auf der subtraktiven Farbmischung. Beim Druck auf weißem Papier reflektiert die aufgetragene Farbe Lichtanteile. Alle übrigen Spektralfarben werden absorbiert, und nur die aufgetragene Farbe bleibt sichtbar. Werden die drei Grundfarben des subtraktiven Farbsystems (Cyan, Magenta und Gelb) gemischt, entsteht Schwarz.

Das Farbmodell CMYK orientiert sich an den Möglichkeiten des Vierfarbdrucks. Beim Drucken werden die vier Farben Cyan, Magenta, Yellow (Gelb) und Schwarz (Key) in einem vorgegebenen Raster übereinander gelegt. Je nach Größe eines Farbpunkts im Raster ist der Anteil der jeweiligen Farbe an der Gesamtfarbe verschieden groß. Das Auge, das die Punkte nicht differenzieren kann, sieht dann Mischfarben.

Das Prinzip der subtraktiven Farbmischung aus den drei Grundfarben Cyan, Magenta und Gelb: Die Mischung aller Farben ergibt Schwarz, keine Farbe Weiß.

Geräte mit unterschiedlichem Farbumfang
Die verschiedenen Geräte, die an der Bildbearbeitung beteiligt sind, haben einen unterschiedlichen Farbumfang. Das bedeutet, dass sie jeweils einen anderen Ausschnitt des Raumes aller möglichen Farben darstellen können.

Ein Scanner beispielsweise besitzt aufgrund der technischen Unterschiede einen anderen Farbumfang als ein Monitor, auch wenn beide nach dem RGB-Prinzip funktionieren. Bei einer Digitalkamera ergeben sich wieder andere Abweichungen im Farbumfang. Selbst unterschiedliche Monitore zeigen verschiedene Farbbereiche.

RGB: Farbumfang eines Scanners

Noch krasser wird der Unterschied zwischen RGB- und CMYK-Geräten. Bei der Ausgabe einer Datei auf einem Tintenstrahldrucker, der mit den Farben Cyan, Magenta, Gelb und Schwarz druckt, werden die Farben ganz anders dargestellt als auf dem Monitor. Und diese Farben entsprechen wiederum nicht den Farben im vierfarbigen Offsetdruck. Grundsätzlich lassen sich im CMYK-Farbraum weniger unterschiedliche Farben darstellen als im RGB-Farbraum.

RGB: Farbumfang eines Monitors

Das Ziel beim Farbmanagement ist es, die gesamte Produktionskette von der Bilderfassung mit einem Scanner oder einer Digitalkamera über die Bildbearbeitung mit einem Programm wie Photoshop bis zur Druckausgabe so zu standardisieren, dass die Weitergabe von Farbdaten, unabhängig von den Farbräumen der beteiligten Geräte, zu verbindlichen Ergebnissen führen kann.

CMYK: Farbumfang im Offsetdruck

ColorSync und ICC-Profile

ColorSync basiert auf dem ICC-Standard, der 1993 von einem internationalen Konsortium (International Color Consortium, ICC) ausgearbeitet wurde. Dieser Standard ermöglicht es, Bilder mit verschiedenen Geräten und Programmen zu bearbeiten, ohne dass es dabei zu Farbverfälschungen kommt.

Für jedes Gerät, das am Bearbeitungsprozess beteiligt ist, wird ein Farbprofil erstellt. In die Bilddateien wird das Profil des Geräts, mit dem sie erstellt wurden (Scanner, Digitalkamera etc.), eingebettet. Auch der Monitor, auf dem das Bild dargestellt und bearbeitet wird, besitzt ein Profil, ebenso der Drucker, mit dem das Bild gedruckt wird. Mithilfe dieser Profile werden dann die unterschiedlichen Nuancen in der Farbdarstellung miteinander abgeglichen.

An dieser Stelle setzt »ColorSync« an. Es enthält die mathematischen Algorithmen, mit denen die einzelnen Farbabweichungen gegeneinander verrechnet werden.

Workflow

Profile beim Import einbetten

Beim Importieren von Bildern, z.B. von einer Kamera oder beim Scannen, kann ein passendes Farbprofil in das Bild eingebettet werden. Welches Profil eingebettet wird, bestimmen Sie in dem Programm, mit dem Sie den Import vornehmen. Beispielsweise in »Digitale Bilder« in dem Fenster, das erscheint, nachdem die Kamera angeschlossen wurde, unter »Optionen«.

AppleScripts

Im Ordner »/Library/Scripts/ColorSync« stellt Apple einige AppleScripts bereit, mit denen ColorSync-Profile in Dokumente eingebettet oder eingebettete Profile korrigiert werden können. Das Skript »Build profile info web page« erstellt aus beliebig ausgewählten Bildern eine Webseite, in der die Bilder mit Informationen zu den eingebetteten Profilen aufgelistet werden.

Monitorprofil

Das Monitorprofil kann im Kontrollfeld »Monitore« bestimmt werden. Hier kann auch ein individuelles kalibriertes Profil erstellt werden (siehe Seite 244).

CMM auswählen

In Programmen, in denen Bilder dargestellt oder bearbeitet werden, können Sie in den Voreinstellungen die bevorzugte Technologie für das Farbmanagement (CMM, Color Management Module) bestimmen – beispielsweise in den Einstellungen von »Vorschau« auf der Seite »Farbe« im Menü »Bevorzugtes CMM«. Je nachdem, welche Erweiterungen installiert sind, können auch andere Farbmanagement-Methoden neben »ColorSync« ausgewählt werden.

321 ▶
Referenz, Vorschau

Filter

ColorSync stellt außerdem Farbfilter zur Verfügung, mit denen Programme Bildmanipulationen vornehmen können.

Drucken mit ColorSync

Wenn Ihr Druckertreiber »ColorSync« unterstützt, können Sie im Druckdialog die ColorSync-Farbkorrektur einschalten und so gewährleisten, dass der Ausdruck der Bildschirmdarstellung entspricht.

229 ◀
Druckoptionen

245 ▶
Monitore kalibrieren

Farbmanagement in Mac OS X

ColorSync-Dienstprogramm

Profile für Geräte

Im ColorSync-Dienstprogramm können Sie auf der Seite »**Geräte**« die Farbprofile für die unterschiedlichen Geräte einstellen. Hier werden die angemeldeten ColorSync-Geräte nach Gruppen sortiert angezeigt. Ein Klick auf das Gerät zeigt das dazugehörige ColorSync-Profil an, das dann mit einem Klick auf das Menü »Aktuelles Profil« geändert werden kann.

Weitere Funktionen

- **Profile reparieren:** ColorSync-Profile müssen eine bestimmte Struktur haben, um sie ohne Probleme einsetzen zu können. Per Klick auf die Schaltfläche »Überprüfen« werden alle Profile überprüft. Fehlerhafte Profile können mit der Schaltfläche »Reparieren« repariert werden.
- Auf der Seite »**Profile**« werden alle Profile aufgelistet, die auf dem Rechner installiert sind. Mit einen Klick auf das Dreieck neben dem Spaltentitel kann die Gruppierung geändert werden. Auf der rechten Seite werden Dateiinformationen zum ausgewählten Profil angezeigt.

  Ein Klick auf das Dreieck »Lab-Plot« öffnet ein Menü, in dem die Darstellung der Visualisierung des Profils geändert werden kann. Mit der Option »Für Vergleich merken« wird der Plot des ausgewählten Profils beim Wechsel zu einem anderen Profil als Schatten angezeigt. Auf diese Weise lassen sich gut zwei Profile miteinander vergleichen.

  Ein Doppelklick auf einen Eintrag öffnet ein weiteres Fenster, in dem die Werte detailliert angezeigt werden.

- Auf der Seite »**Filter**« können die installierten Filter auf Dateien abgewendet und eigene Filter erstellt werden.
- **Rechner:** Mit dem Farbrechner können Farbwerte aus einem ColorSync-Profil in die eines anderen umgerechnet werden.

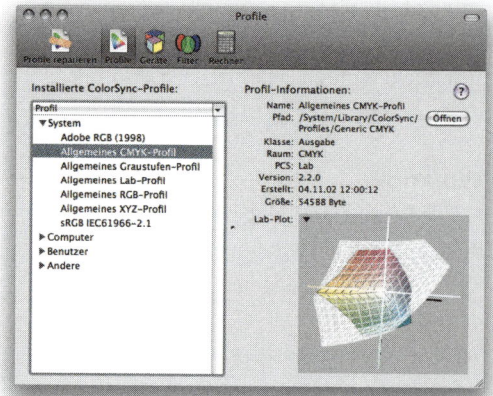

Hinter dem ausgewählten allgemeinen CMYK-Profil liegt der Umriss des allgemeinen RGB-Profils.

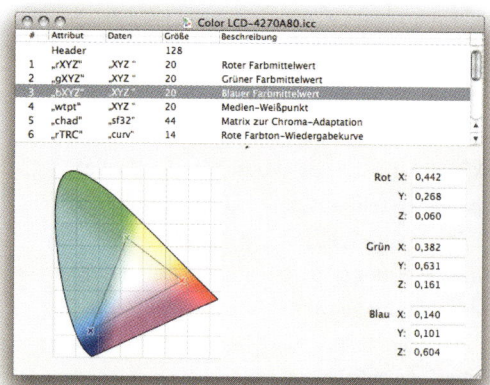

Monitorprofil kalibrieren

Grundvoraussetzung für die farbrichtige Anzeige von Bildern auf dem Bildschirm ist eine korrekte Einstellung des Monitors. Dazu sollte der Monitor kalibriert werden. Im Kontrollfeld »Monitore« lässt sich auf der Seite »Farben« kann ein vorhandenes Monitorprofil auswählen. Mit der Schaltfläche »Kalibrieren« wird der Kalibrierungsassistent (im Ordner /System/Library/CoreServices) gestartet. Für eine wirklich exakte Farbwiedergabe ist jedoch die Kalibrierung mit einem Messgerät und zugehöriger Software zu empfehlen.

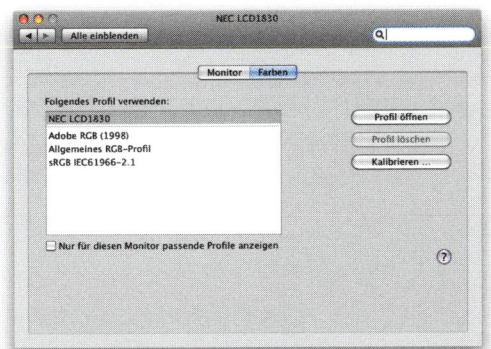

352 ▶
Referenz, Kontrollfeld »Monitore«

Monitor mit ColorSync kalibrieren

1. **Vorwärmphase des Monitors beachten**
   Bedenken Sie, dass ein Röhren-Monitor in der ersten halben Stunde nach dem Einschalten die Farben leicht verfälscht darstellt.

2. **Kalibrierungsassistenten aufrufen**
   Öffnen Sie in den Systemeinstellungen das Kontrollfeld »Monitore« und wählen Sie dort die Seite »Farben«. Klicken Sie auf die Schaltfläche »Kalibrieren«, um den Kalibrierungsassistenten zu starten.

4. **Kalibrieren**
   Führen Sie die Schritte nacheinander aus, wie sie im Assistenten beschrieben sind.
   Im Experten-Modus können Sie genauere Einstellungen vornehmen.

5. **Profil erstellen**
   Auf der letzten Seite wird ein individuelles Monitorprofil für diesen Monitor erstellt.
   Dieses wird automatisch im Kontrollfeld »Monitore« als Monitorprofil vorgeschlagen. Mit der Option »Diese Kalibrierung für andere Benutzer freigeben« (Experten-Modus) wird das Profil in den Ordner »/Library/ColorSync/Profiles/Displays« gelegt, sonst in den Ordner »Privat/Library/ColorSync/Profiles«.

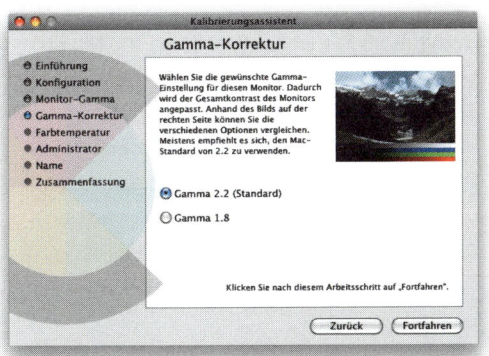

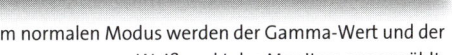

Im normalen Modus werden der Gamma-Wert und der Weißpunkt des Monitors ausgewählt.

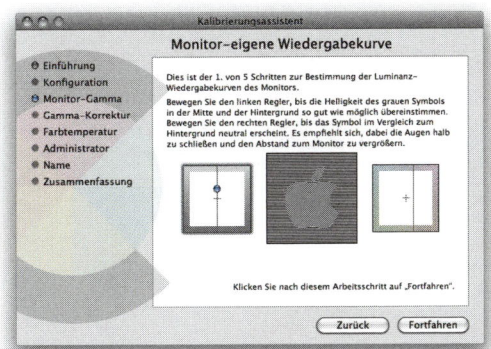

Im Experten-Modus wird in fünf Schritten eine Luminanzkurve erstellt. Die Gamma-Korrektur und die Farbtemperatur können feiner eingestellt werden.

Handschriftlich

Arbeiten mit der Handschrifterkennung »Ink«

Mit »Ink« wurde in Mac OS X 10.2 eine systemweite Handschrifterkennung eingeführt. Handschriftlich auf einem Wacom-Grafiktablett geschriebene Texte können mit »Ink« in Computer-Text umgewandelt werden.

▶ 348f
Referenz,
Kontrollfeld
»Ink«

Die Handschrifterkennung »Ink« kann nur in Verbindung mit einem Wacom-Grafiktablett verwendet werden, für dessen Betrieb spezielle Treiber installiert sein müssen. Das Kontrollfeld »Ink« erscheint nur bei angeschlossenem Grafiktablett in den Systemeinstellungen.

Mit Ink kann entweder in das Ink-Pad geschrieben werden. Hier kann der Text dann zuerst editiert und anschließend in ein Dokument eingefügt werden.

Oder es kann mit Ink auch direkt in jedem Programm geschrieben werden, das Texteingaben per Tastatur unterstützt. Mit dem Stift wird an einer beliebigen Stelle geschrieben und der entstandene Text wird dann sofort in das oberste Dokument eingefügt.

Mit Ink in einem Dokument schreiben

1. **Ink aktivieren**
   Öffnen Sie das Kontrollfeld »Ink« und aktivieren Sie die Schaltfläche »Erkennung der Handschrift ist Ein«.
   Die Ink-Werkzeugpalette erscheint auf dem Bildschirm. Sollte Ink nicht erscheinen, obwohl ein Tablett angeschlossen ist, starten Sie das Programm »Systemeinstellungen« neu.

2. **»Überall« auswählen**
   Aktivieren Sie die Option »Schreiben überall ermöglichen«.
   Alternativ können Sie auch den Schalter an Ihrem Stift zum Wechseln benutzen. In der Ink-Werkzeugpalette wird ganz links ein Stift angezeigt.

3. **Programm aktivieren**
   Bringen Sie das Dokumentenfenster, in dem der Text eingefügt werden soll, nach vorne.

4. **Schreiben**
   Wenn Sie jetzt an einer beliebigen Stelle auf Ihrem Grafiktablett schreiben, wird die Handschrift auf dem Bildschirm angezeigt und als Text in das offene Dokument eingefügt.

Satzzeichen

Satzzeichen sollten in direktem Anschluss an ein Wort eingegeben werden. Einzeln eingegebene Satzzeichen werden wegen Ihrer Ähnlichkeit nur unzuverlässig erkannt.

Texte markieren

Wenn Sie den Stift auf das Tablett setzen und eine kurze Zeit lang unbewegt stehen lassen (bis es klickt), können Sie mit dem Stift Bereiche des Bildschirms markieren, z.B. Worte, die Sie ersetzen wollen.

Gesten

Mit bestimmten Gesten können Steuerfunktionen bei der Texteingabe ausgeführt werden. Diese Gesten können im Kontrollfeld »Ink« aktiviert werden, ein Klick auf die Aktion zeigt eine Animation ihrer Strichführung.

Die Ink-Werkzeugpalette

- **Schreibmodus:** Ganz links wird der Schreibmodus bestimmt.
- **Sondertasten:** Die Sondertasten ⌘, ⇧, ⌥ und ctrl werden mit einem einfachen Klick auf das jeweilige Symbol für eine Aktion aktiviert (orange). Ein Doppelklick aktiviert die Taste so lange, bis sie wieder per Klick deaktiviert wird (schwarz).
- **Ink-Pad:** Mit einem Klick auf das Notizblock-Symbol wird das Ink-Pad eingeblendet.
- Mit den beiden Tasten rechts können die **Ink-Hilfe** und die **Systemeinstellungen** geöffnet werden.

Ink-Pad

Das Ink-Pad wird mit der Notizzettel-Schaltfläche in der Ink-Werkzeugpalette eingeblendet.

- **Textmodus (A):** Die handschriftlichen Eingaben werden in Text umgewandelt.
- **Grafikmodus (★):** Die Eingaben bleiben als Zeichnung erhalten.
- **Löschen:** Der Inhalt des Ink-Pads wird gelöscht.
- **Senden:** Der Inhalt des Ink-Pads wird in das oberste aktive Dokumenten-Fenster eingefügt – je nach Modus als Text oder als Grafik.

Programmsteuerung mit Ink

Mithilfe der ⌘-Schaltfläche der Ink-Werkzeugpalette können auch Programmfunktionen gesteuert werden. Wenn Sie bei aktivierter ⌘-Schaltfläche den jeweiligen Buchstaben für einen Menübefehl schreiben, wird der entsprechende Menübefehl ausgeführt, sobald der Buchstabe von Ink erkannt wird. Eine aktivierte Schaltfläche kann mit der Geste »Zeilenschalter« gedrückt werden.

92 ◄
Tastaurkurzbefehle

Automatikgetriebe
Arbeitserleichterung mit Automator und AppleScript

Mit Automator können wiederkehrende Arbeitsabläufe automatisiert werden. Gleichzeitig bietet Mac OS X mit AppleScript eine allgemeine Skriptsprache an, mit der sich beinahe alle Programme und Systembestandteile steuern und automatisieren lassen. Dieses Kapitel erklärt die Grundlagen der Arbeit mit Automator und mit AppleScript.

Bei der Arbeit am Computer kann es vorkommen, dass bestimmte Aktionen sich sich häufig wiederholen. Solche Aktionen können mit Skripten automatisiert werden. Mac OS X bietet hierfür neben den unter UNIX üblichen Shellskripten weitere Möglichkeiten.

Automator ist ein Programm, mit dem aus mehreren Aktionen bestehende Arbeitsabläufe einfach über eine grafische Oberfläche zusammengestellt werden können. Mit Automator lässt sich die tägliche Arbeit automatisieren und erleichtern. Vorstellbar sind hier beispielsweise Arbeitsabläufe zur automatischen Konvertierung von Dateien oder ein Skript zum automatischen Öffnen mehrerer Internetseiten im Internetbrowser, damit das Eingeben der Internetadressen für täglich aktualisierte Seiten entfällt. Bei vielen Anwendungsprogrammen von Apple und von anderen Herstellern besteht die Möglichkeit, Automator-Abläufe zu erstellen, die die Funktionen der Programme sowie des Betriebssystems nutzen.

Wenn weitergehende Funktionen gebraucht werden, bietet sich **AppleScript** an. AppleScript ist eine Skriptsprache, mit der die meisten Programme gesteuert werden können. Skriptprogramme führen per Doppelklick Funktionen im Finder aus. Andere Skripte werden aus Anwendungsprogrammen heraus gestartet. Dafür besitzen einige Programme ein spezielles Menü, das alle Skripte auflistet, die sich in einem bestimmten Ordner innerhalb des zugehörigen Programmordners befinden. Andere Anwendungsprogramme bieten Paletten, in die Aktionsskripte aufgenommen werden können.

Alle AppleScripts können im »AppleScript-Editor« bearbeitet werden. Dieser macht den Quelltext sichtbar und setzt die Änderungen in Skriptcode um. AppleScript kann wegen seiner Nähe zum gesprochenen Englisch relativ leicht erlernt werden. Im Internet werden viele Skripte für verschiedenartigste Aufgaben angeboten.

Im Skripteditor und in Automator lassen sich auch Skripte bzw. Arbeitsabläufe aufzeichnen. Dafür müssen Sie lediglich die Aufzeichnungsfunktion starten und die gewünschten Aktionen im entsprechenden Programm ausführen. Auf diese Weise aufgezeichnete Skripte bzw. Arbeitsabläufe können dann bearbeitet, ergänzt und in verschiedenen Formaten gesichert werden. Die Aufnahmefunktion des Skripteditors wird jedoch leider nur von wenigen Programmen unterstützt.

Automator

Mit Tiger hat Apple eine neue Art eingeführt, Abläufe in Mac OS X zu automatisieren. Die Skripte, die die Abläufe steuern, werden hier nicht wie sonst üblich als Quelltexte geschrieben, sondern grafisch im Programm »Automator« zusammengestellt.

250 ▶
Quelltexte

Einen Arbeitsablauf in Automator erstellen

1. Aktionen auswählen
Wählen Sie zuerst eine Vorlage und wählen Sie dann die gewünschten weiteren Aktionen aus, indem Sie sie aus der Spalte »Aktion« in den rechten Teil des Automator-Fensters ziehen.
Wenn Sie eine Aktion anklicken, werden im Infobereich links unten Informationen zu dieser angezeigt.

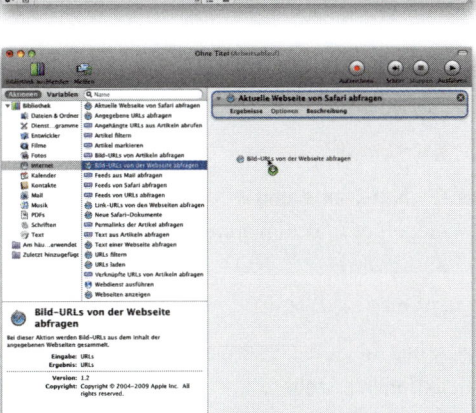

2. Aktionen sortieren
Wenn Sie die Aktion nicht an die richtige Stelle gezogen haben, können Sie sie sortieren, indem Sie sie mit der Maus an die richtige Stelle ziehen.

3. Einstellungen vornehmen
Nehmen Sie die gewünschten Einstellungen an den Aktionen vor.

4. Testen und Sichern
Testen Sie die zusammengestellten Arbeitsschritte, indem Sie auf den Abspiel-Schalter oben rechts im Automator-Fenster klicken. Wenn der Ablauf wie gewünscht funktioniert, können Sie ihn mit dem Befehl »Sichern« (⌘S) sichern.

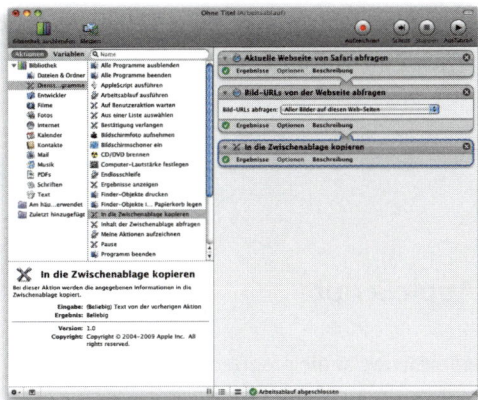

Aktionen aus dem Arbeitsablauf entfernen
Um eine Aktion aus dem Arbeitsablauf zu entfernen, klicken Sie auf das ⊗ rechts im Titel.

Vorlagen

Arbeitsabläufe, die als »**Arbeitsablauf**« erstellt wurden, werden im Programm Automator ausgeführt. Ein als »**Programm**« erstellter Arbeitsablauf kann per Doppelklick ausgeführt werden, ohne dass Automator geöffnet ist. Der Ablauf wird in der Menüleiste angezeigt.

Mit den weiteren Vorlagen lassen sich Plug-in-Arbeitsabläufe erstellen:

- **Plug-in für Drucken** erscheint im PDF-Menü des Druckerdialogs.

  (224ff ◄ Drucken)

- **Plug-in für Digitale Bilder** kann im Programm »Digitale Bilder« aufgerufen werden.

  (220ff ◄ Digitale Bilder«)

- **Dienst** wird in das Dienste-Menü integriert

  (211 ◄ Dienste)

- Die **iCal-Erinnerung** wird in den Kalender eingefügt und zum angegebenen Zeitpunkt ausgeführt.

  (313 ► Referenz, »iCal«)

- Arbeitsabläufe lassen sich auch als **Ordneraktionen** erstellen.

  (254 ► Ordneraktionen)

► 332f
Referenz,
Kontrollfeld
»Bedienungshilfen«

Eingabe/Ergebnis

Zu jeder Aktion gibt es eine Information über die notwendige Eingabe und das Ergebnis. Nur wenn das Ergebnis einer Aktion mit der Eingabe der nächsten korrespondiert, kann aus zwei Aktionen ein Arbeitsablauf werden. Falls die Ausgabe der einen Aktion und die Eingabe der nächsten Aktion nicht zusammenpassen, werden die Aktionen nicht verknüpft angezeigt.

Eigenschaften der Aktionen

Aktionen sind Programme, die immer nur genau eine Aktion ausführen können. Das Programm, das bei der Aktion ausgeführt wird, kann ein richtiges Mac-OS-X-Programm (Cocoa) sein, aber auch ein Apple-Skript. Die Aktionen sind im Ordner »/System/Library/Automator« gespeichert. Programme, die das Erstellen von Automator-Abläufen unterstützen, legen ihre Aktionen in den Ordnern »/Library/Automator« und »*Privat*/Library/Automator« ab. Unter <www.apple.com/downloads/macosx/automator> finden Sie eine Auswahl an weiteren Automatoraktionen.

Automator-Arbeitsabläufe aufzeichnen

In Automator können Arbeitsabläufe aufgezeichnet werden. Hierfür klicken Sie auf die Schaltfläche »Aufzeichnen« und führen die Aktionen durch, die Sie automatisieren wollen. Das Automator-Fenster verwandelt sich während der Aufnahme in ein kleines schwebendes Fenster, in dem Sie die Aufnahme stoppen können. Für die Aufzeichnung muss im Kontrollfeld »Bedienungshilfen« die Option »Zugriff für Hilfsgeräte« aktiviert werden.

AppleScript

◄ 52
Technik,
AppleEvents

AppleScript ist die programmübergreifende Skriptsprache für Mac OS X und das klassische Mac OS. Mit ihr können alltägliche Aufgaben automatisiert werden. AppleScript verschickt dafür AppleEvents an Programme.

Quelltexte

Wenn heute Programme geschrieben werden, werden sie nicht in der Sprache verfasst, die der Computer direkt versteht. Die Quelltexte werden in einer Hochsprache geschrieben, die dem menschlichen Sprachgebrauch relativ nahe ist, und dann in den Computercode übersetzt (kompiliert). Beim Kauf eines Programms bekommen Sie nur den kompilierten Binärcode. Die Quelltexte bekommen Sie nicht zu Gesicht.

AppleScript-Programme werden hingegen als übersetzte Skripte geliefert. Wenn Sie diese im AppleScript-Editor öffnen, können Sie den Quelltext bearbeiten. AppleScript verwendet dabei eine Sprache, die dem gesprochenen Englisch sehr nahe steht. Dadurch lassen sich die Anweisungen und die logischen Strukturen in den AppleScript-Quelltexten meist schon durch einfaches Durchlesen des Textes verstehen.

UNIX-Skriptsprachen
Neben AppleScript kann Mac OS X auch mittels einfacher Shellskripte oder der UNIX-Skriptsprachen »Perl«, »PHP« und »TCL« automatisiert werden. Diese Skripte können wiederum über AppleScripts aufgerufen werden. Die dafür nötigen Befehle finden sich im Funktionsverzeichnis des Programms »Terminal«. Umgekehrt können mit dem Befehl »osascript« auch AppleScripts per Shellskript ausgeführt werden.

AppleScript lernen
Im Rahmen dieses Buchs kann nur ein kleiner Einblick in die Möglichkeiten von AppleScript gegeben werden. Wenn Sie das Thema vertiefen wollen, lesen Sie zuerst die »AppleScript-Hilfe« im Help-Viewer. Diese können Sie im Hilfe-Menü des AppleScript-Editors aufrufen. Zum Thema AppleScript sind auch einige informative Bücher erschienen.

Skripte
Apple-Skripte gibt es in mehreren verschiedenen Ausführungen:

- **Skriptprogramme:** Skriptprogramme werden per Doppelklick gestartet und führen dann selbsttätig das Skript aus. Ein Skript kann im AppleScript-Editor als Mac-OS-X-Skriptprogramm oder als Skriptprogramm für das klassische Mac OS gesichert werden. Um ein Skriptprogramm im AppleScript-Editor zu bearbeiten, müssen Sie das Symbol des Skriptprogramms auf das Symbol des AppleScript-Editors ziehen.
- **Skriptprogramme mit Drop-Funktion:** Auch diese Skripte werden per Doppelklick gestartet. Sie haben jedoch noch eine zusätzliche Funktion. Diese Skriptprogramme können gestartet werden, indem man ein Objekt auf sie zieht. Das Skript bearbeitet dann das daraufgezogene Objekt.
- **Übersetzte Skripte:** Übersetzte Skripte müssen aus einem Anwendungsprogramm gestartet werden. Per Doppelklick werden sie im AppleScript-Editor geöffnet. Dort können sie mit dem Befehl »Ausführen« (⌘R) gestartet werden.
- **Textdateien:** Der AppleScript-Editor kann die Quelltexte eines Skripts als Textdatei sichern. Diese Textdatei kann in jedem Textprogramm geöffnet und verändert werden. Um aus dem Text ein Skript zu machen, muss die Textdatei im AppleScript-Editor geöffnet und mit dem Befehl »Übersetzen« übersetzt werden.

Symbole: **Skripttypen bei AppleScript**

Symbol	Art des Skripts
	Skriptprogramm
	Skriptprogramm mit Drop-Funktion
	Übersetztes Skript
	Textdatei

259 ▶
Shellskripte

52 ◀
Technik, Interprozesskommunikation

Funktionsverzeichnisse

Die einzelnen Programme bieten unterschiedliche Funktionen an, die durch AppleScript gesteuert werden können. Welche Funktionen und Befehle für ein bestimmtes Programm zur Verfügung stehen, zeigt der AppleScript-Editor an, wenn Sie das Programm-Symbol auf das Symbol das AppleScript-Editors ziehen. Alternativ wählen Sie im Applescript-Editor den Befehl »Funktionsverzeichnis öffnen« (⌘⇧O) aus dem Ablage-Menü.

Auf der linken Seite des Verzeichnisfensters finden Sie eine Auflistung der Befehle. Klicken Sie auf einen Befehl in der Liste, bekommen Sie im rechten Teil des Fensters eine Beschreibung des Befehls und seiner Syntax.

Scripting Additions

Im Ordner »/System/Library/Scripting Additions« befinden sich Erweiterungen zu AppleScript, mit denen Funktionen gesteuert werden können, die eigentlich nicht direkt skriptfähig sind. Zusätzlich zu den Scripting Additions, die mit Mac OS X mitgeliefert werden, gibt es noch weitere Scripting Additions von Shareware-Autoren. Diese können dann in den Ordner »/Library/Scripting Additions« oder »*Privat/Library/Scripting Additions*« installiert werden.

GUI-Scripting

Mit dem GUI-Scripting kann die Benutzeroberfläche direkt gesteuert werden. Es werden sozusagen Aktionen mit Maus und Tastatur simuliert. Damit lassen sich auch Aktionen von Skripten steuern, für die es keine Funktionen im jeweiligen Programm oder in einer Scripting Addition gibt. GUI-Scripting lässt sich in den Systemeinstellungen unter »Bedienungshilfen« durch ankreuzen der Option »Zugriff für Hilfsgeräte aktivieren« einschalten.

Skriptmenü

Mit dem Skriptmenü können Sie häufig genutzte Skripte einfach erreichen. Das Skriptmenü können Sie in den Voreinstellungen des »AppleScript-Editors« (im Ordner »/Programme/Dienstprogramme«) aktivieren. Wenn Sie in das AppleScript-Symbol in der Menüleiste klicken, erscheinen in einem Menü alle Skripte, die sich im Ordner »Privat/Library/Scripts« und – je nach Einstellung – »/Library/Scripts« befinden.

Mit den Befehlen im Untermenü »Skript-Ordner öffnen« können der private und der allgemeine Skript-Ordner geöffnet werden, sowie ein privater Skriptordner für das jeweils aktive Programm. Dessen Inhalt wird je nach Option am Anfang oder am Ende des Menüs angezeigt.

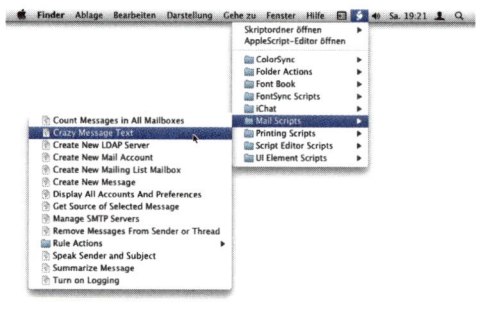

AppleScript-Editor

Mit dem AppleScript-Editor im Ordner »Dienstprogramme« (⌘⇧U) liefert Apple ein Programm, in dem AppleScripts erstellt oder bearbeitet werden können.

Das Skriptfenster des AppleScript-Editors

In der Symbolleiste des AppleScript-Editor-Fensters befindet sich eine Reihe von Schaltflächen.

- **Aufzeichnen:** Hier kann die Aufzeichnung eines Skripts gestartet werden.
- **Stopp:** Ein laufendes Skript kann hier gestoppl werden.
- **Ausführen:** Das Skript wird gestartet und ausgeführt. Sollte es noch nicht übersetzt worden sein, wird es vorher automatisch übersetzt.
- **Übersetzen:** Der Quelltext wird formatiert und übersetzt. Eventuelle Syntaxfehler werden korrigiert bzw. als Fehler angezeigt.

Im oberen Teil des Fensters wird der Quelltext des Skripts angelegt. Er kann durch Texteingaben verändert werden.

Im unteren Teil können eine eventuell vorhandene Beschreibung des Skripts (meist ist diese jedoch als Kommentar im Quelltext angelegt), die Ausgaben des Skripts oder ein Protokoll des Verlaufs angezeigt werden.

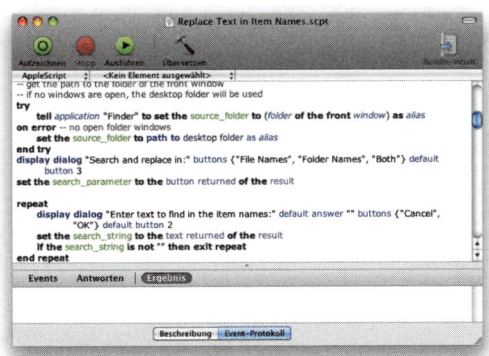

Der Quelltext eines Skripts im Fenster des Skripteditors

Aufzeichnen

Mit der Funktion »Aufzeichnen« können AppleScripts hergestellt werden, ohne dass der Quelltext per Texteingabe erstellt werden müsste. Dafür muss jedoch das Programm, das durch das Skript gesteuert werden soll, »recordable« sein, also die Aufnahmefunktion des AppleScript-Editors unterstützen.

Ein Skript aufnehmen

1. *Aufnahme starten*
   Öffnen Sie den AppleScript-Editor und klicken Sie auf die Schaltfläche »Aufzeichnen«.

2. *Aufzeichnen*
   Wechseln Sie in das Programm, das durch das Skript gesteuert werden soll, und führen Sie die gewünschten Aktionen ganz normal aus.
   Im AppleScript-Editor wird für jede Aktion, die Sie in dem Programm ausführen, eine neue Befehlszeile angelegt.

3. *Aufzeichnung beenden*
   Wählen Sie den Befehl »Stopp« aus dem Menü »Steuerung« des AppleScript-Editors bzw. die Schaltfläche »Stopp«.
   Der Text des Skripts wird um die Zeile »end tell« ergänzt.

4. *Weitere Aufzeichnungen*
   Sollen mit dem Skript verschiedene Programme oder Funktionen gesteuert werden, können Sie die Aufzeichnung wie oben beschrieben erneut starten; das Skript wird um weitere Zeilen ergänzt.
   Der so entstandene Quelltext kann durch Texteingaben beliebig verändert werden.

Ordneraktionen

Mit den Ordneraktionen können AppleScripts an Ordner geknüpft werden. Diese Skripte werden dann automatisch ausgeführt, sobald eine festgelegte Veränderung am Ordner vorgenommen wird, wie z.B. »Öffnen« oder »Objekt hinzufügen«.

Mit dem Programm »Ordneraktionen konfigurieren« werden Skripte an Ordner angehängt und die Ordneraktionen aktiviert.

Eine Ordneraktion anhängen

1. Ordner auswählen

Klicken Sie mit gedrückter ctrl-Taste auf den Ordner, an den Sie ein Skript anhängen wollen und starten Sie mit dem Befehl »Ordneraktionen konfigurieren« das gleichnamige Programm.
Das Programm befindet sich in /System/Library/CoreServices.

2. Skript auswählen

Sobald Sie den Ordner ausgewählt haben, erscheint ein Fenster, in dem die Ordneraktionen aufgelistet werden. Wählen Sie das gewünschte Skript aus der Liste aus und klicken Sie auf die Schaltfläche »Anhängen«.
Es werden nur die Skripte in den Ordnern »/Library/Scripts/Folder Action Scripts« und »Privat/Library/Scripts/Folder Action Scripts« aufgelistet.

3. Ordneraktionen aktivieren

Falls die Ordneraktionen nicht aktiviert sind, aktivieren Sie die Option »Ordneraktionen aktivieren«.

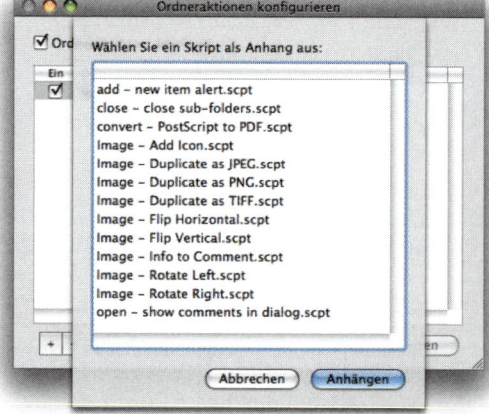

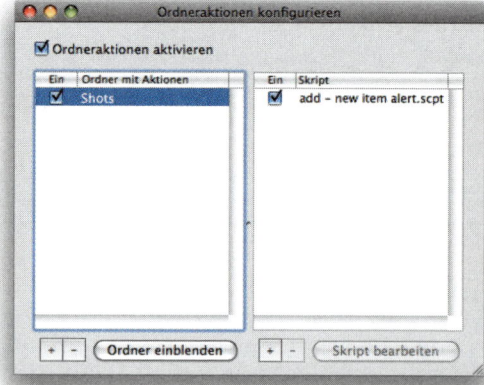

Weitere Ordneraktionen hinzufügen

Wenn Sie an einen Ordner eine weitere Aktion anhängen wollen, klicken Sie unter der Spalte »Skript« auf die Schaltfläche »+« und wählen ein weiteres Skript aus der Liste aus.

Ordneraktion entfernen

- **Einzelne Ordneraktionen entfernen:** Um eine einzelne Aktion zu entfernen, klicken Sie den gewünschten Ordner in der Liste »Ordner mit Aktionen« an, wählen Sie die jeweilige Aktion in der Skript-Liste aus und klicken Sie auf die Schaltfläche »-«.
- **Alle Ordneraktionen eines Ordners entfernen:** Wenn an den Ordner gar keine Ordneraktionen mehr angehängt sein sollen, wählen Sie ihn in der Ordner-mit-Aktionen-Liste aus und klicken Sie auf die Schaltfläche »-«.

Ordneraktionen bearbeiten

Mit der Schaltfläche »Skript bearbeiten« können die angehängten Skripte bearbeitet werden.

Ordneraktionen aktivieren und deaktivieren

Mit dem Häkchen »Ordneraktionen aktivieren« im Programm »Ordneraktionen konfigurieren« werden alle Ordneraktionen global aktiviert bzw. deaktiviert. Mit dem Häkchen vor dem jeweiligen Ordner und vor den Aktionen können ganze Ordner oder einzelne Aktionen aktiviert und deaktiviert werden.

Ordneraktion starten

Es gibt fünf verschiedene Arten von Ordneraktionen. Die einen werden gestartet, wenn der Ordner geöffnet oder geschlossen wird. Andere Skripte werden gestartet, wenn in den Ordner ein Objekt hineingelegt bzw. entfernt wird. Wieder andere werden gestartet, wenn das Fenster verschoben wird.

Anleitung zu Ordneraktionen

Unter <http://www.apple.com/applescript/folder_actions/> liefert Apple eine kleine (englischsprachige) Anleitung zu den Ordneraktionsskripten. Sie enthält auch Beispielquelltexte für die unterschiedlichen Aktionstypen.

Sicherheit

Da mit Ordneraktionen auch böser Unfug getrieben werden kann, sollten Sie Ordneraktionen, die Sie im Internet gefunden haben, zuerst im »AppleScript-Editor« öffnen und den Quelltext nachvollziehen, bevor Sie die Aktion anhängen oder ausführen. Wie alle AppleScripts werden auch die Ordneraktionen immer nur mit den Benutzerrechten des jeweiligen Benutzers ausgeführt. Dass eine Ordneraktion das ganze System beschädigt, ist daher äußerst unwahrscheinlich.

122 ◄
Tabelle, Benutzerrechte der verschiedenen Benutzertypen

Diese Meldung erscheint nach der Aktivierung des im Beispiel ausgewählten Skripts auf dem Bildschirm, wenn – z.B. von einem anderen Benutzer über das Netzwerk – ein Objekt in einen Ordner bewegt wird. Ein Mausklick auf die Schaltfläche »Yes« zeigt das Objekt im Finder.

Harte Schale, weicher Kern
Programme in der Shell und X11-Programme

Unter der Aqua-Oberfläche von Mac OS X liegt ein UNIX-System. Mit dem Programm »Terminal« kann die Kommandozeile der Shell bedient werden. Programme, die das X-Window-System benutzen, können mit dem Programm »X11« unter Mac OS X benutzt werden.

Mit Mac OS X bzw. »Darwin« – der Open-Source-Grundlage von Mac OS X – können Mac-OS-X-Anwender an den Errungenschaften der Open-Source-Community teilhaben. Für die verschiedenen UNIX-Varianten wurden viele freie Programme und Tools programmiert, von denen einige für Mac OS X kompiliert und dem Mac OS X beigelegt sind.

Bei der Installation von Mac OS X werden mit dem Paket »BSD-Subsystem« mehrere hundert Open-Source-UNIX-Programme auf Ihrem Rechner installiert. Diese befinden sich in den unsichtbaren Ordnern »/usr/bin« und »/usr/sbin« (zusätzlich zu den System-Programmen in den Ordnern »/bin« und »/sbin«). Es handelt sich hierbei um Kommandozeilen-Programme, die über die Shell mit dem Programm »Terminal« bedient werden können.

Die enormen Möglichkeiten, die diese Programme bieten, würden den Umfang dieses Buchs sprengen, deshalb hier nur eine kleine Einführung in die Shell. Wenn Sie die Möglichkeiten des BSD-Subsystems intensiver nutzen wollen, sollten Sie eines der zahlreichen Bücher zur Einführung in UNIX lesen.

Anleitungen

Open-Source-Programme werden in der Regel von den Programmierern sehr gut dokumentiert. Als Anleitung werden die sogenannten Manpages mitgeliefert. Die Manpage für ein Programm wird im Terminal mit dem Befehl »man *Programmname*« aufgerufen.
Unter <http://developer.apple.com/documentation/Darwin/Reference/ManPages/index.html> können alle Manpages auch mit dem Internetbrowser betrachtet werden. Hilfreich ist auch das FreeBSD-Handbuch, das großenteils ins Deutsche übersetzt ist, und die FreeBSD-FAQ unter <http://www.freebsd.org/de/docs.html>.

Die Shell

Die Shell ist die klassische UNIX-Benutzerschnittstelle. Sie interpretiert die von Ihnen eingegebenen Befehle und gibt sie als Systemaufrufe an die entsprechenden Prozesse weiter.

Beim Starten des Programms »Terminal« (im Ordner »Dienstprogramme« (⌘⇧U)) wird »bash« als Login-Shell gestartet. In den Voreinstellungen können Sie aber auch alternativ eine andere Shell auswählen. Installiert sind die alte Bourne-Shell »sh«, die Z-Shell »zsh« und »tcsh«, eine C-Shell mit erweiterten Funktionen sowie seit Tiger auch die Korn-Shell »ksh«.

Navigieren mit der Shell

Mit dem Terminal kann mit den Befehlen »ls« und »cd« in den Verzeichnissen navigiert werden. Der Befehl »ls« listet den Inhalt des aktuellen Verzeichnisses auf. Die Option »l« zeigt dabei im Listenformat die Zugriffsrechte, Größe und Erstellungsdatum der Dateien an. Sollen auch unsichtbare Dateien angezeigt werden (nach UNIX-Konvention solche, die mit einem Punkt ».« beginnen), wird die Option »a« benutzt. Der Befehl »ls -al« zeigt also den Inhalt des aktuellen Verzeichnisses mit unsichtbaren Dateien als Liste an. Hinter den Optionen kann zusätzlich der Pfad zu einem anderen Verzeichnis angegeben werden. (Interessant – besonders für Ordner mit vielen Objekten – ist die Möglichkeit, mit dem angehängten Befehl »|« (Pipe) die Ausgabe an einen Textbetrachter weiterzuleiten – z.B. »ls -al /Pfad/zum/Ordner | more«. Er zeigt die Liste dann in »more« in Seiten aufgeteilt an. Mit der Leertaste kann weitergeblättert werden.)

»cd« wechselt zwischen den Verzeichnissen. Hierbei kann auch direkt der gewünschte Pfad – relativ oder absolut (siehe Tabelle rechts) – eingegeben werden. Hilfreich für die Pfadeingabe ist die Textergänzung per Tab-Taste. Beachten Sie dabei, dass die Shell »Case sensitve« ist, also zwischen Klein- und Großschreibung unterschieden wird.

Steuerzeichen in Pfaden

In Datei- und Ordnernamen dürfen Zeichen verwendet werden, die in der Shell als Steuerzeichen verwendet werden. Damit sie als Teil des Pfades erkannt werden, müssen diese Zeichen mit einem »Escape« versehen werden. Hierfür wird das Zeichen »\« verwendet. Ein Leerzeichen in einem Pfad wird also z.B. »\ « geschrieben, »*« (steht sonst für »Alle möglichen Zeichen«) »*« und »\« als »\\«.

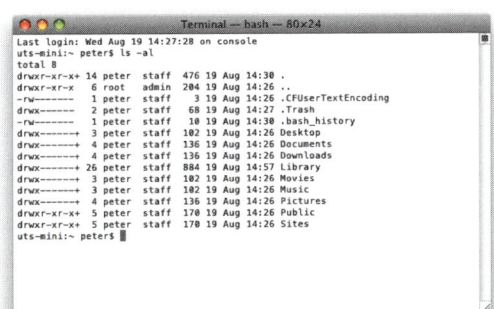

»ls -al« listet Benutzerrechte, Eigentümer, Gruppe, Größe und Änderungsdatum für alle Objekte auf.

Navigation zu bestimmten Verzeichnissen

Pfadangabe	Verzeichnis
..	ein Verzeichnis höher
XXX/...	ein oder mehrere Verzeichnisse weiter
~	zum privaten Ordner
~/XXX/...	absoluter Pfad ab dem privaten Ordner
/	zur obersten Ebene
/XXX/...	Absoluter Pfad ab der obersten Ebene

Kommandozeilenprogramme starten

Kommandozeilenprogramme werden in der Shell durch Eingabe des Befehls mit den gewünschten Optionen gestartet. Die Optionen werden mit Leerzeichen und einem Bindestrich an den Befehl angehängt. Manche Programme lesen dabei eine Konfigurationsdatei aus, deren Anweisungen dann befolgt werden.

Für einige UNIX-Programme gibt es Mac-OS-X-Programme, die eine grafische Benutzeroberfläche für das jeweilige UNIX-Programm liefern. Einige sind im Mac OS X enthalten: »httpd« und »sshd« beispielsweise werden im Kontrollfeld »Freigabe« aktiviert, »ping«, »dig«, »traceroute« etc. werden vom »Netzwerk-Dienstprogramm« angesprochen. Shareware-Autoren liefern weitere.

Ausführen eines Befehls für ein bestimmtes Objekt

Das Terminalprogamm interagiert mit dem Finder. Geben Sie den Befehl und ein Leerzeichen ein und ziehen Sie dann das Objekt aus dem Finder in das Terminalfenster, so wird der Pfad zum gewünschten Objekt automatisch in die Kommandozeile eingetragen. Wenn Sie jetzt die Eingabetaste drücken, wird der Befehl ausgeführt.

Die für den Finder unsichtbaren UNIX-Verzeichnisse können Sie mit dem Befehl »Gehe zum Ordner« (⌘⇧G) erreichen. Oder Sie können sie – und auch die Dateien, die mit einem Punkt beginnen – z.B. mit der Freeware »TinkerTool« sichtbar machen.

Konfigurationsdateien

Voreinstellungen für UNIX-Programme werden – ähnlich wie die Voreinstellungen der Mac-OS-X-Programme – in Konfigurationsdateien gespeichert. Diese Konfigurationsdateien sind einfache Textdateien, die mit einem beliebigen Texteditor erstellt oder bearbeitet werden können. Betrachtet werden können die Dateien beispielsweise mit dem Befehl »more« oder »less«. Die Zeilen, die mit einem Doppelkreuz (#) beginnen, sind Kommentare bzw. auskommentierte Befehle, die durch Entfernen des Doppelkreuzes aktiviert werden können. Zum Bearbeiten stehen in Mac OS X mehrere Texteditoren zur Verfügung, z.B. »vi«, »ex« und »pico«. Wenn Sie den entsprechenden BSD-Ordner mit dem Befehl »Gehe zu Ordner« (⌘⇧G) im Finder geöffnet haben, können Sie alternativ auch die Dateien per Drag&Drop in »TextEdit« öffnen.

Welcher Syntax die Konfigurationsdatei folgen und in welchem Verzeichnis sie liegen muss, erklärt die Manpage des jeweiligen Programms bzw. die Manpage für das Dateiformat. Diese wird mit dem Befehl »man 5 *Dateiname*« aufgerufen.

Auch die bash-Shell kann mit einer Konfigurationsdatei nach persönlichen Kriterien konfiguriert werden. Viele Beispiele hierzu finden sich im Internet.

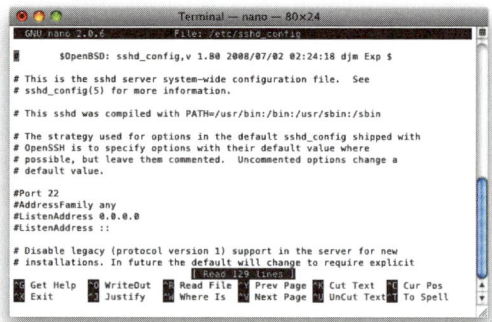

LaunchAgents

Seit Mac OS X Tiger werden Systemdienste vom »launchd« gestartet und überwacht. Außerdem können Prozesse von »launchd« zeitgesteuert gestartet werden. Als Benutzer haben Sie die Möglichkeit, weitere Dienste hinzuzufügen. Dafür wird eine plist-Datei angelegt (für Systemdienste im Ordner »/Library/LaunchDaemons/« bzw. für benutzerbezogene Dienste im Ordner »/Library/LaunchAgents/« oder »Privat/Library/LaunchAgents/«). In der Datei ist u.a. der Pfad zum Dienst bzw. Skript verzeichnet sowie eventuelle Abhängigkeiten. (Genaueres dazu finden Sie unter <http://developer.apple.com/macosx/launchd.html>). Das eigentliche Programm oder Skript kann an einer beliebigen Stelle auf der Festplatte liegen.

Das kostenlose Programm »Lingon« von Peter Borg bietet hierfür eine Benutzeroberfläche. Die alten StartupItems werden von Mac OS X Snow Leopard weiterhin unterstützt.

Shellskripte

Mit den Shellskripten gibt es in der Shell die Möglichkeit, eine Reihe von Befehlen, die voneinander abhängig sind, nacheinander auszuführen, ohne dass der Benutzer einen Befehl nach dem anderen in die Kommandozeile eingeben muss. Auch bei Shellskripten handelt es sich um einfache Textdateien, in denen die Befehle und die logischen Verknüpfungen nacheinander eingetragen sind.

Damit ein Shellskript ausgeführt werden kann, muss es als ausführbar markiert sein. Das geschieht mit dem Befehl »chmod«. (Z.B. wenn das Skript vom Benutzer und der Gruppe ausgeführt werden darf, hieße der Befehl in einer der möglichen Schreibweisen »chmod ug+X /Pfad/zum/Skript«).

Shellskripte per Doppelklick starten

Mac OS X bietet auch die Möglichkeit, Shellskripte so zu sichern, dass das Skript im Finder per Doppelklick gestartet werden kann. Dafür geben Sie dem Shellskript einen Dateinamen mit dem Suffix ».command«.

Multiuser

Unabhängig von der Anmeldung über die grafische Benutzeroberfläche können in der Shell mehrere Benutzer gleichzeitig angemeldet sein. Mit dem Befehl »su kurzer Name« wird nach Abfrage des Passwortes eine Kindshell für den anderen Benutzer gestartet. So können beispielsweise Dateien dieses Benutzers mit dem Befehl »cp« oder »mv« kopiert oder bewegt werden, damit sie für den grafisch angemeldeten Benutzer erreichbar sind.

Mit dem Befehl »exit« wird die Kindshell wieder beendet und in die Muttershell zurückgewechselt.

126ff ◄
Benutzeranmeldung und -wechsel

sudo und die root-Shell

Unter Mac OS X ist der Superuser »root« gesperrt, mit dem Befehl »su« kann keine root-Shell geöffnet werden. Mit dem Befehl »sudo« können von Admin-Benutzern aber trotzdem einzelne Befehle mit root-Rechten ausgeführt werden. Außerdem kann mit »sudo -s« eine root-Shell geöffnet werden. Einfache Benutzer können keine sudo-Befehle ausführen.

133 ◄
Der Benutzer »root«

Zugriff aus dem Netz

Mit der Secure Shell »ssh« können Sie die Kommandozeile eines Mac-OS-X-Computers über das Netzwerk von einem anderen Computer aus bedienen. Dafür aktivieren Sie im Kontrollfeld »Sharing« den Dienst »Entfernte Anmeldung«. (Dies startet den Daemon »sshd«). Mit dem Befehl »ssh -1 *kurzer Name@IP-Adresse*« können Sie sich dann im Terminalprogramm eines beliebigen anderen Computers mit SSH-Software einloggen. Auf einem anderen Mac mit Mac OS X 10.3 oder neuer wird Ihr Computer im Terminal mit den Befehl »Neue entfernte Verbindung ...« (⌘⇧K) aus dem Ablage-Menü unter »Sichere Shell (ssh)« in einer Liste angezeigt. SSH verschlüsselt die Daten bei der Übertragung über das Netz.

◀ 43 Technik, Daemons

◀ 164 Netzwerk, Bonjour

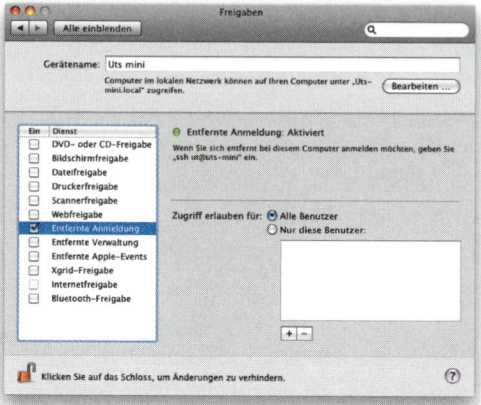

Ist der Dienst »Entfernte Anmeldung« im Kontrollfeld »Freigaben« aktiviert, kann die Kommandozeile von einem beliebigen anderen Computer aus bedient werden.

Starten von Aqua-Programmen mit der Kommandozeile

Aqua-Programme können mit dem Befehl »open« aus der Kommandozeile gestartet werden (beispielsweise startet der Befehl »open /Applications/Calculator.app« das Programm »Rechner«). Das geht natürlich auch über das Netzwerk.

Umgang mit Zweigen in der Shell

◀ 58 Technik, Zweige

Seit Mac OS X 10.4 können die Shell-Tools mit Dateien mit Zweigen umgehen. »cp« kopiert also komplette Dateien mitsamt den zusätzlichen Zweigen. Beim Kopieren auf ein flaches Dateisystem werden die zusätzlichen Zweige in die ._-Dateien bewegt und beim Zurückkopieren wieder zurück in die Zweige. Lediglich werden die zusätzlichen Zweige bei »ls -l« nicht mit in die angezeigte Dateigröße eingerechnet, hier wird nur die Größe des Datenzweigs angezeigt. Mit der weiteren Option »@« werden die Zweige unter der Datei angezeigt, z.B. die Ressourcen als »com.apple.ResourceFork«.

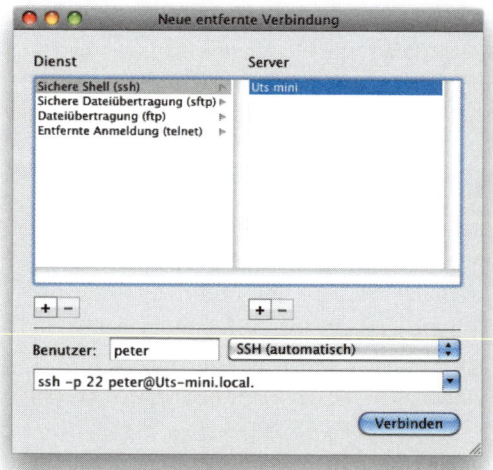

Dies wird den anderen Rechnern im Netzwerk über Bonjour mitgeteilt.

X11

In Mac OS X kann zusätzlich zum BSD-Subsystem auch eine X11-Programmumgebung installiert werden. X11 bzw. das X-Window-System ist die Standard-Grafikumgebung für UNIX-Programme. X11 wird beispielsweise unter Linux mit dem Gnome- oder KDE-Desktop verwendet. Apples X11-Implementation verwendet keinen eigenen Desktop, sondern arbeitet an Aqua und Quartz gebunden. Die Inhalte aller X11-Fenster werden dabei in normale Mac-OS-X-Fenster projiziert und sind damit transparent in das normale Aqua-Interface eingebunden.

Die Bedienung der X11-Programme unterscheidet sich jedoch stark von der normaler Mac-OS-X-Programme.

X11 installieren
Die X11-Umgebung wird in der einfachen Installation nicht mit installiert. Sie muss bei der Installation von Mac OS X im Installationsprogramm in der manuellen Auswahl aktiviert werden. Alternativ kann X11 auch nachträglich per Doppelklick auf das Paket »Optional Installs« auf der Mac-OS-X-DVD installiert werden. X11 kann dann im Installationsprogramm unter »Programme« ausgewählt werden.

»GIMP« (»GNU Image Manipulation Program«, ein kostenloses OpenSource-Bildbearbeitungsprogramm mit großem Funktionsumfang) in der X11-Umgebung

X11-Programme installieren
Einige X11-Programme sind als fertige Mac-OS-X-Pakete erhältlich, die alle erforderlichen Dateien und Librarys enthalten. Andere werden ähnlich wie Linux-Pakete mit einem Paketmanager (Fink, MacPorts) installiert.

Programme starten
Im X-Term-Fenster, das sich öffnet, sobald das Programm X11 gestartet wurde, geben Sie den Pfad zum gewünschten Programm mit den gewünschten Startparametern ein. Wenn Sie das Programm öfter benutzen wollen, tragen Sie es im Menü »Programme« in die Liste unter »Anpassen …« ein. Dann können Sie es später einfach aus dem Menü »Programme« starten.

Fertig gepackte Programmbundles
Einige Programme wie »OpenOffice.org« oder »The Gimp« sind auch als Programmpaket erhältlich, das einfach per Doppelklick im Finder gestartet wird. Das Programmpaket enthält Skripte, die die X11-Umgebung mit dem eigentlichen Programm darin starten.

Arbeiten mit den Programmen
X11-Programme benutzen die Mac-Menüleiste nicht. Die Menüs finden sich in einem oder mehreren der Fenster, die von dem jeweiligen Programm erzeugt werden. Auch die Öffnen- und Sichern-Dialoge etc. werden vom jeweiligen Programm erzeugt.

Rechte und mittlere Maustaste
X11-Programme sind für die Bedienung mit einer Drei-Tasten-Maus konzipiert. Die rechte Maustaste wird bei Apples X11 durch Mausklick mit gedrückter ⌘-Taste simuliert, die mittlere durch Klick mit ⌥-Taste.

Massenhaft Speicher

Festplatten und andere Speichermedien am Mac

In den meisten Macs ist ab Werk eine Festplatte eingebaut, bei manchen auch schon zwei. Zusätzlich zu dieser Festplatte können noch weitere interne und externe Festplatten und andere Speichermedien angeschlossen werden. Was dabei zu beachten ist und wie ein Speichermedium zu einem Mac-Volume wird, erklärt dieses Kapitel.

◀36f
Technik, Schnittstellen

Mac OS X ist sehr flexibel im Umgang mit Festplatten und anderen Massenspeichern. Da Mac OS X keine Laufwerksbuchstaben verwendet, können praktisch unendlich viele Festplatten betrieben werden. Die einzige Einschränkung ist die Anzahl der freien Schnittstellen.

Alle Macs mit Intel-Architektur verwenden intern die **Serial-ATA**-Schnittstelle. An diesen seriellen Bus kann jeweils nur ein Gerät angeschlossen werden. IDE wird nur bei manchen Modellen noch für das optische Laufwerk verwendet.

Externe Festplatten können an die **FireWire**- und **USB**-Schnittstellen angeschlossen werden. In USB- oder FireWire-Gehäusen – es gibt auch Gehäuse, die beide Schnittstellen besitzen – werden IDE- oder Serial-ATA-Festplatten eingesetzt.

Für externe Serial-ATA-Festplatten (eSATA) stehen beim Mac keine Anschlüsse zur Verfügung. Nur beim Mac Pro können eSATA-Schnittstellen nachgerüstet werden. Zum Anschluss externer RAID-Systeme kann hier auch eine optische **Fibre Channel**-Schnittstelle nachgerüstet werden.

Fibre Channel

Speichersticks und **Kartenlesegeräte** werden an die USB-Schnittstelle angeschlossen. Die MacBook-Pro-Modelle der letzten Generation besitzen außerdem eine eingebaute Schnittstelle für SD-Karten.

Eine neu angeschlossene Festplatte muss dann nur noch mit dem »Festplatten-Dienstprogramm« zu einem Mac-Volume gemacht werden. Mit diesem Programm kann eine Festplatte auch in mehrere Volumes aufgeteilt (partitioniert) werden. Eine solche partitionierte Festplatte wirkt für den Anwender wie mehrere unterschiedliche Festplatten. Auf dem Desktop wird für jede dieser Festplattenpartitionen ein ganz normales Volumesymbol angezeigt.

Immer beliebter als Speicher- und Backup-Medium werden **NAS** (Network Attached Storage). Es handelt sich dabei um kleine, spezialisierte Computer, die ihre Festplattenkapazität über das Netzwerk anbieten. Mehr über Netzwerk-Festplatten lesen Sie im Kapitel »Daten schleudern« ab Seite 190.

Bus- und Speichertypen und Dateisysteme

Speichertypen

Informationen, Bits und Bytes, können auf Massenspeichermedien auf unterschiedliche Art gespeichert werden – magnetisch, optisch oder durch elektrische Ladungen. Alle drei Lösungen haben aber gemeinsam, dass die Daten – im Gegensatz zum Arbeitsspeicher – ohne Stromversorgung gehalten werden können. Gemeinsam ist ihnen aber auch die relative Langsamkeit im Vergleich zum Arbeitsspeicher.

Unterschiedliche gängige Speichermedien: 2,5"- und 3,5"-Festplatte, DVD und USB-Stick

Magnetische Medien

Auf **Festplatten** werden die Informationen magnetisch gespeichert. Der Schreib-Lese-Kopf schwebt über der magnetischen Oberfläche einer (oder mehrerer) rotierender Scheiben. Beim Lesen erkennt der Schreib-Lese-Kopf die magnetische Ausrichtung der kleinen Bereiche, welche ein Bit darstellen, und wandelt sie in elektrische Impulse. Beim Schreiben ändert er die magnetische Ausrichtung.

Magnetische Medien gibt es in Form von Festplatten in verschiedenen Größen. Am gebräuchlichsten sind die 3,5"-Festplatten für Desktop-Computer und die 2,5"-Notebook-Festplatten. Es sind aber auch kleinere Größen wie die 1,8"-Festplatte im iPod bzw. als PC-Card oder das MicroDrive im Compact-Flash-Format erhältlich.

Optische Medien

Auf optischen Medien wie **CD** und **DVD** werden Daten mittels Vertiefungen (bzw. nichtreflektierender Punkte) in einer reflektierenden Folie gespeichert. Ein Laser tastet die Folie ab und wandelt die Reflexionen in elektrische Signale. Bei gekauften Medien wird die Folie fertig gestanzt in das Polycarbonat eingegossen. Diese Medien sind nur lesbar, sie können nicht verändert werden. Bei Medien zum selber Brennen werden die Vertiefungen durch den Laser in die Folie »gebrannt«. Je nach Medium ist dieser Vorgang unumkehrbar (-R) oder kann mehrfach wiederholt werden (-RW).

Die gängigen optischen Medien, CD und DVD und neu HD-DVD und Blu-ray besitzen allesamt eine Standardgröße von 12 cm.

Flash-Speicher

Speicherkarten und **USB-Sticks** verwenden nichtflüchtigen elektrischen Speicher, so genannten Flash-Speicher. Flash-Speicher hat prinzipbedingt kürzere Zugriffszeiten als z.B. eine Festplatte, die Datenübertragungsraten dagegen sind geringer.

Speicherkarten gibt es in den unterschiedlichsten Normen. Sie können alle am Mac mit beliebigen USB-Kartenlesern gelesen werden. SD-Speicherkarten können im MacBook Pro von Mitte 2009 direkt gelesen werden. Flash-Speicher sind auch in der Bauform einer 2,5"-Festplatte erhältlich. Das iPhone sowie iPod Touch und Nano verwenden Flash-Speicher.

Bustypen

◀ 36
Technik, Schnittstellen

Serial-ATA

Die Macs mit Intel-Architektur verwenden Serial-ATA als Festplatten-Schnittstelle. Hier werden die Daten seriell übertragen. An einen Anschluss kann nur eine Festplatte angeschlossen werden, sie braucht nicht konfiguriert zu werden. An nachgerüstete SATA-Schnittstellen können auch externe Geräte angeschlossen werden.

IDE (Integrated Drive Electronics)

Bei einigen Macs kommt das DVD-Laufwerk als IDE-Gerät zum Einsatz. Der Bus wird auch als »**ATA**« (Advanced Technology Attachment) bzw. »**ATAPI**« bezeichnet. Zur besseren Unterscheidung werden seit Einführung von SATA auch die Bezeichnungen »PATA« oder «Parallel ATA« verwendet.

FireWire

Der FireWire-Bus eignet sich aufgrund seiner hohen Geschwindigkeit und des verwendeten Protokolls (FireWire verwendet für Massenspeicher das SCSI-Protokoll) hervorragend zum Betrieb von externen Festplatten. Festplatten- oder DVD-Laufwerke werden in ein externes Gehäuse eingebaut. Bei den eingebauten Laufwerken handelt es sich um IDE- oder SATA-Geräte. FireWire-Gehäuse für 2,5"-Notebook-Festplatten benötigen dabei meist nicht einmal eine eigene Stromversorgung. Die Geräte können im laufenden Betrieb an den Bus angeschlossen werden.

USB

Obwohl im PC-Bereich häufig dafür verwendet, ist USB für Festplatten wenig geeignet. Seine Bustopologie bremst trotz der nominal ausreichend hohen Übertragungsrate die Datenübertragung mit der Festplatte. (Die mit 480 Mbit/s vs. 400 Mbit/s theoretisch höhere Geschwindigkeit bleibt in der Praxis deutlich hinter der von FireWire zurück.)

Beim MacBook Air und bei den MacBook-Modellen, bei denen Apple die FireWire-Schnittstelle weggelassen hat, gibt es zu USB allerdings keine Alternative.

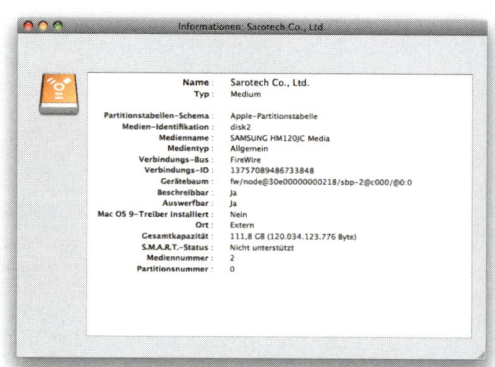

Im Infofenster des Festplatten-Dienstprogramms wird der verwendete Bus angezeigt (Schaltfläche »Info« in der Symbolleiste).

Dateisysteme

Unter Mac OS X stehen verschiedene Dateisysteme zur Verfügung. Diese können zu unterschiedlichen Zwecken eingesetzt werden.

Mac OS Extended

Mac OS X Extended (HFS+ oder HFSX) ist das native Dateisystem von Mac OS X. Von Ausnahmen abgesehen, ist es das Dateisystem der Wahl, wenn Sie eine interne Festplatte formatieren. Das Journal lässt sich auch nachträglich ein- oder ausschalten.

Mac OS Extended (Groß-/Kleinschreibung)

Dieses Dateisystem hat die gleichen Eigenschaften wie Mac OS Extended. Jedoch wird bei Objektnamen zwischen Klein- und Großschreibung unterschieden.

MS-DOS-Dateisystem (FAT)

Das Uralt-Dateisystem von MS DOS wurde zwar mehrfach erweitert, ist jedoch selbst in der letzten Ausbaustufe FAT32 kaum für Volumes in GigaByte-Größe geeignet. Da FAT jedoch das einzige Dateisystem ist, das von allen Betriebssystemen gelesen und geschrieben werden kann, kommt man kaum umhin, dieses Dateisystem zu verwenden. Auch Speicherkarten für Kameras etc. sind i.d.R. FAT-formatiert.

Ein Medium, das zum Datenaustausch mit anderen Systemen gedacht ist, müssen Sie mit dem MS-DOS-Dateisystem formatieren. Hier können jedoch nur Dateien gespeichert werden, die weniger als knapp 4GB groß sind. Verbotene Zeichen und Sonderzeichen in Dateinamen werden automatisch umgewandelt.

CD- und DVD-Dateisysteme

Der Mac-OS-X-Finder brennt Daten-CDs und -DVDs in einem Hybrid-Format. Dieses besteht aus zwei Partitionen. Die große HFS+-Partition enthält die Daten. Sie wird von Mac OS X gelesen. Daneben gibt es eine kleine Partition in UDF (bei einer 700MB-CD ca. 40 MB groß), die aber lediglich Verweise enthält. Diese Partition kann von Windows und Linux etc. gelesen werden. Verbotene Zeichen sind durch »_«, Sonderzeichen durch einen Hash (#XXXX) ersetzt. Außerdem gibt es auf der UDF-Seite neben dem Datenzweig keine weiteren Zweige der Dateien. Windows erlaubt wie üblich keinen Zugriff auf Objekte, deren gesamte Pfadlänge 255 Zeichen überschreitet.

Mac OS Standard

Mac OS Standard (HFS), das Dateisystem von Mac OS, sollte nur zum Datenaustausch mit alten Mac-Systemen vor Mac OS 8.1 verwendet werden. Auf einem HFS-Volume sind Objektnamen auf 32 Zeichen beschränkt und die Dateigröße auf 2 GB. Mac OS X Snow Leopard kann keine Volumes im Mac-OS-X-Standard-Format mehr erzeugen.

57 ◄
Technik, Case sensitive

215 ◄
Verbotene Zeichen auf FAT-Volumes

214ff ◄
Datenaustausch mit Windows

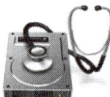

Interne Festplatte installieren

Nur beim Mac Pro können zusätzliche Festplatten in das Gerät eingebaut werden. Bei den anderen Modellen kann die Kapazität der eingebauten Festplatte nur erweitert werden, indem diese ersetzt wird. Das Auswechseln der Festplatte gestaltet sich, je nach Gerät, sehr unterschiedlich schwierig – von wenigen einfachen Handgriffen bis hin zum kompletten Zerlegen des Geräts. Anleitungen, in denen die Arbeitsschritte detailliert beschrieben sind, können Sie im Internet finden.

Ein Speichermedium formatieren

Da neue Festplatten und Wechselmedien, wie USB-Sticks in der Regel DOS-formatiert sind (manchmal auch unformatiert), muss das Medium initialisiert werden.

Volumes initialisieren

1. »*Festplatten-Dienstprogramm*« *starten*
   Starten Sie das Programm »*Festplatten-Dienstprogramm*« *(im Ordner* »*Dienstprogramme*« *(⌘⇧U)) und wählen Sie im Programmfenster Ihr neues Speichermedium aus der Liste auf der linken Seite aus.*
   Das Programm sucht alle Busse nach Laufwerken ab, die es initialisieren kann. Unter jedem Medium werden die darauf befindlichen Volumes aufgelistet. Am unteren Ende des Fensters werden Informationen zu Typ und Bus der Festplatte angezeigt.

2. *Format bestimmen*

◀ 265
Dateisysteme

◀ 214ff
Datenaustausch mit Windows und Linux

   Wechseln Sie auf die Seite »*Löschen*«. *Wählen Sie im Aufklappmenü* »*Volume-Format*« *die Option* »*Mac OS Extended (Journaled)*«.
   »*Mac OS Extended (Journaled)*« *ist das Standard-Format für Mac OS X 10.6. Sollte Das Medium für einen anderen Zweck gebraucht werden, können Sie natürlich ein anderes Format auswählen (siehe vorherige Seite).*

3. *Löschen*
   Klicken Sie auf die Schaltfläche »*Löschen*« *und bestätigen Sie im Warnfenster das Löschen aller Daten.*

Auf der Mac-OS-X-DVD befindet sich eine Kopie des »Festplatten-Dienstprogramms«. Es wird, nachdem der Mac von der Mac-OS-X-DVD gestartet wurde, aus dem Menü »Dienstprogramme« des Installationsprogramms aufgerufen. Mit diesem können Sie auch eine neue interne Festplatte initialisieren oder partitionieren, auf der Sie ein neues Mac OS X installieren oder Ihre in einem Backup gesicherte Installation wieder herstellen wollen.

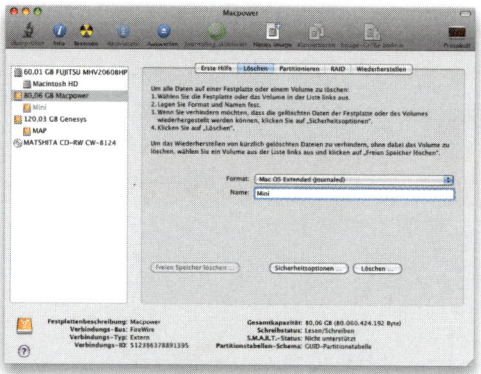

Partitionieren

Auf der Seite »Partitionieren« im »Festplatten-Dienstprogramm« kann das Laufwerk in mehrere Partitionen aufgeteilt werden. Diese werden dann als einzelne Volumes auf dem Schreibtisch erscheinen. Mit einen Klick auf die Schaltfläche »Anwenden« wird das Medium nach einer Abfrage in die gewünschte Anzahl von Volumes geteilt.

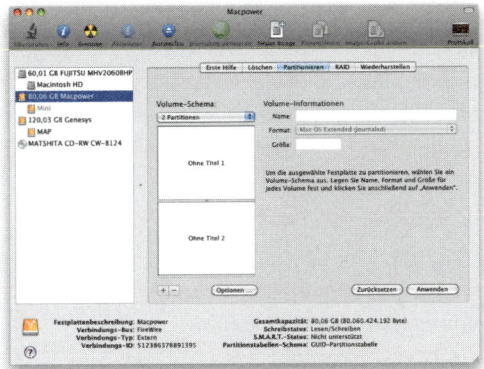

- **Anzahl der Volumes:** Mittels eines Aufklappmenüs kann jetzt die Anzahl der Partitionen ausgewählt werden. Das Laufwerk kann in bis zu 16 Partitionen aufgeteilt werden. Bei dieser Art des Aufteilens wird das komplette Medium gelöscht.

  Mit der Schaltfläche »+« können Sie eine Partition in zwei Teile teilen, mit der Schaltfläche »-« geht die ausgewählte Partition wieder zurück in die vorherige. Mit dieser Funktion kann das Medium aufgeteilt werden, ohne dass die vorhandenen Daten gelöscht werden.

- **Größe der Volumes:** Durch Verschieben der Trennlinien zwischen den Volumes oder durch Eingabe einer Zahl in das Eingabefeld können Sie die Größe der Partitionen verändern.

- **Format der Volumes:** Für jeden Teilbereich kann das Format einzeln bestimmt werden.

- **Optionen:** Hier können Sie das **Partitionsschema** bestimmen. Für externe Festplatten bis 2 TB Größe können Sie die »Apple Partitionstabelle« verwenden. Diese kann dann auch an Macs mit einem System vor Mac OS X 10.4 verwendet werden. Für die interne Festplatte eines Macs mit Intel-Architektur verwenden Sie die »GUID-Partitionstabelle«, ebenso für eine externe Festplatte, auf der Sie Mac OS X Snow Leopard installieren wollen. Für eine externe Festplatte, die auch am PC verwendet werden soll, wählen Sie »Master Boot Record«.

Gemischt-formatierte Medien

Im Festplatten-Dienstprogramm können Sie ein Medium mit GUID-Partitionstabelle oder Master Boot Record in DOS- und HFS+-formatierte Volumes aufteilen. Für den Datenaustausch mit Windows müssen Sie aber darauf achten, dass die DOS-formatierte Partition das erste Volume ist.

Warum partitionieren?

Am Mac sollten Sie es sich zweimal überlegen, ob Sie die Festplatte überhaupt partitionieren sollten. Anders als am PC, wo der Anwender durch Unzulänglichkeiten des Systems häufig zum Partitionieren gezwungen wird, gibt es am Mac unter Mac OS X eigentlich keinen triftigen Grund, eine Festplatte zu partitionieren. Außerdem optimiert Mac OS X die Bewegungen des Schreib-Lese-Kopfes, indem es bestimmte, häufig gebrauchte Dateien nahe am Dateisystem ablegt. Bei mehreren Partitionen – und damit auch mehreren Dateisystemen – auf einer Festplatte wird diese Optimierung wirkungslos. Daher gilt am Mac normalerweise – besonders für die Festplatte, die das Startvolume enthält – die Regel: **Eine Festplatte = eine Partition**.

214ff ◄
Datenaustausch mit Windows

265 ◄
Dateisysteme

52ff ◄
Technik, Dateisysteme

56 ◄
Technik, Adaptive Hot Files Clustering

54 ◄
Technik, Partitionsschemata

RAID

Auf der Seite RAID können mehrere Festplatten zu einem gemeinsamen Volume zusammengefasst werden. Dafür ziehen Sie die gewünschten Festplatten aus der Liste in das Feld auf der rechten Seite. Zur Auswahl stehen hierfür IDE, FireWire und SCSI-Festplatten. Im Aufklappmenü »RAID-Typ« können Sie die Art des RAIDs bestimmen. Mit der Schaltfläche »Erstellen« werden diese Festplatten vollständig gelöscht und es wird ein neues Volume erzeugt.

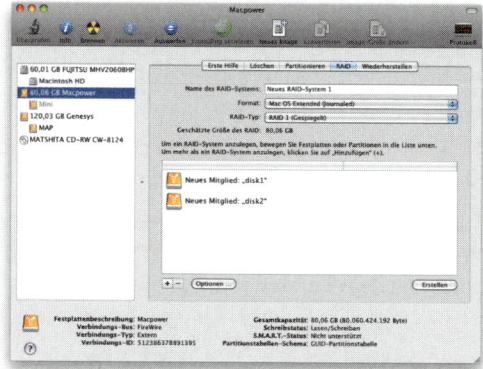

- **RAID 1 (Gespiegelt):** Beim RAID Level 1 werden die Daten auf beide Festplatten geschrieben. Alle Daten sind also doppelt vorhanden. Das RAID ist dabei immer so groß wie die kleinste Festplatte im Verbund. Wenn auf einer Festplatte Probleme auftauchen, können die Daten mit der Schaltfläche »Wiederherstellen« von der anderen Festplatte wiederhergestellt werden. Fällt eine Festplatte komplett aus, kann sie durch eine neue ersetzt werden.
- **RAID 0 (Verteilt):** Im Striped-RAID (Level 0) werden die Daten gleichmäßig auf alle Festplatten verteilt. Dadurch erhöht sich die Schreib- und Lesegeschwindigkeit (bei zwei Festplatten verdoppelt sie sich beinahe). Da der Ausfall einer Festplatte auch die Daten auf den anderen Festplatten zerstört, ist hier jedoch das Risiko deutlich höher.
- **Zusammengefasste Laufwerke:** Als dritte Option bietet das Festplatten-Dienstprogramm »Zusammengefasste Laufwerke« an. Hier werden die Laufwerke einfach hintereinander beschrieben. Solch eine Anordnung kann, ohne die Daten der vorhandenen Festplatten zu löschen, um weitere Festplatten ergänzt werden. Bei zusammengefassten Laufwerken handelt es sich eigentlich nicht um ein RAID-System, sondern um einen LVM-Pool (Logical Volume Manager).

CD oder DVD brennen

Mac OS X enthält seit Version 10.1 eine CD-Brennsoftware. Mit dieser können Daten direkt im Finder auf CD-R-, CD-RW- oder DVD-R- bzw. RW-Medien kopiert werden. In erster Linie ist die Funktion für die mitgelieferten internen Combo-Laufwerke und SuperDrives gedacht.

Es werden jedoch auch nachgerüstete CD- und DVD-Brenner sowie externe FireWire- und USB-CD/DVD-Brenner unterstützt. Wiederbeschreibbare CDs und DVDs (»RW«-Medien) können vorher im »Festplatten-Dienstprogramm« gelöscht werden.

Daten-CD/DVD im Finder brennen

1. CD/DVD vorbereiten
Legen Sie den Rohling in den Brenner. In der Meldung wählen Sie »Finder öffnen« aus und geben der CD/DVD einen Namen.

2. Daten vorbereiten
Ziehen Sie die gewünschten Dateien und Ordner auf das CD- bzw. DVD-Symbol.
Der Finder legt Aliase der Objekte im CD-Ordner an. Die Größe des Inhalts wird in der Statusleiste des Fensters und im Infofenster (⌘I) im Bereich »Brennen« angezeigt.

3. CD/DVD brennen

Wenn Sie die CD/DVD brennen wollen, ziehen Sie sie einfach auf den Papierkorb, dieser wird zu einem Brennen-Symbol. Alternativ können Sie auch auf die Schaltfläche »Brennen« im Fenster oder auf das Brennen-Symbol in der Seitenleiste klicken.
In einem Dialog können Sie die Brenngeschwindigkeit bestimmen. Die CD/DVD wird gebrannt und überprüft. Wenn Sie die Option »Brenn-Ordner sichern unter« aktivieren, bleibt der Inhalt der vorbereiteten CD/DVD nach dem Brennen in einem Brenn-Ordner auf dem Schreibtisch erhalten und kann beispielsweise auf eine weitere CD gebrannt werden.

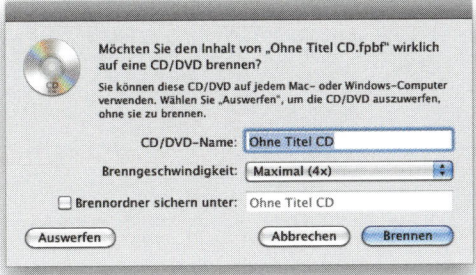

Brennordner

Alternativ können im Finder in Menü »Ablage« so genannte »Brennordner« angelegt werden, ohne dass vorher ein Rohling eingelegt wurde. Der Inhalt kann dann mit einem Klick auf die Schaltfläche »Brennen« gebrannt werden. Informationen zur Größe des Inhalts erhalten Sie in der Statusleiste und im Infofenster (⌘I) im Bereich »Brennen«.

306 ▶
Lesen Sie hier über die Varianten des Infofensters

Objekte brennen
Mit dem Befehl »"X" auf CD/DVD brennen« aus dem Ablage-Menü können Sie im Finder markierte Objekte direkt brennen.

Formate
Der Finder brennt Daten-CDs und -DVDs im Format HFS+/UDF. Die Daten können auch von Windows-Rechnern gelesen werden. »iTunes« brennt Audio- oder MP3-CDs, im »Festplatten-Dienstprogramm« können Disk-Images auf CD/DVD gebrannt werden. Damit sind auch Multisession-CDs möglich.
   Zu der integrierten Brennsoftware gibt es verschiedene Alternativen mit größerem Funktionsumfang wie z.B. »Toast« von Roxio. In den Systemeinstellungen kann im Kontrollfeld »CDs & DVDs« eine Aktion (bzw. ein Programm) als Standard definiert werden. Dann wird die Abfrage beim Einlegen übergangen.

314f ▶
iTunes

205 ◀
Disk-Images erstellen

CD/DVD-RW löschen
Mit der Funktion »Löschen« des Festplatten-Dienstprogramms können auch beschriebene CD/DVD-RWs zum erneuten Beschreiben gelöscht werden.
   Eine CD/DVD-RW wird im Festplatten-Dienstprogramm genau wie eine Festplatte gelöscht. Einziger Unterschied: Es kann kein Format ausgewählt werden. Dieses wird erst beim erneuten Brennen bestimmt.

266 ◀
Speichermedien löschen

Vorsorgeuntersuchung

Systempflege für Ihren Mac

Auch wenn man den Mac nun wirklich nicht als Schreibtisch-Tamagotchi bezeichnen kann, braucht er ab und zu doch mal ein wenig Pflege. Dieses Kapitel will Ihnen zeigen, welche vorsorglichen Maßnahmen die Zuverlässigkeit Ihres Macs erhöhen.

Mac OS X ist im Vergleich zu manch anderem System sehr pflegeleicht. Trotzdem ist auch der Mac nicht völlig wartungsfrei. Durch eine regelmäßige Pflege können Sie Probleme mit dem Mac schon im Vorfeld verhindern.

- **Backup:** In jedem Fall sollten Sie eine Kopie Ihrer wichtigen Dateien als Backup auf einem anderen Volume aufbewahren, um Datenverluste zu vermeiden. Diese Sicherungskopie sollte natürlich immer auf dem neuesten Stand sein. Mac OS X Snow Leopard bietet mit »Time Machine« eine integrierte Lösung.
- **Dateisystem überprüfen:** Die Kataloge des Dateisystems werden im laufenden Betrieb regelmäßig verändert. Hier können sich Fehler einschleichen, die möglicherweise zu Problemen führen, wenn sie nicht frühzeitig behoben werden. Deshalb sollten Sie regelmäßig die Dateistruktur mit »Erste Hilfe« überprüfen.
- **Volume-Zugriffsrechte überprüfen:** Erste Hilfe bietet außerdem die Möglichkeit, die Zugriffsrechte bestimmter Systemdateien zu überprüfen und, falls nötig, zu korrigieren.
- **Defragmentieren:** Das Dateisystem von Mac OS X versucht bei der Vergabe der Blöcke auf der Festplatte, eine Fragmentierung (Zerstückelung) der Dateien zu verhindern. Zusätzlich besitzt das System weitere Mechanismen, die Fragmentierung verhindern bzw. beheben. Daher ist eine Defragmentierung der Datenträger unter normalen Umständen bei Mac OS X nicht notwendig. Für die eventuell gewünschte Defragmentierung von lange und intensiv mit besonders großen Dateien benutzten Volumes werden verschiedene kommerzielle Lösungen angeboten.

Backup – Datensicherung

In den Dateien, die Sie auf Ihrer Festplatte gesichert haben, steckt meistens viel Arbeit. Eine Festplatte kann aber durchaus einmal defekt sein. Dann sind die Daten verloren. Deshalb sollten Sie Ihre wichtigen Dateien nicht nur auf einer Festplatte, sondern mehrfach, auf verschiedenen Medien, aufbewahren. Um die Daten immer aktuell gesichert zu haben, sollten Sie regelmäßig die wichtigen Ordner auf ein anderes Volume kopieren oder gar ein komplettes Backup vornehmen. Mac OS X bietet hier verschiedene Möglichkeiten.

Time Machine

Mit Time Machine hat Apple in Mac OS X 10.5 eine Möglichkeit integriert, eine so genannte **progressiv inkrementelle Datensicherung** vorzunehmen. Bei diesem speziellen Typ Backup wird einmalig ein Backup aller Daten vorgenommen. Bei jedem neuerlichen Backup jedoch werden immer nur die Dateien gesichert, die seit dem letzten Backup verändert wurden oder neu hinzugekommen sind.

Time Machine einrichten

Time Machine wird in den Systemeinstellungen im Kontrollfeld »Time Machine« eingerichtet.

1. **Volume für das Backup bestimmen**
   *Klicken Sie auf die Schaltfläche »Backup-Volume auswählen« und wählen Sie in dem Dialog ein Volume aus der Liste aus.
   Auf dieses Volume wird der Hintergrundprozess von Time Machine (»backupd«) die Daten in einen Ordner »Backups.backupd« kopieren.*

2. **Erstes Backup erstellen**
   Wenn Sie auf die Schaltfläche »Für Backup verwenden« klicken, wird Time Machine automatisch eingeschaltet und das erste, vollständige Backup erstellt.

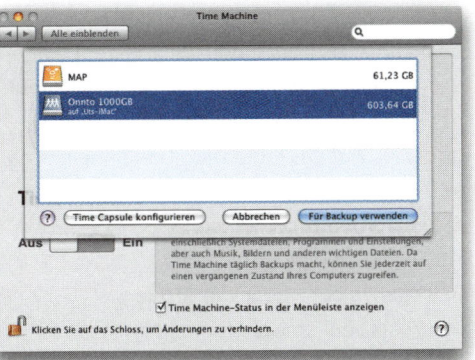

Ein Objekt suchen und wiederherstellen

Mit dem Programm »Time Machine« können einzelne Objekte aus dem mit Time Machine vorgenommenen Backup wiederhergestellt werden. Dafür werden hier die verschiedenen Backups in mehreren hintereinander gestaffelten Fenstern angezeigt. So können Sie sich durch die Zeit bewegen. Für das Bewegen durch die Zeit stehen mehrere Möglichkeiten zur Verfügung:

- Durch Klicken auf den Doppelpfeil rechts können Sie sich Schritt für Schritt durch die Zeit bewegen.
- Um direkt zu einem bestimmten Backup zu springen, klicken Sie in der Zeitleiste rechts das gewünschte Datum an. Oder klicken Sie direkt auf das jeweilige Fenster.

Wenn Sie das gewünschte Objekt in der gewünschten Version gefunden haben, markieren Sie diese und klicken dann die Schaltfläche »Wiederherstellen«.

◀ 76
Installation

◀ 82
Migrationsassistent

Backups löschen

Im Menü, das sich mit der Zahnrad-Schaltfläche öffnet, können Sie das ausgewählte Backup oder die Backups der markierten Datei löschen.

Backups in Programmen

▶ 371
Referenz, Kontrollfeld »Time Machine«

Time Machine ist an verschiedene Programme angebunden: in erster Linie an den Finder, aber auch an andere Programme wie »Mail« oder »Adressbuch«. Im Programm »Time Machine« wird immer die Wiederherstellungsfunktion für das Programm angeboten, das beim Aufrufen des Programms »Time Machine« im Vordergrund ist. Hat das Programm keine Anbindung an Time Machine, wird stattdessen der Finder in den Vordergrund geholt.

◀ 314ff
Ordnerhierarchie

Bewegen in der Finder-Hierarchie

Innerhalb von Time Machine ist auch ein Bewegen durch die Ordnerhierarchie des Finders

Backups der Finder-Objekte in Time Machine

möglich. Dieses erfolgt im Finder-Fenster, wie im Kapitel »Alle Wege führen nach Rom« ab Seite 134 beschrieben. Beachten Sie hierbei jedoch, dass in Time Machine nur ein einzelnes Finder-Fenster geöffnet werden kann.

Ein komplettes Backup wiederherstellen

Bei einem Festplatten-Crash o.Ä. kann ein komplettes System aus dem Time-Machine-Backup wiederhergestellt werden. Dazu muss von der Mac-OS-X-DVD gestartet werden. Außerdem bietet der Migrationsassistent zum Widerherstellen im Fenster »Übertragungsmethode« die Option »von einem Time Machine-Backup«.

Objekte vom Backup ausschließen

- In Kontrollfeld »Time Machine« können Sie **Ordner** oder **ganze Volumes** vom Backup ausschließen. Dafür klicken Sie die Schaltfläche »Optionen« und wählen die Objekte, die nicht im Backup mitgesichert werden sollen, mit der »+«-Schaltfläche aus.
- **Systemdateien:** Wenn Sie den Ordner »/System« vom Backup ausschließen, können Sie in einem Dialog bestimmen, dass alle Systemdateien vom Backup ausgeschlossen werden.

Backup-Volume wechseln

Mit der Schaltfläche »Volume wechseln ...«, die erscheint, wenn schon ein Backup-Volume bestimmt ist, können Sie ein anderes Volume als Backup-Volume auswählen. Wird der Eintrag »Ohne« gewählt, wird Time Machine deaktiviert.

Informationen zu den Backups

Im Kontrollfeld »Time Machine« wird angezeigt, an welchem Datum das älteste und das jüngste Backup auf dem Backup-Volume vorgenommen wurde.

371 ▶
Referenz,
Kontrollfeld
»Time Machine«

Datensicherung mit Images

Im Festplatten-Dienstprogramm gibt es die Möglichkeit, ein Backup auf ein Image zu erstellen. Mit der Funktion »Wiederherstellen« (eigentlich »Apple Software Restore«; in der Shell »asr«) kann außerdem auch ein komplettes Backup auf ein anderes Volume gemacht werden. Solch ein Backup kann mit der gleichen Funktion wieder auf die Ursprungsplatte zurückgebracht werden.

- *Image von einem Volume erstellen*
  Um ein Backup auf ein Image zu erstellen, öffnen Sie das Festplatten-Dienstprogramm (im Ordner »Dienstprogramme« (⌘ ⇧ U)). Klicken Sie im Fenster des Programms das gewünschte Volume an und dann im Menü »Ablage« den Befehl »Neu ▶ Image von „X"«.
  Von der Startfestplatte kann kein Image erstellt werden. Wenn Sie ein Image Ihrer Startfestplatte erstellen wollen, starten Sie Ihren Mac von der Mac-OS-X-DVD und verwenden das dortige Festplatten-Dienstprogramm (über das Menü »Dienstprogramme«).
  Alternativ kopieren Sie auf ein vorher angelegtes leeres Image (»Neu ▶ Leeres Image« aus dem Ablage-Menü).

- *Backup auf ein anderes Volume erstellen*
  Wenn Sie ein Backup eines Volumes auf ein anderes Volume erstellen wollen, wechseln Sie im Festplatten-Dienstprogramm auf die Seite »Wiederherstellen« (das ist nur möglich, wenn links ein Volume ausgewählt wurde). Ziehen Sie das Volume, von dem Sie das Backup erstellen wollen, in das Feld »Quelle« und das Volume, auf das das Backup kopiert werden soll, in den Bereich »Zielmedium«. Wenn Sie jetzt auf »Wiederherstellen« klicken, wird der Inhalt des einen Volumes auf das andere kopiert.
  Bei dem Volume kann es sich auch um ein aktiviertes Image handeln.

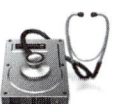

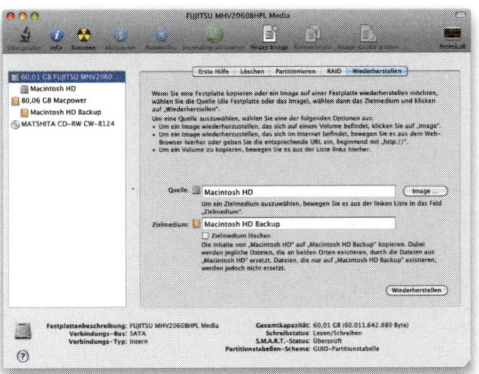

◀ 82
Migrations-
assistent

- *Backup zurückkopieren*
  Für das Zurückkopieren des Backups auf das ursprüngliche Volume wechseln Sie im Festplatten-Dienstprogramm auf die Seite »Wiederherstellen« (zuerst links ein Volume auswählen). Ziehen Sie das Backup-Volume in das Feld »Quelle« und das Volume, das wiederhergestellt werden soll, in den Bereich »Zielmedium« Wenn Sie jetzt auf »Wiederherstellen« klicken, wird der Inhalt des einen Volumes auf das andere kopiert.

Beim Zurückkopieren des Backups gibt es zwei Möglichkeiten:

- Das Backup kann auf das Volume kopiert werden, ohne dass dieses vorher gelöscht wird. Dann werden alle Dateien mit der Version aus dem Backup überschrieben. In der Zeit nach dem Backup angelegte, zusätzliche Objekte bleiben davon unberührt.
- Alternativ kann aber auch das Zielmedium mit der Option **»Zielmedium löschen«** gelöscht werden. Dann wird mit »Wiederherstellen« der Zustand zum Zeitpunkt des Backups wiederhergestellt.

◀ 122
Tabelle
Zugriffs-
rechte von
Benutzern

◀ 76
Saubere
Installation

Block-Kopie
»Wiederherstellen« versucht nach Möglichkeit, das Backup mit dem Modus »Blöcke kopieren« zu erstellen. Hierbei werden nicht einzelne Dateien kopiert, sondern immer komplette Zuteilungsblöcke. Eine Blockkopie ist um ein vielfaches schneller als das Kopieren einzelner Dateien. Der Modus ist aber nur möglich, wenn beide Volumes zum Kopieren deaktiviert werden können (also z.B. wenn Sie für ein Backup der internen Festplatte von der Mac-OS-X-DVD gestartet haben) und das Zielvolume gelöscht wird.

Migrationsassistent
Mit dem Migrationsassistenten können Sie nach einer Neuinstallation die Daten von einem Time-Machine-Backup übernehmen. Außerdem ist es möglich, die Daten von einem Backup-Image zu übernehmen, nachdem Sie es per Doppelklick gemountet haben. Ein Backup auf einer FireWire-Festplatte können Sie ebenfalls mit dem Migrationsassistenten übernehmen. Sie finden es unter »Von einem anderen Mac«.

Backup durch Kopieren
Als Möglichkeit für ein Backup des Inhalts des privaten Ordners können diese Objekte auch einfach im Finder auf ein anderes Volume kopiert oder auf eine DVD gebrannt werden.

Admin-Benutzer können mit dieser Methode auch ein Backup von Programmen und Objekten im Ordner »Library« vornehmen. (Nur diese Benutzer können so gesicherte Programme wieder an den dafür vorgesehenen Ort zurückkopieren.)

Der Ordner »System« und die unsichtbaren UNIX-Ordner bleiben jedoch von einem Backup ausgeschlossen. Um den Inhalt dieser Ordner wiederherzustellen, müssen Sie ein neues System installieren. Mit der Option »Archivieren und Installieren« und der Zusatzoption »Benutzer und Netzwerkeinstellungen beibehalten« des Installationsprogramms kann das System ohne Probleme über ein vorhandenes System installiert und so wieder hergestellt werden. Um den Zustand komplett wiederherzustellen, sollten Sie also die Installationspakete für Erweiterungen in Ihrem Backup aufbewahren.

Erste Hilfe

In den Katalogdateien des Dateisystems werden die Informationen zu Objekten und deren Position auf der Festplatte gespeichert. Auch die Katalogdateien der Festplatten unterliegen einer ständigen Veränderung. Daher können sich hier Fehler einschleichen. Symptome für schwere Fehler im Dateisystem sind z.B. Ordner, die plötzlich verschwunden sind, Dateien, die plötzlich wieder auftauchen und sich nicht bewegen oder löschen lassen o.Ä. Mit »Erste Hilfe« im »Festplatten-Dienstprogramm« können diese Fehler behoben werden.

»Erste Hilfe« kann das Startvolume nicht reparieren. Das Startvolume kann nur überprüft werden. Wenn Sie die interne Festplatte reparieren wollen, müssen Sie von einem anderen Volume starten. Hier bietet sich die Mac-OS-X-DVD an, auf der eine Kopie des Festplatten-Dienstprogramms vorhanden ist.

Nach einem Systemabsturz wird beim Neustart – während der Apfel auf grauem Grund gezeigt wird – das Dateisystem mit dem Journal abgeglichen. beim sicheren Systemstart oder wenn das Journal deaktiviert ist, wird statt dessen ein kompletter »fsck« ausgeführt. Die anderen angeschlossenen Volumes werden in einem späteren Stadium des Systemstarts mit dem Journal abgeglichen bzw. überprüft.

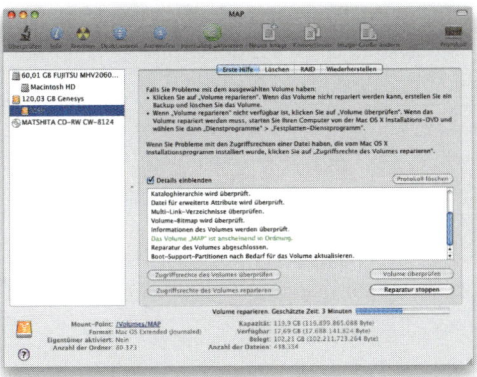

»Erste Hilfe« zeigt den Status der Reparatur.

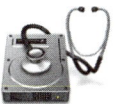

Dateisystem überprüfen und reparieren

1. *Volume auswählen*
   Starten Sie das Programm »Festplatten-Dienstprogramm« (im Ordner »Dienstprogramme« (⌘⇧U)) und wählen Sie das zu überprüfende Volume aus der Liste aus und wechseln Sie dort auf die Seite »Erste Hilfe«.

2. *Überprüfen*
   Klicken Sie die Schaltfläche »Volume überprüfen«.
   Das Volume wird überprüft, eventuelle Fehler werden im Statusfenster angezeigt.

3. *Eventuell reparieren*
   Wenn ein Fehler angezeigt wird, wählen Sie die Schaltfläche »Volume reparieren«, um den Fehler zu beheben.
   Wenn es sich bei dem Volume um das Startvolume handelt, ist die Schaltfläche »Volume reparieren« nicht auswählbar. Hier folgen Sie zuerst der Anleitung auf der nächsten Seite.

Achtung: Verwenden Sie niemals »Erste Hilfe« oder »fsck« aus einem Mac OS X vor Version 10.3.9 zum Reparieren von Mac-OS-X-10.4-, 10.5- und 10.6-Volumes. Diese würden Fehler anzeigen, die keine sind, und beim Versuch, diese zu reparieren, das Dateisystem beschädigen.

Weitere Tools

Sollte »Erste Hilfe« die Fehler nicht beheben können, können Sie auch eines der Festplatten-Reparatur-Tools von anderen Herstellern ausprobieren. Beispiele hierfür sind »Drive 10« von Micromat oder »Disk Warrior X« von Alsoft. Diese werden mit einer startfähigen CD ausgeliefert. Achten Sie dabei aber darauf, dass Sie eine Version einsetzen, die ausdrücklich mit Mac OS X 10.6 kompatibel ist.

54ff ◄
Technik, Dateisystem

276 ►
Journal

287f ►
fsck

285 ►
Sicherer Systemstart

70f ◄
Technik, Systemstart

Dateisystem des Startvolumes reparieren

1. *Mac von der Mac-OS-X-DVD starten*
   Um von der DVD zu starten, ohne das Kontrollfeld »Startvolume« umzustellen, drücken Sie beim Systemstart die Taste »C«, bis der graue Apfel erscheint.

2. *Erste Hilfe starten*
   Wenn das Installationsprogramm nach der Sprachauswahl vollständig geladen ist, wählen Sie im Menü »Dienstprogramme« den Menüpunkt »Festplatten-Dienstprogramm«. Damit das Programm seine Menüs deutschsprachig zeigt, sollten Sie in der Sprachauswahl die Option »Deutsch als Standardsprache verwenden« auswählen.

3. *Erste Hilfe ausführen*
   Führen Sie »Erste Hilfe« aus, wie in der Anleitung weiter vorne in diesem Kapitel beschrieben.

   ◄ 275
   Erste Hilfe

4. *Neustart*
   Beenden Sie das Festplatten-Dienstprogramm und dann das Installationsprogamm. In der Meldung, die jetzt erscheint, klicken Sie auf »Neustart«.
   Der Mac wird wieder vom Mac-OS-X-Startvolume gestartet.

FSCK
Sollten Sie keine Mac-OS-X-DVD zu Hand haben, können Sie auch das im Mac OS X enthaltene UNIX-Tool »fsck« im Single User Modus verwenden. Die Bedienung wird auf Seite 285 beschrieben.

► 287
fsck

Journaling-Dateisystem

Seit Mac OS X 10.2.2 lässt sich bei HFS+-formatierten Volumes das »Journaling« aktivieren, seit 10.3 wird es standardmäßig verwendet. Ein Journaling-Dateisystem schreibt, bevor es die eigentliche Dateisystemoperation – neue Dateien anlegen, verschieben etc. – vornimmt, die gewünschte Operation in eine Datei, das so genannte Journal. Kommt es bei der Dateioperation zu einem Stromausfall oder einem Systemabsturz, kann das System anhand des Journals feststellen, an welcher Stelle des Dateisystems zum Zeitpunkt des Absturzes eine Operation durchgeführt wurde. Es braucht also nicht das gesamte Dateisystem nach Inkonsistenzen überprüft werden. Ein Durchlauf von »fsck« oder »Erste Hilfe« wird überflüssig. Der Systemstart geht – besonders bei großen Festplatten – sehr viel schneller vonstatten. Dadurch, dass jede Dateioperation dokumentiert wird, werden die Festplattenzugriffe jedoch ein klein wenig verlangsamt, der Unterschied ist im normalen Gebrauch aber kaum feststellbar.

Journaling garantiert jedoch keinen Schutz vor Fehlern, die sich im laufenden Betrieb im Dateisystem einschleichen. Volumes mit aktiviertem Journal können (und sollten auch) ganz normal mit »Erste Hilfe« überprüft werden.

Das Journaling kann im Festplatten-Dienstprogramm von Mac OS X ab 10.4 mit dem Befehl »Journaling aktivieren« bzw. »Journaling deaktivieren« (⌘J) aus dem Ablage-Menü aktiviert und deaktiviert werden.

Volumes mit aktiviertem Journal können ohne Probleme auch an Systemen vor Mac OS X 10.2.2 verwendet werden, die diese Funktion noch nicht beherrschen. (Beispielsweise, wenn das Volume sich auf einer FireWire-Festplatte befindet.) Hier wird das Journal einfach nicht geschrieben.

Volume-Zugriffsrechte überprüfen oder reparieren

In einem UNIX-System wie Mac OS X brauchen bestimmte System- und Programmdateien definierte Zugriffsrechte, um problemlos zu funktionieren. Daher bietet »Erste Hilfe« die Funktion »Volume-Zugriffsrechte überprüfen« bzw. »Volume-Zugriffsrechte reparieren«. Diese überprüft bzw. repariert die Zugriffsrechte der Systemdateien und der in Mac OS X enthaltenen Programme auf dem Startvolume. Die Zugriffsrechte innerhalb Ihres privaten Ordners bleiben dabei selbstverständlich unangetastet. Für Programme, die nicht mit dem Apple-Installationsprogramm installiert werden, können die Zugriffsrechte nicht repariert werden, da »Erste Hilfe« die korrekten Zugriffsrechte nicht kennt (diese liest Erste Hilfe aus den Paketquittungen in »/Library/Receipts«). Wenn spezielle Probleme bekannt sind, liefert der Hersteller jedoch häufig ein eigenes Programm.

Weitere Tools

Für Mac OS X gibt es einige Shareware-Tools, mit denen bestimmte Routinen zum Säubern des Systems ausgeführt werden können. Tools wie »Cocktail« oder »System Optimizer X« erneuern das so genannte »Prebinding« zwischen Programmen und Librarys (update_prebinding), führen die normalerweise von »periodic« gestartete Archivierung der System-Log-Dateien aus etc.

Diese Operationen sind jedoch zum Betrieb von Mac OS X nicht notwendig und haben eigentlich auch keinen Einfluss auf die Systemstabilität und -geschwindigkeit.

Festplatte defragmentieren

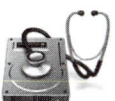

Wenn auf einer Festplatte viele Dateien hin und her kopiert werden, kann es im Laufe der Zeit zu Fragmentierungen kommen. Eine Datei wird dann stückweise an verschiedenen Orten auf der Festplatte gespeichert. Das Mac-OS-X-Dateisystem HFS+ ist jedoch so organisiert, dass es sehr wenig fragmentiert. Außerdem verfügt Mac OS X seit 10.3 über Systemfunktionen, die Dateien im laufenden Betrieb automatisch defragmentiert und Volumes optimieren. Zudem bedeutet »Defragmentieren« immer ein gewisses Datenverlust-Risiko. **Apple rät ausdrücklich vom Defragmentieren ab.** Eine Defragmentierung ist nur auf Volumes nötig, auf denen intensiv mit Gigabyte-großen Dateien gearbeitet wird.

In Mac OS X gibt es kein Hilfsprogramm, mit dem Dateien auf einer Festplatte defragmentiert werden können. Dafür müssen Sie auf Programme von anderen Herstellern. Diese werden auf einer startfähigen CD ausgeliefert.

Da eine Defragmentierung ohnehin nicht ohne vorheriges Backup vorgenommen werden sollte, kann auch der Festplatteninhalt mit »Wiederherstellen« auf eine andere Festplatte oder in ein Image kopiert, die Festplatte gelöscht und dann der Inhalt wieder zurückkopiert werden. Dabei werden die Dateien ebenfalls defragmentiert (nicht jedoch im Modus »Blöcke kopieren«).

57 ◀
Technik
Datei-Fragmentierung

273f ◀
Wiederherstellen

274 ◀
Block-Kopie

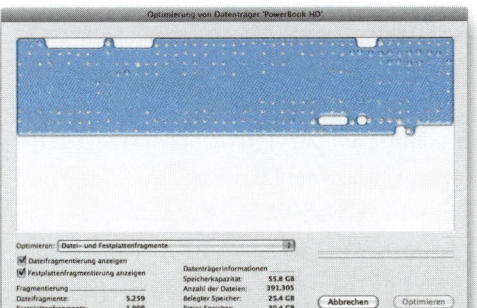

So oder ähnlich zeigen Defragmentierungsprogramme die Fragmentierung eines Datenträgers an. Bei der »Festplattenfragmentierung« handelt es sich in Wirklichkeit nicht um eine Fragmentierung, sondern um freigelassene Blöcke (Extents), die eine Fragmentierung verhindern sollen.

Systempflege für Ihren Mac **277**

Private Sphäre

Schutzmaßnahmen gegen unbefugte Datenzugriffe

Auch der nicht-paranoide Anwender besitzt Daten auf seinem Mac, die er nicht gerne mit jedermann teilen möchte. Dieses Kapitel beschreibt mögliche Sicherheitsmaßnahmen, um unbefugten Zugriff auf Ihre Daten zu verhindern.

Damit die durch die UNIX-Dateirechte erreichte Datensicherheit nicht ausgehöhlt wird, können verschiedene Sicherheitsmaßnahmen vorgenommen werden:
- **Benutzerrechte und Passwörter** sollten mit Bedacht vergeben werden.
- Die **Anmeldung** kann so konfiguriert werden, dass die Eingabe sowohl des Namens, als auch des Passworts gefordert wird.
- Der Wechsel des Startvolumes kann mit einem **Firmware-Passwort** verhindert werden.
- Mit **FileVault** kann der gesamte private Ordner verschlüsselt werden.
- **Sicheres Löschen** verhindert die Wiederherstellung sensibler Daten.

Auch im Netzwerk können bestimmte Sicherheitsmaßnahmen unbefugten Zugriff verhindern:
- Ein **AirPort-Netzwerk** sollte mit einem Passwort versehen und die Übertragung der Daten verschlüsselt werden.
- Zugriffe aus dem Internet können mit der **Firewall** beschränkt werden.

Hardware

Abgesehen von allen softwaremäßigen Sicherheitsmaßnahmen muss natürlich auch die Hardware gegen Diebstahl geschützt werden. Hierfür besitzen Macs einen Kensington-Lock-Anschluss. Der Mac Pro hat einen Riegel, mit dem das Öffnen der Klappe verhindert werden kann und an den mit einem Schlösschen eine Kette o.Ä. angebracht werden kann.

Kensington-Lock mit Stahlseil und Zahlenschloss

Datensicherheit erhöhen

Mit den UNIX-Dateirechten können Dateien wirkungsvoll vor dem Zugriff anderer Benutzer geschützt werden. Damit dieser Schutz nicht unterwandert werden kann, müssen jedoch einige Dinge beachtet werden.

120ff ◄
Mehrere Benutzer

333f ►
Referenz, Kontrollfeld »Benutzer«

Benutzerrechte

In Mac OS X bekommen nur Admin-Benutzer Zugriff auf die verschiedenen System-Kontrollfelder und auf die Ordner »Library« und »Programme«. Damit andere Benutzer keinen Schaden anrichten können, sollten Sie nur wirklich vertrauenswürdigen und erfahrenen Benutzern Admin-Rechte geben.

Automatische Anmeldung

Damit Ihre Daten nicht beim unbefugten Start für jedermann erreichbar sind, sollten Sie im Kontrollfeld »Benutzer« unter »Anmeldeoptionen« bzw. im Kontrollfeld »Sicherheit« die automatische Anmeldung deaktivieren.

Passwörter

Auch durch die Auswahl der Passwörter kann die Datensicherheit erhöht werden. Wählen Sie Ihr Passwort so, dass es nicht von anderen erraten werden kann. Empfehlenswert sind Passwörter, in denen Buchstaben und Zahlen kombiniert werden. Zum Überprüfen der Qualität eines Passwortes oder für einen Passwortvorschlag können Sie auch den Kennwort-Assistenten im Programm »Schlüsselbundverwaltung« verwenden. Rufen Sie dazu die Funktion »Kennwort für Schlüsselbund „X" ändern« auf und klicken Sie im Fenster auf den kleinen Schlüssel.

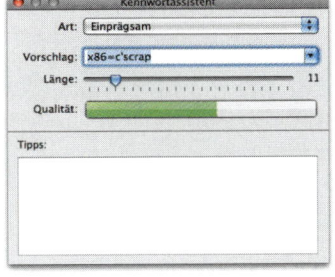

326f ►
Referenz, Schlüsselbundverwaltung

Anmeldefenster

Im Anmeldefenster von Mac OS X werden normalerweise die auf dem Rechner eingerichteten Benutzer in einer Liste angezeigt. Diese Option lässt sich im Kontrollfeld »Benutzer« im Bereich »Anmeldeoptionen« deaktivieren, sodass nur Eingabefelder für Namen und Passwort angezeigt werden. Ein unbefugter Benutzer muss so zusätzlich zum Passwort auch noch den richtigen Namen erraten.

Schutzmaßnahmen gegen unbefugte Datenzugriffe

Ruhezustand

Mit der Option »Kennwort verlangen beim Beenden des Ruhezustands oder des Bildschirmschoners« im Kontrollfeld »Sicherheit« können Sie ihren Mac im laufenden Betrieb gegen unerlaubte Zugriffe schützen. Besonders interessant ist diese Option für Notebooks, die durch Zuklappen des Deckels in den Ruhezustand versetzt werden. Damit diese Option auch ohne Zutun des Benutzers wirksam wird, sollte im Kontrollfeld »Energie sparen« eine Zeit für den automatischen Ruhezustand bzw. im Kontrollfeld »Schreibtisch & Bildschirmschoner« für die Aktivierung des Bildschirmschoners eingestellt werden. Beim Aufwachen erscheint dann zuerst ein Dialog, in dem Name und Passwort eingegeben werden müssen. Wenn der schnelle Benutzerwechsel aktiviert ist, erscheint zusätzlich die Schaltfläche »Benutzer wechseln«. Hiermit wird das Anmeldefenster aufgerufen.

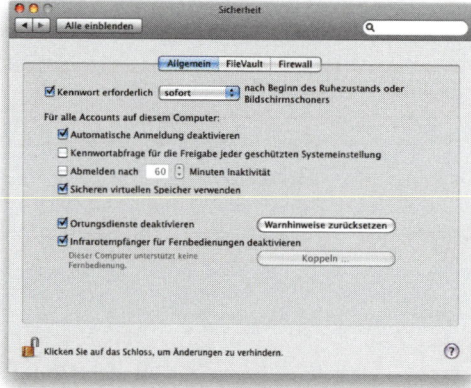

FileVault

Mit »FileVault« bietet Mac OS X seit Version 10.3 die Möglichkeit, den kompletten privaten Ordner zu verschlüsseln. Dadurch ist gewährleistet, dass ein Festplatten- oder PowerBook-Dieb den Inhalt des privaten Ordners ohne Kenntnis des Passwortes nicht auslesen kann. Der Finder kopiert dafür den Inhalt des privaten Ordners auf ein Disk-Image, das bei Abmeldung des Benutzers verschlüsselt wird.

Vor einem Update von Mac OS X Tiger sollte File Vault deaktiviert werden, da in Mac OS X Tiger angelegte File-Vault-Images mit Time Machine inkompatibel ist.

FileVault aktivieren

1. *Master-Passwort*
   Öffnen Sie das Kontrollfeld »Sicherheit«. Hier müssen Sie zuerst ein Master-Passwort vergeben.
   Mit dem Master-Passwort können alle File-Vault-Images auf diesem Computer entschlüsselt werden.

3. *FileVault aktivieren*
   Klicken Sie jetzt auf »FileVault einschalten« und geben Sie Ihr Passwort ein.
   Sie werden jetzt abgemeldet und der private Ordner wird in das Image kopiert.

4. *Erneut anmelden*
   Wenn die Verschlüsselung erfolgt ist, erscheint das Anmeldefenster, in dem Sie sich erneut anmelden müssen. Beim Anmelden wird das Image entschlüsselt.

FileVault ausschalten

Im Kontrollfeld »Sicherheit« können Sie FileVault wieder ausschalten. Der Inhalt des verschlüsselten Images wird dann nach automatischem Abmelden in den Benutzerordner kopiert. Hierfür muss aber genügend Platz auf der Festplatte vorhanden sein.

Sicheres Löschen

Beim Löschen von Objekten – ob mit dem Papierkorb im Finder oder mit »rm« im Terminal – werden lediglich die Einträge im Dateisystem entfernt. Die eigentlichen Daten bleiben unverändert auf der Festplatte erhalten und können mit speziellen Programmen – sogar unabhängig von den Dateirechten – wieder ausgelesen werden. Daher bietet der Finder seit Mac OS X 10.3 die Möglichkeit des sicheren Löschens. Mit dem Befehl »Papierkorb sicher entleeren« aus dem Menü »Finder« werden alle Daten mehrfach überschrieben, bevor der Eintrag der Datei im Dateisystem gelöscht wird. Ein Auslesen der Daten von der Festplatte ist dann nicht mehr möglich.

Da die Daten mehrfach überschrieben werden, dauert das Löschen einer Datei auch ein Vielfaches der Zeit, wie ein Kopieren der entsprechenden Datei dauern würde. In der Zeit finden dauernde Zugriffe auf die Festplatte statt, sodass das gesamte System etwas verlangsamt wird. Sicheres Löschen bietet sich also eher für wirklich sensible Daten an.

Das Programm »srm«, das der Finder mit dem Befehl »Papierkorb sicher entleeren« aufruft, kann auch direkt im Terminal benutzt werden. Hierbei kann mit den entsprechenden Optionen eingestellt werden, wie oft und mit welchen Daten die Dateien überschrieben werden.

Firmware-Passwort

Wenn Ihr Mac von der Mac-OS-X-DVD gestartet wurde, können mit dem Programm »Kennwörter zurücksetzen« die Passwörter der Benutzer geändert werden. Ebenso schützen die UNIX-Dateirechte Ihre Dateien nicht vor Zugriff, wenn Ihr Mac von einem anderen System gestartet wurde.

Damit Ihr Mac nicht von der Mac-OS-X-DVD oder einem anderen Volume gestartet werden kann, hat Apple in der Firmware einen Passwortschutz eingebaut. Das Firmware-Passwort wird mit dem Programm »Firmware-Kennwort« gesetzt. Dieses findet sich, wenn Sie von der Mac-OS-X-DVD gestartet haben, im Menü »Dienstprogramme«. Das hier eingegebene Passwort dürfen Sie aber auf keinen Fall vergessen.

Das Programm »Firmware-Kennwort« besteht nur aus einem Fenster, in dem Sie die Option »Kennwort ist zum Starten des Computers von einer anderen Quelle erforderlich« aktivieren und dann das Firmware-Passwort zweimal eingeben. Sobald Sie hier auf »OK« geklickt haben, kann der Computer nicht mehr mit gedrückter Taste »C« von der DVD gestartet werden. Auch der Start im FireWire-Target-Disk-Modus (Taste »T«) oder der Start im Single-User-Modus (⌘S) nicht mehr möglich.

Wenn Sie das Startvolume beim Starten wechseln wollen, können Sie jedoch weiterhin mit gedrückter ⌥-Taste starten. Die Auswahl der Volumes ist aber erst nach Eingabe des Firmware-Passworts möglich.

Achtung: Das Startvolume kann trotzdem von einem Admin-Benutzer in den Systemeinstellungen im Startvolume-Kontrollfeld gewechselt werden.

257ff◄
Shell

Sicherheit im Netzwerk

AirPort-Netzwerk

Wenn Sie ein Funknetzwerk mit AirPort verwenden, sollten Sie sich darüber im Klaren sein, dass auch andere, in der Nähe befindliche Rechner auf dieses Netzwerk zugreifen können. Besonders wenn Sie eine AirPort-Basisstation betreiben bzw. Internet-Sharing oder File-Sharing über SMB aktiviert haben, steigt die Wahrscheinlichkeit, dass ein anderer Rechner in der Nähe ist, der auf das Netzwerk zugreifen kann. Vergeben Sie deshalb immer ein Passwort, wenn Sie ein AirPort-Netzwerk anlegen.

◄ 174
Internet-Freigabe

◄ 197ff
Dateifreigabe

Die Datenübertragung in Funknetzen wird zwar verschlüsselt, der dafür verwendete 40-bit-Schlüssel kann jedoch leicht geknackt werden. Die Auswahl der 128-bit-Verschlüsselung bietet hier eine höhere – wenn auch immer noch nicht optimale – Sicherheit.

◄ 162
Netzwerk, AirPort

Für Computer-zu-Computer-Netzwerke kann über den Befehl »Netzwerk anlegen« im Kontrollfeld »Netzwerk« unter »AirPort« oder im AirPort-Menü-Extra durch Setzen des Häkchens »Kennwort erforderlich« für die Verschlüsselung der Daten WEP aktiviert werden. Für Internet-Sharing lässt sich die Verschlüsselung im Kontrollfeld »Freigaben« auf der Seite »Internet-Freigabe« mit der Schaltfläche »AirPort Optionen ...« aktivieren.

◄ 170
AirPort-Netzwerk einrichten

Wenn Sie einen Wireless-LAN-Router betreiben, sollten Sie die neueren Standards WPA oder WPA2 verwenden, die deutlich höhere Sicherheit als WEP bieten. WPA kann jedoch nicht für Computer-zu-Computer-Netzwerke verwendet werden.

Soll ein Computer mit einer älteren AirPort- oder WLAN-Karte, die kein WPA beherrscht, in ein Netzwerk eingebunden werden, kann WPA nicht verwendet werden. Versuchen Sie bei der Konfiguration Ihres Routers immer die höchst mögliche Sicherheitsstufe zu erreichen. Diese wird hier durch das schwächste Glied im Netzwerk bestimmt. AirPort-Extreme-Karten und neuere WLAN-Karten nach IEEE 802.11g beherrschen WPA, ältere AirPort- und WLAN-Karten mit IEEE 802.11b jedoch nicht.

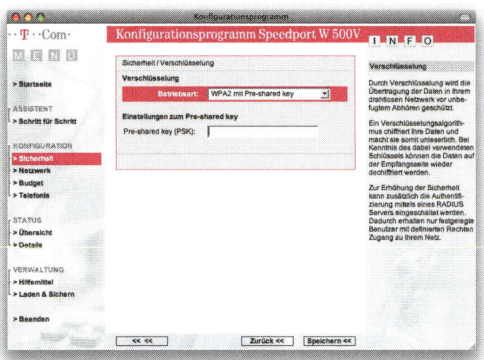

Wireless-LAN-Sicherheitseinstellungen im Konfigurationsprogramm eines WLAN-Routers

Firewall

Um die Verbindung zum Internet etwas sicherer zu machen, ist in Mac OS X eine Firewall integriert. Bei der Firewall in Mac OS X 10.6 handelt es sich um eine so genannte »Application Firewall«, welche Netzwerk-Verbindungen zu Prozessen kontrolliert. Sie wird im Kontrollfeld »Sicherheit« auf der Seite »Firewall« mit einem Klick auf die Schaltfläche »Starten« aktiviert.

Unter »Weitere Optionen« können Sie Verbindungen zu einzelnen Programmen erlauben oder blockieren. Mit der Schaltfläche mit dem Plus-Symbol können Sie ein Programm in die Liste einfügen. Mit einem Menü, das sich öffnet, wenn Sie auf den rechten Teil des jeweiligen Eintrags in der Liste klicken, können Sie bestimmen, ob die Verbindung zu dem Programm blockiert oder erlaubt wird. In die Liste eingefügte Programme werden von Mac OS X signiert. Die Einstellung gilt also nur für die auf diesem Mac installierte Version des Programms. Ist die Option »Signierter Software automatisch erlauben, eingehende Verbindungen zu empfangen« aktiviert, brauchen Sie Programme, die vom Hersteller mit einem gültigen Zertifikat versehen wurden, nicht einzeln in die Liste einzufügen. Verbindungen zu den Diensten im Kontrollfeld »Freigaben« werden erlaubt, wenn der jeweilige Dienst aktiviert wird. Der aktivierte Dienst erscheint dann in den oberen Teil der Liste.

Ist die Option »Alle eingehenden Verbindungen blockieren« ausgewählt, ist selbst auf im Kontrollfeld »Freigaben« aktivierte Dienste kein Zugriff mehr möglich. Einzige Ausnahme sind Verbindungen zu drei Systemdiensten, die für die Anbindung an das Netzwerk notwendig sind.

Außerdem können Sie den »Tarn-Modus« aktivieren. Dann antwortet Ihr Mac nicht auf Ping-Anfragen, kann also im Netz nicht erkannt werden.

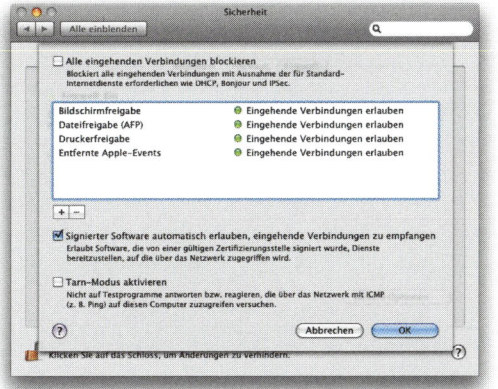

Die klassische Firewall »ipfw« ist weiterhin im System vorhanden, kann aber nur über die Shell konfiguriert werden. Diese arbeitet auf Basis der TCP- und UDP-Ports. Die verschiedenen Protokolle verwenden für die Übertragung von Daten aus dem Netz zum Rechner und vom Rechner in das Netz jeweils unterschiedliche Ports. Beispielsweise verwendet das HTTP-Protokoll den Port 80, SMTP verwendet Port 25, POP Port 110. Mit einer Firewall werden nur bestimmte Ports geöffnet.

Wenn Sie einen Router betreiben, können Sie auch die in den Router eingebaute Firewall benutzen.

176ff ◀
Internet

190ff ◀
Freigaben

257ff ◀
Shell

342ff ▶
Referenz,
Kontrollfeld
»Freigaben«

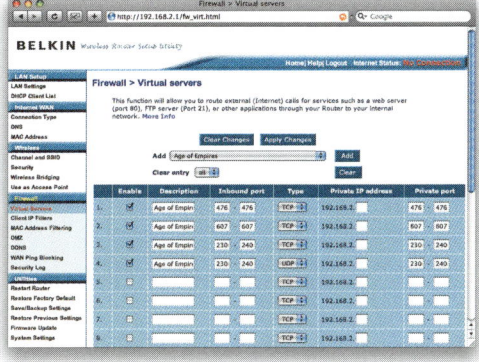

Firewall-Einstellungen im Konfigurationsprogramm eines DSL-Routers. Bei diesem Modell können Sie die verschiedensten Server-Dienste aus einem Menü auswählen oder die zu sperrenden Ports von Hand eintragen.

Schutzmaßnahmen gegen unbefugte Datenzugriffe **283**

Notaufnahme

Erste Hilfe bei Problemen

Wenn es am Mac zu Problemen kommt, können Sie diese meist ohne fremde Hilfe bewältigen. Dieses Kapitel zeigt einige ernsthaftere Probleme und ihre Lösungen auf.

◀ **278ff**
Systempflege für Ihren Mac

◀ **275**
Erste Hilfe, Symptome für ein defektes Dateisystem

◀ **179f**
Internetbrowser

Trotz der allgemein sehr geringen Störanfälligkeit kann es unter Mac OS X doch schon mal zu Problemen kommen. Viele Probleme lassen sich bereits im Vorfeld durch eine regelmäßige Pflege verhindern. Bitte lesen Sie hierzu das Kapitel »Vorsorgeuntersuchung« ab Seite 268.

Wenn es dann doch zu Problemen wie beispielsweise häufigen Abstürzen kommt, sind meist defekte Dateien schuld. Die meisten Probleme lassen sich jedoch relativ einfach lösen.

Als Ausgangspunkt für eine Fehlerbeseitigung hat Apple im Internet unter <http://www.apple.com/de/support/snowleopard/> eine Seite mit systematisch geordneten Links zu Leopard-Knowledgebase-Artikeln zusammengestellt. Artikel zu anderen Themen finden sich unter <**http://www.apple.com/de/support/**>. Die Knowledgebase stellt außerdem eine Suchfunktion bereit. Leider sind viele Artikel nur in englisch verfügbar. Ist eine deutsche Version verfügbar, wird diese automatisch aufgerufen oder Sie klicken auf den Link in der Liste links. Die deutschsprachigen Artikel sind jedoch oft in einer weniger aktuellen Version vorhanden als die englischsprachigen. Wenn Sie also der englischen Sprache mächtig sind, sollten Sie dem englischen Artikel den Vorzug geben.

Probleme eingrenzen

Wenn Sie ein Problem mit Mac OS X haben, sollten Sie zuerst versuchen, dieses einzugrenzen.

Liegt der Fehler ...
- **... im Dateisystem oder den Zugriffsrechten?** Zuallererst sollten Sie das Dateisystem und die Zugriffsrechte überprüfen. Die Vorgehensweise ist im Kapitel »Vorsorgeuntersuchung« beschrieben.
- **... beim Benutzer oder beim System?** Dann kann es hilfreich sein, herauszufinden, ob es sich um ein system- oder um ein benutzerbezogenes Problem handelt. Das können Sie leicht feststellen, indem Sie nachprüfen, ob das Problem auch bei einem anderen Benutzer auftritt. Falls kein weiterer Benutzer angelegt ist, legen Sie dafür einen neuen Benutzer an.
- **... an der Hardware?** Die mitgelieferte System-DVD jedes Macs enthält ein zusätzliches Volume mit dem Hardware-Test. Dieses Test-Volume enthält ein EFI-Modul mit Benutzeroberfläche, mit dem die Hardware des entsprechenden Macs auf Herz und Nieren überprüft werden kann. Zum Ausführen des Hardware-Tests wird der Mac bei eingelegter DVD mit gedrückter »D«-Taste gestartet. Aber auch wenn der Hardware-Test sehr umfassend ist, kann es trotzdem vorkommen, dass hier Fehler unentdeckt bleiben.

Sicherer Systemstart
Zum Eingrenzen und Beheben von Problemen kann auch der sichere Systemstart behilflich sein. Wenn Sie beim Starten die ⇧-Taste gedrückt halten, wird ein so genannter »Safe Boot« ausgeführt. Zum einen führt dieser einen kompletten Durchlauf von »fsck« durch, womit ein Problem mit dem Dateisystem ausgegrenzt werden kann. Zum anderen werden die Kernel-Caches ignoriert und nur die nötigsten Erweiterungen von Apple und keine von anderen Herstellern geladen. Damit kann ein Fehler auf die nicht geladenen Komponenten begrenzt werden. (Welche Komponenten das sind, können Sie im Systemprofiler nachsehen.) Eine eventuell problematische Erweiterung kann dann in einem beinahe vollwertigen System entfernt werden.

Fehlernummern
Manchmal werden in Fehlermeldungen keine erklärenden Texte ausgegeben, sondern lediglich Fehlercodes. Auf diesen Knowledgebase-Seiten werden die Fehlercode-Nummern mit kurzen Erklärungen aufgelistet. Unter Umständen hilft diese Information den Fehler einzugrenzen.
Fehler 1 bis 32767 <http://support.apple.com/kb/HT2088?viewlocale=de_DE>
Fehler -1 bis -261 <http://support.apple.com/kb/HT1618?viewlocale=de_DE>
Fehler -299 bis -5553 <http://support.apple.com/kb/HT2237>

287 ▶ fsck

57 ◀ Technik, Kernel-Extensions

328 ▶ Referenz, Systemprofiler

24 ◀ Technik, EFI-Module

Probleme beim Starten

◀ 275f
Erste Hilfe

▶ 369
Referenz, Kontrollfeld »Startvolume«

Mac startet nicht und zeigt einen blinkenden Systemordner
In diesem Falle findet der Mac kein startfähiges System. Das Problem ist in der Regel durch ein defektes Dateisystem bedingt und lässt sich mit einem Erste-Hilfe-Durchlauf von der Mac-OS-X-DVD lösen.

Blinkende Weltkugel vor dem Start
Wenn der Mac, bevor er mit dem eigentlichen Start beginnt, einige Zeit eine blinkende Weltkugel anzeigt, ist versehentlich der Netzwerk-Start im Kontrollfeld »Startvolume« ausgewählt worden. Zur Lösung dieses Problems öffnen Sie das Kontrollfeld und wählen das richtige Startvolume aus.

Unvollständiger Start
Wenn Mac OS X beim Starten stehen bleibt, ist wahrscheinlich ein defektes Dateisystem schuld. Symptome können z.B. sein, dass der Mac beim Start nicht vom blauen Bildschirm in das Anmeldefenster wechselt bzw. vom Anmeldefenster nicht in den Finder oder dass beim Start eine Kommandozeile angezeigt wird (»file system dirty, run fsck«) o.Ä. Dann können Sie versuchen, ob das Problem mit dem Programm »Erste Hilfe« beseitigt werden kann.

Falls das Problem damit nicht behoben ist, finden Sie unter <**http://support.apple.com/kb/TS1411?viewlocale=de_DE**> weitere Maßnahmen.

Benutzerordner scheint geleert zu sein
Nach dem Starten erscheint der Benutzerordner in jungfräulichem Zustand, alle Dokumentenordner scheinen geleert zu sein, das Dock ist in der Werkseinstellung etc. Dieses Symptom tritt auf, wenn der Benutzerordner nicht erkannt wird. Dass der Benutzerordner versehentlich umbenannt wurde, ist seit Mac OS X Leopard eigentlich nicht mehr möglich, da dieser nur von root geändert werden kann. Daher ist ein Fehler im Dateisystem wahrscheinlich. Ein Durchlauf von »Erste Hilfe« im Festplatten-Dienstprogramm kann das Problem eventuell beheben. Wenn das Problem in Verbindung mit FileVault auftritt, ist wahrscheinlich das Benutzerimage defekt. Auch dieses kann eventuell mit »Erste Hilfe« repariert werden. Dafür ziehen Sie das Image in die linke Spalte des Festplatten-Dienstprogramms, klicken es an und wählen unter »Erste Hilfe« die Schaltfläche »Volume reparieren«.

Benutzer lassen sich nicht mehr anmelden
Wenn das Anmeldefenster angezeigt wird, aber die Anmeldepasswörter der Benutzer nicht angenommen werden, ist wahrscheinlich die Datenbank der lokalen Benutzerverwaltung defekt. Dieses Problem kann mit »Kennwörter zurücksetzen« gelöst werden. Sollten hier aber die Benutzer nicht in der Liste erscheinen (bzw. das Zurücksetzen des Passworts erfolglos sein), hilft hier eigentlich nur noch eine Neuinstallation.

Kernelpanic-Meldung

Probleme im laufenden Betrieb

Abstürzende Programme

Wenn ein Programm häufig abstürzt, ist meist ein Fehler in der Programmdatei oder in den Voreinstellungen schuld.

Nach dem Absturz eines Programmes können Sie es mit der Schaltfläche »Erneut öffnen« im Meldungsfenster des Systems erneut starten. Sollte das Programm dann wieder abstürzen, können Sie es mit der Schaltfläche »Erneut versuchen« noch einmal neu starten. Dabei wird jedoch die Voreinstellungsdatei ignoriert.

Alternativ können Sie auch die Voreinstellungsdatei des Programms im Ordner »*Privat/Library/Preferences*« suchen und löschen. Die Datei trägt in der Regel den Namen des Programmpakets (z.B. »com.apple.textedit.plist« für »TextEdit«). Wenn das nicht hilft, ersetzen Sie die Programmdatei durch eine andere Kopie.

Wenn ein Programm einfach nicht mehr reagiert, können Sie es mit dem Befehl »Sofort beenden« aus dem Apple-Menü oder mit der Tastenkombination ⌘⌥esc-Taste zwangsweise beenden.

Der Fehler kann aber auch in einem der Caches liegen. Versuchen Sie diese zu löschen. Caches befinden sich im Ordner »*Privat/Library/Caches*«. Sie sind dort in Unterordner sortiert bzw. wie die Voreinstellungsdateien mit dem Namen des Programmpaketes bezeichnet (z.B. com.apple.preferencepanes.cache für die Applets der Systemeinstellungen).

Bestimmte Programme starten nicht

Wenn bestimmte Programme, meist Apple-Programme, nicht starten, kann es sein, dass Sie versehentlich eine Systemschrift (meist ist es die Helvetica) deaktiviert oder durch eine andere Version ersetzt haben.

Kernelpanic

Normalerweise wird Mac OS X von abstürzenden Programmen o.Ä. nicht in seiner Gesamtheit beeinträchtigt. Der Speicherschutz verhindert ein Übergreifen von Fehlern in einzelnen Elementen auf andere. Unter ganz besonderen Umständen kann es jedoch zu einer »Kernelpanic« kommen. Das System gibt noch eine letzte Meldung aus und bleibt endgültig stehen. Der Rechner lässt sich nur noch mit der Reset-Taste oder durch 5 Sekunden langes Drücken der Einschalttaste ausschalten.

Häufigste Ursache für Kernelpanics unter Mac OS X sind Hardware-Probleme: Ein defekter RAM-Baustein, eine AirPort-Karte, die sich gelockert hat oder ein defekter USB-Hub. Seltener wird eine Kernelpanic von einer defekten Kernel-Extension verursacht.

Bei einer Kernelpanic schreibt Mac OS X einen Prozessor-Statusbericht in das NVRAM der Firmware. Dieser Text wird dann beim Neustart in eine Datei »panic.log« im Ordner »/Library/Logs« geschrieben. Außerdem erscheint beim Neustart nach einer Kernelpanic eine Meldung, in der Sie diese Ausgabe zusammen mit weiteren Informationen – z.B. unter welchen Umständen der Fehler auftrat – an Apple senden können. Apple benutzt die Information dann, um diesen Fehler in einer der nächsten Versionen von Mac OS X zu beseitigen.

Für den normalen Anwender handelt es sich bei dem Statusbericht nur um kryptische Zahlenreihen. Trotzdem kann eventuell ein in diesem Text genannter Prozessname einen Anhaltspunkt liefern, wodurch der Fehler verursacht wurde.

51 ◄
Technik, Voreinstellungen

292 ◄
Referenz, Sofort beenden

Weitere Maßnahmen

◀ 35
Technik,
NVRAM

◀ 70
Technik,
Systemstart,
NVRAM

fsck im Single-User-Mode
Wenn Sie ein Problem mit dem Dateisystem vermuten, aber keine Mac-OS-X-DVD zur Hand haben, können Sie das UNIX-Dateisystem-Reparaturprogramm »fsck« aus dem »Single-User-Mode« ausführen. Um den Mac im »Single-User-Mode« zu starten, halten Sie beim Start des Rechners die Tasten ⌘S gedrückt. Statt des Startfensters erscheinen Textzeilen.

Am #-Prompt geben Sie den Befehl »fsck -fy« ein. Der Mac verwendet in diesem Stadium noch die US-Tastaturbelegung. Geben Sie deshalb auf der Tastatur »fsck Leerzeichen ßfz« ein. (Mit dem Parameter »-f« wird fsck auch auf Volumes mit Journal ausgeführt, durch den Parameter »-y« werden alle Fragen automatisch mit »yes« beantwortet.) Wenn die Meldung »***** FILE SYSTEM WAS MODIFIED *****« erscheint, wiederholen Sie die Eingabe des Befehls (mit der ↑-Taste). Erst wenn die Meldung »** The Volume *X* appears to be OK« erscheint, können Sie den Mac durch Eingabe des Befehls »reboot« neu starten.

◀ 35
Technik,
SMC

NVRAM
Eventuell sind aber auch einige der Einstellungen defekt, die im NVRAM (non volatiler Speicher) auf dem Mainboard gespeichert werden. Diese können gefahrlos zurückgesetzt werden.

Löschen Sie das NVRAM, indem Sie beim Einschalten die Tasten ⌘⌥PR gedrückt halten (PR steht eigentlich für das »Parameter-RAM« älterer Macs, die Tastenkombination wurde aber für die Intel-Macs beibehalten). Der Startgong ertönt dann erneut. Ist der Startgong zum dritten Mal erklungen, lassen Sie die Tasten los, und der Mac startet normal weiter. Eventuell startet der Mac jedoch nicht vom ausgewählten System. Dann müssen Sie im Kontrollfeld »Startvolume« wieder das richtige System auswählen.

Pufferbatterie
Wenn Ihr Mac nach jedem Start das Datum 01.01.1970 zeigt dann ist die Pufferbatterie des Uhrchips defekt. Sie sitzt auf der Hauptplatine und kann daher nur ausgewechselt werden, wenn das Gerät zerlegt wird.

SMC
Es kann vorkommen, dass sich der System-Management-Baustein auf dem Mainboard irgendwie »verschluckt« hat. Symptome sind z.B. Probleme, in den Ruhezustand zu gelangen oder wieder aufzuwachen, ein Bildschirm, der schwarz bleibt oder Lüfter, die zu schnell laufen. Sollten die Probleme durch einen Neustart nicht behoben sein, muss der SMC zurückgesetzt werden. Detaillierte Anleitungen zum Reset der SMC der verschiedenen Modelle finden Sie in der Intel-Sektion der Apple-Support-Seite.

Achten Sie zusätzlich darauf, dass Sie die aktuelle Version der SMC-Firmware für Ihren Computer installiert haben.

Viren, Würmer und anderes Ungeziefer

Mit dem Sicherheitssystem von Mac OS X ist die Gefahr, von einem Virus oder Wurm infiziert zu werden, äußerst gering. Die Anzahl der zum Zeitpunkt der Drucklegung dieses Buches bekannten Mac-OS-X-Viren beläuft sich auf zwei, wird aber sicher weiter steigen. Das System überprüft aus dem Internet heruntergeladene Disk-Images vor dem ersten Öffnen auf das Vorhandensein bekannter Schadprogramme. Virenscanner, die die Festplatte und Wechselplattenlaufwerke beim Einlegen sowie Downloads auf Viren hin überprüfen, können hier einen Beitrag zu Ihrer Sicherheit leisten. Die verwendeten Datenbanken müssen dafür regelmäßigen Updates unterzogen werden.

Informationen zu Viren finden Sie im Internet auf verschiedenen Viren-Informationsseiten oder beim Bundesamt für Sicherheit in der Informationstechnik <http://www.bsi.de>.

Makroviren

Ein ernsteres Problem stellen die Makroviren in Dokumenten der in der PC-Welt verbreiteten Programme Microsoft Word und Excel dar. Von diesen Makroviren gibt es Tausende, und jeden Tag kommen neue hinzu. Wenn Sie diese Programme nicht besitzen, brauchen Sie sich keine Sorgen zu machen. Sollten Sie aber mit Word oder Excel arbeiten und Dokumente dieser Programme von PCs oder aus dem Internet bekommen, sollten Sie einen kommerziellen Virenscanner benutzen und diesen regelmäßig einem Update unterziehen.

Auch E-Mail-Würmer sind auf der Microsoft-Makrosprache »VBS« aufgebaut. Die Zerstörungsroutinen dieser Viren können Mac OS X wahrscheinlich nichts anhaben – aufgrund der UNIX-Dateirechte und weil sich diese Schadroutinen auf spezielle Windows-Systemdateien beziehen. Die Weiterleitungsfunktion, mit der der Wurm an weitere Empfänger verschickt wird, funktioniert jedoch unter Umständen mit Entourage auch unter Mac OS X.

Damit Sie diese Viren schon am Namen erkennen, deaktiviert der Mac-OS-X-Finder bei doppelten Suffixen automatisch die Einstellung »Suffix ausblenden«. Der Makrovirus »I Love You.txt.vbs« erscheint im Finder also nicht harmlos als »I Love You.txt«.

205 ◀
Disk-Images

Trojanische Pferde

Trojanische Pferde (oft fälschlich als Trojaner bezeichnet) sind Programme, die sich in das System einnisten und private Informationen an Server im Internet senden. Wie bei den Viren handelt es sich auch hier weitestgehend um ein Windows-Problem.

Dialer

Auch Dialer sind nur unter Windows ein Problem. Sie bedienen sich spezieller Windows-System-Routinen, um eine – meist besonders teure – Modem-Verbindung einzurichten und aufzubauen. Für Mac OS X sind diese Windows-Dialer lediglich Textdateien, die Sie einfach in den Papierkorb legen können.

Phishing

Eine weitere Gefahr aus dem Netz stellt Phishing dar. E-Mails oder Internetseiten, die den Benutzer unter Vorwänden zur Eingabe von Kontodaten etc. auffordern. Dieses Problem betrifft den Mac-Benutzer genauso wie den Windows-Benutzer. Hier kann auch kein noch so ausgeklügeltes Sicherheitssystem helfen, hier hilft nur der gesunde Menschenverstand. Eine Bank oder oder eine wie Ebay o.ä. wird Sie niemals außerhalb ihrer geschützten Seiten zur Eingabe von geheimen Daten oder Passwörtern auffordern.

Referenz

292 Infrastruktur
Menübefehle und Einstellungen im Finder
293 Das Apple-Menü
295 Das Programm-Menü
296 Das Menü »Ablage«
298 Das Menü »Bearbeiten«
299 Das Menü »Darstellung«
300 Das Menü »Gehe zu«
301 Das Menü »Fenster«
301 Das Menü »Hilfe«
302 Einstellungen für den Finder
304 Darstellungsoptionen
306 Das Informationsfenster
309 Screenshots

310 Programme
Programme aus dem Ordner »Programme«
310 Adressbuch
311 Automator
311 Chess
312 Dashboard
312 Digitale Bilder
312 DVD-Player
312 Dienstprogramme
313 Front Row
313 iCal
313 iChat
314 iSync
314 iTunes
316 Lexikon
317 Mail
317 Notizzettel
317 Photo Booth
318 QuickTime Player
318 Rechner
319 Safari
319 Systemeinstellungen
319 Schriftsammlung
320 TextEdit
320 Time Machine
321 Vorschau

322 Kleine Helferlein
Programme aus dem Ordner »Dienstprogramme«
322 AirPort-Dienstprogramm
322 Aktivitätsanzeige
322 AppleScript-Editor
323 Audio-MIDI-Konfiguration
323 Bildschirmfoto
323 Boot Camp Assistent
323 ColorSync-Dienstprogramm
323 Bluetooth-Datenaustausch
324 DigitalColor-Farbmesser
324 Entfernte Mac OS X-Installation
324 Festplatten-Dienstprogramm
324 Exposé
325 Grapher
325 Java-Einstellungen
325 Konsole
326 Migrationsassistent
326 Netzwerk-Dienstprogramm
326 Podcast-Aufzeichnung
326 Schlüsselbundverwaltung
326 RAID-Dienstprogramm
328 Spaces
328 Systemprofiler
329 Terminal
329 VoiceOver-Dienstprogramm
329 X11

Anhang

330 Systemeinstellungen	**378 Jetzt übersichtlich**
Kontrollfelder in Mac OS X	**Anhang**
332 Bedienungshilfen	378 Tastaturbelegung
333 Benutzer	379 Tastenkürzel
335 Bluetooth	381 Die Ordnerstruktur des Dateisystems
336 CDs & DVDs	382 Was ist wo?
336 Datum & Uhrzeit	384 Ordnerlokalisierungen
337 Dock	385 Eine kleine Dateitypen-Auswahl
338 Drucken & Faxen	
339 Energie sparen	**386 Index**
340 Erscheinungsbild	
341 Exposé & Spaces	
342 Freigaben	
346 Kindersicherung	
348 Ink	
350 Maus	
350 MobileMe	
352 Monitore	
353 Netzwerk	
355 Weitere Optionen	
360 Schreibtisch & Bildschirmschoner	
362 Sicherheit	
364 Softwareaktualisierung	
365 Spotlight	
366 Sprache	
367 Sprache & Text	
369 Startvolume	
369 Tastatur	
371 Time Machine	
372 Ton	
373 Trackpad	

374 Farbauswahl
Die Farbwähler des Mac OS X

Infrastruktur

Menübefehle und Einstellungen im Finder

Der Finder erleichtert es dem Mac-OS-X-Anwender, durch tiefe Ordnerhierarchien zu navigieren. Er stellt alle Objekte und deren Beziehung zu anderen Objekten auf den Volumes anschaulich dar.

Der Finder ist eigentlich auch nur ein normales Mac-OS-X-Programm, er befindet sich im Ordner »/System/Library/Core Services«. Der Finder ist essenziell für das Mac OS. Er lässt sich nicht durch einen Menübefehl beenden. Sollte er aber einmal abstürzen (dies kann durchaus mal passieren, wie bei allen anderen Programmen), startet er automatisch wieder.

- Im **Apple-Menü** stehen einige Befehle so zur Auswahl, dass sie von jedem Programm aus geöffnet werden können.
- Mit den **Menübefehlen** des Finders können verschiedenste Manipulationen an den Objekten (an Ordnern und Volumes, aber auch an Programmen und Dokumenten) vorgenommen werden.
- In den **Voreinstellungen** werden die Optionen für das Verhalten des Finders eingestellt. Außerdem wird hier das Erscheinungsbild des Schreibtischs bestimmt.
- Im **Informationsfenster** werden detaillierte Informationen zu einem Objekt gezeigt.
- In den **Darstellungsoptionen** kann das Aussehen aller Fenster oder eines einzelnen Fensters modifiziert werden.

Das Apple-Menü

Das Apple-Menü steht, unabhängig von der individuellen Menüstruktur des Programms, in jedem Anwendungsprogramm als erstes Menü zur Verfügung. Es ist eigentlich zum größten Teil die Benutzeroberfläche des Programmes »Loginwindow«.

Über diesen Mac
Es wird ein Fenster geöffnet, in dem die Version des Mac OS X auf dem Computer angezeigt wird. Ein Mausklick in die Versionsnummer zeigt die Buildnummer und ein weiterer Mausklick die Seriennummer des Rechners an. Außerdem ist hier zu erkennen, wie viel Arbeitsspeicher und welcher Prozessortyp installiert ist. Die Schaltfläche »Weitere Informationen« startet den »System-Profiler«. Mit gedrückter ⌥-Taste kann der System-Profiler direkt aus dem Menü geöffnet werden.

Softwareaktualisierung
Startet das Programm »Softwareaktualisierung«, das dann auf Apples Software-Update-Server nach Updates sucht.

Mac OS X-Software ...
Im Standard-Internetbrowser wird die Seite <www.apple.com/de/downloads/> geöffnet.

70 ◄
Systemstart, Loginwindow

Systemeinstellungen ...
Das Programm »Systemeinstellungen« wird geöffnet. Mit diesem Programm haben Sie Zugriff auf alle Kontrollfelder, mit denen sich Mac OS X konfigurieren lässt.

330ff ►
Systemeinstellungen

Dock ►
In einem Untermenü können Einstellungen am Dock direkt vorgenommen werden.

116ff ◄
Praxis, Dock

- **Dock ausblenden** bzw. **Dock immer eingeblendet (⌘⌥D):** Das Dock wird ausgeblendet und erscheint erst, wenn der Mauszeiger an den Bildschirmrand bewegt wird, an dem sich das Dock befindet.
- **Vergrößerung einschalten:** Die Objekte im Dock, über die der Mauszeiger fährt, werden vergrößert angezeigt.
- **Links, Unten bzw. Rechts positionieren:** Mit einem der drei Menüpunkte bestimmen Sie die Position des Docks.
- **Systemeinstellung „Dock":** Das Kontrollfeld »Dock« in den Systemeinstellungen wird geöffnet.

337 ►
Kontrollfeld »Dock«

Menübefehle und Einstellungen im Finder **293**

◀ 16off
Praxis, Netzwerk einrichten

▶ 352ff
Kontrollfeld »Netzwerk«

▶ 339f
Kontrollfeld »Energie sparen«

Umgebung ▶
In diesem Untermenü – welches nur erscheint, wenn mehrere Umgebungen angelegt sind – kann zwischen den im Kontrollfeld »Netzwerk« angelegten Netzwerkumgebungen gewechselt werden. Die angelegten Umgebungen werden in dem Untermenü aufgelistet.

Mit »**Systemeinstellung „Netzwerk"**« wird das Kontrollfeld »Netzwerk« in den Systemeinstellungen geöffnet.

Benutzte Objekte ▶
In einem Untermenü (siehe die Abbildung auf der vorherigen Seite) werden die zuletzt benutzten Programme, Dokumente und Server aufgelistet. Mit dem Befehl »Einträge löschen« wird das Menü geleert.

▶ 322
Aktivitätsanzeige

Sofort beenden ... (⌘⌥esc)
In einem schwebenden Fenster werden die laufenden Programme aufgelistet. Mit der Schaltfläche »Sofort beenden« kann ein aus der Liste ausgewähltes Programm zwangsweise beendet werden (»**Kill**«-Befehl). Offene Dokumente können dann jedoch nicht mehr gesichert werden. Mit zusätzlich gedrückter ⌥-Taste wird das im Vordergrund befindlichen Programm sofort beendet.

◀ 120ff
Praxis, Mehrere Benutzer

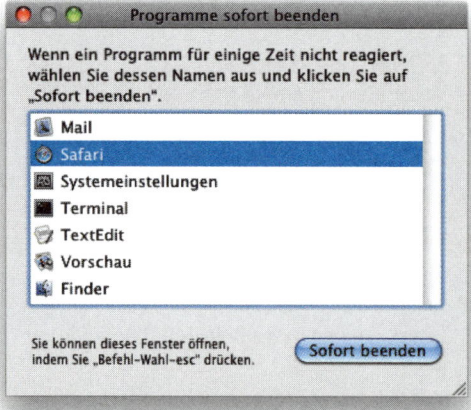

Ruhezustand (⌘⌥ DVD-Auswurftaste)
Der Mac wird in einen Energiesparmodus versetzt, in dem der Bildschirm und die Festplatte ausgeschaltet werden, der Inhalt des Arbeitsspeichers jedoch vollständig erhalten bleibt. Der Mac kann dann mit einem beliebigen Tastendruck wieder geweckt werden.

Neustart
Mit diesem Befehl wird der Mac ausgeschaltet und gleich wieder neu gestartet. Dafür werden automatisch alle offenen Programme beendet. Falls es noch ungesicherte Änderungen in einem Dokument gibt, wird der Vorgang erst fortgesetzt, wenn die Sicherheitsabfrage bestätigt wurde.

Ausschalten
Der Mac wird ausgeschaltet, nachdem alle Dokumente gesichert und alle Programme beendet wurden.

Alternativ können Sie auch die Ein-/Ausschalttaste bzw. die Tastenkombination »⌘ctrl CD-Auswurftaste« drücken und eine der Optionen »Ruhezustand«, »Neustart« oder »Ausschalten« wählen.

Benutzer **abmelden ... (⌘⇧Q)**
Nach einer Abfrage werden alle laufenden Programme inkl. dem Finder beendet, und das Anmeldefenster wird geöffnet. Mit gedrückter ⌥-Taste wird die Abfrage übergangen.

Das Programm-Menü

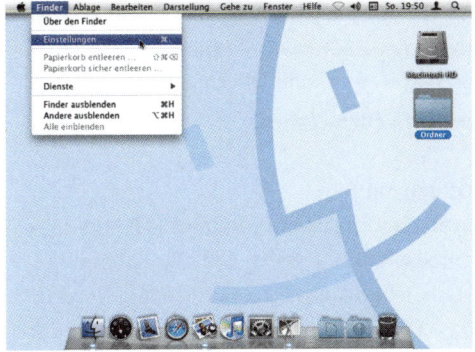

Das erste Menü ist das Programm-Menü. Es trägt den Namen des aktiven Programms. Der oberste Menüpunkt ist für die »About-Box« reserviert. Mit dem Befehl »Über Programm X« wird das Informationsfenster des aktiven Programms aufgerufen.

Über den Finder/Über *Programm X*
Öffnet ein Fenster, in dem kurze Infos über den Finder bzw. das aktuelle Programm angezeigt werden.

Einstellungen … (⌘,)
Es öffnet sich ein Kontrollfeld, in dem die Grundeinstellungen für den Finder (bzw. für das jeweils aktive Programm) vorgenommen werden können.

Papierkorb entleeren … (⌘⇧Rückschritt)
Nach einer Sicherheitsabfrage werden alle Objekte, die sich im Papierkorb befinden, gelöscht.
Bei gedrückter ⌥-Taste werden die Objekte im Papierkorb ohne Abfrage gelöscht.

Papierkorb sicher entleeren
Die Objekte im Papierkorb werden gelöscht und die verwendeten Blöcke auf der Festplatte mehrfach überschrieben.

Dienste
In einem Untermenü werden die verfügbaren Dienste aufgelistet.

Finder ausblenden (⌘H)/ *Programm X* ausblenden (⌘H)
Wenn die Fenster des aktiven Programms stören, kann das Programm mit diesem Befehl ausgeblendet werden. Alle seine Fenster werden dann unsichtbar. Auch die Fenster, die im Dock abgelegt sind, verschwinden. Das Programm ist nur noch über sein Symbol im Dock zu erreichen.
Alternativ kann auch mit gedrückter ⌥-Taste von einem in ein anderes Programm gewechselt werden. Das zuletzt aktive Programm wird dann ausgeblendet.

Andere ausblenden (⌘⇧H)
Alle anderen Programme werden ausgeblendet. Nur noch die Fenster des im Vordergrund befindlichen Programms sind sichtbar.

Alle einblenden
Die Fenster aller ausgeblendeten Programme werden wieder sichtbar.

210 ◀ Praxis, Dienste

151 ◀ Praxis, Ausblenden

302 ▶ Einstellungen für den Finder

281 ◀ Praxis, Sicherheit, Sicheres Löschen

Das Menü »Ablage«

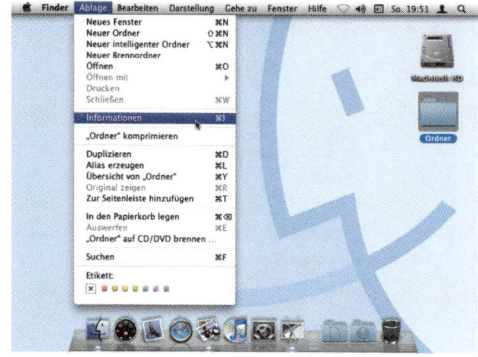

◀ 114f
Praxis,
Dokument
einem
Programm
zuteilen

◀ 224ff
Praxis,
Drucken

◀ 147
Praxis, Intelligente Ordner

◀ 268
Praxis,
CD/DVD
brennen

Neues Fenster (⌘N)
Es wird ein neues Fenster geöffnet. Je nach Einstellung in den Finder-Voreinstellungen zeigt es die oberste Ebene der Gesamthierarchie oder die oberste Ebene des privaten Ordners.

Neuer Ordner (⌘⇧N)
Mit diesem Befehl wird im aktiven Fenster ein neuer Ordner mit dem Namen »Neuer Ordner« angelegt. Der Dateiname ist aktiviert. Sie können also direkt einen neuen Namen eingeben.

Neuer intelligenter Ordner (⌘⌥N)
Das Such-Fenster wird zum Anlegen eines intelligenten Ordners geöffnet.

Neuer Brennordner
Im aktivierten Fenster wird ein Brennordner angelegt.

Öffnen (⌘O)
Alle aktivierten Objekte werden geöffnet. Ordner öffnen ein Fenster, Programme werden gestartet und Dokumente werden vom zugehörigen Programm geöffnet. Dieser Befehl entspricht dem Doppelklick auf ein Objekt. Mit gedrückter ctrl-Taste wird der Befehl – je nachdem, ob die Symbolleiste ein- oder aus-

geblendet ist – zu »**In diesem Fenster öffnen**« bzw. »**In neuem Fenster öffnen**«. Mit ⌥-Taste erscheint der Befehl »**In neuem Fenster öffnen und schließen**« (⌘⌥O).

Öffnen mit ▶
In einem Untermenü werden alle Programme aufgelistet, die das aktivierte Objekt öffnen können. Die Auswahl eines Programmes öffnet das Objekt in diesem Programm. Mit gedrückter ⌥-Taste heißt der Befehl »**Immer öffnen mit**«. Das Objekt wird zusätzlich dem ausgewählten Programm zugeteilt, sodass es später per Doppelklick mit diesem Programm geöffnet werden kann.

Drucken
Das ausgewählte Dokument wird mit dem Standard-Drucker gedruckt.

Schließen (⌘W)
Das aktive Fenster wird geschlossen. Alternativ kann auch das Schließfeld eines Fensters angeklickt werden. Mit gedrückter ⌥-Taste schließt dieser Befehl »**Alle schließen**« alle geöffneten Finder-Fenster – nicht nur das aktive. (Das **W** kommt vom englischen Befehlsnamen »Close **W**indow«.)

Informationen (⌘I)
Für die aktivierten Objekte wird je ein Fenster geöffnet, in dem detaillierte Informationen zu dem Objekt gezeigt werden. Innerhalb dieses Fensters können über die kleinen Dreiecke weitere Informationen eingeblendet werden. Mit gedrückter ctrl-Taste wird die »**Zusammengefasste Info**« für alle markierten Objekte geöffnet. Mit dem Befehl »**Informationen einblenden**« bei gedrückter ⌥-Taste wird ein schwebendes Fenster geöffnet, das die Informationen

zum jeweils aktuell markierten Objekt bzw. die zusammengefasste Information bei mehreren markierten Objekten enthält (auf Englisch der »Inspector«). Weiteres dazu ab Seite 306.

(306ff ▶ Informationsfenster)

„X" komprimieren
Von den markierten Objekten wird ein ZIP-Archiv erzeugt.

Duplizieren (⌘D)
Die aktivierten Objekte bzw. Ordner werden mit ihrem gesamten Inhalt dupliziert. Die Duplikate erhalten im Namen den Zusatz »Kopie«. Alternativ können Objekte mit gedrückter ⌥-Taste bewegt werden. Werden die Objekte aus dem Ordner des Originals hinausbewegt, erhält der Name keinen Zusatz.

Alias erzeugen (⌘L)
Von den aktivierten Objekten werden Aliase erzeugt. Diese werden mit dem Namenszusatz »Alias« versehen. Alternativ können auch Objekte mit den gedrückten **Tasten ⌘** und ⌥ bewegt werden. Werden die Objekte in einen anderen Ordner bewegt als das Original, wird an den Namen kein Zusatz angehängt.

Übersicht von „X" (⌘Y)
Das Übersichtsfenster wird geöffnet und eine Vorschau der markierten Objekte darin angezeigt. Mit gedrückter ⌥-Taste wird die Diaschau geöffnet.

Original zeigen (⌘R)
Wenn ein Alias aktiviert ist, wird das Fenster geöffnet, das den Ordner zeigt, in dem sich das Original zum Alias befindet.

Bei einem geöffneten Suchfenster heißt der Befehl **»Übergeordneten Ordner öffnen«**.

Zur Seitenleiste hinzufügen (⌘T)
Das markierte Objekt wird in den unteren Teil der Seitenleiste eingefügt. Mit gedrückter ⇧-Taste heißt der Befehl **»Zum Dock hinzufügen«** Mit gedrückter ctrl-Taste legt der Befehl **»Als Favorit sichern«** ein Alias des Objekts in den Ordner »*Privat*/Library/Favoriten«.

In den Papierkorb legen (⌘Rückschritt)
Aktivierte Objekte werden in den Papierkorb bewegt.

„X" auswerfen (⌘E)
Ein aktiviertes Wechselvolume wird ausgeworfen und alle seine Fenster werden vom Schreibtisch und aus dem Dock entfernt. Alternativ kann das Volume auch auf den Papierkorb gezogen werden.

„X" auf CD/DVD brennen …
Wenn eine leere CD-R, CD-RW oder DVD-R/RW eingelegt ist, werden die vorbereiteten Daten auf den Rohling gebrannt.

Suchen … (⌘F)
Mit diesem Befehl wird das Such-Fenster geöffnet. Mit gedrückter ⇧-Taste wird der Befehl zu **»Nach Name suchen …«**, im Such-Fenster wird das Kriterium »Name« aufgerufen.

Etikett:
Im Bereich unterhalb dieses Befehlsnamens kann eines von 8 Etiketten für das ausgewählte Objekt bestimmt werden. Die Objektnamen werden dann zum besseren Erkennen in der gewählten Farbe eingefärbt.

116ff ◀
Praxis, Dock

205 ◀
Praxis, ZIP-Archiv

95 ◀
Praxis, Volumes

268 ◀
Praxis, CD/DVD brennen

142ff ◀
Praxis, Dateien finden

112f ◀
Praxis, QuickLook

154 ◀
Praxis, Etiketten verwenden

100 ◀
Praxis, Alias

Das Menü »Bearbeiten«

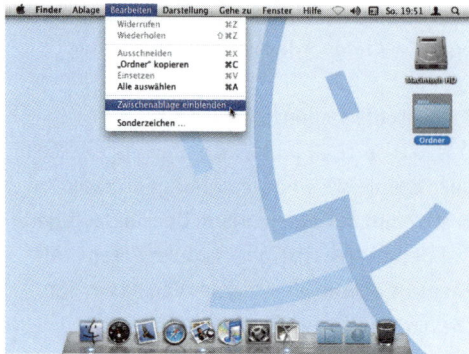

Letzten Befehl widerrufen (⌘Z)
Mit diesem Befehl kann der letzte Befehl widerrufen werden. Die Art des letzten Befehls wird im Menübefehl angezeigt. Mit »Wiederholen« kann das Widerrufen wiederum rückgängig gemacht werden.

Ausschneiden (⌘X)
Der markierte Text im Objektnamen wird aus dem Objektnamen ausgeschnitten und in die Zwischenablage bewegt.

◀ 209
Praxis, Zwischenablage

Kopieren (⌘C)
Der markierte Objektname wird in die Zwischenablage kopiert. Wenn Objekte aktiviert wurden, werden die Objektnamen und Informationen zu den Objekten in die Zwischenablage gelegt. Die Objekte können dann mit dem Befehl »X Objekte einsetzen« in einen anderen

◀ 238
Praxis, Zeichenpalette

Ordner kopiert werden. Alternativ können die Objektnamen als Text mit Zeilenumbrüchen in einem Textprogramm eingesetzt werden. So lassen sich bequem Objektlisten erstellen.

Einsetzen (⌘V)
Der Inhalt der Zwischenablage wird an der Position des Textcursors oder anstelle des markierten Textes eingesetzt. Wenn Objekte in die Zwischenablage kopiert wurden, heißt der Befehl »x Objekte einsetzen«. Die Objekte werden an die gewünschte Stelle kopiert.

Alles auswählen (⌘A)
Mit diesem Befehl werden alle Objekte im aktiven Fenster aktiviert. Wenn sich der Textcursor in einem Objektnamen befindet, wird der ganze Name markiert. Mit dem Befehl **»Auswahl aufheben«**, der mit ⌥-Taste erscheint, wird die Aktivierung der Objekte aufgehoben.

Zwischenablage einblenden
Mit diesem Befehl wird ein Fenster geöffnet, das den Inhalt der Zwischenablage zeigt. In der Infozeile dieses Fensters ist die Art des Inhalts vermerkt. Die Texte oder Grafiken, die sich in der Zwischenablage befinden, können in jedem Programm genutzt werden.

Sonderzeichen …
Die Zeichenpalette wird geöffnet.

Das Menü »Darstellung«

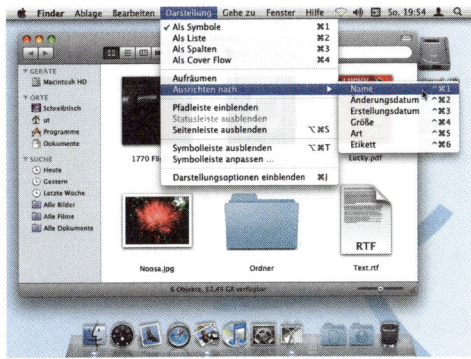

Als Spalte (⌘1), Als Symbole (⌘2), Als Liste (⌘3), Als Cover Flow (⌘4)

Im ersten Teil gibt es vier Menüpunkte, mit denen Sie zwischen der Spalten-, der Symbol- oder der Listendarstellung sowie Cover Flow für die Darstellung der Objekte im aktiven Fenster auswählen können.

Aufräumen/Auswahl aufräumen

Mit diesem Befehl werden die Objekte im Fenster an einem Raster ausgerichtet. Lange Dateinamen überschneiden sich dann nicht mehr. Mit gedrückter ⌥-Taste werden alle Objekte aufgeräumt.

Ausrichten nach ▶

In der Symboldarstellung sortieren sich die Objekte im Fenster so nach Namen geordnet, dass die Breite des Fensters ausgenutzt wird und die Dateinamen sich nicht überschneiden. Mit »Immer ausrichten nach« bei gedrückter ⌥-Taste (oder wenn in den Darstellungsoptionen eine Einstellung vorgenommen wurde) wird die Ausrichtung gespeichert und auch neu hinzugefügte Objekte werden automatisch nach dem gewünschten Kriterium einsortiert.

Symbolleiste einblenden (⌘B)

Die Symbol- und die Seitenleiste werden ein- bzw. ausgeblendet. Alternativ kann auch die Schaltfläche an der rechten Seite der Titelzeile des Fensters verwendet werden.

Symbolleiste anpassen …

Im Fenster erscheinen Objekte, die in die Symbolleiste eingefügt werden können. Die Änderungen gelten für alle Fenster, bei denen die Symbolleiste eingeblendet ist.

Pfadleiste einblenden

Im unteren Teil des Fensters wird eine Leiste eingeblendet, in der die Hierarchie, in der sich das Objekt befindet, dargestellt wird.

Statusanzeige einblenden

Unter der Titelleiste des Fensters wird eine Zeile eingeblendet, in der verschiedene Informationen wie die Anzahl der Objekte im gewählten Ordner, die Anzahl markierter Objekte und der freie Speicherplatz auf dem Volume angezeigt werden. Bei eingeblendeter Seitenleiste ist die Pfadleiste immer eingeblendet.

Seitenleiste ausblenden

Bei einem Fenster mit eingeblendeter Symbolleiste kann mit diesem Befehl die Seitenleiste ausgeblendet werden.

Darstellungsoptionen einblenden

Es öffnet sich ein Kontrollfeld, in dem Einstellungen für die Darstellung des Inhalts im aktiven Fenster und auch für alle Fenster vorgenommen werden können. Mehr zu den Darstellungsoptionen auf Seite 304.

(302 ▶ Darstellungsoptionen)

103ff ◀
Praxis, Darstellungen in den Fenstern

109ff ◀
Praxis, Ein-Fenster-Betrieb

134ff ◀
Praxis, Ordnerhierarchie

Das Menü »Gehe zu«

◀ 134ff
Praxis,
Durch
Ordner-
hierarchien
navigieren

◀ 192
Praxis, Server
im Ordner
»Netzwerk«

◀ 204
Praxis, iDisk

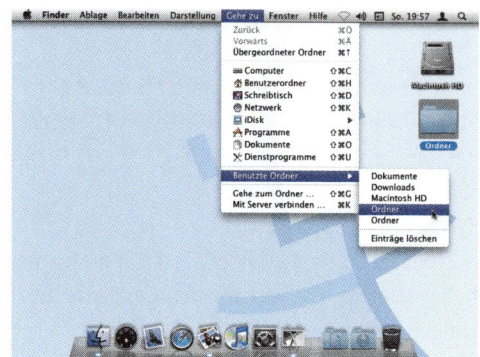

In diesem Menü kann direkt in bestimmte Ordner des Finders gewechselt werden.

Zurück (⌘Ö), Weiter (⌘Ä)
Innerhalb des Fensters kann zwischen den zuletzt besuchten Ordnern geblättert werden.

Übergeordneter Ordner (⌘↑)
Wechselt eine Hierarchiestufe höher. Mit gedrückter ctrl-Taste wird der übergeordnete Ordner – je nachdem, ob die Symbolleiste eingeblendet ist oder nicht – in einem neuen Fenster bzw. im selben Fenster geöffnet.

Computer (⌘⇧C)
Die oberste Hierarchieebene wird geöffnet. Hier werden alle verfügbaren Volumes sowie der Ordner »Netzwerk« angezeigt.

Benutzerordner (⌘⇧H)
Die oberste Ebene des privaten Ordners des jeweiligen angemeldeten Benutzers im Ordner »Benutzer« wird geöffnet. (Das »H« steht für Home, die englische Bezeichnung für dieses Verzeichnis.)

◀ 193
Praxis, Mit
Server verbinden

Schreibtisch (⌘⇧D)
Die Objekte auf dem Schreibtisch werden in einem Fenster angezeigt.

Netzwerk (⌘⇧K)
Der Ordner »Netzwerk«, in dem verfügbare AppleShare- und SMB-Server angezeigt werden, wird geöffnet.

iDisk ▶
Wenn Sie eine iDisk angelegt haben, wird diese mit (⌘⇧I) geöffnet. Die iDisks anderer Benutzer können mit den weiteren Befehlen im Untermenü gemountet werden.

Programme (⌘⇧A), Dienstprogramme (⌘⇧U)
Der Ordner »Programme« bzw. »/Programme/Dienstprogramme« des Startvolumes wird geöffnet.

Dokumente (⌘⇧O)
Der private Dokumenten-Ordner wird geöffnet.

Benutzte Ordner ▶
In einem Untermenü werden die zuletzt besuchten Ordner aufgelistet. Der Befehl »Einträge löschen« leert das Menü.

Gehe zum Ordner ... (⌘⇧G)
Ein Fenster wird geöffnet, in dem Sie einen absoluten oder relativen Pfad zu einem Ordner eingeben können. Hierarchiestufen werden dabei mit dem Schrägstrich (/) getrennt. Hiermit können auch die unsichtbaren BSD-Ordner im Finder geöffnet werden (z.B. /usr/bin).

Mit Server verbinden ... (⌘K)
In einem Fenster können Sie die Adresse eines Freigabe-Servers eingeben.

Das Menü »Fenster«

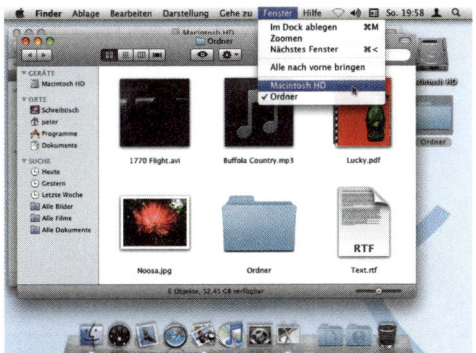

Das Fenster-Menü erscheint in jedem Programm. Unterhalb der beiden Befehle werden alle in diesem Programm geöffneten Fenster angezeigt. Das aktive Fenster ist mit einem Häkchen markiert, Fenster, die im Dock verkleinert sind, mit einer Raute.

Im Dock ablegen (⌘M)
Das aktive Fenster wird in das Dock gesaugt. Wenn zusätzlich die ⌥-Taste gedrückt wird, werden alle Fenster in das Dock gesaugt.

116ff ◄
Praxis, Dock

Zoomen
Entspricht der Funktion der grünen Schaltfläche ⊕: Das Fenster wird in der Größe so verändert, dass alle Objekte sichtbar sind. Mit ⌥-Taste werden alle Fenster gezoomt.

102 ◄
Praxis, Fenstergröße optimieren

Nächstes Fenster (⌘<)
Wechselt zwischen den Fenstern.

Alle nach vorne bringen
Legt alle Fenster dieses Programms vor die Fenster der anderen Programme.

Das Menü »Hilfe«

158ff ◄
Praxis, Hilfe

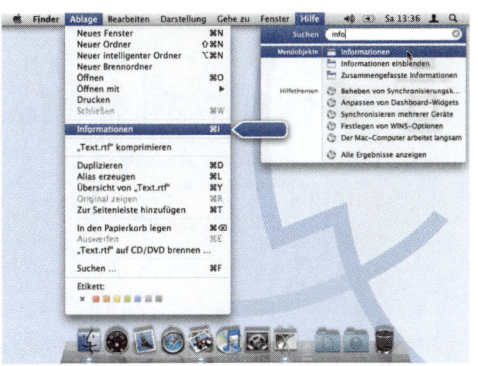

Im oberen Teil des Menüs kann ein Suchtext eingegeben werden. Die Ergebnisse werden darunter im Menü aufgelistet.

Lassen Sie die Maus auf einem Ergebnis unter »Menüobjekte« verweilen, wird der entsprechende Menübefehl mit einem Pfeil gezeigt. Ein Klick führt den Menübefehl aus.

Ein Klick auf ein Ergebnis unter »Hilfethemen« öffnet die entsprechende Seite im »Help-Viewer«.

Menübefehle und Einstellungen im Finder **301**

Einstellungen für den Finder

Mit dem Befehl »Einstellungen« (⌘,) im Programm-Menü des Finders wird ein Dialog geöffnet, in dem Voreinstellungen definiert werden können.

Allgemein
- **Diese Objekte auf dem Schreibtisch zeigen:** Wenn die Option aktiviert ist, werden Volumes des jeweiligen Typs zusätzlich zur Anzeige im Fenster »Computer« (⌘⇧C) auch auf der rechten Seite des Schreibtischs angezeigt.
- **Neues Fenster in Finder zeigt:** Wenn mit dem Befehl »Neues Fenster« (⌘N) ein neues Fenster geöffnet wird, zeigt dieses das hier eingestellte Objekt.

◂ 109ff
Praxis, Symbol- und Seitenleiste

- **Ordner immer in neuem Fenster öffnen:** Auch wenn die Symbol- und Seitenleiste aktiviert ist, wird ein Ordner per Doppelklick in einem neuen Fenster geöffnet.

◂ 138f
Praxis, Aufspringende Ordner

- **Aufspringende Ordner:** Hier kann die Verzögerung eingestellt werden, nach der die aufspringenden Ordner sich selbsttätig öffnen.

◂ 154
Praxis, Etiketten verwenden

Etiketten
Hier können die Namen der Etiketten geändert werden.

Seitenleiste

Auf dieser Seite werden die Objekte bestimmt, die standardmäßig in der Seitenleiste angezeigt werden.

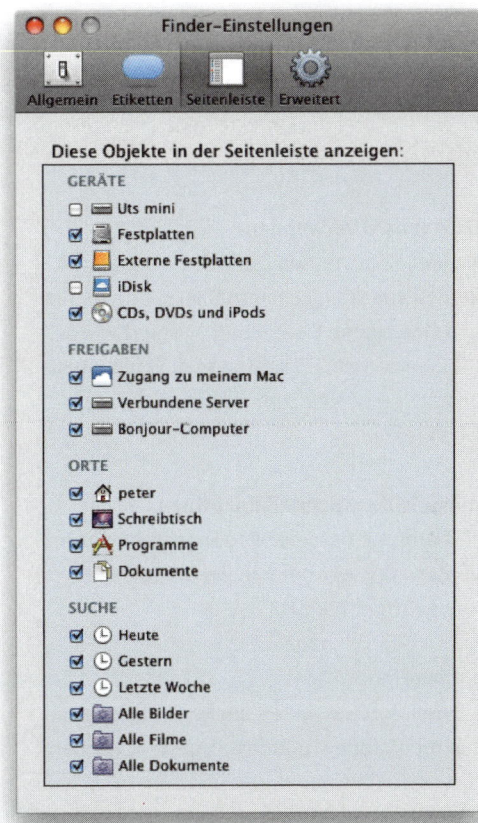

109 ◂
Praxis,
Seitenleiste

Erweitert

- **Alle Dateinamenssuffixe einblenden:** Suffixe werden auch bei aktivierter Option »Suffix ausblenden« im Info-Fenster angezeigt.
- **Vor dem Ändern eines Suffixes nachfragen:** Hier kann die Warnmeldung ausgeschaltet werden, die kommt, wenn das Suffix einer Datei geändert wird.
- **Vor dem Entleeren des Papierkorbs warnen:** Ist diese Option deaktiviert, wird der Papierkorb ohne Abfrage entleert.
- **Papierkorb sicher entleeren:** Beim Entleeren des Papierkorbs werden die gelöschten Dateien überschrieben.
- **Bei Suchvorgängen:** Hier bestimmen Sie den voreingestellten Ort im Suchfenster.

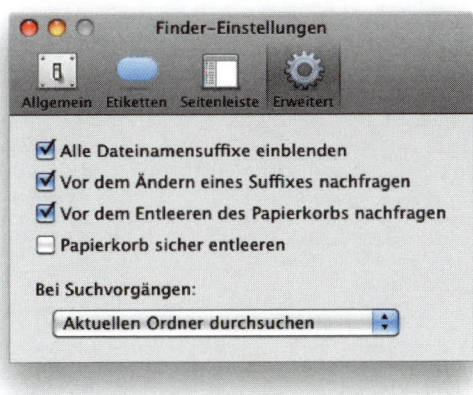

216 ◂
Praxis,
Suffixe

281 ◂
Praxis,
Sicherheit,
Papierkorb
sicher entleeren

144ff ◂
Praxis,
Dateien finden

Menübefehle und Einstellungen im Finder **303**

◀ 103ff
Praxis, Darstellungen in den Finder-Fenstern

Darstellungsoptionen

Im Fenster »Darstellungsoptionen einblenden« (⌘J) aus dem Menü »Darstellung« lässt sich die Darstellung der Objekte in den Fenstern für jedes Fenster einzeln verändern.

Als Standard verwenden
Die hier eingestellten Darstellungsoptionen werden von allen Fenstern übernommen, für die keine eigene Einstellung definiert wurde. Mit gedrückter ⌥-Taste kann die individuelle Einstellung wieder zum Standard zurückgesetzt werden.

◀ 113
Praxis, Symbolvorschau

Immer in der Xdarstellung öffnen
Hier kann für das jeweilige Fenster bestimmt werden, dass es immer in der aktuellen Darstellung geöffnet wird.

Symbole
- **Symbolgröße:** Mit einem Regler kann die Symbolgröße stufenlos eingestellt werden.
- **Gitterabstand:** Mit einem Regler kann der Abstand zwischen den Symbolen eingestellt werden.
- **Textgröße:** Hier kann die Schriftgröße der Objektnamen bestimmt werden.
- **Bezeichnung steht:** Der Objektname kann unter oder rechts von dem Objekt angezeigt werden.
- **Objektinfos einblenden:** Unter dem Objektnamen werden zusätzliche Infos wie Anzahl der Objekte in einem Ordner, Bildgröße oder bei Film- oder Tondateien die Laufzeit angezeigt.
- **Symbolvorschau einblenden:** Statt des Symbols wird der Dateiinhalt angezeigt.
- **Ausrichten nach:** In einem Aufklappmenü können Sie ein Kriterium aussuchen, nach dem die Objekte im Fenster angeordnet werden sollen. Bei der Einstellung **»Ohne«** werden die Objekte nicht ausgerichtet. In der Einstellung **»Am Raster ausrichten«** werden

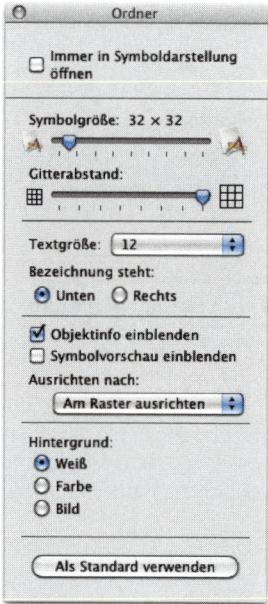
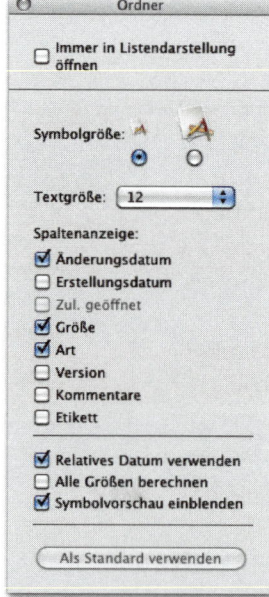
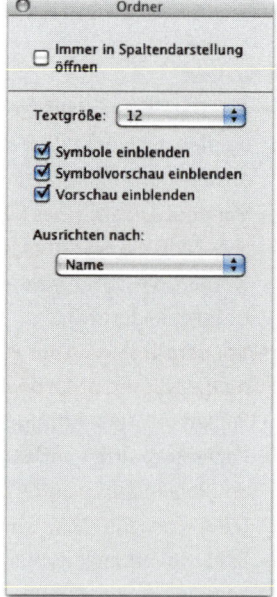

die Objekte so ausgerichtet, dass sie in einer Linie neben- bzw. untereinander angeordnet sind. Ist einer der Punkte im unteren Teil des Menüs ausgewählt, werden die Objekte immer so angeordnet, dass sie die Breite des Fensters einnehmen. Neue Objekte werden automatisch an die richtige Stelle eingeordnet.

- **Hintergrund:** Ist die Option **»Farbe:«** angekreuzt, können Sie mittels eines Klicks auf das Farbfeld den Farbregler aufrufen und eine Farbe bestimmen. Mit der Option **»Bild:«** können Sie mit der Schaltfläche ein beliebiges Bild auf Ihrer Festplatte aussuchen, das dann als Hintergrund im Fenster erscheint.

Liste und Cover Flow

- **Symbolgröße:** Für die Listendarstellung kann zwischen zwei Symbolgrößen ausgewählt werden.
- **Textgröße:** Hier kann die Schriftgröße der Objektnamen bestimmt werden.

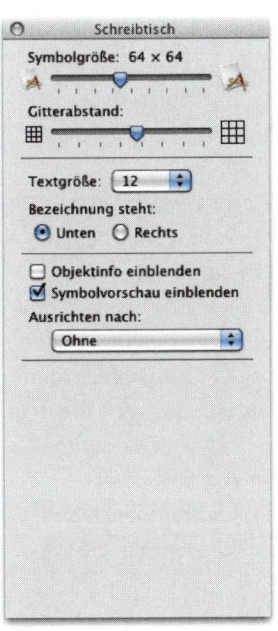

- **Spaltenanzeige:** Hier können die einzelnen Spalten für die Listenansicht aktiviert werden. Lediglich die Spalte »Name« ist immer vorhanden. Wenn keine Einstellungen vorgenommen wurden, sind die Spalten »Änderungsdatum«, »Größe« und »Art« aktiviert.
- **Relatives Datum verwenden:** Das heutige Datum wird als »Heute« und das gestrige Datum als »Gestern« angezeigt.
- **Alle Größen berechnen**: In der Spalte »Größe« wird die Größe des gesamten Inhalts eines Ordners angezeigt.
- **Symbolvorschau einblenden:** Der Dateiinhalt wird statt des Symbols angezeigt.

Spalten

- **Textgröße:** Hier kann die Schriftgröße der Objektnamen bestimmt werden.
- **Symbole einblenden:** Ist diese Option deaktiviert, werden lediglich die Objektnamen angezeigt.
- **Vorschau einblenden:** Wenn diese Option deaktiviert ist, wird die Vorschau-Spalte bei einem Klick auf ein Objekt nicht geöffnet.
- **Ausrichten nach:** In einem Menü kann bestimmt werden, nach welchem Kriterium die Objekte in den Spalten sortiert werden.

Das Informationsfenster

Das Informationsfenster zeigt detaillierte Informationen über Objekte im Finder. In Mac OS X 10.5 gibt es zwei Formen des Informationsfensters. Der Befehl **»Informationen«** (⌘I) aus dem Menü »Ablage« öffnet ein Fenster, das Informationen zu den bei Befehlsaufruf im Finder ausgewählten Objekten enthält. Zu jedem Objekt wird einzelnes Informationsfenster geöffnet. Mit gedrückter ctrl-Taste werden **»Zusammengefasste Informationen«** (⌘ctrl I) aufgerufen. Hier werden gemeinsame Informationen zu allen beim Aufrufen des Befehls markierten Objekten angezeigt.

◂ 155
Praxis, Symbole ändern

Mit gedrückter ⌥-Taste heißt der Befehl **»Informationen einblenden«** (⌘⌥I). Hier wird ein schwebendes Fenster geöffnet, das wechselnd die Informationen zu den aktuell im Finder markierten Objekten enthält. (Im Englischen heißt dieses Fenster »Inspector«.)

Über die kleinen Dreiecke können Sie verschiedene Bereiche mit unterschiedlichen Informationsarten einblenden.

- **Symbol:** Das Symbol kann per Copy&Paste durch ein anderes ersetzt werden.

Spotlight-Kommentar

In das Feld »Spotlight-Kommentar« lässt sich ein beliebiger Text eintragen. Dieser wird dann in der Listenansicht in der Spalte »Kommentar« – sofern aktiviert – angezeigt. Den Kommentar speichert der Finder – ebenso wie die Fenstergröße und die Positionen der Symbole etc. – in der Datei ».DS_Store« des Ordners, in dem sich das Objekt befindet.

Allgemein

Unter »Allgemein« werden alle verfügbaren Informationen zu einem Objekt angezeigt.

- **Art:** Hier lässt sich erkennen, um welche Art von Objekt es sich handelt.
- **Größe:** zeigt zwei Werte. Der erste entspricht dem Wert in der Listendarstellung des Finders. Dies ist der Festplattenplatz, den das Objekt verbraucht – ein Vielfaches der Größe eines Zuteilungsblocks. Der zweite Wert in Klammern ist die tatsächliche Größe. Wenn das Objekt ein Ordner ist oder wenn mehrere Objekte markiert sind, wird die Gesamtgröße aller enthaltenen Objekte berechnet.
- **Ort:** Der Ort wird als Pfad zu einem Objekt gezeigt. Die Schrägstriche trennen die Hierarchiestufen.

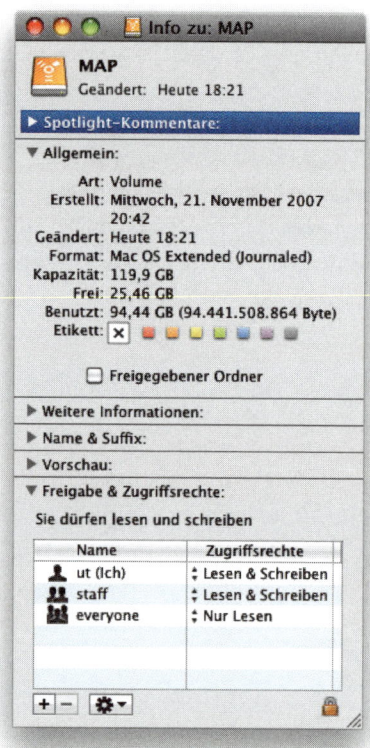

Info-Fenster für ein Volume

- **Erstellt** und **Geändert:** zeigen das Erstellungsdatum und das Datum der letzten Änderung.

- **Format:** zeigt bei Volumes an, in welchem Dateisystem das Volume formatiert wurde.
- **Kapazität:** zeigt bei Volumes die Größe des Volumes an.
- **Frei:** zeigt bei Volumes den freien Speicherplatz an.
- **Benutzt:** zeigt bei einem Volume die Größe des insgesamt belegten Speicherplatzes an. Dabei werden wie bei »Größe« zwei Werte angegeben (belegter Festplattenspeicher, Summe der Größe aller Objekte).
- **Version:** Unter »Version« finden Sie den langen Versions-String, der neben der Versionsnummer ergänzende Informationen enthält.
- **Original:** zeigt bei einem Alias den Ort, an dem sich das Original befindet, als Pfad an.
- **Original neu zuweisen …:** stellt bei einem Alias eine neue Verbindung zu einer Originaldatei her.

100 ◄
Praxis, Alias

Info-Fenster für eine Bilddatei

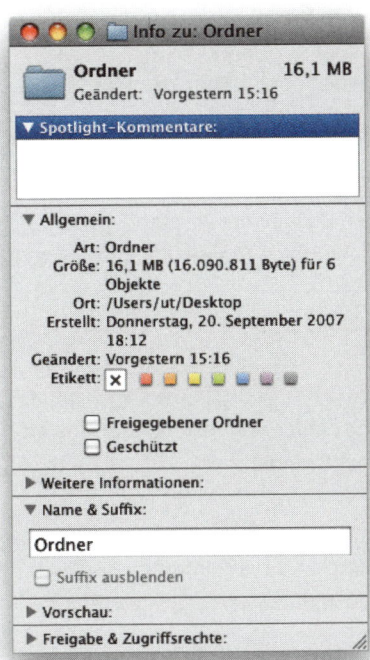

Info-Fenster für einen Ordner

Menübefehle und Einstellungen im Finder

◀ 99
Praxis, Formularblock

◀ 113
Praxis, QuickLook Symbolvorschau

◀ 44
Technik, Rosetta

◀ 131ff
Praxis, Dateirechte

- **Formularblock:** Bei einem Doppelklick auf einen Formularblock legt der Finder eine Kopie des Objektes an und öffnet diese in dem zugeteilten Programm. Das Original bleibt unverändert.
- **Mithilfe von Rosetta öffnen:** Diese Option ist bei Universal-Programmen verfügbar. Bei aktivierter Option wird der PowerPC-Code eines Programms unter Rosetta ausgeführt.
- **Im 32-bit-Modus öffnen:** Bei aktivierter Option wird der 32-Code des Programms ausgeführt.
- **Geschützt:** Wird das Feld »Geschützt« angekreuzt, kann das Objekt nicht verändert oder gelöscht werden.
- **Codierung:** Wenn das Objekt ein HFS-Volume ist, kann hier die Textcodierung für die Dateinamen eingestellt werden.

◀ 143
Praxis, Spotlight und die Metadaten

Weitere Informationen
Unter »Weitere Informationen« werden die vielfältigen, von Spotlight erfassten Metainformationen der jeweiligen Datei angezeigt.

Name und Suffix
In einem Textfeld wird der vollständige Name des Objekts angezeigt. Er kann hier geändert werden.
- **Suffix ausblenden:** Der Finder zeigt den Teil des Namens hinter dem letzten Punkt nicht an. Aus »Text.txt« wird »Text«. Diese Option kann in den Finder-Voreinstellungen unwirksam gemacht werden.

◀ 114f
Praxis, Dokument mit einem Programm verknüpfen

Öffnen mit
In einem Menü kann ein Programm ausgewählt werden, mit dem das Objekt geöffnet werden soll.
- **Alle ändern …:** Wenn diese Schaltfläche geklickt wird, können alle Objekte dieses Typs per Doppelklick mit dem ausgewählten Programm geöffnet werden.

Vorschau
In diesem Bereich wird eine Vorschau des Objekts angezeigt. Wenn QuickLook keine Vorschau des Objekts generieren kann, wird das Symbol des Objekts in der größten Größe angezeigt.

Freigaben & Zugriffsrechte
Unter »Freigaben & Zugriffsrechte« werden die Eigentumsrechte der Objekte definiert.
- **Sie dürfen:** Hier werden die Rechte des aktuell angemeldeten Benutzers angezeigt.
- Der erste Eintrag in der Liste legt die Zugriffsrechte des **Eigentümers** fest.
- In weiteren Zeilen können **Benutzer** und **Gruppen** hinzugefügt oder entfernt werden und die Rechte der hinzugefügten Benutzer und Gruppen bestimmt werden.
- **everyone:** legt die Zugriffsrechte für alle anderen Benutzer fest.
- **Auf alle Unterobjekte anwenden** im Menü mit dem Zahnrad definiert dieselben Zugriffsrechte für untergeordnete Ordner.

Info-Fenster für ein Programm

Screenshots

Der Inhalt des Bildschirms kann in Mac OS X als Bildschirmfoto gespeichert werden. Die dafür benötigte Funktion ist schon im System eingebaut. Die dabei entstehenden PNG-Bilder werden auf den Schreibtisch des Benutzers gelegt und können dann im Programm »Vorschau« angesehen, in ein anderes Format exportiert oder in Bildbearbeitungsprogrammen weiterverarbeitet werden.

Screenshot des ganzen Bildschirms

Wenn Sie die Tasten ⌘⇧3 drücken, ertönt ein Kameraklicken. Ein Foto des gesamten Bildschirms wird als PNG-Datei gespeichert.

Screenshot eines Ausschnitts

Wenn Sie die Tasten ⌘⇧4 drücken, erscheint ein Fadenkreuzcursor. Mit diesem können Sie einen beliebigen Bereich des Bildschirms auswählen, indem Sie bei gedrückter Maustaste das Auswahlrechteck aufziehen. Sobald die Maustaste losgelassen wird, ertönt das Kameraklicken, und der gewählte Ausschnitt wird als PNG-Datei abgelegt.

Einzelnes Element freistellen

Wenn Sie, nachdem Sie die Screenshotfunktion mit ⌘⇧4 gestartet haben, die Leertaste drücken, erscheint statt des Fadenkreuzcursors eine Kamera. Das Element, über dem die Kamera sich befindet – ein Fenster, ein Menü, ein Finder-Objekt etc. – werden grau abgetönt. Wenn Sie jetzt die Maustaste drücken, wird das aktivierte Element freigestellt und als PNG-Datei auf dem Schreibtisch abgelegt.

Screenshot in die Zwischenablage

Mit gedrückter ctrl-Taste wird das Bildschirmfoto in die Zwischenablage kopiert und keine Datei angelegt.

Screenshot mit den Programmen »Bildschirmfoto« und »Vorschau«

Alternativ zu der Screenshotfunktion des Systems können Screenshots auch mit den Programmen »Bildschirmfoto« (im Ordner »Dienstprogramme« (⌘⇧U)) und »Vorschau« erstellt werden. Hier steht für knifflige Situationen eine Selbstauslöser-Funktion zur Verfügung. In den Voreinstellungen von »Bildschirmfoto« lässt sich der im Screenshot abgebildete Cursor auswählen.

324 ▶ Bildschirmfoto

320 ▶ Vorschau

Hier wird mit der Tastenkombination ⌘⇧4 ein Screenshot eines Bildschirmausschnittes gemacht. Die Datei wird auf dem Schreibtisch angelegt werden. Unten sehen Sie das Ergebnis.

Der Fadenkreuzcursor zeigt die Koordinaten auf dem Bildschirm bzw. die Größe des ausgewählten Bereichs.

Tastaturkürzel: **Screenshots**

Tastaturkürzel	Funktion
⌘⇧3	ganzer Bildschirm
⌘⇧4	beliebiger Ausschnitt
Leertaste	Element freistellen
ctrl-Taste	Screenshot in die Zwischenablage

Programme

Programme aus dem Ordner »Programme«

Adressbuch

Mit dem Programm »Adressbuch« lassen sich private und geschäftliche Kontakte verwalten. Neben der E-Mail-Adresse können für die hier gespeicherten Kontakte weitere Daten wie Adresse und Telefonnummern gespeichert werden. Jedes Programm in Mac OS X kann auf die Adressbuch-Datei zugreifen. Die Adressen können mit PDA, Handy, iPod und iPhone abgeglichen werden, sowie über MobileMe mit anderen Macs und dem iPhone. Wenn Sie ein Bluetooth-Mobiltelefon besitzen, kann Adressbuch eingehende Anrufe auf dem Mac anzeigen.

◀ 186ff
Praxis,
E-Mails

◀ 212f
Praxis,
Sync

Adressen anlegen

Im Fenster klicken Sie auf die »+«-Schaltfläche unter der Spalte »Name« und geben in die entsprechenden Felder den Vor- und Nachnamen sowie weitere Daten wie die E-Mail-Adresse ein. In das Feld oben links können Sie per Drag&Drop ein Bild einfügen. Klicken der Schaltfläche »Bearbeiten« wechselt zwischen dem Bearbeitungs- und dem Ansichtsmodus. Mit dem Befehl »Das ist meine Visitenkarte« aus dem Menü »Visitenkarte« können Sie Ihre eigene Adresse markieren.

◀ 147
Praxis,
Intelligente
Ordner

Adressen gruppieren

Die so eingegebenen Adressen lassen sich in Gruppen sortieren. Dafür klicken Sie auf das »+« unter der Spalte »Gruppe« und geben der neuen Gruppe einen Namen. Um Adressen aus dem Adressbuch in die Gruppe einzufügen, klicken Sie einmal auf »Alle« (um alle Adressen einzublenden) und ziehen dann einfach die gewünschten Namen aus der Spalte »Name« in die Gruppe.

◀ 204
Praxis,
MobileMe

Intelligente Gruppe

Ähnlich wie die intelligenten Ordner im Finder können hier auch intelligente Gruppen angelegt werden. Dafür wählen Sie den Befehl »Neue intelligente Gruppe« aus dem Ablage-Menü und definieren die Kriterien für die intelligente Gruppe. Alle Kontakte, die den Kriterien entsprechen, erscheinen automatisch in der Gruppe. Dabei besteht zusätzlich die Möglichkeit, dass eine Gruppe bei Änderungen hervorgehoben wird – beispielsweise wenn eine Person, die in den nächsten Tagen Geburtstag hat, in der »Geburtstags-Gruppe« erscheint.

Adressbuch über MobileMe freigeben

Das Adressbuch kann, wenn ein MobileMe Account vorhanden ist, für andere Personen freigegeben werden. Dafür aktivieren Sie die Option »Ihr Adressbuch gemeinsam nutzen« in den Einstellungen (⌘,) auf der Seite »Accounts« unter »Freigaben«, wählen dort die Personen aus, die auf Ihr Adressbuch zugreifen dürfen, und klicken dann auf »Einladundg schicken«. Das so freigegebene Adressbuch kann dann an gleicher Stelle im Programm »Adressbuch« des anderen Macs ausgewählt werden.

Adressen drucken
Mit der Funktion »Drucken« (⌘P) im Menü »Ablage« können die im Adressbuch ausgewählten Adressen auf Briefumschläge oder Adressetiketten oder auch als Adressliste oder Taschenadressbuch gedruckt werden.

224ff ◄
Praxis, Drucken

Automator

Mit Automator lassen sich aus einzelnen Aktionen, die mit Programmen mitgeliefert werden, automatisierte Arbeitsabläufe erstellen. Lesen Sie mehr hierzu im Kapitel »Automatikgetriebe«.

(249 ◄ Praxis, Automator)

Chess

Dieses Schachspiel kann mittels (englischer) Spracheingaben gesteuert werden.

Programme aus dem Ordner »Programme« **311**

Dashboard

Dashboard stellt kleine »Widgets« für Informationen und zur Kontrolle von einzelnen Programmfunktionen zur Verfügung. Diese können mithilfe von Exposé schnell ein- und ausgeblendet werden. Lesen Sie mehr hierzu im Kapitel »Chaos-Kontrolle«.

(152f ◄ Praxis, Dashboard)

Dienstprogramme

Die Objekte im Ordner »Dienstprogramme« werden weiter im Kapitel »Kleine Helferlein« ab Seite 322 vorgestellt.

(322 ► Dienstprogramme)

Digitale Bilder

Mit dem Programm »Digitale Bilder« lassen sich Bilder von einer Digitalkamera oder Kartenlesegeräten und Scannern auf die Festplatte kopieren. Mehr dazu lesen Sie im Kapitel »Bilderflut« ab Seite 220.

(220ff ◄ Praxis, Digitale Bilder)

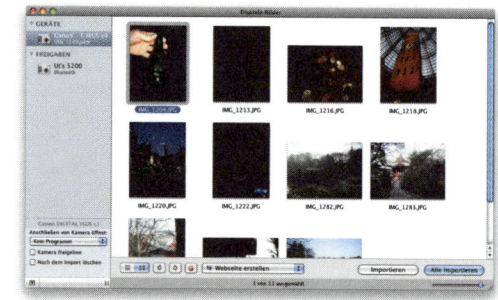

DVD-Player

Mit dem DVD-Player können auf einem Mac mit DVD-Laufwerk DVD-Videos betrachtet werden. Die Steuerung ist einer Fernbedienung nachempfunden. Im Vollbild-Modus wird die Steuerung eingeblendet, wenn Sie die Maus an den unteren Bildschirmrand fahren. Fahren Sie die Maus an den oberen Bildschirmrand, erscheinen die Kapitel.

Front Row

Front Row bietet eine alternative Benutzeroberfläche für die Auswahl von Medien wie Musik, Filme oder Fotos. Front Row ist dafür ausgelegt, mit einer Fernbedienung bedient zu werden, kann aber auch über die Tastatur – die Pfeiltasten, die Eingabetaste und die esc-Taste – gesteuert werden.

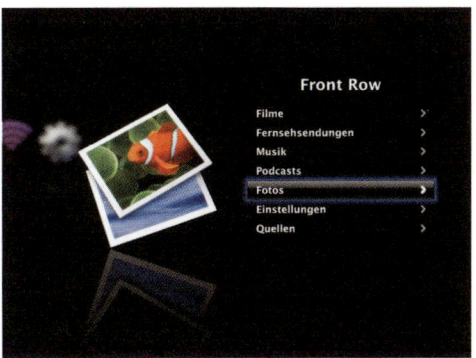

iCal

Das Programm iCal ist ein Terminkalender. Zusätzlich zu mehreren eigenen Kalendern können auch über das Internet freigegebene Kalender eingefügt werden. Die eigenen Kalender können mit der Funktion »Veröffentlichen« (Menü »Kalender«) über MobileMe oder einen eigenen WebDAV-Server anderen Personen zur Ansicht zur Verfügung gestellt werden. Die Kalenderdaten können mit Handy, PDA, iPhone oder iPod sowie über MobileMe auch mit anderen Macs und dem iPhone synchronisiert werden.

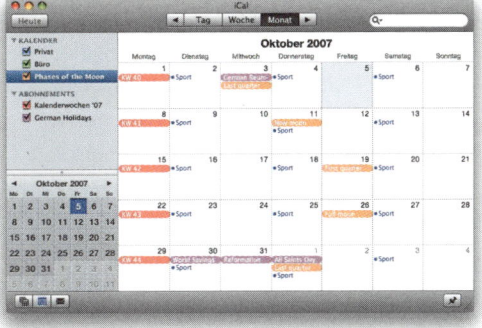

212f ◄
Praxis,
Sync

204 ◄
Praxis,
MobileMe

iChat

Mit iChat können Sie direkt über Bonjour, über den iChat-Server von Mac OS X Server (ab 10.4) oder einen anderen Jabber-Server im internen Netzwerk sowie über das AOL-Instand-Messaging-Netzwerk im Internet chatten. Neben den Text-Chats sind Audio- und Video-Chats zwischen mehreren Personen möglich.

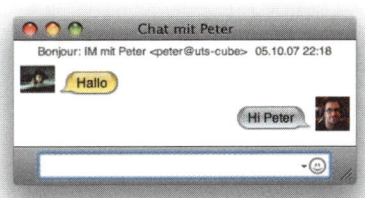

iSync

Mit »iSync« können Adressbuch-Einträge und Kalenderdaten zwischen dem Adressbuch bzw. iCal und dem iPod, iPhone, Handys und PDAs abgeglichen werden. Der MobileMe-Account wird über das MobileMe-Kontrollfeld in den Systemeinstellungen synchronisiert. Mehr zur Synchronisation von Daten im Kapitel »Symphonie«.

(212f ◀ Praxis, Sync)

iTunes

 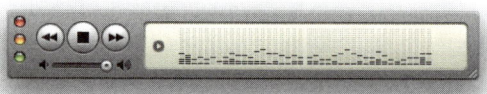

iTunes ist ein Player für Audio-CDs, MP3 und Internet-Radio und viele weitere digitale Medien. Die wichtigsten Funktionen von iTunes können auch direkt im Dockmenü von iTunes oder über die iTunes-Steuerung in Dashboard bedient werden. Außerdem kann das iTunes-Fenster mit der ⊕-Schaltfläche zu einem Mini-Fenster verkleinert werden.

Mediathek
Hier werden die Medien wie Musik- und Film-Dateien, Hörbücher, Fernsehsendungen etc. angezeigt, die sich auf Ihrer Festplatte befinden.
- **Podcasts:** Hier werden abonnierte Podcasts angezeigt.
- **Radio:** In der Liste werden die verschiedenen Musikrichtungen angezeigt. Mit einem Klick auf das Dreieck stellt iTunes eine Internet-Verbindung zum Radiodienst-Server im Internet her und listet die hier eingetragenen Server auf. Ein Doppelklick auf den gewünschten Server startet den Radioempfang. Mit dem Befehl »Stream öffnen« (⌘U) können auch Server angewählt werden, die nicht im Radiodienst verzeichnet sind. Diese werden dann automatisch in die Bibliothek eingefügt. Alternativ können Sie auf der Webseite Ihres Lieblings-Radiosenders nach einem MP3-Stream suchen. Der Link zu diesem wird dann als .m3u-Datei heruntergeladen, die mit iTunes geöffnet werden kann. Die iTunes-Mediathek wird auch anderen Programmen wie iMovie und iPhoto zur Verfügung gestellt.

Store
Im »iTunes Store« können digitale Medien wie Musiktitel (einzeln oder als komplettes Album), Filme, Fernsehsendungen etc. gekauft oder auch ausgeliehen werden.

Geräte
Hier listet iTunes die angeschlossenen Geräte auf, die sich mit iTunes synchronisieren lassen (z.B. iPod, iPhone oder Apple TV). In entspre-

chenden Fenstern können Sie die zu synchronisierenden Medien bzw. Daten auswählen.
- **iPod und iPhone:** iTunes verwaltet auch die Playlisten des Apple-Musik-Players iPod sowie des Apple-Mobiltelefons iPhone. Wenn ein iPod bzw. iPhone an die FireWire- bzw. USB-Schnittstelle angeschlossen wird, wird die Wiedergabeliste auf dem iPod bzw. iPhone mit der in iTunes abgeglichen und die veränderten Titel werden zum iPod bzw. iPhone übertragen (auf Wunsch automatisch).

  Außerdem ist iTunes das Tool für die Kommunikation zwischen iPhone und Mac: Die SIM-Karte wird in iTunes aktiviert, Daten wie Adressen etc. werden abgeglichen und Programme aus dem App-Store werden installiert.
- **Audio-CDs:** iTunes spielt Audio-CDs ab und digitalisiert sie. Beim Einlegen einer unbekannten CD fragt es die Titel der CD und der einzelnen Tracks bei CD-Titellisten-Servern im Internet (CDDB) ab und zeigt diese dann im Klartext an.

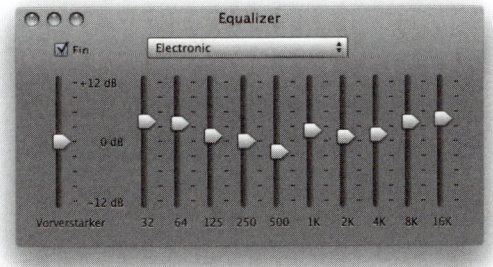

Wiedergabelisten

In der Mediathek gespeicherte Titel können in Playlisten sortiert werden. Dafür erstellen Sie mit dem Befehl »Neue Wiedergabeliste« (⌘N) eine Playlist und ziehen anschließend die gewünschten Titel aus der Mediathek auf das Symbol der gewünschten Wiedergabeliste.

Musik in die Mediathek einfügen

Wenn Sie Musik z.B. aus dem Internet heruntergeladen haben, können Sie diese einfach per Drag&Drop aus dem Finder in das iTunes-Fenster in die Mediathek einfügen.

Die Titel einer Audio-CD lassen sich mit »CD importieren« als MP3 oder AAC auf der Festplatte speichern oder ziehen Sie die Musiktitel auf »Musik« in der Mediathek. Für den Import kann in den Voreinstellungen die Kompressionsrate ausgewählt werden. Zusätzlich steht das verlustfreie Kompressionsformat »Apple lossless« sowie unkomprimiertes AIFF zur Verfügung (der Inhalt von AIFF-Dateien ist identisch mit dem Inhalt einer Audio-CD).

Wenn Sie einen Ordner mit Musik in die linke Spalte ziehen, wird dabei automatisch eine neue Wiedergabeliste mit den Titeln aus dem Ordner angelegt. Je nach Einstellung (in den »Einstellungen« (⌘,) unter »Erweitert«) werden die Dateien dann in den iTunes-Musik-Ordner kopiert.

Musik gemeinsam nutzen

Mit der Funktion »Freigabe« (in den Einstellungen (⌘,)) kann die Bibliothek über Bonjour an andere Rechner mit iTunes freigegeben werden. Die freigegebenen Wiedergabelisten erscheinen dann mit dem angegebenen Namen unter »Freigaben«. Die Musik wird über das Netzwerk gestreamt.

164 ◂
Bonjour

268 ◂
Praxis, Daten CD/DVD brennen

Audio-CD brennen

Mit iTunes lassen sich auch Audio-CDs brennen. Dafür erstellen Sie eine Wiedergabeliste und klicken unten rechts auf die Schaltfläche »Brennen« . Die Titel werden in das CD-Audio-Format konvertiert und dann in der gewählten Reihenfolge auf CD gebrannt.

Equalizer

Mit dem Befehl »Equalizer« (⌘⌥2) wird in einem weiteren Fenster ein 10-Band-Equalizer geöffnet. Mit den Schiebereglern können Sie den Klang anpassen. Die Einstellungen lassen sich mit dem Befehl »Neue Voreinstellung« aus dem Menü über die Schieberegler sichern. In der Bibliothek und in den Playlists können Sie in der Spalte »Equalizer« für jedes Stück eine eigene Equalizer-Einstellung auswählen.

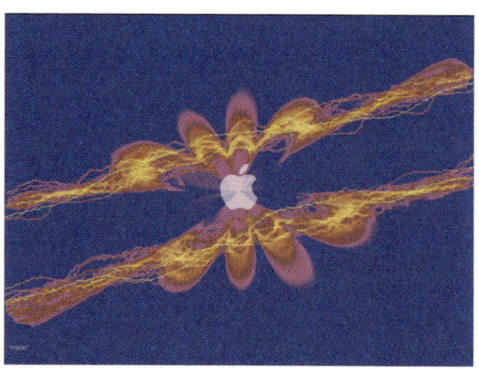

Visuelle Effekte

Mit dem Befehl »Visuelle Effekte ein« (⌘T) aus dem Menü »Visuell« werden psychedelische Muster auf dem Bildschirm erzeugt, die sich mit der Musik verändern.

Lexikon

»Lexikon« ist ein einfaches Wörterbuch-Programm. Als Wörterbuch installiert sind jedoch nur das »New Oxford American Dictionary« und der »Oxford American Writers Thesaurus« (im Ordner »/Library/Dictionarys«). Deutschsprachig steht nur das Apple-Wörterbuch für Mac-spezifische Begriffe zur Verfügung.

Unter »Wikipedia« werden Artikel im deutschsprachigen Teil des freien Internet-Lexikons »Wikipedia« unter <de.wikipedia.org> nachgeschlagen.

◀ 211
Praxis, Dienste

Mit dem Dienst »Im Lexikon nachschlagen« können markierte Worte in beliebigen Programmen direkt nachgeschlagen werden.

Die systemweite Rechtschreibkontrolle (im Menü »Bearbeiten« der verschiedenen Programme) und Wortergänzung (aufrufbar

beim Tippen mit Taste F5) sind jedoch auch in Deutsch verfügbar. Das hierfür verwendete Wörterbuch können Sie im Menü »Bearbeiten« unter »Rechtschreibung und Grammatik ▶ Rechtschreibung und Grammatik« (⌘:) bestimmen.

Mail

Mehr zum E-Mail-Programm »Mail« lesen Sie im Kapitel »Netz der Netze«.

(186ff ◄ Praxis, Mail)

Notizzettel

Das Programm »Notizzettel« klebt kleine, farbige Textfenster auf den Schreibtisch, in die sich Texte eingeben oder per Copy&Paste

bzw. Drag&Drop einfügen lassen. Die Farbe des Zettels und die Schriftattribute können für jeden Zettel einzeln bestimmt werden. Auch innerhalb eines Zettels kann der Text unterschiedlich formatiert werden und sogar Bilder sind als Inhalte möglich.

Photo Booth

Mit Photo Booth können Schnappschüsse und Filmaufnahmen mit der iSight-Kamera gemacht und mit Effekten versehen werden.

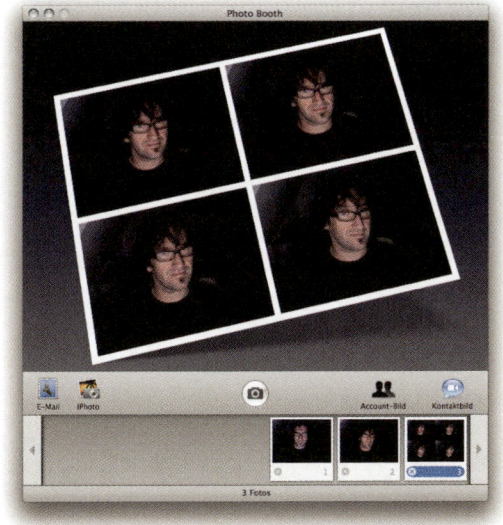

QuickTime Player

◀ 47
Technik,
QuickTime

Das Programm »QuickTime Player« dient als Abspielsoftware für Filme.

Mit dem Befehl »Trimmen« aus dem Ablage-Menü können Filme im QuickTime Player gekürzt werden. Der QuickTime Player kann Filme in verschiedene Formate umgewandelt exportieren. Hierfür stehen die Befehle »Sichern unter« und »Für Web sichern« im Menü »Ablage«, sowie die Aktionen im Menü »Bereitstellen« zur Verfügung.

Außerdem können Audio- und Videoaufnahmen z.B. mit dem eingebauten Mikrofon bzw. der iSight-Kamera gemacht werden, sowie eine Aufnahme der Aktionen auf dem Bildschirm.

◀ 77
Praxis,
Installation
anpassen

Als Alternative kann weiterhin der »QuickTimePlayer 7« verwendet werden, der bei der Systeminstallation optional in den Ordner »Dienstprogramme« installiert werden kann.

Rechner

Das Programm »Rechner« ist in der Form **»Standard« (⌘1)** ein einfacher Taschenrechner, der die vier Grundrechenarten beherrscht. In der Form **»Erweitert« (⌘2)** ist es ein vollwertiger wissenschaftlich-technischer Taschenrechner. Beide können optional im RPN-Eingabeschema bedient werden (Befehl »Umgekehrte polnische Notation« (⌘R)). Zusätzlich steht die Form **»Programmierer« (⌘3)** zur Verfügung, in der neben Dezimalzahlen auch weitere Zahlenformate dargestellt und berechnet werden können.

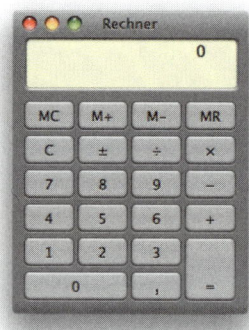

Zahlen können aus der Zwischenablage für die Berechnung eingesetzt werden, wobei auch Zahlen in wissenschaftlicher Schreibweise (z.B. 1E3 = 1.000) zulässig sind. Das im Display angezeigte Ergebnis lässt sich in die Zwischenablage kopieren (⌘C) und so in anderen Programmen verwenden.

Mit den Funktionen im Menü »**Umrechnen**« lassen sich verschiedene Maßeinheiten und Währungskurse konvertieren. Zusätzlich lässt sich mit dem Befehl »Beleg einblenden« (⌘T) aus dem Menü »Fenster« der Rechenverlauf beobachten.

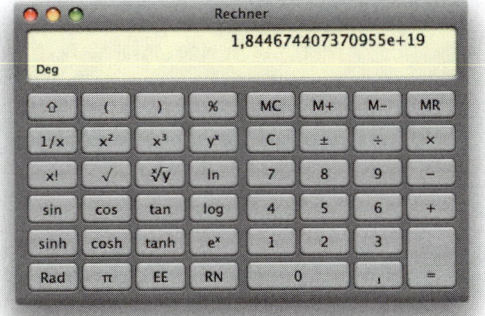

209 ◀
Praxis, Zwischenablage

Safari

Mehr zum Internetbrowser »Safari« lesen Sie im Kapitel »Netz der Netze« ab Seite 179.

(**179ff** ◀ Praxis, Safari)

Schriftsammlung

Zur Zeichensatzverwaltung und den Schriftfunktionen in Mac OS X lesen Sie mehr im Kapitel »Starke Typen« ab Seite 234.

(**234ff** ◀ Praxis, Schriften)

Systemeinstellungen

Näheres zu den einzelnen in diesem Programm zusammengefassten Kontrollfeldern lesen Sie im Kapitel »Systemeinstellungen« ab Seite 330.

(**330ff** ▶ Systemeinstellungen)

TextEdit

»TextEdit« ist eine einfache Textverarbeitung und kann mit den unterschiedlichsten Textdateitypen umgehen. RTF-Dateien, reine Textdateien, Unicode-, Microsoft-Word- und -Word-XML- sowie Open-Document-Dateien können hier betrachtet, bearbeitet und erstellt werden. SimpleText- und HTML-Dateien lassen sich öffnen. Außerdem können neue HTML-Dateien ohne Bilder erstellt werden.

◄ 214ff
Praxis,
Datenaustausch mit
Windows
und Linux

Neue Dateien mit eingebetteten Bildern lassen sich im RTFD-Format und als Webarchiv sichern.

◄ 183
Praxis,
Webarchive

Zum leichteren Wiederfinden über Spotlight kann TextEdit Dokumente mit Eigenschaftsdaten wie Autor, Copyright oder Schlüsselwörtern versehen.

◄ 143
Praxis,
Spotlight

Wenn Sie beim Öffnen einer Datei die Option »Formatierungsbefehle ignorieren« ankreuzen, kann TextEdit auch als HTML-Quelltext-Editor verwendet werden. Ohne diese Option werden HTML-Dateien wie im Internetbrowser angezeigt.

TextEdit zeigt dieselbe HTML-Seite einmal im Quelltext und einmal formatiert.

Time Machine

Mehr zu Time Machine und inkrementellen Backups lesen Sie im Kapitel »Vorsorgeuntersuchung« ab Seite 271.

(271ff ◄ Praxis, Time Machine)

Vorschau

Im Programm »Vorschau« können Sie Bild-Dateien ansehen und in PDF-Dokumenten blättern und suchen. Die in Vorschau geöffneten Bild- und PDF-Dateien können in verschiedenen anderen Grafikformaten exportiert werden.

Für Bild-Dateien stehen einfache Bearbeitungsmöglichkeiten zur Verfügung. Bilder können gedreht oder gespiegelt werden, und es kann ein Ausschnitt freigestellt werden. Außerdem können Farbanpassungen vorgenommen und ColorSync-Profile zugewiesen werden.

Auch PDF-Dokumente können in Vorschau editiert werden. In PDF-Dokumenten lassen sich Seiten einfügen, löschen oder vertauschen sowie Texte markieren oder Stellen mit Anmerkungen versehen. Außerdem kann »Vorschau« eine Druckvorschau beliebiger Dokumente im PDF-Format erstellen (siehe hierzu die Anleitung im Kapitel »Drucken«, Seite 231).

Zusätzlich steht in »Vorschau« eine erweiterte Bildschirmfoto-Funktion zur Verfügung (siehe Seite 309).

(231 ◄ Praxis, PDF erstellen)

(309 ◄ Bildschirmfotos)

220ff ◄
Praxis,
Digitale
Bilder

214ff ◄
Praxis,
Datenaustausch mit
Windows
und Linux

240ff ◄
Praxis,
ColorSync

Kleine Helferlein

Programme aus dem Ordner »Dienstprogramme«

AirPort-Dienstprogramm

◄168
Praxis,
WLAN-Router

 Mit dem »AirPort-Dienstprogramm« können AirPort-Basisstationen konfiguriert werden.

AppleScript-Editor

 Mit dem AppleScript-Editor können Skripte in Apples systemweiter Skriptsprache »AppleScript« erstellt werden. Lesen Sie mehr hierzu im Kapitel »Automatikgetriebe«.

(250ff ◄ Praxis, AppleScript)

Aktivitätsanzeige

◄50ff
Grundlagen,
Speicher- und
Prozessverwaltung

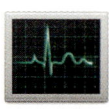 In der »Aktivitätsanzeige« werden alle Prozesse – die sichtbaren Programme und die unsichtbaren Hintergrundprozesse – in einer Liste angezeigt. Diese kann nach unterschiedlichen Kriterien sortiert werden. Per Doppelklick auf einen Prozess oder mit der Schaltfläche »Informationen« können Speicherinformationen und Statistiken zum ausgewählten Prozess angezeigt werden. Die Seite »Geöffnete Dateien« zeigt unter anderem die von diesem Programm verwendeten Frameworks an.

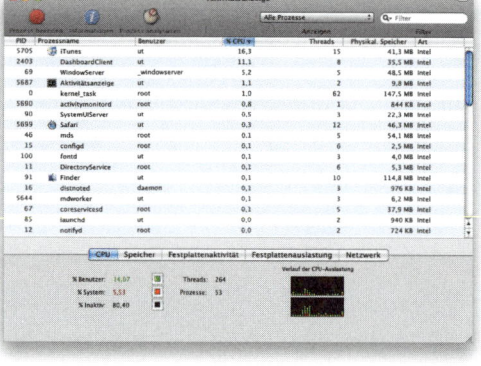

Mit dem Befehl »Prozess beenden« (⌘⌥Q) aus dem Menü »Prozess« kann der ausgewählte Prozess beendet oder »gekillt« (zwangsweise beendet) werden.

Im unteren Bereich können aktuelle Statistiken zu Prozessor, Speicher, Festplatten und Netzwerk-Aktivität angezeigt werden.

Audio-MIDI-Konfiguration

Mit diesem Programm können die Audio-Schnittstellen konfiguriert und Midi-Geräte virtuell verkabelt werden.

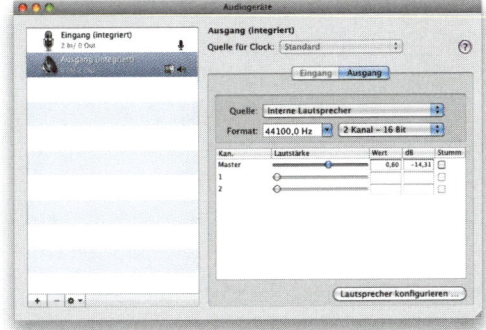

372f ▶
Kontrollfeld
»Ton«

Bildschirmfoto

Mit den Befehlen aus dem Menü »Foto« kann der gesamte Bildschirm oder ein ausgewählter Bereich des Bildschirms fotografiert werden. Wird der Selbstauslöser gewählt, so haben Sie noch zehn Sekunden Zeit, um den Bildschirminhalt nach Belieben zu arrangieren. Die Funktion »Fenster« schneidet ein angeklicktes Fenster sauber aus. In den Voreinstellungen kann ein Mauszeiger ausgewählt werden, der dann in das Bildschirmfoto eingefügt wird. Ist die erste Option ausgewählt, wird kein Mauszeiger eingefügt. Die Bildschirmfotos werden im TIFF-Format gesichert.

Screenshots können unter Mac OS X auch über System-Tastenkürzel oder das Programm »Vorschau« erstellt werden.

(307 ◀ Bildschirmfotos)

Boot Camp Assistent

Dieser Assistent hilft bei der Einrichtung von Windows auf dem Mac mit Intel-Architektur. Mehr im Kapitel »Switch« auf Seite 86.

(88 ◀ Praxis, Boot Camp)

Bluetooth-Datenaustausch

Wie Sie mit diesem Programm Dateien mit einem Bluetooth-Gerät austauschen, lesen Sie im Kapitel »Daten schleudern« auf Seite 206.

(206 ◀ Praxis, Bluetooth-Freigabe)

37 ◀
Technik,
Bluetooth

ColorSync-Dienstprogramm

Mit dem ColorSync-Dienstprogramm können ColorSync-Profile ausgewählt, überprüft und repariert werden (siehe Kapitel »Alles so schön bunt hier!« ab Seite 240).

(240ff ◀ Praxis, Farbmanagement)

Programme aus dem Ordner »Dienstprogramme« **323**

DigitalColor-Farbmesser

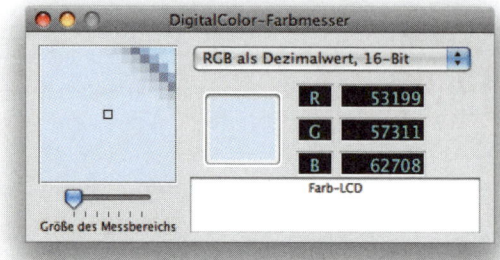

Mit dem Programm »DigitalColor-Farbmesser« können Sie sich die Farben auf dem Bildschirm als Farbwerte anzeigen lassen. Der Befehl »Farbe merken« (⌘⇧H) aus dem Menü »Farbe« speichert einen bestimmten Farbwert. (Der Befehl muss als Tastenkürzel eingegeben werden, wenn sich der Mauszeiger auf der entsprechenden Farbe befindet.) Die Farben lassen sich mit dem Aufklappmenü im Fenster in verschiedenen Farbmodi darstellen.

◀ 241 Praxis, Farbtheoretische Grundlagen

Entfernte Mac OS X-Installation

Mit diesem Programm kann ein DVD-Laufwerk als Installationslaufwerk für das MacBook Air verwendet werden.

Exposé

Exposé hilft, den Überblick über viele geöffnete Fenster zu behalten. Lesen Sie mehr hierzu im Kapitel »Chaos-Kontrolle«.

(148f ◀ Praxis, Exposé)

Festplatten-Dienstprogramm

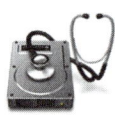

Mehr über das Programm »Festplatten-Dienstprogramm« und dessen Komponenten »Laufwerke konfigurieren«, »Erste Hilfe« sowie »Disk-Images« und »Wiederherstellen« lesen Sie in den Kapiteln »Massenhaft Speicher« ab Seite 262 und »Vorsorgeuntersuchung« ab Seite 270.

(266ff ◀ Praxis, Speichermedien einrichten)

(275 ◀ Praxis, Erste Hilfe)

(273 ◀ Praxis, Disk-Image und Wiederherstellen)

(205 ◀ Praxis, Disk-Images)

Grapher

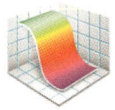
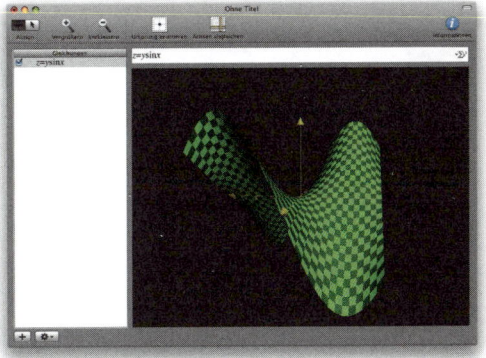

Mit dem »Grapher« lassen sich Algebra-Funktionen erstellen, berechnen und 2- und 3-dimensional grafisch darstellen. Die dafür benötigten Formeln und Zeichen finden Sie in der »Gleichungspalette«, die sich über das Menü »Fenster« einblenden lässt. Die Graphen können über die »Information« optisch verändert werden. Sowohl die Formeln, als auch die erstellten Graphen können in verschiedenen Grafikformaten in die Zwischenablage kopiert und so in anderen Programmen verwendet werden.

Java-Einstellungen

Im Programm »**Java-Einstellungen**« können Sie u.a. einstellen, welche virtuelle Java-Maschine zum Ausführen von Java-Applets verwendet wird.

42 ◄
Technik, Java

Konsole

In der Konsole werden Fehlermeldungen des Systems ausgegeben. Außerdem können hier die Log-Dateien gelesen werden.

Programme aus dem Ordner »Dienstprogramme« **325**

Migrationsassistent

Mit dem Migrationsassistenten können Daten per FireWire-Modus von einem anderen Mac oder von einem System auf einer anderen Festplatte übernommen werden. Mehr dazu lesen Sie im Kapitel »Einstellungssache« (ab Seite 82).

(82 ◀ Praxis, Migration)

Netzwerk-Dienstprogramm

◀ 160ff
Praxis,
Netzwerk

Das Netzwerk-Dienstprogramm ist eine grafische Benutzeroberfläche für die verschiedenen TCP/IP-Netzwerk-Utilitys des BSD-UNIX.

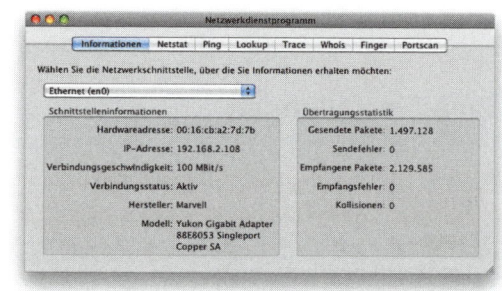

Podcast-Aufzeichnung

◀ 315
iTunes,
Podcasts

◀ 268
Praxis,
RAID

Mit dem Programm können Sie Podcasts für den Podcast-Producer in Mac OS X Server aufzeichnen.

RAID-Dienstprogramm

Mit RAID-Utility lassen sich Festplatten-RAIDs, die an der Apple-RAID-Karte abgeschlossen sind, konfigurieren.

Schlüsselbundverwaltung

◀ 278ff
Praxis,
Sicherheit

Mac OS X sammelt alle Ihre Passwörter in einem Schlüsselbund, damit Sie sie nicht erneut eingeben müssen. Der Schlüsselbund wird automatisch mit der Anmeldung freigegeben. Mit einen Klick auf das Schlösschen oben links im Programm »Schlüsselbund« können Sie alle Ihre Passwörter deaktivieren bzw. nach Eingabe des Schlüsselbund-Passwortes alle in diesem Schlüsselbund gesammelten Passwör-

ter freigeben. Der von Mac OS X automatisch angelegte Schlüsselbund »Anmeldung« verwendet das Benutzer-Passwort als Schlüsselbund-Passwort.

Die verschiedenen im Schlüsselbund gespeicherten Objekte werden nach Kategorien sortiert im Fenster angezeigt. Per Doppelklick auf ein Objekt wird ein Fenster mit verschiedenen Informationen geöffnet. Wenn Sie hier die Option »Kennwort einblenden« ankreuzen, können Sie nach Eingabe des Schlüsselbund-Passwortes das Kennwort im Klartext sehen. Auf der Seite »Zugriff« werden die Prozesse aufgelistet, die auf dieses Kennwort zugreifen.

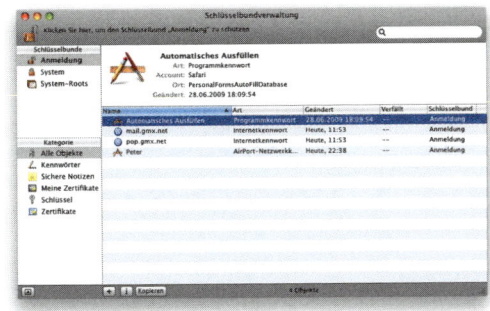

Neues Kennwort

Mit dem Befehl »Neues Kennwort« aus dem Ablage-Menü können Sie ein weiteres Kennwort anlegen. Dieses wird dann in die Liste eingefügt. Sie können es per Doppelklick bearbeiten und mit der »+«-Schaltfläche auf der Seite »Zugriff« für bestimmte oder mit der Option »Allen Programmen den Zugriff ermöglichen« für alle Prozesse freigeben.

Neuer Schlüsselbund

Sie können verschiedene Schlüsselbunde für unterschiedliche Zwecke anlegen. Mit dem Befehl »Neuer Schlüsselbund« (⌘⌥N) aus dem Menü »Ablage« wird ein Fenster geöffnet, in dem Sie Namen und Passwort des neuen Schlüsselbunds angeben. Im Ordner »Privat/Library/Keychains« wird eine Schlüsselbund-Datei mit diesem Namen angelegt. Mit der Schaltfläche »Schlüsselbunde einblenden« werden die Schlüsselbunde im linken Teil des Fensters eingeblendet.

Einstellungen für den Schlüsselbund

Mit dem Befehl »**Kennwort für Schlüsselbund** *Name* **ändern**« wird ein Fenster geöffnet, in dem das Master-Passwort geändert werden

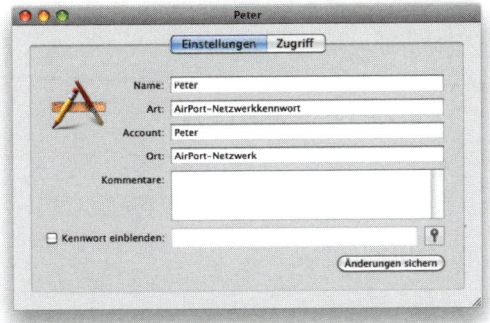

kann. Ein Klick auf den kleinen Schlüssel öffnet den **Kennwort-Assistenten**, der Kennwortvorschläge macht und die Güte des Passwortes überprüft. Mit dem Befehl »**Einstellungen für Schlüsselbund** *Name* **ändern**« kann ein Schlüsselbund automatisch geschützt werden.

Sichere Notizen

Mit dem Befehl »Neue sichere Notiz« (⌘⇧N) aus dem Ablage-Menü können auch Notizen im Schlüsselbund gespeichert werden, die niemand anderes zu Gesicht bekommen soll.

Einstellungen des Programms »Schlüsselbund«

In den Voreinstellungen können Sie unter anderem das Schlüsselbund-Menü-Extra aktivieren (Option »Status in der Menüleiste anzeigen«). Der dort verfügbare Befehl »Bildschirm schützen« verdunkelt augenblicklich den Bildschirm.

Schlüsselbund Erste Hilfe
Mit dem Befehl »Schlüsselbund Erste Hilfe« (⌘⌥A) aus dem Menü »Schlüsselbund« können Sie ihren Schlüsselbund auf eventuelle Fehler überprüfen.

Zertifikate erstellen
Der Befehl »Zertifikatsassistent« im Schlüsselbund-Menü ruft einen Assistenten auf, mit dem Sie digitale Zertifikate erstellen können.

Spaces

Mehr zu »Spaces« und den virtuellen Schreibtischen lesen Sie im Kapitel »Chaos-Kontrolle« ab Seite 151.

(151 ◀ Praxis, Spaces)

Systemprofiler

◀ 24ff
Technik,
Hardware

Das Programm »Systemprofiler« listet detaillierte Informationen zur Hard- und Software Ihres Macs auf. Die Genauigkeit der Informationen kann im Menü »Darstellungen« in drei Stufen eingestellt werden.

- **Hardware:** Hier werden Informationen zur Hardware des Mainboards angeboten. Auf den weiteren Seiten, die unter dem kleinen Dreieck angezeigt werden, erhalten Sie Informationen zu Geräten am IDE-Bus (ATA), USB- und FireWire-Bus sowie eventuelle PCI-Steckkarten etc. Informationen zu den Volumes werden unter dem entsprechenden Bus angezeigt.
- **Netzwerk:** Hier werden Informationen zu den Netzwerk-Schnittstellen und den verwendeten Einstellungen gezeigt.
- **Software:** Hier werden Informationen zur Systemsoftware angezeigt. Auf weiteren Seiten werden alle Systemerweiterungen bzw. Programme aufgelistet.

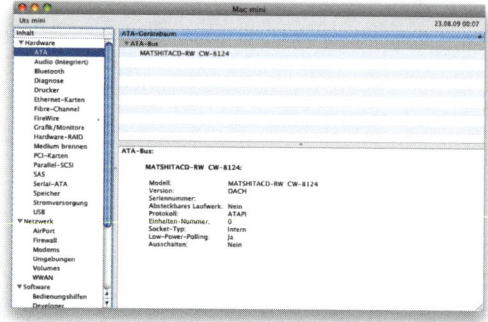

- **Exportieren:** Mit den Befehlen »Sichern« (⌘S) bzw. »Exportieren« aus dem Menü »Ablage« kann der aktuelle Zustandsbericht als XML-, RTF- oder Textdatei gesichert werden.

Terminal

 Im Terminal können UNIX-Kommandozeilen-Programme ausgeführt werden. Mehr hierzu lesen Sie im Kapitel »Harte Schale, weicher Kern«.

(257ff ◄ Praxis, Shell)

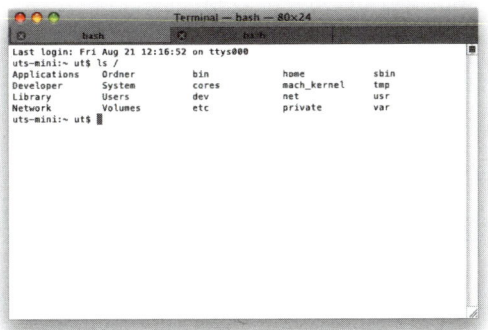

VoiceOver-Dienstprogramm

 VoiceOver hilft blinden Menschen oder Menschen mit erheblichen Sehschwächen bei der Bedienung von Mac OS X. Mit VoiceOver können nicht nur Texte im Ganzen, Wort für Wort und buchstabenweise vorgelesen werden. Je nach Einstellung können beispielsweise auch einzelne Interface-Elemente, über denen sich der VoiceOver-Cursor befindet, vorgelesen, beschrieben und vergrößert hervorgehoben werden. VoiceOver wird im Kontrollfeld »Bedienungshilfen« aktiviert und im »VoiceOver-Dienstprogramm« konfiguriert.

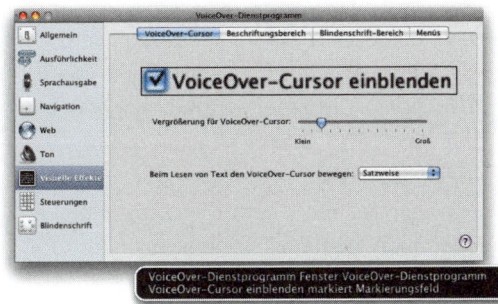

332 ►
Kontrollfeld
»Bedienungshilfen«

X11

 Mehr zur UNIX-Grafikumgebung X-Window und X11 lesen Sie im Kapitel »Harte Schale, weicher Kern«.

(261 ◄ Praxis, X11)

Programme aus dem Ordner »Dienstprogramme« **329**

Systemeinstellungen

Kontrollfelder in Mac OS X

In Mac OS X sind alle Kontrollfelder, mit denen Funktionen des Systems gesteuert werden, im Programm »Systemeinstellungen« zusammengefasst.

Das Programm »Systemeinstellungen« befindet sich im Ordner »Programme« (⌘ ⇧ A). Das Programm ist außerdem mit dem Befehl »Systemeinstellungen« aus dem Apple-Menü zu erreichen. Die einzelnen Kontrollfelder befinden sich im Ordner »/System/Library/PreferencePanes«.

Die Kontrollfelder werden im Fenster des Programms »Systemeinstellungen« nach Kategorien sortiert aufgelistet.

Mit dem Befehl »Alphabetisch ordnen« aus dem Menü »Einstellungen« können Sie die Kontrollfelder statt in Kategorien sortiert auch alphabetisch sortiert anzeigen lassen.

Wechseln zwischen den Kontrollfeldern

1. Ein Kontrollfeld öffnen
   Starten Sie das Programm »Systemeinstellungen« und klicken Sie dann im unteren Bereich des Fensters auf das gewünschte Kontrollfeld.
   Im unteren Bereich des Fensters wird nun das gewählte Kontrollfeld angezeigt.

2. Alle zeigen
   Klicken Sie auf den Schalter »Alle einblenden« im oberen Bereich des Fensters oder wählen Sie aus dem Menü »Einstellungen« den Befehl »Alle Systemeinstellungen einblenden« (⌘L).
   Im unteren Bereich des Fensters wird das Kontrollfeld ausgeblendet, und es erscheint wieder die Auswahl.

3. Anderes Kontrollfeld wählen
   Jetzt können Sie wieder ein beliebiges Kontrollfeld auswählen.
   Alternativ können Sie das gewünschte Kontrollfeld auch aus dem Menü »Einstellungen« auswählen. Hier werden die Kontrollfelder in alphabetischer Reihenfolge aufgelistet.

Nach einem Kontrollfeld suchen

Mithilfe von Spotlight können Sie in den Systemeinstellungen Kontrollfelder suchen. Wenn Sie einen Begriff in das Suchfeld eingeben, wird ein Menü mit Einträgen angezeigt, in denen dieser Begriff vorkommt. Außerdem werden die Kontrollfelder, in denen der Begriff vorkommt, wie mit einem Spot-Scheinwerfer optisch hervorgehoben. Wählen Sie den gewünschten Menüeintrag, so wird das Kontrollfeld geöffnet. Mit den Pfeiltasten können Sie im Menü blättern.

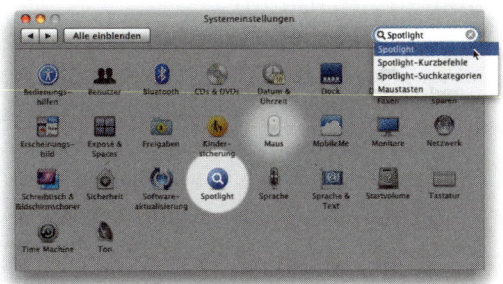

Weitere Systemeinstellungen

Weitere Kontrollfelder, die für bestimmte Programme oder Geräte benötigt werden, können per Drag&Drop in das Fenster des Programms »Systemeinstellungen« hinzugefügt werden. Oder Sie legen sie in die Ordner »/Library/PreferencePanes« oder »Privat/Library/PreferencePanes« für alle bzw. für einen einzelnen User. Diese Kontrollfelder erscheinen dann in den Systemeinstellungen in einer fünften Kategorie »Sonstige«.

Diese Systemeinstellungen können mit dem Befehl »Systemeinstellung X entfernen«, der sich mit ctrl-Klick auf die jeweilige Systemeinstellung aktivieren lässt, entfernt werden.

Menü-Extras

Die Funktionen einzelner Kontrollfelder lassen sich auf Wunsch auch über so genannte Menü-Extras von jedem Programm aus direkt aus der Menüleiste aufrufen. Wenn im entsprechenden Kontrollfeld die Option »X in der Menüleiste anzeigen« aktiviert wurde, wird das Extra am rechten Ende der Menüleiste zu den anderen Extras hinzugefügt.

Menü-Extras können mit gedrückter ⌘-Taste umsortiert werden. Durch Ziehen auf den Schreibtisch kann ein Menü-Extra wieder aus der Menüleiste entfernt werden. Die Menü-Extras befinden sich im Ordner »/System/Library/CoreServices/Menu Extras«.

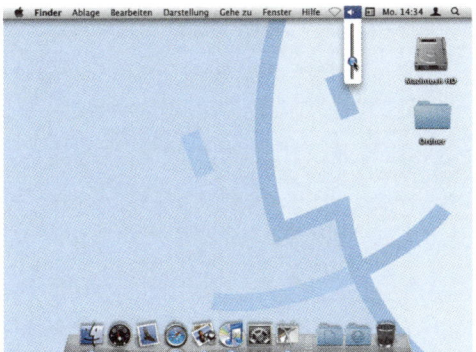

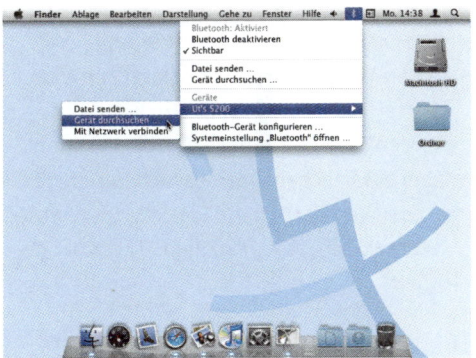

Bedienungshilfen

◀ 327
VoiceOver-Dienstprogramm

Sehen

Hier können verschiedene Funktionen aktiviert werden, die es Menschen mit Sehschwächen erlauben, mit dem Mac zu arbeiten.

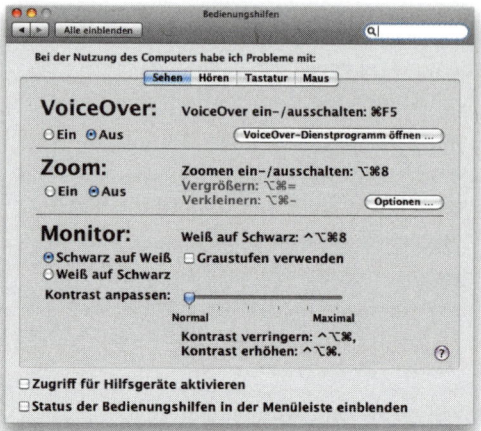

Hören

- **Der Bildschirm blinkt, wenn ein Warnton ertönt:** Zusätzlich zum Warnton blitzt der gesamte Bildschirm hell auf. Die Funktion kann mit der Schaltfläche »Bildschirm blinken lassen« getestet werden.

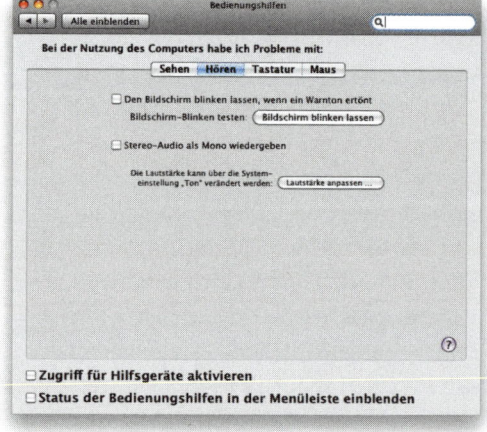

Tastatur

- **Einfingerbedienung:** Die Sondertasten ⌘, ⌥, ⇧ und ctrl können durch Klicken nacheinander aktiviert und deaktiviert werden. Diese Funktion kann optional durch fünfmaliges Drücken der ⇧-Taste aktiviert werden. Optional kann das Drücken einer Sondertaste mit einem Piepton begleitet werden und die aktivierten Sondertasten oben rechts im Bildschirm eingeblendet werden. Die ctrl-Taste wird durch das Zeichen ^ dargestellt.
- **Tasten-Wiederholrate:** Mit dieser Funktion kann die Reaktion der Tastatur verzögert werden. Der Tastendruck und die Reaktion kann zusätzlich mit Geräuschen unterlegt werden. Mit der Schaltfläche »Wiederholrate setzen« wird das Kontrollfeld »Tastatur« geöffnet.

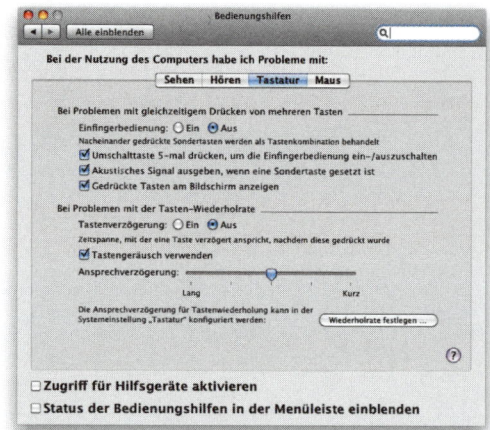

Maus

Die Maus wird mit den Tasten des Ziffernblocks über den Bildschirm gefahren. Beispielsweise bewegt die Taste 8 die Maus nach oben, die 1 nach links unten etc. Die Taste 5 entspricht einem Mausklick. Mit zwei Reglern kann die Geschwindigkeit eingestellt werden. Die Maussteuerung kann optional durch fünfmaliges Drücken der ⌥-Taste ein- und ausgeschaltet werden.

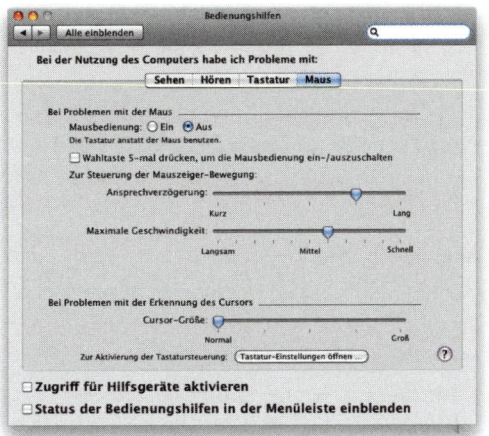

126ff ◄ Praxis, Mehrere Benutzer

Benutzer

Die Einstellungen in diesem Kontrollfeld können nur von Admin-Benutzern vorgenommen werden. Das Kontrollfeld ist standardmäßig geschützt und kann erst nach Klick auf das Schlösschen und Eingabe des Passwortes bedient werden. In einer Liste werden die für diesen Mac angelegten Benutzer aufgelistet. Der eigene Account wird in der Liste ganz oben angezeigt.

- **Neuer Benutzer:** Wenn Sie auf die Schaltfläche »+« klicken, wird ein neuer Benutzer angelegt. Mit der Option »FileVault-Schutz aktivieren« wird der private Ordner in einem verschlüsselten Disk-Image angelegt.
- **Benutzer bearbeiten:** Die Einstellungen für einen aus der Liste ausgewählten Benutzer können im Bereich rechts geändert werden.
- **Benutzer löschen:** Der ausgewählte Benutzer wird mit einem Klick auf die Schaltfläche »-« gelöscht. Seine privaten Ordner werden je nach Option in der folgenden Abfrage entweder in ein Disk-Image (*Kurzer Benutzername*.dmg) im Ordner »Benutzer/Deleted Users« kopiert oder sofort gelöscht.

Kennwort

Im rechten Bereich des Fensters können Sie den langen Benutzernamen ändern. Der Kurzname kann bei einem bereits vorhandenen Benutzer nicht mehr geändert werden.

- **Kennwort ändern/zurücksetzen:** Hier können Sie das Passwort für den Benutzer ändern. Außerdem können Sie eine Merkhilfe ändern, die nach dreimaliger Falscheingabe des Kennwortes im Anmeldefenster angezeigt wird. Wenn Sie das Passwort eines anderen Benutzers ändern, wird sein Schlüsselbund-Kennwort nicht geändert.
- **Der Benutzer darf diesen Computer verwalten:** Wenn diese Option markiert ist, darf der Benutzer Einstellungen in bestimmten, für normale Benutzer gesperrten Kontrollfeldern oder Programmen vornehmen. Mit diesem Benutzernamen und Passwort kann sich ein Benutzer auch – durch Klick auf das Schloss-Symbol – als Admin identifizieren, wenn ein normaler Benutzer angemeldet ist.
- **Bild:** Ziehen Sie ein Bild des Benutzers aus dem Finder in den Rahmen. Alternativ kön-

121 ◄ Praxis, Admin-Benutzer

nen Sie mit einem Klick auf das Bild eine
Liste öffnen, aus der Sie ein Bild auswählen
können. Unter »Bild bearbeiten« kann ein auf
der Festplatte gespeichertes Bild ausgewählt
oder ein Bild mit einer angeschlossenen Kamera aufgenommen werden.

Anmeldeobjekte
In einer Liste werden die Programme angezeigt, die beim Starten des Macs automatisch gestartet werden sollen.
- **Hinzufügen:** Mit der Taste »+« kann ein Programm in die Liste eingefügt werden. Sie können es auch per Drag&Drop aus dem Finder in die Liste ziehen.
- **Ausblenden:** Die mit der Option »Ausblenden« markierten Objekte werden nach dem Starten vom Finder ausgeblendet.
- **Entfernen:** Mit der Taste »-« wird das ausgewählte Objekt aus der Liste entfernt.

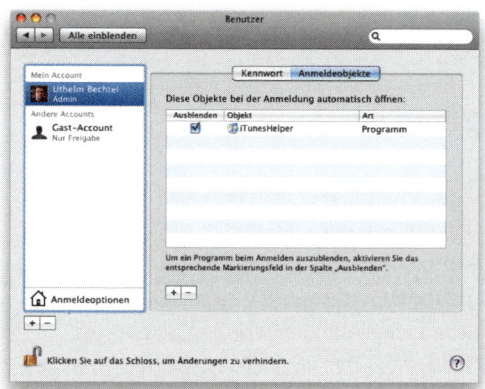

Erweiterte Optionen
Mit einem ctrl-Klick auf einen Account in der Liste links können »Erweiterte Optionen« für diesen Account geöffnet werden. Hier lässt sich der kurze Benutzername, die Benutzer- und die Gruppen-ID ändern sowie die Login-Shell und der Benutzerordner bestimmen.

Anmeldeoptionen
- **Automatische Anmeldung:** In dem Menü können Sie einen Benutzer auswählen und dann das Passwort des Benutzers eingeben. Wenn der Mac anschließend neu gestartet wird, wird dieser Benutzer automatisch angemeldet, ohne dass das Anmeldefenster erscheint. Die automatische Anmeldung kann zusätzlich im Kontrollfeld »Sicherheit« deaktiviert werden.
- **Anmeldefenster zeigt an:** Wenn die Option »**Liste der Benutzer**« aktiviert ist, werden

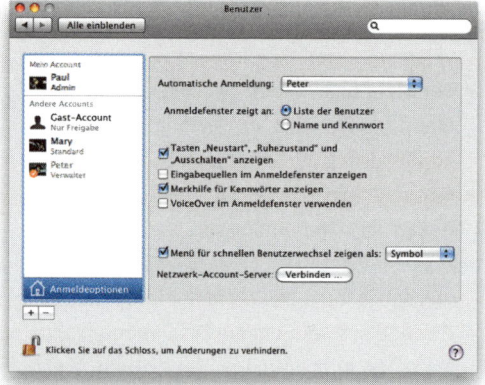

alle im Kontrollfeld »Benutzer« angelegten Benutzer mit Bild aufgelistet. Mit einem Klick auf den jeweiligen Benutzer zeigt das Anmeldefenster ein Textfeld zur Eingabe des Passworts. Ist der Benutzer ohne Passwort angelegt, erfolgt die Anmeldung ohne Abfrage. Mit einem Klick in den letzten Eintrag »Andere ...« (er ist nur bei entsprechender Konfiguration vorhanden) werden zwei Textfelder zur Eingabe von Name und Passwort angezeigt. Auf diese Weise können sich zentral im Netzwerk registrierte Benutzer auf dem Rechner anmelden.

Ist die Option »**Name und Kennwort**« aktiviert, zeigt das Anmeldefenster lediglich Textfelder zur Eingabe von Name und Passwort an.

- **Die Tasten „Ruhezustand", „Neustart" und „Ausschalten" anzeigen:** Bei deaktivierter Option ist im Anmeldefenster kein Ruhezustand, Neustart oder Ausschalten möglich.
- **Eingabequellen im Anmeldefenster einblenden:** Im Anmeldefenster wird ein Menü angezeigt, in dem sich die Tastaturbelegung ändern lässt.
- **Menü für schnellen Benutzerwechsel zeigen als:** Wenn der schnelle Benutzerwechsel aktiviert ist, können sich weitere Benutzer anmelden, ohne dass sich die anderen Benutzer abmelden müssen. Mit dem Menü wird das Menü-Extra konfiguriert.
- **Netzwerk-Account Server:** Hier kann ein Server für die Benutzerverwaltung über das Netzwerk ausgewählt werden.

278ff ◄
Praxis, Sicherheit

362 ►
Kontrollfeld »Sicherheit«

Bluetooth

Hier werden Einstellungen für Bluetooth vorgenommen. Der Name kann im Kontrollfeld »Freigabe« geändert werden.
- **Bluetooth-Signal:** Hier wird das integrierte Bluetooth-Modul ein- bzw. ausgeschaltet.
- **Sichtbar:** Wenn diese Option deaktiviert ist, erscheint der Mac bei anderen Geräten nicht in der Liste der erreichbaren Bluetooh-Geräte.

In der Liste links werden die angeschlossenen Bluetooth-Geräte angezeigt. Die »+«-Schaltfläche öffnet den »**Bluetooth-Assistenten**«. Mit der »-«-Schaltfläche wird das Gerät aus der Liste gelöscht. Gleichzeitig werden auch alle Einstellungen für dieses Gerät gelöscht. Im Zahnrad-Menü stehen mehrere Befehle zur Verfügung.

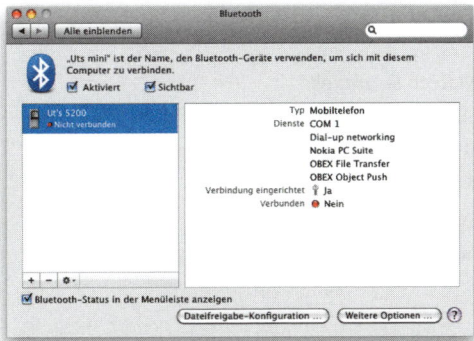

- **Anschlüsse bearbeiten:** Mit diesem Befehl können die für das ausgewählte Gerät konfigurierten virtuellen seriellen Schnittstellen konfiguriert sowie weitere hinzugefügt bzw. entfernt werden.

206 ◄
Praxis, Datenaustausch mit Bluetooth-Geräten

342 ►
Kontrollfeld »Freigabe«

CDs & DVDs

◀ 270
Praxis,
CD/DVD
brennen

Hier können Sie einstellen, welche Aktion erfolgt, wenn CDs, DVDs oder CD/DVD-Rohlinge eingelegt werden.

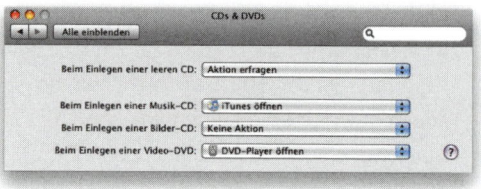

◀ 315
iTunes,
Audio-CD
brennen

Datum & Uhrzeit

Wie der Name schon sagt, werden mit dem Kontrollfeld »Datum & Uhrzeit« das Datum und die Uhrzeit des Systems eingestellt. Da der Mac eine interne, batteriebetriebene Uhr besitzt, muss dieses Kontrollfeld nur sehr selten geöffnet werden. Die Einstellungen für das Datums- und Uhrzeitformat werden im Kontrollfeld »Landeseinstellungen« vorgenommen. Die Einstellungen von Datum, Uhrzeit, Zeitzone und Netzwerkzeit können nur von Admin-Benutzern vollzogen werden.

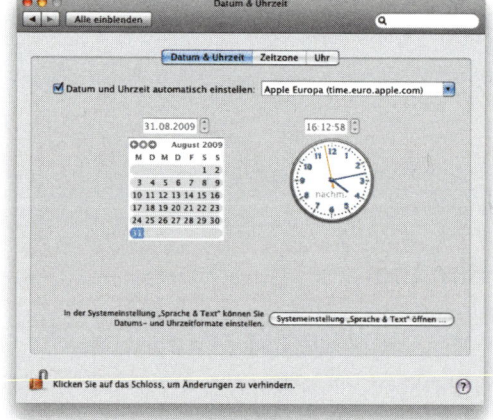

Datum & Uhrzeit

Auf dieser Seite können Sie mit den kleinen Pfeilen das Datum und die Uhrzeit einstellen. Sie können auch die Zeiger der Uhr direkt bewegen.

◀ 160ff
Praxis,
Netzwerk

- **Datum & Uhrzeit automatisch stellen:** Mit der Uhrzeitsynchronisierung hat der Mac die Möglichkeit, ein Zeitsignal aus dem Internet zu empfangen, mit dem die Systemuhr synchronisiert wird. Aus dem Menü können Sie einen Server auswählen oder in das Texteingabefeld eine beliebige Internet-Zeitserver-Adresse eingeben (z.B. <ptbtime1.ptb.de> für die Atomuhr in Braunschweig).

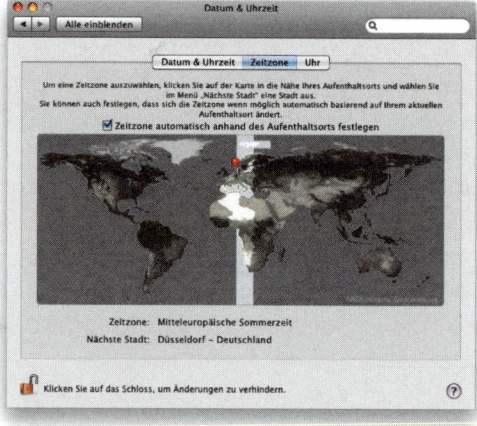

Zeitzone

Auf der Weltkarte können Sie eine Zeitzone anklicken und dann im Aufklappmenü eine Stadt aus dieser Zeitzone auswählen.

Wird die Option »**Zeitzone automatisch anhand des Aufenthalts festlegen**« aktiviert, wird mittels WLAN-basierter Ortung die Stadt bestimmt. Hierfür muss AirPort aktiviert werden.

Uhr

- **Datum und Uhrzeit in der Menüleiste anzeigen:** Die aktuelle Uhrzeit kann an der rechten Seite der Menüleiste als kleine Uhr oder digital (als Text) angezeigt werden. Für die digitale Menüleistenuhr stehen verschiedene Einstellungen zur Auswahl. Die Einstellungen werden direkt von der Menüleistenuhr übernommen.

  Ein Klick auf die Menüleistenuhr öffnet ein Menü, in dem das Datum angezeigt wird.
- **Zeit vorlesen:** Die Uhrzeit wird zum eingestellten Intervall (auf englisch) vorgelesen.

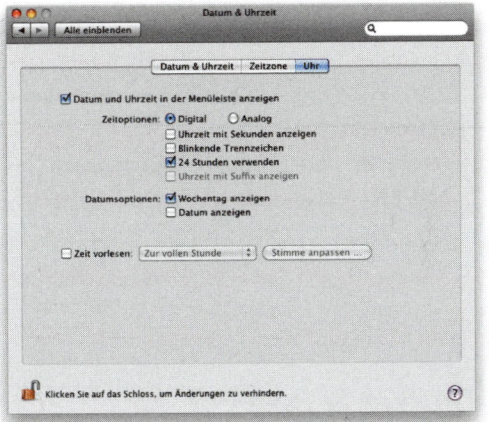

Dock

- **Größe des Docks:** Mit einem Regler können Sie die Größe des Docks einstellen. Alternativ lässt sich die Größe auch direkt am Dock selbst einstellen, indem auf die Trennlinie geklickt und diese mit der Maus nach oben oder unten (bzw. links und rechts) gezogen wird. Hierbei schnappt das Dock mit gedrückter ⌥-Taste in Standardgrößen (16, 32, 64 Pixel) ein.
- **Vergrößerung:** Bei aktivierter Option werden die Objekte, die sich unter dem Mauszeiger befinden, vergrößert dargestellt. Die Stärke

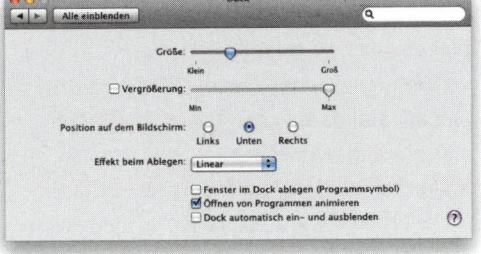

116ff ◄
Praxis, Dock

der Vergrößerung kann mit dem Regler eingestellt werden. Die Vergrößerung lässt sich im Apple-Menü mit dem Befehl »Dock ▶ Vergrößerung einschalten« bzw. »Vergrößerung ausschalten« ein- und ausschalten.

- **Position auf dem Bildschirm:** Das Dock lässt sich am rechten, linken oder unteren Bildschirmrand positionieren.
- **Effekt beim Ablegen:** Hier wird der Effekt bestimmt, mit dem ein Fenster in das Dock verkleinert wird. »Trichter« saugt es ein wie einen Flaschengeist (im Englischen wird der Effekt »Genie« genannt), »Linear« verkleinert es lediglich.
- **Fenster im Dock ablegen (Programmsymbol):** Fenster werden beim Minimieren nicht in den rechten/unteren Bereich des Docks gelegt, sondern verschwinden im Programmsymbol.
- **Das Öffnen der Programme animieren:** Bei aktivierter Option hüpft das Symbol eines Programms, während es gestartet wird.
- **Dock automatisch ein- und ausblenden:** Bei aktivierter Option verschwindet das Dock und erscheint erst, wenn der Mauszeiger an den Bildschirmrand bewegt wird, an dem sich das Dock befindet. Das Dock kann auch mit dem Befehl »Dock ▶ Automatisch einblenden« (⌘⌥D) aus dem Apple-Menü aus- bzw. eingeblendet werden.

Drucken & Faxen

◀ 224ff Praxis, Drucken

◀ 233 Praxis, Faxen

◀ 229 Praxis, Papierformat für Dokument

◀ 232 Praxis, Druckerserver

▶ 342 Kontrollfeld »Freigabe«

In der Liste links werden die installierten Drucker und Faxgeräte aufgelistet. Im Bereich rechts daneben werden Informationen zu dem in der Liste links ausgewählten Gerät angezeigt. Weitere Drucker oder Faxgeräte können mit der Schaltfläche »+« hinzugefügt werden. Dafür wird ein Auswahlfenster geöffnet. Mit der Schaltfläche »-« kann der ausgewählte Drucker gelöscht werden.

Außerdem können hier der Standard-Drucker und das Standard-Papierformat im Druckerdialog bestimmt werden.

- **Drucker-Warteliste öffnen:** Diese Schaltfläche öffnet die Warteliste des ausgewählten Druckers.
- **Optionen & Zubehör:** Die Schaltfläche öffnet die Druckerinformationen, in denen die Einstellungen nachgesehen und geändert werden können.

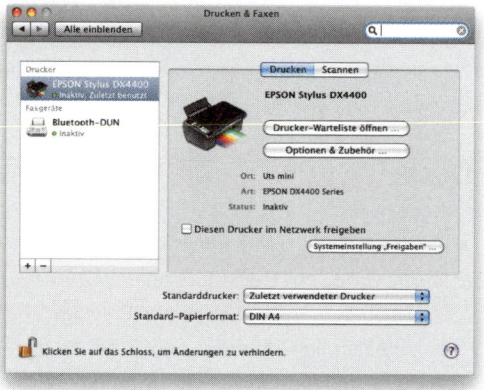

- **Diesen Drucker im Netzwerk freigeben:** Mit dieser Option können Sie das zum Drucken bzw. Faxen ausgewählte Gerät für die gemeinsame Nutzung im Netzwerk freigeben. Die Schaltfläche »Systemeinstellung Freigaben ...«, öffnet das Kontrollfeld »Freigabe«.

Energie sparen

Computer können in einen energiesparenden Ruhezustand versetzt werden. In diesem Ruhezustand wird praktisch nur noch der RAM-Speicher mit Strom versorgt, um die enthaltenen Daten zu sichern. Zur Sicherheit wird zusätzlich der Inhalt des RAM-Speichers in ein Image auf der Festplatte (/var/vm/sleepimage) gesichert. Durch Druck auf eine beliebige Taste wecken Sie den Mac wieder auf. Sie finden alles genauso vor wie vor dem Ruhezustand. Die Einstellungen können nur von Admin-Benutzern vorgenommen werden.

Bei Notebooks lassen sich die Einstellungen für den Betrieb mit **Batterie** und **Netzteil** getrennt definieren. Auch wenn der Mac an eine **USV** angeschlossen ist, können getrennte Einstellungen vorgenommen werden.

Der **Batteriestatus** kann in der Menüleiste als Batteriesymbol angezeigt werden. Mit einem Klick auf dieses Symbol lässt sich über ein Menü festlegen, ob zusätzlich die verbleibende Batteriezeit oder die prozentuale Batterieladung angezeigt wird.

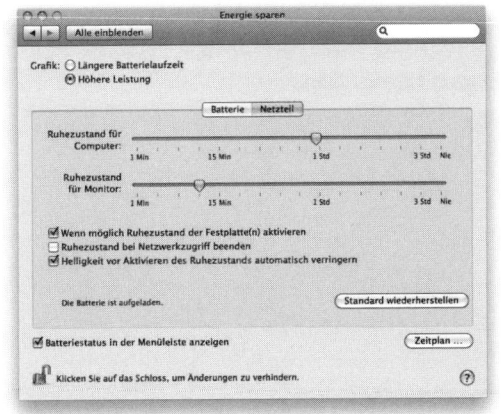

280 ◄
Praxis,
Sicherheit,
Ruhezustand

Grafik
Hier kann beim MacBook Pro mit zwei Grafikprozessoren zwischen dem integrierten (»Längere Batterielaufzeit«) und dem dedizierten Grafikprozessor (»Höhere Leistung«) umgeschaltet werden.

- **Ruhezustand für Computer:** Über einen Schieber lässt sich die Zeit nach der letzten Tastatureingabe oder Mausbewegung einstellen, nach der der Mac automatisch in den Ruhezustand versetzt wird.
- **Ruhezustand für Monitor:** Hier können Sie einzeln die Zeiten einstellen, nach denen der Bildschirm in den Ruhezustand geht. Eine sinnvolle und energiesparende Alternative zum Bildschirmschoner ist ein Ruhezustand des Bildschirms, der nach einer kürzeren Zeit beginnt als der Ruhezustand des Rechners. Der Bildschirm wird durch Bewegen der Maus geweckt.
- **Wenn möglich Ruhezustand der Festplatte(n) aktivieren:** Ist diese Option aktiviert, wird die Festplatte nach einiger Zeit ausgeschaltet.
- **Ruhezustand bei Netzwerkzugriff beenden** bzw. »Bei Ethernet-Netzwerkzugriff aufwachen« oder »Bei Airport-Netzwerkzugriff aufwachen«. Hier können Sie bestimmen, dass Ihr Mac über das Netzwerk von einem »Bonjour Sleep Proxy« aufgeweckt werden kann.
- **Nach Stromausfall automatisch neu starten:** Der Mac startet sich nach einem Stromausfall automatisch neu.

360f ►
Kontrollfeld
»Schreibtisch &
Bildschirmschoner«

Zeitplan
Der Zeitplan erlaubt es, den Computer zu einem bestimmten Zeitpunkt automatisch zu starten und auszuschalten bzw. in den Ruhezustand zu versetzen.

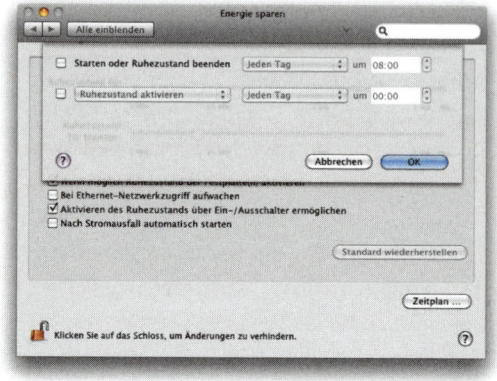

◀ 101ff
Praxis,
Fenster

Erscheinungsbild

- **Erscheinungsbild:** Hier können Sie die Farbe der Bedienelemente (Schaltflächen, Rollbalken, Menüs etc.) bestimmen.
- **Auswahlfarbe:** Die Auswahlfarbe wird in der Textauswahl und für per Drag&Drop aktivierte Fenster etc. verwendet.
- **Position der Rollpfeile:** Die Rollpfeile der Fenster aller Programme können auseinander – die Pfeile befinden sich am jeweiligen Ende der Rollbalken – oder zusammen – alle Pfeile sind unten rechts – positioniert werden.
- **Klicken in den Rollbalken bewirkt:** Ist die Option »**Blättern um eine Seite**« aktiviert, wird mit einem Klick in den Rollbalken der Inhalt eines Fensters so bewegt, dass die unterste Zeile am oberen Rand des Fensters erscheint. Ist »**Anzeigen dieser Stelle**« aktiviert, springt der Rollgriff unter den Mauszeiger. Die Einstellung kann mit gedrückter ⌥-Taste umgekehrt werden.

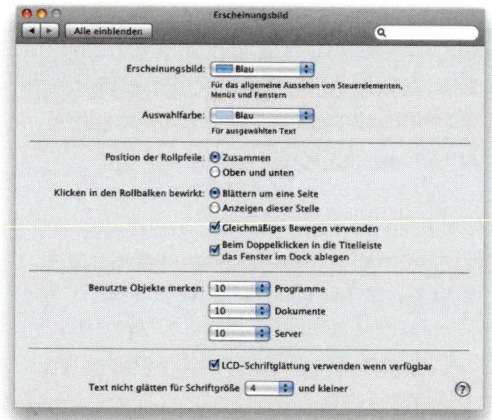

- **Gleichmäßiges Bewegen verwenden:** Wenn diese Option aktiviert ist, wird der Fensterinhalt beim seitenweisen Blättern weitergeschoben, ist sie deaktiviert, wird zur nächsten Seite gesprungen.

- **Beim Doppelklicken in die Titelleiste das Fenster im Dock ablegen:** Ein Doppelklick in die Titelleiste saugt das Fenster in das Dock.
- **Benutzte Objekte merken:** Mac OS X erstellt im Apple-Menü unter »Benutzte Objekte« eine Liste der zuletzt benutzten Programme, Dokumente und Server. Hier kann über drei Auswahlmenüs die Anzahl der aufgelisteten Programme, Dokumente und Server ausgewählt werden.
- **LCD-Schriftglättung verwenden, wenn verfügbar:** Bei digital angesteuerten Flachbildschirmen wird für die Schriftglättung Subpixelrendering verwendet.
- **Text nicht glätten für Schriftgröße X und kleiner:** Da die eingebaute Schriftglättung kleine Buchstaben unleserlich machen kann, kann hier die kleinste Schriftgröße bestimmt werden, bei der die Schrift geglättet wird.

234 ◄
Praxis,
Schrift-
glättung

Exposé & Spaces

Exposé

Wenn Exposé aktiviert wird, ordnet es, je nach aufgerufener Funktion, alle Fenster oder die Fenster des aktiven Programms so auf dem Bildschirm an, dass alle Fenster nebeneinander angezeigt werden. Außerdem kann Exposé alle Fenster aus dem Bildschirm räumen, sodass der Schreibtisch frei zugänglich ist, und mit Dashboard kleine Prográmmchen einblenden, die Funktionen und Informationen bereitstellen.

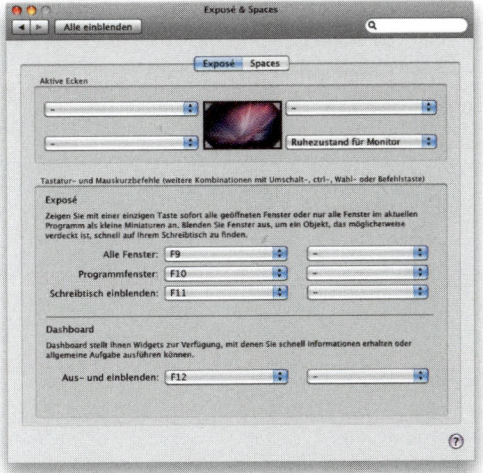

148ff ◄
Praxis, Fens-
terordnung

- **Aktive Ecken:** Mit den vier Menüs kann eine Funktion bestimmt werden, die ausgeführt wird, wenn der Mauszeiger in die entsprechende Ecke gezogen wird. Zusätzlich zu den Funktionen von Exposé und Dashboard kann hier die Aktivierung des Bildschirmschoners ausgewählt werden.
- **Tastatur und Maus:** Für jede der drei Funktionen von Exposé sowie für Dashboard kann eine Taste oder Tastenkombination zur Aktivierung bestimmt werden. Die F-Tasten können zusammen mit den Tasten ⌘, ⌥, ⇧ und/oder ctrl eingestellt werden. Wenn eine Mehrtastenmaus angeschlossen ist, kann in den Menüs rechts alternativ für jede der Aktionen eine Maustaste bestimmt werden. Auch hier können die Tasten ⌘, ⌥, ⇧ und/oder ctrl hinzugenommen werden.

Spaces

Spaces bietet bis zu 16 virtuelle Schreibtische. Diese können mit den »+«- bzw. »-«-Schaltflächen zeilen- und spaltenweise hinzugefügt bzw. entfernt werden.

- **Spaces aktivieren:** Aktiviert die virtuellen Schreibtische.
- **Spaces in der Menüleiste anzeigen:** Im Spaces-Menü-Extra wird die Nummer des aktiven virtuellen Schreibtischs angezeigt und es kann ein anderer ausgewählt werden.
- **Programmzuweisungen:** Mit der »+«-Schaltfläche kann ein Programm ausgewählt werden, das dann mit dem Menü rechts einem virtuellen Schreibtisch zugewiesen werden kann.
- **Tastatur und Maus:** Zum Aktivieren des Programms »Spaces« kann eine F-Taste und eine Maustaste bestimmt werden. Beide können zusammen mit den Tasten ⌘, ⌥, ⇧ und/oder ctrl eingestellt werden. Außerdem kann eine Tastenkombination zum Wechseln zum nächsten bzw. direkt zu einem bestimmten virtuellen Schreibtisch bestimmt werden. Auch hier können die Tasten ⌘, ⌥, ⇧ und/oder ctrl hinzugenommen werden.
- **Beim Wechseln zu einem Programm zu einem Space mit geöffneten Fenstern für das Programm wechseln:** Wenn diese Option aktiviert ist, wird beim Wechsel in ein Programm per Klick auf das Dock-Symbol oder mit der Tastenkombination ⌘-Tab mit einem Fenster, das in einem anderen virtuellen Schreibtisch geöffnet ist, automatisch zu diesem virtuellen Schreibtisch gewechselt.

Freigaben

Im Kontrollfeld »Freigaben« werden die Einstellungen für die Freigabe der Dateien auf dem Mac über das Netzwerk vorgenommen. Die Einstellungen stehen nur für Admin-Benutzer zur Verfügung.

Die verschiedenen Server-Dienste in der Liste links können im Kontrollfeld »Freigaben« gestartet werden. Die einzelnen Dienste werden durch Ankreuzen oder durch Klicken auf die Schaltfläche »Start« aktiviert. Die Adresse, unter der der jeweilige Dienst erreicht werden kann, wird rechts im Kontrollfeld eingeblendet. Entfernen des Häkchens oder Klicken auf »Stopp« deaktiviert den jeweiligen Dienst.

- **Gerätename:** Mit dem hier festgelegten Namen erscheint der Mac in der Liste der verfügbaren Server.

  Mit der Schaltfläche »Bearbeiten« kann der **lokale Hostname** geändert werden, welcher aus dem Gerätenamen generiert wird. Über den hier eingetragenen Namen (*xxx.local*) können die aktivierten Dienste von anderen Rechnern im Netzwerk aufgerufen werden. Ist die entsprechende Option angekreuzt, kann auch ein **dynamischer globaler Hostname** verwendet werden.

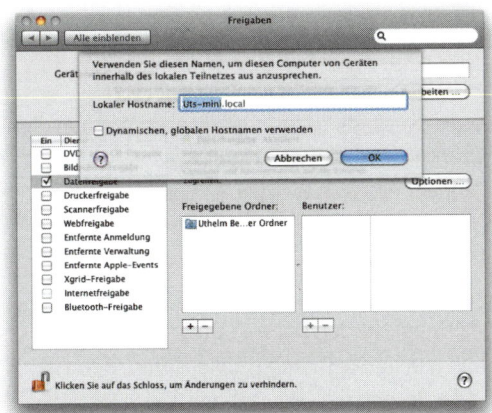

190ff ◀
Praxis,
Freigabe

DVD- oder CD-Freigabe
Hier kann das DVD-Laufwerk für das MacBook Air freigegeben werden.

Bildschirmfreigabe
Mit diesem Dienst wird der integrierte Apple-VNC-Server gestartet.

- **Zugriff erlauben für:** »Alle Benutzer« erlaubt allen auf diesem Mac angelegten Benutzern die Steuerung des Bildschirms. Ist »Nur diese Benutzer« aktiviert, können mit der »+«-Schaltfläche Gruppen oder einzelne Benutzer bestimmt werden, die sich mit dem Computer verbinden dürfen.

- **Computereinstellungen:** Mit dieser Schaltfläche können weitere Optionen eingestellt werden. Die Option **»Jeder kann eine Genehmigung zur Bildschirmsteuerung anfordern«** ermöglicht die Verbindung durch beliebige Benutzer an einen Computer mit Mac OS X Leopard nach einer Abfrage. **»VNC-Benutzer dürfen den Bildschirm mit dem folgenden Kennwort steuern«** erlaubt es auch Benutzern, über andere VNC-Clients den Computer zu steuern, die beispielsweise unter älteren Mac OS X-Versionen, Windows, Linux oder Mac OS 9 laufen.

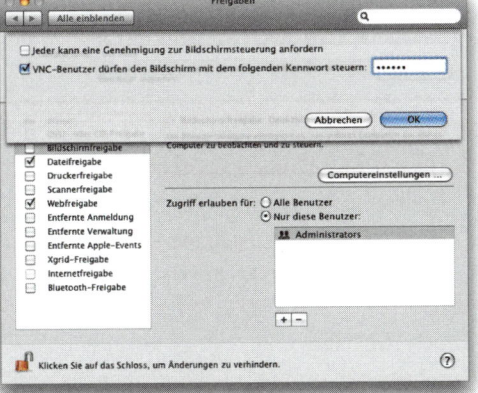

◀ 190ff
Praxis,
Freigaben

Dateifreigabe

Unter **»Freigegebene Ordner«** können mit der »+«-Schaltfläche Ordner für das Netzwerk freigegeben werden. Unter **»Benutzer«** können die Zugriffsrechte auf den jeweils ausgewählten Ordner bestimmt werden. Mit der Schaltfläche **»Optionen«** können die Protokolle für die Netzwerk-Freigabe ausgewählt werden.

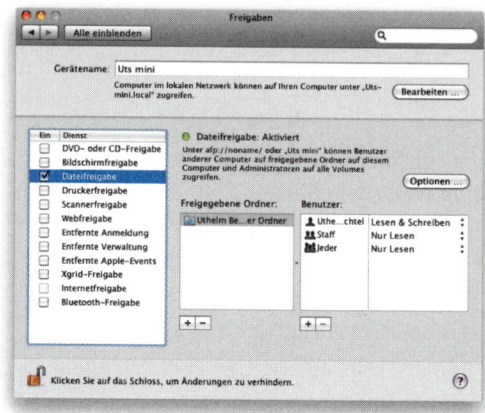

- **Dateien und Ordner über AFP bereitstellen:** Ermöglicht den Datei-Zugriff über das Mac-eigene AppleShare-Protokoll (afp://*Adresse des Rechners*). Diese Option ist aktiviert, wenn File-Freigabe ohne Optionen gestartet wird.

- **Dateien und Ordner über FTP bereitstellen:** Beim Verbindungsaufbau über das FTP-Protokoll meldet sich der Benutzer mit Namen und Passwort an und wird dann an seinen privaten Ordner weitergeleitet. Er kann dann durch die gesamte Hierarchie navigieren und Dateien downloaden bzw. seinen Rechten entsprechend auch uploaden (<ftp://*Adresse des Rechners*>).

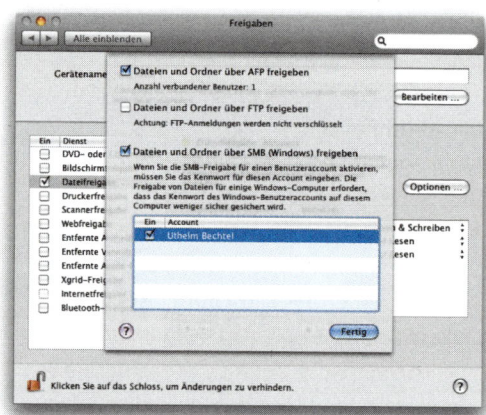

- **Dateien und Ordner über SMB bereitstellen:** Der Samba-Server ermöglicht den Zugriff über das Windows-Freigabe-Protokoll SMB (smb://*Adresse des Rechners*).

◀ 230
Praxis,
Druckerserver

Druckerfreigabe

Lokal angeschlossene Drucker können über das Netzwerk freigegeben werden.

Scannerfreigabe

Hier können Scanner für das Netzwerk freigegeben werden.

Webfreigabe

Der Dienst Web-Freigabe aktiviert den Apache-Webserver. Über den Internetbrowser und das HTTP-Protokoll kann dann auf den Inhalt des Ordners »/Library/Webserver/Documents« zugegriffen werden (<http://*Adresse des Rech-*

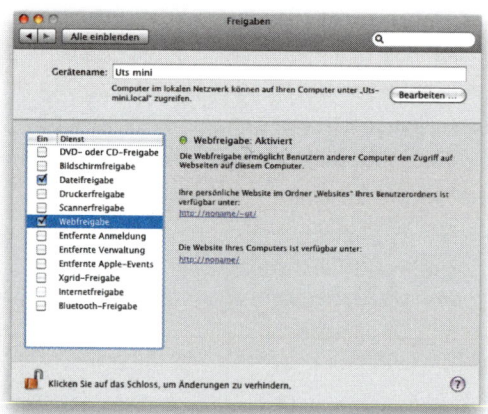

ners>). Außerdem ist der Zugriff auf die Ordner »Sites« der jeweiligen Benutzer möglich. Deren Adresse lautet dann <http://*Internetadresse des Rechners*/~*Kurzer Name des Benutzers*/>.

Entfernte Anmeldung
Mittels der Secure Shell »ssh« kann per UNIX-Kommandozeile über das Netzwerk auf den Mac zugegriffen werden (ssh -l *Adresse des Rechners*). Unter »Zugriff erlauben für:« kann der Zugriff allen Benutzern oder nur einzelnen Benutzern oder Gruppen erlaubt werden.

Entfernte Verwaltung
Der Apple-Remote-Desktop-Client ermöglicht die Administration und Steuerung der grafischen Benutzeroberfläche des Rechners über die Software »Apple Remote Desktop«. Für die Bildschirmsteuerung ohne diese Software steht der Dienst »Screen-Freigabe« zur Verfügung.

Unter »Computereinstellungen« können weitere Einstellungen vorgenommen werden. Mit der Schaltfläche »Optionen« können detaillierte Rechte für die unter »Zugriff erlauben für:« bestimmten Benutzer oder Gruppen definiert werden.

Entfernte Apple-Events
Wenn diese Option aktiviert ist, können Programme auf diesem Mac per AppleScript mit dem Befehl »tell application "*Programmname*" of machine "eppc://*IP-Adresse*"« von anderen Macs aus über das Netzwerk gesteuert werden. (Ist der zu steuernde Rechner ein Rechner mit Mac OS X 10.2 oder neuer, kann hier auch anstelle der IP-Adresse der Bonjour-Name verwendet werden.)

Xgrid-Freigabe
Hier können Sie Ihren Rechner für verteiltes Rechnen in einen Xgrid-Cluster einfügen.

Internetfreigabe
Auf der Seite »Internet« kann eine Internetverbindung für das lokale Netzwerk freigegeben werden. Internet-Freigabe kann nur aktiviert werden, wenn eine Internetverbindung besteht. Im Menü »Verbindung gemeinsam nutzen« wählen Sie die Schnittstelle aus, die mit dem Internet verbunden ist und aktivieren die Netzwerk-Schnittstellen, über die das Internet an das Netzwerk freigegeben werden soll.

- **AirPort-Optionen:** Hier können Sie Namen, Passwort, Kanal und Verschlüsselung des AirPort-Netzwerkes bestimmen, das für die Weitergabe der Internetverbindung hergestellt wird.

190ff ◄
Praxis,
Freigabe

172f ◄
Praxis,
Internetfreigabe

257ff ◄
Praxis,
Shell

◀ 190ff **Bluetooth-Freigabe**
Praxis, Freigabe

Auf dieser Seite nehmen Sie Einstellungen für den Datenaustausch mit Bluetooth-Geräten vor. Die Schaltfläche »Bluetooth-Einstellungen« öffnet das Kontrollfeld »Bluetooth«.

- **Beim Empfang von Objekten:** Hier können Sie eine Aktionen für den Empfang von Dateien und einen Download-Ordner bestimmen.
- **Beim Zugriff anderer Geräte:** Hier können Sie einen Ordner auswählen, den Sie für Bluetooth-Geräte zum Zugriff freigeben, und die Optionen für den Verbindungsaufbau bestimmen.

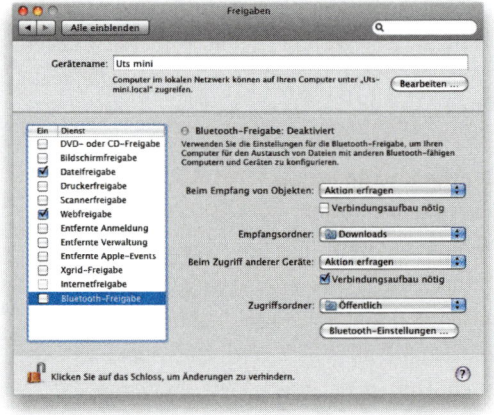

Kindersicherung

Im Kontrollfeld »Kindersicherung« können die Benutzerrechte von normalen Benutzern weiter eingeschränkt werden.

- **Bestimmte Einschränkungen:** Der Benutzer wird entsprechend der gewählten Optionen weiter eingeschränkt.

◀125 • **Einfacher Finder:** Der einfache Finder besteht
Praxis, einfacher Finder   lediglich aus einem Fenster, das entweder die freigegebenen Programme, die Dokumente oder den Ordner »Für alle Benutzer« anzeigt.

Inhalt

Auf der Seite »Inhalt« können »anstößige Ausdrücke« aus dem (englischsprachigen) Lexikon zensiert und der Zugriff auf Wikipedia-Artikel zu sexualwissenschaftlichen Themen im Programm »Lexikon« blockiert werden. Außerdem können bestimmte Internetseiten gesperrt werden.

Mail & iChat

Auf dieser Seite kann Mail darauf beschränkt werden, nur E-Mails mit bestimmten Adressen auszutauschen und iChat auf bestimmte Chat-Partner beschränkt werden. Die Adressen können mit der Schaltfläche »+« in ein Textfeld eingetragen oder mit einem Klick auf das Dreieck neben dem Textfeld »Nachname« aus dem Adressbuch herausgesucht werden.

Zugriffszeiten

Hier kann die Nutzung des Computers mit diesem Account auf eine bestimmte Zeitspanne begrenzt werden. Die Zeit kann für Werktage und das Wochenende unterschiedlich eingestellt werden. Außerdem kann die Nutzung des Computers zu bestimmten Zeiten ganz verboten werden.

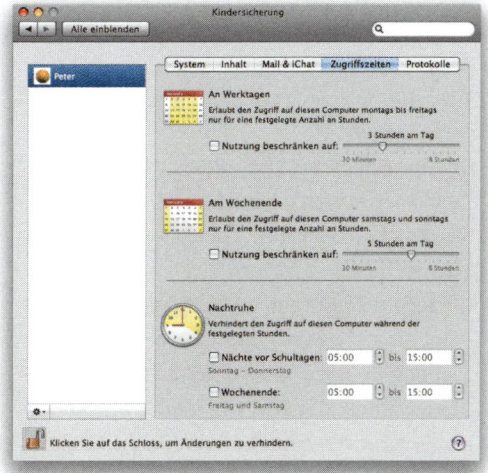

Protokolle
Hier können Protokolle über die Zugriffe auf Webseiten, geöffnete Programme und Chats mit iChat kontrolliert werden.

◂ 246f
Praxis, Ink

Ink

Mit Ink wurde in Mac OS X 10.2 eine systemweite Handschrifterkennung eingeführt. Auf einem Wacom-Grafiktablett können handschriftliche Texte geschrieben werden, die dann von Ink in Computer-Text umgewandelt werden. Das Kontrollfeld »Ink« erscheint nur in den Systemeinstellungen, wenn ein Grafiktablett angeschlossen ist. Für die Funktion des Tabletts müssen die Wacom-Treiber installiert sein.

Die Handschrifterkennung wird mit der Option **»Erkennung der Handschrift ist Ein«** eingeschaltet. Wenn die Handschrifterkennung eingeschaltet ist, erscheint die Ink-Werkzeugpalette auf dem Bildschirm.

Einstellungen
- **Meine Handschrift ist:** Hier können Sie einstellen, wie weit die Buchstaben innerhalb eines Wortes bei Ihrer Handschrift auseinander stehen.
- **In jedem Programm Ink aktivieren:** Ist diese Option ausgewählt, kann mit dem Stift an jeder beliebigen Stelle des Tabletts geschrieben werden. Der Text wird in das oberste offene Fenster eingefügt. Wenn die Option deaktiviert ist, können Sie nur im Ink-Pad schreiben. Der fertige Text kann dann mit der Schaltfläche »Senden« in das oberste Fenster eingefügt werden.

- **Stiftoptionen:** Hier kann bestimmt werden, unter welchen Umständen zwischen Mausfunktion und Schrifterkennung gewechselt wird. Mit der Schaltfläche **»Optionen«** können diese Einstellungen justiert werden.
- **Ink-Pad-Schrift:** Hier wird der Zeichensatz für das Ink-Pad bestimmt.
- **Ink-Fenster einblenden:** öffnet die Ink-Palette, die zum Ink-Pad erweitert werden kann.
- **Ink in der Menüleiste anzeigen:** Mit dem Ink-Menü-Extra können Sie das Ink-Fenster ein- und ausblenden sowie die Option »Irgendwo schreiben« aktivieren und deaktivieren.

Sprache

Auf dieser Seite kann die Sprache gewählt werden, in der geschrieben wird. Damit wird das Grundwörterbuch bestimmt, mit dem Ink die Wörter erkennt.

Zeichen

Mit den Gesten können bestimmte Aktionen während der Texteingabe ausgeführt werden. Die Gesten können mit dem Häkchen einzeln deaktiviert werden. Bei einem Klick in die Zeile wird rechts eine Animation der Strichführung gezeigt.

Wortliste

Mit der Schaltfläche **»Hinzufügen«** kann ein Wort eingegeben werden, das häufig benutzt wird. Ist das Wort schon im allgemeinen Wörterbuch enthalten, wird es nicht in die Wortliste aufgenommen. Mit den Schaltflächen **»Bearbeiten«** und **»Löschen«** kann ein Eintrag gelöscht bzw. geändert werden.

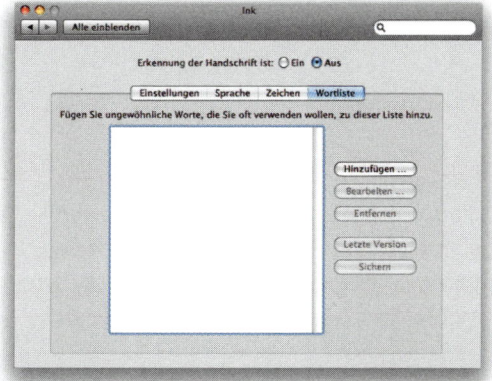

Maus

Auf der Seite »Maus« passen Sie die Geschwindigkeit der Mausbewegung und des Doppelklick-Intervalls Ihren persönlichen Vorlieben an. Ist eine Mehrtastenmaus mit Scrollrad angeschlossen, können Sie zusätzlich die Maustasten tauschen und die Geschwindigkeit des Scrollrades einstellen. Ist eine Mighty Mouse angeschlossen, können die Maustasten einzeln mit Funktionen belegt oder deaktiviert werden.

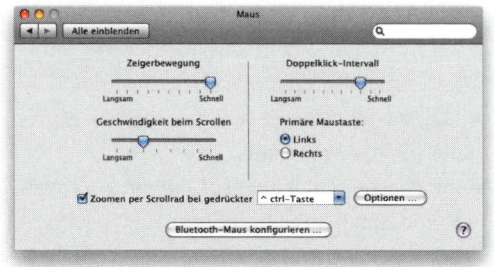

- **Zoomen per Scrollrad bei gedrückter X-Taste:** Wird das Scrollrad zusammen mit der gedrückten Taste, die hier bestimmt wird, bewegt, wird der Bildschirminhalt herangezoomt. Unter »Optionen« kann das Verhalten eingestellt werden.

Bluetooth-Maus konfigurieren

Mit einem Klick auf diese Schaltfläche kann eine Bluetooth-Maus gesucht und mit einem Assistenten konfiguriert werden.

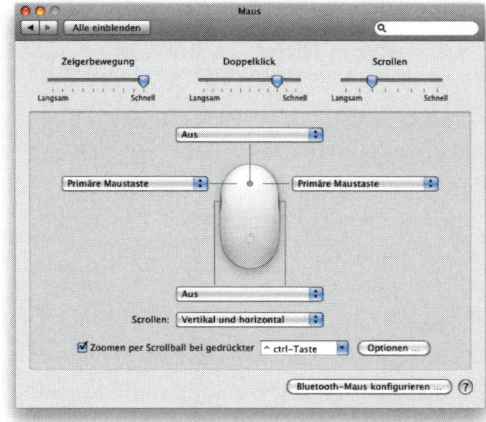

◄ 204
Praxis,
MobileMe

MobileMe

Beim ersten Zugriff geben Sie auf der Seite, die sich zuerst öffnet, Namen und Passwort Ihres MobileMe-Accounts ein. Dann erst erscheinen die anderen Seiten. Wenn Sie keinen MobileMe-Account besitzen, können Sie sich mit der Schaltfläche »Weitere Informationen« für einen Probe-Account anmelden. Dafür wird die MobileMe-Internet-Seite im Internet-Browser geöffnet.

Account

Hier wird der Status des Accounts angezeigt.

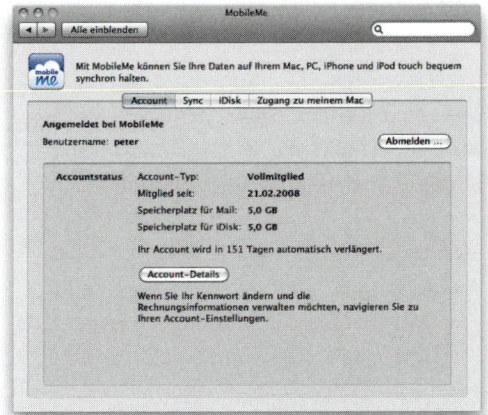

Sync

Auf dieser Seite können Sie bestimmen, welche Daten über MobileMe synchronisiert werden, und die Synchronisation manuell starten.

- **Mit MobileMe synchronisieren:** Mit der Option »Automatisch« wird jede Änderung auf dem Mac automatisch auf MobileMe übertragen.
- **Weitere Optionen:** Mit »Sync-Daten zurücksetzen« können Sie die Daten auf MobileMe durch die von Ihrem Mac ersetzen oder umgekehrt. Außerdem werden die bei Ihrem MobileMe-Account angemelden Computer aufgelistet und lassen sich abmelden.

213 ◄
Praxis,
MobileMe-Sync

iDisk

Auf dieser Seite werden Größe und verfügbarer Speicherplatz der »Internet-Festplatte« iDisk angezeigt, die im MobileMe-Account enthalten ist. Die iDisk kann dann direkt über das Menü »Gehe zu« des Finders geöffnet werden. Außerdem werden hier Zugriffsrechte und Kennwort für die freigegebenen Ordner auf der iDisk bestimmen.

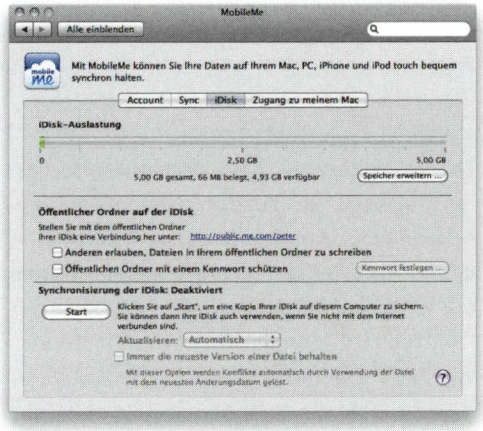

Zugang zu meinem Mac

Wenn diese Option aktiviert ist, kann MobileMe als Relais für File-Freigabe und Screen-Freigabe verwendet werden.

Monitore

Das Kontrollfeld »Monitore« passt sich an die unterschiedlichen Gegebenheiten der Hardware an. Lediglich die Seiten »Monitor« und »Farben« sind bei allen Macs erreichbar.

Monitore
- **Auflösungen:** In diesem Bereich werden die möglichen Monitorauflösungen in einer Liste angezeigt. Die Auflösung kann durch einen einfachen Klick in die entsprechende Zeile gewechselt werden.
- **Farben:** Hier kann aus einem Aufklappmenü die Farbtiefe ausgewählt werden.
- **Wiederholrate:** Hier kann aus einem Aufklappmenü die Frequenz des Monitors bestimmt werden.
- **Helligkeit und Kontrast:** Bei einigen Monitoren können hier die Helligkeit und der Kontrast des Bildschirms mit zwei Schiebern eingestellt werden.
- **Monitore in der Menüleiste anzeigen:** Mit dem Monitor-Menü-Extra kann zwischen mehreren Modi aus Farbtiefe und Auflösung gewechselt werden. Im Menü-Extra lässt

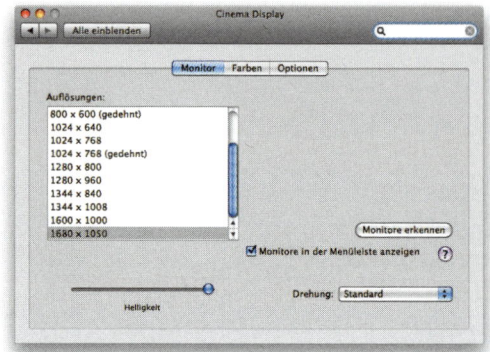

sich unter »**Benutzte Einstellungen merken**« die Anzahl der Modi bestimmen, die dort erscheinen sollen.
- **Drehung:** Falls ein Monitor hochkant ausgerichtet ist, kann die Darstellung des Inhalts kann auf dem Monitor gedreht werden.

Anordnen

Wenn ein weiterer Monitor angeschlossen wurde, kann die Seite »Anordnen« geöffnet werden. Hier werden die Bildschirme miteinander gruppiert. Auch auf dem zweiten Monitor erscheint die Seite »Monitor« zum Einstellen der Farbtiefe. Mit der Schaltfläche »**Bildschirme erkennen**« auf der Seite »Monitore« können im laufenden Betrieb angeschlossene Monitore angemeldet werden.
- **Bildschirme synchronisieren:** Mit dieser Option zeigen beide Monitore das gleiche Bild.

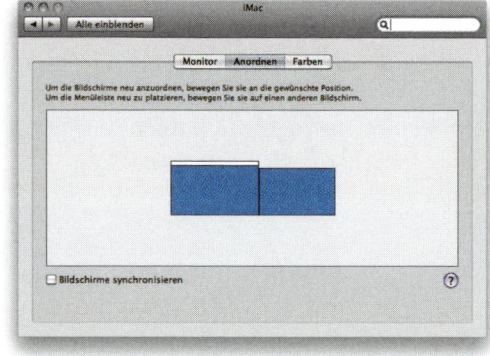

Farben

Hier kann ein vorhandenes ColorSync-Profil ausgewählt werden. Mit der Schaltfläche »Kalibrieren« wird der Kalibrierungsassistent gestartet. »Profil öffnen« zeigt die Details des Profils im »Colorsync-Dienstprogramm« an.

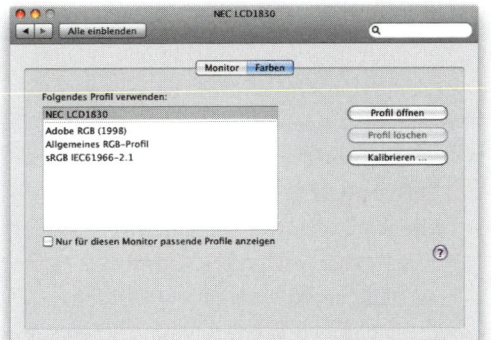

240ff ◄
Praxis, Farbmanagement

Optionen

Bei einigen Displays – z.B. beim Apple Cinema-Display oder beim Cinema-HD-Display – steht eine zusätzliche Seite »Optionen« zur Verfügung, in der Hardware-spezifische Einstellungen vorgenommen werden können. Hier legen Sie beispielsweise für ein Apple-Cinema-Display fest, welche Funktion die Einschalttaste ausführt.

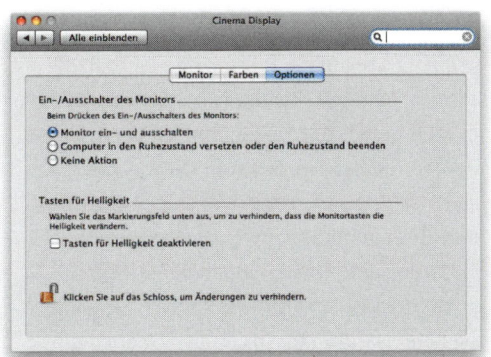

Netzwerk

Die Einstellungen im Kontrollfeld »Netzwerk« können nur von Admin-Benutzern vorgenommen werden.

- **Umgebung**: In diesem Aufklappmenü können Sie zwischen verschiedenen Netzwerkumgebungen wechseln, für die Sie die Einstellungen einzeln vornehmen. Mit dem Befehl **»Umgebung bearbeiten«** können Sie neue Umgebungen anlegen, Umgebungen löschen oder vorhandene Umgebungen umbenennen oder duplizieren.
- **Assistent ...:** Mit dieser Schaltfläche kann der »Netzwerk-Assistent« oder die **»Netzwerk-**

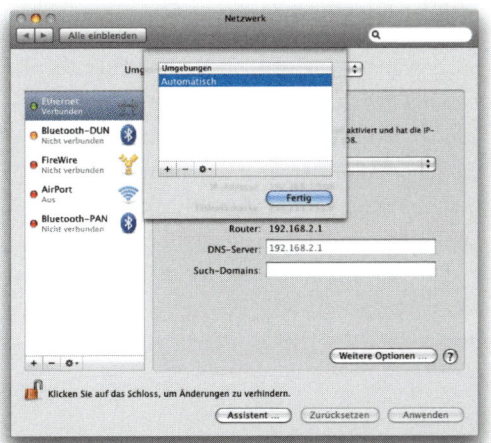

160ff ◄
Praxis,
Netzwerk

121 ◄
Praxis,
Admin-Benutzer

Kontrollfelder in Mac OS X **353**

◀ 160ff
Praxis,
Netzwerk

Diagnose« gestartet werden, mit dem/der Sie Schritt für Schritt eine Umgebung konfigurieren bzw. Probleme mit der Netzwerk-Verbindung eingrenzen können.

- **Zurücksetzen:** Die Änderungen werden rückgängig gemacht.
- **Anwenden:** Wenn Sie die Schaltfläche »Anwenden« klicken, werden die geänderten Einstellungen aktiviert. Unter Umständen werden dafür vorhandene Verbindungen unterbrochen und neu aufgebaut.

Dienste

In einer Liste auf der linken Seite werden die aktiven Schnittstellendienste aufgelistet. Ein grünes, gelbes oder rotes Licht und eine kurze Beschreibung zeigt dabei den Status des jeweiligen Dienstes an. Mit einem Doppelklick können Sie einen der Dienste auswählen und für jeden einzelne Einstellungen vornehmen.

Mit der »+«-Schaltfläche können Sie weitere Dienste hinzufügen. So lassen sich auch unterschiedliche IP-Adressen und Protokolle gleichzeitig auf einer Schnittstelle einsetzen. Mit der »–«-Schaltfläche kann der ausgewählte Dienst aus der Liste entfernt werden.

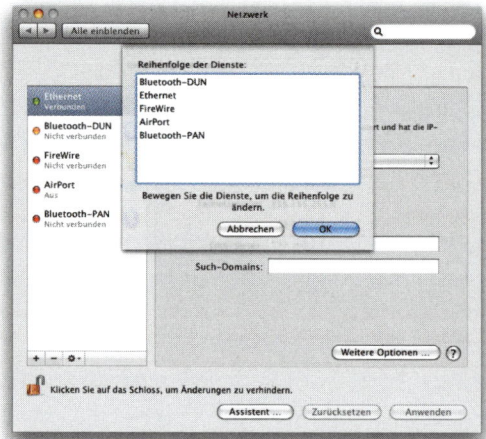

Im Menü mit dem **Zahnrad** können Dienste für die ausgewählte Umgebung aktiviert, deaktiviert und in ihrer Priorität verschoben werden.

Im Bereich rechts wird der Status des links ausgewählten Dienstes noch einmal genauer beschrieben. Je nach ausgewähltem Dienst können unterschiedliche Grundeinstellungen vorgenommen werden. Detaillierte Einstellungen können mit der Schaltfläche **»Weitere Optionen«** vorgenommen werden.

- Bei Ethernet und FireWire wird die IPv4-Konfiguration vorgenommen.
- Bei AirPort kann das Netz ausgewählt werden.
- Bei einer PPP-Verbindung (Modem, Bluetooth oder DSL) geben Sie in die Eingabefelder den Namen, das Kennwort und evtl. die Telefonnummer des PPP-Zugangs ein.

Weitere Optionen

Unter »Weitere Optionen« werden je nach ausgewähltem Dienst unterschiedliche Seiten angezeigt.

AirPort

Auf der Seite »AirPort« werden Einstellungen für das AirPort-Netzwerk vorgenommen.

- **Bevorzugte Netzwerke:** In der Liste werden WLAN-Netzwerke aufgelistet, für die bei der Verbindung die Option »Dieses Netzwerk merken« aktiviert war. Sie können mit der Maus in der Reihenfolge verschoben werden. Die »+«-Schaltfläche öffnet einen Dialog, mit dem Sie weitere Netzwerke hinzufügen können.
- **Alle Netzwerke merken, mit denen der Computer verbunden war:** Neue Netzwerke werden automatisch in die Liste eingefügt.
- **Verbindungen mit drahtlosen Netzwerken beim Abmelden trennen:** Wenn der Benutzer sich mit dem Befehl »Abmelden« (⌘⇧Q) abmeldet, wird die Verbindung getrennt.
- **Administratorkennwort erforderlich für:** Hier kann für bestimmte Einstellungen bestimmt werden, dass diese nur von Admin-Benutzern vorgenommen werden dürfen.

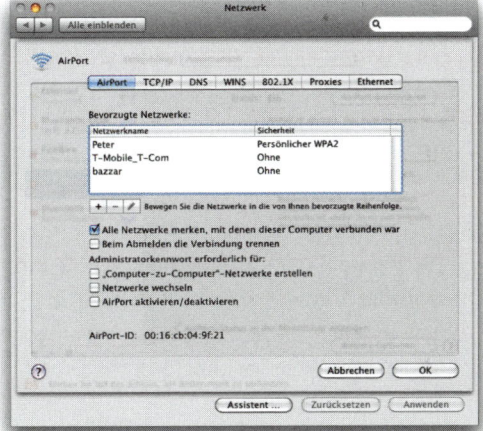

◀ 16off
Praxis, Netzwerk

TCP/IP

Auf der Seite »TCP/IP« werden die Einstellungen für Netzwerkverbindungen über das TCP/IP-Protokoll vorgenommen.

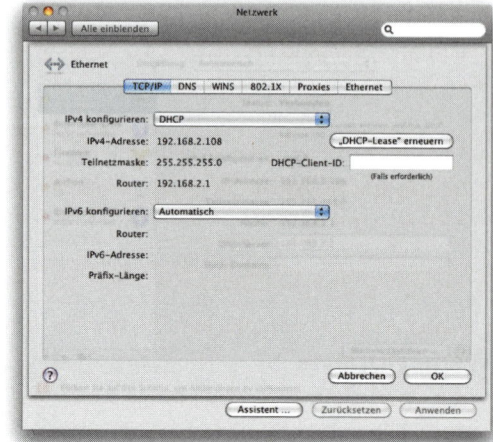

- **IPv4 konfigurieren:** In einem Aufklappmenü wird die Konfigurationsmethode ausgewählt. Diese und die Daten, die Sie in die folgenden Felder eintragen müssen, erfahren Sie von Ihrem Internet-Provider oder Netzwerkadministrator.

  Wenn ein DSL-Router vorhanden ist oder auch innerhalb eines Intranets wird meist **DHCP** verwendet. Hier kann mit der Schaltfläche »„DHCP-Lease" erneuern« vom Server eine neue IP-Adresse angefordert werden. Wenn im Netzwerk kein DHCP-Server vorhanden ist, wählt der Mac mit der Einstellung »DHCP« über IPv4-link-local selber eine IP-Adresse. Manche DHCP-Server teilen anhand der »DHCP-Client ID« den Clients immer dieselben IP-Adressen zu.

  BootP wird nur noch sehr selten verwendet.

  Bei der Konfigurationsmethode »**DHCP mit manueller Adresse**« wird die IP-Adresse manuell vergeben, die restlichen Daten werden aber vom DHCP-Server angefordert.

  Die IP-Adressen mit Subnetzmaske und Routeradresse können alternativ auch **manuell** vergeben werden.

  Mit der Einstellung **»Aus«** wird IPv4 deaktiviert.

- **IPv6 konfigurieren:** Die IPv6-Adresse wird automatisch aus der Ethernet-Adresse (MAC) und weiteren Faktoren generiert. Mit dem Menü können aber auch manuell eine IPv6-Adresse und eine IPv6-Router-Adresse angelegt werden. Hier kann IPv6 auch deaktiviert werden.

DNS

Die Name-Server-Adresse (»DNS-Server«) wird für eine Internetverbindung zum Auflösen der Domain-Namen gegen die IP-Adressen der Server verwendet, auf denen sich die aufgerufenen Internetseiten befinden. Bei DHCP-Serverkonfigurationen wird die DNS-Adresse automatisch vergeben.

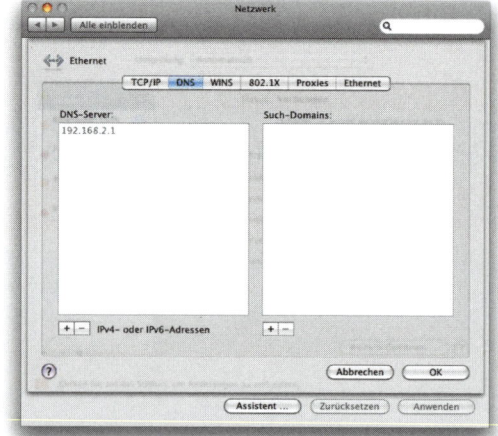

WINS

Hier bestimmen Sie die Windows-Arbeitsgruppe und -Domäne.

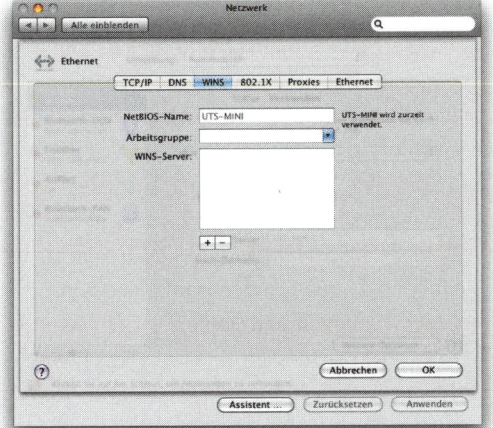

16off ◄
Praxis,
Netzwerk

802.1x

Auf dieser Seite werden die Einstellungen für eine Anmeldung an ein Netzwerk nach IEEE 802.1x über einen RADIUS-Server vorgenommen. Die dafür nötigen Daten erfahren Sie vom Netzwerkadministrator.

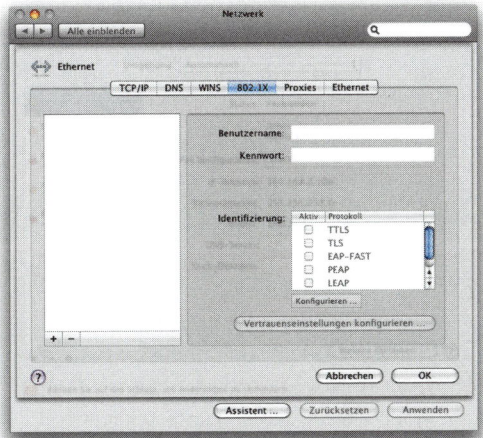

Proxies

Auf dieser Seite können für die Internet-Programme Proxys eingerichtet werden. Ein Proxy ist ein beim Internetprovider zwischengeschalteter Server, der alle Daten annimmt und in seinen Cache legt. Bei eingerichtetem Proxy werden häufig angefragte Daten statt von den Servern im Internet vom Proxy geholt. Der Proxy für unterschiedliche Protokolle kann durch Ankreuzen aktiviert werden. Wenn der jeweilige Proxy-Typ in der Liste ausgewählt ist, kann in das Texteingabefeld die Adresse und die Portnummer eingetragen werden.

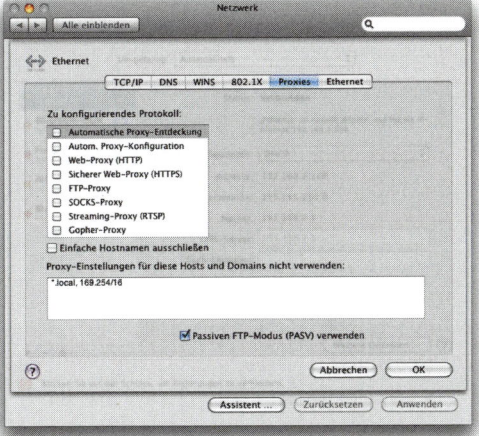

◀ 160ff
Praxis,
Netzwerk

Ethernet

Auf dieser Seite können erweiterte Einstellungen für die Ethernet-Schnittstelle vorgenommen werden. Normalerweise handelt die Ethernet-Schnittstelle die Geschwindigkeit und den Duplex mit der Gegenstelle aus (autoselect). Wenn im Menü »Konfiguration« die Option »Manuell« ausgewählt wurde, können die Einstellungen manuell vorgenommen werden.

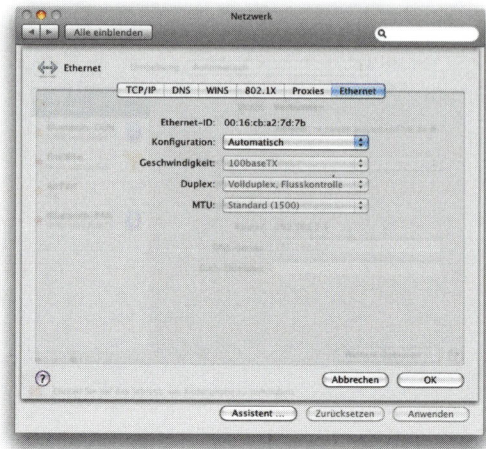

- **Geschwindigkeit und Duplex:** In den Menüs kann aber stattdessen eine feste Geschwindigkeit ausgewählt und der Halb- oder Voll-Duplex-Betrieb eingestellt werden.

◀ 175
Praxis,
Netzwerk,
MTU

- **Maximale Paketgröße (MTU):** Die maximale Paketgröße im Internet beträgt 1500 Bytes. So genannte Jumbopakete (9000 Bytes groß) verbessern das Verhältnis zwischen den Protokoll-Daten und den eigentlichen Daten. Ein eigener Wert wird beispielsweise in manchen Konfigurationen für die Internet-Anbindung über einen Router und DSL gebraucht.

Modem

Die Seite »Modem« ist für die Schnittstellenverbindung von »PPP« zuständig. Für Modems, die an der Telefonleitung betrieben werden, und Mobiltelefone werden unterschiedliche Einstellungen vorgenommen.

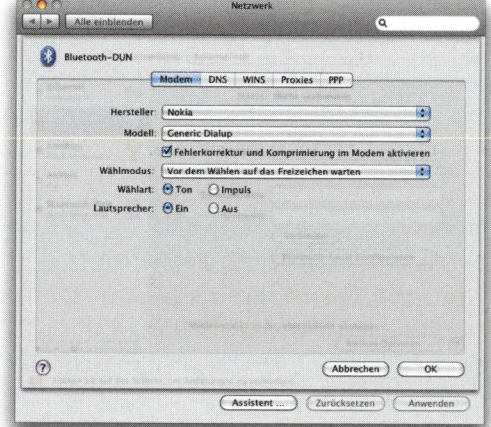

- **Hersteller** und **Modell:** In zwei Aufklappmenüs lässt sich ein Modem für die PPP-Verbindung auswählen, dessen Modemskript sich im Ordner »/Library/Modem Scripts« befindet. Die Skripte gängiger Modemmodelle – inklusive Infrarot-Verbindungen zu Handys und Nullmodemverbindungen – werden bei der Installation von Mac OS X in diesen Ordner gelegt. Skripte für weitere Modems lassen sich im Internet finden.

- **Fehlerkorrektur und Kompression im Modem aktivieren:** Die Fehlerkorrektur und Kompression im Modem lässt sich abschalten, falls die Gegenstelle diese Funktionen nicht unterstützt.

- **Wählmodus:** Wichtig für viele Telefonanlagen ist die Einstellmöglichkeit »Freizeichen ignorieren«. Ist sie ausgewählt, versucht das Modem auch ohne Freizeichen eine Verbindung aufzubauen. Das Modem kann dann zuerst die Amtsziffer wählen und von der Telefonanlage ein Amt erhalten.
- **Wählart:** Mit »Ton« oder »Impuls« wird die Wählart eingestellt. Sie hängt von der Art der Telefonverbindung ab.
- **Lautsprecher:** Hier lässt sich einstellen, ob der Ton des Modems hörbar ist.
- **APN:** Hier tragen Sie den Namen des Access Points ein, über den das Mobiltelefon die Internetverbindung aufbauen soll.
- **CID:** Bei manchen Providern muss zusätzlich ein Connection Identifier bestimmt werden.

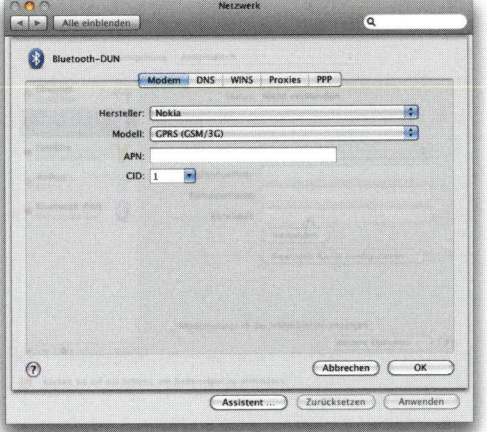

PPP

Auf der Seite »PPP« werden Einstellungen für den Verbindungsaufbau über ein Modem, ein Mobiltelefon bzw. DSL und das PPP-Protokoll mit einem Internet-Provider vorgenommen. Im Menü »Einstellungen« kann zwischen Einstellungen für die Sitzung und die Konfiguration gewechselt werden.

- **Bei Bedarf automatisch verbinden:** Eine PPP-Verbindung wird automatisch hergestellt, wenn z.B. im Internetbrowser eine Adresse eingegeben wird. Ist die Option nicht angekreuzt, muss die Verbindung manuell hergestellt werden.
- **Alle x Minuten nachfragen, um die Verbindung aufrecht zu halten**: Nach der eingestellten Zeit erscheint eine Abfrage. Wird diese nicht bestätigt, wird die Verbindung automatisch nach etwa 20 Sekunden beendet.
- **Verbindung trennen, falls sie x Minuten nicht verwendet wurde:** Die Verbindung

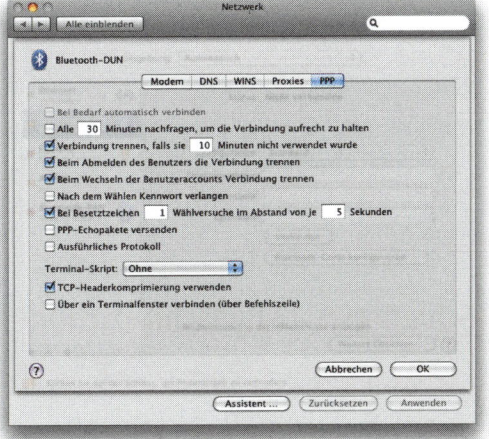

wird beendet, sofern keine Netzwerkaktivität festgestellt werden kann.

- **Beim Abmelden des Benutzers die Verbindung trennen:** Wenn der Benutzer sich mit dem Befehl »Abmelden« (⌘⇧Q) abmeldet, wird die Verbindung getrennt.
- **Beim wechseln des Benutzeraccounts abmelden:** Wenn der Benutzer mit dem schnellen Benutzerwechsel gewechselt wird, wird die Verbindung getrennt.
- **Nach dem Wählen Kennwort verlangen:** Das Kennwort wird nicht gespeichert.
- **Bei Besetztzeichen X Wahlversuche im Abstand von Y Sekunden:** Hier kann die Anzahl der Anwahlversuche und die Wartezeit dazwischen bestimmt werden.
- **Ausführliches Protokoll:** Über jede Verbindung wird ein kurzes Protokoll aufgezeichnet, das im Programm »Konsole« unter »ppp.log« eingesehen werden kann. Mit der Option »Ausführliches Protokoll« werden alle Verbindungsparameter aufgezeichnet.
- **Über ein Terminalfenster verbinden (über Befehlszeile):** Wenn diese Option aktiviert ist, kann die Verbindung über ein Terminalfenster aufgebaut werden. Die benötigten Steuerbefehle für den Verbindungsaufbau werden per Tastatur eingegeben. Außerdem kann ein **Terminal-Skript** bestimmt werden.
- Mit den Optionen »**TCP-Headerkomprimierung verwenden**« und »**PPP-Echopakete versenden**« kann die Verbindung optimiert werden.

Schreibtisch & Bildschirmschoner

Schreibtisch

Auf der Seite »Schreibtisch« bestimmen Sie Ihren persönlichen Schreibtischhintergrund. Dafür können Sie einfach eine Bilddatei in das Vorschaufeld ziehen oder ein Bild aus der Sammlungsvorschau anklicken.

In der Liste links können Sie zwischen verschiedenen Kategorien wählen. Die von Apple vorgegebenen Schreibtischbilder befinden sich im Ordner »/Library/Desktop Pictures«. Darunter wird der Ordner »Bilder« aufgelistet.

Wenn iPhoto installiert ist, wird zusätzlich auch wird die iPhoto-Library in der Liste angezeigt. Mit der »+«-Schaltfläche können Sie beliebige Ordner auf Ihrer Festplatte ganz unten in die Liste einfügen.

Alle Bilddateien im ausgewählten Ordner – JPEG-, TIFF-, PDF-Dateien etc. – werden in der Sammlungsvorschau angezeigt. Je nach Format kann das ausgewählte Bild zentriert, auf die Größe des Schreibtischs skaliert oder gekachelt dargestellt werden. Ist das Bild kleiner als der Bildschirm lässt sich zusätzlich eine Hintergrundfarbe bestimmen.

- **Bild ändern:** Ist diese Option aktiviert, wird das Hintergrundbild nach dem im Menü bestimmten Zeitraum automatisch gewechselt.
- **Zufällige Reihenfolge:** Die Bilder werden nach Zufallsprinzip gewechselt.
- **Transparente Menüleiste:** Hier kann die Transparenz der Menüleiste ausgeschaltet werden.

Bildschirmschoner

Auf dieser Seite kann ein Bildschirmschoner ausgewählt und konfiguriert werden. Die von Apple vorinstallierten Bildschirmschoner-Module befinden sich im Ordner »/System/Library/Screen Savers«. Weitere Module können in den Ordner »/Library/Screen Savers« für alle Benutzer oder in den Ordner »Privat/Library/Screen Savers« für nur einen Benutzer hinzugefügt werden. Die Liste zeigt zuerst die Bildschirmschoner für jeden Benutzer und dann die privaten Bildschirmschoner.

Statt eines richtigen Bildschirmschoners kann auch ein Ordner mit Bildern für eine Diaschau, die als Bildschirmschoner angezeigt wird, bestimmt werden. Unter »Bilder« werden die Ordner mit den Schreibtischbildern aufgelistet und der private Bilder-Ordner. Mit »Ordner auswählen« kann ein Ordner ausgewählt werden. Ganz unten steht die iPhoto-Library zur Auswahl.

- **Vorschau:** In diesem Bereich wird eine Vorschau des ausgewählten Moduls angezeigt.
- **Optionen:** Hier können spezifische Einstellungen für das ausgewählte Modul vorgenommen werden.
- **Testen:** Der Bildschirmschoner wird sofort gestartet, bis der Mauszeiger bewegt wird.
- **Aktivieren nach:** Hier können Sie die Zeit nach der letzten Mausbewegung oder

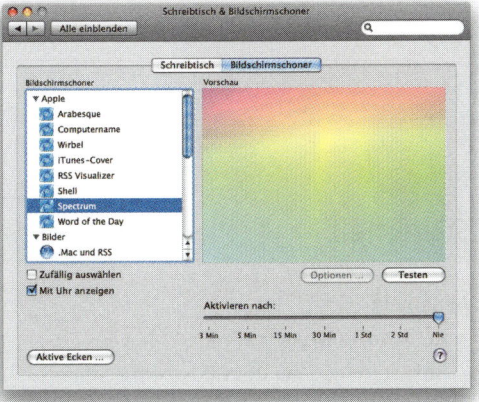

Tastatureingabe einstellen, nach der der Bildschirmschoner aktiviert werden soll. Der Bildschirmschoner wird durch Bewegen der Maus oder Drücken einer beliebigen Taste beendet.

- **Zufällig auswählen:** Ist diese Option aktiviert, wird beim Aktivieren per Zufall ein Bildschirmschoner ausgewählt.
- **Aktive Ecken:** Für jede Ecke des Bildschirmes kann aus einem Menü eine Funktion ausgewählt werden. Sobald die Maus in die Ecke bewegt wird, in der die Funktion »Bildschirmschoner ein« ausgewählt wurde, wird

der Bildschirmschoner aktiviert. Befindet sich der Mauszeiger in der Ecke des Bildschirms, die mit der Funktion »Bildschirmschoner aus« belegt wurde, so wird der Bildschirmschoner auch nach der eingestellten Zeit nicht aktiviert. Außerdem stehen die Exposé-Funktionen für die Ecken zur Auswahl.

◀ 337 Kontrollfeld »Energie sparen«, Ruhezustand der Monitore

Als energiesparende und materialschonende Variante steht hier zusätzlich der **»Ruhezustand des Bildschirms«** zur Auswahl, bei dem die Grafik-Hardware und die Hintergrundbeleuchtung ausgeschaltet werden.

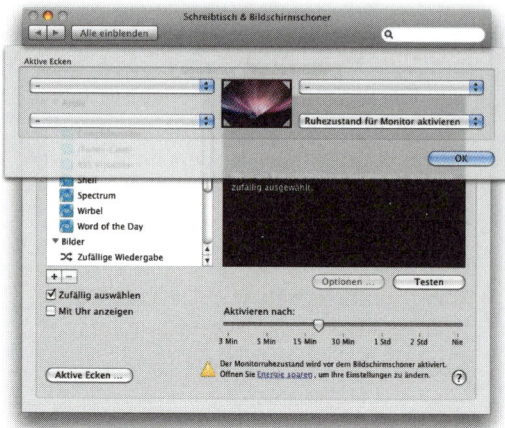

◀ 278ff Praxis, Sicherheit

Sicherheit

Allgemein

◀ 334 Kontrollfeld »Benutzer«, Anmeldeoptionen

- **Kennwortabfrage beim Beenden des Ruhezustandes oder des Bildschirmschoners:** Sobald der Bildschirmschoner oder der Ruhezustand aktiviert wurde, wird Ihr Schreibtisch nicht mehr ohne Eingabe des Passwortes sichtbar. Mit einem Klick auf **»Benutzer wechseln«** wird das Anmeldefenster geöffnet.

◀ 50 Technik, virtueller Speicher

- **Automatisches Anmelden deaktivieren:** Eine eventuell im Kontrollfeld »Benutzer« eingerichtete automatische Anmeldung wird deaktiviert. Beim Starten des Computers zeigt sich zuerst das Anmeldefenster.

- **Kennwortabfrage für die Freigabe jeder geschützten Systemeinstellung:** Systemeinstellungen, die geschützt werden können, sind beim Öffnen geschützt und werden erst nach Klick auf das Schlösschen und Eingabe eines Admin-Passwortes freigegeben.

- **Abmelden nach X Minuten Inaktivität:** Nach der vorgegebenen Zeit ohne Tastatureingabe oder Mausbewegung wird der Befehl »Abmelden« (⌘⇧Q) ausgeführt. Nach weiteren 120 Sekunden werden dann alle Programme beendet, der Benutzer abgemeldet und das Anmeldefenster geöffnet.

- **Sicheren virtuellen Speicher verwenden:** Die Swap-Dateien auf der Festplatte werden verschlüsselt, sodass – z.B. wenn von einem anderen Volume gestartet wurde – keine Informationen aus ihnen herausgelesen werden können.

- **Ortungsdienste deaktivieren:** Der Standort Ihres Rechners kann von entsprechenden Programmen nicht mehr über den WLAN-basierten Ortungsdienst ermittelt werden.

- **Infrarotempfänger für Fernbedienungen deaktivieren:** Ist diese Option aktiviert, kann

Ihr Mac nicht mehr über eine Fernbedienung gesteuert werden. Mit der Schaltfläche »Koppeln« können Sie alternativ die Verbindung auf eine bestimmte Fernbedienung beschränken.

FileVault

Mit der Schaltfläche **»Hauptkennwort festlegen«** kann ein Kennwort festgelegt werden, mit dem alle FileVault-Images auf diesem Computer entschlüsselt werden können. Wenn Sie die Schaltfläche **»FileVault aktivieren ...«** klicken, werden Sie – nach Abfrage des Benutzerpasswortes – zuerst abgemeldet und Ihr privater Benutzerordner wird auf ein verschlüsseltes Disk-Image verschoben. Danach können Sie sich ganz normal wieder anmelden.

Firewall

Mit einem Klick auf die Schaltfläche »Starten« wird die Firewall aktiviert. Dann können unter **Weitere Optionen** Einstellungen vorgenommen werden. Mit der »+«-Schaltfläche können Sie Programme in die Liste einfügen und für diese Programme eingehende Verbindungen erlauben oder verbieten. Ist die Option »Signierter Software automatisch erlauben, eingehenden Verbindungen aus dem Netzwerk zu empfangen« aktiviert, müssen Sie die Verbindung für signierte Programme nicht einzeln freigeben. Wird ein Dienst im Kontrollfeld »Freigabe« aktiviert, werden eingehende Verbindungen für diesen erlaubt. Er erscheint im oberen Teil der Liste.

- **Alle eingehenden Verbindungen blockieren:** Die Firewall ist geschlossen. Außer zu den Diensten »configd«, »mDNSResponder« und »racoon« sind keine eingehenden Verbindungen aus dem Netzwerk möglich.
- **Tarnmodus aktivieren:** Der Rechner antwortet nicht auf Anfragen aus dem Netzwerk.

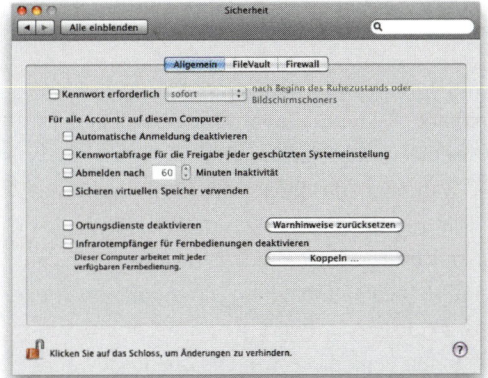

278ff ◄
Praxis, Sicherheit

128 ◄
Praxis, Benutzerordner

203 ◄
Praxis, Disk-Images

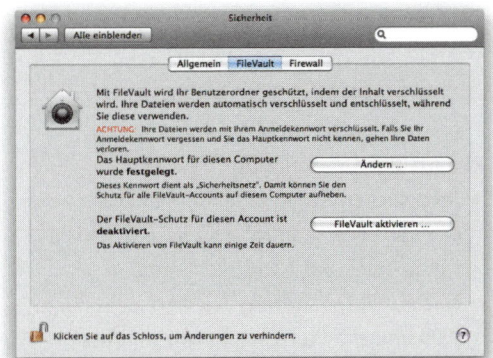

283 ◄
Praxis, Sicherheit im Netzwerk, Firewall

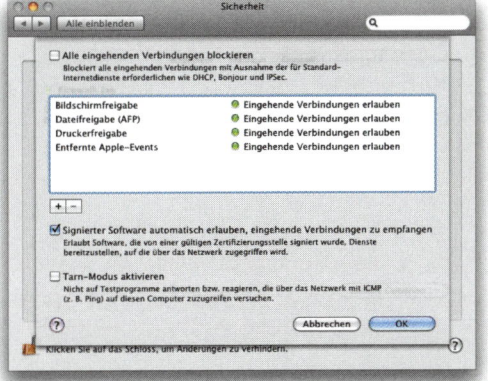

Softwareaktualisierung

◂ 79
Praxis, Software aktualisieren

Mit dem Kontrollfeld »Softwareaktualisierung« können Bestandteile von Mac OS X über das Internet aktualisiert werden.

Dafür wird das Programm »Softwareaktualisierung« (im Ordner »/System/Library/CoreServices«) gestartet und der Mac stellt über das Internet eine Verbindung zum Apple Server her. Ist aktuellere Software als die installierte vorhanden, kann diese in einer Liste ausgewählt werden. Im unteren Bereich werden Informationen zur ausgewählten Software angezeigt. Ein Klick auf die Schaltfläche »Installieren« startet die Installation. Nicht gewünschte Software kann mit dem Befehl **»Update ignorieren«** aus dem Menü »Aktualisieren« aus der Liste ausgeblendet werden. Mit dem Befehl **»Ignorierte Updates zurücksetzen«** aus dem Menü »Softwareaktualisierung« können diese erneut gesucht werden. Mit den Befehlen **»Nur laden«** oder **»Paket installieren und behalten«** kann die Software auch für eine spätere Installation mit dem »Installationsprogramm« gesichert werden.

Planmäßige Überprüfung
- **Jetzt suchen:** Ein Klick auf diese Schaltfläche öffnet das Programm »Softwareaktualisierung« und startet den Suchvorgang.
- **Nach Updates suchen:** Der Mac sucht nach dem eingestellten Zeitplan automatisch nach Software-Updates.
- **Wichtige Updates im Hintergrund laden:** Bestimmte Updates werden ohne Abfrage heruntergeladen und können dann sofort installiert werden.

Installierte Software
In einer Liste werden die installierten System-Updates aufgelistet.

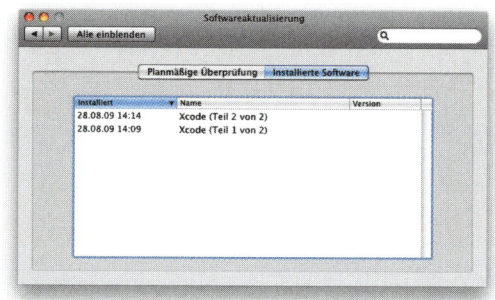

Spotlight

Im Kontrollfeld »Spotlight« werden die Einstellungen für die Spotlight-Suche vorgenommen.
- **Tastatur-Kurzbefehle:** Im unteren Bereich des Kontrollfeldes können Sie Tastaturkürzel bestimmen, mit denen das Spotlight-Menü oder das Spotlight-Fenster geöffnet werden.

Suchergebnisse
Hier bestimmen Sie, welche Dateitypen im Spotlight-Menü erscheinen. Durch Verschieben der Einträge in der Liste können Sie die Reihenfolge im Spotlight-Menü bestimmen.

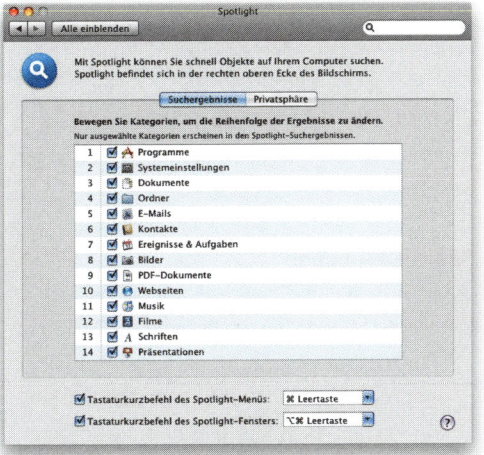

140ff ◄
Praxis, Spotlight

Privatsphäre
Die hier eingefügten Ordner bleiben von der Suche durch Spotlight ausgeschlossen.

Sprache

Der Mac kann gesprochene Befehle erkennen und geschriebene Texte vorlesen. Im Kontrollfeld »Sprache« werden die dafür notwendigen Einstellungen vorgenommen. Die zugehörigen Systemkomponenten befinden sich im Ordner »/System/Library/Speech«.

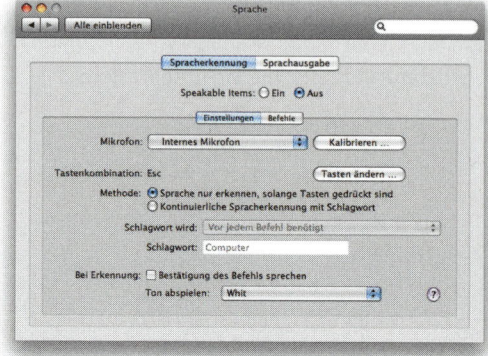

Spracherkennung

- **Ein/Aus:** Wenn die »Speakable Items« aktiviert sind, werden die Befehle im Ordner »*Privat*/Library/Speech/Speakable Items« auf gesprochenes Wort hin ausgeführt. Sie können hier auch Aliase Ihrer Programme ablegen, um diese per gesprochenem Befehl zu starten.
- **Einstellungen:** Auf dieser Seite stellen Sie ein, unter welchen Umständen der Computer auf Ihre Befehle hören soll.
- **Befehle:** Hier bestimen Sie, welche Programme per Sprachsteuerung gesteuert werden sollen.

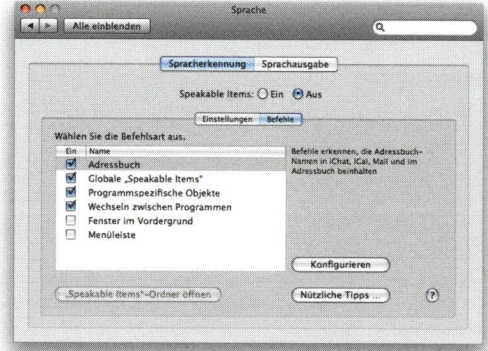

Sprachausgabe

Mac OS X stellt Programmen eine Vorlesefunktion zur Verfügung. Diese kann, wenn die entsprechenden Optionen aktiviert sind und Englisch die Standardsprache ist, auch Meldungen des Systems und von Programmen oder eine beliebige Textauswahl vorlesen.

Auf der Seite Sprachausgabe kann im Menü »**Standardstimme**« ein Standardsprecher ausgewählt und die Geschwindigkeit des jeweiligen Sprechers eingestellt werden. Die – leider nur englischsprachigen – Stimmen befinden sich im Ordner »/System/Library/Speech/Voices«. Zwei deutsche Stimmen gibt es z.B. von Cepstral <www.cepstral.com> für je 29,99 $.

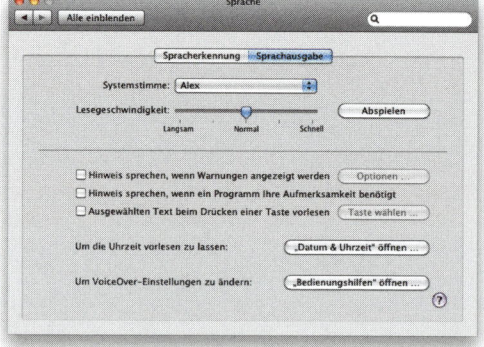

Sprache & Text

Sprachen

- **Sprachen:** Die meisten Mac-OS-X-Programme werden mit mehreren Sprachpaketen ausgeliefert. In der Liste können Sie bestimmen, welche Sprache in den Programmen verwendet werden soll. Ist diese Sprache im Programmbundle nicht angelegt, wird die nächste Sprache in der Liste verwendet. Mit der Schaltfläche »Bearbeiten« können Sie die Sprachen auswählen, die in der Liste zur Auswahl stehen sollen.
- **Reihenfolge für sortierte Listen:** Hier wird die der alphabetischen Sortierung von Objekten zugrunde liegende Sprache eingestellt.

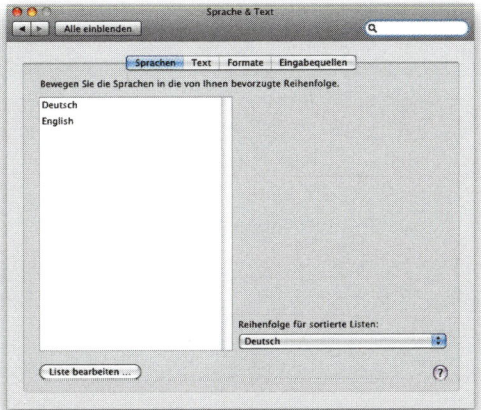

Text

Auf dieser Seite können Sonderzeichen bestimmt werden, die durch Eingabe einer Zeichenfolge erzeugt werden. Außerdem kann die Sprachnorm für Rechschreibung, Silbentrennung und Anführungszeichen bestimmt werden.

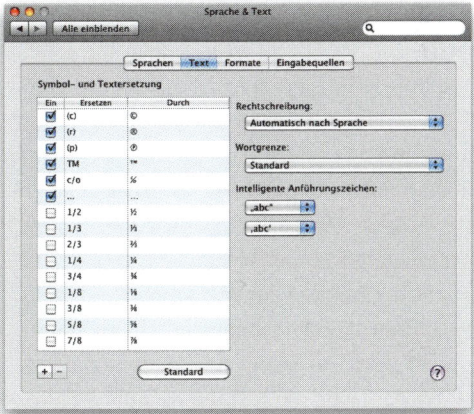

Formate

Hier werden die Formate für Datum, Uhrzeit und Zahlen festgelegt. Hierdurch wird auch die Darstellung der Datumsangaben bzw. Zahlen in Anwendungsprogrammen beeinflusst.

- **Region:** In dem Aufklappmenü »Region« kann einfach zwischen voreingestellten Länderformaten ausgewählt werden.

- **Anpassen:** Für Datum, Uhrzeit und Zahlen kann aber auch jeweils ein eigenes Format definiert werden.

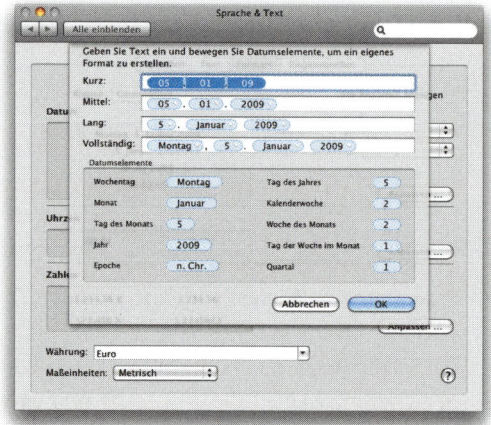

Eingabequellen

Auf der Seite »Eingabequellen« wird die länderspezifische Tastaturbelegung ausgewählt. Wenn Texte in einer fremden Sprache geschrieben werden – z.B. Französisch oder Spanisch –, kann im Tastatur-Menü-Extra oder mit einem Tastaturkürzel direkt die Tastaturbelegung gewechselt werden. Dann stehen die häufig verwendeten Sonderzeichen auf der obersten Ebene der Tastatur zur Verfügung.

- **Optionen für Eingabequelle:** Ist die Option »Für jedes Dokument eine andere zulassen« aktiviert, wird die Tastatur automatisch in das System umgeschaltet, in dem ein ausgewählter Text erstellt wurde.

◀ 236
Praxis, Zeichenpalette

Tastatur- und Zeichenübersicht

Wenn die Option »Tastatur- und Zeichenübersicht« in der Liste der Tastaturbelegungen aktiviert ist, können Sie aus dem Tastatur-Menü mit dem Befehl »Zeichenpalette einblenden« ein schwebendes Fenster öffnen, in dem alle Unicode-Zeichen angezeigt werden. Die Tastaturübersicht zeigt die aktuelle Tastaturbelegung an.

Startvolume

Wenn Sie dieses Kontrollfeld aktivieren, werden sämtliche Volumes nach startfähigen Systemen abgesucht. Aktivieren Sie eines der gefundenen Systeme, wird der Eintrag für das »boot-device« im NVRAM geändert und der Mac beim nächsten Neustart mit diesem System gestartet. Wenn Sie den Mauszeiger auf ein Objekt bewegen und ein wenig warten, werden detailliertere Informationen zu diesem System eingeblendet. Unter den Objekten wird angezeigt, welches System aktuell ausgewählt ist. Mit einem Klick auf die Schaltfläche »Neustart« können Sie Ihren Mac direkt vom ausgewählten System neu starten. Das Startvolume kann nur von einem Admin-Benutzer gewechselt werden.

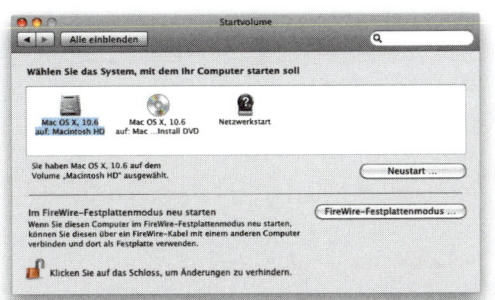

68f ◄
Technik, Systemstart

34 ◄
Technik, NVRAM

- **Im FireWire-Festplattenmodus neu starten:** Wenn Sie diese Schaltfläche klicken, wird der Mac im FireWire-Modus neu gestartet. Die interne Festplatte kann dann an einem anderen Mac wie eine externe FireWire-Festplatte gemountet werden.

80 ◄
Praxis, FireWire-Modus

Tastatur

Tastatur
Auf dieser Seite lassen sich Einstellungen vornehmen, die das Verhalten der Tastatur und der Tastaturbeleuchtung beeinflussen.
- **Wiederholrate** und **Ansprechverzögerung**: Hier können Sie mit zwei Reglern die Geschwindigkeit der Tastatur einstellen.
- **Sondertasten:** Hier können Sie die Tasten ⌘, ⌥, ctrl und die Feststelltaste gegeneinander vertauschen.
- **Tastatur- und Zeichenübersicht in der Menüleiste anzeigen:** Aktiviert das Tastatur-Menüextra.

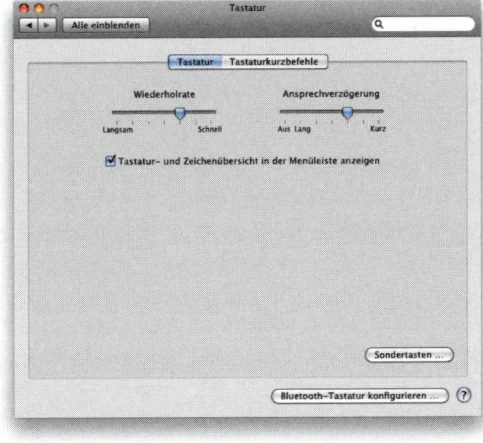

368 ◄
Tastatur- und Zeichenübersicht

Tastaturkurzbefehle

Auf dieser Seite können die Tastaturkurzbefehle aktiviert und deaktiviert werden. Mit der Schaltfläche »+« können eigene Tastaturbefehle global oder in bestimmten Programmen definiert werden. Der Tastaturbefehl wird im entsprechenden Menü hinter dem angegebenen Menübefehl angezeigt, sobald das Programm neu gestartet wurde.

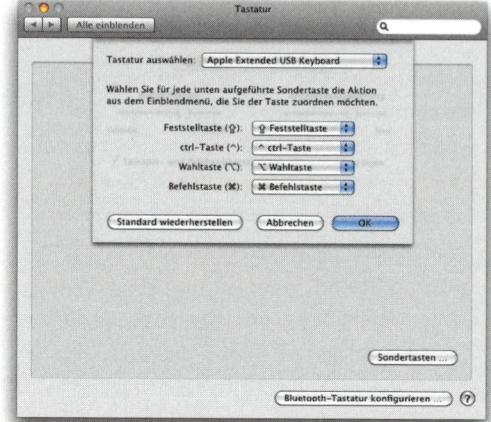

- **Tastatursteuerung:** Wenn die Option »Alle Steuerungen« aktiviert, können Sie mit der Tab-Taste zwischen Bedienelementen wie Texteingabefeldern und Schaltflächen wechseln. Das aktivierte Element bekommt einen blauen bzw. grauen Rand und kann dann mit der Leertaste bedient werden. Mit den Pfeiltasten können Sie in Aufklappmenüs blättern und den ausgewählten Menüpunkt mit der Eingabetaste auswählen oder es mit der Taste »esc« wieder schließen.

Bluetooth-Tastatur konfigurieren

Mit einem Klick auf diese Schaltfläche kann eine Bluetooth-Tastatur gesucht und mit einem Assistenten konfiguriert werden.

Time Machine

Im Kontrollfeld Time Machine kann das automatische Backup-System konfiguriert werden.

- **Ein/Aus:** Mit dem Schalter wird der Backup-Prozess ein- bzw. ausgeschaltet.
- **Time Machine-Status in der Menüleiste anzeigen:** Mit dem Time-Machine-Menü-Extra kann ein Backup erstellt und Time Machine zum Durchsuchen der Backups gestartet werden. Ist Time Machine nicht konfiguriert, können andere Time-Machine-Backups durchsucht werden.
- **Backup-Volume auswählen:** Mit einem Klick auf diese Schaltfläche (erscheint nur, solange noch kein Backup-Volume ausgewählt ist), können Sie ein Volume aus der Liste auswählen, auf das die Backups geschrieben werden sollen.
- **Volume wechseln:** Mit der Schaltfläche »Volume wechseln ...« können Sie ein anderes Volume als Backup-Volume auswählen. Wird der Eintrag »Ohne« gewählt, wird Time Machine deaktiviert.
- **Time Capsule konfigurieren:** Diese Schaltfläche öffnet das AirPort-Dienstprogramm, in dem Time Capsule konfiguriert werden kann. TimeCapsule ist eine WLAN-Basisstation mit NAS (Network-Attached-Storage-Netzwerk-Festplatte).
- **Optionen:** Hier können Ordner und Volumes, die mit der Schaltfläche »+« ausgewählt werden, vom Backup ausgeschlossen werden.

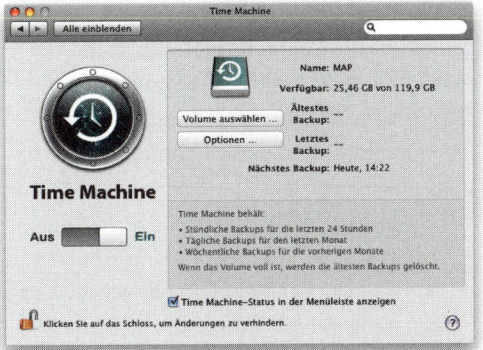

269ff ◄
Praxis,
Time
Machine

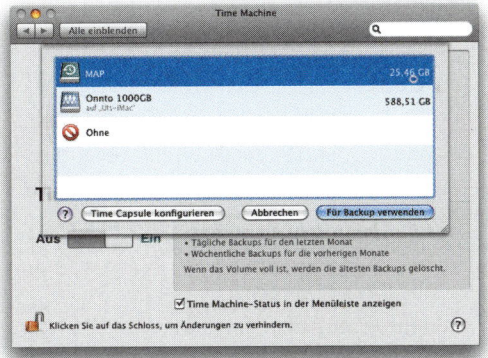

Ton

Mit dem Kontrollfeld »Ton« wählen Sie die Warntöne des Computers, die Lautstärke der Tonwiedergabe sowie den Ausgang für die Tonausgabe. Weitere Einstellungen können im Programm »Audio-MIDI-Konfiguration« gemacht werden.

◀ 323 Audio-MIDI-Konfiguration

- **Gesamtlautstärke:** Hier wird der Master geregelt, die Lautstärke der Lautsprecher.
- **Lautstärke in der Menüleiste anzeigen:** Das Lautstärke-Menü-Extra zeigt anhand seines Symbols in der Menüleiste die aktuelle Laustärkeeinstellung an. Mit einem Klick erscheint ein Regler.

Toneffekte

In einer Auswahlliste kann ein Warnton ausgewählt werden. Die zur Auswahl stehenden Warntöne befinden sich im Ordner »/System/Library/Sounds«. Eigene Warntöne im AIFF-Format können in den Ordner »*Privat*/Library/Sounds« gelegt werden.

- **Warnton abspielen über:** Hier wird die Audio-Komponente ausgewählt, über die die Warntöne abgespielt werden.
- **Warnton-Lautstärke:** Die Lautstärke des Warntons wird im Verhältnis zur Gesamtlautstärke bestimmt.
- **In der Benutzeroberfläche Toneffekte verwenden:** Bestimmte Aktionen – z.B. ein Objekt in den Papierkorb legen – werden mit Toneffekten unterlegt.

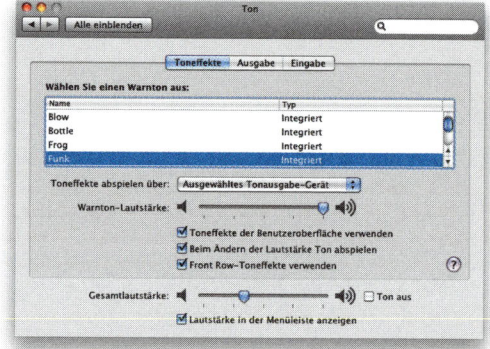

Ausgabe

Hier kann unter den verschiedenen installierten Audio-Komponenten der bevorzugte Tonausgang für Audio-Programme – wie beispielsweise iTunes – ausgewählt werden. Mit einem Regler lässt sich die Balance einstellen.

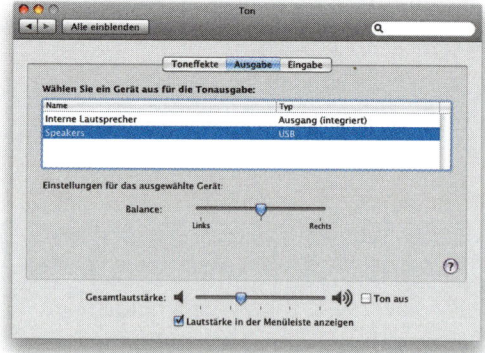

Eingabe

In der Liste kann eine Standard-Toneingabequelle gewählt werden. Unter »Eingangspegel« zeigt ein VU-Meter den aktuellen Pegel an, mit dem Regler »Eingangslautstärke« kann der Gain geregelt werden.

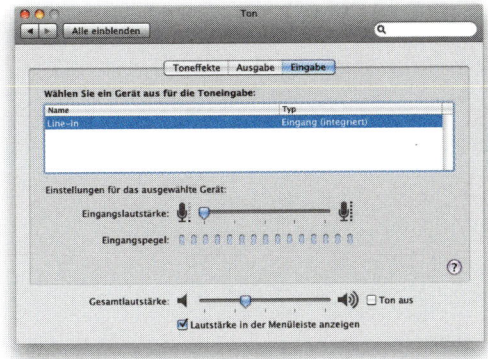

Trackpad

Bei einem Notebook erscheint das Kontrollfeld »Trackpad« in den Systemeinstellungen. Es sieht je nach Art des eingebauten Trackpads unterschiedlich aus. Die Geschwindigkeit des Trackpads kann unabhängig von einer eventuell zusätzlich angeschlossenen Maus eingestellt werden.

- **Klicken, Bewegen:** Mit diesen Optionen wird das Trackpad wie eine Maustaste verwendet.
- **Sekundärklick:** Entspricht der rechten Maustaste bzw. einem Klick mit gedrückter ctrl-Taste.
- **Scrollen:** Mit zwei Fingern kann in Fenstern gescrollt werden. Mit dem Schieber wird die Geschwindigkeit eingestellt.
- **Vergrößern & verkleinern, Drehen:** Mit zwei Fingern können Bilder skaliert oder gedreht werden.
- **Bildschirmzoom:** Wie das Scrollrad der Maus kann auch die Zweifinger-Scroll-Funktion mit einer Zusatztaste zum Zoomen des Bildschirminhalts verwendet werden.
- **Navigieren durch Wischen:** Entspricht einem Druck einer der Pfeiltaste.
- **Versehentliche Trackpad-Eingaben ignorieren:** Wenn auf der Tastatur getippt wird, werden eventuelle Finger auf dem Trackpad ignoriert.
- **Trackpad ignorieren, falls eine Maus angeschlossen ist:** Wenn eine externe Maus angeschlossen wird, wird das Trackpad deaktiviert.

Farbauswahl

Die Farbwähler des Mac OS X

In Mac OS X können Farben in verschiedensten Programmen mittels eines Farbwählers ausgewählt werden. Innerhalb des Farbauswahl-Fensters kann zwischen unterschiedlichen Methoden der Farbraum-Darstellung gewählt werden.

Die Farbregler »RGB« und »HSV« sowie »Websichere Farben« und das Spektrum-Bild basieren auf dem additiven RGB-Farbsystem. Der CMYK-Farbwähler simuliert die subtraktive Farbmischung des Vierfarbdrucks.

◄ 241f
Praxis,
Farbtheorie

Das Farbauswahl-Fenster

In der Symbolleiste oben können die verschiedenen Mischervarianten ausgewählt werden. Unter den Schiebewählern stehen vier Varianten zur Verfügung. Im Feld neben der Lupe wird die gewählte Farbe angezeigt. Bis zu 300 Farben können zum späteren Gebrauch per Drag&Drop in die kleinen Felder unten gezogen werden. Die Farbwähler befinden sich im Ordner »/System/Library/Colorpickers«.

◄ 324
Referenz,
»DigitalColor
Farbmesser«

Unterschiede zwischen Carbon und Cocoa

Die Farbregler in der Carbon- und der Cocoa-Programmumgebung unterscheiden sich ein wenig in der Bedienung. Die Mischer der Cocoa-Umgebung verwenden ein schwebendes Fenster, die ausgewählte Farbe wird direkt auf das ausgewählte Objekt im Dokument umgesetzt. In der Carbon-Umgebung verwenden die Farbregler ein normales Fenster mit zwei zusätzlichen Schaltflächen »OK« und »Abbrechen«. Die Änderung der Farbe wird erst umgesetzt, wenn das Fenster mit »OK« geschlossen wird.

◄ 41f
Technik,
Programm-
umgebungen

Farbe einstellen

In allen Farbwählern kann die Farbe durch Klicken in Farbfelder und Verschieben von Reglern eingestellt werden. Alternativ können Werte in die Eingabefelder eingegeben werden.

Farbwerte aufnehmen

Sie können Farbwerte von einer beliebigen Stelle des Bildschirmes aufnehmen. Dafür klicken Sie auf die Lupe und bewegen den Lupen-Cursor über die betreffende Stelle des Bildschirms. Mit einem Mausklick wird der Farbwert in den Regler eingesetzt.

Der RGB-Farbwähler

Im RGB-Farbwähler werden die einzelnen Farbanteile – Rot, Grün und Blau – in Werten zwischen 0 und 255 eingestellt. Hierbei ist 0 die Farbe Schwarz (kein Licht) und 255 die jeweilige Farbe in voller Intensität. (0 entspricht also 0 % Intensität, 255 entspricht 100 %.) Aufgrund der additiven Eigenschaft der Farbmischung hat das Zumischen von Schwarz keinen Einfluss auf die resultierende Farbe. So ergibt beispielsweise Schwarz in den Farbanteilen für Grün und Blau (Regler jeweils auf 0) plus 255 Rot ein reines Rot. Weiß wird erreicht, indem alle Farbanteile auf 255 eingestellt werden.

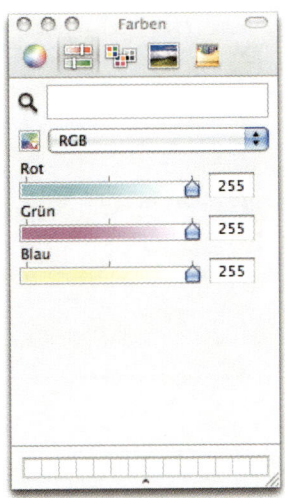

Der CMYK-Farbregler

Im CMYK-Farbregler kann die Sättigung jedes einzelnen Farbanteils – Cyan, Magenta, Gelb und Schwarz – prozentual eingestellt werden. Die Werte entsprechen der Größe des Farbpunkts im Druckraster. Hierbei ist 100 % die Druckfarbe mit voller Deckung. Bei 0 % ist sie bis auf Weiß abgeschwächt. Aus einer Mischung von 100 % Cyan, 100 % Magenta und 100 % Gelb entsteht bereits Schwarz. Diese Eigenschaft nutzen einige billigere Farbtintenstrahldrucker, die nur über drei Farbtöpfchen verfügen. Mit dem zusätzlichen Schwarz lässt sich die Helligkeit der Farbe bis hin zum reinen Schwarz regeln. Dies wird dann bei der Zerlegung von Bildern in ihre Farbanteile (der Vierfarbseparation) dadurch berücksichtigt, dass gleich gesättigte Buntfarben durch einen entsprechenden Anteil Schwarz ersetzt werden. Beim Vierfarbdruck zeigt sich immer wieder, dass die Druckfarben einen gewissen Verunreinigungsgrad aufweisen. Der Zusammendruck der Grundfarben Cyan, Magenta und Gelb ergibt kein reines Schwarz, sondern einen eher schlecht gesättigten Schwarzton mit bräunlicher Farbtendenz. Durch Zugabe von Schwarz lässt sich dies ausgleichen.

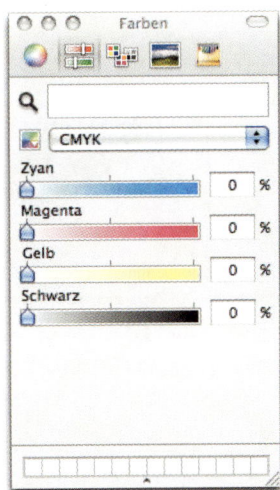

241f ◀
Praxis, Farbtheorie

Der HSV-Farbwähler

Das HSV-Farbmodell ist eine andere Visualisierung des RGB-Farbsystems. Hier werden die Farben des RGB-Farbsystems durch einen Farbzylinder visualisiert. Beim HSV-Farbzylinder sind die drei Grundfarben Rot, Grün und Blau (RGB) auf einem Kreis angeordnet. Dabei liegt Rot bei 0°, Grün bei 120° und Blau bei 240°. Der Farbkreis befindet sich auf der Oberseite des Farbzylinders. Zur Mitte des Kreises hin nimmt die **Sättigung** bis Null (Weiß) ab. Mit dem dritten Regler, der bei voller **Farbintensität** auf 100 % steht, wird die über Winkel und Sättigung definierte Farbe abgedunkelt. Dies entspricht der Bewegung entlang der senkrechten Achse des Zylinders, dessen Bodenfläche vollständig schwarz ist.

Der HSV-Farbwähler kann auch durch Eingabe der Werte für Farbwinkel, Sättigung und Helligkeit bedient werden. Dafür steht ein eigenes Regler-Fenster zur Verfügung.

Paletten

Hier können die Farben aus verschiedenen vorgegebenen Farbpaletten ausgewählt werden. Die Farbpaletten können im Menü »Palette« ausgewählt werden. Mit den Befehlen aus diesem Menü lassen sich außerdem weitere Farbpaletten hinzufügen oder auch selbst erstellen. Eine Suchfunktion ermöglicht die Suche nach bestimmten Farbnamen innerhalb der ausgewählten Palette.

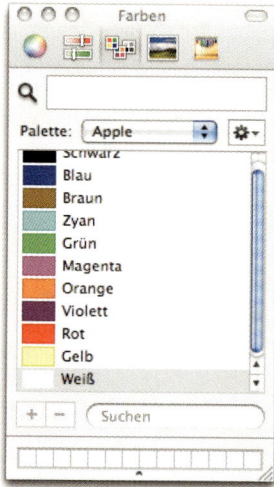

Websichere Farben
Speziell an die Bedürfnisse des Internets angepasst ist die Palette »Websichere Farben«. Alle Farben werden in zweistelligen Hexadezimalzahlen pro Farbkanal angegeben, womit sich theoretisch 16,7 Millionen Farben darstellen lassen. In den Vorgaben des HTML-Formats werden jedoch nur 216 Farben zugelassen.

Bild
Vorgegeben ist das Bild »Spektrum«. Hier wird ein zweidimensionales Bild des RGB-Farbspektrums gezeigt. Das Farbspektrum wird dabei von unten nach oben durchlaufen, die Farbsättigung nimmt von links nach rechts zu. Mit den Befehlen aus dem Menü »Palette« können aber auch beliebige andere Bilder eingefügt werden.

Buntstifte
Beim Farbwähler »Stifte« steht eine Palette von 48 vordefinierten Farben zur Auswahl, die wie bei einer echten Buntstiftsammlung eigene Namen tragen. Die Buntstifte stehen außerdem noch einmal als Farbpalette zur Verfügung.

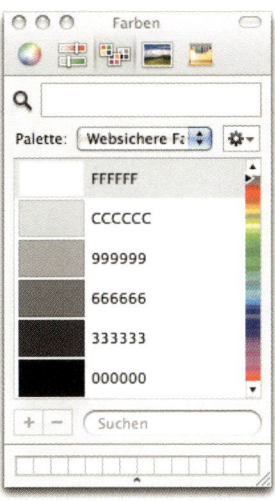

Die Farbwähler des Mac OS X **377**

Jetzt übersichtlich

Anhang

Tastaturbelegung

Am Mac ist die Tastatur vierfach belegt. Zusätzlich zu den bekannten Belegungen ohne Zusatztaste und mit ⇧-Taste, finden sich mit gedrückter ⌥-Taste bzw. mit gedrückter ⌥- und ⇧-Taste weitere Sonderzeichen direkt auf der Tastatur.

Deutsch/Österreichisch

Schweizerisch

Tastenkürzel

⌘ Befehlstaste
⌥ Wahltaste
⇧ Umschalttaste
→ Richtungstaste nach rechts
← Richtungstaste nach links
↑ Richtungstaste nach oben
↓ Richtungstaste nach unten

Allgemein	Funktion
⌘ .	abbrechen
⌘ > bzw. ⌘ <	wechselt zwischen den Fenstern eines Programms
⌘ Tab	wechselt zum nächsten aktiven Programm
⌘ ⇧ Tab	wechselt zum letzten Programm
⌥ Programm wechseln	blendet die Fenster des letzten Programms aus
Eingabetaste	drückt in einem Dialog die aktive (pulsierende) Schaltfläche

Beim Systemabsturz	Funktion
⌘ ⌥ esc	Auswahlfenster »Sofort beenden«
⌘ ⌥ ⇧ esc	zwangsweises Beenden des Programms
⌘ ⌥ ⇧ Einschalttaste	schaltet den Computer ohne Abfrage aus
⌘ ctrl Einschalttaste	erzwingt einen Neustart

Beim Systemstart	Bedingung	Funktion
⌘ ⌥ P R	bis der Startgong ein zweites Mal erklingt	Zurücksetzen des des NVRAMs
C	bis der graue Apfel erscheint	startet von DVD-ROM
64		startet mit 64-bit-Kernel und Treibern
⌥	beim Starten	ein Startvolume kann ausgewählt werden
T		aktiviert den FireWire-Disk-Modus
⌘ S		Single User Mode
⌘ V		Verbose Mode (zeigt eine Konsolen-Ausgabe statt des Startfensters)
⇧	beim Starten	sicherer Systemstart
⇧	beim blauen Bildschrim	keine automatische Anmeldung
⇧	beim Starten des Finders	der Finder öffnet keine Fenster

Bildschirmfotos	Funktion
⌘ ⇧ 3	ganzer Bildschirm
⌘ ⇧ 4	beliebiger Bildschirmbereich
⌘ ⇧ 4 danach Leertaste	Einzelelement freigestellt
zusätzlich ctrl-Taste	Screenshot in die Zwischenablage

Im Finder	Bedingung	Funktion
ctrl Mausklick		öffnet ein Kontextmenü
↓ bzw. ↑	in der Symboldarstellung und Cover Flow auch → und ←	navigiert zwischen den Symbolen innerhalb eines Fensters
Tab bzw. ⇧ Tab	in der Symbol- und Listendarstellung und Cover Flow	wechselt zum nächsten bzw. vorherigen Symbol im Alphabet
Buchstaben		springt zu dem Objekt, das mit diesem Buchstaben beginnt
→ bzw. ←	in der Spaltendarstellung	wechselt in die höhere bzw. niedrigere Hierarchiestufe
→ bzw. ←	in der Listendarstellung	öffnet bzw. schließt den Unterordner
⌥ → bzw. ⌥ ←	in der Listendarstellung	öffnet bzw. schließt alle Unterordner
⌘ Anklicken eines Objekts		Hinzufügen in die Auswahl oder Entfernen aus der Auswahl
⇧ Anklicken eines Objekts	in der Listen- oder Spaltendarstellung	Hinzufügen bzw. Entfernen aller dazwischen liegenden Objekte aus der Auswahl
⌥ Doppelklicken eines Ordners		öffnet den Ordner und schließt das Fenster
⌘ Doppelklicken eines Ordners	in einem Fenster mit Symbolleiste	öffnet den Ordner in einem neuen Fenster
⌘ Bewegen eines Objekts		ordnet das Objekt in das Raster
⌥ Bewegen eines Objekts		kopiert das Objekt
⌘ ⌥ Bewegen eines Objekts		legt ein Alias des Objekts an
Zeilenschalter oder Eingabetaste		aktiviert das Textfeld des Objektnamens
⌘ Rückschritt		legt das Objekt in den Papierkorb
⌥ Schließfeld ⊗ (oder ⌘ ⌥ W)		schließt alle Finder-Fenster
⌥ Minimieren ⊖ (oder ⌘ ⌥ M)		saugt alle Fenster in das Dock
⌘ Bewegen eines Fensters		bewegt das Fenster, ohne es in den Vordergrund zu holen
⌘ Klick in den Titel		öffnet das Hierarchiemenü
⌘ Leertaste	bei zusätzlich aktiven Sprachsystemen	wechselt zum nächsten Sprachsystem
⌘ ⌥ Leertaste	bei mehreren Tastaturbelegungen	wechselt zur nächsten Tastaturbelegung innerhalb eines Sprachsystems

Die Ordnerstruktur des Dateisystems

Das Dateisystem von Mac OS X folgt einer klaren Struktur. Es ist in verschiedene Domains aufgeteilt. Jede Domain ist einem »Benutzer« zugeordnet. Dabei handelt es sich jedoch nicht nur um die Benutzer, die im Kontrollfeld »Benutzer« eingerichtet werden können, auch das System ist ein »Benutzer«. In jeder Domain gibt es einen Ordner **»Library«**, der die für die Verwaltung der entsprechenden Domain notwendigen Dateien enthält. Weitere Ordner für Dokumente können innerhalb der Domain angelegt werden.

Die erste Ebene (Root)
Die erste Ebene befindet sich auf der obersten Ebene der Startfestplatte. Sie enthält die (unsichtbaren) Ordner aus dem BSD-UNIX sowie den Ordner **»Programme«**.

UNIX-Ordner in der Domain auf der ersten Ebene	
/bin	
/dev	
/etc	(→ private/etc)
/sbin	
/tmp	(→ private/tmp)
/usr	
/var	(→ private/var)

Die zweite Ebene
Die zweite Ebene enthält drei Domains. Die wichtigste ist die System-Domain, die anderen bleiben für den Benutzer unsichtbar.

Domains der zweiten Ebene	
/System	
/Volumes	enthält interne und externe Festplatten oder Wechselplatten sowie gemountete Netzwerkvolumes
/Network	

Die dritte Ebene
Die dritte Ebene enthält die Domains der einzelnen Benutzer. Auch die Domain des Benutzers »Root« befindet sich auf dieser Ebene, sie wird jedoch im Ordner »private/var/root« abgelegt. Der Ordner »Benutzer/Für alle Benutzer« gehört eigentlich zur Domain auf der ersten Ebene.

Domains der dritten Ebene	
/Users/*Benutzernamen*	Home-Verzeichnisse der einzelnen Benutzer
/private/var/root	Home-Verzeichnis des Benutzers »Root«

Was ist wo?

Im Ordner »Library« befinden sich die verschiedenen Komponenten, die zum Betrieb und zur Verwaltung der jeweiligen Domain benötigt werden. Einige der Komponenten sind nur im Ordner »Library« des Systems vorhanden, andere Komponenten sowohl im Ordner »Library« als auch in privaten Librarys. Der Ordner »/System/Library« ist für den Benutzer **die verbotene Zone**. Eigene Komponenten können in gleichnamige Unterordner im Ordner »/Library« für alle Benutzer zugänglich gelegt werden oder nur für den jeweiligen Benutzer im Ordner »Privat/Library«. Diese Tabelle zeigt, welche Ordner welche Komponenten enthalten. Die Einträge in der Spate »Domain« zeigen an, in welcher Domain der Ordner bei einem neuen System vorhanden ist.

S: /System/Library
L: /Library
P: *Privat*/Library

Ordner	Enthält	Domain		
Address Book Plug-ins	Plug-ins für das Programm »Adressbuch«		L	
Application Support	Zusatzdateien einzelner Programme		L	P
Assistants	Dateien für den Systemassistenten			P
Audio	Audiounterstützung für Programme (Plug-ins etc.)		L	P
Automator	Automator-Aktionen	S		
Autosave Information	Automatische Sicherung von TextEdit			P
BridgeSupport	Verbindung zu bestimmten Programmierumgebungen	S		
Caches	Cache-Dateien des Systems	S	L	P
CFMSupport	Programmbibliotheken für die Carbon-CFM-Programmumgebung	S		
Calendars	iCal-Kalender			P
ColorPickers	Farbwähler	S		P
Colors	Paletten für die Farbwähler	S		
ColorSync	ColorSync-Profile und -Skripte	S	L	
Components	Komponenten für Carbon-Programme	S	L	
Contextual Menu Items	Plug-ins für das Kontextmenü	S	L	
CoreServices	Programme für das System (z.B. Loginwindow, Finder, Dock)	S	–	–
Desktop Pictures	Schreibtischbilder		L	
Developer	Systeminformation für die Developer Tools		L	
Dictionaries	Wörterbücher für die systemweite Rechtschreibprüfung	S		
DirectoryServices	Benutzerverwaltung	S		
Documentation	Hilfe-Dateien		L	
Displays	Eigenschaftsbeschreibungen für Monitore	S		
DTDs	Strukturdateien für lokale XML-Dateien (z.B. Preference-Dateien oder Info-Dateien)	S		
Extensions	Kernel Extensions	S		–
Favoriten	Favoriten (Als Favorit sichern (⌘ ctrl T))			P

Ordner	Enthält	Domain		
Filesystems	Dateisysteme	S	L	
Find	Dateien für die Indizierung von Texten	S		
Filters	ColorSync-Filter	S		
Font Collections	Zeichensatz-Sammlungen			P
Fonts	Zeichensätze	S	L	P
Frameworks	Programmbibliotheken	S	L	
Graphics	Dateien für Quartz, CoreImage etc.	S	L	
iMovie	Plug-ins für iMovie			P
iTunes	Plug-ins für iTunes		L	
Image Capture	Komponenten des Programms »Digitale Bilder«	S	L	
Input Methods	Plug-ins für Texteingabemethoden	S	L	P
Internet Plug-ins	Plug-ins für Internetbrowser		L	P
Java	Java-Klassenbibliotheken	S	L	
KerberosPlugins	Plug-ins für den Authentifizierungsdienst »Kerberos«	S		
Keyboard Layouts	Tastaturlayouts	S	L	P
Keychains	Schlüsselbund-Dateien	S	L	P
Kompositionen	Quartz-Compositor			
LaunchAgents	Launchd-Dateien für Benutzer-Hintergrundprozesse	S	L	
LaunchDaemons	Launchd-Dateien für System-Hintergrundprozesse	S	L	
Login Plugins	Plug-ins für das Programm »Loginwindow«	S		
Logs	Logdateien		L	
ModemScripts	Modem-Skripte	S	L	
MonitorPanels	Erweiterungen für das Kontrollfeld »Monitore«	S		
OpenSSL	Verschlüsselung für die »Entfernte Anmeldung« (ssh)	S		
PDF Services	Plug-ins für den Druckdialog		L	P
Perl	Perl-Skripte	S	L	
Podcast Producer	Vorgaben für den »Podcast Producer«			P
PreferencePanes	Kontrollfelder des Programms »Systemeinstellungen«	S	L	
Preferences	Voreinstellungsdateien		L	P
Printers	Druckertreiber	S	L	
PrivateFrameworks	Programmbibliotheken	S		
PrivilegedHelperTools	Anmeldung		L	
Python	Dateien für die Programmiersprache »Python«		L	
QuickLook	Plug-ins für die QuickLook-Übersicht	S	L	
QuickTime	Komponenten von QuickTime	S	L	
QuickTimeJava	QuickTime für Java	S		
Receipts	Installer-Paketquittungen		L	
Ruby	Dateien für die Programmiersprache »Ruby«		L	
Sandbox	Profile für vom System abgeschottete Prozesse	S	L	
Screen Savers	Module für das Kontrollfeld »Bildschirmschoner«	S	L	

Ordner	Enthält	Domain		
ScreenReaders	Treiber für die Ausgabe über die Braillezeile			
ScriptingAdditions	Komponenten für AppleScript	S		
ScriptingDefinitions	Komponenten für AppleScript	S		
Scripts	AppleScripts	S		
Services	Dienste (im Programm-Menü)	S		
Security	Plug-ins für den Security-Agent	S	S	
Sounds	Warntöne	S		P
Speech	Komponenten und Stimmen der Spracherkennung und -synthese	S		
Spelling	Wörterbücher für die Rechtschreibkontrolle	S	L	
Spotlight	Dateiformat-Plug-ins für Spotlight	S	L	
StartupItems	Shellskripte für den Systemstart	S	L	
SystemConfiguration	Systemdateien	S		
SystemProfiler	Komponenten für den Systemprofiler	S		
TextEncodings	Text-Kodierungstabellen für die Carbon-CFM-Programme	S		
Tcl	Dateien für die Skriptsprache »Tcl«		L	
Updates	Automatisch geladene Softwareupdates		L	
UserPictures	Benutzerbilder für das Anmeldefenster		L	
UserTemplate	Vorgaben für neu angelegte Benutzerordner	S		
UserEventPlugins	Systemdateien	S		
Webserver	Dateien für den eingebauten Apache Webserver		L	
Widgets	Dashboard-Widgets		L	
Widget Resources	Ressourcen, die alle Dashboard-Widgets verwenden	S		
Voices	Stimmen für die Vorlesefunktion			P

Ordnerlokalisierungen

In Mac OS X werden einige Ordner je nach Spracheinstellung des Benutzers lokalisiert angezeigt. Die Tabelle ordnet die deutschen Ordnernamen den englischen Ordnern zu.

Auf der obersten Ebene

Ordner	Deutsche Lokalisierung
System	System
Applications	Programme
Library	Library
Users	Benutzer
Shared	Für alle Benutzer
Utilities	Dienstprogramme

Im privaten Ordner

Ordner	Deutsche Lokalisierung
Desktop	Schreibtisch
Documents	Dokumente
Movies	Filme
Music	Musik
Pictures	Bilder
Public	Öffentlich
Sites	Web-Sites
Drop Box	Briefkasten

Eine kleine Dateitypen-Auswahl

Dateisuffixe

Suffix	Beschreibung	Art	Programm
.aac	Komprimiertes Audio (MPEG4)	Datei	iTunes
.aiff	Unkomprimiertes Audio	Datei	iTunes
.app	Programm	Bundle-Ordner	
.bin	Macbinary kodiert	Datei	Stuffit Expander
.command	Shellskript	Datei	Terminal
.framework	Framework	Bundle-Ordner	
.gz	GNUZIP-Archiv	Datei	Archivierungsprogramm
.hqx	Binhex kodiert	Datei	Stuffit Expander
.icns	Mac OS X Icon	Datei	(Vorschau)
.html	Internetseite (intern reiner Text)	Datei	Safari
.jpg	JPEG-komprimiertes Bild	Datei	Vorschau
.kext	Kernel-Extension	Bundle-Ordner	
.lproj	Lokalisierung innerhalb eines Bundles	Bundle-Ordner	
.m3u	Link zu MP3-Stream	Datei	iTunes
.mp3	Komprimiertes Audio (MPEG 1 Audio Layer 3)	Datei	iTunes
.mpkg	Installations-Meta-Paket	Bundle-Ordner oder Datei	Installationsprogramm
.nib	Interface-Builder-Ressourcen	Bundle-Ordner	(Interface Builder)
.pdf	Formatierter Text mit Bildern	Datei	TextEdit
.pkg	Installationspaket	Bundle-Ordner oder Datei	Installationsprogramm
.plist	XML Property List	Datei	(Property List Editor)
.rsrc	Ressourcen im Datenzweig	Datei	
.rtf	Formatierter Text	Datei	TextEdit
.rtfd	Formatierter Text mit Bildern	Bundle-Ordner	TextEdit
.sit	Stuffit-Archiv	Datei	Stuffit Expander
.tar	Tarball-Archiv	Datei	Archivierungsprogramm
.tiff / .tif	Bild	Datei	Vorschau
.txt	Reiner Text	Datei	TextEdit
.webloc	Link zu Internet-Adresse	Datei	Safari
.zip	ZIP-Archiv	Datei	Archivierungsprogramm

Unsichtbare Dateien

Name	Beschreibung
._Dateiname	Ressourcen- und Metadaten auf flachen Dateisystemen
.DS_Store	gespeicherte Darstellungseinstellungen des Finders
.localized	Anweisung zum Lokalisieren eines Ordners (leere Datei)

Index

._-Dateien 62, 217
.app 59
.command 259
.DS_Store 67, 306
.framework 59
.gz 204
.hqx 205
.kext 59
.local 343
.localized 60
.m3u 314
.mpkg 77
.nib 59
.pkg 77
.plist 65
.rsrc 59
.rtfd 59
.sit 184, 204
.tar 184, 204
.Trash 97
.Trashes 97
.zip 184, 204
?-Schaltflächen 159
10/100/1000BaseT 161
10Base2 163
32 bit 27
3D-Objekte 46
64 bit 27
68k-Emulation 17
8.3-Form 216
802.1x 357

A

AAC 315
Abgleich von Daten 212
Ablage-Menü 296
Abläufe, Automator 249
Abmelden 126, 294
   von einem Server 194
About-Box 295
Account-Daten, Internet-Zugang 173
ACL 61, 131
Additive Farbmischung 241
Adaptive Hot Files Clustering 56
ad-hoc-Netzwerk
   Siehe Computer-zu-Computer
Admin 123
Adressbuch 310
   Adressen anlegen 310
   Adressen gruppieren 310
   übernehmen 83
Adressen, von Windows übernehmen 87
Adressergänzung, Safari 181
AFP 344
AirPort 39, 355
   Admin Utility 322
   Computer-zu-Computer 170
   einrichten 168
   Extreme 162
   Sicherheit 282
Aktion, Automator 249
Aktive Ecken,
   Bildschirmschoner 361
Aktivitäts-Anzeige 322
Alben 222
Alias 63, 100
   erzeugen 100, 297
   Zuweisung aktualisieren 100
Alle einblenden 295

Alles auswählen 298
Allgemeine Information 306
ALU 25, 27
Am Raster ausrichten 105
AMD 64 31
Andere ausblenden 151, 295
Anmeldefenster
   Optionen 126
   Sicherheit 279
Anmelden 126
   über den Ordner »Netzwerk« 192
   vom Windows-PC 200
Anmelde-Optionen 334
Anmeldung, automatische 128
Anordnen, Monitore 352
Antialiasing 234
Apache 18
   -Webserver 203
APIs 41
APM 54
APN 359
AppleDouble 62, 217
AppleEvents 25, 250
   über das Netzwerk 345
Apple-Menü 293
Apple Partitionstabelle 54, 267
Apple Remote 38
Apple Remote Desktop 207
AppleScript 250
   aufzeichnen 253
   Funktionsverzeichnisse 252
   Quelltexte 250
   Skripte 251
   Skripteditor 253
AppleShare 191
   File-Server einrichten 197
AppleTalk 165
Apple II 10

Apple TV 15, 314
Apple TV OS 21
Application-Services 41
Aqua 19
Arbeitsablauf
　Drucken 230
　erstellen 249
Arbeitsgruppen 194
Arbeitsspeicher 26, 50
Archiv erstellen 205
ARM-Prozessor 15, 28
Arpa-Net 177
ASCII-Codes 219
ASCII-Text 218
Assembler 29, 34
ATA 36, 264
ATAPI 264
Audio-CD 315
　brennen 316
Audio-MIDI-Konfiguration 323
Aufgaben 189
Aufklappmenüs 92
Aufräumen 104, 299
Aufspringende Ordner 138
　direkt öffnen 139
　Einstellungen 139
　in der Spaltendarstellung 138
　und die Seitenleiste 139
Ausblenden 151, 295
Auslagerungsdatei 50
Ausrichten nach 299
Ausschalten 294
Ausschneiden 209, 298
Austauschformate 218
Auswahlfarbe 340
Auswerfen 297
Automatisch starten und aus-
　schalten 340
Automatische Anmeldung 128
　deaktivieren 128
　Sicherheit 279
Automator 249, 311

B

B*-Baum 54
Backup 271
　durch Kopieren 274
Base64 189
Bearbeiten-Menü 298
Bedienungshilfen 332
Befehl
　Menü 92
　Prozessor 25
Befehlspipeline 25
Befehlssatz 28
Benutzer 121, 333
　Abmelden, Apple-Menü 294
　anlegen 121
　lassen sich nicht anmelden 286
　löschen 122
　mit eingeschränkten Rechten 124
　Netzwerk-Objekte 198
Benutzerbild 121
Benutzerordner 130
　leer 286
Benutzerrechte
　einschränken 124
　Sicherheit 279
Benutzertypen 122
Benutzte Objekte 294
　merken 341
Benutzte Ordner 141, 300
Benutzte Server 194
Berkeley Software Distribution 18, 41
Bilder
　betrachten 222
　über Netzwerk bereitstellen 223
　verwalten 222
　von Kamera importieren 221
　von Windows übernehmen 86

Bildschirm
　Einstellungen 352
　Ruhezustand 339
Bildschirmfoto 309, 323, 379
　Ausschnitt 309
　ganzer Bildschirm 309
Bildschirmschoner 361
　Passwort 280
Bildschirmfreigabe 270
Bildvorschau 155
Binärdatei 53
BinHex 205
BIOS 10, 34, 70
Bitmap-Zeichensätze 235
Block-Kopie 274
Bluetooth 37, 335
　-Datenaustausch 206
　-Freigabe 206, 346
Bonjour 164
Boolesche Operatoren 145
boot.efi 70
Boot Camp 88
BootP 164, 335
Branch 24
Breite einer Spalte ändern 108
Brenn-Ordner 269, 296
Briefkastenordner 132
BSD 18, 70
　-Kommandos 43
　-Subsystem 256
Buildnummer 293
Bundles 58
Buntstifte 377
Bustypen für Speichermedien 264

C

Cache
　Browser 182
　Fehler 214
　Prozessor 26
Carbon 18, 42
　CFM 44
　Mach-O 42
CarbonLib 44
Case sensitive 56, 57, 257
Catalog File 55
cd 257
CD brennen 268
　　Audio, iTunes 316
CD-Dateisysteme 265
CDDB 315
CD-RW
　beschreiben 268
　löschen 269
CDs & DVDs 336
Chess 311
Chipsatz 33
CID 359
CISC 29
Classic 20
Client 190
Clip 210
Cluster 55
CMM 243
CMYK 241
　Farbwähler 375
CNID 54
Cocoa 42
Code Fragment Manager 44
ColorSync 240
　Profile reparieren 244
　Profile überprüfen 244
　-Rechner 244
　Workflow 243
com.apple.FinderInfo 61

Computername 343
Computer-zu-Computer 170
Config-Dateien 65, 258
Contents 59
Cookies 182
Copy&Paste 209
Core
　Animation 48
　Audio 48
　Image 48
　-Prozessor 14, 29
　-Services 41
　Video 47
CoverFlow 107
　Hierarchie 136
cp 259
Creator 61
CSM 35
CTM 49
CUDA 49
CUPS 227
Cut&Paste 209

D

Daemon 43
Daisychain 163
Darstellung-Menü 299
Darstellungsoptionen 103, 304
　alle Fenster 103
　einblenden 299
　einzelne Fenster 103
Darwin 41
Dashboard 152, 312
　Einstellungen 153
Dateiaustauschformate 219
Dateien 98
　finden 144
　kodieren 205
　komprimieren 204
　manuell abgleichen 140
　übernehmen 83

Dateifreigabe
　am Server anmelden 192
Dateinamen
　für Windows und DOS 216
　über SMB 201
Dateinamenserweiterung 216
Dateirechte 61, 131
　kopierte Objekte 133
　neue Objekte 133
　Wertigkeit 132
Dateisystem 54, 265
　andere 57
　Ordnerstruktur 381
　reparieren 275
　reparieren Startvolume 276
　überprüfen 275
　virtuelles 41
Daten
　auf CD/DVD brennen 269
　Sicherheit erhöhen 279
　verschlüsseln 280
Dateisystemkomprimierung 57
Datenabgleich 140
Datensicherung 271
　mit Images 273
Datum & Uhrzeit 336
　automatisch stellen 336
DDC 38
Decode 24
Defragmentierung 277
Deinstallieren 78
Desktop *Siehe* Schreibtisch
DHCP 164, 167, 356
　-Client ID 356
　-Lease erneuern 356
　mit manueller Adresse 356
Dialer 289
Diaschau 113
　iPhoto 222
　Vorschau 223

Diaschau 113
Dienst 211, 295
　beziehen 211
　Firewall 210
DigitalColor Farbmesser 324
Digitale Bilder 221, 312
Diskimage
　erstellen 205
　komprimieren 205
Dispatch 24
DisplayPort 38
DNS 177, 356
Dock 116, 337
　Apple-Menü 293
　ausblenden 116
　Effekt 119
　konfigurieren 116
　Objekte anordnen 117
　Objekte einfügen 117
　Position 116
Dokument 99
　als PDF sichern 231
　an einen PC weitergeben 218
　mit einem beliebigen Programm öffnen 115
　öffnen 99
　Ordner 130
　von Windows übernehmen 86
Dokumententyp mit Programm verknüpfen 115
Domain
　Namen 177
　Name Server 177
DOS-Format 217
Downloads 184
Drag&Drop 210
　mit Exposé 149
Dreiecke in der Liste 136

Druckauftrag
　löschen 230
　stoppen 230
Drucken 228
　als PDF-Datei sichern 230
　mit ColorSync 244
Drucken & Faxen 338
Drucker
　-Browser 226
　deaktivieren 230
　einrichten 225
　installieren 225
　wechseln 229
　freigeben 232
Druckerinformation 227
Druckerserver 232
Druckertreiber 224
Druckoptionen 229
DSL 162, 171
Duplex 358
Duplizieren 297
DVD
　brennen 268
　-Dateisysteme 265
　-Player 312
DVI 38

E

EFI 34, 70
　-Module 34
Einfacher Finder 125
Eingabeaufforderung *Siehe* Shell
Eingangspegel 373
Einsetzen 209, 298
Einstellungen 295
　für den Finder 302
　übernehmen 83

E-Mail
　Account einrichten 186
　Accounts auf mehreren Computern verwenden 213
　Adressbuch 310
　Anhänge 189
　Anhänge an andere Plattformen 189
　Anhänge Windows-kompatibel senden 189
　empfangen 187
　Programm 186
　verschicken 188
　von Windows übernehmen 86
　-Würmer 289
EMT64 31
Energie sparen 339
Entfernte Anmeldung 345
Entfernte Apple Events 345
Entfernte Verwaltung 345
Equalizer, iTunes 316
Erscheinungsbild 267
Erste Hilfe 275
Erweiterungen 59
　Installation 77
Ethernet 39, 161
　Anschluss 39
　Einstellungen 358
　Transciever 163
Etiketten 60, 297, 302
　mögliche Strukturen 156
　nach Etiketten sortieren 157
　nach Etiketten suchen 157
　vergeben 156
Execute 24
EXIF 63
Exposé 149, 241
　Einstellungen 153
　Funktionen 148
ExpressCard/34 37
Extents Overflow 55

Index **389**

F

Farbauswahl
  Bild 377
  CMYK 375
  Farbe einstellen 374
  Farbwerte aufnehmen 374
  HSV 376
  Paletten 376
  RGB 375
  Stifte 377
Farben, Monitore 353
Farbmischung
  additive 241
  subtraktive 241
Farbspektrum, Farbwähler 377
Farbtheoretische Grundlagen 241
Farbumfang 242
Farbwähler *Siehe* Farbauswahl
Farbwerte aufnehmen 324, 374
FAT 55, 57
  Dateinamen 215
Favoriten
  übernehmen 83
  von Windows übernehmen 87
Faxe empfangen 233
Faxen 233
Fehlersuche, Netzwerkfreigaben 196
Fenster 101
  alle in Dock reduzieren 102
  alle nach vorne bringen 301
  alle schließen 101
  aufspringende 138
  bewegen 101
  im Dock ablegen 301
  in Dock reduzieren 102, 119
  -Menü 301
  neu 296
  schließen 101
  zwischen Spaces verschieben 150

Fenstergröße
  optimieren 102
  verändern 102
Fensterhintergrund 104
Fensterinhalt verschieben 101
Festplatte *Siehe* Volume
  interne installieren 266
  partitionieren 267
  Ruhezustand 339
Festplatten-Dienstprogramm 324
Fetch 24
FileVault 280, 363
Filter, ColorSync 243
Finden 144, 297
Finder 67
  ausblenden 295
  einfacher 125
  Einstellungen 302
  kompletten aktivieren 125
  speichert Darstellungen 67
Fink 261
Firewall 283, 363
FireWire 37, 39
  800 37
  CD-Brenner 268
  -Festplatte 264
  -Festplattenmodus 82, 369
  Netzwerk 162
Firmware 34
  -Passwort 281
Flash-Speicher 263
Forks 58
Formate, Zahlen 367
Formularblock 99
  erstellen 99
FPU 25, 27
Fragmentierung 57
Frameworks 59
Freigaben 190, 342

Front Row 313
fsck 276, 288
FTP 191, 344
  Benutzer anlegen 121
  im Finder 195
  -Server 201

G

Gain 373
Gast-Benutzer 122, 198
Gateway *Siehe* Router
Gehe zu 141
Gehe-zu-Menü 300
Gehe zum Ordner 141, 300
Gemischt-formatierte Medien 267
Gerätename 198, 343
Geschützt 235
Geschwindigkeit, Ethernetschnittstelle 358
Gesten, Ink 247
Gleichmäßiges Bewegen 340
Glyphen-Varianten 239
GMA 950 34
Google 185
GPT 54
Grafik 46
Grafikhardware 33
Grafische Benutzeroberfläche 66
Grand Central Dispatch 51
Grapher 325
Größe, Information 306
Grundeinstellungen 81
Gruppe 123
GUID-Partitionstabelle 54, 267
Gutenprint-Druckertreiber 226

H

Hardlinks 63
Hardware
 sichern 278
 -Test 212
 -Verbindung überprüfen 167
Hauptkennwort 129
HFS+ 54, 55
HFSX 56
Hierarchie 134
 springen 141
Hierarchical File System
 Siehe HFS+
Hilfe-Menü 301
Hintergrund
 Siehe Schreibtischhintergrund
Hintergrundbild 104
Hintergrundprozesse 43
Hot Files Siehe Adaptive Hot
 Files Clustering
Hotspot 168
HSV-Farbwähler 376
HTML 218
 TextEdit als Quelltext-Editor 320
HTTP 178, 191
Human Interface Guidelines 68
Hybrid HFS+/ISO 9660 269

I

IBM-PC 10
iCal 313
ICC-Profile 243
iChat 313
Icon Siehe Symbol
ID3-Tags 63
IDE 36, 264
iDisk 131
IEEE 802.11 Siehe AirPort
IEEE 1394 Siehe Firewire

Image Siehe Diskimage
IMAP 178, 140
Immer öffnen mit 115
Importieren von einer Kamera 221
In den Papierkorb legen 297
Indexseite 113
Info.plist 62
Info-Fenster einblenden 233
Infoplist.strings 60
Information 296
 allgemeine 306
 Zusammengefasste 296
Informationen zu Backups 273
Informationsfenster 233
Initialisieren, Festplatte 266
Ink 246, 348
Inkrementelle Datensicherung 271
iNode 55
Installation
 Dateiliste zeigen 77
 einfache 75
 Registrierung übergehen 80
 Volume auswählen 75
 von Erweiterungen 77
 von Programmen 78
Installationsprogramm 77
Intel-Chipsatz 33
Intel Prozessor 29
Intel64 31
Intelligente
 Alben 222
 Gruppe 310
 Mailboxen 187
 Ordner 147, 296
Interne Schnittstellen 36

Internet
 Adresse eingeben 179
 Anbindung 162
 Aufbau 177
 Freigaben 162
 -Radio 314
 suchen im 185
Internetseite als E-Mail verschicken 183
Internetfreigabe 174
Internetzugang
 über DSL einrichten 171
 über Router einrichten 173
IP-Adresse für das private Netzwerk 167
iPhone 15, 315
 synchronisieren 213
iPhone OS 21
iPhoto 221
 Library übernehmen 83
IP-Nummer 177
iPod 315
 Adressen, Termine 212
iPod Touch 15, 315
 synchronisieren 213
IPsec 165
IPv4 356
 -link-local 164
IPv6 165, 356
ISA 28
ISDN 163, 171
iSight 38
ISO 9660 57
iSync 139, 314
Itanuim 34
iTunes 314
 Musik übernehmen 83
 iPhone Sync 213
iTunes Store 314
iWork 87

J

Java 42, 182, 325
  -VM 42
JavaScript 182
Joliet 57
Journaling 56, 276
  aktivieren 276
JPEG 218

K

Kabel-Modem 162
Kalibrierungs-Assistent 245
  Experten-Modus 245
Kartenlesegerät 221
Katalog 55
Kennwort
  -Assistent 121, 279
  vergeben 121
  vergessen 129
Kennwörter zurücksetzen 129
Kernel Environment 40, 70
Kernel-Extensions 40, 59
Kernelpanic 287
KEXT 59
kextload 78
Kindersicherung 124, 346
Kommandozeile 256
Kommandozeilenprogramme
  starten 258
Kommentar 306
Kompatibilitätsmodus 31
Kompletten Finder aktivieren 125
Komprimieren 205, 297
Konfigurationsdateien 258
Konsole 325
Kontextmenüs 92
Kontrollfeld 330
  aus den Systemeinstellungen
    entfernen 331

Konvertieren, Maßeinheiten und
  Währungen 319
Konvertierungsprogramme 219
Kopfhörerausgang 38
Kopieren 209, 298
Kurzbefehle 159

L

L1-Cache 26
Laufwerke konfigurieren 266
LaunchAgents 259
Launchd 71
LaunchServices 62
Lautstärke 372
Lesen & schreiben 132
Lesezeichen 181
  von Windows übernehmen 87
Level-1-Cache 26
Lexikon 316
Ligaturen 239
Line-Ausgang 38
Line-Eingang 38
Link
  Help Viewer 159
  Internet-Browser 179
Linux 89
Lisa 11
Listen, Sortierreihenfolge 367
Listendarstellung 106
  Hierarchie 136
Little Endian 30
ln -s 64
LocalTalk 163
Load/Store-Befehle 24
Load/Store-Unit 26
Loginwindow 71, 293
Löschen
  CD/DVD-RW 269
  sicheres 281
  Volume 266
ls 257
LVM-Pool 268

M

MacBinary 205
Macintosh 11
Mac OS 16
Mac OS Extended 265
Mac OS Standard 265
Mac OS X 19
Mac OS X Server 19
Mach-Kernel 18, 40, 70
MacPorts 261
Magnetische Medien 263
Mail 186
Mailboxen 187
  übernehmen 83
Mail-Protokolle 178
Makroviren 289
man 258
Manpages 256, 258
Manuell, Netzwerk-Einstellungen 167
Manuelle IP-Adresse 356
Massenspeicherverwaltung 54
Maßeinheiten konvertieren 319
Master Boot Record 54, 267
Maus 350
  Bedienhilfen 333
Maximale Paketgröße 358
MBR 54
Medien, Öffnen-Dialog 140
Mehrere Benutzer 120, 259
Menü 92
  -Extras 331
  Programmname 295
Menübefehl auswählen 92
Menüleistenuhr 337
Metadata Zone 57
Metadaten 63, 143
Microsoft-Office-Dateien 87
Mighty Mouse 350

Migrationsassistent 82
  Backup wiederherstellen 272
  Daten aus Image 274
Mikroarchitektur 25
Mikrobefehle 31
Mikrocode Engine 28
Mikrofoneingang 38
Mini DisplayPort 38
Mini-DVI 38
Mithilfe von Rosetta öffnen 308
Mit Server verbinden 193
MMX 12
MobileMe 204, 350
  Sync 140
Mobiltelefon
  als Modem 163
  Daten austauschen 206
Modem 162, 171, 358
  auswählen 172
Modemeinstellungen, Fax 233
Monitore 352
  anordnen 352
  mit ColorSync kalibrieren 245
  Schnittstelle 38
MP3 315
MS-DOS, Volumeformat 217
MS-DOS-Dateisystem 55, 265
Multicore 27
Multimedia 46
Multiprocessing 51
Multitasking 50
MTU 175, 358
Musik
  gemeinsam nutzen 315
  in iTunes Bibliothek 315
  von Windows übernehmen 86
mv 259

N

Named Forks 58
Namen vergeben,
  Sichern-Dialog 140
Name und Suffix, Information 235
Navigieren mit der Shell 257
NeoOffice 87
Netzwerk 192, 353
  ältere einbinden 163
  -Assistent 353
  Diagnose 353
  -Dienstprogramm 326
  Einstellungen übernehmen 83
  Schnittstellen 39
  Umgebung, Apple-Menü 294
Netzwerkdiagnose 196
Netzwerkname, AirPort 355
Netzwerkobjekte auswählen 193
Netzwerkpapierkorb 97
Netzwerkverbindung einrichten 166
Neuer Brenn-Ordner 296
Neuer intelligenter Ordner 296
Neuer Ordner 296
  im Sichern-Dialog 140
Neues Fenster 296
  Einstellung 302
Neustart 294
NeXT 19
NeXT-Hardware 12
NeXTStep 19, 40
NFS 191, 195
  -Server 201
Northbridge 33
Notizen
  Mail 189
  sichere 327
Notizzettel 317
NTBBA 162

Nur lesen 132
NTFS 57
NVRAM 35, 70
  im Terminal auslesen 35
  löschen 288
NVIDIA 34

O

Objekt 93
  aktivieren 93
  auf den Schreibtisch legen 98
  in die Seitenleiste einfügen 109
  kopieren 96
  löschen 97
  mehrere aktivieren 93
  öffnen 94
Objektattribute 60
  in flachen Dateisystemen 62
  und andere Betriebssysteme 62
  suchen nach 144
Objekte
  benutzte merken 341
  brennen 269
  vom Backup ausschließen 272
  wiederherstellen 272
Objektnamen 60
  ändern 94
  für Windows 216
  lange 93
Öffentlich 130
Öffnen 296
  -Dialog 140
  mit 115, 296, 308
Opcode 25
open 260
OpenCL 49
Open GL 46
Open Firmware 13

OpenOffice.org 87
Open-Source-Programme 256
OpenStep 19
OpenType 235
    Funktionen 239
Optische Medien 263
Ordner 96 *Siehe auch* Hierarchie
    aufspringende 138
    benutzte 141, 300
    bewegen 96
    für das Netzwerk freigeben 199
    immer im neuen Fenster öffnen 109, 302
    neuen anlegen 296
    neuen anlegen im Sichern-Dialog 140
    wechseln per Drag&Drop 140
Ordneraktionen 254
    anhängen 254
    ausführen 255
    bearbeiten 255
    entfernen 255
Ordnerhintergrund 104
Ordnerinhalt anzeigen 96
Ordnerlokalisierungen 60, 384
Ordnerstruktur 381
Original
    finden 100
    neu zuweisen 100
    zeigen 297
Outlook 86
Out of Order Execution 26

P

Pages, Speicher 50
Paketgröße 358
Paketinhalt anzeigen 58
panic.log 287
Papierformat 229
Papierkorb 97
    entleeren 97, 295
    Objekte heraus bewegen 97
    sicher entleeren 295
Partitionieren, warum 267
Partitionsschema 54, 267
PATA 36
Passwort
    beim Beenden des Ruhezustands oder Bildschirmschoners 280
    Sicherheit 279
    vergeben 121
    vergessen 129
PC-Dateien einem Mac-Programm zuteilen 219
PCIe 36
PC-Volumes 217
PDF 46, 218
    Services 230
    sichern als 231
Pentium 12
Peripherie *Siehe* Schnittstellen
Perl 251
Personal Computer 10
Pfadleiste 109
Pfadleiste einblenden 299
Pfadnamen, sehr lange, Windows 216
Pflege, System 270
Phishing 289
Photo Booth 317
PHP 251
Ping 196
Pipeline 25
PkgInfo 62

Plug-ins 183
PMU 288
Podcast-Aufzeichnung 326
POP 178
Pop-Ups unterdrücken 182
Ports 210
Position von Spalten vertauschen 107
POSIX IPC 52
Postfächer 187
PostScript 235
PowerMac 13
PowerPC-Prozessor 13, 16, 28
PPD 225, 227
PPP 165, 359
PPPoE 165
PPTP 165
Prebinding 277
Preferences 65
    Siehe auch Voreinstellungen
Privat 130
Privilegien *Siehe* Dateirechte FTP 202
Probleme eingrenzen 212
Programm 98
    Absturz 214
    AppleScript-Funktionsverzeichnisse 252
    -Bundles 59
    freigeben 124
    im Dock 118
    macht auf sich aufmerksam 118
    manche starten nicht 287
    -Menü 295
    mit der Kommandozeile starten 260
    reagiert nicht 214
    starten 98
    Wechseln zwischen 151
    Windows 85
Programmablauf 24

Programmbundles 59
Programme zuteilen 114
  Spaces 150
Programmfunktionen im Dock 118
Programmumgebungen 41
Programmverzweigung 24
Programmsteuerung mit Ink 247
Property List Editor 65
Protokoll, Installation 77
Proxy 173, 357
Prozessor 24
Prozessverwaltung 50
PTP 221
Pufferbatterie 288

Q
Quartz 46
  Extreme 47
QuickLook 112
QuickTime 43, 47
  Player 318
  Plug-in 183

R
RAID 268
  -Dienstprogramm 326
Realmode 34
Recheneinheiten 27
Rechner 318
Rechte *Siehe* Dateirechte
Rechte Maustaste
  simulieren in X11-Programmen 261
Rechtschreibkontrolle 316
Register 24
Registrierung übergehen 80
Rename-Register 26
Rendezvous *Siehe* Bonjour
RGB 241
  Farbwähler 375

RISC 29
Rollbalken 101
Rollgriff 101
Rollpfeile 101
  Position 340
root 122, 133
  freischalten 133
root-Shell 259
Rosetta 21, 44
  öffnen mit 235
Router 177
  Firewall 210
  Internetzugang einrichten 173
  ISDN- und DSL 162
  WLAN verschlüsseln 282
Routeradresse 167
RSS 180
  Mail 189
rsync 140
RTF 218
Ruhezustand 294
  Passwort 280
  des Bildschirms 362

S
Safari 179
SATA 36, 264
Schließen 296
Schlüsselbundverwaltung 326
  Einstellungen 327
  Erste Hilfe 328
Schneller Benutzerwechsel 127
Schnittstellen
  interne 36
  Netzwerk 39
  Peripherie 36
Schreibtisch 98, 360
Schreibtischhintergrund 360
Schreibtischmetapher 67

Schriften
  aus Sammlung entfernen 238
  deaktivieren 237
  installieren 236
Schriftglättung 234
Schriftsammlung 236
Screenshots 309
Scripting Additions 252
Script Runner 252
Seitenleiste 303
  Objekte einfügen 109
Serial ATA 36, 264
Seriennummer 293
Server 190
  AppleShare einrichten 197
  FTP 201
  NFS einrichten 201
  Web 203
Sharing *Siehe* Freigaben
Shell 257
Shellskripte 259
Sichere Notizen 327
Sichere Shell 260
Sicherheit 362
  im Netzwerk 282
  Ordneraktionen 255
Sichern-Dialog 140
Sichern-Optionen 140
SIMD 27
Single User Mode 287
Sites 130
Skripteditor 253
Skript-Programm 251
SMB 191, 200, 342
SMC 35
  -Firmware 288
SMTP 178
Snap-Back 185
SoC 33
Sofort beenden 294

Software-Aktualisierung 79, 364
  Apple-Menü 293
Sonderzeichen 238, 367, 368, 378
  falsche ersetzen 219
Sortierung in der Liste
  ändern 106
  umkehren 106
Southbridge 33
Spaces 150, 342
Spaltenbreite verändern 107
Spaltendarstellung 108
  Hierarchie 137
Speakable Items 366
Speculative Execution 26
Speicher 26
Speicheradresse 24
Speicherschutz 50
Speichertypen 263
Speicherverwaltung 50
Spotlight 63, 143
  Einstellungen 143
  -Kommentar 306
  -Menü 146
Sprache 366
Sprache & Text 366
Spracherkennung 366
Sprachwiedergabe 366
Sprungvorhersage 25
srm 281
SSE 12, 30
ssh 260, 345
  Benutzer anlegen 121
Standarddrucker 226
Standardgateway *Siehe* Router
Stapel *Siehe* Stack
Startobjekte 71, 118, 334
Startvolume 369
  Dateisystem reparieren 276
Statusanzeige 108
  einblenden 299
Steuerzeichen 257

StuffIt 184, 204
su 259
Subnetzmaske 167
Subpixel-Rendering 234
Subtraktive Farbmischung 241
Suchen 144
  auf einem Server 145
  Hilfe 158
  im Internet 185
  Kontrollfeld 331
  nach Etiketten 157
  Öffnen- und Sichern-Dialog 140
Suchergebnisse 145
sudo 133, 259
Suffix 61, 216
  ausblenden 308
  immer anzeigen 303
Superscalar 26
Support-Artikel 159
SVGA 38
swapfile 50
Symbolansicht anzeigen 155
Symboldarstellung 104
Symbole
  ändern 155
  anordnen 104
  auf DOS-Volumes 217
  Ausrichten 105
  kopieren 155
  selbst herstellen 155
Symbolic Links 63, 64
Symbolleiste
  anpassen 110, 299
  eigene Objekte einfügen 111
  einblenden 299
  Objekte löschen 111
  Objekte verschieben 111
  Standardset 111
Suchfeld 145
Symbolvorschau 113

Systemassistent 80
Systemeinstellungen 330
  Apple-Menü 293
  entfernen 331
  sonstige 331
  Wechseln zwischen den Kontrollfeldern 330
Systemerweiterungen
  Siehe Erweiterungen
System Management Controller 35
Systempflege 270
System Profiler 328
Systemstart 70
  unvollständig 286
Systemsteuerung
  Siehe Systemeinstellungen

T

Tabs 180
Tastatur 369
  -Kurzbefehle 370
  Bedienhilfen 332
Tastaturbelegung 378
Tastaturbeleuchtung 369
Tastaturkurzbefehle 92
Tastaturübersicht 238, 368
Tastenkürzel 378
  beim Systemabsturz 379
  im Finder 380
TCL 251
TCP/IP 164, 356
  konfigurieren 166, 171, 172
  Ports 210
tcsh 257
Terminal 257, 329
Termine übernehmen 83
TextEdit 320
Thunderbird 86
TIFF 218
Time Machine 271, 371

Tipp-Fähnchen 159
TOC 57
Ton 372
   Schnittstellen 38
Tonausgabe 372
Tonausgang 372
Toneffekte 372
t-online-Account-Name 173
Toslink 38
Trackpad 373
Trojaner 289
Trojanische Pferde 289
TrueType 235
Type/Creator 61
Typografische Funktionen 239

U

Über den Finder 295
Über diesen Mac 293
Übergeordneten Ordner öffnen 146
Übernehmen, Einstellungen 83
Übersetztes Skript 251
Übersicht 112, 297
Übertragungsprotokolle
   Internet 178
UDF 57
Uhr 337
Uhrzeit 336
   automatisch stellen 336
Umgebung 165, 353
   Apple-Menü 294
UMTS 163
Uniform Type Identifier 62, 114
Universal Binary 53
UNIX 18, 40
   -Dateirechte 61
   -Dateisysteme 55
   -Skriptsprachen 254
Unsichtbare Dateien, anzeigen
   in der Shell 257

Unsichtbare Objekte suchen 145
Unsichtbare Ordner öffnen 141
Unvollständiger Start 286
update_prebinding 277
USB 36, 264
   CD-Brenner 268
USB 2 36
UTI 62
UUEncode 189

V

Vektor-Einheit 27
Verbindungsprobleme 196
Verbindungsprotokolle 164
   Internet 178
Verbotene Zeichen 215
Verschlüsselung, AirPort 282
Verzeichnisdienste 123
VGA 38
Virenscanner 289
Virtualisierung 88
Virtuelle Maschine 42
Virtuelle Schreibtische 150
Virtueller Speicher 50
Visuelle Effekte
   iTunes 316
VNC 207
VoiceOver Utility 329
Volume 95
   auf dem Schreibtisch anzeigen 302
   auswerfen bzw. entfernen 95
   Dateisystem überprüfen und reparieren 275
   defragmentieren 277
   öffnen 95
   Zugriffsrechte überprüfen oder reparieren 277
Volumenamen 60
Voreinstellungen 65, 214

Vorlage
   Siehe auch Formularblock
   in Programmen erstellen 99
Vorschau 223, 231, 321
Vorschaubilder auf DOS-Volumes 217
VPN 165, 173

W

Währungen konvertieren 319
Wallpaper
   Siehe Schreibtischhintergrund
Warntöne 372
Warnung vor dem Entleeren des Papierkorbs 303
Warteliste 230
WebDAV 191
   im Finder 195
Webserver 203
Webfreigabe 203, 344
Websichere Farben 377
Wechseln
   zwischen Benutzern 126
   zwischen Kontrollfeldern 330
Weltkugel blinkt beim Start 286
WEP 282
Widerrufen 298
Widgets 152
   Einstellungen 152
   hinzufügen 152
Wiederherstellen 272
Wifi *Siehe* AirPort
Windows
   -Arbeitsgruppen 194, 200
   Dateiformate am Mac öffnen 85, 219
   -Programme 85
WINS 357
WLAN *Siehe* AirPort
WLAN-Router 168

Workflow, ColorSync 243
Wortergänzung 316
WPA 282
Writeback 24
Würmer 289
WWW 178

X

X11 43, 261
    Programme starten 261
x86 28, 29
    -64 31
    -ISA 30
    -Overhead 32
    -Translation 31
x87 12
XCode 45
Xerox Alto 11
Xgrid 345
XML 65
XNU 40

Z

Zahlenformate 367
Zeichenpalette 238
Zeichensätze
    Bitmap 235
    OpenType 235
    PostSript 235
    TrueType 235
Zeitplan für Ein-, Ausschalten, Ruhezustand 340
Zeitserver 336
Zeit vorlesen 337
Zeitzone 337
Zertifikate erstellen 328
ZIP 184
    -Archive aus dem Finder 205
Zoomen 301
Zu Favoriten hinzufügen 297
Zugangskontrolllisten *Siehe* ACL

Zugriffsrechte 122, 308
    auf freigegebene Ordner ändern 199
    FTP 202
    für den Benutzerordner zurücksetzen 130
    überprüfen oder reparieren 277
Zusammengefasste Informationen 296, 233
Zusammengefasste Laufwerke 268
Zuteilung eines Dokumententyps 114
Zuteilungsblöcke 55
Zweige 58, 62
Zwischenablage 209
    einblenden 298
    Inhalt anzeigen 209